2024年度
全国社会工作者职业水平考试指导教材

# 社会工作实务

SHEHUI GONGZUO SHIWU

中级

全国社会工作者职业水平考试教材编委会　编写

中国社会出版社
国家一级出版社 · 全国百佳图书出版单位

**图书在版编目（CIP）数据**

社会工作实务：中级 / 全国社会工作者职业水平考试教材编委会编写 . -- 2 版 . -- 北京：中国社会出版社，2024.2（2024.10 重印）

全国社会工作者职业水平考试指导教材

ISBN 978-7-5087-7004-8

Ⅰ . ①社 … Ⅱ . ①全 … Ⅲ . ①社会工作—中国—水平考试—自学参考资料 Ⅳ . ① D632

中国国家版本馆 CIP 数据核字（2023）第 249983 号

**出 版 人**：程 伟　　**终 审 人**：李 浩

**责任编辑**：张 杰 薛丽仙 李林凤　　**责任校对**：姜婷婷

**封面设计**：尹 帅

**出版发行**：中国社会出版社　　**地　　址**：北京市西城区二龙路甲 33 号

**邮政编码**：100032　　**编 辑 部**：(010) 58124853

**营销中心**：

| | | |
|---|---|---|
| 金 伟 | 13901172636 | 四川、重庆、云南 |
| 孙武斌 | 13911163563 | 北京、天津、广东、山西、海南、湖南、陕西 |
| 朱赛亮 | 13691332028 | 江苏、安徽、山东、广西、宁夏、新疆 |
| 卫 飞 | 18611888820 | 浙江、上海、河南、青海、湖北、甘肃、西藏 |
| 平 川 | 13810848635 | 河北、吉林、黑龙江、内蒙古、辽宁 |
| 朱永玲 | 13501113035 | 福建、江西、贵州 |

**综合电话**：010-58124852

**网　　址**：shcbs.mca.gov.cn

**经　　销**：新华书店

**印刷装订**：河北鑫兆源印刷有限公司　　**开　　本**：185 mm×260 mm 1/16

**印　　张**：27　　**字　　数**：700 千字

**版　　次**：2024 年 2 月第 2 版　　**印　　次**：2024 年 10 月第 6 次印刷

**定　　价**：90.00 元

社工图书专营店

中社文库微信公众号

中国社会出版社天猫旗舰店

中社在线微信公众号

# 全国社会工作者职业水平考试教材
# 编委会

# 前　言

党的十六届六中全会作出了“建设宏大的社会工作人才队伍”的战略部署。为推进我国社会工作人才队伍职业化、专业化进程，全国社会工作者职业水平考试教材编委会于 2007 年编写了《社会工作综合能力（初级）》《社会工作实务（初级）》《社会工作综合能力（中级）》《社会工作实务（中级）》《社会工作法规与政策》五本指导教材，并于 2010 年、2015 年、2019 年进行了修订。

2022 年 10 月召开的中国共产党第二十次全国代表大会擘画了全面建设社会主义现代化国家、以中国式现代化全面推进中华民族伟大复兴的宏伟蓝图，吹响了奋进新征程的时代号角。党的二十大报告中关于增进人民福祉、提高人民生活品质的发展目标，在宏观上为我国社会工作高质量发展指明了方向。为深入贯彻党的二十大精神，科学评价社会工作人才，教材编委会立足于中国式现代化新时代新征程新要求，结合党的十六届六中全会以来我国本土社会工作理论创新和实践发展成果，对上述教材进行了再次修订，使教材内容更加符合中国国情、体现时代精神、适应社会需要，教材的时效性、适用性、专业性和本土性不断增强。

全国社会工作者职业水平考试教材编委会由王思斌（中国社会工作学会会长、北京大学教授）任总主编，各分册主编、副主编如下：《社会工作综合能力（初级）》和《社会工作综合能力（中级）》由王思斌任主编，孙莹（中国青年政治学院教授）、顾东辉（中国社会工作学会副会长、复旦大学教授）任副主编；《社会工作实务（初级）》由马凤芝（中国社会工作学会学术委员会副主任委员、北京大学教授）

任主编，童敏（厦门大学教授）任副主编；《社会工作实务（中级）》由史柏年（中国社会工作学会学术委员会主任委员、中国青年政治学院教授）任主编，费梅苹（华东理工大学教授）任副主编；《社会工作法规与政策》由关信平（中国社会工作学会副会长、南开大学教授）任主编，陈树强（中国社会工作学会副会长、中国青年政治学院教授）、黄晓燕（南开大学副教授）任副主编。

在本套教材出版之际，我们要感谢为本次修订提供了研究成果的国内外学者和提供案例经验的实务工作者，是他们的知识丰富了本书内容；感谢积极参与教材修订的各位编者，是他们的辛勤劳动保证了教材重编的按时完成。

全国社会工作者职业水平考试教材编委会

# 目 录

## 第四章 青少年社会工作



## 第五章 老年社会工作



## 第六章 妇女社会工作



## 第七章 残疾人社会工作



## 第八章 矫正社会工作

# 第一章　社会工作实务的通用过程模式

由于现代社会问题的纷纭复杂，社会工作专业强调培养通才的实务工作者，采用综融的实务社会工作方法，以便能够面对和服务不同的服务对象，处理各种各样的问题、挑战和情况。社会工作实务的通用过程包含整合不同社会工作领域和服务对象的共同需要和实务工作的共同理论基础，注重实务工作的系统观，从“人与环境”视角出发，描述系统环境与人相互作用并影响个人、家庭和社群的行为机制，在“怎样看待和分析人们生活的世界”“如何评估人与环境，从而找出解决问题的方案”等问题上，为社会工作者提供了一种观察世界和处理社会问题的独特视角与方法，提供了社会工作实务的理论基础、基本知识、技巧和程序。

## 第一节　通用过程模式的理论依据

整合社会工作的基本假设是，社会工作是由一套助人知识、价值和技术体系组成的实务方法引导的实践活动。社会工作实务的通用过程模式描述了社会工作实务过程的基本构成要素。

### 一、通用社会工作过程模式的含义

社会工作是一个过程，这个命题来自社会工作前辈们的实践经验。早在 20 世纪初，玛丽·埃伦·里士满（Mary Ellen Richmond）就在《社会诊断》一书中把社会工作的助人活动看作是一个过程，并讨论了社会现象的实质和社会诊断对助人过程的影响、动态发展及其对社会工作实务的意义。而“通用社会工作过程模式”则是对整合性社会工作实务发展的概括。要理解通用的社会工作过程模式的意义，需要对 3 个关键词有所理解：一是模式，二是过程，三是通用。

#### (一) 通用社会工作过程模式的概念和内涵

所谓模式，可以看作是人们对解决某类问题的方法所进行的总结和归纳，以及对这种总结和归纳所作的概括。在此意义上说，模式是对现象所作的概括和总结，是以一种结构性、广泛性和一般性的方式描述事物发展运行的过程，是将现象所具有的共同元素进行提炼和概括后的一种抽象，它能够为行动提供指引。每个模式都描述了一个问题与其解决方案的组合形态，也描述了该问题解决方案的核心要素。

### 1. 通用社会工作过程模式是对社会工作实务活动共性的概括

尽管社会工作面对的对象非常多样复杂，但是，渗透其中的专业工作方法却具有一定的共同性，从这些共同性中归纳总结出实务活动的原则及形态，以使实务工作具有一致性，这就是通用社会工作过程实务模式产生的基础。通用社会工作的过程模式指的是从实践经验中提升出来的、描述和总结了实务运作过程中的重要变项，以及它们之间的相互关系，因而是具有结构性、广泛性和一般性的相对固定并且在一定程度普遍适用的工作程序，是在社会工作实务开展过程中逐渐形成的可用于不同领域、不同人群的工作方法。由此可知，通用社会工作过程模式对社会工作实务的意义在于，它提供了一套在不同场域工作时可资使用的程序、步骤和方法，以满足服务对象的需要。

### 2. 通用社会工作过程模式涵盖了社会工作实务的发展阶段和系统

社会工作的实务活动是一个过程，经典作者和前线实务者经过不断研究与实践形成了“社会工作实务的通用过程模式”。在这个发展过程中，社会工作助人过程中“各系统相互作用”的观点对通用社会工作过程模式的建立和发展起到了非常重要的推动作用。

社会工作的系统观点认为，系统是在各要素之间有规则的相互作用下形成的有机整体。通过对各种服务对象和他们的问题进行系统分析，可以区分出帮助他们的有效的介入目标和策略，找出帮助每个服务对象和解决各种问题时都包含的基本要素和基本步骤。一旦这些解决问题的基本要素和基本步骤被从每个个别的工作过程中剥离出来，就可以形成一种可以用于解决所有问题和帮助所有服务对象的“共通的”助人方法和一般过程。这样，社会上作实务的通用过程模式超越了每个单个服务对象和他们的问题，强调一种适用于帮助各种服务对象和解决各种问题的、具有共通性的工作过程和方法。从这个意义上说，“通用社会工作实务过程模式”既是对“社会工作实务的通用过程和方法”的提炼和概括，也意味着适用于帮助各种服务对象和解决各种问题的社会工作的步骤、过程和方法是“通用的”。故此，我们也将“社会工作实务的通用过程模式”所包含的所有社会工作实务的方法和过程称为“通用的”社会工作实务过程和方法，简称“通用过程模式”。社会工作实务的通用过程模式对社会工作实务具有重要指导意义，在这个模式指导下，社会工作者能够设计出恰当的介入方案，得到解决问题的最佳办法，达到事半功倍的助人效果，以完成各种助人任务。

## （二）通用社会工作过程模式强调整合视角的社会工作实务

社会工作的实践经验表明，无论是帮助有困难、有需要的个人，还是协助家庭、群体、组织或者社区解决问题，其工作的方法和工作的过程都不是杂乱无章的，而是具有一定的程序，并且是一个前后相继的连续过程；这个过程是一个有结构、有步骤、彼此连贯、有逻辑联系的整体，过程中的每一个阶段都对应着一个阶段必须完成的一系列任务。这一模式之所以被称为“通用的”，是因为它吸收了各种助人模式识别出的各种助人过程所具有的普遍性和共通性的元素，包括助人的条件、资源、方法、技巧和过程等，将这些助人的方法和步骤及过程等元素进行总结和提炼，形成了一套通用的助人程序。与社会工作的先行者们一样，这个模式认为社会工作实务下的助人行动是一个过程，由一系列既定的助人目标和系统化的助人行动所组成。“社会工作实务的通用过程模式”代表了对助人过程一般规律的认识，是社会工作助人活动的基本指引。

1. 强调全人服务观

在近百年的社会工作专业实践过程中，先后产生了许多社会工作实务方法和模式，包括涉及个人和家庭的个案工作方法，与群体工作相关的小组工作方法和以社区为对象的社区工作方法。在社会工作专业化的努力过程中，传统上，社会工作者依据实践的专长和采用的专业方法被划分为个案工作者、小组工作者和社区工作者，这使得服务对象在接受以一种服务方法提供服务的同时人为地被分割成了个人、群体和社区成员。但从社会工作实际的工作要求来看，服务对象既是独立的主体，同时也是群体的一员，更属于社区，他们既需要个人的服务，也需要在解决群体和社区问题的基础上解决个人的问题。换句话说，个人问题与群体和社区问题是相连的，个人问题的解决有赖于群体和社区问题的解决，个人被看作一个存在于系统中的人，而不能以工作方法分割开来。

2. 强调社会工作实务是结构化的规范性实务活动

通用过程模式是吸收了前人各种助人模式的经验，识别出助人过程中所具有的普遍性和共通性的元素，将之加以组织和结构化所形成的一般性助人程序。通用社会工作的实务模式超越了传统社会工作方法的分割，避免了对同类服务对象问题采用“不同方法”进行干预所造成的、将服务对象和他们的需要及问题割裂来看的弊端。通用过程模式所涵盖的方法和技巧可以用于帮助个人，也同样可以用于家庭、小组、组织和社区工作中，是解决社会问题的一种通用方法。故此，社会工作实务的通用过程模式就是一种用来与个人、家庭、群体、组织和社区一起工作的基本程序和方法，是对助人行动基本程序和方法的概括。通用过程模式显示和说明了社会工作的助人过程具有稳定性和规范性。因此，社会工作实务的通用过程模式为社会工作者在助人过程中运用社会工作价值观、知识和技巧提供了一个框架，指示着助人活动的方向，是一个结构化的适用于所有社会工作领域和服务对象的一般性的实务方法。

3. 强调社会工作者的通才能力

通用社会工作过程模式建立在对通才社会工作者的要求基础上。通用过程模式假定，所有社会工作者都具有运用问题解决程序和方法来评估和介入个人、家庭、小组、组织和社区所面临问题的能力。为了面对和回应社会的需要和服务对象的问题，社会工作者要具有与不同系统工作的能力，这要求社会工作者在众多领域接受训练和学有专长，以便能够有效地处理个人、家庭、小组、组织和社区所面临的问题。为此，社会工作强调整合与综融的实践方法。

整合的社会工作方法采用不同的干预技巧在不同的机构实施中，协助不同的服务对象群体处理个人与社会问题。这套整合的社会工作方法要求社会工作者既能够为服务对象提供直接服务，又能够在服务管理、社会政策开发和促成社会变迁等层面担负起专业的责任。与这套整合方法的要求相适应，社会工作的实践方法不再是个案工作、小组工作、社区工作等方法，而是将社会工作的方法划分为针对个人的、针对小组的、针对家庭的、针对组织的和针对社区的社会工作方法。

## 二、通用过程模式的理论依据

通用社会工作实务过程是对助人活动的一般性概括，可以运用于各种服务对象。由于社会工作的专业目标涵盖范围非常广泛，服务对象又多种多样，而这些个人、群体、社区和组织间存在着密切的相互作用，因此社会工作专业需要各种有关人与社会的知识，这些知识构成了社会工作实务的理论基础，是社会工作专业使命的知识依托。社会工作专业的基础知识大部分来自社会和行为科学领域，也借用了大量与生物、社会、心理和文化系统有关的学科领域的知识，这些知识以一种独特的方式被整合，重新组织成为社会工作实务的专业基础知识，这套融合了多种理论模式的知识体系也被称为综融的社会工作法。所谓综融社会工作方法意为博采众家之长为社会工作实务所提供的理论知识和方法的支撑。此外，有关经济影响力的理论也为理解各种系统是如何推动或阻碍人们获得最佳健康和福祉的过程提供了一个重要的维度。对政治进程和政策形成过程的研究从 20 世纪70 年代以来也已经被纳入社会工作的实务知识基础中。上述这些知识构成了通用社会工作实务的重要理论和知识基础。

### （一）人类行为与社会环境

社会工作实务过程中，社会工作者要满足服务对象的需要，帮助他们克服困难和解决问题，同时还要提升他们的能力；不仅需要为服务对象提供个人化的辅导，还要懂得如何协助有共同需要和问题的团体和社区。为此，社会工作者需要与服务对象的家庭、社区、朋友、邻里等社会网络一起工作。这些工作不仅需要理论指导，还需要一整套的工作方法和技巧，既需要微观的工作技巧，也需要宏观的政策倡导，需要多种工作方法和技巧的综合运用。这些不同群体相互作用，同时也与他们的社会环境相互影响。这种“人在情境中”“人与环境”交互作用的视角构成了通用社会工作实务的重要理论基础之一。

人类行为与社会环境的理论是关于“人的生理、心理和社会发展的理论，包括人们生活所处的各个社会环境系统的理论，例如家庭、团体、组织和社区的知识（CSWE，1994：139-140）”，其理论焦点放在个人、群体、社会和经济系统之间的交互作用上。这些知识对于社会工作者的工作实施都是最基本的，是认识服务对象需要与问题的重要理论。

### （二）系统理论

#### 1. 系统理论在社会实务中的运用及其含义

系统理论着眼于分析构成整个系统的各要素间存在的复杂联系和相互关系，以及存在于社会场境和外部环境中的其他相互影响的要素，即各子系统间的相互影响。系统理论认为，一个系统的改变会影响此系统的其他部分，反之亦然。

社会工作实务借用了系统理论并以之为视角，分析服务对象的需要、问题、障碍以及其资源和优势与其内在因素和外在环境间的关系。在社会工作实践中，“系统”是指社会系统内各个成员之间的相互交流，如夫妻、家庭、邻居、医患关系、小组、机构、照顾系统等。系统理论分析组织、政策、社区和群体对个人的影响，认为个人处于环境中的各种系统不断的相互作用中。社会工作的目的就是要改善服务对象与其系统间的相互作用的形态和性质。巴克（Barker）将系统定义为：一个由多种元素构成的复合体，各元素间有相互作用的关系和可以识别的边界，共同构成一个复杂的或单一的整体。系统可以是物质性的和机械性的，有生命的和社会性的，也可以是这些性质的结合体。社会系统的例子有单个家庭、群体、某个社会福利机构，或一个国家的整个教育链条。

社会工作的系统视角强调超出服务对象自身问题来评估他们生活环境的复杂性，

以及二者之间的关系，提出了关于系统的新知识，使整合社会和心理现象的概念成为可能，也使社会工作对环境由原先采取的静态观点转向一种动态的观点。在系统视角下，个人、群体、组织和社区的环境系统是社会工作者介入和改变的场域，在这个场域里所有的元素彼此相互交错和影响，因而它们都是社会工作者需要分析和介入的场域。

2. 系统视角下社会工作实务的重点

（1）注重个人的整体性和完整性。通用社会工作模式强调个人、家庭、群体、社区和组织与环境是交叉互动、相互影响的，强调整体环境中完整的人。

（2）强调社会系统特别是家庭系统在塑造和影响人的行为及生活状态中的重要作用。社会工作者努力了解个人与家庭、群体、组织和社区互动的形态和互动的规则，包括各自文化习俗在内的各种结构因素对人们互动的影响。

（3）注重运用社会资源，包括正式和非正式的社会网络资源帮助个人、群体、组织和社区解决问题，满足需要。

3. 系统视角下社会工作实务的特点

（1）对个人、家庭、群体、社区和组织的需要与问题的评估，焦点不仅在于服务对象系统内部，例如对个人内在生理或心理行为特征等层面的评估，而且涉及与服务对象问题相关的宏观、中观和微观等各层次相关的外在环境的特质、功能和运作情况。

（2）动态实务。服务对象问题的相关层面或系统的各部分是动态的，并在不断地消长和变化，故其需要不断地和连续地进行评估。

（3）纵横相交的实务取向。对服务对象问题的处理需要采取周延和连续的整合观点，即在横切面上同时考虑问题的所有相关层面，在纵贯面上注意问题的处理流程和阶段性步骤。

### （三）生态系统理论视角

1. 生态系统理论视角下的社会工作实务分析框架

生态系统理论视角借鉴了系统理论，融合了许多有关人类行为与社会工作实务的理论，是少数具有综融性特色的社会工作实务的理论视角，其以人与环境间互动关系的特点为概念框架，描述和分析人所在的复杂网络力量如何正向地影响人们与其行动的场域，也帮助社会工作者理解阻碍人们成长、健康与社会功能的负向社会环境，例如贫穷、失业等情境。生态系统视角认为，服务对象所经历的困境是“社会中的问题”，并非个人的病态或性格缺陷所致，社会工作的介入点是与人们发生相互关系的个人、家庭、次文化、社区等各个层次系统；而其助人的实务模型则是综合各种社会工作取向的方法，主张运用多元面向（multi-dimension）和多元系统（muli-system）的介入策略。生态系统视角强调关注服务对象的生活及环境两个层面，重视建构“人在情境中”的人与环境的联合交互系统（unitary system），因而为社会工作者提供了一个整合的知识体系。同时，这一视角强调人的成长是经由与社会工作者互动和正向生活经验（positive life experience）的取得而发生的，社会工作对服务对象获取成长经验的意义也成为此视角的一个重要部分。

生态系统视角认为，人是主动的、有目标和目的的发展主体，会为自己作最好的决定和选择。

在生态系统理论视角下，形成了社会工作实务的分析框架，这一框架包括生态理论视角中的“栖息地”和“生存空间/活动范围”两部分，是分析“人与环境”互动的实务工作框架。

（1）栖息地。所谓“栖息地”即是指人生活的环境，包括物理环境和社会环境。当栖息地有丰富的资源，能够提供有机体成长和发展所需时，人就会逐渐地繁殖和成长；当栖息地缺乏必要的资源时，人的生理、社会、情绪的发展和相关的行为功能则会受到严重的影响。在这个意义上说，人们和他们所处的环境也被视为相互依赖且彼此辅助的一个整体，人和环境在这个整体里互为对方进行持续的改变和塑造。

（2）生存空间。所谓“生存空间”，指的是人在社会中所处的地位，人们所处不同空间需要扮演的社会角色也不同。从发展心理学角度看，成功扮演社会赋予的社会角色是每个人成长过程的生命任务之一。生态系统理论认为，作为人类发展过程所建构起来的生存空间是成长中的个人与其环境间长期交流的结果，而不是单一的个人特质因素的产物，个体需握有取得资源的机会，否则无法建立自己的生存空间。此观点揭示了通过社会支持给予主体资源的实务方向。

2. 生态系统理论视角下社会工作实务的核心概念和内容

（1）生命周期。是指人作为生物体从出生、成长、成熟、衰退到死亡的全部过程。在这一过程中，影响个人发展的相关社会结构及历史变迁中的生活事件对个人生活产生意义。由此，社会工作者运用“时间线”分析方法可以重现服务对象经历的集体历史事件，从中找出不同社会力量对个人生命发展阶段的影响。

（2）人际关联。每个人都需要，而他们也拥有与他人连接而建立关系的能力，并因此建构个人在未来生命周期中所发展出来的各种互惠性的照顾关系。对人际关联能力与状况的评估是认识人与其环境关系的重要指标。

（3）胜任能力。指个人通过与环境的成功交流，进而发展与建立有效掌控环境的能力。具体而言，此种“能力”涵盖了从幼年与其所处环境系统成功互动的生活经验中发展出的自我效能感，能与他人建立有效而关怀的人际关系，有着决定的能力和自信，有动员环境资源及社会支持等的能力。

（4）角色。指在一定的社会空间系统下个人在社会系统中的角色表现是一种互惠性期待的社会层面的角色，而不是个人的角色期待。社会层面的角色是个人内在历程和社会参与的桥梁，受到个人感受、情感、知觉和信念的影响。

（5）地位与栖息地。栖息地指个人所在文化脉络中的物理及社会环境，地位是指个人在其所在的环境或社区中拥有的成员地位。生态地位反映个体所在的某种环境区域的特色，它对个人完成特定发展任务产生有利或不利的影响，因而也帮助社会工作者形成个人、家庭或者群体与社区目前处境的发展历程。

（6）适应力。指在人与环境的交流过程中，人与环境间相互影响和反应所达到的最佳调和度。生态系统理论视角认为，主体对环境的适应良好与病态、偏差等问题无关，而是天时、地利、人和下的成功交流，而适应不良指的则是个人的需求和环境提供的资源、支持之间无法搭配调和的状态。

（7）滋养性环境。指主体所在环境能在适当的时刻和方式下提供必要的资源、安全和支持给主体（包括个人、家庭、群体和社区），以增进社区成员的认知、社会及情绪的发展；相反，不友善（非滋养性环境）环境缺乏或扭曲了资源支持的提供，因而阻碍了个人的发展和适应能力。此点揭示了社会工作实务需要为服务对象增能的必要性，即一方面要增强个人控制环境的能力；另一方面也需要为服务对象建构滋养性环境。

### 3. 生态系统理论视角下社会工作实务的切入点

在上述核心概念下，社会生态系统视角下的实务对人有如下的认识，并从其入手为服务对象提供服务。

（1）从人们所在系统与其他不同系统之间的关联层面进行切入，分析和理解个人、家庭、群体和社区的社会生活功能发挥状况，并进行相应的介入干预。人们所在的系统层次是一个层层相扣的巢状结构，分为4个层次：一是微观系统，是个体所在和所创造的周围环境，包括人在其中的人际关系活动形态与角色扮演；二是中观系统，是微观系统之间的互动，其间发生的互动影响个体的发展；三是外部系统，是非直接影响个体发展的外部条件，也指两个以上关联的情境，其在同一个间接的外在情境中发生关联，如父母的收入等；四是宏观系统，指所有的其他环境，它们在一个更大的层次上发生关联。巢状系统结构揭示出，任何个体的行为都源于家庭、群体、组织和社区的模塑而成，因而需要系统性介入个体、家庭、组织与社群所在的各系统，特别要关注和介入与各服务对象系统有关的社会网络环境，以增进它们的滋养性。

（2）人生来就有与环境和其他人互动的能力，人与环境的关系是互惠的，并且个人能够与环境形成良好的调适关系。社会工作的重点在于提升人与环境的调和度，即增强人与环境间的适应性、互惠性、相互性，使之相互适应并发展。

（3）个人的行动是有目的的，人类遵循适者生存的法则。个人生活的意义是环境赋予的，要理解个人，就必须将其置于其环境之中。由此，改善“环境的品质”就是满足服务对象的需要，解决问题以提升其福祉的重要工作。环境包括社会及物理两种。物理环境包括人们栖息的自然世界和人为世界（经由区位空间的组成与建构、自然律动节奏与周期改变影响人们的生活历程和发展）。社会环境包括复杂的科层组织（卫生、教育和社会福利服务组织）以及人际社会网络（亲属、邻居及朋友）所提供的工具性、情感性和信息性的资源，以满足人们的需求和发展需要。

（4）个人的问题是生活过程中的问题，对个人问题的理解和判定也必须在其生存的环境中进行。“生活中的问题”是对此认识的诠释。社会工作应聚焦于服务对象与环境交流互动时，服务对象的生命任务、成熟（长）需求能否应对环境的要求，将服务对象的需求和问题视为其在与环境交流互动过程中环境资源与需求不匹配产生的问题，这种问题是人们“生活中的问题”，而非行为病态或品德瑕疵问题。社会工作的介入目标在于增进个体的胜任能力，同时聚焦于建立社会支持即干预环境，以增进人与环境的调和度。

（5）依据生态系统的4个层次，分析个体、家庭、群体和社区与其所处环境的互惠关系是认识理解服务对象需求、问题和能力的重要面向，对主体和环境的双向增能是提升主体和环境能力的重要措施，而实务工作的一个重点是将外部的社会支持网络作为人们重要的环境资源进行建构，因为正式和非正式的社会网络及其支持资源是影响个体、家庭、群体和社区的环境要素，也是其滋养性的环境。

（6）鉴于个人、家庭、社群的问题与环境资源的不足、障碍有关，是多因素互动而成的，因此实务介入的方向也是多元的。家庭是个人所在的微观系统或即时环境，同时也是个人所在更宏观环境中的一部分，故此，运用家庭关系图可以客观地分析家庭关系，运用生态图描述可以理解个人、家庭与外在系统间交流的流动方向与关系强弱。在群体工作层面，强调群体成员的支持与帮助，在个人和群体与整个群体所在环境间营造互惠性行动，影响群体与组织中的决策与功能发挥。

（7）生态系统理论视角下社会工作是一种多因素介入，力图找出多种问题的解决之道。社会资本建构和集体效能增进是重要的满足需求和解决问题的措施。社会资本是社会中所有成员之间的关系和交换，一个社区的社会资本的水平对个体的健康和行为有显著影响；而集体效能则是社会资本的一种衡量方式，例如高失业率和高贫穷率会损害集体效能。

### （四）优势视角

优势视角或称能力视角（strengths perspective）认为，每个人、群体、组织和社区都有其内在的能力，包括天赋、知识、社会支持和资源，只要存在适当的条件，就可以建设性地发挥自身功能。

#### 1. 优势视角下社会工作实务的特点

（1）非疾病假设。优势视角与传统社会工作的疾病模式不同，它从一个完全不同的角度看待服务对象、他们的环境和他们的现状；它不是孤立地专注于问题，而是将目光投向可能性，在创伤、痛苦和困难的荆棘之中看到希望和转变的种子。

（2）强调社会工作的任何过程都要重视服务对象的优势。优势视角/能力视角的实践意味着：社会工作者所做的一切都要立足发现和寻求、探索和利用服务对象的优势和资源，协助他们达到自己的目标。

（3）强调整合性干预服务。优势视角的理念与生态系统理论具有高度内在契合性。生态系统理论暗含着一个基本假设：个人痛苦是政治性的，社会工作的实践也是政治性的。社会工作的优势视角或称能力视角契合了生态系统理论的这种假设，倡导一种生态系统的方法，强调全体与完整，并且在评估和介入过程中对服务对象的经验予以关注。

#### 2. 优势视角下社会工作实务的重点

（1）每个人、小组、家庭和社区都有优点，都有他们的内在和外在资源。

（2）创伤、虐待、疾病和挣扎可能是伤害，但它们也可能成为挑战和机遇。

（3）假定你不知道成长和转变能力的上限，就要认真地对待个人、群体和社区的抱负。

（4）社会工作者只有通过与服务对象的协作才能更好地为他们服务。

（5）每一种环境都充满资源。

# 第二节　通用过程模式的特点

通用过程模式强调助人是一个过程，运用综融的社会工作理论和整合的社会工作实务方法提供服务，无论是个案工作、小组工作、社区工作、社会工作行政还是政策实践，都遵循着一定的程序，且有改变和助人的共通的方法。

## 一、助人过程是一个结构化的实务过程

社会工作帮助社会系统与个人提升社会功能，解决或预防问题的产生，都需要经过一个结构化的操作实施，有计划、有步骤地达到改变的目的。因此，社会工作是一个过程。

首先，社会工作者作为改变系统中的要素之一，只是协助人们改变现状的媒介体，而社会工作者要能有效地协助服务对象改变，就要在与服务对象接触过程中建立起一个良好的专业助人关系。社会工作的助人关系被看作是实现目标的基石与灵魂。因为，社会工作者只有通过助人关系才能与服务对象讨论如何处理困难和解决问题，改变服务对象的态度和行为，才能在过程中逐渐产生改变的作用，达到助人的目的。社会工作助人关系的建立是一个过程。

其次，改变是一个过程。过程不是一种突变，而是由量变到质变的过程，是服务对象逐步形成自我改变意识的过程。在这个过程中，社会工作者促使服务对象系统在自我觉悟、自我引导和自我行动中教育和改变自己。因此，改变同时是一个内部的过程。改变必须从系统内部开始，服务对象有了改变的动机，社会工作者才能与其一起发现与分析问题，进而学习改变，达到改变的目标。

最后，改变必须是一个主动与自发的过程。改变是一种具有高度的自动性与自发性的行为。如果服务对象不是发自内心主动要求改变，而是被动地接受社会工作者为其处理困难与解决问题的安排，这种改变就只能是一种表面的改变，治标不治本。因此，必须启发与促进服务对象内心的动机与愿望，使改变成为一种自觉的行为。这样的目标不是一蹴而就的，而是要经历一个过程。

以上三点说明，社会工作的助人活动是一个连续的、有目的的改变过程。

## 二、通用过程模式的特点

不同于将社会工作服务对象分割为个人、家庭、小组、社区的传统实务方法，通用过程模式将助人过程看作是一个有结构的解决问题的过程。这一命题已为社会工作的研究者们所一致认定。通用过程模式的特点是，强调社会工作实务过程是一个有弹性的、各阶段有时交叉重叠的、持续的过程，是一个系统的程序。

### （一）运用综合方法

通用的过程模式在理论取向上采取综合的立场，从各种可取的知识和方法中选取最好的加以综合。这些知识和方法都是经过实践检验的，确实可信的。

### （二）工作过程阶段化

通用工作过程模式将助人过程划分为逻辑上前后相连的几个阶段。例如，介入应该是在有了计划和订立服务协议之后进行的行动，将它们区分为不同阶段并不意味着助人过程是截然分开的、各自独立的；相反，这样划分的目的在于显示助人过程中不同阶段的主要特点，在实际工作中，不同的阶段可能会交叉和重叠。

### （三）工作任务阶段化

在助人过程中，每一阶段对服务对象都是重要的，都有与之相联系的具体任务，社会工作者完成每一项任务都需要专门技巧。一个阶段的任务完成得不好，会影响完成下一个阶段的任务。

### （四）整合社会工作的价值观

通用过程模式整合了社会工作的核心价值观。在每一阶段的工作中都强调服务对象的参与，以及社会工作者的接纳。同时，通用过程模式还强调社会工作的伦理守则，表现为强调对工作负责，让服务对象参与持续的、定期的评估和检讨。整合社会工作价值有助于社会工作者专业责任的履行。

## 三、运用通用过程模式应考虑的因素

通用过程模式是对社会工作助人活动规律的一般性概括，在具体运用时应根据助人活动的场境，考虑实际情况加以处理，这是由通用过程模式的特点决定的。

### （一）助人过程各阶段的先后次序是有弹性的

通用过程模式假定，社会工作者与服务对象都有面对面的接触，服务对象参与所有工作阶段。这在以个人为服务对象的个案工作中表现比较明显。然而，就社会工作多样的工作场所来说，也会有与个案工作不同的地方。例如，在青少年服务中心或居民委员会的社区工作中，社会工作者要先评估社区的需要然后才策划工作方案，再接着寻求社区居民的直接参与，即先有需求评估，后有建立关系和接案的工作。在某些危急情况下，如发现儿童有可能被虐待时，社会工作者首先要保护儿童，将其带离危险的环境，即进行直接的介入。在另外一些情况下，助人过程还会在某一阶段被简化，例如在接案后就结案，或者将服务对象转介给另一机构。

### （二）工作过程是螺旋式的

尽管通用过程模式的各阶段有先后顺序，但这并不是说必须完成一个阶段后才能进入下一个阶段。事实上，在助人过程没有结束前，哪一个阶段都不会真正结束。这是因为，对服务对象问题的理解是一个随时间不断深入的过程，而且问题本身也会随着时间的推移而改变。这要求社会工作者在与服务对象工作时不断发现新问题，不断修正原来的计划。所以说，助人过程是螺旋式上升的，而不是直线式的，社会工作者在完成一项工作后都要回过头来看看上一个阶段的工作是否需要再进一步跟进。

### （三）模式本身只可作为实务过程的参考

通用过程模式并不是包治百病的万能药，不可能解决助人过程中遇到的所有问题，也不是机械地将所有问题解决方案固化，它更像是一张地图，为社会工作者的工作方向提供重要的信息和引导。因此，它只能作为助人过程中的路标，而不能将其看作是全部真实立体的助人场境和实务活动的全貌。社会工作者要学会运用社会工作的知识和技巧来弥补抽象模式的不足，根据实际情况随时修正工作方法，调整工作过程。

## 第三节　通用过程模式的四个基本系统对社会工作实务的作用

通用过程模式强调运用各种系统资源，通过对其进行组合、调适，发挥和调动它们的潜力，以增强人们的社会功能，从而达到改变人与系统的目标。

### 一、通用过程模式中的四个基本系统

以系统理论为基础，通用过程模式将社会工作的服务系统看作是由社会工作者、服务对象、改变的目标和为达到改变目标而采取的行动组成的，称为"四个基本系统"。

社会工作的实务过程即是根据人与系统在其环境中的互动状况来决定介入目标，确认改变所要涉及的人和系统及其相互间的关系。社会工作者要确定谁是"变迁努力"的受益人，谁是"变迁努力"的合作者，谁是需要改变或影响的人。

#### （一）改变媒介系统

"改变媒介"是指受雇于政府、非营利机构、组织和社区中的社会工作者，是"有计划变迁"的具体操作者，在"问题—解决"的改变过程中是促使服务对象发生改变的媒介。改变媒介促使个人完成生命任务及系统应对问题时能力的提高，促进服务对象与资源系统之间的良性互动，达到计划变迁的目标。

然而，在很多情况下，服务对象的改变媒介并不只是社会工作者，而是由与服务对象有关的具有不同专长的助人者所组成，形成一个"改变媒介系统"。这个媒介系统通过有组织的、结构性的工作，达到助人改变的目标。在改变媒介系统所作的变迁努力中，社会工作者与改变媒介系统中的其他专业人士形成一个团队共同工作。在这个团队中，社会工作者是担当主要责任的"主要改变媒介"。例如，少年管教所的社会工作者是越轨少年的主要改变媒介，在教育越轨少年的工作中他要同时与学校的教官、老师、服务对象、街道派出所的民警、街道干部、居民委员会主任及其家庭一起工作，促进越轨青少年的转化，并协调不同部门的工作。可以看出，改变媒介系统既是服务对象改变的媒介，又是改变努力的主要行动者。

#### （二）服务对象系统

服务对象系统是指社会工作服务的对象，也是社会工作服务的直接受益人。服务对象系统可以是个人、家庭、团体、组织或社区。一般来说，前来社会工作服务机构求助的服务对象带有不同的问题和不同层次的需求，大多数服务对象在求助以前通常都有过自己努力去解决问题的经历，当他们以个人能力无法解决问题时，可能首先是求助于自己的自然助人网络，也就是使用非正式的资源系统解决自己的问题与满足需要，如亲戚、朋友、邻里等，走进社会工作服务机构是在他们经过那些不成功的尝试后所作的最

后选择。

辨别服务对象的类型，弄清楚服务对象是如何来社会工作服务机构求助的，是提供服务的第一步。社会工作者与服务对象专业关系的建立，助人过程中与服务对象的互动都与服务对象的类型有关（此点将在第二章详述）。

（三）目标系统

为了达到改变服务对象系统的目的所需要改变和影响的系统即是“目标系统”。由于服务对象系统需要的满足与问题的解决经常与其所处的环境系统有关，为了达到服务与改变社会环境的目的，要求社会工作者与有关系统一起将环境作为目标系统去改变和影响，从而为解决服务对象的问题与满足需要创造条件，一步步地达到改变的目标。

在实际工作中，在确认了服务对象系统后，社会工作者的任务通常是要与服务对象系统一起确定目标系统，也即为达到改变服务对象和其社会环境所要被改变与被影响的系统。例如，一个新建的居民小区环境卫生恶劣、垃圾成堆、污水遍地，社会工作者（改变媒介）、街道干部、居委会主任与社区居民（服务对象系统）共同商讨解决社区的环境卫生问题。首先，找出目标系统：房管、市政、环境卫生部门及社区居民，这些人和部门的态度对社区环境有直接影响，他们的工作做通了，社区的环境就可以得到改善。其次，改变媒介要与服务对象一起或代表服务对象与目标系统进行互动或者直接介入。在介入过程中，社会工作者要注意目标系统并不一定总是支持改变的，有时也可能会不愿改变，这就需要运用一些工作策略去对目标系统施以影响，如可以要求人大代表向市政环境卫生部门施加影响，要求制定有关的环境卫生条例，或者通过新闻媒体报道社区的环境卫生状况，以引起政府有关部门对问题的重视。

从以上所举例子中可以看出：服务对象系统并不总是为达到改变目标而要被改变的系统，换句话说，服务对象系统并不一定就等于目标系统。一般来说，目标系统大于服务对象系统，而且具有时效性。服务对象系统与目标系统有时是一致的，有时是不一致的，有时还可能是交叉的。例如，在上述社区居民改善居住环境的例子中，社区居民既是服务对象系统也是目标系统，作为目标系统，社会工作者要协助他们改变居民的卫生习惯与行为。此外，目标系统之一的环境卫生部门是与服务对象系统分离的。当社区居民与政府有关部门接触时，可能会遇到困难，如不懂如何表达、没有自信心等。这时，社会工作者需要给他们以鼓励并帮助他们准备有关资料、学习与政府工作人员沟通的技巧等。在这些活动中，社会工作者把居民看作是另一个目标系统，工作目标不只是帮助他们解决环境卫生问题，而且要增加他们的自我价值感，增强社区凝聚力，鼓励居民参与社区事务等。这些对社区居民学会应对和解决其他问题都会很有帮助。可以看出，目标系统是可以转换的，是有时效性的，它随问题的发展而变化。

（四）行动系统

行动系统是指那些与社会工作者一起努力、实现改变目标的人，是社会工作者的合作者。为了实现与服务对象的协议，帮助服务对象达到改变的目标，社会工作者要进行各种努力，调动各种资源。在这个过程中，社会工作者不是孤立地进行这些改变的努力，而是与服务对象有关的人和系统一起，形成一个行动系统。这些人是社会工作者的同盟军，是与社会工作者一起进行改变努力的行动系统。例如，前述案例中为改善社区环境而采取行动的人大代表、新闻媒体的记者等都是行动系统的组成部分。

改变媒介可以与一个或几个行动系统一起工作，完成不同的改变任务，实现不同的目标。例如，在改善社区环境卫生的例子中，为寻求改变，社会工作者在不同阶段要与不同的行动系统工作，每一个子系统都可以扮演不同的角色，比如一个行动子系统可以做有关研究、收集资料的工作，另一个子系统负责与有关政府部门、新闻单位联络。此外，在帮助服务对象改变过程中，社会工作者也要善于将有助于服务对象改变的人员组成新的行动系统，去影响服务对象。当存在多个行动系统时，要注意协调各行动系统的工作步调。如在帮助越轨青少年的工作中，要注意协调街道干部、劳动用工部门、派出所等行动系统的工作。同时，要随时研究、评估行动系统是否有效运作。当行动系统不能发挥作用时，应及时研究其原因，并调整行动系统。

## 二、四个基本系统对社会工作实务的意义

社会工作实务通用过程中的 4 个基本系统为社会工作者提供了一个实务工作的基本参考架构和助人活动的介入蓝图。社会工作者需明确：在社会工作的助人过程中，这 4 个基本系统不断地互动，从而达到助人的目标，作为改变媒介的社会工作者是服务对象改变的重点人物，而对于各系统的分析与运用是达到助人目标的重要工具。

(1) 4 个基本系统帮助社会工作者识别出改变服务对象系统所必须完成的一般任务。例如，通常需要完成的任务顺序是：首先从服务对象系统获得授权并与之订立助人关系签约，其次需要辨识出目标系统，最后再发展实现目标的行动系统。

(2) 4 个基本系统使社会工作者懂得，需要改变的不只是服务对象系统。社会工作者不能假设求助的人就是主要的介入目标，因为服务对象系统不一定与目标系统完全吻合。

(3) 行动系统的规模或组成只有在确立了改变的目标系统之后才能确定。

(4) 由于社会工作者必须与不同的系统建立关系，与一个系统工作所需的知识和技巧不一定适用于其他系统，与不同规模和类型的系统工作需要掌握更专门化的知识。

(5) 组织也是一个系统。作为一个系统，组织在改变过程中常常扮演重要的角色。除了个人、群体和社区以外，组织也会成为社会工作者处理问题时的改变目标。这要求社会工作者具备与组织工作所需的知识，同时也要懂得如何推动组织的改变。

(6) 因为行动系统在整个改变过程中起着至关重要的作用，所以社会工作者也需要不断诊断行动系统的情况。

### 本章小结

通用社会工作实务模式帮助社会工作者面对不同的服务对象，处理各种各样的问题、挑战和情况，是社会工作者必须掌握的实务技能。本章从综融和整合社会工作实务观出发，介绍了通用社会工作过程模式的取向和理论基础、实务分析框架和特点。从系统和生态理论视角出发，通用过程模式强调服务对象与他们所处环境之间的相互作用，

帮助社会工作者辨识服务对象的需要、问题与其生命阶段和外在社会资源之间的关系，以便从内外两方面入手为服务对象提供所需帮助。本章还介绍了通用过程模式中所涉及的 4 个基本系统，以及各系统的相互关系及对社会工作实务的意义。通用社会工作过程模式融合了不同理论、实务方法和社会工作的价值，是一个综融运用理论的整合性实务模式，为社会工作者提供了基本的助人知识、技巧和程序，适用于与个人、家庭、群体、组织和社区所进行的社会工作。

# 第二章　社会工作实务的通用过程

社会工作实务的通用过程包括：接案、预估、计划、介入、评估和结案6个阶段或步骤，每个阶段和步骤都有不同的工作任务、内容和方法与技巧。

## 第一节　接案

接案是社会工作实务过程的第一步，是社会工作助人活动的开端，也是整个助人过程的基础和起点。

### 一、接案阶段社会工作者的主要任务

在接案阶段，社会工作者的主要任务包括了解服务对象的求助过程、初步评估服务对象的问题、建立专业关系、决定是否服务、订立初步合约。

#### （一）接案的重要性

1. 什么是接案

接案是指社会工作者开始与服务对象[①]接触时的第一步工作，包括社会工作者与服务对象就社会工作者的角色和服务对象的需要而展开的沟通，包含了社会工作者如何与服务对象开展工作的知识和技巧运用。通过接案这样一个服务过程，社会工作者与前来求助的潜在服务对象进行接触，了解其需要，帮助其逐渐成为服务对象的开始。因此，成功的接案是专业助人活动的前提。

2. 接案工作的目的

（1）澄清社会工作者和服务对象双方的期望和义务。接案工作的意义在于使有关各方了解各自的期望，明白各自应尽的义务，避免因误解而给后续工作造成障碍。

（2）激励服务对象。对双方各自角色和责任的了解能够激励服务对象为解决自己的问题而努力。

（3）促进和诱导服务对象的改变。如果在接案时即与服务对象建立起信任的关系，能增强其参与助人过程的意愿，否则会造成因服务对象没有了解任务而中途退出的问题。

（4）促使服务对象积极参与改变的过程。接案过程不仅决定着求助者是否能从潜在

---

① 书中的服务对象包括个人、家庭、群体、组织和社区。

的服务对象转变为实际的服务对象，而且影响着服务对象在后续服务中与社会工作者的关系以及参与助人过程的积极性。

（5）为后续工作打下基础。接案阶段的早期印象会对社会工作者与服务对象今后工作中的互动产生影响。如果这个阶段的工作不成功，随着助人过程的推进，会严重影响改变工作的顺利进行。

### （二）接案阶段社会工作者的主要任务

#### 1. 了解服务对象的来源

一般来说，服务对象的来源有 3 种情况。

（1）主动求助的。所谓主动求助的服务对象，是一个人、家庭或团体、组织、社区带着超出他们能力之外、不能解决的问题主动前来寻求帮助。这种服务对象通常是比较了解社会工作服务机构相关服务信息的人，他们知道机构能够为他们提供什么服务，因而机构提供的服务与他们的期望两者之间具有较大的一致性。

（2）他人转介的。这种服务对象是由他人转介而来的，他们可能是由社区内的相关机构或邻居发现因存在严重的个人、家庭或群体问题而影响正常的社会功能发挥，从而要求社会工作者介入来帮助他们解决问题。需要注意的是：由他人转介来的/非自愿的服务对象此时由于不了解机构服务，有可能对社会工作者怀有敌意和抵触情绪，甚至拒绝接受服务。

（3）由社会工作者主动接触而成为服务对象的。对于由社会工作者认定为服务对象的人来说，没有主动求助或者说没有求助动机并不等于他们就不需要服务或者不想得到服务。面对此类服务对象时，社会工作者的重要工作和任务是，消除他们对机构和社会工作者的不信任甚至怀疑，引导他们接受服务。

#### 2. 认定服务对象的类型

根据服务对象的来源不同，可以将其按寻求服务时的意愿分为 3 种类型：自愿、非自愿和被强制接受服务的服务对象。

（1）自愿型服务对象，是指那些认识到需要协助而自己主动求助的，以及由他人介绍而接触社会工作服务机构并愿意接受服务的人。这类服务对象求助动机强，社会工作者比较容易与之建立专业关系，机构的服务与他们的需要也会比较吻合。

（2）非自愿型服务对象，是指那些由他人（包括父母、老师等）将需要协助的服务对象转介给社会工作服务机构以协助其解决问题的人。这种服务对象自己并不情愿接受服务或者不是依法必须接受服务的人，被动接受服务是这类服务对象的特点。

（3）被强制接受服务的服务对象，是指那些由政府、法院或其他被授权的部门转介而来的、依法必须接受社会工作服务机构服务的人。这种服务对象是在法律规定下接受服务的，称为“强制接受服务的对象”。这些服务对象如果不接受服务将依法受到相应的“制裁”，这种特性就使得他们在接受服务时通常会存在或表现出某些抗拒情绪和行为。

服务对象的不同来源和类型要求社会工作者在接案前要对即将面对的服务对象有清楚的了解，以便在接案面谈中有意识地增加服务对象接受服务的自愿因素，使他们成为“自愿的服务对象”。

3. 了解服务对象的求助过程

为了准备接案，社会工作者除了需要了解服务对象的来源、类型外，还要了解他们的求助过程。前来社会工作服务机构求助的服务对象通常带有不同的问题和不同层次的需求。一般来说，大多数服务对象来求助是在尝试自己解决问题未果后所作的最后选择。例如，研究显示，城市因下岗失业而陷入困境的家庭和个人，当他们因孩子上学、家人生病而需要帮助时，通常首先是向家人和朋友等非正式助人网络求助，申请低保是他们最后才采取的行动。

4. 使潜在服务对象成为现有服务对象

潜在服务对象是指那些尚未使用或接受社会工作协助和社会工作资源帮助，但未来可能需要服务资源和协助的服务对象，或者当前服务对象并没有求助但可能需要协助，或者是虽然没有求助但已妨碍他人或其他系统社会功能的正常发挥时，他即成为潜在的服务对象。无论是自己主动申请帮助还是别人介绍或由他人确认而转介来的服务对象，当他们决定接受机构所提供的协助时，就从潜在的服务对象转为了现有的服务对象。

5. 与服务对象初步建立专业关系

社会工作者在了解服务对象求助过程的基础上，需要对服务对象的问题和需要进行初步评估，开始与服务对象及其所涉及的相关系统建立专业关系，同时激励服务对象改变的决心，协助其进入角色，实现改变的目标。

## 二、接案的步骤及核心技巧

接案是一个有结构的操作过程，需要遵循一定的步骤并使用专业的方法技巧，包括：准备、面谈、收集资料和记录。

### （一）做好面谈的准备并拟定初次面谈提纲

为了顺利地进行接案会谈，事前的准备工作非常重要。准备工作主要包括：资料准备和拟定面谈提纲等。

1. 资料准备

负责接案的社会工作者在面见服务对象之前要做好接案的资料准备工作，包括以下几项：

（1）事先研读服务对象资料，记下不清楚的地方，以便在面谈时进一步了解情况。

（2）了解服务对象是否接受过服务。如果是其他机构转介来的服务对象，则要阅读以前服务机构的记录，以便在会谈时有的放矢地与他们沟通交流，避免由于不了解情况而让服务对象有不被重视的感觉。

（3）了解服务对象是否有特殊事项需要谨慎小心处理。如是否有精神健康方面的问题，并为此做好预防工作，必要时可以邀请相关专业的专家一起与服务对象见面。

（4）走访社区。社会工作者可以通过服务对象的社会网络来了解其社会功能及社会处境方面的情况，包括走访服务对象的家人、邻居、朋友、居委会以及相关的街道司法所、派出所等。社会网络本身不但可以直接提供帮助给服务对象，它们所提供的有关服务对象的信息还可以帮助社会工作者对服务对象有更深入的了解。

2. 拟定面谈提纲

提纲的内容包括：

（1）介绍自己和自己的专长。

（2）简要说明本次会谈的目的和内容，以及双方的角色和责任。

（3）介绍机构的功能和服务、相关政策（如保密原则）和工作过程。

（4）征求服务对象对会谈安排的意见，了解服务对象对机构和社会工作者的期望。

（5）询问服务对象是否有需要紧急处理的事情，以便提供及时的协助。

会谈中，社会工作者需要灵活处理上述谈话内容，其基本原则是“以服务对象为中心”，尽量协助服务对象表达对自己问题的看法。社会工作者要通过专注的聆听，鼓励服务对象发挥自主能动性，进行自我探索，以便把握他们的想法。同时，社会工作者的专注和聆听也是向服务对象传达一个信息：他们是会谈的中心，社会工作者只是协助者。这种以服务对象为中心的互动模式将为今后的沟通模式奠定基调。

（二）面谈

面谈是接案阶段的第二个重要工作，是社会工作者与服务对象之间一种面对面地讨论问题以确定是否建立专业协助关系的过程，同时也是一种有意识、有目标的人际互动。通过接案期间社会工作者与服务对象面对面的会谈，要完成以下工作：澄清角色期望和义务，激励服务对象并促进服务对象进入角色，促进和诱导服务对象的改变。

要实现以上目标，社会工作者需要注意以下事项。

1. 面谈场所的安排

面谈是为了实现助人目标而进行的，是一种特殊的沟通形式和一种特殊的谈话方式，主要目的在于借此会谈双方交换经验和看法，表达态度和意愿，因此，不仅内容的选择要注重助人目标的实现，在面谈场所的安排方面也要进行精细设计和准备，为面谈顺利进行创造条件。会谈的时间和地点安排应征询服务对象的意见，充分考虑他们的需要，使其感受到被重视和被尊重。一般来说，在时间安排上，要配合服务对象的时间，将会谈安排在下班后、晚上，或者周末。在地点安排方面，一般情况下是选在接案社会工作者的办公室或者机构专门的会谈室，以方便遇到问题时联络其他资源和得到机构相关部门的配合。但如果服务对象的需要和问题有特殊性，需要不同机构相互配合会商，因而会谈需要不同机构、不同方面的人员参加时，地点可以安排在医院、司法机构（如成人监狱、少年管教所、法庭等）、学校、居委会、社区服务中心和服务对象的家中。此外，地点安排也要考虑服务对象的行动能力，对于不能外出的人，要安排上门面谈；对于有特别需要的人士，要考虑无障碍设施等问题。

社会工作者要严格遵守约定时间，遇有意外事件不能准时到达时要电话通知服务对象或请机构同事帮忙进行适当安排。面谈进行前社会工作者要关掉手机，并事先知会同事和相关行政督导，在机构告示栏写明会谈时间和地点，不因临时工作需要而打扰会谈。接案和面谈时（严格说在所有与服务对象的接触中），社会工作者的衣着要得体大方，既不随便也不过于庄重，避免给服务对象不受重视和距离感。

2. 面谈的主要任务

（1）界定服务对象的需要和问题。对服务对象需要和问题的界定是通过面谈来进行的。社会工作者要注意，服务对象自己对问题的看法是界定问题时最重要的起点，因此，在使用沟通技巧与服务对象面谈时，服务对象所关心的问题、他们的困惑即是界定问题的入手点。这时的主要工作包括：

①了解服务对象寻求帮助的原因。了解他们生活中发生了什么问题使得服务对象需要求助。

②了解服务对象对自己的看法。他们认为自己存在什么问题、有什么困难和需要，以及问题的范围、持续时间、原因、程度如何等。

③了解服务对象期望达到的目标。社会工作者要了解服务对象的求助愿望，了解他们希望从与你的接触中获得什么，解决什么问题，产生什么结果，服务对象解决问题的动机强不强，面谈中的表现如何，什么是他们最担心、忧虑的，什么是最希望的，这些是否就是使事情或者问题发生转机的契机和动力等。

在界定问题时，为了促进不断探索问题，社会工作者对服务对象表达同感的能力是非常重要的。此时，一方面要运用倾听技巧全神贯注于服务对象的表达；另一方面还要运用同感技巧鼓励他们的表达。要注意服务对象使用的字眼、言谈话语中所表达的情感与感受、身体语言传达的信息，达到听懂服务对象表达的真实内涵和意义的目的。要记住，听懂是准确界定问题的前提。

界定问题是社会工作者与服务对象不断沟通信息的一个过程，是一个持续的过程。面谈初期服务对象与社会工作者对问题的看法可能并不一致，需要双方经过一系列的讨论、磋商来形成对问题的共同看法。问题清楚了，才能形成具体的工作目标，而这些是社会工作的重要起点和开始。

（2）澄清角色期望和责任。面谈的首要工作是澄清双方的期望和应尽的责任，通过协商减少差异，并尽量发现服务对象那些隐藏的动机，使双方彼此能坦诚相见，相互信任。同时，要互相澄清并讨论对对方的角色期望。包括：服务对象对自己的角色期望、对社会工作者的角色期望，社会工作者对服务对象的角色期望、对自己的角色期望，对比并找出双方想法的差异和距离，最终协商并达成一致看法。接案面谈时如果不将期望和责任明确，有关各方可能会在工作一段时间后发现大家对问题和对方有不同期望，重则会伤及双方的专业关系，轻则使工作陷入僵局，而不得不从头开始。

（3）激励并帮助服务对象进入受助角色。接案面谈是社会工作者与服务对象建立专业关系的开始，此时社会工作者要帮助并引导服务对象逐渐接受自己的角色，以便双方能够相互配合，包括两个方面：一是进行角色引导，二是训练并帮助服务对象逐渐接受其角色。进行角色训练的方法包括展示助人过程，详细说明服务对象应有的适当行为。也可以通过观看录像、直接观察社会工作者为其他服务对象提供的服务或者与以前的服务对象分享他们的受助经验等来帮助服务对象进入角色。

（4）促进和引导服务对象态度和行为的改变。接案面谈时双方的良好沟通会成为激励服务对象改变的动力。当社会工作者和服务对象为改变态度和行为进行的努力出现效果时，服务对象解决问题的动机也会得到强化，而一个人解决问题的动机也会进一步激励其作出不懈的努力，增强其为解决问题采取行动的自觉性。

### 3. 面谈的技巧

（1）主动介绍自己。主动介绍自己在初次面谈中是一个非常重要的技巧。一般来说，当社会工作者接受有关人士的要求而介入服务对象的生活时，很多时候会引起对方的愤怒和焦虑。无论是对个人、家庭还是群体来说，与社会工作服务机构和社会工作者接触都意味着他们需要协助，这在一个非常看重面子的社会里不是一件很容易的事。他们中有些人由于不了解机构和社会工作者的意图而怀有很强的戒心，一直要到服务对象明白社会工作者协助的动机、社会工作者对他们有多少了解、社会工作者到底要干什么时，他们才能接受社会工作者的介入。因此，要消除服务对象的戒心和防备，一个好的办法就是社会工作者主动介绍自己，向他们说明协助的目的，主动介绍机构的目标、功能，以及自己的工作经验和专长、对求助受助的看法等，这些都会有助于消除服务对象的疑虑，使他们顺利进入受助者的角色。

（2）通过治疗性沟通了解服务对象的需要和问题。社会工作者在接案阶段通过面谈了解服务对象的需要和问题主要包括：了解服务对象的问题和需要，交流双方对服务对象的问题和社会工作服务机构的功能、对社会工作者角色的看法和期望。除与服务对象沟通上述“事实性”内容之外，社会工作者也要有意识地与服务对象进行治疗性沟通。所谓治疗性沟通（或具有治疗效果的沟通）是指这样一种人际沟通，即社会工作者通过与服务对象的交流达到对其进行帮助的目的。在接案面谈时，社会工作者有意识地与服务对象进行的治疗性沟通具有以下功能：①提供支持；②减轻服务对象因求助而带来的内心的焦虑；③协助服务对象建立对自己和解决自己问题的正确想法；④促成服务对象为解决问题采取有效的行动。

（3）倾听。倾听是包括接案面谈在内的所有社会工作助人环节特别是与服务对象互动的基本功，也是最基本的沟通技巧。倾听技巧的运用包括3个方面：①倾听即是通过语言和非语言行为向对方传达一个信息——“我正在很有兴趣地听着你的叙述，尝试理解你”，因此倾听包括社会工作者通过身体传达的对服务对象的专注，以及从态度上传达的内心的专注。②面谈中的倾听不仅是为了了解情况，也是为了建立专业关系，鼓励对方更加开放自己，以使社会工作者能够更多地了解服务对象的情况。在这个意义上说，倾听最重要的是理解对方传达的内容和情感，不排斥、不歧视，把自己放在对方的位置上来思考，鼓励其宣泄，帮助其澄清自己的想法。因此，倾听需要设身处地地感受，不但要听懂对方通过言语、行为表达出来的东西，还要听出对方在交谈中省略的和没有表达出来的内容。③倾听时不仅要“听”，还要有“参与”，即与服务对象互动，对服务对象的叙述给予适当的回应。回应既可以是言语性的，也可以是非言语性的。例如，用“嗯”“是的”“然后呢”“请继续”等言语来鼓励对方继续说下去，或者用微笑、眼睛的关注、身体的前倾、相呼应的点头等传达你的关注。

4. 面谈中回应服务对象的方法

（1）对服务对象的想法与反应有透彻的了解。面谈时，大多数服务对象会有一些顾虑。例如，因为不愿意被别人看作是弱者，所以不愿意接受帮助；怕别人知道求助而丢面子，从而失去原先被尊重的地位和权威；对能否改变目前的处境信心不足；想改变，但又不愿花时间和精力；担心改变及改变所带来的后果；害怕（或实际已遇到）生活中的重要他人对改变的阻拦。针对服务对象的上述顾虑，社会工作者要做到对他们的想法与反应有透彻的了解，有的放矢地消除顾虑，这样才能使服务对象放下包袱，促进双方的沟通。

（2）将自己与服务对象融合。通过了解服务对象及其处境，对照自己对服务对象的感受和他们对接受服务过程的感受，缩短自己与服务对象的心理距离。

（3）敏锐地感觉服务对象的各种情绪态度和反应。包括语言的和非语言的——表情、衣着、情绪及言谈举止——暗示，将服务对象的感受用语言表达出来，使服务对象产生被了解和被理解的感觉，从而愿意接受帮助。

（4）向服务对象表达愿意协助的态度。社会工作者愿意协助的态度是接案成功的关键，很多服务对象都是从社会工作者的态度中感受到了关切而增强他们改变的决心。

5. 面谈中的问题和挑战

初次接案面谈，除了要对服务对象的各种态度、情绪和行为给予适当回应之外，还有4个事项需要记住。

（1）留意服务对象对接受社会工作协助的看法并进行适当处理。无论是自己主动申请帮助还是别人介绍或由他人确认而转介来的服务对象，当他们决定接受机构提供的协助时，就从潜在的服务对象转为实际的服务对象。在这个意义上说，“非自愿”和“不自愿”的服务对象在其决定接受协助前也是“潜在的”社会工作服务对象。辨别服务对象的类型，弄清楚服务对象是如何来社会工作服务机构求助的，是接案前重要的准备工作，也是接案的第一步。

（2）接纳服务对象的情绪。中国人有困难时一般是首先向非正式的社会网络和助人系统求助，因为他们是服务对象生活中的“自己人”。而作为社会工作者，是不请自来的，对于这样一个“外人”，服务对象表示怀疑或者挑剔是一种正常和自然的态度反应。事实上，从社会工作专业知识来看，这些反应恰好表现出服务对象具有良好的“自我强度”。此时，社会工作者首先要说明来意并表达热诚帮助的意愿：“我明白你对我的到来感到突然，你们也不希望让外人介入你们的生活。但是，我知道你们为解决自己和家庭的问题付出了很多努力，也许我可以和你们一起找到一些更好的方法去克服困难。”

（3）时刻保持对服务对象的敏感性。由于社会工作是协助人们满足需要、解决问题、面向生活中不断出现的挑战的专业，所以经常要面对人们生活中的负面经验。这种职业特性很可能会使社会工作者对服务对象的故事失去敏感性，而不能抓住他们问题的关键点。实际表现为，服务对象所讲述的故事与社会工作者曾经接触的很多人和事具有相似性，社会工作者可能在不同时空中曾经历过。社会工作者可能不愿意与他们讨论那些令人沮丧的事情，宁愿回避那些负面的、令人不快的经验。上述经验有可能使社会工作者有“服务对象问题大同小异”的先入为主的判断，从而使社会工作者失去感受服务对象问题特殊性的能力。作为社会工作者，必须要具有将社会工作的原则与价值操作化的能力。在接案阶段，社会工作者特别要警醒：每个服务对象和他们的问题与挑战都是不同的。所谓“个别化原则”即是提醒社会工作者要怀着关切之情去听、去说、去与服务对象沟通，以了解他们问题的独特性。在接案阶段，保持对服务对象的敏感性是成功接案的重要工作。社会工作者要不断提高自己的专业素质，这样才能在服务对象愿意或选择改变时去帮助他们。

（4）要记住，在与服务对象一起分析反面事件和作评价时，实际是把它们作为要解决的一个问题提出来的。这时要注意，不要指点服务对象应该如何，或者表现出知道应该如何，可以这样说："我曾对这个问题有过一些研究，也受过这方面的训练。"这样就避免了把自己置于权威的地位。因为，如果你把自己放在权威的地位，而服务对象拒绝听你的意见，就等于直接拒绝了你。通过让服务对象表述问题，社会工作者把他带进问题解决的过程中，所谓社会工作的助人自助在此就体现出来了。

（三）收集资料

1. 资料收集的范围和内容

严格说来，资料收集既是预估的基础，也是科学助人的依据。有目的地收集服务对象的相关资料和信息，并将之加以整理分析，形成对服务对象问题的认识，才能有效地进行预估并制定科学的介入策略。

（1）个人信息。包括：年龄、性别、籍贯、受教育程度、家庭情况、婚姻状况、职业、收入状况等。

（2）身体情况。包括：对服务对象病史的了解，有无残疾、遗传病以及长期疾病，目前的生理状况如何等。

（3）服务对象的特点与能力。在了解前两项情况的基础上，社会工作者要了解服务对象的生理和心理特点，如服务对象的健康状况、营养状况、既往病史、用药情况与当前问题之间的关系。服务对象的心理状况包括智力水平、认知能力、个性特点、自我概念、情感及行为方式等。

（4）服务对象所处的社会环境。收集资料时不但要了解服务对象的个人资料，还要从服务对象与其所处环境的互动状况入手，了解他们的社会功能发挥的情况，以便掌握服务对象个人和环境互动的情况。社会和生活环境包括：服务对象的人际关系状况，与家人、朋友、同事的关系；服务对象成长的背景，学习、工作和生活的环境，例如家庭的经济状况、家人的关系、父母的影响以及邻里关系等。了解服务对象的社会和生活环境，可以帮助社会工作者掌握他们的社会网络状况，辨析出哪些系统可以成为服务对象的资源系统，以便于共同协助服务对象。

2. 收集资料的主要方法及常用的记录资料的方式

收集服务对象资料的方法有很多，主要包括：向服务对象进行询问；向服务对象的相关人进行咨询，如为服务对象进行过治疗的医生、给服务对象提供过帮助的人等；查阅服务对象的档案记录；进行家访等（收集资料的这些方法可参看下一节预估中的内容）。

从接案开始，社会工作者就要把与服务对象从接触到一起工作的过程做全程记录，把收集到的资料进行归纳整理，以为预估和后续服务提供依据和改进服务之用。记录资料的方式多种多样，主要可以分为：录像、录音和文字记录。文字记录的形式有很多，主要有管理式、临床式。

（1）管理式服务记录。主要是指用于服务行政管理所做的记录，目的在于方便机构对服务对象资料的管理。

（2）临床式服务记录。包括下列几种：

①摘要式记录。通过某种方式将会谈中产生的资料进行归纳、整理、分析、评价。

②过程记录。详细记录服务对象和社会工作者的互动内容，比较真切、直观地反映整个会谈的全貌，清楚看到服务对象的表现，以及社会工作者对问题的应对和处理。一

个理想的过程记录，应包括下列内容：一是对服务对象及问题的叙述：服务对象的基本资料，为什么求助和如何求助。二是面谈的过程：对整个会谈过程的总体描述，包括服务对象的言谈、工作者的应对等。三是社会工作者的印象：对服务对象的社会-心理状况及其问题的初步判断。四是下一步工作计划。

③问题取向记录。主要内容包括：问题产生的主观因素、客观因素，社会工作者的诊断或评价及工作计划。

④观察记叙性记录。记叙性记录集中于记述工作的过程。在一个过程报告中，按时间顺序记录下会谈中发生的事情。为强调过程中的一些事件，可逐字引证。若报告附有录像或录音，就不需要对所有内容逐字记录。报告也可以从记叙性概述开始，然后集中于面谈中的反应、行动和反馈。记叙性记录可包括如下内容：面谈目的，面谈过程及评价（按时间顺序记录面谈内容，强调社会工作者的行动及服务对象的反馈；使用的主要技巧等），对面谈的总体评估，对以后面谈的建议。

### （四）初步预估

初步预估的任务主要是要再次界定并确认服务对象的问题，对照机构功能看是否能够处理，通过了解服务对象对问题的看法看服务对象是否愿意由社会工作者协助并由双方作一个约定，最后确定问题的轻重与先后次序。

正确预估服务对象的问题，需要把焦点集中在所需要的信息上。如果服务对象比较善于表达，社会工作者就可以多听少问，最好作一些简短的评论，或问一些与服务对象所讲有关的问题，以促使服务对象继续引出更深入的问题。要让服务对象用自己的语言、方式讲述他自己的故事，这样，社会工作者就可以去试着了解他的痛苦。此时，重要的是要认识服务对象的观点，而不是急于形成自己的判断，或者为了社会工作者自己的目的去收集资料并作出预估。社会工作者可以表示对服务对象正在讲述问题的困惑，并请求服务对象多讲一些。当服务对象的问题与社会工作者的经验很不同或是超出理解力时，不要要求马上就能理解它，特别是当社会工作者和一个与自己生活经历完全不同的人谈话时，这点特别重要。社会工作者可以尝试用自己类似的经历去理解服务对象的情感，这不是说与服务对象一样，而是指情绪感觉与服务对象所表达的一样。一个人理解另一个人是因为人类情绪、经历的共通性与一般性，情感的深度和意义可能不同，但情感的相似性可以帮助社会工作者理解服务对象，这些对正确预估非常重要。

与界定和预估服务对象问题有关的另一个重点是：要了解服务对象希望从与你的接触中获得什么？服务对象希望与你一起工作产生什么结果？通过了解服务对象的希望可以了解服务对象希望改变的是什么。这也需要一个持续的过程，经过几次会谈，服务对象对问题的看法与社会工作者对问题的看法可能并不一致，实际上二者经常会不同。所以社会工作者与服务对象要经过一系列的讨论、磋商来形成对问题的共同看法，形成具体目标，作为工作的开始。

### （五）建立专业关系

在社会工作的助人实务中，与服务对象建立起良好的专业助人关系是实现助人目标的重要一环。

#### 1. 社会工作的专业关系

社会工作的专业关系是社会工作者与服务对象之间态度与情感的互动，目的在于帮助服务对象与环境之间达到更适应的合作关系。

2. 社会工作专业关系对实务的意义

社会工作者与服务对象之间的这种关系的本质是，它提供了服务对象与社会工作者之间一种有意义的联结，激发了服务对象的学习动力，使服务对象愿意利用社会工作者的协助，自觉接受社会工作者的影响。因此，专业关系能够使工作过程有组织、有亲切感，从而成为促进服务对象改变的动力。

3. 社会工作专业关系的特点

专业关系是社会工作者与服务对象之间为解决问题而进行的一种联结，是双方的一种默契，表现为存在于两者之间的一种气氛和契约，它有如下特点：

（1）有一个双方共识的目标。

（2）有一个特定的时间架构，即有时间的限制。

（3）在此关系中，社会工作者不以自己的利益为取向，而以服务对象的利益为中心。

（4）在这个关系中，社会工作者是握有专门知识、具有专业伦理和专门技巧的权威。

（5）这种关系是“控制性”的，社会工作者要掌握工作的大方向，并控制自己的感情投入和采取的行动。

4. 建立专业关系的五要素

要与服务对象建立良好的专业关系，社会工作者需注意以下五要素：

（1）与服务对象准确沟通想法和感受。

（2）与服务对象交流相互之间的资料。

（3）沟通充满亲切感和关怀。

（4）与服务对象角色互补。

（5）与服务对象建立信任。

5. 建立专业关系的技巧

如何与服务对象建立起良好的专业关系？下面的一些技巧可以帮助社会工作者。

（1）同感。所谓同感是一个人进入另一个（群）人的情感与经历中的能力，即能够感受另一个（群）人的情感与生活，犹如自己身在其中，但在这个过程中又不会失去自己的能力。同感是助人者努力、积极主动进入服务对象的生活世界中，在不丧失自己立场与观点的前提下，感受服务对象的处境，并运用这种理解去帮助对方提升能力。增进同感的能力可以从两个方面入手：一方面，在没有与服务对象正式接触前，通过阅读服务对象资料琢磨和投入他们的感受、所关心的事情中，借此增进对服务对象的认识和理解；另一方面，想象和感受服务对象面对的一般情况、特殊情况和目前所处的与社会工作者关系的阶段，问自己如果是自己，会有什么感觉和想法，以此增加对服务对象的同感。

（2）诚恳。社会工作者要在专业关系中始终保持诚恳的、开放的、真实的态度。向服务对象实事求是地介绍机构的政策和社会工作者的角色，而不加以任何修饰；完全以服务对象的需要作为自己工作的出发点，接纳服务对象，全神贯注于服务对象的处境。

（3）表达温暖与尊重。社会工作者要关心、关注服务对象的一切，并能够向服务对象传达这种情感，包括：对服务对象的责任感，关心、尊重、了解、希望促进服务对象提升生活的愿望，以及愿意为此提供协助的意愿。

（4）积极主动。社会工作者积极主动的态度有助于与服务对象成功地建立关系。积极主动的态度表明你对服务对象有兴趣，关心他。研究显示，积极主动的态度会促进双方的沟通，减少服务对象的紧张情绪。但积极主动并不意味着对服务对象的控制和支配，而是要在适当的时间给服务对象适当的回应。这需要在服务对象主导和社会工作者积极主动之间取得平衡，既要以服务对象为中心，鼓励他们对自己的积极探索，同时又要让服务对象感觉社会工作者是与他在一起的，并积极寻求资源协助，以回应他们的需要。

良好、准确地运用以上的技巧，就能够帮助社会工作者与服务对象建立起一个良好的工作关系，从而为服务对象的进步与社会工作者的协助创造良好的前提条件。

### （六）决定工作进程

在初步接触和面谈后，双方要决定下一步需要采取的步骤。决定有以下几种可能。

#### 1. 终结服务

在完成对问题界定的任务后，社会工作者需要作出一项决定，即终结服务还是继续服务。这要考虑机构的功能是否能满足服务对象的需要。当出现如下情况时，即可终结服务：

（1）机构缺乏合适的工作人员；缺乏具有必要技能的工作人员。

（2）服务对象或其问题不在机构正式或经常的职责、使命或功能范围之内；社会工作者认为其他机构的资源、服务质量更优越。

（3）其他机构具有处理特定服务对象或问题的特权（如社区矫正服务的专门机构）。此时，社会工作者必须注意，即使作出终止服务的决定，也有帮助服务对象去获得其他服务机会的责任。这提示社会工作者必须熟知满足各种需要的适当资源。

（4）服务对象不愿接受服务，机构功能不符合服务对象需要或已经解决了问题。

（5）服务对象对问题的看法和期望与社会工作者所能提供的服务不相符；社会工作者所能提供的服务不能解决问题；服务对象没有充分的动机投入必要的时间、力量和资源。

#### 2. 转介其他服务

转介可以是正式转介，也可以是非正式转介。

#### 3. 进入下一个助人阶段

如果服务对象与社会工作者对问题有共识，服务对象又愿意由机构和社会工作者提供协助，那么接下来就要对问题的轻重缓急与先后顺序进行讨论。

### （七）签订初步的服务协议

经过了以上的初步接触阶段，社会工作者与服务对象双方对各自有了一个基本的了解，此时社会工作者与服务对象以及服务对象以外的其他系统就可以签订一个初步的服务协议。

#### 1. 与服务对象签订服务协议的内容

（1）对服务对象问题的初步界定。

（2）机构和社会工作者可以提供的服务。

（3）社会工作者与服务对象相互的角色期望及暂定的工作时间长度。

服务协议的形式可以是书面的，也可以是口头的，主要目的在于双方有一个目标与约束，以便使后续工作富有成效。

2. 与服务对象以外的其他系统建立关系并订立服务协议

服务对象的改变需要多方面、多系统的合作，建立关系和订立工作协议不只是与服务对象间的，社会工作者还需要运用服务对象以外的系统资源，发挥服务对象以外的系统在助人过程中的重要作用，因此，需要与服务对象以外的系统建立关系和订立工作协议，以形成合力共同为服务对象提供成长、发展和改变的资源与服务。

（1）与改变媒介系统建立关系和订立协议。这种关系和协议主要包括：①社会工作者必须非常清楚机构的功能和机构对自己的期望，即机构期望社会工作者提供什么服务给服务对象。这种期望制约着社会工作者的角色。例如，在以“创建五好家庭”为目标的家庭服务工作中，一个社会工作者更多的是承担着教育者和倡导者的角色，而不是做家庭辅导。②社会工作者要使自己的工作富有成效，必须得到整个机构团队的配合，与同事有良好的合作关系。③社会工作者需要机构的行政配合才能有效地为服务对象服务。例如，如果服务对象在下午5点以后才能来机构，而此时需要配合的行政人员却下班了，这样就会影响正常服务的提供。此时，必须与相关行政部门协调，达成协议。④动员其他改变媒介系统一起为服务对象服务，以回应服务对象的需要。例如，与心理治疗师订立协议，共同为服务对象提供服务。

（2）与行动系统订立关系。虽然社会工作者与服务对象的关系是至关重要的，但发动与服务对象有关的其他行动系统一同帮助服务对象也是非常重要的。例如，学校社会工作者只有取得老师和学生服务对象家人的合作才能有效工作；要为军休人员提供良好的服务需要其家庭、原单位、现在所在社区组织的共同配合。如果不能与其他行动系统订立关系和合约，这些系统就有可能成为服务提供的障碍。

（3）与目标系统订立关系和工作协议。服务对象是目标系统时，即目标系统与服务对象系统相吻合时，订立关系和协议就比较简单，订立关系和协议的重点可以集中在服务对象身上。当目标系统多于一个时，需要他们合作来解决服务对象问题。例如，一名小学生服务对象，其父母也是社会工作助人活动的目标系统，社会工作者也要与他们建立关系并达成工作协议，通过帮助他们来帮助这名小学生服务对象。

## 三、影响接案成功的因素

如上所述，接案是使潜在服务对象成为现实服务对象的关键环节，社会工作者要努力在接案阶段与他们建立一个良好的专业关系，以便在后续工作阶段提供适当服务，满足他们的需要，协助他们解决困难和问题。但社会工作者要警醒，如果存在一些因素影响着在接案阶段与服务对象建立关系，这些因素就有可能成为不能成功接案的原因。

### （一）不能建立关系的原因

虽然影响成功接案的原因因人而异，但常见的原因包括如下几个方面。

1. 社会工作者和服务对象的期望不一致

例如，有些流浪儿童希望社会工作者给他们提供刮风下雨时的临时住所，而社会工作者却希望将他们安顿下来，并提供必要的教育，帮助他们回归家庭、回归社会。在这种情况下，社会工作者与服务对象的期望不一致，如果双方不能调和，就不能成功接案和提供后续服务。

2. 社会工作者的能力不足以提供帮助

例如，当服务对象患有精神疾病，而社会工作者没有相关的专业训练时，就要将服务对象转介给其他相关的专业服务机构。

3. 临时事件和外部障碍

例如，当遇到服务对象搬迁、患病、被捕时，就有可能使服务中断；有时服务对象的家人不愿接受服务，这些都有可能为接案带来阻力。

4. 服务对象不愿接受帮助

有些服务对象对接受社会工作的协助存有偏见，不信任机构。有些服务对象认为，接受服务就意味着自己没有能力，因此拒绝受助。

5. 社会文化因素

社会文化对求助与受助的观念和看法也是影响能否成功接案的因素。因此，在初步接触、了解潜在服务对象成为正式服务对象的过程时，要特别注意了解服务对象的感受，即服务对象是如何看待助人与受助的。“助人”是社会工作者帮助服务对象满足需要和解决问题活动的简称。帮助或助人可以界定为：由一个人或群体提供给另一个人或群体有形或无形的（物质、观念）、对受助者有益的东西或活动。接受者可以运用它解决问题、克服困难或增强能力与满足需要。

帮助含有两个重要的因素：一是给什么；二是怎样给予怎样用。要使给予真正有帮助，必须对接受者有价值、有用，并且要以一种能让受助者自由使用、支配的方式来提供帮助。帮助必须是使受助者不失自尊，并且不丧失对自己生活的控制，只有这样的给予才是真正的帮助，所以帮助是提供者对受助者不含任何回报企求的给予。

服务对象对“助人与受助”的态度与观念会直接影响其是否接受社会工作服务从而成为服务对象的决定。在接案阶段，了解服务对象对助人与受助的态度与观念对帮助其接受社会工作服务具有指导意义，即社会工作者要有策略地引导当事人成为服务对象。

6. 不同专业间的配合出现问题

当服务对象需要接受不同专业的服务时，社会工作者要协调不同专业的工作，避免重复提供服务，或者相互竞争。不同专业会因争取服务对象而竞争，导致服务对象无所适从，最终终止专业关系。例如，社区青少年事务社会工作者已经与网瘾少年小亮进行了接触，但学校社会工作者要求接管工作，此时就不能成功接案。

### （二）避免过早终止关系的策略

1. 增进彼此关系

在接案中与服务对象建立融洽的关系，避免过早终止关系而不能成功接案。增加关系的 3 个要点是：信任服务对象、对服务对象有吸引力和运用专业知识。

2. 订立明确的接案工作指引

在接案过程中，社会工作者要让有关各方有机会表达自己的想法、期望和要求，并进行相互协商。如果人们清楚自己的角色和参与的原因，就能调整自己，投入助人的过程。当服务对象不了解服务的目标和意义时，便有可能退出或者放弃。所以，建立明确的接案工作指引有助于成功接案。

3. 订立初步协议

有些服务对象对社会工作者的协助抱有怀疑态度，所以接案时社会工作者要尝试与其订立短期初步协议，而不要求服务对象给予长期承诺，防止他们有畏难情绪，使服务对象逐步接受社会工作者的协助。

4. 回应服务对象的迫切需要

要成功接案，就要关注服务对象的当前需要，使其对社会工作者的协助产生信心和信任。例如，长期遭受丈夫暴力的妻子迫切需要一个安全的居住场所，如果此时社会工作者忽略她的需要而将工作重点放在对夫妇婚姻关系的辅导上，就有可能使妻子觉得社会工作者不能提供她所需要的服务，接案就会遇到困难。

5. 运用系统网络资源

社会工作者不是解决所有问题的专家，帮助服务对象需要不同系统和专业的协同工作。在接案阶段，如果社会工作者能与不同系统和专业的人一同工作，获得他们对服务对象的支持，就能够增强服务对象对社会工作者的信任和对解决问题的信心，从而成功接案。例如，为解决社区脏、乱、差的问题，社会工作者发动城管、清洁、规划部门一同与社区居民工作时，就比较能够得到居民的信任，增强他们解决问题的信心，从而顺利地建立关系。

6. 不断给予鼓励

对于求助和受助动机不强的服务对象，社会工作者要不断给予鼓励。得到鼓励的服务对象，其受助的意愿也会增强。

## 四、接案应注意的事项

### （一）决定是否需要紧急介入

社会工作者要谨记，并非每个个案都是从接案开始的，遇到紧急情况（如自杀、性暴力问题）时，就要跳过其他阶段直接进入介入程序。社会工作者要辨别服务对象问题的迫切性和严重程度，从而决定何时和如何开始工作。例如，对离家出走的孩子来说，社会工作者需要及时将他们安置在未成年人保护中心；若发现有被虐待危险的孩子，则要提早进行预防。这些都需要决定是否跳过接案阶段而提供紧急介入服务。

### （二）权衡是否有能力处理问题

服务对象的需要是多方面的，接案面谈使社会工作者有机会通过与服务对象的沟通交流来了解他们的需要，权衡是否有足够能力为服务对象提供所需的服务。例如，在处理离婚案、婚外恋问题时，社会工作者一方面需要审视自己的价值观是否与服务对象的价值观有冲突；另一方面要权衡自己的专长是否能够处理服务对象的问题。如果双方的价值观有严重冲突并影响自己对他们的态度和行为，此时就要及时进行转介。通常是向机构的督导报告，由他们安排合适的人选或者机构为服务对象继续提供服务。

### （三）决定解决问题的先后次序

很多时候服务对象的问题不止一个，社会工作者需要协助他们辨识问题的轻重缓急，及时满足其最迫切的需要，使服务能有效果。需要注意的是，社会工作者应与服务对象一同讨论决定解决问题的次序。工作的原则是：第一，尊重服务对象意向；第二，先易后难。这样既能使服务对象愿意努力作出改变，增强其改变的信心，又能让服务对象有机会认识自己解决问题的能力，从而成功地与他们建立专业关系。

（四）保证服务对象要求的服务符合机构的工作范围

社会工作者要保证提供的服务是服务对象所需要的，并且不因机构和自身原因阻碍和延迟服务对象需要的满足，致使问题延续或者恶化。

## 第二节 预估

为了帮助服务对象，社会工作者需要信息和资料，从而能够全面清晰地认识和了解服务对象的问题与需要，能够对服务对象表现出的问题给予解释。这个过程就是社会工作助人过程中预估阶段的工作。

### 一、预估的目的、任务、特点及原则

（一）什么是预估

“预估”工作是在接案后与服务对象建立了初步工作关系后进行的，目的在于为制订有效的介入计划打下科学的基础。因此，预估是一个有清晰的工作方向和步骤的工作过程。“预估是决定问题的性质、原因、程度及牵涉于其中的那些个人和他们处境的工作过程。”[①]“预估既是了解的过程，又是了解的产物，是介入行动的基础。”在对服务对象的问题（需要）收集了资料以后，社会工作者才能通过对这些资料的分析对服务对象的问题提出解释、作出预估、形成概念，并决定解决问题与满足需要的目标以及介入的策略，所以预估的过程又是一个收集资料以对问题作出判断的过程。

可见，“预估”即是收集与服务对象有关的详细资料、了解服务对象问题形成的过程，是依据既定情境中的事实与特点推论出有关服务对象问题含义的暂时性结论的逻辑过程。换句话说，预估就是收集资料和认定问题的过程，是把所有有关服务对象的资料组织起来并使其具有意义的专业实践活动。

（二）预估的目的

1. 识别服务对象问题的客观因素

为了有效协助服务对象解决问题，在与他们建立专业关系之后，社会工作者的第一步工作就是要收集与服务对象和其问题有关的资料。包括：服务对象的背景资料。与服务对象生活有关的重要系统的资料，问题因何发生、存在了多久、使用过的处理问题的方法等。了解上述资料是为了更好地了解服务对象的问题，认识、了解问题情境中的主要因素，并针对上述诸点作深入研究。

2. 识别服务对象问题的主观因素

所谓主观因素是指服务对象对问题的个人感受。识别问题的主观因素即是要认识服

---

① Barker, R. L., Social Work Dictionary. Washington: NASW Press, 1999.

务对象是如何看待自己的问题的，站在他的角度来理解这些问题对他的意义，他为什么会有如此的主观理解，这些问题对服务对象现在的社会-心理有什么影响。理解服务对象问题的主观因素是评估问题的重要方面。

3. 识别服务对象问题的成因及使问题延续的因素

预估的目的在于得到对服务对象问题的深入认识，识别那些造成服务对象问题的原因和使问题延续的因素，使社会工作者能够由表及里地探查问题，挖掘问题产生的根源，而不仅仅是停留在问题的表面。

4. 识别服务对象及环境中的积极因素

预估的目的在于达到对服务对象和他的问题的正确认识和判断。社会工作者要注意，预估不但要集中在对服务对象“问题”的认识上，更重要的是要找出服务对象系统内外的资源，并运用这些资源去帮助他们。识别环节中的积极因素即是运用专业知识去思考、辨认情境中需要改变及可以成为改变资源的部分，是将着眼点放到服务对象的能力和优势上。

能力观点或者说优势视角提醒社会工作者，每个服务对象和社区都拥有正向特质、资源、潜力和能力。其基本假设是：所有人和环境都有能力且能储存用以增进生活品质的资源。研究发现，持续强调能力能够激发服务对象的动机，特别是服务对象成长和改变的动机；服务对象和社会工作者的合作与伙伴关系能促进他们能力的发现和建设。社会工作者通过发现、收集并使用这些能力，可以将服务对象和社区的潜力发挥到最大。

5. 决定提供服务的方式和内容

进行预估的目的是要找出正确的方法和介入途径去帮助服务对象。帮助的方法多种多样，包括个案工作、小组工作和大型活动，很多时候需要综合运用这些不同的方法来帮助服务对象。预估的目的就是要提出解决问题的建议，计划如何使改变现状的愿望变为现实。

（三）预估的任务

（1）了解服务对象存在的问题，问题的性质、成因、程度及其对服务对象的影响。

（2）了解服务对象个人的生活经历及行为特征，包括服务对象的人格特征、能力、优势和弱点。

（3）了解服务对象与环境的互动状况，以及其对自身问题的认识和改变的动力与能力。

（4）了解服务对象所处的环境系统的状况，包括家庭、朋友、工作单位、邻里及社区的情况，从中找出影响服务对象改变的有利和不利因素。

（四）预估的特点

1. 持续性

预估是一个动态、持续和有焦点的过程。随着社会工作者与服务对象接触的不断增加，相互间的信任不断发展，社会工作者对服务对象及其问题的认识和了解也会越来越深入，所以需要不断地对问题进行再预估。

2. 社会工作者和服务对象共同参与

预估的重点是人的需要和问题。社会工作者在进行预估时要清楚地刻画和说明服务对象面对的需要和问题。此外，预估也是一个社会工作者与服务对象一同参与的过程。社会工作者要与服务对象一起发现问题、了解问题的成因，共同寻找解决问题的方法与途径。因为只有服务对象最了解自己及自己的处境。在参与预估过程中，服务对象会对自己和问题有越来越清晰的认识，这样的预估才准确。

3. 行动取向

预估不仅仅是为了说明问题，更是为介入行动服务的，是确定行动取向的。预估不但要说明减少和解决问题的方法，同时也要指出采取什么行动来消除问题。

4. 有可识别的步骤

预估是一个“科学”的行动过程，是有计划、有步骤的。预估的逻辑起点是从收集与问题有关的资料开始，通过将资料进行系统整理分析，勾画出问题的性质与状态，最后得出预估报告。这个过程是系统有序的，可以重复的。

5. 广泛深入

开始预估时宜从问题的现状入手，找出问题及与问题有关的系统。在对问题的横向探索中，识别出那些对了解问题有重要影响的因素，然后对这些因素进行深入探讨，形成纵向预估。

6. 运用知识

预估是以专业知识为基础的，这种知识既是社会工作实践的指导，也是收集和解释资料的理论框架。换句话说，预估的方向是由社会工作者采用的理论架构来决定的，同时也受社会工作者的价值观影响。理论架构不同，预估的切入点也会不同。例如，采用“问题-解决”模式的理论框架，在预估一个人的需要和问题时，会从生命历程与人的需要入手分析问题，把问题的产生看作是人生的常态。产生问题与解决问题是生活本身的一部分，而采用生态系统论的理论架构则会从人与环境的互动去预估，切入点是个人、环境及二者的互动。社会工作者要明白各种理论框架都有长短，要注意综合运用。

7. 渗透了专业判断

预估是一个涵盖了专业判断和决策的过程。例如，在纷繁的问题面前怎样收集资料、收集谁的资料等都需要专业的判断。但要切记，专业判断不等于先入为主，而是要以事实和资料为依据。预估是一个分析与行动并重的过程，渗透了专业判断。预估的过程需要运用知识去分析服务对象的处境，进行抽象的思考，同时要与实际环境接触，不断修正判断，达到正确预估的目的。换句话说，进行预估必须动脑又动手。

8. 有局限性

任何预估都不可能是尽善尽美的，因为人们对问题的认识和了解以及认识能力都是有限的。预估的局限性提醒我们，在助人实践中要不断修正判断，从而提供更符合服务对象需要的服务。

（五）预估的原则

1. 个别化原则

预估是制订介入计划和施行行动的基础，既要运用社会工作的专业知识作为指导，以获得对服务对象的正确认识，同时还要遵循个别化的原则，因为每个服务对象都是独特的，都具有长处和弱点。个别化原则来源于服务对象的特点。预估要准确反映服务对象的特点及其问题的特殊性，这样才能使介入工作是有的放矢、有效的，为特定的对象服务。

2. 合作原则

预估需要服务对象与社会工作者一同参与，来决定探索问题的领域和方式。因此，预估也是一个社会工作者与服务对象合作的过程，服务对象的参与将使对问题的预估更全面、更准确。

3. 避免片面

为了确保资料的准确性，社会工作者要采用多种方式收集资料，以防止资料的片面性，保证资料的可信性。

4. 避免简单归因

因为人是社会性的，他们的问题与其生活的环境密切相关。因此，预估时要尽量全面，避免对问题作简单归因，如此才能识别出问题与环境、与其他因素之间的关系，识别出问题的产生、演变与发展的过程，使预估为科学的介入提供坚实的事实依据。

5. 兼顾服务对象的弱点与长处

预估也要采用“优势和能力”视角，既要找出服务对象的弱点，也要发掘其长处。发现弱点能够帮助社会工作者认识、知道服务对象的问题所在，而发掘优点和长处则可以为社会工作者提供解决问题和满足需要的资源。兼顾弱点和长处的预估才是全面的。

6. 不断循环往复

社会工作专业强调对社会需要的回应，因此，在预估时要以发展的眼光对待服务对象的问题，不断发展社会工作的专业知识，以专业知识为生活在快速变迁社会中的服务对象提供专业服务。

## 二、预估的基本步骤

### （一）收集资料

能否对服务对象的问题有正确的认识和判断，在一定意义上取决于所能得到的资料以及资料所提供的信息。因此，收集资料就成为预估的第一步工作。

1. 个人资料的收集

（1）个人基本资料。包括：年龄，学历，社会经济地位，生活中重要的人物，相关的社会系统等。

（2）个人的主观经验。包括：服务对象如何看待自己的问题，自己觉得问题出在什么地方，问题产生的原因是什么，问题持续的时间、频率和强度，问题的后果，为解决问题所作的努力、使用的方法等。

（3）解决问题的动机。包括：服务对象是否有不适感，服务对象对解决问题的希望等。当服务对象存在问题，但他在主观上并没有非常强烈的不适感时，他很有可能安于现状；当服务对象对问题有强烈不安，但没有改变的希望时，也会因为缺乏改变动机而选择与问题共存。因此，预估时不能忽视对服务对象如何看待自己问题的了解，它们是分析服务对象问题性质并制订介入计划的重要依据。

(4) 生理、情感和智力方面的功能发挥。包括：①生理方面：健康状况、活力水平；②情感方面：处理情绪、挫折和愤怒的能力；③智力方面：认知能力、抽象思考能力、作决定的能力。

2. 环境资料的收集

服务对象环境的资料包括家庭、亲属、邻居、学校、工作单位以及其他资源系统。家庭是服务对象最密切的社会环境，学校、工作系统、邻居、服务对象所属的重要组织以及社区环境都属于延伸的社会环境。

(1) 家庭状况。家庭是个人生活最重要的场所，是服务对象最密切的社会环境，在个人的生命和生活中起着不可替代的作用。每个人的成长都离不开家庭，它不仅提供亲密的情感联结和归属感，而且是生活照顾和支持的来源，家庭深深影响着个人。对家庭的了解可以从以下几个方面入手：

①家庭和家庭成员的基本情况，包括家庭收入状况、居住环境、家庭成员的健康状况等。

②家庭成员的角色和互动情况，包括夫妻、父母、兄弟姐妹、父母子女的角色。

③家庭规则，包括如何解决分歧、冲突及家庭的权威关系。

④家庭成员的沟通方式，包括如何表达期望、需要、情感等。

⑤家庭关系，包括家庭内的次系统。

⑥家庭的决策和分工方式。

(2) 社会环境。社会支持系统对人们的社会功能及其发挥起着重要作用，是人们的重要社会环境。预估社会环境时需要考察：

①社会支持系统及其功能发挥。

②物理环境及对服务对象需要满足的程度。

③服务对象对环境资源的主观认知。

④服务对象的社会支持网络。

⑤社会的体制和组织环境等。

环境预估有助于制订介入计划，环境中的这些面向既维持服务对象当前的行为，同时也是潜在的因素，可以用来支持行为改变，需要时还可以被动员起来帮助实现行为的改变（Mottaini，1990）。

3. 收集资料的方法

收集预估所需资料的方法很多，社会工作者要根据实际情况灵活运用多种方法，以便全面地了解服务对象和他们的社会环境。具体来说可采取以下方法。

(1) 询问。预估服务对象的需要和问题时，最好的资料直接来自服务对象本身。直接向服务对象询问，经过面对面的会谈收集资料，可以为决定介入与干预的方法提供最直接的依据。所以，会谈与询问是社会工作者获取资料的最基本工具。除了向服务对象本人询问外，还可向与服务对象有关的系统查询。如从家庭成员、服务对象的工作单位、与服务对象关系密切的同事及朋友那里获得有关服务对象的资料。当以直接询问方法不能得到相关资料时，还可以使用间接询问探查的方法，即通过让服务对象进行角色扮演和完成句子的方式来帮助服务对象表达自己的方法来获得资料。这种方法能够揭示服务对象的感受、想法或者动机，是收集服务对象主观性资料的有效方法。进行间接探询时可以使用口头询问的方法，也可以书面进行，见表 2-1。

表 2-1 询问方法

| 方法 | 口头 | 书面 |
| --- | --- | --- |
| 直接 | 面谈 | 问卷 |
| 投射 | 角色扮演 | 填充/完成句子 |

询问的方式主要有：

①会谈。会谈可以是个人会谈，也可以小组进行。要使会谈有成效，社会工作者需要掌握会谈的技巧，如提问、话题衔接、澄清、反映感受、释义和总结等。

②角色扮演。以角色扮演方式收集资料在某些情况下可以帮助社会工作者了解服务对象的需要和问题。例如，以角色扮演的方式让一对关系紧张的父子将他们的互动方式展示出来，社会工作者可借此了解父亲和儿子各自的需要和感受，他们处理问题的方式和方法，以及他们之间的关系形态，从而发现问题所在。

③问卷。问卷是非常有用的收集资料的工具，特别是在社区工作中，利用问卷可以收集社区需要、问题和居民意愿的资料。问卷的问题可以是结构性问题，也可以是开放性问题。结构性问题为服务对象提供了一系列可供选择的答案，开放性问题则让服务对象按照自己的想法自由选择答案。

结构性问题例子：

你与邻居见面的次数是多少？

(　　) 一个月不到 2 次

(　　) 一个月 2~4 次

(　　) 一个月 5~6 次

(　　) 一个月 7~8 次

开放性问题例子：

请列出对社区环境最不满意的三件事：

1. ________________________________________

2. ________________________________________

3. ________________________________________

完成句子：当不能直接获得资料时，运用完成句子的方式可以获得相关资料。

例如，为探询儿子对父亲的感受，可以请当事人完成下面的句子：

当______________________________时，我爸爸就会责骂我。

我跟爸爸在一起时不快乐，因为______________________________

______________________________________________。

（2）咨询。为作出准确的预估，社会工作者也常常向其他专业人士咨询意见，以求对服务对象的问题有全面、正确、科学的认识。如社会工作者为自闭症儿童提供服务时，常常向有关医学专家咨询自闭症的病理与临床治疗知识，以获得对服务对象问题的科学认识和有关服务对象问题的资料。社会工作者也可以通过转介让服务对象接受其他专业系统的预估来获取服务对象问题的资料。例如，对那些工作适应有困难的服务对象，社会工作者可转介他们去作职业评估、心理评估，从而获得对服务对象个人资料的全面了解。

（3）观察。通过实地观察，可以增加社会工作者对服务对象及其社会环境的了解，增加对问题的实地感受，使收集的资料更丰富和准确。观察有参与观察和非参与观察两种。在非参与观察中，观察者置身于被观察的对象或系统之外，观察对象不受观察者的影响，相对来说，这样收集的资料比较“客观”。但由于观察者是局外人，因而也会限制对观察现象的深入理解。在参与观察中，观察者本身也是观察系统的一分子。例如，小组工作者在领导小组时既是参与者，同时也是观察者。这种特点使得观察者能够融入所观察的现象中，但同时也要注意在参与观察中不因过度介入而影响所观察的现象。

（4）家访。家访是社会工作者收集资料时常用的方法。在家访中，社会工作者有机会观察服务对象在自然的家庭生活环境中与其家庭和相关社区系统的互动形态，观察和了解很多在机构会谈中不能发现的东西。

（5）利用已有资料。这主要是利用机构已有的服务对象资料、机构转介资料、工作报告、调查研究报告及政府机构所提供的有关问题与政策的资料等。服务对象若有其他方面的档案资料也可作为收集资料时的重要来源，例如学生的成绩单、品德鉴定、低收入家庭申请救助的资料等。这些资料对了解服务对象的问题具有重要参考价值。

### （二）分析和解释服务对象的资料与问题

资料本身并不会说话，它们在很多时候甚至是支离破碎的。要使资料具有意义，就要对它们进行整理，找出它们之间的逻辑关系，进而进行分析和解释。所谓分析是把整体分解为部分，以发现整体的性质、目的和作用；而解释则是阐明事件的含义使之能够被理解。分析资料的具体方法如下。

#### 1. 排列次序

即按顺序和重要性对资料进行排序，将其排列成为在时间上有先后次序、在逻辑上有因果联系或者有其自身脉络的事件图。

#### 2. 发现问题

即识别资料间的关系或形态，发现资料各部分间的逻辑关系，从而能够将零散的资料组合成一个完整的整体，对服务对象的需要和问题有完整的了解。

#### 3. 识别原因

识别是指将那些形成问题或者可以缓解问题的因素找出来，进而确定事件各因素间的关系和形态，确定导致问题的原因。识别要求社会工作者从问题的表面深入问题的内部，通过探查问题内在深层的因素，找出问题形成的本质原因。

#### 4. 对服务对象的问题与需要作出解释

所谓解释即是将所获得的有关服务对象系统的资料、直觉及服务对象和社会工作者对需要与问题的认识加以整理和组织，形成概念性的认识，去解释问题。在解释清楚的基础上才能寻求解决办法去改变问题情境。解释资料的过程与分析资料是同步进行的。

对资料的解释即是赋予资料以含义。社会工作者要注意，自己的解释是有界限和盲点的，服务对象才是他们自己问题的专家，所以要将自己的解释与服务对象进行讨论，不断澄清和修正原先的解释。如脑瘫儿童不能上小学是因为他们的家长缺乏应对能力，不懂如何训练他们的生活自理能力及必要的技能，造成很多学校怕影响其他人学习或老师的照顾负担过重而不愿接收他们。社会工作者在与服务对象的讨论中发现，社会还没有提供足够的资源帮助他们，因而使一部分家长陷入困难之中。

### （三）认定问题

掌握了丰富的资料后，社会工作者下一步的任务便是要探究服务对象的情况、问题与需要，形成问题阐述。这要从以下几方面来做。

#### 1. 描述服务对象的问题与需要

包括：问题是什么，问题的范围、原因、严重程度及持续的时间。

#### 2. 描述问题是如何发生的及发生的原因

描述服务对象的问题与需要的发生情况，包括问题是在什么情况下发生的，发生的时间、原因与先后次序；服务对象和其他重要系统的反应及应对措施。

#### 3. 描述服务对象的处境及其社会系统的情况

确定服务对象系统、目标系统和行动系统，描述出服务对象系统之间的关系、服务对象系统与目标系统和行动系统之间的关系。

#### 4. 探究服务对象问题得不到解决的原因

社会工作者要知道，服务对象问题得不到解决的原因非常复杂。首先，服务对象对问题的看法很可能就是影响他们解决问题的原因。例如，很多智障儿童或脑瘫儿童的家长认为，自己命苦，有这样的孩子只能认命。因此，他们很可能根本没有尝试过解决自己的问题和困难，“忍受”是他们对待困难和问题最常用的方法。其次，对问题的处理方法也会影响问题的解决。例如，对于问题青少年的教育，有人认为应该采用严厉的惩罚手段，也有人主张采取放纵、放弃的方法，这两种极端的方法都不能真正解决问题。再次，与资源系统的联系和关系形态也会影响问题的解决。例如，脑瘫儿童的生活自理能力差，很多学校因此不愿接收他们入学，这样脑瘫儿童与教育资源系统的关系便成为脑瘫儿童上学难问题的原因。最后，政府对资源系统的政策协调也是影响问题解决的重要因素。例如，脑瘫儿童的上学难问题并不是因为缺少教育资源，而是脑瘫儿童与教育资源的链接出了问题，需要政府有关部门制定政策、协调学校与有关脑瘫儿童康复训练的工作与政策，解决脑瘫儿童受教育的问题。

#### 5. 描述服务对象系统的发展阶段

无论服务对象系统是个人还是家庭，他们都有“生命周期”，也有与生命周期对应的发展阶段及各发展阶段的特征。同样，一个小组或社区在为某项工作而运作时也有其发展的不同阶段。了解服务对象系统的发展阶段与状况能够帮助社会工作者加深对问题与需要的认识和理解。

#### 6. 描述并鉴定服务对象系统的资源状况

包括预估服务对象参与解决问题的动机强度、学习的能力、资源和时间等情况。

### （四）撰写预估报告

认定问题后就可以准备撰写预估报告了。预估报告要清楚表达对问题的认识，为社会工作者自己和服务对象、社会工作服务机构、法庭以及那些与服务对象有关的系统提供关于服务对象需要与问题的准确和详细的信息，作为下一步制订介入计划的依据。

1. 撰写预估报告应注意的事项

（1）确定报告的目的和读者：报告给谁看？要达到什么目的？

（2）确定报告应使用的资料。

（3）将资料组织成为有意义的不同部分。

（4）将事实与判断分开。

（5）语言简洁精练。

2. 预估报告的结构

第一部分：资料和事实。这部分主要是对问题的呈现，包括问题发生的时间及涉及的人和系统，以及服务对象和问题的背景（家庭背景、教育背景和学业/就业历史）等。

第二部分：专业判断。这部分要阐述如下内容：

①对资料的理解。

②对服务对象问题的评估。

③对形成问题原因的分析，对问题原因的理解和解释。

④判断改变的可能性和益处。

## 三、预估的主要方法

预估的方法很多，包括上面介绍的各种方法，而社会历史报告、家庭结构图、社会生态系统图、社会支持网络分析等方法具有简明和直观的特点，是进行预估时经常使用的方法。

### （一）社会历史报告方法及其运用

社会历史报告是通过对服务对象社会生活历史的梳理，将各种信息进行整理分析后的综合报告。社会历史报告的内容主要包括服务对象社会生活历史的资料及社会工作者对这些资料的思考和预估。社会历史报告包含的资料有：

（1）服务对象系统的资料。

（2）服务对象关心的事项、需要、与需要相关的问题，以及这些事项的发展过程。

（3）服务对象现在的能力和限制等。

社会历史报告参见表2-2。

**案例 2-1**

服务对象姓名：张敏（化名）

接案日期：2006 年 5 月 23 日

1. 表现出的问题

张敏的女儿小玲告诉她的学校班主任，她妈妈最近几个月经常责骂和打她。起初社会工作者怀疑这可能是虐待儿童个案，后经调查儿童虐待问题不成立，但张敏被介绍来做家庭辅导，以帮助她处理离婚问题。

2. 背景信息

张敏与丈夫结婚15年，有两个女儿小玲（13岁）和小梅（15岁）。6个月前，丈夫把生意转到上海并认识了一个年轻女人，他们的婚姻开始恶化，两个月前在大吵一架后丈夫不再回家。据张敏说，他们的婚姻已无法挽救，她已经起诉离婚。同时，小玲告诉学校老师，妈妈经常打骂她。张敏承认她不能处理好离婚及其带来的负面情绪，工作问题和女儿的叛逆也带给她很大压力，导致她不能很好地控制情绪并偶尔打骂孩子。

**表 2-2　　张敏（化名）的社会历史报告/信息表**

| 接案信息 | 详细说明 |
| --- | --- |
| 重要的事件导致现在的问题及求助行为 | 从2006年3月开始张女士申请离婚诉讼<br>张女士重新工作，在一家大的金融机构中做清洁工，孩子们放学后，由她的母亲帮助照顾<br>张女士并未疑似虐待儿童，但她认识到离婚对她和孩子的负面影响很大<br>她表示愿意接受咨询 |
| 处理和有效性 | 张女士在面谈中不愿提到离婚，她说自己并未跟亲友谈论此事，离婚不是什么可骄傲的事情，说也没用。她妈妈和妹妹知道情况，而且她工作时，她妈妈在孩子们放学后帮助照顾。但是张女士并未与她妈妈深入交谈这些事情<br>张女士处理家庭危机的方法是，阻止孩子们了解和谈论父母的分手。孩子们想念爸爸，但当提起爸爸时，即被张女士认为是叛逆，并情绪激动地对待女儿小玲。张女士的反应可能表现出她自己不能处理好负面情绪 |
| 情绪状态 | 在面谈中，张女士表现得安静平稳但谨慎，有所保留。她的肢体语言（交叉手臂，眼睛经常向下看）表明她不愿敞开谈论问题，尤其是离婚<br>在从1~10的测量指标中，10代表最不堪压力，张女士对自己的评价为“8”<br>女儿小玲（化名）在面谈中情绪激动，能够敞开谈论，通过一个游戏和玩具表达自己的悲伤和痛苦。她能够描述发生的一切，能够向学校老师说明情况寻求帮助，尽管是以一种消极的方式，如指责妈妈打她、责骂她 |
| 精神疾病记录 | 无 |
| 健康情况 | 未发现健康问题 |
| 经济情况 | 张女士丈夫继续支付家庭开销，张女士说钱够用，但她担心丈夫可能停止支付，所以开始重新工作以防万一 |
| 暴力/虐待史 | 无 |
| 支持网络 | 张女士的妈妈和妹妹。除了自己的家庭，张女士与其他亲友保持距离并抑制交流、拒绝寻求帮助<br>张女士并不反对丈夫的到访，她认为孩子对父亲的到访很高兴，而她也并未对此作出消极反应 |

续表

| 接案信息 | 详细说明 |
| --- | --- |
| 接案社会工作者的评价——有风险处需进一步调查分析 | 张女士需要鼓励和支持，以处理她的气愤和悲痛，并重建与孩子们的关系<br>通过小玲在游戏中的角色扮演，社会工作者帮助张女士认识到应该停止打骂，为让她有更多的时间来恢复，社会工作者建议她暂时延迟外出工作的计划<br>家庭会谈将有助于家庭成员认识怎样打动和帮助彼此<br>张女士的精神健康情况也许需要进一步检查，可能有抑郁症，有转介心理帮助的必要 |
| 转介 | 小玲（化名）和小梅（化名）可转介“放学后项目”，张女士可转介离婚自助小组 |

### （二）家庭结构图预估方法及运用

家庭结构图也称家庭树或家庭图谱，是以图形来表示家庭中三代人之间关系的方法。家庭结构图可以直观地提供有关家庭历史、婚姻、伤病等重要家庭事件、家庭成员间的沟通和互动状况等重要信息，帮助社会工作者了解服务对象的家庭模式、服务对象在家庭中所处的位置以及家庭对服务对象的影响等。家庭结构图的内容与功能如下：

一是表达家庭的历史。

二是提供有关家庭婚姻、死亡、家庭成员所处的地位和位置、家庭结构等与服务对象有关的摘要式信息。

三是包含家庭几代的关系资料，提供服务对象的家庭关系、资源、问题与家庭间关系等资料。

使用家庭结构图作预估时，需要社会工作者和服务对象一同为家庭结构图加上图示，包括家庭的代际关系、主要家庭事件、家庭成员的职业、死亡、家庭的迁移和分散、角色的分配和指派、家庭内关系和沟通模式等。

在家庭结构图中，要使用不同符号来表示包括上述内容在内的特定的含义。一般用方形和圆形分别表示男女性别；用线段表示家庭成员的关系形态或者婚姻状况：实线代表已婚，虚线代表未婚；从夫妇关系衍生下来的孩子以线段相连，父母和子女之间、子女之间用粗细实线表示关系的紧密和不紧密状况，细线表示关系有问题和关系不好；夫妇分居和离婚分别用“/”和“//”符号表示，孩子以出生时间从左到右排列，死亡的家庭成员在方形或圆形图上用“×”表示；还可以在每个图示上注出家庭成员的名字和年龄，以不同符号表示有关结婚、分居、离婚、死亡等情况。例如，M’1999 表示 1999 年结婚，C’2000 表示 2000 年同居，S’2004 表示 2004 年分居，D’2005 表示 2005 年离婚，等等。另外，还可以用一些简单符号来记录家庭生活中的重大事件，如家庭成员的出生/死亡、毕业、工作/工作变动、生病、搬迁、意外事故、伤害等。结合案例 2-1，图 2-1 以说明的方式记录事件发生的时间、地点及信息提供者等。

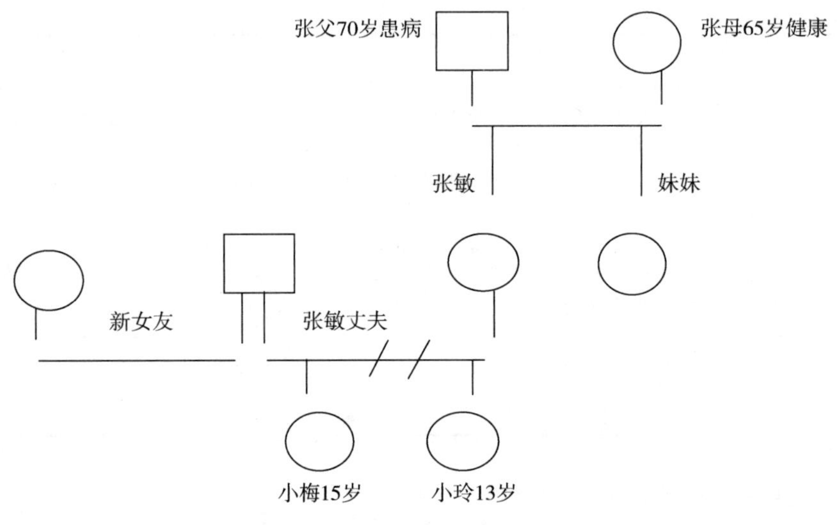


**图 2-1　张敏（化名）的家庭结构图**

### （三）社会生态系统图方法

社会生态系统图也简称为生态系统图，是根据生态系统理论发展出来的。

#### 1. 社会生态系统图的理论基础

社会生态系统图方法是建立在社会生态系统理论上的。社会生态系统理论（Social Ecosystems Theory）也被简称为生态系统理论（Ecosystems Theory），它是用以考察人类行为与社会环境交互关系的理论。该理论把人类成长生存于其中的社会环境（如家庭、机构、团体、社区等）看作是一种社会性的生态系统，强调生态环境（人的生存系统）对于分析和理解人类行为的重要性，注重人与环境间各系统的相互作用及其对人类行为的重大影响（Kemp，Whittaker Tracy，1997），是社会工作的重要基础理论之一。社会生态学理论是系统理论的分支，它将人放在环境系统中加以考察，强调人的社会生态系统与人相互作用并影响人的行为，揭示了家庭、社会系统对于个人成长的重要影响。

生态学关注生物应因环境而作出的“适应”及其生物在这个过程中所运用的、与环境达到“动态均衡”及“互惠”的手段和方法。生态学观点在社会工作实务过程中最突出的地方在于，社会工作者把着眼点置于服务对象与其环境的互动中，即他所关注的是服务对象与其周围世界的衔接。

从有关生态学借来的观点把个人及其问题置于一个广阔的人类社会背景中，而个人与其他人或其他系统是不断地在一连串的“交叉互动”之中的。与传统心理学理论不同的是，生态学理论并不把个人问题看作是来自个人的“心灵”问题，而是认为个人问题及其解决方法取决于人和环境的交流互动。因此，人类只能在一连串“多重联系”和互动的背景下进行理解。

在人与环境这个着眼点的前提下，要满足个人、家庭群体和社区的需要，必须有足够资源，必须鼓励人与环境作“正面积极的互动”。例如，在帮助个人时，个人与其家庭、朋友、同事及专业服务提供者之间的互动是社会工作者关注的焦点之一，因为个人的需要是否能有效地满足，取决于个人与这些资源系统之间能否有效地协调沟通。在现实生活中，个人或者家庭、群体及社区的需要可能因下面几项原因而未能得到满足：环境中的资源不足，因某些原因不能获得资源，资源未能有效协调，因缺乏有关的知识或技巧使他未能获得所需的资源，个人与环境之间未能成功进行“互动”。

可以说，生态学的观点是从宏观的角度去理解“人类的社会功能”，强调个人、家庭、群体和社区与他们社会环境之间的和谐互动，而要达到这一目标，社会工作者必须致力于改变环境，并使之能更有效地回应个人、家庭、群体和社区的需要。生态系统图就是为了协助社会工作者达到此目标，从生态学的观点提出的一个实务方法和工具。

### 2. 生态系统图的功能

社会生态系统图也可简称为生态系统图。生态系统图展示了服务对象的社会环境，清晰地呈现出个人、家庭群体和社区与社会系统之间的相互作用和影响，有效地将服务对象与外在环境系统的关系通过图形的形式呈现出来，说明了系统之间能量的流动和各系统间的关系本质及其与服务对象需要和满足需要的资源系统、服务对象问题之间的关系。社会生态系统图可以帮助社会工作者了解服务对象与其他社会系统之间的互动，包括资源间的交换、系统关系的本质、系统界限的渗透性以及与社会正常系统之间的关联，从而清楚地看出服务对象的需要、问题与系统提供的支持或者非支持之间的关系。社会生态系统图呈现了服务对象的生态脉络，具体功能如下：

①描述服务对象的社会功能。

②以直观的方式呈现服务对象与这些系统的关系。

③勾勒出系统间的交流。

④呈现可使用资源的相关信息。

从生态系统图中可以得出一幅整体图像，从中可以看出：哪些是个人、家庭、群体和社区可运用的资源，哪些资源支持不足或不存在，从而认识个人、家庭、群体和社区与环境之间关系的本质（通常以连接图中各系统的不同线段表示关系的性质，包括强、弱、紧张等，以箭头表示关系及资源的流向）。

根据服务对象的生态系统图，社会工作者可以问下列问题：

①服务对象的收入能否满足基本需要？

②服务对象是否获得足够资源，例如个人是否有足够食物和合适居所？

③服务对象的邻里关系是否和谐？居住的环境是否安全？

④服务对象是否获得足够的预防性医疗服务和良好的医疗资源？

⑤服务对象能否获得所需资源？是否因地理环境、缺乏通信、交通设施等因素而使服务对象未能获得所需资源？

⑥服务对象是否与邻居、朋友及小区组织保持良好关系？

⑦服务对象是否属于或参与某些群体活动？

⑧社会系统是否能接受其他不同的文化、不同种族的价值观？个人、家庭、群体或社区现在持有的价值观是否与周遭的环境有所冲突？

生态系统图所带出的这些问题，能帮助社会工作者认识和判断服务对象的需要、问题及满足需要和解决问题的途径与方向。

3. 生态系统图的绘制方法

首先用圆圈将其家庭系统表示出来，并将服务对象置于圆圈的家庭系统中；其次将服务对象及其家庭的社会环境系统包含的人和团体、组织、机构等用圆圈（或者方形）表示出来；最后用线段将各系统即圆圈连接起来，圆圈间的距离表示了关系的亲疏；连接圆圈间的线条构成则代表关系的本质：实线代表关系紧密，虚线表示关系不紧密，曲线表示关系有问题、有张力或关系紧张；系统间关系线条的箭头则表示关系的方向性。

**案例 2-2**

## 运用社会生态系统图对孟健（化名）个案[①]的预估及分析

孟健是一名艾滋病患者。孟健年迈的父母和姐姐得知情况后，当即与他分开吃住。孟健每天只好单独用消毒剂浸泡个人碗碟、单独吃饭。父母还让他从房间搬到狭窄的阳台上去睡；他夜里经常要跑下六楼，到公共厕所上厕所。除了来自家人的压力外，街坊和邻居对他也敬而远之。每次孟健与家人回家碰到邻居时，邻居们都显得惊慌失措，退避三舍，当着他们的面重重关上家门。街道、居委会的工作人员趁孟健外出时多次上门做他家人的工作，要求他“应邻居要求离开，以免累人累己”。而在此之前，当孟健开始发病的时候，曾在女朋友的陪伴下去广州一家很有名的中医院就诊。在急诊室，医生护士边为他处理伤口边准备安排手术。为协助治疗，孟健向医生透露了自己患艾滋病的实情。于是，这家中医院的医生很快作出了反应，对他解释说该院是中医院，不具备某些手术条件，请他到附近一家综合大医院治疗。孟健只好在女朋友的搀扶下离开了医院。在第二家医院，孟健不敢再透露病情，而那家医院很快为他安排了急诊手术，切开感染的部位引流脓液后把他送到病房住院。第二天，主管医生在补写入院记录为他体检时看到他双臂布满针眼，当即要求他抽血检验艾滋病。他只好承认自己携带艾滋病病毒，并且已经发病。主管医生二话不说离开病房。那天上午，没有一个医生、护士敢来他的房间，他在吊完针水后按铃要求拔针，护士只在扩音器里告诉他自己把针头拔出来，用棉花按一按止血就行了。下午，医院派出一个护工告诉他，艾滋病要转到专科医院治疗，请他马上走。刚做完手术的他说没法自己走路，护工推来一辆轮椅，在上面铺了两层床单，远远指挥他的女朋友把他抱上轮椅。戴着乳胶手套、隔着几层布，护工把他推到医院门口“打的”转院到广州市某艾滋病指定治疗医院。

---

① 图示与分析由李志伟提供。

孟健的社会生态系统如下：

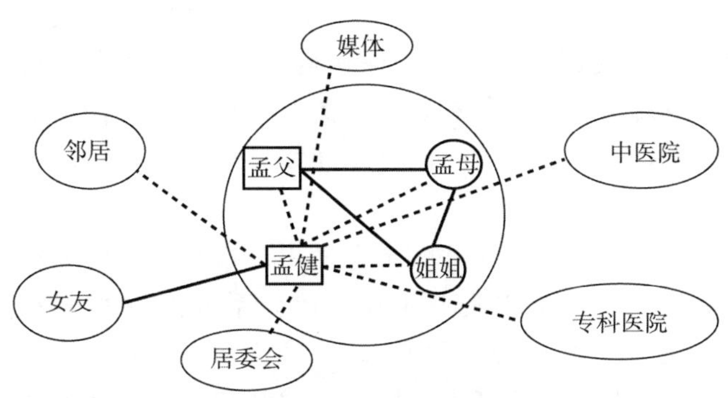


**图 2-2　孟健的社会生态系统图**

图示说明：
强关系————
弱关系············

图 2-2 中的大圆圈内是孟健的家庭系统，外围是孟健及其家庭所处的社会环境，包括围绕孟健和他的家庭及对其有影响的不同社会系统，这些系统与孟健及其家庭相互作用、相互影响，构成了孟健及其家庭的社会生态系统。大圆圈左上方是孟父，右上方是孟母；左下方是孟健，右下方是孟健的姐姐。

从图 2-2 来看，孟健的家庭生态系统处于一种严重失衡状态，主要表现在以下几方面：第一，家庭系统内部各成员之间关系失调，家庭作为个人最基本的社会支持网络对服务对象提供的物质和精神帮助非常有限。在得知孟健感染艾滋病病毒以后，父亲、母亲和姐姐都与他保持一种疏离的相处方式，从而使孟健与其他家庭成员之间的次系统消失。在这种情况下，孟健可能从家庭系统中获得的物质和情感资源数量几乎为零。第二，家庭系统与周围环境系统之间缺乏良性的交叉和双向互动，互动的频率较低。从图 2-2 可以看到，服务对象周围存在 6 个次环境系统，从服务对象出发指向这 6 个环境系统的线条有 5 条是虚线，这就表明服务对象与其环境系统之间存在非常弱的关系，表现在：媒体在曝光孟健病情后，没有给予孟健应有的关注和支持；邻居在得知孟健的病情以后，退避三舍；社区居委会等社区组织站在大多数社区居民的立场上排斥孟健；医疗机构以各种不正当理由拒绝为孟健进行治疗，以致孟健的疾病得不到及时有效的救治。

（四）社会支持网络分析

社会支持来源于人的社会网络，故社会网络是社会支持的来源。从这个意义上说，社会网络指的是一组个人之间的接触，而社会支持网络则是由个人得以维持社会身份并且获得情绪支持、物质援助和服务、信息的社会系统所构成的。

研究发现，一个人所拥有的社会支持网络越强大，能够应对各种来自环境的挑战的资源就越多。个人所拥有的资源又可以分为个人资源和社会资源。个人资源包括个人的自我功能和应对能力，社会资源就是指个人社会支持网络的广度和网络中的人所能提供的社会支持功能的程度。

社会工作强调通过干预个人的社会支持网络来强化其在个人生活中的作用，特别是对那些社会支持网络资源不足或者利用社会网络资源的能力不足的个体和系统，社会工作者致力于给他们以必要的帮助，帮助他们扩大社会网络资源，提高其利用社会网络的能力。这种策略称为社会支持网络建构。在建构一个人或者社会系统的社会支持网络时，要首先进行社会网络分析，评估和测量服务对象社会支持网络的种类和规模，并从服务对象主观经验的角度将其获得支持的性质和数量呈现出来。

1. 社会网络的种类

社会网络（见表 2-3）在社会工作实务范畴里泛指社会支持系统（social support system），通常指由家庭、朋友、专业人士或其他社会系统提供的帮助、指导和关怀。其中，社会支持是指个人与社会环境的正面互动。社会网络是由正式和非正式支持系统组成的，正式的社会系统包括社会工作者、医生、律师和其他专业的助人者，而非正式的社会系统包括家庭、朋友、同事、邻居等。

“社会网络”可以有正反两种描述方法。例如，一个年轻母亲要照顾患病孩子而启动身边的支持网络，如家人、朋友、社会工作者等，这是“社会网络”的正面描述；但“社会网络”也有负面的描述，如进城务工的农民被城市人排挤这种情况，就描述了进城务工农民城市负面社会网络的情形。但严格来说，“社会网络”是中性的，即是说“社会网络”被视为社会工作实务中一种分析服务对象需要与问题的方法，目的在于帮助社会工作者准确地理解人们是因何以及怎样通过各种社会交往或资源的施与和接受而互相作用和影响的。

表 2-3　　服务对象系统的社会网络

| 非正式系统 | 正式系统 | |
|---|---|---|
| | 社会性系统 | 专业系统 |
| • 配偶<br>• 合作者<br>• 子女<br>• 家长<br>• 兄弟姐妹<br>• 家庭<br>• 朋友<br>• 邻居<br>• 同学<br>• 同事 | • 工作单位<br>• 社团<br>• 俱乐部<br>• 协会组织<br>• 工青妇组织<br>• 联谊会<br>• 休闲娱乐会员服务<br>• 互助组织 | • 社会工作者<br>• 精神健康工作者<br>• 教师<br>• 律师<br>• 医护人员<br>• 营养师<br>• 语言治疗师<br>• 心理学家<br>• 政府公职人员 |

2. 社会网络评估工具

（1）社会网络评估表。一般来说，具有支持性的社会网络包括：家庭和家庭成员及其亲属、朋友、邻里，以及正式的社会组织（如工作单位、学校、自助团体的成员和其他正式的服务机构）。

社会工作者可以使用表 2-4 作为进行社会网络预估的工具，找出服务对象正式和非正式的社会支持网络。方法如下：首先由服务对象找出他们支持网络的成员，其次将支持网络成员和他们提供的支持按其所回应的具体问题进行分类，最后由服务对象描述他们如何看待所获得的这些支持。

**表 2-4　服务对象正式和非正式的社会网络评估表**

| 姓名、地址、电话 | 关系（亲戚、朋友、邻居、工作单位、社会工作者等） | 帮助他人的愿望（高、中、低） | 助人能力社会/情绪（简略说明） | 资源/物资（简略说明） | 接触次数（每日、每周、每两周、每月、更少） | 相识时间（一个月、六个月、一年、一至五年、更长） | 关系密切程度（简略说明感情和舒服程度） |
|---|---|---|---|---|---|---|---|
| | | | | | | | |
| | | | | | | | |
| | | | | | | | |
| | | | | | | | |
| | | | | | | | |
| | | | | | | | |

上述预估表可以让服务对象和社会工作者知道服务对象的社会网络构成和性质，根据社会网络评估表提供的信息，社会工作者可以使用“社会网络格”来进一步预估服务对象的社会网络及其社会支持的状况。

（2）社会网络格。在社会网络表的基础上，为了清楚呈现服务对象社会网络提供的支持的性质和数量，可以用“社会网络格”预估服务对象的社会网络资源和社会支持（见表 2-5）。方法如下：

第一步，询问以下与服务对象社会网络有关的问题。包括：网络可提供或从网络得到的支持类型；网络关系交流的程度，网络成员对服务对象的重要程度，关系的亲疏程度，接触的频率，关系维持的时间长度。

第二步，将上述问题写在提示卡上，请服务对象依据如下标准：从未、很少、有时候、总是，描述所获得的社会支持的状况。

第三步，将这些内容汇总，填到网络格中，即可绘制出服务对象的社会网络格，并用之预估服务对象的社会支持的状况。

表 2-5　　社会网络格

| 支持者姓名 | 网络成员序号 | 支持来源 | 提供的具体和实质性支持 | 情感支持 | 信息/意见 | 提供支持时的批判性 | 帮助的方向（Direction of Help） | 与支持者关系的亲密程度 | 见面频率 | 认识时间 |
|---|---|---|---|---|---|---|---|---|---|---|
| | | 1. 家庭<br>2. 其他人的家庭<br>3. 工作单位/学校<br>4. 机构/组织<br>5. 其他朋友<br>6. 邻居<br>7. 专业服务<br>8. 其他 | 1. 很少<br>2. 有时<br>3. 时常 | 1. 很少<br>2. 有时<br>3. 时常 | 1. 很少<br>2. 有时<br>3. 时常 | 1. 很少<br>2. 有时<br>3. 时常 | 1. 双方面的<br>2. 你付出给他们的<br>3. 他们付出给你的 | 1. 不太亲密<br>2. 颇亲密<br>3. 十分亲密 | 0. 不见面<br>1. 一年<br>2. 每月<br>3. 每周<br>4. 每日 | 1. 少于一年<br>2. 一至五年<br>3. 五年以上 |
| 张× | 01 | | | | | | | | | |
| | 02 | | | | | | | | | |
| | 03 | | | | | | | | | |
| | 04 | | | | | | | | | |
| | 05 | | | | | | | | | |

社会网络格可以提供直观的信息和以下方面的绝对数字和比例：网络的总规模、经辨识的网络中的全部人数、网络的种类，以及社会网络的总人数和各种社会支持在总体社会网络支持中所占的比例。

分析上述资料，可以让服务对象和社会工作者知道服务对象的社会网络构成和性质，包括：

①是谁提供了社会支持？

②提供了哪些支持？

③有哪些空缺资源？

④支持网络中人们双向互惠交换的机会。

⑤获得支持所可能出现的负面影响和可能招致批评的压力。

⑥使用现存网络资源的障碍。

⑦服务对象优先选择的社会支持是什么？

使用上述网络格，社会工作者可以对服务对象的微观和宏观社会处境进行分析，整理出服务对象个人、家庭和社区的社会网络及网络提供的资源和支持，为社会工作者制订介入计划提供依据。

在收集了尽量多的资料，并在此基础上对服务对象的问题与需要作出预估后，即可进入下一个工作过程，即制订计划与服务协议阶段。

(3) 社会网络图。如上所述，对人们具有支持性的社会网络包括：家庭和家庭成员，扩大的家庭及其亲属、朋友、邻里以及正式的社会组织，如工作单位、学校、自助团体的成员和其他正式的服务机构。在确定了人们社会网络的构成后，就可以绘制出社会网络图，具体方法是：由服务对象找出他们支持网络的成员，然后将支持成员和支持内容按其所回应的具体问题进行分类，并描述他们如何看待所获得的这些支持。

依据上述 7 个方面列出网络的成员，包括：家庭和家庭成员，扩大家庭的成员和亲属、邻居、朋友、工作单位或学校中的支持网络成员、自助团体的成员以及其他正式的服务提供者，并在每一个圆形中间写下网络中人的名字或系统简称。

图 2-3 中 1~7 代表了服务对象 7 个方面的社会网络。

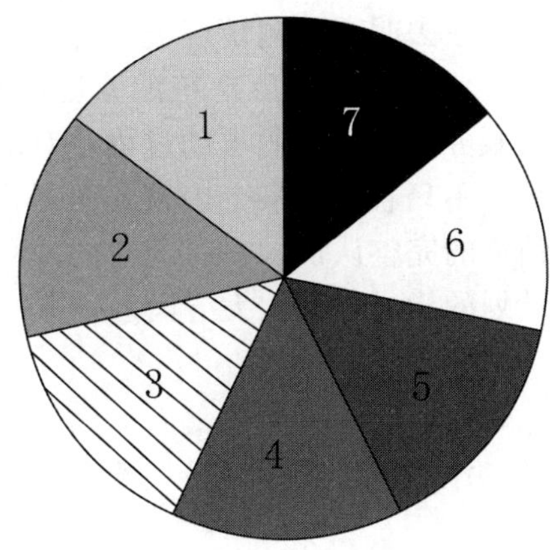


**图 2-3　社会网络图**

## 第三节　计划

**案例 2-3**

阿三（化名）出生在一个不幸的家庭，父亲在他 6 岁那年被捕入狱，后来病死狱中，剩下姐姐和他与母亲相依为命。19 岁时他因强奸罪被判入狱。出狱后，他又与别人打架被砍成重伤，因无钱医治很快出院，落下了颅骨疼痛的病根。为了止痛，他在狱友的引诱下染上了毒瘾。妻子阿莎为帮他戒毒以身试毒却同他一样无法自拔。为筹毒资，两人走上了盗窃之路，2003 年阿莎被判入狱一年。现在阿三与母亲和他 3 岁的儿子住在一个即将被拆迁的小区里，全家人挤在一个不到 10 平方米的小阁楼里，依靠母亲的退休工资过活，生活拮据。可爱的儿子是阿三改变的巨大动力，他决定痛改前非，还有 10 天他就要顺利度过生理戒毒期了，现在正积极寻找工作。阿莎还有 100 天就要出狱了，但就在此时阿莎却给阿三寄出了一封诀别信，提出要和他离婚。这一变故给阿三的心灵带来了极大的震撼，不知今后的路怎样走下去。在朋友的介绍下，阿三前来寻求社会工作者的帮助。

面对阿三目前的处境，社会工作者应怎样帮助他呢？怎样制定帮助阿三的目标呢？是尊重阿三的意愿帮他离婚，还是要帮他找到一份工作？如何调动阿三的资源系统帮助阿三呢？这些就是社会工作者助人活动中计划阶段要做的工作。

## 一、服务计划的构成

“计划”是一个理性思考及作决定的过程，包括制定目标及选择为了达到目标而采取的行动。所以，计划是为下一步的介入行动服务的，也是介入行动的蓝图。计划是基于对服务对象问题的理解，是通过预估阶段的探索获得的。在“预估”阶段，社会工作者将所获得的有关服务对象系统的资料、直觉及服务对象和社会工作者对问题与需要的认识加以整理和组织，形成了对服务对象及其问题的概念性的认识，并力图去解释问题。在解释清楚的基础上寻求办法去改变问题情境就是计划要完成的任务。这需要将所有收集到的有关资料综合起来，包括服务对象系统的家庭结构、经济状况、教育背景、就业资料及社区环境，也包括服务对象系统的求助过程及对服务对象问题的界定、解释问题的理论架构等。这样计划就不只着眼于某个因素，而是将各种因素的互动关系串联起来，构成对服务对象系统情境的完整认识。只有这样的计划才能具有帮助服务对象改变的功能。通常，一项服务计划的构成包括六大方面。

### （一）目的和目标

所谓目的是指介入工作总体要达到的方向和最后的结果，而目标则是指具体的工作指标，是为实现最终结果而做工作的过程和中间阶段要获得的、具体的、近期的、阶段性的成果。

#### 1. 制定目标的要求

（1）目标陈述要明白易懂，重在促进服务对象的成长。首先，清楚明白的目标可以防止社会工作者和服务对象对介入工作产生分歧，使双方能够投入工作过程。其次，目标陈述要放在介入工作期望建立的积极正面的态度和行为上，而不是将消除负面态度和行为作为目标进行陈述。所谓消除负面态度和行为的目标是将重点放在服务对象要放弃的部分，如打架、逃学等。对于服务对象来说，消除负面态度和行为无疑是建立积极正面的态度和行为的前提，但是，如果将目标放在这些“负面”目标上会使服务对象因这些日常习惯不断被提起而感到沮丧。因此，有益的做法是将正向态度和行为作为目标陈述，即将服务对象要做的有益改变和成长作为目标的界定重点，强调服务对象的成长目标以及具体的指标。正向的目标是获益性的，而非损失性的，它能够减缓服务对象的反感而增强其正向态度和行为的动机，是一种优势视角，能够激发和调动服务对象的潜能（见表 2-6）。

表 2-6　　　　　　　　　　　　　正向与负面目标陈述

| 正向目标陈述 | 负面目标陈述 |
|---|---|
| 发现孩子的长处和优点，增加用正面语言鼓励和表扬孩子的次数 | 减少指责和批评孩子的次数 |
| 坦诚、开放、及时并具建设性地表达彼此间的意见 | 消除与孩子沟通中的障碍 |

(2) 可测量。以服务对象期望达到的行为作为介入目标，这样目标就很具体，又可以与改变前进行对比，从而能够测量。一个非常宽泛的目标，如帮助服务对象感受好些或促进服务对象的亲子关系等都不够具体、详细，则等于空设。

(3) 具有操作性和现实性。介入目标应是可行的，这需要考虑服务对象的动机和能力、能够投入的精力和时间、社会工作者的专长等因素。切忌目标大而不当，不能在一定时期实现，使双方的积极性和自信心受到挫伤。此外，计划的目标还要是服务对象容易理解的、有能力达到的，有资源支持目标的实现。因此，目标要具有可操作性与现实性。

(4) 有时限。应说明实现目标的时间，给出或者制定出达到目标的时间表，作为考核指标。例如，"帮助小明每天按时完成作业"这一目标虽然清楚标明了改变的行为和期望，但其中的时间并没有很清楚地设定。为清楚标明实现目标的时间，可将上述目标改为"到 9 月 30 日，每天花 3 个小时完成作业；到 10 月 31 日，每天用 2 个小时完成课外作业"。

(5) 符合机构目标和社会工作伦理。目标应与机构功能保持一致，与社会工作者的能力相符，并符合法律和社会工作伦理。每个社会工作服务机构都有其工作的侧重点，不可能包罗万象，因此，介入目标与机构的功能一致才能得到机构各部门的支持与配合，实现目标。此外，目标还应限定在社会工作者具备的专业知识和技巧范围内，以避免对服务对象的伤害。例如，在服务遭受性侵害的服务对象时，要求社会工作者具有深度的专门知识和技巧，如果社会工作者没有受过这方面的专业训练，就不能贸然提供服务，而应及时转介给其他有能力的社会工作者，保证服务对象的利益不受损害。当服务对象希望通过隐瞒个人资料而获取不正当资源（如隐瞒收入获取低保）时，因为这样的目标有违法律，所以是不恰当的。

2. 制定目标的意义

制定目标的意义在于激发服务对象和社会工作者投入行动，朝向共同的方向以获得改变和成长。对于服务对象来说，目标能够使他们明确行动的方向，振奋精神，督促他们坚持不懈，寻找策略促使目标的实现。对社会工作的专业实践来说，目标能够使社会工作者和服务对象对工作任务具有共识，为助人历程提供方向，避免不必要的摸索而少走弯路，并能够选择恰当的策略和方法协助服务对象。目标还能够作为评估介入工作进度和成效的指标，帮助社会工作者和服务对象不断在工作过程中总结经验，推进工作。

### (二) 关注的对象

由于在整个介入工作中，为达到帮助服务对象的目的，介入目标不止一个，还可能涉及不同的个人、家庭、小组/群体、组织和社区，所以在每个具体目标下要详细列明关注对象。社会工作实务活动的关注对象包括以下几种。

1. 个人

当服务对象的需要与问题可以通过对其个人的介入而解决时，社会工作的关注对象即为个人。例如，一名小学一年级的学生由于不适应学校生活、学习方法不当而导致成绩不理想时，即可将其作为关注对象，通过给予辅导、教授学习方法帮助他听课，通过作业巩固学习到的知识，最终使其胜任小学的学习任务。

2. 家庭

当服务对象的需要和问题与其家庭有关时，家庭便应该成为介入的对象。从社会系统视角来看，个人问题常常与个人所处的家庭有密切联系，因此家庭系统也是社会工作介入的关注对象。例如，一名网瘾少年在青少年服务中心接受帮助后行为已有很大改变，但进行跟踪服务时社会工作者发现，他又流连于网吧而不回家。进一步跟进服务时发现，少年的父母关系不好，少年回家后常常被卷入父母的争吵中，因而不愿待在家里。此时，就应把家庭也列入社会工作关注的对象。

3. 小组/群体

当有事实表明某个群体对服务对象个人有明显和重要影响时，社会工作者就要选择这个群体/小组作为关注对象。实际上，这种情况是在提醒社会工作者，这个群体/小组成员是一群面对类似问题、有着相同需要的人，帮助这个群体不但是帮助有类似问题的个人，使个人在与群体/小组的互动中获得改变和成长，更重要的是关注有相同和类似问题的这个群体。此时，群体就应成为社会工作的关注对象。

4. 组织

组织的存在是为了满足人们的需要。当一个社会工作的服务机构因内在政策、结构和工作程序而影响其运行效率时，就成为介入的对象。例如，一个为满足社区居民多种需要而成立的社区服务中心，刚开始时很多社区居民到中心参与行动，但不久发现，来中心使用中心服务和设施的人越来越少。于是，这个社区服务中心（组织）便成为关注对象。社会工作者发现问题后，“中心”决定对工作程序和服务传递方式进行评估，以改进工作，服务社区。

5. 社区

当社区缺乏适当资源和服务，社区环境影响社区大多数人和家庭的生活时，社区便有可能成为社会工作者的关注对象。例如，社区内建有很多网吧，却没有公共的活动场地。社区青少年课后大多数都到网吧消磨时间，有些孩子还上网成瘾影响了正常的学习和生活。社会工作者在关注网瘾少年问题时发现了社区环境对青少年的影响，此时社区就成为关注对象。

（三）多层次介入策略

所谓介入策略是指社会工作介入服务对象需要与问题的整体方案，是改变服务对象态度和行为的一套方法。介入的策略包括介入的技巧、社会工作者的角色和所担当的任务。一般情况下，根据所要处理问题的类型，社会工作者要担当不同的角色，完成不同的任务，包括社会经纪人、促进者、教育者、倡导者、调解者和社会控制者。

介入的策略原则是多层次介入，包括直接提供服务给服务对象以解决问题和满足需要，改变他们的观念及应对问题的方法。例如，训练家长协助脑瘫儿童生活技能的培养，包括直接提供训练给脑瘫儿童，让他们能独立在校生活等。也包括间接介入策略，如通过政策倡导为脑瘫儿童及家庭提供服务资源以满足他们的需要等。

（四）计划一起协同工作的合作者

为了达到计划的目标，社会工作者要运用不同系统的资源，与他们一起工作。这些系统包括家庭、朋友、邻居、同辈团体及社区。

（五）社会工作者与服务对象各自的角色

为了达到计划目的与目标，社会工作者要承担多种角色。但社会工作者是一个资源的联络人，还是直接服务的提供者？这些都要在计划中加以澄清。对服务对象的角色也应有清楚的说明，以促进工作的进行。

（六）计划具体的行动、工作程序及工作时间表

介入计划要列明介入行动的具体程序和时间进度，以便约束社会工作者和服务对象双方一起为实现介入目的和目标共同努力。

## 二、制订服务计划的原则

（一）有服务对象的参与

制定介入策略时要注意以服务对象为中心，让服务对象参与介入策略的制定。这是因为，如果社会工作者单方面制定介入策略或者过快确定介入的策略可能会带来两个问题：一是服务对象没有机会为解决自己的问题作努力；二是妨碍服务对象在解决问题过程中所作的努力。如此一来，实际上是取消了服务对象自我成长的机会、体验自尊的机会和对解决问题的贡献。因此，在制定介入策略时要注意发挥服务对象的长处和优势，让他们参与整个计划的制订。

（二）尊重服务对象的意愿

制定目的和目标时，社会工作者要考虑服务对象系统的愿望，要与服务对象系统分享对目的与目标的期望。如果服务对象与社会工作者双方的目标与目的不一致，就要进行讨论与协商，直到取得完全一致的意见。否则，工作起来服务对象与社会工作者很可能是相反的方向，从而影响目标的实现。社会工作实践结果的研究显示，很多时候社会工作的助人活动无功而返，或不能完全达到计划的目标，是因为服务对象与社会工作者没有朝同一目标努力。当服务对象抱着一个确定的目标接受社会工作者协助，而社会工作者提供的帮助并不是他所想要的时候，服务对象往往会带着挫折感和失望而离开。因此，在制订计划时，社会工作者的任务是为自己与服务对象双方找到共同点，使得服务对象与自己的工作都朝这个方向努力。虽然有时服务对象选定的目标并不是社会工作者所期望的或这么急迫的，但只要服务对象认为它是重要的，而社会工作者也能够帮助实现，那么，就要首先从这个目标开始。

（三）尽可能详细和具体

详细具体的计划能够给社会工作者和服务对象提供行动的指示，促进改变过程的进行；详细具体的计划还可以进行量化，使得社会工作者和服务对象看得见、摸得着工作的成果，知道是否实现了目标。这样，社会工作专业才能够建立起对社会公众的交代。

### （四）与工作的总目的、宗旨相符合

计划的具体目标不能偏离介入的目的。有些事情可能对服务对象是有益的，但它们与服务对象的近期需要满足或者问题的解决并不吻合，这种情况下社会工作者要懂得轻重缓急，务必使计划与介入目标一致。

### （五）能够总结与度量，为评估打好基础

一项计划不但要能够满足服务对象的需要，解决他们的问题，还要能够进行量化评估，以便能够清晰地呈现改变的成果。一般来说，在制订计划时就要考虑到如何评估介入行动，这也是制订计划的重要原则。

## 三、制订服务计划的方法

### （一）设定目的和目标

制订服务计划的第一步就是在认定问题的基础上与服务对象共同设定服务的目的和目标。

#### 1. 确定社会工作介入的目的

如上所述，“目的”是指服务总体上要达到的结果，是工作的大方向，通常是不可测量的。它是服务对象对想要达到的境界的宽泛的、总体性的陈述，是社会工作者和服务对象通过努力期望最终达到的总目标。为了完成这个总目标，需要设定很多具体目标，这些具体目标是现实可行的，并且是可以量化的。例如，一对关系紧张的父子希望改善关系，他们求助的目的是“建立良好的父子关系”。但什么才是“良好的关系”呢？这需要对“良好关系”进行具体的界定和描述，即通过设定一些具体的措施和指标来逐步实现父子之间的“良好关系”。这些措施和指标包括：每天至少交谈一个小时，每周共同参加一次“家庭生活教育”小组活动，等等。

#### 2. 设定工作目标

（1）确定服务对象的需要和问题。在制订计划阶段，社会工作者要与服务对象再次确认双方对问题和需要的理解与认识，以便制定的目标是服务对象认可并已准备好与社会工作者一起积极努力解决的问题。因此，这一步的工作是一个不断深化问题以使计划有的放矢、增加服务对象行动决心的过程。社会工作者可以通过征询服务对象对问题的认识和理解来确认问题：“我们已经对影响问题的具体因素和问题本身进行了分析，这些问题包括……和……以及……你觉得这些问题是否就是我们下一步需要解决的？”

（2）向服务对象解释设定目标的目的。社会工作的实践经验显示，当服务对象了解设定目标的意义并明确自己在目标制定中的角色时，他们会对目标认同并产生积极正向的行动反应。社会工作者要向服务对象解释设定目标的意义：“我们对目前存在的问题已经有了很多讨论，为了达到解决问题的目的，现在需要制定明确的目标来督促你的行动，也让我知道应该怎样帮助你。下面，我们一起来讨论一下，看看你认为什么是你觉得最重要的目标，我们应该怎样以具体行动来一步步地达到这个目标，你看怎么样？”

（3）共同选择适当的目标。目标选择包括两个步骤：一是筛选目标。这一步工作是

指社会工作者与服务对象一同找出期望达到的初步目标并对各个目标进行讨论，以选择和决定具体的目标。社会工作者可以与服务对象一起将所有可能的目标写出来，然后逐个对目标进行筛选。当不能确定目标时可以使用从 1~10 的量变给每个待定的目标打分，经过比较挑选出服务对象最希望和最迫切的改变目标。二是定义目标。在目标筛选出来后将目标界定清楚，以具体、可操作的指标定义目标，有利于目标的执行。

（4）与服务对象讨论目标的可行性和可能的利弊。在制定目标时与服务对象讨论目标的可行性非常重要。目标过高，不容易达到，会给服务对象造成太大压力，进而降低他的行动动机；目标过低也会使他缺乏成就感而缺少行动的动力。社会工作者可以与服务对象通过讨论来帮助他们思考目标的可行性和利弊："如果按照现在你选择的目标去做，你觉得对你会有什么影响？有哪些因素能够帮助你实现这个目标？有没有什么障碍？"

（5）确定目标并决定目标的先后次序。为确保通过努力可以实现目标，社会工作者要与服务对象讨论决定执行目标的先后次序，使目标真正成为服务对象的目标，而不是社会工作者的一厢情愿，同时避免由社会工作者包办代替服务对象应作的努力。

### （二）构建行动计划

当工作目标设定后，接下来社会工作者需要与服务对象讨论如何实现既定的工作目标，即制订一套行动计划来实现目标。构建行动计划的过程实际上就是选择介入方法和介入系统的过程，也是发展有效行动方案、明确任务和责任的过程，同时还是决策行动的过程。

#### 1. 选择介入系统

在社会工作的助人活动中，"系统"是指社会成员之间的相互交流域，如夫妻、家庭、邻居、医患关系、小组、机构、照顾系统等；也包括由这些交流所引发的生理心理过程，如思维、情感、激素分泌或疾病等。社会工作的介入系统既是前述的关注对象，同时也涵盖为帮助和协助关注对象解决问题而需要介入的其他社会系统，包括宏观社会系统。选择介入系统的根据是对服务对象需要与问题的预估结果，包括通过对服务对象正式和非正式社会网络与支持的分析，来选择和决定正式和非正式社会网络与支持系统的介入策略。一般来说，社会工作的介入系统可以分为直接介入系统和间接介入系统两类，社会工作者要根据服务对象的需要决定介入哪类系统。

#### 2. 选择行动内容

社会工作介入行动是实现目标的手段。行动可以分为如下类型：

（1）危机介入。危机介入是社会工作中常见的内容。当服务对象遇到突发性事件，例如遭受暴力虐待、自杀、突发公共事件或者天灾人祸等问题发生时，需要社会工作者立即进行介入，包括通报相关机构，安置和安抚受影响人员，进行物资救援和受影响人群的心理介入等。

（2）资源整合。服务对象的需要和问题需要多元化的服务，因此整合运用资源是满足需要和解决问题的必要手段。制订计划时，社会工作者根据服务对象的需要和问题说明要建立和串联的资源网络，包括服务对象需要哪些资源、谁能提供这些资源、如何动员资源以及什么时候和怎样使用资源等。

（3）经济援助。经济援助可以分为常规性的和临时性的两种。常规性经济援助包括对低收入的服务对象给予正式制度性帮助。临时性经济援助是当服务对象出现特别需要时提供的帮助，如紧急医疗救助、特别教育补助以及临时性的物质帮助。此外，经济援助也包括从非正式社会网络和资源系统获取的资源。

（4）安置服务。这类服务是指将服务对象带离原有生活场所进行暂时或替代性安置的服务，根据时间的长短分为暂时性安置、短期安置、长期安置和永久性安置。从安置场所来看，有为儿童提供服务的儿童福利院、寄养家庭、领养家庭和少年管教所；为老人提供服务的养老院、日间照顾中心；为吸毒人员服务的戒毒所；为精神病患者服务的精神病院、疗养院；为流浪乞讨人员服务的社会救助站等。

（5）专业咨询。社会工作者应该掌握本地满足人们需要的资源系统的资料和信息，在服务对象需要时提供咨询服务。咨询服务的内容涉及有关社会福利和社会救助的政策和法规、资源系统，以及需要与问题的评估和建议等。当服务对象所需咨询超过社会工作的专业范围时，要进行转介或安排相关专家进行咨询。

**案例 2-4**

## 帮助阿三的介入计划

一、工作目的和目标

1. 目的：帮助阿三正确面对环境挑战，提高其适应、利用环境的能力，从阿三所处的微观、中观、外观和宏观系统入手，提高系统间的交流能力，帮助阿三改善生存环境。

2. 目标：

（1）增进阿三对环境的适应能力，提高阿三个体与环境的调和度，帮助阿三彻底戒毒。

（2）重组阿三的生活空间，重新调整其生活时间步调，包括他的生理时钟、心理时钟。帮助阿三正确面对婚姻关系危机以及解决由此带来的心理困扰。

（3）提升阿三的胜任能力，去除环境障碍，增进阿三个人的社会功能，提升其内在动力，帮助阿三找到一份工作，解决生计问题。

（4）增进阿三环境的滋养性，介入阿三的邻里系统，改善他们对阿三的看法，使阿三重获尊重、尊严。

二、介入系统和介入行动

根据对阿三个人和其社会环境的预估，可以发现阿三个人与他所处环境中的资源和限制（障碍），根据这些资源与限制，运用生态系统视角的实务取向可以制订以下介入计划。

1. 增强生活能力。首先协助阿三找到合适的工作，帮助阿三改善家庭生活环境，增强其信心。解决生计问题是首要的，社会工作者应鼓励阿三积极寻找工作，使他承担起家庭生活的责任。这也是他重新融入社会、开始正常生活、恢复信心的重要一步。

由于阿三没有一技之长，找工作比较困难，社会工作者应帮助其调整就业心态，珍惜机会，尽快就业，及时减轻家庭负担。社会工作者、政府部门等可以帮助他参加一些培训，使其学得一技之长，增加找到期望的工作的筹码。参加工作也可以帮助他恢复、建立自信，有利于其他问题的解决。

2. 重组生活空间。帮助阿三解决婚姻危机，减轻其心理压力，增强其面对、处理环境突变的能力。面对妻子的诀别信，尽管阿三非常理解并愿意接受离婚请求，但这对阿三心理造成的冲击无疑是巨大的。这一问题如果不及时加以解决，很有可能会影响阿三的工作和戒毒。同时，通过对这一危机的处理也可以增强阿三应对突发事件的能力，是抗逆力的建设过程。在处理这个问题时，社会工作者所要做的只是澄清事实，而非教他如何去做，这样才可以提高其判断能力和处理问题的能力。

3. 建构社会支持网络，提供支持资源。帮助阿三挖掘各方资源，顺利度过生理、心理戒毒期，与毒品彻底断绝。与生理脱毒相比，心理脱毒更为漫长而艰辛，如何减少阿三对毒品的心理依赖，充实日后生活，重塑阿三的交友圈是社会工作者亟须解决的一个问题。阿三开始吸毒就是因为狱友的影响，长时间以来，他周围充斥着吞云吐雾的吸毒人员，因而社会工作者的当务之急就是帮助阿三结交或重新找回昔日的正常朋友，完全脱离复吸环境。

阿三的家人在他戒毒过程中也可以发挥巨大作用，阿三的母亲、儿子和姐姐都是他的重要支持力量。慈祥、苦命的母亲独自支撑起家庭生活的重担，3 岁的儿子聪明可爱、无忧无虑，如何很好地承担为人子、为人父的责任，对阿三来说是一项重任，同时也是一股强大的动力。社会工作者应该充分调动阿三母亲、儿子和姐姐等资源，为阿三的戒毒提供感情支持。

由于阿三现在的表现显示了他痛改前非的决心，邻居看在眼里，对他的印象应该会逐渐改变。社会工作者一方面要鼓励阿三尽快自立，鼓励他继续关心集体、关爱他人，以实际行动改变邻里、社区对他的负面印象；另一方面，社会工作者应说服邻居、社区与阿三保持良好的关系，使他能在融洽、和谐的社区中生活，体会到大家庭的温暖。这样也能有效地避免他再与毒友们联系，重蹈覆辙的可能性就会降到最小。

4. 倡导和增进环境的滋养性。为阿三争取社会环境（体制、文化等）的改善，帮助他找回自尊。这是一项重要而长远的行动计划，关系到阿三的就业、人格的发展和其儿子的成长等重要问题。这实际上是一个在更为宏观的社会层面赋权增能的问题，行动起来比较复杂，难度很大。在此过程中，鼓励阿三和此类人员为他人和社会多做益事、改变过去的恶习，以找回自尊，重塑在人群中的形象，是社会工作者的重要任务。另外，积极呼吁社会对这类人群给予更多的理解、关注和尊重，争取政府和用人单位给予他们更宽松的就业环境也同样任重道远，必须通过采取集体行动加以实现。

### （三）签订服务协议

当行动计划完成后，社会工作者要与服务对象签订服务协议，以保障计划的执行。签订服务协议是计划阶段的最后一项工作内容。

#### 1. 服务协议的含义

服务协议也称为服务合同、工作契约等，是社会工作者与服务对象经过讨论协商所达成的满足服务对象需要和解决他们问题的工作方案，是双方对解决问题的承诺，是社会工作者与服务对象之间的合作计划，体现了双方的伙伴关系。服务协议具体地标明了社会工作者和服务对象对问题的认识与界定、工作的目标及相互责任。

2. 签订协议的目的

服务协议在本质上是社会工作者与服务对象之间明确的协议，与其他协议（如商业协议和法律协议）一样，是一种约束机制，它将参与各方约束在一起，直到实现特定的目标。协议代表了社会工作者和服务对象共同的观点，即他们如何一起工作，包括每一方要采取什么具体行动来解决问题等。因此，订立协议的目的就在于使社会工作者和服务对象双方明确各自的任务和角色，保证计划的执行和实现。

3. 服务协议的内容

（1）计划的目的与目标。

（2）双方各自的角色与任务。

（3）为达到目的与目标所采取的步骤、方法与技巧。

（4）期望达到的结果，以及进行总结、测量和评估的方法。

4. 社会工作服务协议的特点与制定原则

社会工作服务协议的本质是一种契约，目的在于保证介入目标的实现，因此它的一个最大特点是要具有可操作性。操作性服务协议的制定应该遵循以下原则：

（1）明确性。协议内容应该是明确的，没有秘而不宣或隐含的意思。为了避免意思上的含混不清，协议的文字应清楚、精简和具体，避免过多使用专业术语。

（2）得到社会工作者和服务对象认可。协议必须是双方共同拟定的，即必须是双方合作、共同参与并使用服务对象明白的语言制定的；协议必须是双方对问题界定、工作目标、介入策略、参与者各自角色与任务的共识，是双方完全同意的。

（3）具有弹性。法律协议具有固定不变性，然而社会工作的服务协议却要根据服务对象的变化不断进行调整。这使得社会工作的服务协议具有灵活性而不是一成不变的，可以根据服务对象的新需要重新商定。

（4）具有实用性。协议应该是对社会工作者和服务对象双方可行的、现实的。协议既需要具有约束力，也不应该太严格而难以实现。能够实现的、现实的协议让服务对象感觉自己有能力处理和把握问题，有助于恢复和增强他们处理问题的信心。协议条款太过严格难以实现会增加服务对象的挫败感，因而是不适宜的。

## 四、服务协议的形式

社会工作的服务协议可以是书面协议，也可以是口头协议。书面协议要列明各项工作的目标及双方的义务和责任，这样的协议对于改变过程是有积极帮助的，因此，一般来说最好是能够签订书面协议，使其起到督促双方的作用。在实际工作中，口头协议也很常见。口头协议在效用上与书面协议并没有明显的不同，一般用于专业关系建立的初期，是服务对象还不习惯签订协议时的变通方式。

**案例 2-5**

## 张明（化名）夫妇领养福利院儿童王强（化名）的工作协议

社会工作者和张明夫妇协议履行下述要求：

| 张明夫妇 | 社会工作者 |
|---|---|
| 1. 每周探望王强以使王强熟悉他们，直到 2007 年 6 月 6 日<br>2. 张明妻子要参加社区每周举办的“如何做父母”课程，直到 2007 年 7 月底 | 1. 2007 年 2 月为张太太安排报名参加父母培训课程<br>2. 安排张明夫妇和孩子从 2007 年 2 月 20 日开始到 6 月 30 日每周见一次面 |
| 本协议在 2007 年 4 月 16 日作中期评估，讨论为达到计划目标下一步要进行的工作 | |

张明夫妇签名：　　　　　　　　　　　　社会工作者签名：

## 五、服务协议的签订过程及技巧

签订服务协议的过程在本质上是整个社会工作介入行动的一个有机组成部分，是社会工作者与服务对象确认需要和问题、共同协商工作目标以及决定采取何种协议方式的过程，因此需要特定的工作技巧。

### （一）签订服务协议的过程

社会工作者要知道，社会工作服务协议是与服务对象在从接案到共同讨论问题、构建行动计划的过程中逐步协商产生的，因此协议的过程从接案时就已经开始了。随着助人过程的发展，协议的内容越来越具体，直到形成具体、可操作的协议。

#### 1. 会谈协议

所谓会谈协议是指服务对象与社会工作者通过会谈在介入目的、目标等方面达成协议。另外，会谈协议也隐含着另一个含义，即服务对象承诺与社会工作者通过会谈这种方式达成服务协议。会谈协议是社会工作所有服务协议的基础。社会工作会谈的目的是讨论和找出服务对象的问题和解决问题的办法，它是一个连续的过程，前一次会谈常常决定了双方的后续行动。因此，会谈协议是社会工作者与服务对象之间形成或者签订的第一个协议。

但那些非自愿的服务对象（如按法令需接受社区矫正服务的人员）有可能认为没有与社会工作者见面会谈的需要，遇到这种情况时就不能在社会工作者和服务对象之间形成协议，除非双方为会谈找到目标，否则协议就不能建立。例如，一名从监狱获释的成年男性认为，见社会工作者就像是在接受监督，感觉不舒服，因此可能抗拒与社会工作者的会谈。如果这时社会工作者把会谈重点放在帮助他学习社交技巧，逐步适应和准备新生活，以利于他找工作，那么他有可能愿意见社会工作者，这样双方就有可能在后续的服务中逐渐相互了解，建立稳固关系，并建立工作目标，社会工作者才有可能在后续与服务对象的关系和互动中进行改变态度和行为、建构社会支持网络等工作。可见，协议的建立是一个随专业关系发展而慢慢建立的过程，而会谈协议是所有协议中的基础。

2. 界定服务对象的问题

“问题”是指社会工作者要处理的、有关服务对象社会功能发挥方面的事项。社会工作者与服务对象对问题的看法可能并不一致，如果双方对此不能达成协议，就失去了共同工作的基础。因此，社会工作者与服务对象一起探讨找出共同为之努力所希望改变的“问题”，这是协议的重要内容。双方讨论认定的问题不但使服务对象有动机去面对，也为社会工作者的工作提供了方向。例如，在上面所讲从监狱获释的成年男性的案例中，社会工作者在会谈中与其一同讨论是什么使他违法入狱，怎样才能建设一个好生活，并与其对会谈目的取得共识，他就会勇于面对自己的问题，双方也就可以为“要解决的问题”达成协议。

3. 协议介入目的和目标

在对“要解决的问题”达成协议后，社会工作者与服务对象就要共同协议制定介入的目的和目标了。那么，到底社会工作者和服务对象一起工作要达到什么目的？什么才是双方共同工作要达到的目标呢？如上所述，目的和目标的制定要经过双方的协商，可以由社会工作者根据服务对象的情况提出目的和目标，然后与服务对象逐条讨论，最终确定具体目标。例如，接受社区矫正服务的服务对象，社会工作者与其工作的目的是要帮助他回归社会，经过双方协商，最终将目标定为在3个月内一边接受职业培训，一边在社区养老院做义工，培养其责任意识，以便在3个月后成为养老院的厨师。

4. 协议介入策略和行动

实现介入目标的策略不止一个，因此，社会工作者与服务对象要对介入策略和行动方案形成一致看法，达成协议。这样，双方就能在工作过程中相互配合，从而实现目标。例如，社会工作者与接受社区矫正服务的对象在就实现回归社会的目的达成协议的基础上，双方商定为使社区居民对服务对象有信心，能够成为养老院的工作人员，策略定为服务对象在养老院做义工，以便有机会让养老院和居民了解自己。

（二）签订服务协议的技巧

1. 认定服务对象对问题的看法

签订服务协议过程中，服务对象对自己问题的看法、对问题的认定是最重要的，因此，社会工作者要成功与服务对象签订协议，一个重要的技巧就是由服务对象自己来认定问题，社会工作者根据服务对象的看法与其进行讨论，从而达成共识。例如，一名母亲因儿子的网瘾问题求助，社会工作者在认定问题时可以从母亲的描述和看法开始：“我们谈了半天了，我觉得你非常担心儿子的网瘾问题，担心他的学习，你想让我来帮助他，是这样吧？”

2. 与服务对象讨论对问题的看法

当社会工作者与服务对象对问题和介入目标与行动有分歧时，为了达成协议，社会工作者需要与服务对象讨论自己的看法和观点，避免服务对象有不被重视的感觉。例如，社会工作者对求助母亲说：“从你对孩子网瘾的情况介绍来看，孩子沉溺网吧的问题是从你和丈夫闹离婚开始的，你看孩子的问题是否与父母有关系？”这种讨论为社会工作者与服务对象达成对问题的一致看法作了铺垫。

3. 描述计划解决的问题

描述社会工作者和服务对象计划解决的问题，目的在于为双方后续的工作提供依据，这一步也是双方签订协议的基础。因此，对计划要解决的问题的描述要尽量具体详尽、清楚、简洁、易懂。例如，社会工作者对求助母亲描述要解决的问题："我们已经看到，孩子的问题表面上是沉溺网吧，实际是你和丈夫的婚姻问题影响了孩子。在帮助孩子的同时，我建议你和丈夫一起来，看看怎样调整你们的关系，同时让孩子明白你们，你看这样好吗?"

4. 确定目的和目标并说明行动的具体策略

与认定问题一样，对于目的和目标的协议也需要服务对象的参与，而对介入策略的协议则需要社会工作者详细说明双方的角色和任务，以及介入策略包含的具体方法、针对的问题、实现目标的时限，以便使服务对象明白介入策略与自己问题的关系，愿意投入行动。

5. 总结和强调协议的主要内容

社会工作者运用上述技巧完成了与服务对象签订协议的过程，最后社会工作者需要与服务对象一起对协议进行总结，提醒服务对象承担履行协议内容的责任。

## 第四节　介入

介入是社会工作计划的具体实施。在这个过程中，社会工作者运用专业理念、方法和技巧，发掘和运用服务对象的内在动机、潜能，共同寻找资源解决问题。

### 一、介入的特点

从上述阿三的个案中可以看到，人的需要是多元的，问题是复杂的，因此，帮助阿三改变的工作或者说社会工作的介入活动和工作方法也是多种多样的，包括通过直接介入和间接介入等多种方法帮助阿三获取资源满足需要和解决困难。

#### （一）社会工作介入的含义

"介入"也称社会工作的实施、干预、行动、执行和改变，是社会工作助人过程中的一个重要阶段。介入阶段是社会工作者和服务对象采取行动，按照服务协议落实社会工作计划的目标，帮助服务对象改变，解决预估中确认的问题，从而实现助人计划的重要环节。

从社会工作者的角度来说，介入是社会工作者运用专业的知识、方法与技巧协助服务对象系统达到计划服务目标的过程。因此，社会工作的介入可以界定为社会工作者为恢复和加强服务对象整体社会功能而有计划、有目的的行动。

#### （二）社会工作介入的性质和特点

1. 介入是有计划、有目的的行动

社会工作的介入是一个有计划、有步骤、有目的的行动，它以提升服务对象的社会功能为核心，经过了周密认真的设计，目的在于实现服务协议中各方同意的介入目标。所以，在介入阶段，行动取向以及行动介入的结果是这一阶段的核心特征。

2. "干预"是介入的核心

虽然我们强调行动是介入阶段的核心，但就介入形式本身来说，它可以是行动的，也可以是非行动的，最主要的是要按照工作计划采取行动，对服务对象和其所处的环境进行“干预”，实现改变服务对象态度或行为的目标。介入的表现形式可以有多种，例如无论是面对个人、家庭还是小组，社会工作者常常运用“沉默技巧”给服务对象一个思考的空间，促使他们对社会工作者的沉默给予回应。这种“非行动”干预在本质上也是一种介入。

3. 物质帮助和精神支持并重

社会工作的介入活动很多时候都是一种实质性的帮助，例如为服务对象提供经济援助、物质支持、安排活动、协助老人进入养老机构进行照顾等。但介入在很多情况下也可以是非实质性的服务，例如表示理解和支持、调解问题、进行技巧训练、建立支持网络、处理问题行为等。介入行动的这种性质和特点是由于人的需要有不同层次，从维持有机体生存的物质需要到爱、自尊以至自我实现等精神和心理需要，不同层次的需要须通过不同的服务来满足，包括从物质援助到精神支持以及辅导服务。介入行动就是社会工作者根据服务对象的需要选择和提供适当服务的过程。

4. 介入有短期效果和长期效果

社会工作者既不是神仙，也不是魔术师，虽然他们的工作常常创造奇迹，但也经常遇到挫折，没有哪一种介入可以不经服务对象努力就能奏效的。有时，社会工作的介入在短期内就能带来服务对象明显的改变，但有时也会见不到效果，需要社会工作者坚持不懈地努力，从细微处入手，日积月累，才能收到长期的实效。

## 二、介入的分类

社会工作介入活动分为两类，即直接介入（也称为社会工作的直接实践）和间接介入（也称为社会工作的间接实践）。

### （一）直接介入（社会工作的直接实践）

直接介入是指以个人、家庭和群体为关注对象，针对个人、家庭和群体采取的行动，重点在于改变家庭或群体内的人际交往，或改变个人、家庭和小群体与其环境中的个人和社会系统的关系与互动方式。

### （二）间接介入（社会工作的间接实践）

间接介入是指以个人、家庭、小组、组织和社区以至更大的社会系统为关注对象，由社会工作者代表服务对象采取行动，通过介入服务对象以外的其他系统以间接帮助服务对象的行动。间接系统的介入通常也称为改变环境的工作，或中观和宏观社会工作实务。

### （三）直接和间接综合介入

社会工作的生态系统理论认为，人是生活在社会中的，不同的社会系统构成了人所处的具体环境，而人与他们所处的环境被视为相互依赖且彼此辅助的一个整体，人和环境在这个整体里互为对方进行持续的改变和塑造。当人与环境产生“非适应性契合”时就引发了人们生命或生活中的问题，换句话说，“人”本身并不完全是社会适应不良的原因，“环境”在其中也扮演着重要角色。从这种“人与环境”互动的视角出发，社会工作将介入焦点放在：第一，增强个人的适应能力；第二，增加社会和物理环境对个人需要的回应。这种从人与环境两个环节介入的策略，就构成了将直接实践和间接实践结合在一起的综合介入行动。

## 三、选择介入行动的原则

社会工作的介入行动，理论上说应根据预估阶段对服务对象需要与问题的认定进行，但很多时候也要根据变化了的情况随时调整，应遵循以下基本原则。

### （一）以人为本、服务对象自决

介入行动要体现以人为本的原则，从服务对象的需要和利益出发，并且在决定介入行动时要有服务对象的参与。由服务对象决策和参与的介入行动将会使他们有更大的动机去承担责任和完成任务。在案例 2–2 中，如果社会工作者希望通过改变社会公众对艾滋病患者的认识，为孟健也为所有艾滋病患者争取社会资源，那么首先要征求孟健的意见，由孟健决定是否愿意面对媒体。

### （二）个别化

针对服务对象系统的特殊性采取介入行动，才能有助于解决问题。例如，对于艾滋病患者来说，并不是所有艾滋病患者的家庭都排斥他们，故针对不同的服务对象，社会工作者要有个别化的介入行动。

### （三）考虑服务对象的发展阶段和他们的特点

对于个人，介入行动应集中在协助其完成相关阶段的生命任务上；对于家庭或者群体，介入行动则要考虑与家庭和群体发展的特殊阶段相关的特殊任务。例如，年幼的留守儿童最需要的是生活照顾，满足他们营养和健康的需要，发展与人相处的社会能力等。如果将他们交给年老的祖父母照顾，可能无法满足他们成长的需要，那么建立一些农村幼儿园，由受过专业训练的幼儿老师和社会工作者为他们提供服务，则可能是一个合适的选择。

### （四）与服务对象相互依赖

社会工作者不能单枪匹马地采取介入行动，要依靠服务对象，与他们紧密配合，双方共同合力参与介入行动，这样才能最大限度地发挥服务对象系统的积极性与能动性。

### （五）瞄准服务目标

介入行动应围绕着介入目标进行。例如，网瘾问题少年的成长发展是社会工作者应该关注的，但介入行动首先要集中在戒除网瘾上，因为这是少年自己、家庭和学校最关心的问题。

### （六）考虑经济效益

介入意味着社会工作者和服务对象都要付出时间和精力，介入行动的原则就是要量力而行，优先考虑投入时间和精力最少的行动，从而以最小的成本投入获得最有效的改变结果。例如，对网瘾少年的介入行动如果针对其家庭进行就可能比只单纯针对个人有效得多。

## 四、直接介入的行动及策略

### （一）促使服务对象运用现有资源

从“人与环境”的社会生态系统理论视角出发，社会工作直接介入行动关注提供完成生命任务的资源以满足人的需要，从而消除问题。但有时服务对象完成生命任务所需要的资源空缺，影响了他们社会功能的正常发挥。例如，从农村到城市工作的人，由于没有为他们服务的医疗保障体系，当他们遇有重大疾病时个人和家庭就会出现困难。还有一种情况是，有时服务对象不了解现存可以使用的资源。例如，城市新移民由于不了解当地政府的教育政策，致使他们的孩子不能进入当地的学校。另外，有些服务对象知道现存可以帮助他们解决问题的资源，但并不使用，致使问题难以破解。例如，夫妇下岗失业的家庭由于不愿让别人知道自己的情况而不申请低保。当上述情况存在时，社会工作者都要采取介入行动，促使服务对象运用现有的资源。

1. 促使服务对象运用现有资源的策略

（1）帮助服务对象运用自己的内在资源，以达到改变的目标。社会工作者的任务是帮助服务对象对事物采取正确的分析态度与方法，从而能够有效地解决问题；改进服务对象扮演角色的技巧，发掘他们的潜能，并帮助服务对象建立积极的人生观。在这里，社会工作者主要扮演辅导者、促进者、提供意见者和教育者的角色。

（2）帮助服务对象运用现有的外部资源。目的是将服务对象与资源系统链接起来以增强服务对象的社会功能。外部资源包括正式的资源系统（各类服务机构）和非正式的资源系统（家庭、邻居、亲戚、朋友）等。这里，社会工作者主要扮演中介人、倡导者和促进者的角色。

2. 社会工作者需具备的能力

要使服务对象能运用现有的外部资源，社会工作者要具有如下能力：

（1）了解现有资源。服务对象的资源系统包括正式服务资源系统和非正式服务资源系统。

①正式服务资源系统是指由社会服务机构管理和提供的服务。这类服务机构数量和种类繁多，社会工作者需要掌握有关这些服务机构的服务内容和功能的信息，以便在服务对象需要时及时运用它们来满足服务对象的需要。虽然不同地区社会工作服务机构的数量和种类有很大差别，但基本可以分为：一是由政府提供的机构服务，如在基层社区负责为低收入家庭提供低保服务资格审核的居民委员会或者社区工作站；二是由非政府、非营利组织提供的机构服务，如中华慈善总会及其地方分会都提供紧急救助服务；三是按人群划分的机构服务，如养老院、儿童福利院、儿童救助保护中心、妇女服务机构、家庭服务机构、残疾人服务机构、农民工维权机构等提供的服务。

②非正式服务系统通常是指自然助人服务系统，或称社会网络，它们是满足服务对象需要的重要资源系统，在服务对象有需要时可以伸出援手。具体包括：一是服务对象的家人、朋友、邻居和同事、同学等。他们与服务对象有初期密切交往，能够为服务对象提供及时的帮助和支持，例如帮忙照顾孩子、看家，以及物质和精神方面的支持等。二是自助小组。如单亲家庭互助小组、各种长期病患自助小组等，这些小组的成员拥有相似的生活经历，可以相互帮助。三是互助会。这种由参加者定期储蓄形成的资金可以在会员遭遇疾病、家庭变故、意外灾害时提供紧急帮助。

社会工作者要对上述可以使用的资源有一个基本了解，以便为服务对象选择合适的资源。通常每个机构都会编制一本地区服务机构和资源系统的汇编，以方便使用。

（2）进行转介。转介是社会工作者把服务对象的需要与资源链接起来的过程。进行转介时，社会工作者要注意：①征得服务对象同意，确保服务对象同意将他的某些资料转介给另一个机构。②向要转介的机构出具正式的转介信和相关的转介资料，说明情况。③进行转介后跟踪服务，看服务对象是否得到了所需的资源和服务，如果没有则需要进行再转介。

（3）资源倡导。当服务对象所需资源缺乏时，社会工作者要发挥资源经纪人和倡导者的角色，将服务对象与资源系统链接起来。

资源经纪人角色的主要任务是在服务对象和其所需资源之间牵线搭桥，需要使用如下技巧：评估服务对象的需要；识别和找出相关的资源；转介；确定服务对象得到了资源并能够使用它们。

倡导者角色的主要任务是进行政策实践，将服务对象的需要表达出来，引起政府相关部门和社会的重视，争取政策的改变或者建立新政策以满足社会需要。需要使用的技巧包括：系统收集服务对象的资料和问题，对其进行分析，形成报告；通过正式渠道提交政府相关部门，或者通过媒体发表；提出具体的政策建议。

（4）增能。增能的目的是使服务对象具备某些能力，以使他们能与环境有更好的互动，满足需要。社会工作者经常运用增能技巧帮助那些存在无力感、无助感和低自尊问题的服务对象，如艾滋病患者、被拖欠工资的外来农民工、单亲母亲等。增能的技巧包括：①协助服务对象识别和善用自己的长处，用积极的自我形象代替消极的自我形象；②提高服务对象的自我意识，了解与他们有关的资源系统；③帮助他们组织起来，共同争取权益。

### （二）进行危机介入

危机是由于个人生活中的压力或突发事件使个人原有的满意状况有所改变，导致出现不平衡，或者失去稳定的一种状态。每个人在人生的不同时期都有可能发生危机，危机是正常的，而不是病态的。危机介入是一种特殊的介入，目的在于缓解服务对象的紧张情绪，恢复其功能，使他们走出危机。帮助服务对象采取处理危机的行动，目的在于帮助他们解决危机并恢复其社会功能。造成服务对象生活危机的事件有：担当新角色、增加新责任、改变已有的生活方式或生命发展过程发生转变等。社会工作者可提供的支持与协助有：保护、接纳、提供希望与鼓励及教育与指导。危机介入的技巧包括：

（1）将焦点放在帮助服务对象恢复和发挥功能上，而不是解决整个问题。因为危机出现之前服务对象拥有满意的社会功能，所以危机介入要针对危机出现时的机制失灵问题，帮助服务对象恢复应对问题的能力以解除危机。

（2）帮助服务对象宣泄由危机带来的紧张情绪，给予其心理等方面的支持，以防精神崩溃。

（3）瞄准服务对象当前需要。介入目标要现实，对服务对象不能要求太高。

（4）担任教导角色。包括告诉服务对象应该做什么，同时也为他们做一些力所能及的事。当服务对象功能逐步恢复时，就可以结束介入行动。

### （三）运用活动作为介入的策略

活动是指针对某些既定的目标或者任务的行动。社会工作者可以运用活动作为帮助服务对象的介入行动，协助他们发展某些特别的社会技能，达到解决问题的目的。例如，运用小组活动设计角色扮演来帮助不善表达的服务对象练习与他人的沟通技巧，帮助他们在现实生活中获得满意的人际关系。通过活动提升服务对象的能力，往往是单独一对一辅导方法达不到的效果。运用活动作为介入策略时，要考虑下列因素。

1. 介入目标

活动只是达到目的的手段，而不是目的本身，所以活动一定要与介入目标相吻合。例如，为促进小学五年级同学的合作精神，活动应设计为要求同学共同完成某些活动程序，而不能采用“××竞赛”作为活动内容。

2. 服务对象的情况

活动要符合服务对象的能力和特殊需要。例如，智障儿童小组的训练活动要简单，既要满足培养他们自理生活的要求，又不能超出他们的认知能力范围。

3. 资源和设备的配合

开展活动需要场地、资金和设备，所以活动要与机构的能力和资源条件相配合。此外，要制订替代方案，以备出现预料不到的情况时能够使活动顺利进行。

（四）调解行动

调解行动是指社会工作者帮助服务对象与环境中的系统一起找到利益共同点，从而带来改变的介入策略。调解的重点是通过服务对象与环境系统的互动，消除冲突，满足共同需要。进行调解介入时，社会工作者要做到以下几点。

1. 帮助服务对象与环境系统进行接触

很多时候服务对象抗拒与有利益冲突的环境系统的接触，此时社会工作者需要协助他们看到双方的共同利益、阻碍服务对象实现目标的障碍、克服障碍的方法以及可能的替代方案。例如，在拆迁补偿中帮助服务对象与开发商讨论和开展对话，协商怎样的标准是合理可行的、是对方能够接受的，帮助双方从接触中寻找解决冲突的方法。

2. 协助环境系统回应服务对象的需要

社会工作者要协助资源系统对服务对象的意愿给予回应。这要求社会工作者收集尽可能多的有关服务对象的资料，增进环境系统对服务对象系统的了解，并给予及时和恰当的回应。

3. 协助双方界定共同目标

调解介入的要点是保持中立，协助利益冲突双方找到共同点。随着双方关系的重建，社会工作者要协助双方认定并协商出共同的目标，达到双赢的局面。

现代社会生活日益复杂，利益冲突经常性存在于不同群体之间，调解也日益成为社会工作者重要的介入行动。

（五）运用影响力

为有效帮助服务对象，社会工作者要有意识地运用各种能够影响服务对象改变的力量，包括：诱导——奖励与处罚；劝导——运用有说服力的观点改变服务对象的观念；利用关系——运用人际关系去影响目标系统的行为；利用环境——使外部社会环境有利于服务对象的改变。

## 五、间接介入的行动及策略

间接介入的行动及策略是社会工作者依据生态系统理论视角代表服务对象采取行动

介入环境系统的工作。社会工作者代表服务对象系统采取行动是当服务对象系统缺乏行动的能力或是处于没有能力行动的境况时，需要社会工作者为他们争取资源以满足需要或者解决问题。

### （一）运用和发掘社区人力资源

运用社区人力资源时的主要技巧包括：

（1）能够识别谁是“有影响力”的人。这要求社会工作者走出办公室，深入社区，了解民情。

（2）具有与“有影响力”的人建立关系、与服务对象一起工作的技巧。

（3）具有说服和游说的、令人信服的陈述和表达技巧。

（4）把握工作目标的技巧。将“有影响力”的人们团结起来为服务对象的利益工作。

### （二）协调各种服务资源与系统以达到服务的目标

在一个地区内能够为服务对象提供服务的常常不止一个机构或者组织，但它们都各有自己的助人计划，因此，社会工作者需要将这些服务协调起来。此外，在现代社会中人们的需要和问题越来越复杂，社会工作者需要更多地与不同机构和专业人员一起工作，这些都要求社会工作者掌握与不同专业人员合作的协调介入的技巧。

社会工作协调的层次有两个：第一，微观层次的协调，主要协调以服务对象为焦点的活动，协调不同专业一起为个人和家庭服务。第二，宏观层次的协调，主要协调以特定类型服务对象为焦点的服务和活动的不同政策，如针对网瘾青少年、精神病患者、老年人群体等不同的群体政策配合。

**案例 2-6**

一名社会工作者正在帮助一个有多重问题的家庭，这个家庭有一个患精神疾病的母亲和一个正在上学的孩子。有不同专业的服务提供者为这个家庭服务，包括社区工作站提供家庭服务的人员、精神科医生、社区精神疾病防治人员、学校的老师。为避免由于缺乏协调造成服务混乱，社会工作者协调上述专业人员每两个月开一次碰头会，研究这个家庭的需要和问题，共同改进服务。

协调的功能在于使参与助人的各方了解彼此的计划和进度，减少工作重复和服务上的空缺。协调服务时，社会工作者要掌握下列原则：

（1）团结不同专业的服务人员以实现共同目标。

（2）了解各方不同观点，协助实现共同目标。

（3）识别各专业的长处和差别，划分职责。

（4）与各方沟通情况，为有效协调打下基础。

（5）协调前广泛收集资料，提高协调效率，减少协调成本。

### （三）制订计划创新资源

当发现社会有新的需要但缺乏有效服务资源时，社会工作者就要考虑筹划发展新资源。创新资源是发展资源的一个重要和有效满足需要的方法，但不一定需要很高成本。只要有创造性，就能发展出一些成本不高但富有创新精神且有用的资源，如发展新的互助小组、发展志愿服务等。

通过富有创造性的服务计划，社会工作者可以开发出具有创造性的、满足社区需要的资源。发展创新服务和资源时要留意：

（1）控制规模，使之在可以管理的范围内。重要的是对于大多数社会工作者和机构来说，小型方案容易筹募经费，成功概率大。

（2）争取机构和社区的支持。在机构支持下才能获得必要的行政配合，有社区支持才能使社区参与并承担责任与任务。

（3）设立必要的组织承担工作，工作人员分工负责才能确保计划的实施。

（4）社会工作者的角色依计划性质而定。促进者角色在于使社区成为计划的主体，促进社区的参与；技术专家角色主要是提供建议，指导完成工作任务。

### （四）改变环境

改变环境的工作也称环境介入、环境改变术，其目的在于改变服务对象周围的环境，以促成服务对象改变，从而达到服务的目标。

#### 1. 环境介入与环境改变的目的

环境介入就是通过环境对个人的影响进行批判性的分析，而对环境和个人改变所采取的行动。环境改变的理论依据是“社会生态视角”对人与环境关系的理解，即人们的社会功能与其环境有密切关系。环境介入的主要关注点在于重建人和环境间的适应的平衡，也就是人与环境间的调和，降低压力增加适应或增进二者关系的稳定度。

#### 2. 改变环境的意义

环境介入中的“环境”一词意指环绕着服务对象的整个外部世界。环境被视为具有多元的特质，其包含的层次有：知觉的环境、物理环境、社会/互动的环境、体制和组织的环境、文化和社会政治的环境。

#### 3. 环境介入和社会变迁

环境介入不仅包括改变环境的意图和努力，同时也包含通过对环境状态的影响进行批判分析，而对个人的和集体的观念进行改变的过程。社会工作者要了解环境不仅充满挑战也充满了机会，因此需要对环境对个人和集体福祉的影响进行批判的反思和行动的介入。

#### 4. 环境介入和改变的入手点

（1）空间和时间。空间属于物理环境，它也会影响人的行为。例如，小明上课经常不能集中精力听讲，常与邻桌同学打闹玩耍。学校社会工作者为了帮助小明提高学习成绩，新学期开学时向班主任建议将小明的座位与学习成绩优秀的小强调到一起。一个月后小明的成绩有了明显提高。

时间也是社会工作者要控制或者说可以改变的一个方面，改变或者操控时间是为了使社会工作机构的行政和服务时间安排更好地配合服务对象的需要。例如，外展青少年工作的服务时间应安排在下午，以配合学生的时间和他们的需要。

（2）关系。关系是指人们彼此交往的方式，是影响人们存在状态和概念发挥的社会系统环境的一个面向。社会工作可以通过介入人们的社会关系帮助人们提升获得资源的能力。例如，社区工作者通过促进社区邻里关系使邻里在有需要时能够互相帮助。

改变或者介入人们社会关系的目的在于：

①改变个人或家庭社会网络的构成。例如，帮助个人发展新朋友，或将个人与非正式社区资源进行链接以减少对正式服务的高度依赖。

②增加或动员各种所需支持。例如，具体有形的物质支持，情绪、信息支持，为家庭招募志愿者和提供暂缓服务给长期照顾者。

③强化人们发展和维持社会支持关系的技巧。例如，教授社交和人际沟通技巧。

④改进或提升社会网络关系的功能。例如，帮助家庭学习减少争论，发展处理他人批评的策略。

5. 促进社会环境变迁的方法

4种“社会环境变迁”介入的方法是：自然助人者介入、网络促进、建立互助小组和技术训练。

（1）自然助人者介入。通过赋予服务对象“给予和接受”帮助的机会将助人者与具有相似社会经济地位、文化、宗教信仰的服务对象进行连接。自然助人者的介入增加了人们互助的可能性。

（2）网络促进。通过引进新助人者，在网络成员中找到新资源，网络催化扩展了现有网络的边界。

（3）建立互助小组。互助小组会建立人们的共同意识，且会成为将私人困难变成公共关注问题的媒介。

（4）技术训练。网络技巧训练提供了获得和增加资源的重要策略。

（五）改变组织与机构的政策、工作程序和工作方式

每个社会工作服务机构都有自己清楚的目标、政策、组织架构和工作程序来服务人的需要。当组织或机构不能满足服务对象需要、阻碍服务对象社会功能发挥时，就要尝试去改变组织的结构与功能来满足服务对象系统的需要。

**案例 2-7**

安某是下岗失业的女工。安某并不惧怕生活的艰辛，最难受的是每月到街道社保所领取低保金的时候。为了不碰到熟人让自己尴尬，每次她都是赶早趁还没来人时就领走，或者赶晚等人都领完了才去，但还是很难避免在大厅碰到熟人。社会工作者发现这种情况后，在社保所辟出了一个小房间，让领低保金的人有一个私密的空间，避免伤及自尊。

显然，这个案例就是从改变机构工作方式入手回应服务对象的需要。当社会工作者希望从内部改变组织时，要运用如下技巧：

一是在了解评估机构的基础上识别需要改进的地方。改进的方法不止一个，但仔细地评估各种方案是成功改进的前提条件。

二是全员参与。这能够排除一些来自机构内部可能的抵触，使改变成为机构所有人员的事情，并能从中获益。

三是以合作而不是对抗的方法推行改变。例如，为机构提供足够的信息，提出可供选择的行动步骤，请求机构允许实验性尝试等。

## 第五节　评估

**案例 2-8**

某市流浪儿童保护中心从20世纪90年代末起开展流浪儿童街头救助工作，在火车站广场流浪儿童相对集中的地方开展街头救助、宣传、咨询和服务，为流浪儿童提供食品、饮用水、药品和绘画工具，吸引他们和社会工作者一起在友好、愉快的气氛中进行面对面的交流和娱乐。同时，向他们宣传儿童权利，彼此建立信任感，并充分尊重他们的观点和决定，及时地发现救助对象，及时地为他们解决困难。那么，流浪儿童保护中心的这种介入模式是否实现了维护儿童权利的目标呢？这种介入模式的效果如何？为了回答这些问题，中心从3个方面对“流浪儿童街头救助”项目进行了检查和总结：第一，考察该工作的目标定位问题；第二，考察该工作的方法及所开展的活动；第三，考察街头救助工作的效果。

通过系统地汇集各种资料、总结工作过程中运用的方法、检查介入成果与介入目标的匹配程度，中心的工作人员将前一阶段的工作经验作了进一步提升，总结出了介入工作的程序、步骤和方法，也找出了介入工作中存在的问题，明确了下一步工作的目标。

上述对服务项目的检查和总结就是对社会工作实务过程的评估工作。评估是检查介入行动是否实现了介入计划、总结经验、发展社会工作的实务知识的过程，是整个社会工作助人活动的一个重要环节。

### 一、评估的含义与目的

作为一个专业人员，社会工作者需要对服务对象、工作的机构和自己负责，需要知道：经过介入行动，服务对象是否达到了他们的目标？目标的实现是不是自己工作努力的结果？要回答上述这些问题，需要经过一个系统的评估过程。

#### （一）评估的含义

社会工作评估是整个助人活动的一个重要阶段，是确定社会工作变迁努力的目的和目标是否实现的手段，是对介入程序的评量、考察结果与其所陈述的目标之间的关系，并衡量程序的成效。评估是“一种认知过程、一种逻辑判断”。

评估是指运用科学的研究方法和技术，系统地评价社会工作的介入结果，总结整个介入过程，考察社会工作的介入是否有效、是否达到了预期目的与目标的过程。社会工作评估具有持续性、互动性、逐步深入、知识指引性等特点。

#### （二）评估的目的

1. 考察社会工作介入效果、服务对象进步情况及介入目标的实现程度

社会工作实践是一个有计划、有方向的助人活动。评估的目的就在于考察社会工作者的服务提供是否实现了计划的目标，测量服务对象是否发生了改变以及改变的程度。

#### 2. 总结工作经验、改善工作技巧、提升服务水平

评估的目的是发现工作中存在的问题，以总结经验、改进工作的方法和技巧，促进社会工作服务质量的提高。

#### 3. 验证社会工作方法的有效性

通过评估验证并在其基础上修改和完善社会工作的介入方法，是评估的一个主要目的。此即为“证据为本”的社会工作实践。

#### 4. 进行社会工作研究

通过评估过程系统地汇集资料，积累实践的知识和经验，是发展本土社会工作理论和方法的唯一有效途径。将实践经验汇总、检验，进行分析和研究，是评估的又一目的。

### （三）评估的内容

为达到上述评估目的，评估要从 3 个方面进行：

（1）看目标是否定得恰当，是否有效地达到了既定目标。

（2）评估工作方法和技巧是否运用得当。

（3）评估社会工作者运用的角色是否有效。

## 二、评估的作用

### （一）监督介入工作进度

评估是一个不断收集社会工作实务效果、社会工作介入改变的速率和进度资料的过程。这些资料都是检验介入工作程序的证据，通过对它们的分析可以起到督促社会工作者、提醒服务对象和社会工作者注意工作方向和进度的作用。

### （二）发展本土社会工作知识和方法，促进专业成长

评估能够帮助社会工作者反思每一个工作环节和整个介入工作的过程，有机会让社会工作者进行反思，总结介入的得与失。从评估中获得的经验能够用来改善机构服务，提升社会工作者的能力，加速社会工作者的成长和发展，促进其专业的成长。

### （三）巩固改变成果

通过评估可以帮助社会工作者和服务对象回顾改变的过程，服务对象可以从中学习解决问题的方法和策略，帮助他们增强社会功能和提升解决问题的能力，树立改变的决心，增强改变的动力。

### （四）社会问责

作为一种社会福利服务的社会工作是一种社会投资，社会工作有责任使这种投资取得最大的社会效益。通过评估，社会工作者能够做到以下几点。

#### 1. 向服务对象作出交代

评估能够让服务对象知道介入工作取得的进展，让他们参与检查问题是否已经解决、需求是否得到了满足、介入策略和双方协议的行动是否已经有效地付诸实施、目标是否已经实现。

#### 2. 进行社会交代

评估是社会工作向社会交代其在多大程度上实现了专业目标和社会功能的过程，说

明社会资源的使用情况和效益，接受社会公众的监督。

3. 进行专业问责

社会工作者有义务对社会、服务机构和服务对象负责，而评估能够确定社会工作的介入是否恰当、是否有效，并识别出对服务对象的影响，找出需要改进的地方。这些资料和信息能够被用于后续的专业实践，提升服务质量。

## 三、评估的类型

社会工作评估有不同的策略，因评估目的的不同也有不同的类型，比较常用的有过程评估和结果评估两种。

### （一）过程评估

过程评估是对整个介入过程的监测，包括社会工作介入进行中的评估。它对工作过程的每一个步骤、每一个阶段分别作出评估，关心的重点是工作中的各种步骤和程序怎样促成了最终的介入结果，方法是了解和描述介入活动的内容，回答服务过程中发生了什么以及为什么发生。

过程评估提供有关服务过程的各种信息，包括工作目标、介入过程、介入行动和介入影响。在介入初期和中期，过程评估的重点是对服务对象的表现及社会工作者的工作和技巧进行评估，以此了解服务对象的改变进展，适时修正介入方案，改善工作技巧。用于评估的资料包括个案记录、社会工作者和服务对象的叙述资料等。在结束阶段，重在评估是什么因素导致了服务对象的改变。通过详细分析服务过程中有影响力的事件可以探索促使服务对象转变的内在动力及来源。

### （二）结果评估

结果是指介入行动最终完成的形态。结果评估是在工作过程的最终阶段进行的评估，包括目标结果和理想结果两部分。其中，目标是指介入要努力达到的方向，结果是介入的直接和最终效果。结果评估是检验计划介入的理想结果以及这些结果实现的程度及影响。相对而言，目标是比较概括的，而结果则是具体并可以度量的。

## 四、评估的方法与技巧

进行评估的方法大体分为两类，即质性方法和量化方法。社会工作评估的目的在于找出问题、总结经验，因此选择评估方法的原则应是简单、可行和实用。

### （一）基线测量方法与技巧

1. 定义

基线测量方法是在介入开始时对服务对象的状况进行测量，建立一个基线作为对介入行动效果进行衡量的标准基线，以评估介入前后的变化，并以此判断介入目标达到的程度。

2. 应用范围

基线测量方法可以应用于对个人、家庭、小组或者社区的工作介入评估，通过对服务对象介入前、介入中和介入后的观察和研究，比较服务提供前后发生的变化。

3. 操作程序

（1）建立基线。建立基线的方法是：第一，确定介入的目标，例如服务对象行为、思想、感觉、社会关系或社会环境的变化及指标；第二，选择测量工具，包括直接观察或使用标准化问卷及量表；第三，对目标行为进行测量并记录目标行为（或者思想、感觉、社会关系、社会环境）的情况。这个过程建立的是基线数据，此过程也称为基线期。

（2）进行介入期测量。建立基线后就开始对服务对象实施介入，并对基线调查中所测量的各项目标行为和指标进行再测量，以作为数据比较之用。这个过程称为介入期。

（3）分析和比较。将基线期和介入期的数据按测量时间和顺序制成图表，将每个时期的数据资料进行连接，呈现数据的变化轨迹和变化趋势，并将基线期和介入期的数据进行对比。如果两个数据不同，一般可以认为是介入本身作用的结果。

常用的基线测量法包括：单一个案设计、对照组设计以及时序性系列测量。

### （二）任务完成情况的测量方法与技巧

在实际工作中，服务对象的目标是被分解成许多具体的行动和任务的，因此，通过探究服务对象和社会工作者完成了哪些既定的介入任务也能确定介入的影响。

一般来说，可以运用5个等级尺度来测量任务的完成情况："0"没有进展；"1"极少实现；"2"部分实现；"3"大体上实现；"4"全部实现。将每项任务的最后得分相加，然后除以可能获得的最高分数，就能确定完成或者介入行动成功的百分比。例如，有3个任务要去完成，而可能获得的最高分数是12（4×3），用得到的总分除以12，再乘以100%就是完成任务的百分比。

### （三）目标实现程度的测量方法与技巧

这种评估方法是对介入目标的评估。

#### 1. 目标核对表

在有些情况下，社会工作的目标行为比较难以清楚界定，此时社会工作者和服务对象可以共同协商选择一些目标来指示介入的方向，并将它们罗列出来。在工作介入过程中和介入结束时都用一些等级尺度来衡量介入后的行为，并记录下它们，将介入后的行为与介入前的行为进行核对，从而发现介入后有哪些新行为是介入前没有的、介入后才出现的，并讨论这些行为对服务对象的意义是什么。这样就可以发现介入前后服务对象的行为变化。

#### 2. 个人目标尺度测量

社会工作的服务对象千差万别，因此，社会工作者和服务对象可以制定非常个人化的测量尺度，来评估他们的改变情况。具体做法是按照服务对象的实际情况，分轻重缓急制定出几个目标，然后使用一个大家认可的等级尺度，例如5级制，来测量和计算出服务对象实现个人目标的情况。

### （四）介入影响的测量方法与技巧

#### 1. 服务对象满意度测量

做法是由服务对象用口头或书面形式，包括填写问卷来表达对介入效果的看法。这是一种评估介入影响的方法，特点是操作简单又不需要花费太多时间和资源。但这种方法的局限在于，测量比较粗糙，有时服务对象会倾向于对介入给予积极的评价，因此评估有可能不准确。

2. 差别影响评分

这是一种更为结构性的评估方法。首先由服务对象对介入影响进行自我陈述，报告自己有哪些变化。其次区分出哪些是介入本身带来的变化，哪些是其他因素带来的变化。与满意度测量一样，社会工作者也要注意这种方法有可能带有服务对象的主观色彩。

最后，要做好评估工作，还要注意在评估中注重社会工作者的自我评估与反思；调动服务对象的积极性，使其积极参与；评估的方法要与社会工作的价值观相吻合，并注意保密；切合实际需要。

## 第六节　结案

当社会工作的协助已经成功地达到了预定目标，或者当服务对象认为已经达到足够的改变而要求终止工作或社会工作者由于某种原因而不能继续服务时，社会工作的过程就结束了，此时就进入了社会工作的最后一个环节即结案阶段。

**案例 2-9**

小张初中毕业后勉强考入一所职校，中途因学不下去而退学。从那以后，小张开始与一群社会不良少年混在一起，染上很多恶习，终因参与一起抢劫案而被判处有期徒刑 1 年缓期 1 年。他被母亲保释出来后，与母亲关系更加恶化，经常打骂母亲，有几次竟然掐母亲的脖子。母亲气愤至极，打 110 报警，并禁止儿子再进家门。由于母子关系不好，被包藏祸心的“朋友”骗取了两人的身份证，办理了多套手机套餐包月服务，使原本经济就困难的母子俩更是雪上加霜，为此母亲求助于社会工作者。经过 5 次与小张面谈，社会工作者又多次做张母的工作，并帮助小张找到了工作。此时，小张和社会工作者都觉得已经基本达到了当初的服务目标，决定结束专业协助关系。

上述案例中，在经过 5 次社会工作面谈后，服务计划确定的目标已经基本实现了，社会工作者和服务对象决定结束专业协助关系。

### 一、结案的类型

虽然结案意味着社会工作者的协助将告一段落，但并不是说结案工作可以简单了事。实际上，结案是整个社会工作助人过程的有机一环，是助人活动的一个重要部分，有其特定的任务和内容。

#### （一）结案的含义

一般情况下，结案是当介入计划已经完成，介入目标已经实现，服务对象的问题已经得到解决，或者服务对象已有能力自己应对和解决问题，即在没有社会工作者的协助下可以自己开始新生活时，社会工作者和服务对象双方根据工作协议逐步结束工作关系采取的行动。

### （二）结案的类型

在前面关于接案阶段工作的陈述中，已经涉及了几种结案的情况。正常情况下，结案标志着社会工作者和服务对象终止接触，此时经过有计划的步骤，介入工作的目标已经实现。换句话说，结案时最理想的状况是，在服务对象实现了改变目标的情况下结束与社会工作者的关系。然而，成功地实现介入目标只是众多终止接触的原因之一，还有其他情况也要结案。概括地说，结案有如下类型。

1. 目标实现的结案

经过评估，社会工作者和服务对象双方都认为问题已经基本解决、目标已经基本实现时，社会工作者根据协议提议结案，服务对象也接受，由此就进入结案阶段。这种结案是有计划、按程序进行的结案。

目标实现的结案大部分是短期工作的结案，即按照服务计划的约定在终止期内用很短的时间结束与服务对象的关系。这种结案是服务对象在开始时就已经知道的，早就对结案有心理准备。在某些特殊情况下，有些服务对象需要一个比较长的时间段来处理与社会工作者的分离，结案所花时间比较长，称为长期工作结案。长期工作结案的服务对象的问题一般比较复杂，对社会工作者的依恋较深，结案反应也比较强烈。

2. 因服务对象不愿继续接受服务而必须终止关系的结案

在外展工作中常常会遇到这种情况。当服务对象强烈抗拒服务时，社会工作者就没有理由再继续维持与他们的关系，因为在这种情况下服务对象没有意愿和动机接受服务，双方的关系已经没有意义。

3. 存在不能实现目标的客观和实际原因的结案

当社会工作者发现服务对象的需要超出了自己和机构的能力时，提出结案。这种情况下，结案的形式可以转介方式（将服务对象转往其他机构去接受服务）结束，也可以转移方式（转由其他社会工作者提供帮助）结束。

4. 社会工作者或服务对象身份发生变化时的结案

当社会工作者和服务对象身份发生变化时，即使目标没有实现也要结案。例如，服务对象由于搬迁而离开机构所服务的地区，或者社会工作者由于工作调动而离开时，都要结案。

## 二、结案阶段的主要任务

结案阶段的工作与所有社会工作的协助环节一样都是重要的，结案工作做得好坏，影响服务对象今后能否持续进步与成长，因而需要社会工作知识、技巧和价值的综合运用。结案阶段的工作主要集中在对整个助人过程的回顾和总结方面，借着结案，社会工作者要帮助服务对象巩固已有的改变和取得的成果，增强他们独立自主的能力和对解决自己问题的信心，将工作成果转化为服务对象的实际行动。

### （一）总结工作

即通过评估有目的地总结社会工作介入的成效。评估整个工作过程，对计划目标的完成情况、介入效果进行总结和评估，并将结果与服务对象分享，报告给机构（这部分内容即是评估阶段主要完成的工作），审慎处理服务对象因结案带来的与分离有关的感受和情绪，做结案记录并写成结案报告。

### （二）巩固已有改变

社会工作的目标是助人自助，因此，要确保服务对象在社会工作助人过程中获得的经验能够巩固下来，并应用于日常生活中是社会工作者的责任。社会工作者要尽力帮助服务对象保持在助人过程中取得的进步，巩固和增强他们的自我功能。下面一些方法能够帮助社会工作者达到这样的目的。

#### 1. 回顾工作过程

回顾工作的过程是帮助服务对象回顾自己的问题、解决问题所采取的行动和步骤。通过这样的回顾，社会工作者能帮助服务对象形成对解决问题过程的认知，进一步巩固他们解决问题的能力。

#### 2. 强化服务对象已有的改变

在回顾工作过程中，社会工作者通过指明和强调服务对象自己取得的成绩来增进他们的自信。一个对自己有了信心的服务对象，今后遇到问题时其应对行动和表现都会更好。因此，结案期社会工作者在给服务对象带来改变方面仍然扮演着重要角色。但此时，社会工作者的工作重点，是让服务对象认识到他们自己所拥有的力量、他们在解决问题过程中发挥的作用。社会工作者要尽力协助服务对象总结和巩固已取得的这些成绩。

#### 3. 表达积极支持的态度

安排结案时，社会工作者应鼓励服务对象自己独立解决问题，并肯定他们有能力这样做。但服务对象可能会怀疑自己是否能够将学习到的东西用于应对其他问题，此时，社会工作者要努力使他们相信他们有这个能力，并通过表达这种信息来巩固服务对象的改变，强化他们的信心。

### （三）解除工作关系

正式与服务对象解除工作关系，此时并不是说社会工作者绝对不再与服务对象有任何接触，而是不再提供服务。如果服务对象还需要其他服务，社会工作者应给予转介，这对时机未成熟就必须结案的服务对象来说尤其重要。转介服务对象时，社会工作者需要与其他机构建立互联网络，了解转介条件，为服务对象做转介准备，妥善结案。

### （四）做好结案记录

结案时要撰写书面结案记录。结案记录的内容包括：服务对象何时求助、求助原因、工作过程中提供了哪些服务、服务对象有什么改变、为什么结案、社会工作者的评估和建议等。

### （五）跟进服务

结案并不意味着社会工作服务就结束了。结案后，社会工作者要在服务结束后的一段时期内定期对服务对象进行回访和跟踪，了解他们的情况和服务需要，这就是跟进服务。跟进服务是结案阶段工作的有机组成部分。

#### 1. 跟进服务的意义

跟进服务重点要了解服务对象在结案后的情况，以提供必要的帮助。跟进可以帮助社会工作者知道服务是否真正有效，也使服务对象感受到社会工作者的关心，增强他们继续改变的动机和信心。

2. 跟进服务的实施方法

(1) 电话跟进。在结案后一段时间内，社会工作者用电话与服务对象继续联络，了解结案后服务对象的情况。这种方式简便易行，虽不能亲眼见到服务对象的情况，但也能让他们感受到社会工作者的关心和支持。

(2) 个别会面。在结案后一段时间内，社会工作者根据约定在机构或服务对象家里与他们会面，以了解他们的情况。面对面地跟进可以让服务对象感觉亲切，也可以多了解些信息。

(3) 集体会面。这种方式适用于小组跟进。在集体会面中，组员可以共同回顾小组的经历，分享小组结束后的情况，交流各自经验，密切关系和促进相互的支持。

(4) 跟进服务对象的社会支持网络。社会工作者还可以通过跟进服务对象的社会支持网络（包括家庭、邻居、朋友、单位或者学校老师等）来了解服务对象的情况，以便及时提供相应的服务和必要的支持。

## 三、结案时服务对象的反应及处理方法

结案对于服务对象是一个转折性事件，意味着他们生活中一种特定状况的结束和另一种独立生活新经验的开始。服务对象在这个阶段可能会出现两极情感反应，即一方面对即将到来的分离产生失落、难过等负面情绪；另一方面也充满兴奋、希望和成就感等正面情绪。

### (一) 服务对象的正面反应

接受社会工作的协助对服务对象来说是特别的人生体验，多数人都能在与社会工作者的合作中获益，因而在结案时有正面情绪反应，包括对获得成长与成功的欣喜、对整个工作过程带给他们新认识的肯定、感觉视野开阔了、对与社会工作者关系的满意、对社会工作者的帮助充满感激、对未来充满信心等。结案时社会工作者要对这些正面反应给予肯定并适时适当地进行强化，以增强服务对象面对未来的信心。需要注意的是，社会工作者要避免刻意渲染这种气氛，以防止产生离别的伤感情绪，影响服务对象正常的情绪反应。

### (二) 服务对象的负面反应

不管是哪一种社会工作的介入和协助，服务对象在整个过程中都会感受到社会工作者的真诚与关注、尊重、接纳和肯定，这是对社会工作者的专业要求，也是专业关系的特质。由于结案意味着社会工作专业关系的终止，意味着服务对象要回到各自的生活世界，也意味着其后社会工作者与服务对象就要停止接触，服务对象不再有社会工作者的陪伴，因此终止关系可能会给服务对象带来“分离焦虑”等感受，表现为对这种即将到来的结案产生负面反应。常见的负面反应包括：

(1) 否认——不愿承认已到结案期，避免讨论关于结案的话题，表现为不准时与社会工作者见面、心不在焉等。

(2) 倒退——恢复到以前的状态，以此拖延结案的到来。

(3) 依赖——对社会工作者过分依靠。

(4) 抱怨——对社会工作者不满意。

(5) 愤怒——表现为对社会工作者不满，批评、攻击和挑战其他人。结案时的愤怒

会因结案类别而有不同表现，那些因社会工作者离职而结案的服务对象，其愤怒表现得可能会更强烈些，极端情况下可能会有身体攻击。社会工作者要感知服务对象的愤怒情绪后面所隐藏的悲伤、难过等情绪，谨慎地处理这些负面情绪。

（6）讨价还价——当发现没有可能阻止结案时，有些服务对象会寻找理由延长服务期限，有时还表现出倒退行为，很多已解决的问题又重新出现等。

（7）忧郁——当所有延长结案时间的努力都无效时，有些服务对象会表现得无精打采、失落而无助，对结束关系充满焦虑。

### （三）结案反应的处理方法

社会工作者要注意在结案期服务对象可能会有的这些负面反应，并在结案阶段审慎处理它们，采取合适的步骤与方法让服务对象适应和接受结案即将到来的事实。具体方法包括以下几方面：

（1）与服务对象一起讨论他们对结案的准备情况。在结案前与服务对象回顾一下个案、小组、家庭或者社区工作的过程，以确定结案的时机是否已经成熟。

（2）提前让服务对象知道结案时间，使其早些做好心理准备。社会工作者应该明白服务对象的负面反应只是暂时性的，社会工作者要做的是尽力减少结案的副作用。方法是鼓励服务对象公开讨论结案，并告诉他们结案可能使他们感到难以接受。社会工作者要以同感的态度向服务对象传达愿意与他们讨论他们的反应、理解他们的心情等信息，以减少其负面情绪。

（3）在结案阶段，社会工作者要逐渐减少与服务对象的接触，提醒服务对象要学会自立，给服务对象以心理支持，告诉他们在有需要时社会工作者将继续提供协助。

（4）社会工作者也要估计一些可能会破坏改变成果的因素，预防问题的产生，继续提供一些服务，并为服务对象提供能够对他们有帮助的资源系统的支持，待稳定了服务对象的改变成果后，再最后结束专业助人关系。

（5）必要时安排正式的结案活动，让服务对象分享各自的收获，以建设性的方式表达感受，相互鼓励，面向未来。

## 本章小结

本章从通才社会工作实务观出发，介绍了社会工作实务通用过程模式的具体实施和操作步骤、面对的问题和解决问题的技巧与程序。通用社会工作实务模式是一个整合的工作取向，适用于个人、家庭、群体、组织和社区。工作历程包括接案、预估、计划、介入、评估和结案，每个阶段前后衔接，构成完整的助人过程。社会工作实务从接案开始，经过对服务对象社会–心理的预估，获得对服务对象问题和需要的认识，在此基础上发展出介入计划。介入计划是社会工作者工作的蓝图，提供了介入的方向，而实际的介入则是为服务对象提供直接和间接服务，使其与所处环境有良好的适应。介入后的评估帮助社会工作者总结助人过程的经验，检查是否实现了介入目标。结案阶段的工作，重在处理服务对象面对结案时的反应，并在结案后进行跟进服务。

# 第三章　儿童社会工作

童年是每一个人生命的起点，儿童是每一个国家的未来。童年的健康成长是成就一个快乐、健康、积极向上儿童群体的前提，也是一个社会发展和进步的基本保障。本章结合我国儿童福利和儿童保护制度建设现状，从专业实务的价值理念、理论知识和方法技巧 3 个方面，介绍儿童社会工作的实务框架及其在国家儿童福利和儿童保护制度建设中的角色定位。

## 第一节　儿童社会工作概述

儿童是一个身心处于快速发展状态的脆弱个体，儿童社会工作者需要充分了解这种由脆弱相伴随的成长过程，综合运用专业的价值理念、科学知识和方法，改善或者消除儿童的脆弱性，这样才能为儿童顺利成长提供有效保障。

### 一、儿童的含义

#### （一）儿童的定义

儿童社会工作以联合国《儿童权利公约》[①] 为依据，以年龄为界定指标，将儿童界定为所有未满 18 周岁的自然人。在我国，《中华人民共和国未成年人保护法》[②] 将未成年人界定为未满 18 周岁的公民，与《儿童权利公约》对儿童的界定一致。因此，在我国社会工作实务中，“儿童”与“未成年人”同义，可以互换使用。

上述定义从年龄的角度，突出强调了“儿童”是一个人生命的起始阶段，是与成人相对应的群体，是具有独特文化内涵的载体。

#### （二）儿童概念的形成

1. 儿童概念的演化历史

“儿童”一词自有人类以来就有，用来指与成人不同的人类群体。但是这个词的内涵经历了从模糊到清晰的漫长发展过程。

---

① 1989 年 11 月 20 日，联合国第 44 届大会通过了《儿童权利公约》，它将儿童定义为 18 周岁以下的任何人。

② 《中华人民共和国未成年人保护法》1991 年颁布，2006 年第一次修订，2012 年修正，2020 年第二次修订。

从群体的角度，法国的社会史学家菲利普·阿里耶斯通过对大量的绘画作品、私人日记、传记、家书等史料的研究发现，12 世纪以前，几乎没有任何有关儿童的绘画或者其他记载，儿童似乎是一个不存在的群体；直到 12 世纪后，圣婴基督开始出现在各种绘画作品中，但其形象不论从衣着打扮，还是身材比例以及面部表情来看，都与成人类似，是缩小版的成人；直到文艺复兴之后，儿童在绘画作品中的形象才有了其独特的年龄特征和面部表情；15—16 世纪的史料显示，儿童开始有了区别于成人的服装；再往后，19 世纪出现了儿童专用的艺术作品、服装、药品、玩具、儿童读物等，儿童群体与成人群体的区别越来越大，表现方式也越来越多。

从个体的角度，18 世纪以前，人们普遍采用成人的标准看待儿童，对儿童成长为成人之前是什么样子、与成人究竟有怎样的区别这样的问题并没有给予特别的关注。著名的法国启蒙教育家卢梭就曾在其著作中批评当时的儿童教育违反儿童天性。不论是儿童教育，还是儿童心理学，或是儿科医学，都是在 19 世纪末 20 世纪初期发展成熟的。

总之，儿童概念是在 20 世纪 20 年代，随着社会科学和自然科学的发展而受到关注的；菲利普·阿里耶斯于 1960 年出版的专著《儿童的世纪》将人们对儿童和童年的关注推向高潮；在接下来的 10 多年里，西方学者发表和出版了大量的有关儿童生活史的论文和专著，对儿童概念及其内涵进行了明确的界定。

2. 儿童与童年的关系

尽管儿童与童年是两个密切相关的概念，人们在日常生活中经常会互换使用，但实际上两者是有区别的。

儿童可以有 3 个意义解读：

（1）指人生阶段的起始，以年龄和体格状态为主要特征。

（2）代表了与其他群体，如青年群体和老人群体等不同的“社会地位”或者“角色”。

（3）指心智未成熟的一种抽象状态。

童年则是儿童在儿童期，即其生活的时空范围里所经历的一切的抽象总和。童年依附儿童而存在，没有了儿童，童年也就无从谈起。

## 二、儿童的特点

### （一）社会属性的特点

儿童作为一个独立的社会个体，具有社会属性特点，即基础性。

1. 童年是每一个人的人生基础

童年是人生的最初阶段。每一个儿童在童年时期的经历决定了他进入成年期的状态，对其成年生活有着重要的影响。童年对每一个人来说都是其人生的基础。

2. 儿童是每一个家庭的基础

儿童是每一个家庭中不可或缺的成员，是家庭概念中的基本要素之一。儿童在家庭中的存在能使每一个家庭得到延续，包括延续家庭的经济和文化，是家庭可持续发展的基础。

### （二）儿童是一个社会发展进步的基础

任何一个社会的发展和进步都离不开儿童的发展和进步，“少年智则国智，少年富则国富，少年强则国强，少年独立则国独立，少年自由则国自由，少年进步则国进步”。儿童是国家的希望、民族的未来，是社会发展进步的基础。

（三）儿童成长发展的特点

1. 快速性

从出生到年满 18 周岁，儿童的身体，包括脑神经系统、循环系统、内脏器官、肌肉骨骼等都处于迅猛的生长过程中。儿童的认知和社会行为也随着他的第一声啼哭就开始了，到18 周岁时，其心理人格基本形成，社会行为规范也处在基本完成的状态。每一个人只在儿童期经历这样快速且全面的发展。

2. 阶段性

儿童生长发育的阶段性也被称为儿童发展的年龄特征。它是指在儿童发展的连续过程中，处于不同年龄阶段的儿童会表现出某些稳定的、共有的典型特点。儿童从出生到 18 周岁，其成长阶段通常包括婴儿阶段（0～1 岁）、幼儿阶段（2～3 岁）、学前阶段（4～5 岁）、学龄阶段（6～12 岁）和青少年阶段（13～18 岁）。不同阶段的儿童不仅具有较为相似的生理发展特点，也有需要完成的共同的社会心理发展任务。

3. 顺序性

在儿童身体的快速生长和发育的过程中，遵循从上到下、由近到远、从大到小、由低级向高级的顺序性。如婴幼儿先会抬头，再会坐、立、行，这是从上到下的顺序；婴幼儿的身体运动遵循从臂到手，从腿到脚的顺序；在骨骼和肌肉的协调发展中遵循先大骨骼与大肌肉，再小骨骼与小肌肉的顺序。

儿童的社会心理发展也具有顺序性。从积极人格培养的角度，婴儿时期的儿童需要完成信任人格的培养，幼儿时期的儿童需要完成自主人格的培养，学前阶段儿童则需要完成勤奋的人格培训①。这些社会心理人格的培养必须在儿童成长发展的某一个阶段完成，这些阶段无法变更顺序。

4. 不均衡性

在迅速生长发育的过程中，儿童各系统的发育是不均衡的。从出生到年满 18 周岁，儿童会经历两个相对来说更加快速生长发育的阶段：一是从出生到 1 周岁，这之后生长速度会减慢；二是青春期，这个阶段的生长速度又会加快，到 18 周岁时骨骼的发育基本定型。从系统来说，儿童的神经系统，如脑、脊髓和周围神经等发育较早，生殖系统发育较晚，免疫系统到 12 岁左右趋于成人水平。

5. 个体差异性

儿童生长发育的个体差异性是指由于遗传和环境因素的影响，儿童在具有整体共同特征的基础上，在身心发展的表现形式、内容和水平等方面，都有不同于整体特征的个性化特点，具有不同于他人的成长轨迹。

6. 分化与互补性

儿童的身心发展具有分化与互补的特点。儿童的各种生理和心理能力的发展和成

① ［美］舒尔茨（Schultz，D. P.），舒尔茨（Schultz，S. E.）. 人格心理学［M］. 北京：北京大学出版社，2007.

熟，多数情况下都依赖于明确分化的生理机能的作用，但在总体发展水平方面又表现出一定的机能互补性特点。这种协调性能协调人的各种能力，使有生理缺陷的儿童不至于因某种生理机能的缺陷而严重地阻碍其整体发展水平的实现；相反，能使其尽可能地适应自己的生活环境。

## 三、儿童的需要

儿童的发展包含了身体从弱小到强大、智力从低到高、心理人格从无到有以及行为从稚嫩到趋于成熟的过程，这个发展过程需要获得不同方面的照顾、引导、支持和保障才能完成。

### （一）生存的需要

生存的需要包括生命存在的需要和社会存在的需要两个方面：

（1）生命存在的需要，即获得基本生活照料，包括养育照料和可获得的最高水平健康医疗照料。

（2）社会存在的需要，即获得社会身份，包括姓名、户籍和国籍。

### （二）发展的需要

儿童的发展需要也被称为儿童的成长需要，是指儿童为了身心发展需要获得的关爱、教育和引导。它主要包括：

（1）获得良好的家庭生活，得到父母的爱和适当管教，与父母建立良好的亲子关系。

（2）拥有受教育的机会，有良好的教育和学习环境，满足其探索和认知世界的求知欲。

（3）获得足够的休闲和娱乐，有适合儿童且安全的娱乐场所，为儿童形成良好的娱乐休闲态度、方式和行为提供教导和培养。

### （三）受保护的需要

儿童受保护的需要也被称为儿童的免遭伤害需要，是指儿童在成长过程中需要在身心两方面得到安全保障，不受到任何人为的伤害。这些人为的伤害主要包括对儿童的虐待、忽视和剥削。

儿童虐待包括针对儿童的身体虐待，如体罚和责打；情感虐待，如用讽刺、挖苦和侮辱性语言对儿童进行管教，不公平地对待儿童以及歧视儿童；性虐待，如成人对儿童实施性行为，成人让儿童一起观看性活动、性音像或者性图片以及成人为了自身的性快感而与儿童发生的一切接触和抚摸行为。

儿童忽视包括对儿童身体健康需要的日常生活照料和医疗照顾的忽视，对儿童发展需要的教育需要的忽视，以及对儿童社会化发展需要的同伴交流和接触社会的机会的忽视。

儿童剥削主要包括童工形式的劳动剥削和让儿童从事商业性活动的剥削两大类型。

### （四）社会化需要

儿童的社会化是儿童逐步了解社会、掌握生存技能的过程，是人的社会化过程中的第一步。它要求儿童在成长过程中通过个人和社会的交互作用，获得语言、思维、情感等方面的能力和行为方式。儿童社会化的具体内容包括：

（1）培养儿童的基本生活技能，使儿童掌握吃饭、穿衣、保持个人清洁卫生、语言表达等人类发展的最初行为方式。

（2）促使儿童的自我观念发展，使儿童能分清自我与非我两者的关系。

（3）使儿童养成良好的生活习惯，逐渐懂得约束自己的行为，调整好个人与个人以及个人与家庭、学校、社会等方面的关系。

（4）培养良好的道德品质，使儿童逐步适应社会规范，具备社会公德；培养社会角色，使儿童随着年龄的增长不断扮演适当的性别角色、游戏角色、学校角色以及社会角色等。

## 四、儿童面临的问题

随着我国社会和经济的发展，儿童的生活照料和成长教育状况在得到普遍改善的同时，儿童在养育、保健、照料、教育、保护等方面仍然存有很多困难和挑战。农村数以百万计的留守儿童、单亲家庭儿童、困难家庭儿童等，在日常生活照料以及成长引导教育方面存在不足或者被忽视的风险。另外，除几十万孤儿之外，我国还有大量事实无人照顾儿童，他们的父母因重度病残或违法服刑，或因吸毒和失踪等原因，无法履行抚养和照顾子女的监护职责。还有少数父母因为个性乖戾或其他原因，不仅不给自己未成年子女最基本的养育和照顾，反而对他们实施虐待和伤害。因此，概括来说，我国儿童面临的主要问题如下。

### （一）儿童生存的问题

#### 1. 新生儿健康问题

尽管我国新生儿死亡率、婴儿死亡率和 5 岁以下儿童死亡率从 1991—2018 年持续降低，城乡差距明显缩小，但高龄产妇的新生儿缺陷率高于其他年龄产妇的新生儿缺陷率。

#### 2. 儿童营养问题

我国儿童的营养状况在过去 20 年里已有显著改善。但是，农村地区儿童体重偏低率和生长迟缓率为城市地区的 3~4 倍，而发展滞后地区农村又为一般农村的 2 倍。5 岁以下儿童存在生长迟缓和消瘦现象；因膳食营养不当或者过剩，城市中患有肥胖症、糖尿病、性早熟以及龋齿等病症的儿童数量也越来越多。

### （二）儿童发展的问题

儿童发展是指儿童成长过程中生理和心理方面有规律地进行的量变和质变的过程。儿童发展的问题往往体现为其成长过程中接受或者遭遇到的不符合其成长规律的对待，既包含不恰当的客观环境，也包括不恰当的主观态度和行为。当前，我国儿童发展面临的主要问题包括以下几方面。

#### 1. 身处困境的问题

困境儿童是一个具有包容性的多维概念。经济和物质的匮乏是困境儿童的显性体现，有效成人陪伴、情感回应、健康照料、榜样示范等儿童成长资源的匮乏是困境儿童的隐性体现。前者往往是造成后者的原因，但导致后者的原因并非只有前者。另外，显性的经济和物资匮乏相较其他隐性资源的匮乏，较易量度，能够直观地帮助人们了解困境儿童的规模和水平程度。我国与多维困境儿童相关的典型问题有两个：一是留守儿童[①]问题；二是经济困难儿童问题。留守儿童问题是典型的隐性困境儿童问题，他们的困境主要表现为缺乏父母的陪伴，往往处于生活上由祖辈或者其他亲戚照顾而日常情感缺乏有效回应，学业上缺乏指导或者辅导的状态中。我国显性困境儿童主要指经济困难儿童，包含按月领取基本生活费的孤儿、被纳入农村特困人员供养的特困儿童以及被纳入最低生活保障范围的儿童[②]。

2. 辍学的问题

中小学生的辍学是一个全球性问题。早在 1995 年，联合国开发计划署发布《人类发展报告》，推测全世界平均每年有辍学儿童 1 亿人左右，大多数都在发展中国家。

辍学问题是针对处于九年义务教育年龄段的儿童而言的。尽管《中华人民共和国义务教育法》（以下简称“义务教育法”）制定了“保障适龄儿童、少年接受义务教育的权利，保证义务教育的实施，提高全民族素质”的目标，但是，适龄儿童的辍学现象一直存在，也一直受到教育部门和全社会的关注，并希望尝试采取各种措施减少直至消除这一现象。

（三）儿童保护的问题

儿童保护是指保护儿童免遭忽视、虐待、剥削和暴力等行为的侵害。儿童保护的问题则指针对儿童的被忽视、虐待、剥削和暴力等侵害行为或者事件而采取的保护措施。在我国现实社会中，主要包括以下几方面问题。

1. 儿童被遗弃的问题

儿童被遗弃是儿童忽视的极端形式，主要指法定监护人遗弃无自我照顾能力的未成年子女的行为。被遗弃的未成年子女往往是有先天性病残疾患的婴幼儿、非婚生婴幼儿或年龄稍大一些的智障儿童。我国儿童福利机构中的儿童大多数为弃婴，其中病残儿童占绝大多数。近年来，儿童福利机构收养儿童数量呈现逐年下降的趋势。

2. 儿童遭受体罚和肢体虐待的问题

尽管目前还没有权威的全国性研究或者统计数据，但已有的小规模或者局部的研究显示，儿童在学校和家庭环境中遭受体罚的现象十分普遍。一项近 5000 份关于 16 岁儿童以前经历回顾的问卷调查发现，54. 6%的男生和 32. 6%的女生曾被人非常用力地徒手打过，39%的男生和 28. 5%的女生曾被人用棍棒、扫帚或皮带等打过，3. 8%的男生和 1. 9%的女生曾被人窒息或烧、烫、刺伤[③]。近年媒体也曝光了一些幼儿园和小学环境中，老师严重体罚或者殴打幼儿或学生的案例。

---

① 2016 年《国务院关于加强农村留守儿童关爱保护工作的意见》将留守儿童定义为父母双方外出务工或者一方外出务工，另一方无监护能力或者无法履行监护职责的儿童；与学界定义存在差异。

② 北京师范大学公益研究院．中国儿童福利与保护政策报告 2017［M］．北京：社会科学文献出版社，2017.

③ 陈晶琦．暴力侵害儿童状况分析［R］．联合国儿童基金会（中国）资助研究项目报告，2005.

3. 儿童被性侵的问题

上述同一份调研报告显示，5000 名被调查者中，12. 2%的男生和 13. 8%的女生曾受到言语性骚扰，6. 5%的男生和 11. 9%的女生曾有人故意向他们暴露其生殖器，9. 7%的男生和 13. 5%的女生曾被他人触摸身体隐私部位，1. 9%的男生和 2. 7%的女生曾被迫触摸侵犯者的隐私部位，1. 7%的男生和 2. 1%的女生曾被迫与他人发生性交行为。

由百名女记者发起组建的“女童保护”公益组织，自 2013 年至今，连续发布年度主流媒体报道的性侵案分析报告，借此揭示儿童在我国被性侵的现状，包括案例总数，受害儿童的年龄分布、性别比例、案发场域类型、施害人群体类型等信息，帮助公众了解儿童被性侵现象的隐蔽和熟人作案等特征，从而对预防和应对儿童被性侵伤害的挑战有充分的认识。

4. 儿童被忽视的问题

儿童被忽视和虐待儿童一样，是一个具有谱系特征的儿童侵害现象，其施害人通常是儿童与之有情感链接的家长或者教师。儿童被忽视往往发生得悄无声息，其过程较长，过程中儿童受到侵害的结果往往不太明显，难以及时发现。一般来说，儿童年龄越小，被忽视的伤害就越大。

5. 儿童被拐卖的问题

尽管迄今为止还没有权威的数据统计，但儿童被拐卖问题已经是一个受到社会广泛关注的问题。它不仅给失去了孩子的父母带来无尽的痛苦，也让被拐卖受害儿童经历身心创伤。儿童被拐卖现象产生的原因，与传统重男轻女以及养儿防老的思想观念相关。

6. 家庭监护的问题

儿童保护中的家庭监护问题，是指因为父母育儿理念和育儿行为偏差，给未成年人子女带来伤害的问题，与前文描述的其也儿童问题多有关联。它一般可以分为监护不足、监护不当和监护缺失三大类型，不同类型的监护状况给未成年子女带来的权益侵害的类型不同。例如，困难家庭、单亲等监护状况，多数情况下呈现为监护不足，给未成年子女带来的风险是被忽视的风险；家长对子女管教过于严厉，或者存在家暴现象，则呈现为监护不当，给未成年子女带来的风险是被虐待的风险，包括情感虐待和肢体虐待；家长因服刑、吸毒、外出务工等双双不在未成年子女身边，呈现为监护缺失，给未成年子女带来的风险是被忽视和被他人侵害的风险。

## 五、儿童社会工作的概念

### （一）儿童社会工作的定义

儿童社会工作是现代儿童福利制度的有机组成部分；儿童社会工作者在儿童权利价值理念的指导下，以全体儿童为服务对象，聚焦困境儿童，通过对具体服务对象个体或群体服务需求的专业评估，有的放矢地运用适合儿童群体的方法和儿童发展的科学知识及社会工作实务理论，从服务对象个体、群体、家庭、社区和社会等不同层面，为服务对象提供服务，创造儿童友好环境，帮助其免遭权益侵害，促进其健康成长。

### （二）儿童社会工作定义的要素

1. 儿童福利制度要素

儿童社会工作的实务应以儿童福利制度为框架，在依托其为儿童尤其是困境儿童服务的同时，还需要根据现实服务需求，推进儿童福利制度的改善。

2. 儿童权利要素

在遵循社会工作通用价值理念的基础上，儿童社会工作实务的具体服务行为应以儿童权利理念为指导，以儿童利益最大化为目标来进行。

3. 儿童法规政策要素

了解国家儿童福利和保护法规政策，是儿童社会工作实务能够适当、顺利进行的重要保障。

4. 儿童中心的系统视角要素

儿童社会工作的实务应从儿童需求出发，以社会生态系统理论为指导，兼顾儿童及其相关社会系统，以协调各系统与儿童之间的关系为服务的具体行动目标。

5. 评估要素

针对服务对象儿童开展专业服务需求评估应成为儿童社会工作实务必须遵守的首要步骤，还应养成随时评估的习惯，以保障服务的精准和有效。

6. 方法要素

儿童社会工作的实务应从儿童这个具有自身特点的群体的角度出发，将符合儿童特点的游戏方法要素与社会工作通用的个案工作、小组工作和社区工作 3 种方法相融合，为服务的有效性提供保障。

### （三）儿童社会工作的类型

儿童社会工作的目的是保障儿童得到适当的养育、照料和教育，并保护他们免遭伤害，能够健康成长。以具体的服务内容为指标，儿童社会工作可以分为两大类型：儿童福利服务和儿童保护服务。

1. 儿童福利服务

儿童福利服务是指儿童社会工作者围绕儿童安全、健康成长所需要的基本生活保障而开展的所有服务。儿童的安全和健康既包含生命的安全和健康，也包含心理的安全和健康。因此，儿童社会工作开展的儿童福利服务的核心任务，是为在生存和发展方面存在困难的儿童及其家庭提供专业服务，有效维护儿童的生存权和发展权。具体包括如下内容。

（1）支持性服务。支持性服务是指为一般家庭的育儿需求而开展的常规性服务。其服务的对象是全体儿童及其家庭，尤其是家庭监护状况良好的家庭。支持性服务的主要内容包括为儿童及其家庭提供定期的育儿知识和技能培训或者工作坊，个别化育儿咨询辅导；为儿童提供休闲娱乐服务；为准妈妈提供咨询以及协助办理新生儿户籍登记服务等。这类服务的目的是为父母履行教养职责、满足儿童健康成长的需要提供及时和有效的支持。

（2）补充性服务。补充性服务是指为面临特定困难的家庭的育儿需求而开展的服务。这类服务的对象是亲职能力不足的儿童及其家庭。补充性服务的主要内容包括为经济困难家庭链接资源，补充家庭经济；为时间和精力不足的父母提供托育服务，补充家庭照料；为遭遇特殊困境的新生儿及其父母提供健康育儿资讯和技能培训服务等。这类服务的目的是通过弥补父母亲职能力的不足，改善父母的亲职状况，以满足儿童成长的需要。

2. 儿童保护服务

儿童保护服务是指为保护儿童免遭权益侵害而开展的服务。儿童福利服务是儿童保护服务的基础，两者相辅相成，共同构成儿童安全、健康成长的兜底网络。儿童保护服务的对象是存在或者已经遭到人为伤害，包括虐待、忽视、剥削和暴力伤害的儿童。儿童保护服务主要包括如下内容。

（1）预防服务。预防服务是指儿童社会工作者在儿童所在的社区环境中，对社区和家庭尤其是后者存在的儿童侵害风险进行发现、监测和干预的专业活动。这些风险主要包括因儿童自身状况给父母亲职的挑战、困难家庭、家庭人际关系尤其是父母关系紧张、父母育儿行为不当、父母照料缺失等。预防服务即为能够及时发现上述不利于儿童安全、健康成长的风险，采取有效措施，消除或者改善风险状况，保障儿童的安全，促进其健康成长而开展的服务，包括社区动员和教育、儿童风险的识别、分类分级、监测和干预等。

（2）接报处置服务。接报处置服务是指儿童社会工作者为能够及时发现儿童侵害案件而提供的案件报告和案件处置服务。案件报告的主要形式包括热线、指定邮箱、特制举报箱、微信公众号等，其中最主要的是热线服务。案件处置则指社会工作者从接受报告到案件确认、儿童受害状况评估和情绪安抚及紧急庇护、家庭监护评估和处置等一系列的服务过程。接报处置服务主要依托国办未成年人保护中心来开展。

（3）康复和回归服务。康复和回归服务是指儿童社会工作者为受到权益侵害儿童提供的专业服务，主要包括身体康复、情绪辅导、法律援助等，直至儿童能够回归正常生活状态的服务。根据受害儿童的安置状态，康复服务可以在两种环境下进行：一是原生家庭环境中，二是儿童福利机构环境中。后者是国家监护体系，也被称为替代性国家照顾体系。围绕儿童康复和回归的目标，儿童社会工作者在国家照料体系中，在针对儿童自身出现的情绪和行为来开展服务的同时，最主要的工作是儿童安置服务，儿童安置的形式包括家庭收养、家庭寄养、类家庭和机构养育或教养 4 种。安置服务的目的是通过安置服务，儿童进入自然家庭或者类似自然家庭的环境中生活，体验正常父母亲职照料，能够更好地促进康复和回归。

## 六、儿童社会工作的特点

上述儿童社会工作的概念包含了社会工作的一般性专业要素：价值理念、理论知识和方法技能。同时，它从儿童这一特定服务对象的特点出发，对这些要素进行了具体的界定，使其区别于其他领域或者人群的社会工作。这些具体的界定构成了儿童社会工作的特点。

### （一）独特的专业价值理念

依据定义，儿童社会工作的专业价值理念是儿童权利，它意味着儿童社会工作者在开展实务的过程中需要将儿童权利与一般社会工作价值理念进行有机结合，以儿童为中心，以满足儿童需要、促进儿童权利的实现为最高指导原则。

#### 1. 儿童权利的概念

儿童权利是指儿童根据一个社会的道德或者法律而享有从事某些行动的自由以及受到某种对待的资格。“从事某些行动的自由”是指儿童自身享有的权利，他人或者社会若没有更高的道德正当性理由便不能干预。“受到某种对待的资格”是指儿童在其实现权利的过程中对他人和社会的要求即他人和社会必须依照儿童成长的要求提供相应的帮助和福利。

### 2. 儿童需求与儿童权利的关系

尽管儿童需求和儿童权利的概念对儿童社会工作具有同样重要的意义，但因为两者内涵有较大的不同，儿童社会工作者在实务中需要对两者加以区别。

儿童需求的概念向他人和社会指出了一个事实，即儿童的成长和发展是有前提和条件的，要让儿童能够成长和发展，就必须满足这些前提和条件。但是，儿童需求的概念并没有对他人和社会是否应该满足这些前提和条件承担责任和义务进行说明，因此，他人和社会是否为儿童的成长和发展提供条件和支持，提供哪些条件和支持以及如何提供这些条件和支持，这些完全取决于他们的自决。

和儿童需求的概念相比较，儿童权利的概念从权利的视角，通过"享有某些行动的自由的权利"包含了儿童需求概念的内涵；同时，又通过"受到某种对待的资格的权利"补充了儿童需求概念内涵的不足，即对他人和社会提出了要求，不仅要求他们为儿童的成长和发展提供帮助和支持，还要求这些帮助和支持必须遵循儿童成长的规律。

### 3. 儿童权利理念的作用

在儿童社会工作的实务中，儿童需求的概念要求儿童社会工作者要了解和掌握儿童成长和发展的知识，解决"什么是儿童的需求"的问题。儿童权利的概念不仅要求儿童社会工作者拥有这些知识，还要求他们以这些知识为基础，掌握促进儿童健康成长的方法和技巧，具备服务儿童的能力，解决"如何满足儿童需求"的问题。

## （二）独特的理论知识范围

依据定义，儿童社会工作的理论知识体系由儿童发展的理论知识、儿童社会工作的专业实务理论知识及与儿童相关的国家法规政策（包括民政部门出台的儿童福利法规政策）三部分组成。儿童发展的理论知识主要包括儿童的生理发展、心理发展以及社会行为发展等理论知识，这些知识能够帮助社会工作者综合了解和分析处于不同成长阶段的儿童身心发展是否正常，准确诊断儿童问题。社会工作专业实务理论主要包括社会生态系统理论、充权理论、优势视角等，这些理论知识能够帮助社会工作者判断通过怎样的步骤和方法能够有效地解决儿童问题。儿童福利法规政策包含国家法律、政府职能部门政策和工作组织架构中各类机构的管理规章制度。儿童发展理论和社会工作实务理论，前者帮助社会工作者解决"为什么要服务"的问题，后者帮助解决"怎样服务"的问题；儿童福利法规政策则为社会工作服务提供了授权和实际操作路径；三者相辅相成，共同为社会工作者的实务能力奠定基础和提供保障。

## （三）独特的服务聚焦

聚焦亲职能力建设，突出家庭监护服务。儿童从出生到年满 18 周岁，家庭是满足其养育、照顾和教育等需要的第一环境，父母是儿童养育、照顾和教育的第一人，父母的监护能力成为儿童健康成长的最基本保障。因此，儿童社会工作者需要以满足儿童成长需要为核心，将儿童的家庭置于实务的中心，针对不同的情形，为儿童提供家庭支持、补充和替代服务来保障和促进儿童的健康成长。

### （四）独特的身份定位

儿童社会工作者是国家亲权履职的主要力量之一。儿童保护是国家履行儿童监护职责的体现，儿童社会工作的主要内容之一是儿童保护。不论是预防服务还是接报处置或者康复回归服务，儿童社会工作者都具有代表国家履行国家监护职责的身份，是正式地聚焦儿童保护的国家儿童福利制度不可或缺的组成部分。

### （五）兼顾了专业理想和本土化实务路径之间的平衡

依据定义，儿童社会工作的实务需要结合所在社会的环境资源。儿童社会工作的价值理念、理论知识和方法技巧是跨越时空界限的专业要素，它们为全世界的儿童社会工作者提供了一个共同的理想目标——促进儿童权利的实现。但是，儿童社会工作实务不能超越所在社会的政治、经济、文化、法律等客观条件，脱离实际开展工作，那样将很难保障良好的服务效果。因此，儿童社会工作实务需要在坚持专业理想的前提下，走本土化道路，即一方面尊重我国社会的客观环境条件；另一方面要努力实现专业理想，促进环境向有利于儿童权利实现的方向改善。

## 七、儿童社会工作实务的原则

### （一）儿童中心的原则

不论是开展个案工作，还是团体辅导或者社区工作，儿童社会工作必须围绕儿童来开展。这个原则决定了在任何环境中儿童社会工作者都要倡导和遵循儿童优先的理念。

### （二）服务个别化原则

尽管儿童是一个具有许多共同特点的群体，但每一个儿童个体因为自身条件和家庭环境不同都有自己独特的成长史，形成了各不相同的个性特征。因此，无论是开展支持性服务还是治疗性服务，儿童社会工作者都需要将每一个儿童看成独立的个体，尊重每一个儿童的独特性，为其提供个别化服务，以实现促进儿童健康发展的服务目标。

### （三）儿童发展的原则

儿童的最大特点就是成长和发展，因此，儿童社会工作者需要遵循儿童成长和发展的特点，确保所有服务都是有利于其成长发展的。儿童社会工作永远都要把促进儿童最大限度地发挥自己的潜能、帮助儿童建立良好的同伴和家庭关系作为服务目标。

### （四）儿童参与的原则

“助人自助”是社会工作的最高原则，要通过服务帮助儿童实现这个目标，就必须在所有的儿童服务过程中随时鼓励儿童积极参与，通过体验参与同伴、参与家庭和参与社会，学习归属感、荣誉感和责任感，从而培养儿童的社会能力，实现儿童的自我成长。

### （五）依法保护原则

自 2021 年 6 月 1 日起施行的新修订的《中华人民共和国未成年人保护法》第九十九条要求：“地方人民政府应当培育、引导和规范有关社会组织、社会工作者参与未成年人保护工作，开展家庭教育指导服务，为未成年人的心理辅导、康复救助、监护及收养评估等提供专业服务。”第一百一十六条指出：“国家鼓励和支持社会组织、社会工作者参与涉及未成年人案件中未成年人的心理干预、法律援助、社会调查、社会观护、教育矫治、社区矫正等工作。”

## 第二节　儿童社会工作的主要内容

儿童是处于迅速发展过程中的权利主体，儿童社会工作的目标是使儿童得到适当的养育和照料、儿童身心能够健康发展以及儿童受到保护免遭伤害。因此，儿童社会工作的主要内容包括得到基本的养育和照料、补充和改善家庭状况、救助和保护儿童。

### 一、得到基本的养育和照料

#### （一）传播理念和知识

1. 母婴保健服务

向有育儿计划和已经怀孕的夫妇和家庭宣传优生优育知识；联合医疗人员和机构，督促母亲及其家庭按时接受母亲和婴儿需要的保健服务。母婴保健包括婚前保健和孕产期保健两个阶段。

（1）婚前保健服务包括：

①婚前卫生指导：关于性卫生知识、生育知识和遗传病知识的教育。

②婚前卫生咨询：对有关婚配、生育保健等问题提供医学意见。

③婚前医学检查：对准备结婚的男女双方可能患影响结婚和生育的疾病进行医学检查，包括严重遗传性疾病、指定传染病和有关精神病。

（2）孕产期保健服务包括：

①母婴保健指导：对孕育健康后代以及严重遗传性疾病和碘缺乏病等地方病的发病原因、治疗和预防方法提供医学意见。

②孕妇、产妇保健：为孕妇、产妇提供卫生、营养、心理等方面的咨询和指导以及产前定期检查等医疗保健服务。

③胎儿保健：为胎儿生长发育进行监护，提供咨询和医学指导。

④新生儿保健：为新生儿生长发育、哺乳和护理提供医疗保健服务。

2. 婴儿早期喂养理念和实践

向新生儿母亲和家人宣传婴儿早期喂养的最佳方式——母乳喂养，并辅导和训练母亲母乳喂养技术，督促其实施母乳喂养方案。具体内容包括：

（1）母乳喂养的概念。

（2）影响母乳喂养的因素：母亲、家庭、社会和婴儿。

（3）母乳喂养的好处：对婴儿、对母亲、对家庭和社会。

（4）母乳喂养技术指导。

（5）母乳喂养方案（6 个月至 2 周岁）。

（6）婴幼儿辅食添加。

3. 幼儿早教

向幼儿父母和家庭宣传早教的作用和意义，并指导父母和家人开展早教活动。具体内容包括：

（1）幼儿早教的可能性。

（2）未成熟大脑的可塑性。

（3）智能发育的关键期。

（4）早教的类型：婴儿中心类型、家长中心类型和两者兼顾类型。

（5）早教的方法：环境刺激、观察、游戏、示范、提问、试误和发现。

（6）早教的内容：根据发展阶段决定，并有侧重聚焦点。

4. 科学育儿

向所有儿童的父母和家庭传播科学育儿理念，并为他们提供具体的科学育儿实践指导和日常育儿问题咨询。具体内容包括：

（1）科学育儿的理念：儿童权利和现代儿童观。

（2）科学育儿的知识：儿童生理、心理人格和社会行为发展的知识。

（3）科学育儿的技能：观察的技能、沟通的技能、引导的技能等。

### （二）提供家庭支持服务

1. 亲职辅导

亲职辅导指根据家长需要提供的如何做好父母角色的专业指导和教育工作，一般可采用个别辅导、家长自助小组和亲子互动团体等方式进行。其目标是帮助父母提高亲职能力，做个好家长。

2. 婚姻辅导

婚姻辅导是以夫妻为主要服务对象，以夫妻双方个人的身心成长为基础，提升其经营两性关系和家庭关系的能力，最终实现两性关系改善和家庭关系改善目标的专业指导。

3. 家庭辅导

家庭辅导是以家庭为单位，以全体家庭成员为对象，以改善家庭成员关系为重点，以恢复能够执行健康的家庭功能为目标的专业指导或治疗活动。

4. 亲子关系辅导

亲子关系辅导是以父母和子女为对象，以消除两者之间的矛盾和隔阂，增进彼此之间的理解和支持，最后实现两者的良性互动的专业指导或治疗活动。

### （三）开展儿童支持服务

1. 儿童问题辅导

儿童问题辅导是指专门为儿童提供的辅导服务，包括针对儿童自身的问题行为、与他人的人际交往问题、心理健康问题、身心障碍的康复与治疗问题等开展的一系列专业服务活动。其目的是为儿童提供及时有效的情绪疏导和支持、行为指导和矫正，从而预防可能出现的更加严重的问题，保障儿童健康成长。

2. 儿童的娱乐和休闲

娱乐和休闲在儿童的成长过程中占有十分重要的地位，对儿童在情绪、认知、语言、社会和身体动作等方面的发展起到了十分重要的作用。具体地说，娱乐和休闲可以帮助儿童：

（1）强壮身体。

（2）促进情绪的放松和调适。

（3）增进人际关系和改善社交技能。

（4）获得同伴认同。

（5）得到自我实现。

（6）培养探索、发现和解决问题的能力。

（7）凝聚家庭，增进亲子关系。

一般来说，儿童的娱乐和休闲方式包括：户外球类、室内球类、购物、旅行、登山、看电影、阅读、与同伴聊天等。

3. 儿童的社会化引导

儿童的社会化引导是指为处于不同年龄段的儿童提供与其社会化发展需要相符合的社会化引导服务。主要内容包括：

（1）自我认同。

（2）技能学习。

（3）团队精神。

（4）社会责任。

## 二、补充和改善家庭状况

### （一）补充和改善家庭经济状况

1. 链接现有政策资源

根据服务对象的具体情况，帮助其链接相关的政策资源，改善儿童家庭经济困难的现状。这些政策包括孤儿基本生活保障政策、国家最低生活保障政策、残疾人补助政策、大病医疗救助政策、特殊困难救助政策、教育救助津贴政策等。

2. 就业援助

为父母提供职业技能培训，并提供就业信息，为其就业提供帮扶，从而实现提高其就业能力，改变其就业状况，改善家庭经济条件的目的。

### （二）纠正和改善家庭亲职能力

1. 亲职教育

为亲职不当父母提供亲职教育，并跟踪辅导，以帮助父母纠正不当教养理念和行为，改善亲职状况，为儿童健康成长提供基本保障。

2. “四点半课堂”

“四点半课堂”是为在学校放学后、父母下班回家前的时间段里无人看管儿童提供的托管项目，在此用来指所有为补充父母或儿童主要照顾人时间和精力不足而提供的儿童托管服务。它为临时无人看管儿童提供了安全和有积极意义的活动或者学习空间，降低了儿童因临时缺乏监护而面临的各种风险，如意外伤害、被拐骗、结识社会不良青少年等。

## 三、救助和保护儿童

救助和保护儿童是指为永久或者临时失去家庭监护的儿童提供的替代家庭监护服务。具体类型如下。

### （一）儿童收养服务

儿童收养又称儿童抱养或儿童领养。依据我国收养法，收养行为是一种设定和变更民事权利和义务的重要法律行为，它涉及对未成年人的抚养和教育、对老年人的赡养扶助以及财产继承等一系列的民事法律关系。收养这种法律行为的目的在于使没有父母子女关系的人们之间产生拟制的法律上的父母子女关系。

儿童收养服务是指社会工作者运用专业的知识、方法为失去家庭监护的儿童（如孤儿）在潜在的收养家庭中选择一个最适合的家庭，以最大限度地满足该儿童身心健康发展需要和家庭养育子女需要的服务过程。社会工作者关注收养人与被收养儿童之间情感关系的建立，鼓励和促进这种关系尽快形成自然家庭式的父母与子女的关系。

我国目前能够提供儿童收养服务的机构为儿童福利院或社会福利院。儿童收养服务包括如下一系列的服务环节和程序。

#### 1. 送养儿童信息发布

送养儿童信息发布是指按照法律要求，将符合送养条件的儿童的送养信息发布出去，积极主动地为儿童寻找合适的收养家庭。信息发布包括儿童基本信息收集和整理以及信息发布等工作内容。

#### 2. 收养人/收养家庭招募

收养家庭招募是服务机构依照法律规定，从提交收养申请的家庭中筛选符合收养条件的家庭并告知后续收养程序的过程。收养家庭招募的程序，包括接受收养家庭的申请、审核和筛选合格家庭以及告知合格家庭被选及后续程序等工作。

#### 3. 收养人/收养家庭评估

完成了收养家庭招募工作之后，需要对潜在收养家庭开展家庭调查评估，通过专业社会工作者的实地走访和多渠道的信息收集，对潜在收养家庭的家庭环境、家庭成员互动、家庭育儿能力等方面情况进行全面的调查，评估其是否适合收养儿童福利机构儿童以及适合收养怎样的儿童。

#### 4. 收养人/收养家庭培训

在开展潜在收养家庭调查评估的同时，可以对这些潜在的收养家庭进行培训。培训内容主要包括了解收养的意义、确认收养意愿、熟悉收养程序和学习收养经验。

#### 5. 送养儿童与收养人/收养家庭适配

在完成了收养家庭评估和培训之后，即开始着手将送养儿童和收养家庭进行适配，为完成收养迈出重要的一步。具体工作包括为收养双方创造接触机会，观察、分析和判断双方互动状况，为儿童选择最适合的家庭。

#### 6. 办理收养手续

协助收养家庭与相关部门联系，准备与收养相关的书面材料，到收养登记机关办理收养登记手续，确认法律上的收养和被收养关系。

7. 送养儿童进入收养家庭

在收养家庭完成了有关收养的法律手续之后，在法律意义上，送养儿童与收养家长的家庭关系就建立起来了，送养儿童将正式进入收养家庭生活，收养家庭将承担起儿童监护人职责。在这个环节，可以通过为儿童准备一些保留其原来或者现有美好生活记忆的东西，帮助其顺利地完成从机构到家庭的时空转移和人际网络重建的过渡。

8. 收养后跟踪回访

在送养儿童进入家庭之后，还需要定期回访收养家庭，了解儿童在收养家庭的生活情况，确保送养儿童在收养家庭中适应顺利，为儿童和家庭在磨合期间遇到的问题提供及时的帮助。如果跟踪回访期间在收养家庭中发现了儿童保护问题，需要立即终止收养。

9. 评估结案

经过一段时间的定期回访，如果没有发现问题，评估结果良好，通常在送养儿童收养后 6 个月到 1 年的时间内可以结案。

（二）家庭寄养服务

社会工作家庭寄养是指以民政部 2014 年 12 月 1 日起施行的《家庭寄养管理办法》为依据，经过规定的程序，将出现了家庭监护永久或者临时缺失的儿童，如不满18 周岁的孤儿、查找不到生父母的弃婴和儿童，委托给家庭养育的照料模式。寄养儿童的监护权不变，仍由委托机构承担，儿童户籍仍然在原来的福利机构。家庭寄养为儿童福利机构的儿童提供了家庭环境，使其有机会感受家庭生活的氛围。

家庭寄养服务是指社会工作者运用儿童社会工作的专业知识、方法为永久或者临时失去家庭监护的儿童选择合适的寄养家庭，并完成寄养安置的服务过程。

家庭寄养的服务环节如下：寄养家庭招募、筛选合格家庭、评审合格家庭、寄养家庭培训、儿童与寄养家庭适配、寄养监督与支持和寄养结案。

社会工作家庭寄养服务的细节与儿童收养服务的细节比较接近，但在儿童进入家庭后的跟踪支持服务方面有较大的差异：收养服务的跟踪支持有一定的时限性，家庭寄养的跟踪服务则以儿童离开寄养家庭为准。除去寄养转收养或者其他意外事故，一般家庭寄养服务结案的时间是寄养儿童年满 18 周岁。

（三）机构类家庭养育服务

机构类家庭是指在儿童福利机构内，通过招募自然夫妇充当父母角色，配置 3 名以上儿童，入住与社会居住小区中一样的单元房，形成一个“类似”家庭的儿童照料方式。它的服务程序如下：“类家庭”父母招募、筛选合格父母、面试评审合格父母、“类家庭”父母培训、儿童与“父母”适配、“类家庭”跟进服务和“类家庭”结案。

由于具有家庭元素，社会工作的“类家庭”养育服务步骤和内容与家庭收养服务和家庭寄养服务比较类似。不同的是家庭收养和家庭寄养的跟进服务是在自然社区环境中的家庭进行，“类家庭”的跟进服务则多是在机构环境中进行，入户走访相对容易许多，但在激活家庭元素方面，“类家庭”面临的挑战远远超过其他两类育儿方式的服务。

“类家庭”养育模式还有设置在自然社区中的版本，即选择合适的社区，购买或者租赁小区单元房，让招募到的类家庭父母与儿童福利机构的儿童入住其中，父母为儿童提供与小区内其他自然家庭一样的照料。这一版本的“类家庭”育儿模式与家庭寄养比较接近，社会工作者需要进入社区开展跟进服务。

#### （四）机构集体养育服务

除了上述 3 种养育服务外，家庭监护缺失儿童还有一种养育安置方式，即机构养育，也被称为集体养育。它是将家庭监护缺失儿童集中安置在儿童福利机构中，由机构工作人员集体看护的一种照料模式。机构养育或集体养育服务指社会工作者运用专业的知识、方法，为机构内适合集体养育的儿童提供集体养育的安置服务。社会工作者需要为机构集体养育的儿童尽可能创造一种家庭氛围。目前，我国提供机构养育的主要是儿童福利院或社会福利院，机构养育的对象主要是病残弃婴或孤儿。

需要指出的是，社会工作者在上面 4 种替代育儿模式的实践中，承担的是儿童权利最大化的实践者角色，即根据每一名儿童的具体需求，通过链接和培育家庭资源的方式，尽可能帮助其进入最适合其生活和成长的生活环境之中，并为保障其免遭侵害和顺利成长，为照料者及其所在家庭和社区提供专业服务，它被称为儿童安置服务。家庭安置永远是儿童社会工作者的最高追求。

### 四、儿童社会工作服务的内容与整体流程

上面介绍了儿童社会工作服务的内容框架，内涵十分丰富。而在实际服务过程中，儿童社会工作服务是一个整体流程，每一项服务内容在整个流程中都有自己的位置。

#### （一）社区儿童福利服务和儿童保护预防服务

社区儿童福利服务主要指聚焦儿童发展的服务和国家已有社会保障以及落实国家救助、补助、津贴和临时困难救济等方面政策的服务。发展性服务主要包括社区一般家庭的科学育儿、早教、医疗卫生、儿童娱乐、兴趣培养、儿童社会化引导等服务；政策落实服务主要包括对照政策，界定服务对象，按照国家标准定期发放津贴或者救助资金。上述这些服务可被看成是基础福利服务。

社区儿童保护预防服务即针对有儿童侵害风险家庭的预防性服务，具体内容包括风险评估、风险分级分类以及风险干预。儿童社会工作者可以依托公益慈善服务组织机构、政府购买服务的社工机构及国家职能部门等渠道提供的服务。

#### （二）儿童保护的发现报告和伤害评估服务

儿童保护的发现报告服务是指将发现的儿童保护案件，如儿童（肢体）虐待案、儿童性侵案等报告给所在地公安机关和国家儿童保护体系中的未成年人保护中心，以便能够及时制止儿童侵害行为，为受害儿童开展伤害状况评估，并以评估结果为依据，完成监护处置环节工作，对受害儿童是否需要脱离家庭环境，进入国家替代照顾体系作出判断。在这个环节，儿童社会工作者需要聚焦受害儿童的受侵害程度以及受害儿童父母监护状况及能力评估。

（三）失依儿童的替代照料和康复回归服务

如果受害儿童的评估显示其父母监护状况无法满足受害儿童康复和回归的需要，受害儿童会临时或者永久性地被带离原生家庭，与父母分离，进入国家替代照顾服务体系。在这个环节，儿童社会工作者需要聚焦儿童的康复回归，回归家庭和社区。

（四）"三合一"的儿童社会工作服务整体流程

所谓"三合一"是指上述3个不同聚焦的服务板块，实际上是相互连接的，它们共同构成一个不可分割的聚焦儿童保护的儿童福利服务体系，同时也形成了儿童社会工作专业开展服务的整体流程。具体内容如图3-1所示。

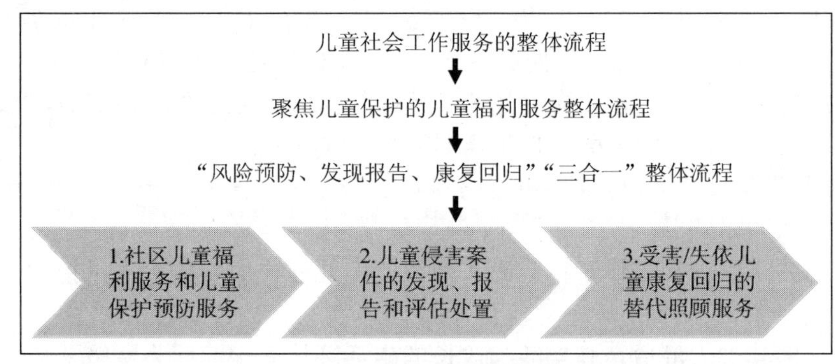


**图3-1 儿童社会工作服务整体流程图**

## 第三节 儿童社会工作的主要方法

方法即为了达到某种目的而采取的途径、步骤、手段等。这一节将介绍儿童社会工作者为了实现保护儿童、促进儿童的身心健康发展的目的而采用的专业实务方法。

### 一、方法的概念辨析

（一）专业方法

作为专业的社会工作，有着自身独特的三大专业方法，即个案工作方法、小组工作方法和社区工作方法。每一种方法都包含一套独特的方法技巧。它们是专业社会工作者必须掌握的基本技能，是其专业性的重要组成部分和体现。

（二）实务方法

作为职业的社会工作者，在面对服务对象时，需要针对服务对象的需求，综合应用个案工作、小组工作和社区工作三大专业方法，形成解决问题的"配方（方法）"，即实务方法。换句话说，专业的三大工作方法是社会工作者开展日常服务活动时使用的方法，也可以称之为工作手法。但如何使用这些专业方法，包括什么时候用个案方法，什么时候用小组方法，或者两者必须同时用，甚至还需要与社区工作方法相配套，才能真正解决服务对象面临的问题，满足其服务需要等，这些共同构成了实务方法。

儿童社会工作常见的实务方法有两类：一是针对服务需要解决问题的实务方法，这一类往往也被称为服务模式或者服务机制，如儿童保护的社区预防服务模式或机制；二是解决问题过程中完成具体工作任务的实务方法，如预防服务过程中的服务需求评估方法、志愿服务管理方法、社区营造的方法等。

### （三）常见误区

当前，在儿童社会工作实务领域，专业方法常常被误解为实务方法，不仅日常工作依据三大专业工作方法去安排和组织，相应地，在总结服务效果时也常常用三大方法使用的频次或者覆盖的服务对象数量来表述，而不是从服务解决了什么（社会）问题的角度来陈述。这样的误解一方面容易导致服务走偏，不能聚焦解决服务对象面临的问题；另一方面导致社会工作岗位职责界定错误，给社会工作者个体的专业作用发挥和职业发展带来负面影响，进而阻碍社会工作作为专业和职业在中国的发展。

例如，面对失去父母或父母双双服刑这样的失依儿童，从社会生态系统视角出发，他们可能同时面临个体学业改善、疾病治疗甚至智力发育迟滞等问题。但是，以儿童权利理念及儿童利益最大原则为依据，在众多问题中，失依儿童面临的首要问题是失去了父母，没有家庭。其首要的服务需求是找到一个能够接纳并关爱他的家庭，即将他安置到一个最适合其成长的家庭环境中，并通过服务保障家庭能够关爱、保护他，促进其成长和发展。因此，社会工作者在面对失依儿童时，首先要解决儿童的安置问题。在儿童安置的过程中，3 种社会工作的专业方法都可能被用到。

## 二、评估的方法

评估的方法在儿童社会工作的实务中应用广泛，具有重要地位。它既可以用于服务需求评估，也可以用于服务效果评估。这两种评估贯穿所有社会工作服务中，是社会工作者了解服务对象、制订服务方案、选择服务方法以及终结服务的可靠依据。下面以评估社区儿童保护服务需求为例，进行说明。

### （一）评估的流程

（1）明确评估的目的：了解社区儿童保护服务需求。

（2）确定评估的对象：社区内全体儿童。

（3）收集评估信息：儿童成长状况和家庭基本信息。

（4）整理和分析评估信息：聚焦家庭监护状况及能力。

（5）撰写评估报告/填写评估记录表。

### （二）评估信息的收集

#### 1. 评估信息的内容

（1）儿童的信息。

（2）家长的信息。

（3）家庭（一起生活的其他人）信息。

（4）家庭环境信息。

（5）邻里评价信息。

2. 收集信息的方法

（1）家庭走访。家庭走访是儿童社会工作的常规工作内容。社会工作者进入儿童的家庭环境中，与儿童及其家长面对面地了解儿童发展状况和家长监护状况。在此，社会工作者可以用到实地观察和面谈等方法。实地观察是指儿童社会工作者在儿童的家庭里，按照儿童发展的基础知识理论，直接观察和收集相关信息，包括儿童自身的、家长的和家庭的。例如，儿童家庭居住的房屋情况，儿童在家庭中的学习空间情况和学习用品、课外书籍、参考资料等。面谈则指儿童社会工作者以了解儿童服务需求为目的，与儿童及其家人、邻里、同伴进行的面对面谈话。这种面谈通常具有一定的结构性，即具有每谈必问的核心问题，以保障获得有效的服务需求评估信息。

（2）查阅文档。儿童社会工作者围绕儿童服务需求评估开展的文件和档案查阅工作。在儿童服务需求评估过程中，常见的查阅内容包括儿童的健康记录文档、在校成绩记录文档、父母及其他家庭成员的健康档案等。另外，还可能根据具体的服务对象的特点，查阅其他文档，如轻微违法犯罪青少年的犯罪事实记录以及拘留记录等。

### （三）评估信息的分析

儿童社会工作者需要以儿童权利为指导，参照社会生态系统理论，运用儿童发展的理论知识，聚焦儿童及其家庭系统的互动，对收集的儿童及其家庭客观事实信息进行分析，包括对信息的分类、排序和主题聚焦。

### （四）信息分析的结论

儿童社会工作者以信息分析为基础，参考儿童所处的发展阶段，对照儿童发展的理论知识，对儿童发展状况是否正常以及偏差或者正常的原因是什么进行判断和说明。

### （五）分析结论的记录

社会工作者应对上述工作进行记录，形成完整的儿童服务需求评估服务文档，为开展具体的服务工作提供依据。形成的文档具体包括如下内容。

（1）儿童基本信息记录表，用于记录社会工作者为了完成服务需求评估，入户了解儿童及其家庭的基本信息。

（2）儿童服务需求评估表，用于记录社会工作者基于上述基本信息进行的需求分析和结论。

（3）社区儿童基本信息分类及服务需求记录表，用于记录社区范围儿童群体概况，包括以性别、年龄、身体健康状况、就学等不同指标为参考的分类统计，以及社区全体儿童的服务需求情况。

## （六）记录工具参考示范

表 3-1 儿童基本信息记录表

<table>
<tr><td colspan="8">档案编号</td></tr>
<tr><td>走访时间</td><td></td><td>走访目的</td><td></td><td>需求评估</td><td></td><td>工作人员</td><td></td></tr>
<tr><td colspan="8">儿童基本信息</td></tr>
<tr><td>儿童姓名</td><td></td><td>性 别</td><td>□男 □女</td><td>出生日期</td><td colspan="3"></td></tr>
<tr><td>民族</td><td></td><td>身份证号</td><td colspan="5"></td></tr>
<tr><td>健康状况</td><td colspan="7">□健康 □肢体残疾 □智力障碍 □大病（ ）</td></tr>
<tr><td>教育状况</td><td colspan="7">□普通学校 □特教学校 □工读学校 □辍学（时间： 年 月）</td></tr>
<tr><td>大龄儿童就学/就业状况①</td><td colspan="7">□职业/技术学校 □就业（职业： ）</td></tr>
<tr><td colspan="8">家庭基本信息</td></tr>
<tr><td>户籍地址</td><td colspan="7">省/自治区/直辖市 市 县/地区 街道/乡镇 社区/村×××</td></tr>
<tr><td>现住址</td><td colspan="7">省/自治区/直辖市 市 县/地区 街道/乡镇 社区/村×××</td></tr>
<tr><td>兄弟②</td><td>共 人</td><td>姐妹③</td><td>共 人</td><td>一起居住的成人</td><td colspan="3">共 人</td></tr>
<tr><td colspan="8">监护人基本情况</td></tr>
<tr><td>1. 父亲</td><td>年龄</td><td></td><td>民族</td><td></td><td>身份证号</td><td colspan="2"></td></tr>
<tr><td>职业</td><td colspan="2"></td><td>受教育程度</td><td colspan="4"></td></tr>
<tr><td>婚姻状况</td><td colspan="7">□已婚多年 □再婚 □离异单亲 □单亲 □分居④</td></tr>
<tr><td>健康状况</td><td colspan="7">□健康 □肢体残疾 □智力障碍 □艾滋病患者<br>□大病［请注明］（ ）</td></tr>
<tr><td>亲子状况</td><td colspan="7">□良好 □一般 □家暴 □其他［请注明］（ ）</td></tr>
<tr><td>监护状况</td><td colspan="7">□已故 □外出打工 □在家 □遗弃⑤ □正在服刑 □其他［请注明］（ ）</td></tr>
</table>

① 完成九年义务教育之后的儿童，一般为年满 16 岁及以上的儿童。

②③ 不包含被评估儿童。

④ “分居”包括离家出走、杳无音信，但又没有办理离婚手续的婚姻状态。

⑤ “遗弃”指上述“分居”状态下，离家出走父亲/母亲不履行监护职责的状态。

续表

| 2. 母亲 | 年龄 | | 民族 | | 身份证号 | |
|---|---|---|---|---|---|---|
| 职业 | | | 受教育程度 | | | |
| 婚姻状况 | □已婚多年 □再婚 □离异单亲 □单亲 □分居 | | | | | |
| 健康状况 | □健康 □肢体残疾 □智力障碍 □艾滋病患者 □大病［请注明］（ ） | | | | | |
| 亲子状况 | □良好 □一般 □家暴 □其他［请注明］（ ） | | | | | |
| 监护状况 | □已故 □外出打工 □在家 □遗弃 □正在服刑 □其他［请注明］（ ） | | | | | |
| 3. 其他监护人① | 年龄 | | 民族 | | 身份证号 | |
| 职业 | | | 受教育程度 | | | |
| 婚姻状况 | □已婚多年 □再婚 □离异单亲 □单亲 □分居 | | | | | |
| 健康状况 | □健康 □肢体残疾 □智力障碍 □艾滋病患者 □大病［请注明］（ ） | | | | | |
| 亲子状况 | □良好 □一般 □家暴 □其他［请注明］（ ） | | | | | |
| 监护状况 | □已故 □外出打工 □在家 □遗弃 □正在服刑 □其他［请注明］（ ） | | | | | |
| 其他情况② | | | | | | |
| | | | | | | |
| 工作人员签名： | | | | 时间： 年 月 日 | | |

① 当法定监护人不是儿童的亲生父母时，填写替代监护人信息。

② 工作人员在家访过程中获得的，对儿童服务需求有影响，但表格中没有包括的信息或者需要对表格中信息进行详细补充说明的信息。

**表 3-2　　儿童服务需求评估表**

<table>
<tr><td>档案编号</td><td colspan="7"></td></tr>
<tr><td colspan="8">儿童及其家庭基本信息</td></tr>
<tr><td>儿童姓名</td><td></td><td>性别</td><td>□男　□女</td><td>出生日期</td><td colspan="3"></td></tr>
<tr><td>民族</td><td></td><td>身份证号</td><td colspan="5"></td></tr>
<tr><td>户籍地址</td><td colspan="7">省/自治区/直辖市　市　县/地区　街道/乡镇　社区/村×××</td></tr>
<tr><td>现住址</td><td colspan="7">省/自治区/直辖市　市　县/地区　街道/乡镇　社区/村×××</td></tr>
<tr><td>兄弟[1]</td><td>共　人</td><td>姐妹[2]</td><td>共　人</td><td colspan="2">一起居住的成人</td><td colspan="2">共　人</td></tr>
<tr><td rowspan="2">父亲</td><td>姓名</td><td></td><td>年龄</td><td></td><td>职业</td><td colspan="2"></td></tr>
<tr><td>身份证号</td><td colspan="6"></td></tr>
<tr><td rowspan="2">母亲</td><td>姓名</td><td></td><td>年龄</td><td></td><td>职业</td><td colspan="2"></td></tr>
<tr><td>身份证号</td><td colspan="6"></td></tr>
<tr><td rowspan="2">替代监护人</td><td>姓名</td><td></td><td>年龄</td><td></td><td>职业</td><td colspan="2"></td></tr>
<tr><td>身份证号</td><td colspan="6"></td></tr>
<tr><td colspan="8">儿童服务需求评估陈述</td></tr>
<tr><td rowspan="2">1. 监护人服务需求</td><td colspan="5">问题描述</td><td colspan="2">需求确诊</td></tr>
<tr><td colspan="5"></td><td colspan="2">□经济支持<br>□医疗救助<br>□就业援助<br>□亲职辅导<br>□亲子辅导<br>□其他［注明］</td></tr>
<tr><td rowspan="2">2. 儿童服务需求</td><td colspan="5">问题描述</td><td colspan="2">需求诊断</td></tr>
<tr><td colspan="5"></td><td colspan="2">□个案辅导（心理情绪）<br>□亲子辅导<br>□学业辅导<br>□团体辅导（同伴关系）<br>□其他［注明］</td></tr>
<tr><td colspan="5">工作人员签名：</td><td colspan="3">时间：　年　月　日</td></tr>
<tr><td colspan="8">督导意见</td></tr>
<tr><td colspan="8"></td></tr>
<tr><td colspan="5">督导签名：</td><td colspan="3">时间：　年　月　日</td></tr>
</table>

①② 不包含被评估儿童。

表 3-3　　社区儿童基本信息分类及服务需求记录表

××省/自治区、直辖市××市××区/县××街道/乡镇××社区/村　　（单位：个）

| 儿童总数 | | 女童数量 | | 男童数量 | |
|---|---|---|---|---|---|
| 年龄分布 | 新生儿 | | 10~15（含）岁 | | |
| | 0~3（含）岁 | | 16~17（含）岁 | | |
| | 4~6（含）岁 | | 满 18 周岁 | | |
| | 7~9（含）岁 | | | | |
| 户籍分布 | 本地户籍儿童 | | 外地户籍儿童 | | |
| | 城镇户籍 | | 农业户籍 | | |
| 健康状况 | 健康儿童 | | 身心障碍儿童 | | |
| | 肢体障碍儿童 | | 精神障碍儿童 | | |
| | 身患疾病儿童 | | 行为偏差儿童 | | |
| | 其他 | | | | |
| 接受教育 | 学龄儿童 | | | | |
| | 适龄在校儿童 | | 适龄辍学儿童 | | |
| | 幼儿园儿童 | | 学前班儿童 | | |
| | 小学生 | | 初中生 | | |
| | 高中生 | | 职业技术高中生 | | |
| 家庭监护 | 离异单亲家庭儿童 | | 再婚家庭儿童 | | |
| | 留守儿童 | | 残疾儿童（参考上面信息） | | |
| | 孤儿 | | 儿童福利机构寄养儿童 | | |
| | 事实无人抚养儿童 | | 低保儿童 | | |
| | 其他 | | | | |
| 服务需求概述 | | | | | |
| 社会工作者签名 | | 日期 | 年　月　日 | | |

### （七）其他说明

社区儿童社会工作者应了解，评估的方法不只是用于对儿童个体的评估，还可用于对辖区内儿童群体的评估；同时，上述评估没有包括对社区环境的评估，社区儿童社会工作者可根据需要增加这一内容。

## 三、个案管理服务的方法

### （一）个案管理服务的定义

在完成了儿童服务需求评估之后，儿童社会工作者就需要根据评估的结果，为有服务需求的儿童及其家庭提供干预服务。提供服务的方式包括入户走访、个案辅导、团体辅导或者社区动员和教育等。但是，现实中需要服务的儿童，其服务需求往往都不是单一的，对应需要解决的问题也是多元化的。另外，即便儿童的服务需求看起来是单一的，但导致这一需求的原因往往还有其他因素。因此，介入往往需要多方参与，并且需要相互协作参与，这样才能真正有效地回应儿童的需求。

个案管理是儿童社会工作实务最常见的一种服务形式，是儿童社会工作实务中的管理性儿童服务。它针对具有多重服务需要的儿童，以儿童为中心，集服务需求评估、基于评估结果的服务计划制订、服务计划实施、服务资源协调与服务成效监测于一体，对照儿童需要，聚焦服务总体目标，采用多种专业方法，协调多个部门或组织机构和多专业背景人员，共同为儿童提供整体性和连续性服务。

### （二）个案管理服务方法的应用

不论是在社区儿童服务中，还是在未成年人保护中心的儿童服务中，抑或在儿童养育照料机构中，几乎都会用到个案管理服务的方法。儿童社会工作者往往是负责牵头整个服务流程的主角。

#### 1. 个案管理服务流程

对于儿童个案的管理者来说，个案管理服务的流程与社会工作领域的通用过程模式一致，主要包含下面几个步骤。

（1）接案，建立关系。

（2）在前期筛选评估的基础上，开展综合性个案管理服务需求评估。

（3）制订计划，以上一环节的结果为依据，结合专业知识，制订计划，包括服务的目的和目标、实现目的和目标的步骤、每一步骤需要开展的服务内容和时间框架、服务的挑战分析及应对措施的设计。

（4）实施计划，社会工作者需要根据计划，在运用社会工作的个案工作、小组工作以及社区工作等方法开展服务之外，还需要联络其他相关机构和专业人员，完成资源链接的工作，以满足服务对象儿童的所有需要。

（5）跟进评估和计划修订再实施。

（6）结案。

#### 2. 个案辅导与个案管理服务

在个案管理服务过程中，如果儿童及其家庭有个案辅导需求，社会工作者就会采用个案工作的方法提供服务。

（1）个案辅导的定义

个案辅导是社会工作个案工作方法应用于干预服务中形成的一种服务方式。它适用于帮助儿童消除和改善在心理和行为方面存在的困惑或者偏差，是有效改善儿童个体的消极情绪、偏差行为和负向社会认知，促进其身心健康成长的服务过程。

（2）个案辅导的理论与实践

个案辅导的主要理论依据是心理学理论。长期以来，随着心理学理论的不断发展，个案辅导也发展出了不同的实践模式。最早形成的是心理社会治疗、认知行为治疗、理性情绪治疗等实务模式，被称为个案辅导的传统模式。之后，受到新的心理学理论和后现代主义思潮的影响，个案辅导尝试发展出了任务中心模式、危机介入模式、人本治疗模式、家庭治疗模式等新的实务模式。

不论是个案服务的传统模式还是新模式，语言在其中都至关重要，都需要服务对象具有较强的语言表达能力。如果将上述传统个案辅导模式运用于儿童群体，就会发现，儿童尤其是低龄儿童很难配合，因为他们不具备成熟的语言表述能力。儿童的语言表述能力和与语言表述能力相关的抽象思维能力，一般要到 15 岁左右才能发育成熟。另外，那些遭到创伤的儿童，因为经历了环境的突变或者身心的伤害，往往也不能很好地表达自己。为了应对传统模式在儿童个案辅导中面临的挑战，游戏被引入针对儿童群体的个案辅导实务工作中，形成了独特的儿童游戏个案辅导模式。

（3）个案辅导的原则

建立融洽的治疗关系原则。个案社会工作者需要帮助儿童自由、放松地释放和宣泄自己。因此，社会工作者必须与儿童建立温暖、友善、和谐的关系，在治疗中提供包容和鼓励。

接纳的原则。社会工作者要完全接纳辅导的儿童本身。无论儿童做出了怎样的行为或者表达了怎样的情感，社会工作者需要做的都是接纳，而不是评判。

反馈的原则。社会工作者要对儿童的情绪表达保持敏感，作出回应。只要社会工作者反馈儿童表达的情感，使他们了解自己的言行，他们就会获得鼓励，继续前进。

儿童中心的原则。社会工作者需要对儿童有信心，相信儿童有能力解决自己的困难；并且只要提供机会，儿童就能够作出决定并改变。

循序渐进的原则。个案辅导是一个需要时间的干预过程，不能过于急躁。

（4）个案辅导记录

**表 3-4　　个案辅导记录表**

<table>
<tr><td colspan="2">儿童姓名</td><td colspan="2"></td><td>年龄</td><td></td><td>档案编号</td><td colspan="2"></td></tr>
<tr><td colspan="2">性别</td><td></td><td>民族</td><td></td><td>身份证号</td><td colspan="3"></td></tr>
<tr><td>时间</td><td colspan="2">辅导活动</td><td colspan="2">辅导对象</td><td colspan="3">辅导内容</td><td>社会工作者/督导备注</td></tr>
<tr><td></td><td colspan="2"></td><td colspan="2"></td><td colspan="3"></td><td></td></tr>
<tr><td></td><td colspan="2"></td><td colspan="2"></td><td colspan="3"></td><td></td></tr>
<tr><td></td><td colspan="2"></td><td colspan="2"></td><td colspan="3"></td><td></td></tr>
<tr><td></td><td colspan="2"></td><td colspan="2"></td><td colspan="3"></td><td></td></tr>
<tr><td></td><td colspan="2"></td><td colspan="2"></td><td colspan="3"></td><td></td></tr>
<tr><td></td><td colspan="2"></td><td colspan="2"></td><td colspan="3"></td><td></td></tr>
<tr><td></td><td colspan="2"></td><td colspan="2"></td><td colspan="3"></td><td></td></tr>
<tr><td colspan="7">社会工作者签名：</td><td colspan="2">日期：</td></tr>
<tr><td colspan="7">督导签名：</td><td colspan="2">日期：</td></tr>
</table>

## 四、团体辅导的方法

在具体服务中，一些儿童也需要团体辅导。

### （一）团体辅导的定义

儿童团体辅导即运用社会工作的小组工作方法，按照儿童团体的特征，组织和调动儿童成员之间的互动和分享，达到解除团体成员在行为养成和情绪管理方面存在的偏差或者高危风险，或者帮助改善和解决团体成员个体、成员个体之间以及整个团体在行为养成、情绪管理、创伤康复等方面存在的问题的专业干预模式。

### （二）团体辅导的类型

不论采用怎样的团体辅导理论模式，儿童团体辅导通常可以分为两大类：一类是发展性团体辅导，一类是治疗性团体辅导。

发展性团体辅导以教育引导和提供资讯为主，其目标是帮助儿童应对其成长过程中遇到的困惑或者困难，促进儿童的全面发展。这种团体辅导的方式在学校环境中得到了广泛运用。例如，针对小学高年级学生，可以采用团体辅导的方式，教会他们如何应对同伴压力、小升初过程中的学习压力；针对中学生，也可以采用团体辅导的方式，引导和教导他们正确认识和应对青春期问题，包括应对同辈冲突和学习决策技巧。

儿童治疗性团体辅导以为高风险儿童提供行为、态度或价值理念的引导和矫正，以及为身心创伤儿童提供康复为主，其目标是帮助儿童获得对自己的认同，认识自己的权利，在摆脱困境的同时提升自身应对困境和挑战的能力。例如，为单亲家庭儿童提供的因父母离异带来的失落、愤怒或者哀伤情绪的辅导，为经历校园踩踏事件而失去了同伴的同学提供的创伤辅导，为有暴力行为的儿童提供的行为矫正辅导，等等。

一般来说，团体互动的方式能够增加成员之间的交流和分享。但是，发展性团体辅导成员之间的互动和分享没有治疗性团体成员之间深入。

### （三）团体辅导的步骤和阶段

一般来说，团体辅导可以划分为 5 个阶段（见表 3–5）。

**表 3–5　团体辅导的步骤和阶段**

| 阶段 | 主题 | 目标 | 内容 | 活动 |
|---|---|---|---|---|
| 1 | 了解自己和他人 | 增进自我认知和了解 | ①人类群体的相似与独特<br>②不同家庭风格的形成和内涵<br>③人类个体的多样性：体格、肤色、宗教信仰、文化、价值等 | 社会兴趣理论强调个人的社会兴趣必须在与社会的链接和互动中获得。因此，学校的社会兴趣团体辅导必须根据训练的社会技能，设计符合儿童和青少年发展特点的团体活动。一方面激发参与者的兴趣； |
| 2 | 发展同理心技巧 | 认识各种情绪 | ①认可自己和他人的感觉<br>②了解自己的行动如何影响他人<br>③学会换位思考，即重视他人的感受，站在他人的立场，学会用他人的眼睛去看，用他人的耳朵去听，用他人的心去感觉 | |
| 3 | 沟通技巧 | 学会积极倾听 | ①学会清晰和直接地表达自己的感觉和想法<br>②学会在人际交往中察觉并回应语言和非语言的交流信息 | |

续表

| 阶段 | 主题 | 目标 | 内容 | 活动 |
| --- | --- | --- | --- | --- |
| 4 | 合作技巧 | 学会友好、合作的相处方式 | ①了解非竞争和合作的相处态度<br>②练习竞争中的友好合作技能 | 另一方面为参与者提供练习所学技巧的机会 |
| 5 | 承担责任的技巧 | 学会抉择 | 总目标为帮助学生面对现实，学会抉择，并承担抉择后果：<br>①拒绝的技巧<br>②冲突处理技巧<br>③生涯规划<br>④物质滥用预防<br>⑤性教育<br>⑥作决定的技巧 | |

## 五、儿童友好社区建设

在具体服务中，某一个或者几个孩子的问题可能与其家庭、家庭所在小区甚至是整个社会都有关联，需要个案辅导、团体辅导和社区动员、教育和倡导多管齐下，才能有效帮助儿童。例如，农村社区的留守儿童、城镇地区的经济困难家庭和流动儿童。针对儿童的社区工作，最恰当的综合服务就是“儿童友好”概念下的社区建设。

### （一）儿童友好社区的概念

儿童友好社区是指整体环境有利于儿童身心健康发展的社区。社区倡导是社区工作方法中的一种，常用于社区中传播新的理念和引导新的行为方式。儿童友好社区对大多数社区居民来说还是一个新概念，需要儿童社会工作者开展倡导工作，帮助社区居民了解并实践它，从而实现儿童友好社区建设的目标。

根据联合国儿童基金会的定义，儿童友好社区是将儿童置于其关怀中心的社区。具体标志包括：社区能够保障儿童的基本需要得到满足；社区有条件让儿童能与同伴见面和玩耍；社区能够保护儿童免遭伤害；儿童在社区里有干净的饮用水和卫生的环境；社区能够为儿童提供所需的教育、医疗和紧急庇护服务；儿童能参与家庭、社区和社会生活；社区能够在其发展过程中发挥儿童的作用，尤其是在与儿童自身相关的社区事务中。

在一个儿童友好型的社区里，我国目前存在的以下许多儿童问题都会得到较大改善。例如，留守和流动儿童的问题；流浪乞讨和拐卖儿童的问题；儿童保护的问题；家庭育儿支持的问题；不利于儿童成长社会环境的改善问题。

### （二）儿童友好社区建设倡导的内容

儿童友好社区建设倡导的内容不仅包括儿童友好的社区环境布局，也包括儿童友好的社区文化建设。

（1）完善社区基本建设。要让全体社区居民了解，干净的饮用水和卫生的社区环境是儿童和其他所有社区居民健康生活的基本条件，需要得到不遗余力的解决和保障。

（2）建设安全、益智的儿童游戏场所和设施。要让全体社区居民了解，安全、益智的游戏和娱乐在儿童成长过程中不可缺少。儿童在游戏和娱乐中能够体验与课堂学习完全不同的愉悦和快乐，能够在嬉戏中培养出关爱、忍耐、坚毅、尊重、上进等品质，能够在与同伴的互动过程中学会协商、妥协和合作等社交技能。儿童友好需要为社区不同年龄发展阶段的儿童提供相应的安全、益智的游戏场所，包括低龄儿童的室内游戏室、青少年运动场地、母子阅读角或儿童阅览室等。

（3）健全社区儿童和家庭服务体系。要让全体社区居民了解，家庭和父母在儿童成长过程中的作用至关重要。如果希望儿童能够健康成长，就必须保障儿童有一个良好的家庭环境和一对爱护儿童并有正确育儿理念和方法的父母。儿童友好需要从家庭做起，包括为儿童的父母提供育儿指导，为儿童的家庭提供排忧解难服务，为儿童提供保护服务。

如果要保障社区儿童和家庭获得上述服务，就需要社区培育和发展小型的专业社区服务机构，包括儿童发展服务机构、儿童福利服务机构、儿童保护服务机构、儿童紧急庇护场所等。

（4）创新社区儿童参与工作机制。要让全体社区居民了解，儿童是祖国的未来、社会的栋梁，他们的童年是他们成年的基础，要在他们童年时，通过社区参与了解社区和社会，学会参与社会的知识和技能，帮助他们成为合格的公民。

### （三）儿童友好社区建设倡导的方法

儿童友好社区建设倡导的方法包括网络媒体倡导、名人效应倡导、海报宣传倡导、讲座论坛倡导、儿童和家庭问题研究与政策研究倡导等常见倡导方法。

在我国2016年以来开展的农村留守儿童关爱保护和困境儿童保障的工作中，每一名留守、流动或困境儿童的服务需求往往都不是单一的经济问题、陪伴或者学业帮扶，还有情感回应和行为矫正的问题，他们的需求往往以与父母分离为基本问题，再加上其他生活照料、情感交流、学业发展和同伴交往等多方面的问题。个案管理是面对这些儿童群体有效的服务方法。

## 六、紧急儿童暴力事件中的危机干预

在儿童暴力事件处于危险的紧急情况时，社会工作者需要对危机进行处理，采取有效措施积极应对。这些措施主要包括报警求助、伤情处理、紧急庇护和协助申请（紧急）人身安全保护裁定等。

### （一）报警求助

对正在发生的儿童暴力事件，社会工作者及相关干预者应该立即报警，防止事态升级，可在受害人及其家属同意的情况下陪伴其接受警察的问询。

### （二）伤情处理

在警察没有到达现场的情况下，社会工作者及相关干预者应该根据现场情况，平息受害人情绪，尽量将加害人与受害人分开，并及时处理伤情，根据需要开展现场急救、拨打“120”或护送伤者至医疗机构，同时协助受害儿童及其（未施暴）照料者到相关机构进行伤情鉴定，固定证据。

社会工作者及相关干预者需要掌握一些常规的基础医疗知识，如简易包扎、骨折处理等有利于伤情处理的基本知识和技能。

### （三）紧急庇护

针对情节比较严重的家庭暴力，有必要将受害儿童紧急转介到相应场所进行庇护。各市（区、县）所设立的家庭暴力受害人庇护所或未成年人保护中心，往往具有一定的隐蔽性，不仅能保证受害儿童的安全，还能免费提供一定期限的住所和生活照顾。

### （四）协助申请（紧急）人身安全保护裁定

人身保护令制度是专门为家庭暴力受害人提供的民事法律救济途径，也相当于在加害人与受害人之间筑起了一道“隔离墙”。它能在很大程度上预防家庭暴力的再次发生，可以降低发生时的严重性和发生率。

### （五）紧急事件干预特别注意事项

#### 1. 排除现场的危险因素

进入现场后，应特别留意和关注加害人，尽量让其放下手中凶器。如果情况危急，需要由公安人员制伏加害人并夺走其凶器。社会工作者采取以上措施时，必须首先确保自身以及相关当事人的安全。之后，一方面平息加害人情绪。对情绪激动的加害人，应该考虑先平息其情绪，可将加害人与受害人分开，让加害人慢慢诉说缘由。另一方面，排除现场凶器。在家庭暴力的案件中，有意识地拿走可以成为凶器的物件，如锄头、铁棒、酒瓶、擀面杖、剪刀、水果刀等。

#### 2. 协助将儿童转移到安全的临时住所

在有紧急人身暴力危险的情形下，应考虑先将儿童转移到其他安全的住所（如邻居家、社区委员会、村委会或者亲属住处）。如有必要，协助联络和安置到救助机构等。

## 本章小结

本章主题为儿童社会工作的实务，内容主要包含儿童的概念和特点、儿童社会工作的实务内容和服务体系结构，以及社会工作者在开展这些服务时采用的实务方法。希望有助于提高儿童社会工作实务工作者的专业工作能力，为培养身心健康的儿童提供保障，为儿童拥有更加美好的未来奠定基础。

# 第四章 青少年社会工作

本章主要介绍青少年的需要和问题以及青少年社会工作的特点、主要内容、主要方法等。青少年的最大特点是其发展性。社会工作者对青少年群体的了解，对青少年发展等相关理论的理解，对社会工作专业价值、知识、方法的整合运用，都是青少年社会工作服务获得成效的关键。

## 第一节 青少年社会工作概述

青少年期是一个充满变化的时期，青少年社会工作必须充分尊重青少年的特点，从人与环境互动的视角多层面地开展工作，努力促进青少年的健康发展。

### 一、青少年的定义及特点

#### （一）青少年的定义

按照中华人民共和国国家标准《青少年社会工作服务指南》的定义，青少年是指年龄范围为6~35周岁的人。

总体来说，青少年期是由儿童转向成人的过渡时期，是个体从不成熟转至成熟的发展阶段。这个阶段连接着不成熟与成熟的两个自我，也是人生发展直线上的一个质变、转折、转型或转换期，这种转变或转折比人生其他任何阶段都要广泛和深入，因此青少年时期是人生最关键的时期，是自我辨识与认定的重要时期。

#### （二）青少年的特点

青少年期是人生生命循环变化最多的时期，其在生理、心理方面不断成长，个人的心态及社会关系不断产生变化，青少年对自我的探索、认同、人际关系、家庭及社会角色也在每天产生新的认识和新的适应。多变、创新、反叛是青少年时期的最主要特点。

从生理发展的角度，青少年处于青春发育期，其特点表现为体形迅速变化、身体内部机能迅速健全、大脑和神经系统高度发达、性成熟①。

从心理发展的角度，青少年心理发展是在其社会生活环境和自身社会实践活动中完成的，因此青少年的智力、情绪和情感、自我意识、性格、性意识、成长和发展性需求都呈现出主体与客体的互动、动荡与稳定的结合、突变与渐变的统一等诸多特点。

---

① 陆士桢，王玥．青少年社会工作［M］．北京：社会科学文献出版社，2005.

青少年的发展性特征还可以概括为：第一，兼具质与量的改变；第二，兼具连续性与间断性的特质；第三，同时兼具稳定性与不稳定性的状态；第四，具有共通性与变异性的性质；第五，兼有分化与统整的功能；第六，兼有正常发展与易受伤害的可能[①]。总而言之，青少年阶段的发展特点是多样的、复杂的。但青少年是一个充满活力的群体，任何对于他们特点的概括都不足以充分反映他们的生命价值，唯有以开放的心态去接纳青少年的任何表现，从他们的需要和发展出发认真地研究他们，才可以对他们的特点有真实的把握。

## 二、青少年的需要与问题

### （一）青少年的需要

按照中华人民共和国国家标准《青少年社会工作服务指南》的定义，青少年的需要指青少年健康成长和发展所需的条件、机会和资源的总和。

青少年的需要从根本上讲是其社会化过程的基本条件是否得到满足，在社会化过程中是否实现了他们的自我同一性。

青少年社会化，即个人早期的基本社会化，是个人学习基本的生活知识和技能，掌握基本的社会规范，了解基本的社会关系网络，并能在实际生活中比较成功地扮演最基本的社会角色和从事最基础的社会活动的过程。家庭、学校、社会是青少年实现其社会化的三大途径[②]。

埃里克森（Erikson）在其人生八阶段论中提出的自我同一性理论，对青少年社会化任务作出了概括，认为其自我意识的确定与自我角色的形成是核心任务，主要是获得同一感而克服同一性混乱。青少年在从他人对其态度中、从自己扮演的各种社会角色中以及在与同伴们建立的亲密关系中，进一步认识自己，对自己的过去、现在、将来产生一种内在的连续感，认识到自己与他人在外表上、性格上的相同与差别，认识自己的现在与未来在社会生活中的关系。这种同一感可以帮助青少年了解自己以及自己与前后左右的各种人、事、物的关系，从而顺利进入成年期。自我同一性的确立，意味着青少年对个体和自身有充分的了解，能够将自我的过去、现在和将来组合成一个有机的整体，确立自己的理想与价值观念，并对未来自我的发展作出自己的思考。依据青少年社会化，以及实现自我同一性的任务要求，从发展的角度，可以把青少年个体发展性需要作以下概括[③]。

（1）接纳自己的身体与容貌，表现出符合社会规范的性别角色需求。

（2）个体与同伴发展适当的人际关系。

（3）追求个体的情绪独立自主，少依附父母及其他人。

（4）自谋其立，寻求经济独立。

（5）对未来的生涯做准备。

（6）发展符合社会期望的认知技能和概念。

（7）努力表现负责任的行为，追求理想和抱负。

（8）为未来的婚姻和家庭做准备。

---

① 黄德祥．青少年发展与辅导［M］．台北：五南图书出版公司，2000.

② 庞树奇，范明林．普通社会学理论新编［M］．上海：上海大学出版社，1998.

③ 郭静晃．青少年心理学［M］．台北：洪叶文化事业有限公司，2006.

(9) 建立个体的价值体系，符合现实世界的需求。

### (二) 青少年的问题

青少年的问题是指在个人与社会情境的相互作用下，自身成长和发展出现了心理、道德、行为和社会问题，体现出与社会主流价值观念和道德法律规范的不相适应。

随着我国经济社会快速发展，当代青少年在学习、工作、生活条件总体改善的同时，在成长成才、身心健康、就业创业、社会融入、婚恋交友等方面也面临着新的困难和问题。特别是大量城乡低收入家庭中的青少年、残疾青少年、在城市和乡间流动的农村青年以及几千万的农村留守儿童，他们面临着更多难题，迫切需要帮助[①]。

从问题类别来看，一些学者把青少年问题分为亲子关系问题、心理健康问题、厌学问题、网瘾问题、婚恋问题、犯罪问题、社会参与问题等[②]。

#### 1. 青少年成长面临的问题

青少年青春期成长成才问题，主要包括青春期生理健康问题、心理健康问题和性健康问题等。青少年心理情绪问题，具体包括学习问题、情绪问题、人际社交问题、不良嗜好和行为、性心理困惑、网络成瘾、躯体化症状、自杀等。青少年就业创业问题，具体表现为失业青少年主动性低、失业现状与就业期望不一致、就业能力欠缺、职业规划不足、缺乏社会支持等。青少年社会融入问题，主要包括青少年追求同伴间的良性互动、社区参与、社会适应和自我价值的实现等方面存在障碍。青少年婚恋交友问题，主要包括青少年婚恋交友观、青春期健康教育等方面存在不足。

#### 2. 青少年权益受损方面的问题

青少年权益受损问题，主要包括困境青少年问题、青少年人身权益受到侵害问题、因监护权缺失或不当导致权益受损等。

#### 3. 青少年行为不良方面的问题

青少年存在的偏差行为具体体现在性格缺陷、知识和技能不足、家庭支持系统障碍、社会交往群体不良、行为不良、信仰缺失、对教育和未来人生追求的缺失等方面。据调查，不少青少年服务对象处于不和谐或不完整家庭之中[③]，不完整的家庭结构使青少年的心理和情感满足有很大的缺失。在对社区闲散青少年日常生活状况调查后发现，他们呈现出“沉迷网络游戏、交往对象范围狭窄、集群现象突出”的特征。研究发现，集群现象的存在容易产生“染缸效应”，并产生“集体盲从”[④]。青少年问题的产生，是其与社会环境互动的结果，也是其“次生社会化”的衍化结果[⑤]。

---

① 《共青团中央 中央综治委预防青少年违法犯罪专项组 中央综治办 民政部 财政部 人力资源社会保障部关于印发〈关于加强青少年事务社会工作专业人才队伍建设的意见〉的通知》（中青联发〔2014〕1号），2014年1月10日。

② 陆士桢．儿童青少年社会工作［M］．北京：高等教育出版社，2008.

③ 顾东辉．由社区青少年调查引发的社会工作思考［M］//预防犯罪与青年工作．上海：华东理工大学出版社，2005：199.

④ 姚强，曹礼平，沈昕．上海市社区青少年现状及其对策分析［M］//预防犯罪与青年工作．上海:华东理工大学出版社，2005：211.

⑤ 费梅苹．次生社会化：偏差青少年边缘化社会互动过程研究［M］．上海：上海人民出版社，2010.

青少年问题其实质是社会问题的一个部分。而对于社会问题的界定，不同的研究范式，其界定的依据和结论是不同的。一些解释社会问题的学说，从目标（价值）与手段（机会）的不一致来解释失范（涂尔干）、偏差（默顿），而社会建构论把社会问题定义为"群体表达不满和要求尊重某些一致认定的条件的活动"。从这个角度讲，社会问题不再是某种特殊的、不公正的或不道德的状态，而是对被诠释为不公正不道德状态的界定或取向。社会问题是一种界定的社会过程。

在对青少年社会现象作出问题解释时，当我们以失范、越轨、偏差等词语描述青少年行为时，要警惕和不断反思我们的立场和取向，尽可能地避免对青少年贴标签和排斥以及不自觉地参与青少年问题的主观建构。面对诸多复杂的青少年现象，社会工作者需要更多地从社会环境和青少年个体成长的互动状态中去理解、体会、包容和引导。

## 三、青少年社会工作概述

### （一）青少年社会工作概念

#### 1. 青少年社会工作的概念界定

青少年社会工作是社会工作的重要实务领域，是把青少年作为工作和服务对象，通过运用关于青少年成长和发展的规律，以及社会工作专业的理念、理论、方法和技巧，来最大限度地发掘青少年的潜能，促进其全面健康发展，以使其更好地适应社会生活的专业活动①。

#### 2. 青少年社会工作服务的定义

按照中华人民共和国国家标准《青少年社会工作服务指南》的定义，青少年社会工作服务指以青少年为对象，整合运用社会工作专业价值、理论、方法和技巧，协助其提升解决问题的能力，恢复、改善及提高其社会功能，促进其健康成长和全面发展的社会服务活动。

### （二）青少年社会工作的特点

由青少年社会工作的概念出发，青少年社会工作应具有以下主要特点。

#### 1. 在价值理念上更突出对青少年群体的多元化和主体性的尊重与接纳

青少年期是人生的"多事之秋"，反叛、要求独立以及不断面临着"心理断乳"而带来的震荡，是这一时期青少年身心发展和社会成长的主要状态。标新立异、唯我独尊、追求自由等，是许多问题青少年的主要行为特征。因此，社会工作者就更加需要秉持和运用接纳、不批判、尊重、保密、个别化和服务对象自决等社会工作价值原则来开展青少年社会工作服务。

#### 2. 在专业方法上更强调在促进青少年自我认同和发挥群体示范性效应方面的整合性运用

基于青少年的年龄特点、行为特点以及其群体性特点，社会工作者通过精心设计和安排，采用融社会工作价值理念和社会工作理论于其中的个别辅导、角色扮演、小组游戏、技巧训练、集体活动等方法，对激发青少年的主体性发展有十分明显的启发、帮助

---

① 陆士桢，王玥．青少年社会工作［M］．北京：社会科学文献出版社，2005.

和促进作用。特别是小组工作或团队活动，对于吸引青少年参与发挥积极正面的群体示范效应效果明显。

3. 更加注重优化社会环境方面的政策倡导

青少年的发展深受家庭、学校、社会环境的影响，社会工作者需要充分了解青少年成长的社会环境及其对青少年成长的影响，需要从青少年群体本身及其所处社会环境以及两者的互动过程中去开展各类社会工作服务。社会工作者需要通过政策倡导来整合更多社会资源，促进青少年家庭、学校、社区、社会等的环境优化。

（三）青少年社会工作的原则

青少年是一个充满活力的群体，开展青少年社会工作，必须尊重青少年的价值与尊严、接纳与关爱青少年、注重青少年的个别需求、协助青少年具备适应社会变化不断成长的能力。为此，中华人民共和国国家标准《青少年社会工作服务指南》提出了开展青少年社会工作服务的原则，具体如下。

1. 主体性原则

尊重青少年主体地位，承认与接纳青少年的独特性与差异性，充分照顾青少年的特点和需要，开展有针对性的服务。

2. 发展性原则

坚持用发展的眼光看待和理解青少年，强调青少年自身蕴含的发展潜力和成长的内在动力，重视经济社会发展对青少年福利的影响。

3. 整体性原则

重视青少年与其家庭、学校、社区、朋辈及服务机构等因素的相互作用，全面系统地识别青少年的需要，提供整合性社会工作服务。

自 2021 年 6 月 1 日起施行的修订后的《中华人民共和国预防未成年人犯罪法》第九条指出：“国家鼓励、支持和指导社会工作服务机构等社会组织参与预防未成年人犯罪相关工作，并加强监督。”第二十一条提出：“教育行政部门鼓励和支持学校聘请社会工作者长期或者定期进驻学校，协助开展道德教育、法治教育、生命教育和心理健康教育，参与预防和处理学生欺凌等行为。”第三十一条要求：“学校对有不良行为的未成年学生，应当加强管理教育，不得歧视；对拒不改正或者情节严重的，学校可以根据情况予以处分或者采取以下管理教育措施：（一）予以训导；（二）要求遵守特定的行为规范；（三）要求参加特定的专题教育；（四）要求参加校内服务活动；（五）要求接受社会工作者或者其他专业人员的心理辅导和行为干预；（六）其他适当的管理教育措施。”第四十二条要求：“公安机关在对未成年人进行矫治教育时，可以根据需要邀请学校、居民委员会、村民委员会以及社会工作服务机构等社会组织参与。”

## 第二节 青少年社会工作的主要内容

青少年社会工作的主要内容包括服务青少年成长发展、维护青少年合法权益、预防青少年违法犯罪。青少年发展理论和青少年偏差理论是社会工作者开展内容丰富的专业服务的重要理论基础。

## 一、青少年社会工作的理论基础

青少年社会工作的理论来源于社会学、社会工作学、心理学等诸多学科。本节主要介绍青少年发展理论及青少年偏差理论。

### （一）青少年发展理论的主要观点

青少年发展理论主要包括生物进化理论、精神分析理论、社会学习理论、认知发展理论、社会文化理论等①。

#### 1. 生物进化理论的主要观点

生物进化理论假定个体的发展受自然法则的影响，重视生物性力量对个体成长与发展的主导作用，同时把青少年的生长与发展看成是个体适应环境的一种现象，而生长与发展具有共通性，不受社会文化的影响。如复演论认为，少年期是人类进化中农牧社会的反映，技术学习与常规训练最为重要；青少年期则如演进到现代社会一样，充满不安与冲突，是个体由未开化转变到文明化的重要时期。生物进化理论的观点认为，青少年期的重点就是人类“再繁衍的历程”，青少年也要遵循“适者生存”的原则。发展螺旋论则认为，个体的成长即是“被遗传所导引的成熟过程”，成长具有“律动顺序”，形成了螺旋状，逐步爬升，使机体日益成熟与精密。

#### 2. 精神分析理论的主要观点

以弗洛伊德（Freud）为主要代表的精神分析论在性心理发展理论、欲力再现论、人际关系论、心理社会论等的阐述中，特别提到“认同作用”对青少年社会化的重要影响。经由认同作用，青少年可以吸收他人的特质与价值观（包括生活中的重要他人与同伴的特质与价值观），使自己能够深层地感受与他人的相似性与投入程度，有助于青少年的自我发展。认同作用可以提升青少年的价值观，使“自我”得以良好发展，并且有助于“超我”的提升。当青少年知道为所当为时，新的价值观或新的人生目标形成理想的自我，并抑制某些不被社会所赞许的行为，有利于青少年顺利地统合进入成人社会。青少年的认同作用可视为青少年社会化的重要心路历程。弗洛伊德还认为，“升华作用”是可以将性冲动导向社会接受方式的一种积极的自我防卫机制。

#### 3. 社会学习理论的主要观点

根据班杜拉（Bandura）的社会学习理论，青少年通过观察历程就能进行学习，并不需要个人亲身体验而直接受到奖惩。经观察学习，被观察者，也即示范者的行为就成为观察者的“楷模”，再经自我系统的作用，观察者“模仿”了被观察者的行为表现，编码储存在个体内部，进而显现相似的行为。上述观察学习的历程可概括为以下几个步骤：注意过程、保持过程、再生过程、增强过程。

社会学习理论认为，“自我效能”是“自我系统”的主要组成部分，影响青少年形成自我效能的来源有4个方面②，如图4-1所示。

班杜拉认为，青少年辅导与治疗的最终目标是“自我规划”，要使青少年实现自我

---

① 黄德祥．青少年发展与辅导［M］．台北：五南图书出版公司，2000.

② Bandura，A. Social learning theory. Englewood Cliffs，NJ：Prentice-Hall，1977.

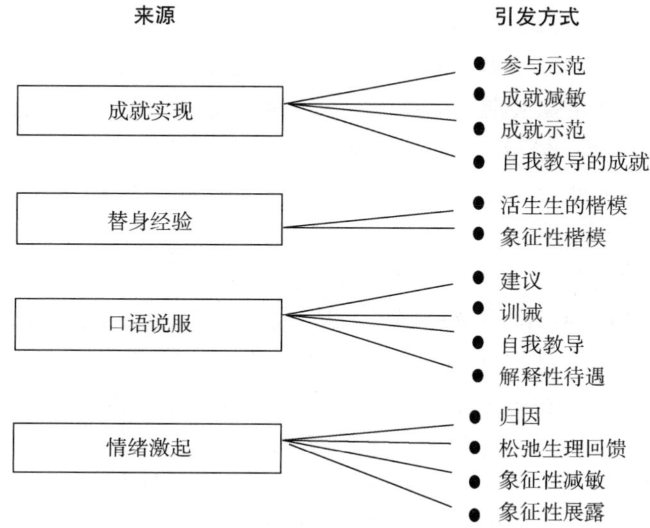


**图 4-1　形成自我效能的来源**

规划需要 3 个阶段，分别是诱发改变、类化、维持。为了使青少年能达到自我规划的目的，班杜拉提出了以下几种治疗技术。

（1）实例楷模法。引导青少年观看实例，如电影、电视、录音带的示范，使当事人学习适当的行为。

（2）认知楷模法。由增加青少年的认知结构或自我效能着手，如提高青少年的信心，使他相信自己有改变的可能。

（3）激发自制力。要求青少年表现先前觉得自己无能的行为，或经治疗者的示范，使青少年发现事实并没有他想象的那么可怕，再逐步增加自我控制力与对事情的掌控或驾驭能力，经过试验而能面对困难，消除恐惧，进而消除不良行为。

班杜拉认为，人的行为是具有目标导向的，他对人的行为改变持乐观的态度，同时也相信人可以控制自己的行为，这些理念对于青少年社会工作者都是很好的启示。

4. 认知发展理论的主要观点

从青少年发展来看，认知论者关心在人生不同阶段思考与认知的特性及改变过程。青少年认知发展的主要理论包括认知发展论、道德发展论、社会认知论。

皮亚杰（Piaget）认为，青少年时期是形式运思期阶段，该阶段青少年的思考形态不再局限于具体的事务或问题，开始运用抽象的、逻辑的思考方式去推理或判断，并解决周围的问题。而经过同化与调适两个历程，个体可能扩展既有基模或修正既有基模。两者交互作用才能使个体达到适应，并获得知识。科尔伯格（Kohlberg）建立的道德发展论对青少年工作的启示是：多数青少年的道德发展到达循规期，并以权威人物的赞赏为基础，且青少年有维持法律与秩序的意愿；道德教育应重视共通的正义原则，并使青少年能亲身体验，才能提升青少年的道德发展层次。西尔曼（Selman）的社会认知论研究的重点是青少年如何区别别人与我的不同，以及友谊的形成过程。他提出了人际了解和友谊发展的 5 个阶段论，认为人际交往和友谊发展能力是青少年发展的重要课题。

5. 社会文化理论的主要观点

鲁思·本尼迪克特（Ruth Benedict）的社会文化论强调社会文化决定了青少年的人格发展，青少年的发展是社会期望的产物。文化连续性对于青少年成长有重要影响，青少年社会工作中要多训练青少年学习成人的角色行为，多承担个人责任，尽可能地以成年人所需具备的行为标准与角色行为来引导他们，以免扩大成人与青少年之间的鸿沟。

（二）青少年偏差理论的主要观点[①]

青少年偏差理论主要包括社会结构理论、社会过程理论、社会回应和冲突理论等。社会结构理论强调低社会经济地位、邻里、社区独特的文化、风俗及规范等影响和促使青少年犯罪，产生偏差和犯罪行为。如文化偏差理论（如芝加哥学派、文化冲突理论、下阶层文化冲突理论）、紧张理论（如默顿的无规范理论、次级文化理论、机会理论）等。社会过程理论包括社会学习理论（差别结合理论、不同增强理论及中立化理论）、控制理论（赫胥的控制理论、雷克利斯的抑制理论）等。社会回应与冲突理论包括标签理论、马克思理论、多元冲突理论及激进冲突理论等。

1. 社会次文化理论的主要观点

社会次文化理论认为，某些人认同团体或小团体特有的价值体系，这些价值体系可能与一般社会所能接受的价值体系不仅有异而且不相容。如一些青少年的言行无法符合一般社会标准，因此被社会排斥而成为社会适应困难者。他们慢慢聚集起相同利益和命运的小团体，且认同他们共同能接受的价值体系，渐渐形成次级文化，并合理化其偏差行为，共同以反社会行为来应对和解决其遭遇的适应困扰问题。

2. 社会互动理论的主要观点[②]

社会互动理论关注越轨者怎样看待自己、怎样形成自我印象，并发现人们通过与他人的相互作用可以学会解释自己活动的方式，而这种方式对他们今后行为有深远影响。社会互动理论认为，年轻人变成犯罪者是因为他被认定为坏人，也因为人们不相信他是好人。这就从社会互动理论引申出“标签理论”。

标签理论的主要观点是：没有一种行为是天生偏差的，偏差是要定义的。不同的社会会把不同的行为标记为偏差。他们相当注重少年犯罪者被逮捕及受审判后的烙印影响，并认为少年犯错在所难免，而他们的犯罪行为之所以会加重是来自警察、法官或司法系统所加给他们的负面影响[③]。他们认为偏差有两种：初级偏差和次级偏差。初级偏差是指未被人指认或惩罚的行为，这种行为是相当普遍的；而次级偏差是来自司法人员及一般社会人士对于偏差少年初级偏差行为的反应而形成的。

标签理论讨论的重点是次级偏差行为，认为标签的过程犹如一种烙印，是一种强烈的负面看法，会使个体改变自我意识，并陷入“偏差生涯”。标签影响人的自我认同，进而导致更严重的偏差行为。

---

① 赵维生．社会变迁下的少年偏差与犯罪［M］．台北：桂冠图书公司，1997.

② 王立中，皮艺军．社会互动论//康树华，王岱，冯树梁．犯罪学词典［M］．兰州：甘肃人民出版社，1995.

③ ［美］诺曼·古德曼．社会学导论［M］．卢岚兰，译．台北：桂冠图书公司，1996.

### 3. 社会联结理论的主要观点

作为社会控制论的组成部分，赫胥（Hirschi）提出的社会联结理论认为“人为什么要犯罪”不应是犯罪学要研究的问题，相反，“人何以不犯罪”才是要探讨的问题。青少年在社会化的过程中与社会建立起强有力的社会联系，除非很强的犯罪动机将其社会联系打断，否则他便不轻易犯罪。青少年偏差或犯罪行为是个人与社会传统的联系薄弱或破裂的结果①。

社会联结理论的核心概念是社会联系，赫胥指出了社会联系的 4 个构成部分：

（1）依附感。依附是个人与他人或群体的感情联系。如果个人拥有对他人或群体的依附感，那么就会在作出某种决定或进行某种活动时考虑他人或群体的意见与感情，控制自己的违法犯罪冲动。家庭、学校是青少年的重要依附对象，青少年与其依附程度越高，犯罪行为越少②。

（2）承担感。承担是指为基于传统活动设定的目标而进行的努力，为自己的理想或期待而付出的行动。承担感判断的是青少年是否把自己的时间和精力用在了对于未来职业和教育上面。服从于传统价值观的青少年会从事传统的活动，较少出现闲荡并产生偏差行为。个人越是有志向，那么他就越会把更多的时间或精力投入实现自己的理想中，在行为决策时就越会考虑其对自身的影响，因而其犯罪的可能性就越小。良好的家庭和学校教育有利于青少年树立崇高的理想，使其把时间和精力投入实现其理想，这样走向犯罪的可能性会更小。

（3）参与感。参与是指对传统活动的参加和投入。赫胥认为：“个人完全可能是太忙于传统的活动而没有时间进行越轨行为。参与传统活动的人受到工作时间等的约束，以至很少有机会进行越轨行为。”③ 青少年越是感兴趣，参与家庭、学校、社区等组织的活动，接触犯罪亚文化的机会就越少，那么犯罪的概率就越小。

（4）信念。信念是指对社会共同的价值体系的认同。赫胥认为，社会群体中存在着一种共同的价值体系和道德观念，生活在这一社会或群体中的人们基本都相信、遵循这套价值信念系统。但其中的另类成员如果对信念的内化程度较低，或者对个人的错误行为运用合理化的心理防御机制，那么这样的个体就容易出现偏差行为。青少年信念需要学校和家庭的共同努力，当人们越是信仰共同的社会准则时，社会准则对其行为的约束就越大，其犯罪的可能性就越小。而对社会准则的信仰是要通过教育、青少年逐步内化形成的，因此父母的教育、学校教育起到关键作用。

社会联结理论与其他主要青少年犯罪理论的区别在于，前者是探讨遏制青少年犯罪的约束力，而后者是探讨引发青少年犯罪的压迫力、推动力或诱惑力。

---

① ［美］特拉维斯·赫胥．少年犯罪原因探讨［M］．吴宗宪，等，译．北京：中国国际广播出版社，1997.

② 吴宁．青少年犯罪心理成因分析的社会控制理论解读［J］．理论与改革，2007（5）．

③ ［美］特拉维斯·赫胥．少年犯罪原因探讨［M］．吴宗宪，等，译．北京：中国国际广播出版社，1997.

4. 整合理论的主要观点①

整合理论是一种试图把社会学理论中的不同观点进行整合的理论，其目的是力图避免各个理论的缺陷。整合理论的主要观点如下：

（1）把社会控制理论和社会结构理论进行整合，认为生活在无组织的社会环境中的个人接受社会化过程不足，紧张和被社会隔离的感觉及正常的社会制约关系的弱化，导致个人拒绝传统的社会价值，参与犯罪亚文化群，因得到犯罪团伙的赞许，进一步强化了犯罪的价值观念，从而更多地走向犯罪道路。

（2）将紧张理论、社会学习理论和社会控制理论综合在一起，认为社会制约程度的降低以及自己的紧张感会驱使人们去寻找同样心态的犯罪团伙，并逐渐依赖犯罪团伙；与犯罪团伙的交往会强化其消极态度，从而导致其从事犯罪行为。

（3）把整合理论进一步整合，提出了多种因素相互作用理论。该理论强调青少年犯罪的各种因素是相互作用的。而青少年犯罪本身与这些因素也是相互作用的。由于在青少年成长的每个时期，家庭、学校、朋友的影响是不同的，而青少年犯罪这一结果又反过来影响导致其产生的各种因素，进一步强化了影响青少年初犯罪的不利因素，恶性循环的结果是出现了职业性惯犯。

## 二、青少年服务的基本内容

### （一）服务青少年成长发展方面

促进青少年的道德发展，使其养成良好行为习惯，开展就业、婚恋、社交等方面的专业服务，能够促进青少年的成长发展。

1. 思想引导

为青少年提供思想道德教育辅导，引导青少年积极践行社会主义核心价值体系，形成正确的世界观、人生观、价值观。

依据劳伦斯·科尔伯格（Lawrence Kohlberg）的道德发展论②，多数青少年的道德发展到达循规期，主要是为了避免他人反对或不悦，以及为了避免受到法律制裁而遵守规范。权威人物的赞赏对维持道德水平非常重要，青少年也有维持法律与秩序的意愿。因此，开展道德教育应重视共通的正义原则，并使青少年能亲身体验，这样才能提升青少年的道德发展层次。

从目前我国青少年社会工作服务现状来看，思想引导类服务主要有法制教育、公益服务、感恩教育、生命教育等。

2. 习惯养成

社会工作者为青少年提供正确的行为指导和良好的习惯训练，帮助青少年形成正确的生活、学习和行为习惯。

不少青少年的不良行为习惯与其缺乏良好的自我管理能力直接相关。因此，在开展青少年习惯养成的专业服务中，社会工作者除了开展行为治疗、规范教育外，培养青少

---

① 佟新．整合理论//康树华，王岱，冯树梁．犯罪学词典［M］．兰州：甘肃人民出版社，1995.

② 黄德祥．青少年发展与辅导［M］．台北：五南图书出版公司，2000.

年的自我管理能力也是重要的服务内容。

青少年自我管理服务的目标可以包括：提升青少年自我决策和自我管理的能力，协助青少年有效地自我约定且诚信地尽力执行，培养青少年以勇于负责的态度来面对自己的生活，协助青少年正确地检视、查核自己的行为表现，懂得如何对自己的行为作出有效的评估。现实治疗法是开展自我管理服务的理论基础之一，强调如何协助服务对象对现在的行为负起完全的责任。“3R”理论为服务开展提供了逻辑依据：第一，责任（Responsibility），强调每个人都拥有抉择的能力，面对困难可以作最佳的抉择，一旦作了抉择，应信守承诺，全力执行，不推诿，不找借口，必须为自己的行为负起完全的责任；第二，现实（Reality），强调服务对象此时此刻的行为，不要依赖过去的经验，认为唯有把握现在，才有成功的可能；第三，正确（Right），要求服务对象必须经常评价自己的行为是否做得正确、恰当。①

相关的服务活动，如“自我约定”“自我监督”“小组中行为表现的自我评估”“如何提升自尊的行为表现”等。

3. 职业指导

帮助青少年培养正确的就业意识，提供就业信息服务，组织开展就业技能培训。

就目前我国青少年社会工作服务现状来看，开展青少年就业辅导服务是非常普遍和有成效的，主要包括职业规划、就业见习基地建设、面试技巧训练、就业信息咨询、网络创业公益培训、就业资源联动等。

4. 婚恋服务

引导青年树立正确的婚恋观，帮助其解决思想上、情绪上的困扰，为有需要的青年组织开展婚恋交友活动。

青春期的情感困惑是青少年共同面临的问题。社会工作者通过开展“建立健康婚恋观”“青春期教育”“掌握交往技巧”等专题服务，协助青少年提升婚恋交往能力。

5. 社交指导

即培养青少年良好的交往动机和交往品质，提高青少年的合作意识和能力、沟通交往技巧和能力，对社会交往有障碍的青少年进行社会关系调适，帮助其融入社会。

（二）维护青少年合法权益方面

1. 困难帮扶

对贫困家庭青少年、残疾青少年，帮助他们获得政府救济和保障以及社会资助和帮扶，同时培养其自强自助的生活态度。

2. 权益保护

为青少年提供个案维权服务，耐心解答青少年的求助咨询，及时跟进并协调解决家庭虐待、人身伤害、吸食毒品、沉迷网络等侵害未成年人合法权益的案（事）件。

3. 法律服务

为青少年提供法制宣传教育和法律咨询服务，帮助青少年增强学法、遵法、守法、

---

① 李郁文．团体动力学：群体动力的理论、实务与研究［M］．修订3版．台北：桂冠图书股份有限公司，2001.

用法意识，提高自我保护意识和能力，必要时联系法律援助部门给予其援助。

4. 心理疏导

缓解或消除青少年的心理问题，帮助青少年提高情绪自我管控能力，促进其健康人格的形成，特别关注农村留守儿童、服刑人员未成年子女、流浪乞讨未成年人等特殊群体的心理关爱问题。

（三）预防青少年违法犯罪方面

1. 一般预防

（1）开展理想、道德、法治和爱国主义、集体主义、中国特色社会主义教育，预防犯罪教育，协助青少年遵守法律、法规及社会公共道德规范，树立自尊、自律、自强意识，提升遵纪守法和防范意识，提升青少年的责任担当，增强辨别是非、自我保护和自我管控能力。

（2）提升青少年父母监护责任。协助父母提升其对青少年违法犯罪行为的教育、劝导、劝诫、监护能力。

（3）协助教育行政部门及学校，开展有针对性的预防犯罪教育。协助学校开展青少年的服务需求评估、早期干预，有针对性地开展教育矫治服务，建立包括预防校园欺凌等在内的学校社会工作服务体系。

（4）协助青少年工作的其他部门、社区、青少年活动中心等，开展有针对性的预防犯罪服务活动。

**案例 4-1**

Y 街道地处城市经济不发达地区，社区内居民经济收入低，住房拥挤，服务设施简陋。社区内的青少年初中毕业辍学在家的比较多，他们结成帮派，经常在街区内闲逛，他们或者出没网吧，或者出没游戏机房，或者聚在小店喝酒嬉闹。最近，这群青少年团伙经常与其他团伙发生争执，社区居民深感不满，并向附近派出所投诉。

社会工作者走访了几个青少年的家庭，发现这几个青少年大都是单亲家庭子女，他们跟着爷爷奶奶生活，爷爷奶奶已经无法管教他们，家庭内常常发生祖孙冲突。社会工作者还走访了学校、派出所、居委会、街道团工委和未成年人保护办公室等部门，发现与他交谈的人都注意到了该群青少年的问题，并都希望能够采取措施改善这些青少年的状况，同时创造良好的社区环境，预防社区内闲散青少年不良行为和犯罪问题的产生。

社会工作者决定协调社区各种力量来研究解决办法。在多方协商和研讨下，社会工作者设计了青少年社区综合服务项目，该项目由 4 个服务计划组成，分别是“社区共责计划”“认知行为改善计划”“就业帮扶计划”“亲职教育计划”。“社区共责计划”详细部署了社区政府各部门在预防青少年犯罪方面的角色和职责，并计划建立社区青少年共责网络；“认知行为改善计划”的核心是针对青少年的认知和行为现状，运用小组工作方法开展群体性治疗，促使青少年改变道德观念和偏差行为，建立健康生活规则；“就业帮扶计划”是通过组织青少年参加社区公益活动及职业探寻活动，帮助青少年增加社会交往，逐步恢复和提升其就学、就业、社会交往等生活能力；“亲职教育计划”是整合心理咨询专家和青少年教育者对社区青少年的家长进行家庭教育技能辅导，改变家长的教育观念，改善家庭的教育功能，从而为社区青少年的发展创造良好的家庭和社区环境。

4个服务计划经过一年的运行取得了较为显著的成效，社区内预防青少年犯罪机制逐步建立，居民的投诉减少了，街边闲逛的青少年也不见了。

上述案例中，社会工作者为青少年开展了包括认知行为修正、就业辅导、健康成长、家庭和社区支持等集预防、治疗和发展性功能于一体的综合服务计划，较好地发挥了预防的作用，促进了青少年成长。

2. 不良行为的干预

（1）依据《中华人民共和国预防未成年人犯罪法（修订草案）》的规定，“不良行为”指下列不利于未成年人[①]身心健康成长，不予干预会日益严重的行为：

①吸烟、饮酒。

②多次旷课、逃学。

③无故夜不归宿、离家出走。

④沉迷网络以致影响正常学习和生活。

⑤与社会上具有不良习性的人交往，组织或者参加实施不良行为的团伙。

⑥进入法律、法规规定未成年人不宜进入的场所。

⑦参与赌博或者变相赌博，或者参加封建迷信等不良活动。

⑧观看、收听含有色情、淫秽、暴力、恐怖、极端等内容的读物、音像制品或者网络信息。

⑨其他有害于未成年人身心健康成长的行为。

（2）社会工作者可以开展的专业服务内容主要包括：

①协助父母开展不良行为干预。

②协助学校开展不良行为干预。

③协助公安派出所、居（村）委会等相关部门开展不良行为干预。

④开展外展服务。

⑤受其他相关部门委托开展的不良行为干预。

3. 严重不良行为的矫治

（1）依据《中华人民共和国预防未成年人犯罪法（修订草案）》的规定，“严重不良行为”指下列严重危害社会的违法行为：

①结伙斗殴，追逐、拦截他人，强拿硬要或者任意损毁、占用公私财物等行为。

②非法携带枪支、弹药或者弩、匕首等国家规定的管制器具。

③辱骂、殴打他人，或者故意伤害他人身体。

④盗窃、哄抢、抢夺或者故意损毁公私财物。

⑤传播淫秽的读物、音像制品或者信息等。

---

① 未成年人指未满18周岁的公民，是青少年人群的组成部分。鉴于《中华人民共和国未成年人保护法》《中华人民共和国预防未成年人犯罪法》中对18周岁以下人群指称的界定及对重新犯罪预防工作的法律规定，以及未成年人司法社会工作服务是与公检法司等司法行政部门相衔接的未成年人司法体系的重要组成部分，为了与法律规定保持一致，本部分及本章其他涉及未成年人司法服务中的青少年群体指称均用未成年人的指称代替。

⑥卖淫、嫖娼，或者进行淫秽表演。

⑦吸食、注射毒品，或者向他人提供毒品。

⑧参与赌博赌资较大。

⑨其他严重危害社会的行为。

（2）社会工作者可以开展的专业服务内容主要包括：

①协助公安机关开展包括训诫在内的矫治服务、观护帮教服务。

②协助专门学校开展严重不良行为矫治服务，包括评估、干预、成效评估、转介等。

③受其他相关部门委托开展的严重不良行为教育矫治服务。

4. 重新犯罪的预防

即以涉罪未成年人、服刑未成年人、未成年被害人、未成年证人、其他需要司法保护的未成年人为对象，整合运用社会工作专业价值、理论、方法和技巧，为恢复、改善、提高未成年人社会功能，促进未成年人健康成长及全面发展而提供的社会服务活动。主要包括刑事案件处理中的未成年人社会工作服务、民事案件处理中的未成年人社会工作服务及其他需要司法保护的未成年人社会工作服务。

（1）刑事案件处理中的未成年人社会工作服务

刑事案件处理中的未成年人社会工作服务是指社会工作者对涉罪未成年人、服刑未成年人、未成年被害人、未成年证人或其家庭成员，在侦查、起诉、审判、刑罚执行、安置帮教阶段所开展的社会工作服务。

侦查阶段。社会工作者开展合适成年人、社会调查、合适保证人、保护处分、监所服务、未成年被害人服务、未成年证人服务等工作内容。

起诉阶段。社会工作者开展合适成年人、社会调查、合适保证人、保护处分、观护帮教、附条件不起诉考察教育、未成年被害人服务、刑事和解、亲职教育、未成年证人服务等工作内容。

审判阶段。社会工作者开展合适成年人、社会调查、保护处分、刑事和解、未成年被害人服务等工作内容。

刑罚执行阶段。社会工作者开展未成年人社区矫正和监所矫正服务。

安置帮教阶段。社会工作者对刑满释放的未成年人开展安置帮教服务，矫正未成年人的犯罪心理和行为，协助未成年人更好地融入社会。

在上述各阶段中，社会工作者可以开展的服务内容还包括：

合适成年人：社会工作者对处于侦查、起诉、审判阶段的涉罪未成年人、未成年被害人、未成年证人，因无法通知、法定代理人不能到场或者法定代理人是共犯的，作为合适成年人到场，代为行使未成年人的诉讼权利，履行监督、沟通、抚慰、教育等职责，维护未成年人的合法权益。

社会调查：社会工作者对处于侦查、起诉、审判阶段的涉罪未成年人，至其所在的家庭、学校、居（村）委会、工作场所等单位，对未成年人的性格特点、家庭情况、社会交往、成长经历、是否具备有效监护条件或者社会帮教措施等情况进行调查，并作出社会调查报告，为司法处理提供参考依据。

监所服务：社会工作者对被羁押在拘留所或看守所的未成年人，根据其年龄、性别和思想行为特征，开展心理疏导、法制教育、思想教育、文化教育、出所衔接等服务。

保护处分：社会工作者对因年龄或情节等法定原因而没有被追究法律责任的不良行为和严重不良行为未成年人，开展心理矫正、行为矫正、感化教育、亲职教育等专业服务。

未成年被害人服务：社会工作者对处于侦查、起诉、审判阶段且合法权益受到侵害的未成年人，提供心理疏导、关系修复、转移安置、技能培训等服务。

观护帮教：社会工作者对处于取保候审、不捕不诉、相对不起诉观护帮教期间的涉罪未成年人，定期开展思想辅导、日常监督、生活观察、行为矫正、安全保护、公益劳动等服务，以改善其行为、预防其再犯行为的产生，并做好服务记录，为司法处理提供依据。

附条件不起诉考察教育：社会工作者对处于 6 个月以上 1 年以下附条件不起诉考验期间的涉罪未成年人，定期开展日常监督、活动报告、生活观察、行为矫正、思想教育、心理辅导、法制教育、公益劳动等服务，以改善其行为、预防其再犯行为的产生，并做好服务记录，为司法处理提供依据。

亲职教育：社会工作者对未成年人的监护人或主要照料人，提供亲职教育及辅导等服务，协助其树立正向教育观念，以及获得教育子女的知识和技能。

刑事和解：社会工作者在起诉及审判阶段，对涉罪未成年人、非重大人身合法权益受到侵害的被害人和受罪错行为影响的任何其他未成年人，充当调解人的角色，组织和解会议，对涉罪未成年人进行批评教育，鼓励涉罪未成年人主动做出获得他方谅解的行为，解决由涉罪未成年人的罪错行为造成的问题，协助涉罪未成年人弥补对他人造成的伤害，修复涉罪未成年人与受害人之间的关系，促使恢复至原来的状态。

未成年人社区矫正服务：社会工作者对被放置于社区内的符合法定条件的未成年社区服刑人员，在判决、裁定或决定确定的期限内，结合其被判处的刑罚种类、犯罪情况、悔罪表现、个性特征和生活环境等情况的综合评估开展心理辅导、行为训练、教育学习、技能培训、家庭辅导、社区服务、危机干预等服务，矫正其犯罪心理和行为，协助未成年人更好地融入社会。

未成年人安置帮教服务：社会工作者对刑满释放的未成年人，开展思想引导、法制教育、困难帮扶和生活管理等服务，协助未成年人提升其在就学、就业、社会融入等方面的能力。

（2）民事案件处理中的未成年人社会工作服务

民事案件处理中的未成年人社会工作服务，是指涉及年龄未满 18 周岁未成年人的家事案件，包括在离婚纠纷、同居关系纠纷、抚养纠纷、收养关系纠纷、监护权纠纷、探望权纠纷、亲子关系纠纷、继承纠纷等案件中，社会工作者对涉案未成年人、当事人或其家庭组员开展家事调查、庭前调解、心理疏导、回访观护、亲职教育、权益代表人、探望监督人等工作。

（3）其他需要司法保护的未成年人社会工作服务

其他需要司法保护的未成年人社会工作服务，是指社会工作者对进入司法保护程序的因家庭监护缺失或监护不当导致人身安全受到威胁或侵害的未成年人，以及民事、行政案件中涉及的未成年当事人，开展强制报告、应急处置、监护评估、需求评估及提供心理疏导、精神关爱、家庭教育、权益维护、照料照管、社会支持等安全保护性服务。

**案例 4-2**

**社会观护确保帮教效果**

某市辖区检察院以政府购买社会服务，在各区县设立社工总站、在街镇设立社工点为契机，积极争取党委和政府支持，先后与区委政法委、区综治办、团区委等有关部门沟通联系，提出了探索建立覆盖全区的观护体系的设想，得到了各级领导的大力支持。2004 年，在区综治办的牵头下，“区未成年人社会观护体系工作总站”正式成立，从而形成了一个由相关职能部门共同参与，依托 1 个观护总站，以遍布全区 9 个镇、3 个街道、1 个市级工业区的 13 个社工点为工作载体，以居住地在本区的违法犯罪未成年人为主要工作对象，特别是以违法犯罪的未成年人为工作重点，以 93 名青少年事务社会工作者为主要力量的维权帮教网络。

基于区检察院的成功经验，市检察院在全市逐步推开观护工作，目前已建成了覆盖全市的社会化帮教观护体系，包括 18 个区级社会观护站、240 个社会观护点、68 个“三无”（即无监护条件、无固定住所、无经济来源的涉罪未成年人）特殊观护基地和 1 个市级观护基地。

## 第三节　青少年社会工作的主要方法

整合地运用社会工作专业方法，能更好地为青少年群体服务。社会工作者在建立专业关系时的主动性、外展性技术，开展服务活动时的群体性、体验性和创新性手法，都是青少年社会工作方法的特点之一。危机介入、家庭治疗、外展服务、历奇辅导、朋辈辅导、向导服务等是青少年社会工作服务的特定方法，实务研究则是发展本土化青少年社会工作专业服务和提升社会工作者专业能力的重要策略。

### 一、基本方法

按照中华人民共和国国家标准《青少年社会工作服务指南》的定义，青少年社会工作方法是指社会工作者根据青少年需要，综合运用个案工作、小组工作、社区工作等社会工作直接方法和社会工作行政、社会政策及社会工作研究等间接方法。

基于青少年群体社会化的特点以及小组工作方法，有助于建立青少年健康发展的正向社会交往关系，建立良好的同伴社交方式，建立同伴正向支持网络，改变他们与社会隔离的封闭状态的实践经验，下面仅从小组工作方法的角度，呈现促进青少年自我发展的小组工作方法服务过程。

**案例 4-3**

## 勇闯生命路

——青少年自我探索小组服务

1. 背景

本小组专为社区内经常流连街头及无所事事的青少年而设，他们对自己本身的目标及角色模糊。本小组希望通过分享、支持、鼓励，使他们加深自我认识，澄清角色和提升自我形象，从而拥有积极美好的青少年阶段。

2. 理念架构

Erikson 的“自我界定”“自我概念”。

3. 小组的目的和目标

小组目的：组员认识自我，提升自我形象。

具体目标：

(1) 认识自己的性格、优缺点及喜好。

(2) 认识自我的价值观。

(3) 了解自己于不同环境中的角色及表现。

(4) 初步认清自己对将来设定的目标。

4. 小组组员（略）

5. 招募方式（略）

6. 程序：共分 7 节

第一节：相互认识

| 时间 | 活动目标 | 活动名称 | 内容 | 工作员角色 | 物资 |
|---|---|---|---|---|---|
| 5 分钟 | 相互认识 | 欢迎小组组员 | 相互介绍 | | |
| 25 分钟 | 热身，创造轻松氛围 | 组员自我介绍：“水果的自述” | 个人以动作做出一种水果来代表自己，然后由其他组员猜测是什么水果<br>组员解释水果代表自己的原因 | 鼓励者 | 气球<br>糖果 |
| 25 分钟 | 通过游戏让组员建立好的关系 | 游戏：传球 | 组员随着音乐而传球，当音乐停止后，组员要介绍任何一名组员，谈对他的初步印象，其他组员给予鼓励 | 鼓励者<br>协助者 | |
| 10 分钟 | 让组员更清楚了解小组 | 了解小组 | 向组员讲述小组的内容、目的及未来动向 | 提供咨询者 | |
| 20 分钟 | 了解组员对小组的期望 | 组员对小组的期望 | 利用身边的物品，如笔、椅子、钱包、照片等，联想出对小组的期望<br>完成后以书签作鼓励 | 协助者 | 书签 |
| 5 分钟 | 这次活动的总结及下次活动的预告 | 总结 | | | |

第一节的小组活动设计中，有两个重点值得关注：一是小组安排了较多时间用以破冰，通过反复的自我介绍和相互介绍的活动环节，协助组员消除高度的自我防卫以及彼此之间的陌生感和不安全心理，增加彼此互动和了解；鼓励和促进小组组员更为开放地互相了解，鼓励小组组员表达他们对小组和其他人的期望，从而促进组员之间尽早建立互动关系，并有效建立小组关系。二是社会工作者通过介绍小组目标，征集组员对小组的期望等，既评估组员需求，又激发组员参与动机，提高组员对小组活动的参与和投入感。

第二节：认识自己的喜好

| 时间 | 活动目标 | 活动名称 | 内容 | 工作员角色 | 物资 |
|---|---|---|---|---|---|
| 5分钟 | 介绍当日活动 | | | | |
| 15分钟 | 热身及帮助建立轻松心情 | 热身游戏——“超级无敌乒乓球” | 分两组，每组每次派两人比赛，工作员发问，组员轮流打球并回答问题，打不到球或回答不出问题者输 | 鼓励者 | 乒乓球、乒乓球板 |
| 30分钟 | 通过剪贴活动，让组员认识自己喜欢与不喜欢的事物 | 认识个人喜好游戏“原来我是×××” | 利用报纸和杂志，剪下与个人兴趣有关的图片等，或自画像<br>通过选取个人喜欢的事物了解自己的强弱项 | 协助者 | 报纸、杂志、纸、剪刀、笔等 |
| 30分钟 | 通过分享，相互深入了解个人的喜好 | 分享（分三组） | 分享内容：<br>1. 自己的长处和短处<br>2. 自己哪些是与组员相似的；有哪些人会欣赏自己的长处、接纳自己的短处，哪些人不会 | 协助者 | |
| 5分钟 | 这次活动的总结及下次活动的预告 | 总结 | | | |

第二节的小组活动设计中，有两个关注点：一是紧扣小组具体目标来设计相关小组活动，并通过实施体验式小组活动和分享，实现小组目标；二是依据小组发展阶段的特点，在小组初期注重组员之间寻找相似性，从而消除小组组员之间的陌生感，建立彼此之间的联结感，以及获得安全感。

第三节：了解自己的性格

| 时间 | 活动目标 | 活动名称 | 内容 | 工作员角色 | 物资 |
|---|---|---|---|---|---|
| 15分钟 | 吸引组员参加 | 热身游戏：“老豆亚伯来” | 所有组员站成一圈；念口诀；游戏 | 鼓励者 | |
| 5分钟 | 让组员了解本节内容 | 简介本节程序 | | | |

续表

| 时间 | 活动目标 | 活动名称 | 内容 | 工作员角色 | 物资 |
|---|---|---|---|---|---|
| 30分钟 | 了解自己的性格，增加对自我的认识 | 主题游戏：“三头六臂” | 1. 先将组员分为四组，三人一组<br>2. 每组要完成主持人所指定的手脚可贴地面之数量，如三手三脚等；最慢一组要抽气球，内装有一张奖或罚的纸条，被罚者要用一指定动作，如手势、说话等表达自己的性格；共10次，从第7次开始逐组淘汰 | | |
| 5分钟 | 小休 | | | | |
| 30分钟 | 了解自己的性格，增加自我认识 | 分享 | 小组讨论：<br>对活动程序的感受、觉得自己什么性格值得欣赏或需要改进等 | 使能者 | |
| 10分钟 | 总结 | 总结这次内容；预告下次活动 | | | |

对第三节的小组活动设计，除继续关注前面两节小组活动设计重点之外，还要关注本节小组活动设计的两个特点：一是从小组组员的特点出发设计小组活动，提高组员对小组活动的兴趣及参与度；二是小组活动要具有一定竞争性特点，通过身临其境让组员的性格特点充分彰显并有感而发，从而促使组员进一步深刻认识自我。

第四节：认识自己的价值观

| 时间 | 活动目标 | 活动名称 | 内容 | 工作员角色 | 物资 |
|---|---|---|---|---|---|
| 10分钟 | 吸引兴趣 | 热身游戏 | | 鼓励者 | |
| 5分钟 | 让组员了解本节内容 | 简介本节程序 | 1. 工作员在白板上写下一些内容，如朋友、家人、健康、样貌、爱情<br>2. 组员各有1000元道具币，可任意使用<br>3. 组员根据自己的爱好，投资自己最想拥有的东西 | 协助者 | 白板、道具币、笔等 |

续表

| 时间 | 活动目标 | 活动名称 | 内容 | 工作员角色 | 物资 |
|---|---|---|---|---|---|
| 30分钟 | 协助组员认识自己的人生价值观 | 分享 | 讨论：<br>1. 分享自己所投得的东西<br>2. 分享理由<br>3. 如何结合自己的现状达到或得到实际行动是什么 | 使能者 | |
| 10分钟 | 总结 | | | | |
| 15分钟 | 为露营做准备 | 露营计划 | 小组讨论 | 使能者 | |

对第四节的小组活动设计，除继续关注前面几节小组活动的重点之外，还要关注本节小组运用道具币所具有的评估功能和协助表达的功能，并在分享环节，将小组活动带来的感悟与日常生活中的自我观念及行为连接起来开展讨论，促进反思，从而实现小组成效的内化和类化。本节小组活动的最后环节，设计了15分钟为露营做准备的小组讨论环节，此刻小组组员承担了小组活动的策划工作，从物资准备、活动程序设计、路线安排、交通工具选择等各方面进行计划和讨论。组员在这个过程中，学到了设计、组织、协商的技巧。这个环节设计的目的，一方面是促使小组组员的角色实现转变，成为小组活动的设计者，提高其参与度；另一方面是借助程序设计，促使小组组员之间相互协商支持，形成良好互动关系，这是小组工作方法的最大作用。

第五节：认识自己的角色

| 时间 | 活动目标 | 活动名称 | 内容 | 工作员角色 | 物资 |
|---|---|---|---|---|---|
| 10分钟 | 引起兴趣 | 热身游戏："抢座位" | 1. 围圈<br>2. 当音乐停，抢座位<br>3. 失败者说出自己在生活中的一个角色 | 鼓励者 | |
| 40分钟 | 让组员认识自己的角色 | 角色扮演 | 分三组进行扮演比赛，认识自己在家庭、学校、同伴中的角色 | 控制者<br>协助者 | 化妆品等 |
| 10分钟 | 让组员更清楚认识自己的角色及责任 | 讨论 | 1. 分享在角色扮演过程中的感受及困难，从而带出在日常生活中那些角色是否会有同样的困难或感受<br>2. 当在日常生活中不能担当角色期望时有何感受<br>3. 你认为自己平时的角色是否称职 | 使能者<br>控制者<br>教导者 | |

续表

| 时间 | 活动目标 | 活动名称 | 内容 | 工作员角色 | 物资 |
|---|---|---|---|---|---|
| 25分钟 | 学习有系统地筹备工作及分配角色 | 汇报筹备露营的情况 | 分组讨论，详细安排 | 协助者<br>使能者 | |
| 5分钟 | 总结 | | | | |

第六节：了解自己的发展目标

| 时间 | 活动目标 | 活动名称 | 内容 | 工作员角色 | 物资 |
|---|---|---|---|---|---|
| 15分钟 | 引起兴趣 | 热身游戏 | | | |
| 25分钟 | 对未来工作、成就及外表的憧憬，了解自己的目标 | 游戏：未来的我 | 1. 利用化妆品装扮出自己10年后的形象<br>2. 由其他组员对化妆后的形象进行描述，当事人讲解<br>3. 了解自己将来的目标 | 协助者<br>控制者 | 化妆品等 |
| 25分钟 | 让组员制订计划来实践这个目标，并提升自我形象 | 讨论 | 分享及讨论自己将来的目标 | 协助者<br>控制者<br>教导者 | |
| 15分钟 | | 汇报筹备露营的情况 | 协助者 | | |
| 5分钟 | | 总结 | | | |

第五节和第六节的小组活动同样呈现出本小组设计中小组目标、小组活动内容与小组程序之间的高度契合，同时进一步彰显了体验式学习法在小组活动设计中的有效运用。通过角色扮演、游戏、模拟情景等体验式活动参与，组员在活动中获得直接经验，社会工作者帮助组员反映经验，从经验中寻找意义，让组员对其感受性经验作出反省，并结合自身的现实表现，交流研讨今后自我发展的方向。社会工作者在分享阶段通常会通过以下提问协助组员进行反思：第一，你感觉怎么样？第二，发生了什么事？第三，你学到了什么？第四，这与实际如何联系（如何运用）？第五，假如这种情况出现，你会怎么样？第六，下一步做什么？通过这样的小组活动设计及实施，组员们充分分享，从而彼此分担、互动和支持。

第七节：露营

目的：协助组员反省自己在整个小组中的个人所得，反思个人性格、长短处等，将所得带到生活中。

第七节小组活动设计凸显了小组活动中组员的收获与成长，体现了小组工作方法运用于现实生活中的最终目的。本小组一方面通过一个半开放式的露营活动，起到对小组组员改变成效的检验作用；另一方面也是训练并促使组员内化学习收获，学习把收获有效运用于以后的个人成长中的最好安排。

7. 预计困难及应对措施（略）

8. 小组评估方式（略）

9. 预算（略）

上述小组工作案例，社会工作者以协助青少年开展自我探索为目标，通过对性格、喜好、价值观、角色、目标等的反思、交流、探讨，通过小组组员之间的分享交流，促使青少年的自我观得到厘清。本案例较为清晰地呈现了小组工作的几个重点：一是小组设计中的小组目标、理论、内容、程序等要素之间的高度契合；二是每节小组均包括了热身阶段、预告阶段、工作阶段、分享阶段和总结阶段，使每节小组都能通过活动实施达到小组的具体目标；三是在小组工作的不同阶段，实施了不同带领技巧，促使小组组员从陌生、自我防卫走向参与、投入并成为小组策划者，实现了小组成员对小组的参与、认同及归属，形成了组员之间的相互分担及支持关系；四是通过体验式活动设计及有效带领，小组活动促使组员获得直接经验，有效分享，实现了小组经验与现实生活的有效连接，促使组员反思和改变。从案例中我们看到，社会工作实践把小组当作过程也当作手段，它通过小组组员的支持，改善他们的自我观，增加了他们在实际生活中的自我发展能力。通过小组过程及小组动力影响了组员的态度和行为。小组组员的成长是通过组员间的分享、相互分担和相互支持而得以实现的。

## 二、针对特定需要的介入方法

中华人民共和国国家标准《青少年社会工作服务指南》提出了针对有特定需要的青少年社会工作介入方法，主要包括以下几个方面。

### （一）危机介入

通过多专业合作方式协调资源，以中途之家、类家庭、收寄养等方式为无合适家庭居住的青少年提供安置服务，进行综合援助。主要针对可能危及青少年自身和他人生命安全的问题而实施的紧急干预策略。

### （二）家庭治疗

以家庭为介入单位，探索青少年问题背后的家庭结构和互动关系，促进家庭内在系统的改变，优化青少年成长的家庭环境。主要适用于改善并重建青少年和家庭组员之间的关系，实现家庭组员的良性互动。

### （三）外展服务

深入青少年经常出入的场所，主动与青少年接触并发现其问题和需要；及时联系有关部门共同对处于风险状态的青少年进行保护、辅导和安置。主要是针对很少参与主流青少年活动并容易受不良影响的青少年，走出去开展的服务。

### （四）历奇辅导

有目的地把青少年带离安适区，进入低风险区，通过体验性活动，促进青少年自我探索、自我觉察与自我成长。主要适用于帮助青少年提高自信、提升自尊、培养团队合作精神。

### （五）朋辈辅导

通过发现、培训和搭建平台，组织年龄相仿、生活环境和经历、文化相似，或具有共同语言的青少年交流互动、分享经验、唤起共鸣、持续支持和互助成长。主要适用于帮助青少年改善朋辈关系、建立朋辈支持。

### （六）向导服务

由受过训练的成年志愿者或同龄志愿者，在社会工作者的督导下，向青少年提供"一对一"的长期陪伴，通过关爱且富有支持的积极人际关系来促进青少年的健康成长与发展。主要适用于引导青少年树立正向的价值观和养成健康积极的行为习惯。

整合地运用社会工作专业方法，能更好地为青少年群体服务。社会工作者在建立专业关系时的主动性、外展性技术，开展服务活动时的群体性、体验性和创新性手法，都是青少年社会工作方法的特点之一。危机介入、家庭治疗、外展服务、历奇辅导、朋辈辅导、向导服务等，是青少年社会工作服务的特定方法。实务研究则是发展本土化青少年社会工作专业服务和提升社会工作者专业能力的重要策略。

## 三、青少年社会工作直接方法的主要特点

### （一）个案工作的过程特点

青少年个案过程由接案和建立关系、预估、计划、介入、总结和评估等阶段组成。青少年个案工作过程有以下一些特点：

（1）青少年服务中，接案和建立关系阶段具有主动性、外展性和虚拟性等特点。虽然社会工作专业服务在全国已经得到普遍开展，但目前除少数主动求助者外，大多数青少年个案服务是由社会工作者上门或开展外展式服务而建立关系的。社会工作者通过学校、劳动就业部门、司法部门或者社区组织了解青少年的现状，然后采取各种灵活机动的主动介入方式开展青少年工作。比如：有的社会工作者面向社区开展各类符合青少年兴趣爱好的康乐活动；有的社会工作者深入网吧、街头开展外展工作；有的社会工作者运用网络交流和手机短信、微信等手段与青少年进行交流。主动性、外展性和虚拟性成为青少年个案服务的重要工作特点之一。

（2）青少年服务预估的焦点既包括青少年的需求评估，也包括开展专业服务所需要的资源评估。社会工作者只有对社会资源，如学校的接纳及支持、劳动部门的就业政策及就业机会、社区支持网络、各类专业服务机构、家庭及同伴的支持作出充分评估，才能作出合理的专业判断，并制订可行的服务计划。

（3）服务计划的制订必须充分尊重青少年的意愿。服务计划制订的过程是社会工作者与青少年共同参与的过程，更是激发青少年主体意识的过程。制订服务计划和签订服务契约时的青少年参与能激发青少年的主体意识，使其感觉到"我是一个大人了""我得到了尊重和认同"。这种平等和尊重的关系对于青少年发展良好的社会关系是十分有

帮助的。

（4）专业理论，特别是社会支持网络、优势视角和增能理论的运用，是开展青少年社会工作的科学基础。

### （二）小组工作的功能特点

小组工作对于青少年的改变有非常重要的作用。小组工作的功能表现在以下几个方面①。

（1）小组可以为青少年提供增强与同伴交往的机会。同伴给予的经常性的、多样的鼓励和赞许，远比成人给予的增强更有效。

（2）小组的过程更能刺激出大多数青少年真实的内心世界。因此，小组可以帮助青少年学习到新的观念、行为，并为过渡到现实生活中提供良好的帮助和训练。

（3）小组规则会对规范青少年的行为起到很好的制约作用。

（4）小组能够提供很多的示范者、行为预演的协助者，小组也可以提供如实验室般模拟练习的机会，这些练习中不同性格的人相互交流和反馈，大家在小组内获得的经验将有助于青少年重新建立良好的人际交往和行为习惯。

（5）小组工作为青少年建立正面积极的伙伴关系提供了良好的支持，并创造了安全开放的交往环境。小组工作能够给青少年提供良好的社交活动，由此能够增加青少年的社会交往能力，改变他们与社会隔离的封闭状态②。

### （三）社区工作的内容特点

青少年社区工作主要包括两个层面的工作方向：一是将社区居民组织起来，整合社区内的有效资源，更好地为社区青少年提供服务；二是将社区内青少年组织起来，动员他们参与社区发展，在社区参与的过程中提升青少年服务社会的意识和能力。社会工作者可以举办下列社区服务活动。

#### 1. 举办各类促进社会参与的社区活动，有助于青少年适应并融入社会

如宣传类活动、公益类活动、仪式类活动、娱乐竞技类活动、参观类活动、讲座类活动、志愿者活动等，在这些活动中可以鼓励社区青少年积极参与，充当大型活动志愿者、公益活动志愿者，并加强志愿团队建设。

#### 2. 开展青少年社会工作行动系统建设

社会工作者需要在社区内构建青少年社会工作服务的行动系统，整合社会资源，构筑起社会服务组织与街道职能部门、街道社会保障中心和社区服务中心、街道办事处相关部门、居委会、派出所、企业或社会服务组织等各类政府和非政府机构之间的合作联系网络，建设志愿者队伍，是青少年社区社会工作的主要内容。

### （四）社会工作方法运用的整合性特点

#### 1. 青少年需求的多元性决定了社会工作方法的整合性

青少年的成长性需求包括生理、心理、认知、行为、交往、社会适应等各个层面，因此，为回应青少年需求而开展的服务也应该是多种方法的整合。

---

① ［美］Sheldon D. Rose. 青少年团体治疗：认知行为互动取向［M］. 翟宗悌，译. 上海：华东理工大学出版社，2003.

② 费梅苹. 社区青少年社会工作方法与技巧研究［M］. 上海：华东理工大学出版社，2006.

**案例 4-4**

小刚是单亲家庭的子女。受家庭变故的影响，小刚性格内向，缺乏自信，也不善与人交往。母亲再婚了，小刚跟随父亲生活。父亲整日喝酒、打麻将，对小刚很少关心，遇到小刚不如意的表现往往是棍棒相加。进入初中后，小刚的学习成绩越来越差，后又因为迷恋网吧、逃学而受到学校的严厉处分。最终小刚因被学校勒令退学而成了失学青少年。小刚在家里一待就是 2 年。他几乎不与任何人交往，整天日夜颠倒地上网聊天和玩游戏，对于外面的社会变化、就业市场的行情等一概不知，对于自己的现状也处于较为麻木的状态。

对于上述案例，社会工作者需要开展的服务是多层面的，既有以小刚为对象的个案辅导，协助其改变行为方式，也可以针对小刚家庭进行关系调整；还可以通过转介，让小刚参与小组活动，增加小刚的人际交往机会；还可以通过社区工作，建立青少年就业支持网络。社会工作方法在青少年服务中的整合运用，已经成为青少年社会工作实践的经验之一①。

2. 社会资源的综合性决定了社会工作方法的整合性

青少年社会功能的社会性，反映他们如何在社会环境中发挥其功能。社会工作者不仅要考察社会环境对于青少年发展的要求，也要考察个人环境中的资源情况。资源是任何可以用于实现目标、解决问题、减缓困扰、完成人生任务或实现价值的东西。社会工作者要十分重视青少年环境中可得到的资源和阻塞资源的障碍，根据需要，积极地整合各类资源，去促进青少年社会功能的改善与提高。

在上述案例中，社会工作者除了充分调动小刚个人以及家庭的资源功能外，还要在社区层面开展各类资源动员活动，如走访职介部门、社区就业援助部门、青少年活动中心等，也要向有关政府部门建议创造更具支持性的青少年发展环境，如争取学校的支持等。以上这些正式或非正式的资源系统的整合，对于社会工作专业方法的综合运用提出了很高的要求。

3. 社会工作专业的通才要求决定了社会工作方法的整合性

通才取向的社会工作为实现社会工作目标提供了一个现实途径。这一观点使社会工作脱离以个别对象或领域为着眼点的局限，转向对多重个人系统进行干预的广博范畴。通才取向的社会工作内涵十分丰富，考虑到个人问题与群体问题的相互作用，社会工作者与诸多系统一起工作。这些系统包括社会、社区、邻里、复杂的组织、正式群体、非正式群体、家庭和个人。目的是带来变革，最大限度地发挥社会功能②。社会工作的通才观及专业要求，带来的便是社会工作方法的整合性特征。

---

① 费梅苹．社区青少年社会工作方法与技巧研究［M］．上海：华东理工大学出版社，2006.

② ［美］O. William Farley，等．社会工作概论［M］．隋玉杰，等，译．北京：中国人民大学出版社，2005.

## 四、青少年社会工作服务

### （一）青少年自我探索类服务

#### 1. 理论基础

（1）辨识认定论[①]

在诸多探讨埃里克森自我同一性理论和概念的学者中，马西亚（Marcia）提出了辨识认定论，认为可以从职业选择、意识形态等的“危机”与“承诺”两个变项，对是不是一个能辨识与认定自我或成熟认定自己的人加以判断，根据结果，可以衍生为4个自我辨识与认定类型。

马西亚（Marcia）的辨识认定类型见表4-1。

表4-1　辨识认定类型

| 类型 | 危机 | | 承诺 | |
|---|---|---|---|---|
| | 有无 | 特征 | 有无 | 特征 |
| 辨识有成 | √ | 已解决 | √ | 已下承诺 |
| 辨识预定 | × | 未曾经验到 | √ | 已下承诺 |
| 辨识迟滞 | √ | 尚在经验中 | ? | 尚未下承诺 |
| 辨识混淆 | √/× | 并未经验到 | × | 不显著 |

资料来源：Marcia（1980），table1。

辨识有成类型者指个人在人生事件上曾经历危机，个人谨慎地衡量各种可能的选择，解决了辨识上的危机，最后对自己有所承诺，全心全意地对自己的选择投入心力。他们有较高水平的内在心理调整与社会适应能力，能清楚地辨识自己与认定自我，能自我接纳，有稳定的自我界定，人生发展目标建立在符合现实的基础上，自我发展能达到较高层次。

辨识预定者不会经历危机，但对职业、意识形态等有所承诺，不过承诺主要是由父母为他们设定或准备的，并非自我追寻的结果，是他人期盼的结果，从未真正自我决定。辨识预定者有较高度的专断与低容忍度的特质，也有较高度的顺从与循规性，在压力与环境变迁下的适应力较差。

辨识迟滞者一直面临危机，他们很主动地去寻求各种可能的选择，却常常不能坚持到底，不会作长久的承诺，导致自我混乱、不安、无方向。该类型的人个性上较少有独断性，会因经常经历危机而显得焦虑较高。

辨识混淆类型既无危机也无承诺者，对职业和人生发展并没有抉择，也不关心，既不关心意识形态，也不愿去体验人生的各种可能选择。他们从外在压力中“退缩”，对他人的亲密度低，也欠缺较好的社会关系。此类型的青少年心理社会发展情况最差。

---

① Marcia，J. Identity in adolescence. In J. Adelson（Ed.），Handbook of adolescent psychology. New York：John Wiley & Sons Inc.，1980.

（2）韦恩斯坦（Weinsein）的“自我探索历程”

韦恩斯坦的理论主要在强调自我了解的程度对青少年未来的发展有相当大的影响，越了解自己专长特性的人，越能发挥他的独特性。此外，韦恩斯坦也指出，为能强化青少年独立判断的能力，也应注意了解自己和周遭环境的关系。他提出了个人自我探索的历程。

1. 我面临一种情境。
2. 我该如何反应？该情境有何特殊之处？有何普通之处？
3. 这些反应对我有何影响？
4. 我有何特点？
5. 这个反应将会对我的一生造成何种影响？
6. 我可不可能允许自己再多考虑其他可能的反应？
7. 如果我允许自己采取新的行为反应，将会有何结果？
8. 现在我既已有所选择，下一步我该采取哪些行动？

**图 4-2　Weinsein 的个人自我探索的历程**

2. 实务运用

辨识认定类型论在于探讨青少年自我辨识与认定的形成过程。辨识认定论可以作为社会工作者了解青少年发展与适应类型的一种依据。社会工作者需要通过服务让青少年本人、家庭、学校、社会等了解和理解，青少年在自我追寻上遭遇困惑，对人生、发展等产生疑惑，这是其投入生活、全心全意信守承诺的必要过程。对待青少年发展中必须经历的人生成长，家庭、学校和社会要对青少年有更多的包容和支持，允许他们在成长的过程中完成自我辨识。对于辨识混淆的青少年，更需要协助他们全心全意地投入学习环境中，多引导他们辨识与认定自我状况，经过不断尝试和选择，建立其对自我的承诺。

根据韦恩斯坦（Weinsein）的“自我探索历程”，社会工作者可以帮助青少年通过“自我概念量表”测试、“生命环”“自画像”“生命线”等活动开展自我认识与探索活动。

活动资料 1：“生命环”活动

步骤：

① 以小组为单位进行练习（4~6 人）。

②每名组员在 15 分钟内作个别思考，就自己生活境遇中最快乐的事、最痛苦的事、最难忘的经验、最愿意分享的一句话，分别以图案、象征、线条、文字描述在一个四等份的图案中。

③小组分享：先将一名组员的“作品”放置中间，其他组员依次解读，最后由本人

澄清和解释真正的含义。

活动资料2：我的生命线

步骤：

①画出从出生开始到现在为止的生命线。

②标出在成长过程中曾发生重要事件的年龄，并以图案或象征符号表达；正面的画在生命线上方，负面的画在生命线下方。

③反思。

活动资料3：生命的蓝图

目的：借由反思来描绘自己未来的生命蓝图，反思自己的生命历程，以便发展更积极的人生态度。

步骤：

①以小组为单位进行练习（4~6人）。

②每个人静坐片刻，思考自己最想过的生活及对自己最具意义的生命形态是什么？包括想实现什么理想、发展什么兴趣与能力、从事何种工作、喜欢怎样的生活形态等，并在小组中分享。

③组员们协助报告者更深入探讨蓝图的内容。比如，进一步询问："你为什么会想过这样的生活？"或问："这样的选择对你有什么意义？"通过讨论，使每个人对自己的生命蓝图与生命意义有更真切的了解与领悟。

④每个人反思生活中有哪些阻碍人生进步的行为或态度，进行小组交流。

⑤每名组员借由其他组员的回馈、建议与经验分享等方式的协助，制订阻碍成长的行为和态度的改正计划，以建立积极的生活信念。

### （二）青少年就业辅导类服务

#### 1. 理论基础

生涯规划是开展青少年就业辅导服务的理论基础之一。对于青少年而言，个人将面临工作、职业、生涯的发展，他们需要培养工作技能、开展生涯探索、尝试制订生涯规划、建立生涯价值观。

Wood的生涯选择配合论是生涯规划的重要理论基础①。Wood认为，生涯规划的先决条件是必须要先对自己有充分的认识与了解，包括自己的能力、兴趣、人格和需求与价值观等，也就是要先能掌控自己的内在世界之后，才开始探索外在的工作世界，了解职业所需的能力、职业的分类与内容、职业所需的特质及各类职业的报酬率等。在了解了自己及外面的职业环境之后，再看看两者可以作怎样的发挥和配合，接下来才能作一个睿智的抉择，制定未来的发展目标和开始采取必要的行动。

Wood的生涯选择配合论可以用图4-3来表示，内圈是表示个人的内在世界，外圈是表示外在的职业工作世界，箭头是表示内圈与外圈可以作怎样的配合。

---

① Wood, G. Career Planning Mannal. University of Minnesota, 1990.

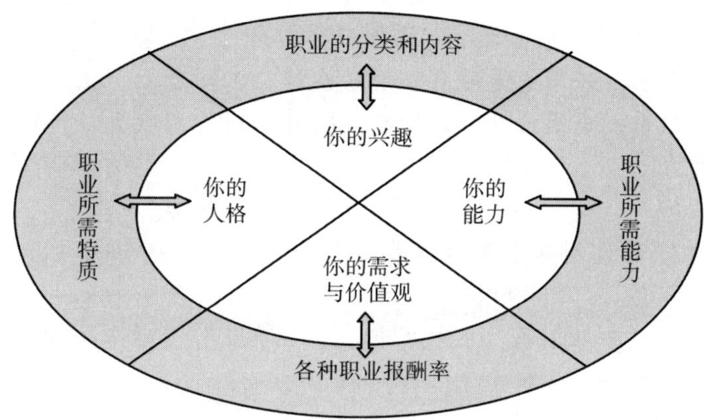


**图 4-3 Wood 的生涯选择配合论**

2. 实务运用

**案例 4-5**

## “彩绘生涯”社区青少年职业导航计划

项目背景：

YH 青少年服务中心在对社区青少年失业问题的调研中发现，青少年大都缺乏职业规划、自身定位不切实际、对社会需求认识不清。此外，家庭教育对青少年成功就业也有着重要的影响。据此，社会工作者决定对社区青少年开展名为“彩绘生涯”的社区青少年职业导航计划。

理论基础：

本项目以霍兰德（Holland）的性格类别与工作环境匹配论为主要理论基础。

项目目标：

1. 让青少年了解“生涯规划”，认识到“生涯规划对一个人发展的重要性”。

2. 通过量表测试使青少年了解个人兴趣、性向、能力等特质，协助其制订职业发展规划并形成正确的职业价值观。

3. 运用情境模拟等形式使青少年学会如何整合环境资源、如何把握就业机会等技巧。

4. 促进亲子互动，让家长成为孩子就业、就学的助动力。

服务对象：

1. 在就业、升学、生涯规划等方面需要协助的青少年。

2. 在青少年就业问题上需要社会工作者协助的家长。

项目实施：

1. 阳光空间。以树立正确职业理念为目标、职业训练为核心内容，周期性的跟踪服务为巩固手段，有效资源整合为保障。

2. 锦绣人生系列小组。以小组活动形式对青少年开展就业、生涯规划辅导服务，协助青少年明确自我发展目标，提升自信，增进沟通交往能力，确立理性职业观念。

3. 家长天地。协助青少年家长清晰了解自己的角色、明确自己的职责、体会孩子的感受、掌握孩子的需求，并从亲子教育、情感沟通、求职就业、法治观念 4 个方面开展以亲职教育为主题的系列小组活动，以期有效提升家庭沟通状况，形成家庭对提高青少年就业成长的助动力。

项目成效评估：

1. 满意度评估。通过问卷了解社区青少年、家长、社区相关人士对本项目的满意程度。

2. 过程评估。通过对项目程序、执行情况、社会工作专业方法和技巧运用状况开展评估，形成过程评估结论。

3. 结果评估。对青少年在认知、就业能力、就业率、亲子互动方式等方面的改变结果开展成效评估。

上述案例中，社会工作者通过几个方面的综合服务协助每位青少年制订了个性化的职业生涯规划，提高了家长对青少年的理解和包容度，230 余名青少年成功走出家门，踏上了社会。

### （三）青少年历奇辅导服务

#### 1. 理论基础

历奇辅导是通过将青少年放在一个新奇的环境中，让他们跳出生理及心理的舒适区域，互相合作，解决问题。通过总结经验，让青少年获得成就感，并能将成功的经验转化为未来生活的参照。

历奇辅导的定义包括 4 个元素：历奇活动、野外、个人及小组辅导、经验学习法。

历奇辅导有 4 个训练模式：

（1）“历奇波浪”。主要是活动讲解、过程和解说。

（2）“野外挑战”。着重个人与大自然的挑战。

（3）“情感反思”。指学员内在反思。

（4）“多元创意”。包括利用音乐、戏剧、手工艺等多种方法带出重点。

历奇辅导鼓励个人在经历体验中构建自己“有用”的指示和信息。个人只有通过对知识赋予一定的意义，才能更好地理解知识、提升能力。同时，历奇辅导通过经历引发反思，提供自由表达的机会，促进分享与交流，对个人自我认识和成长具有重要的意义。

#### 2. 实务运用

开展青少年历奇辅导服务的活动安排见表 4-2[①]。

---

① 李德诚，麦淑华．整全的历奇辅导［M］．香港：突破出版社，2002.

表 4-2　　　　历奇辅导服务的活动安排

| 分类 | 目的 | 活动例子 |
| --- | --- | --- |
| 热身游戏 | 通过轻松自在的活动让参与者彼此认识，并可引进主题 | 你的名字我的姓氏、拍手、捉手指、抛波、气球游戏等 |
| 凝聚连接 | 通过一起合作，愉快地完成容易的活动，让组员彼此逐步接触，增加参加者对小组的联系和投入气氛 | 解人结、七手八脚、镜中人等 |
| 建立信任 | 让参加者在身心和情绪上逐步信任其他成员 | 信心阶梯、信任圆圈、信任跌、同心同行、生命线等 |
| 促进沟通 | 提供队员彼此磋商的机会，促使参加者表达自己的想法和感受，最后达成共识 | 突破界限、生日次序、拆炸弹、黑洞等 |
| 解决难题 | 通过解决难题，帮助参加者学习面对困难和寻找资源的能力，从而增强其解决问题的能力 | 现代泰山、高墙、蜘蛛网等 |
| 个人挑战 | 通过高震撼的项目，让参加者认识自己的优点和限制，从而突破成长瓶颈 | 高绳网、悬绳下降、高空平衡木、跳出真我、巨人梯等 |
| 领袖训练 | 通过活动，承担责任和分工，逐渐建立参加者的领导才能 | 远足旅程、水上旅程、启导游戏等 |
| 社会责任 | 通过社区服务，让参加者结合在活动中学习的能力，协助社区内有需要的社群，从而建立社会责任 | 清洁海滩、修桥筑路、居家老人清洁或维修服务、美化社区等 |

### (四) 青少年空间

#### 1. 理论基础

(1) 社会参与。社会事务参与、社会组织参与和志愿活动参与等可以促进青少年的社会参与。本章所指的参与是以赫胥社会联结理论中的“参与感”为理论参考，特指花费时间和精力参加传统活动[①]。赫胥认为，较深入地参加传统活动，总是全力以赴地忙于各种传统事务，就会缺少从事越轨互动的时间和精力。个人全力以赴参加的传统活动主要有：传统的工作、运动、娱乐和业余爱好、与学校有关的传统活动等[②]。

(2) 增能理论。美国学者索罗门（Solomon）指出，增能是一项社会工作的专业活动。从青少年工作的角度来看，增能理论就是协助青少年在生活过程中获得应有的权能，发挥这种权能，以及运用行使权能的过程[③]。社会工作者与青少年在平权关系的基础上，增进青少年的自我概念、自我效能以重新获得内在资源，并参与倡导以增进青少年的自主权和可用的外在资源，可以改变青少年因个人内在掌控力丧失或处于资源不足

---

① Hirschi, T. Causes of Crime. Stanford. California: Stanford University Press, 1969.

② [美] 特拉维斯·赫胥，等．少年犯罪原因探讨［M］．吴宗宪，等，译．北京：中国国际广播出版社，1997.

③ 赵雨龙，黄昌荣，赵维生．充权：新社会工作视角［M］．台北：五南图书出版公司，2003.

而带来的困境，增加其社会参与的权能与机会①。

2. 实务运用

青少年空间是共青团中央、全国青少年宫协会在香港青年协会协助下，借鉴香港青年空间运营模式，为社区青少年开拓的一片新的成长空间。青少年空间服务项目的实施给青少年提供了参与社会和社区活动的机会和平台，在参与的过程中扩大青少年的社会交往，使其获得参与社会事务、实践社会活动的知识、能力和权利的提升，青少年的权能感得到提升，主体性得到发展。

**案例 4-6**

某街道青少年空间是团中央试点项目，里面活动室很多，各具特色，如星梦工厂、数码空间、厨艺空间和心灵空间等。在星梦工厂里，青少年可以录制属于自己的唱片。在数码空间里，青少年可以免费使用电脑查阅资料，而且这里有网络监管，控制时间和内容，避免了青少年在使用网络中受到的各种诱惑。“四点半课堂”解决了学校与家长的烦恼，年纪小的孩子可以在空间一楼的玩具区挑选玩具、看动画片，有作业的同学可以到有专门老师辅导的教室里写作业，还可以在拓展室里锻炼身体。青少年空间感觉把少年宫都搬进了社区②③。

社会工作者运用专业工作方法，在青少年空间开展了多种多样的专业服务活动。

**案例 4-7**

“青少年空间”项目运用社会工作专业手法开展了多项服务：

1. 通过手工坊教授青少年制作一些简单的手工艺品，提倡环保新概念。定期举办创意大赛，鼓励青少年自主创造，提升青少年的自我效能。

2. 通过快乐社团坊来丰富青少年的娱乐生活。社会工作者和志愿者教授青少年跳舞、健康操、话剧表演等。

3. 通过“心灵在线”温馨小天地开展个案辅导和心理咨询。

4. 通过亲子空间来协调青少年与其家长的关系，构建和谐家庭。

5. 通过“e 度”信息坊来提高社区青年的就业能力。

6. 学习班。空间每周安排高校志愿者为学习班的组员提供课业辅导。

7. 旋转社。旨在会聚篮球、羽毛球、排球等运动爱好者，激发青少年运动的激情，增强青少年的体质。

---

① 宋丽玉，等．社会工作理论：处遇模式与案例分析［M］．台北：洪叶文化事业有限公司，2002.

② 杭州社区网，2010 年 5 月 26 日。http：//www.hzsqw.gov.cn/hzsq/cszx/servicecontent.jsp?topicID=1147985.

③ http：//wenku.baidu.com/link？url = Zn2XOMoSUuLfyyyJrsHg2R7ngzc3GcIDZMv28x07dv6ArNVr_Cf-qVAHKtKIwIXnsu9el0BqxzJIqhRZ7LLRxNClYk4F8ccWKUimCy1Btq3.

社会工作者在青少年空间组织青少年参与各类工作、运动、娱乐、教育等社会活动，通过提升青少年的参与感促进青少年正面成长，已经取得了较好的服务成效。

### (五) 亲职教育

#### 1. 理论基础

"父母效能训练模式"教导家长如何成为一位有效的"辅导者"，如何强化父母与子女之间的亲子关系，如何运用接纳、尊重、同理、倾听等辅导技巧与子女做有效的沟通。"父母效能训练模式"主要包括以下几点：

(1) 积极倾听。即训练父母的倾听能力，以便成为子女的心理辅导员。该技巧主要包括：能接纳子女、能从子女观点看问题、能尊重子女的自主性、能让子女承担自己问题的责任、提供子女探索自己问题的机会、关怀但不批判。

(2) 使用"我—信息"。即训练父母学习以我开头来传达信息与子女沟通。使用"我—信息"能传达父母的需求，展现父母对子女的同理心，使子女知道自己的行为适当与否，能正直、真诚、诚实地反映父母的内在感受，子女也能以此方式与父母沟通，不会伤害亲子情感或造成冲突。重点包括：说出父母本身的感受、说出为何有此感受、说出为何父母对孩子的某些行为不高兴。

(3) 积极沟通。即训练父母学习如何与子女作积极沟通。主要技巧包括：接纳，让子女自由表达思想观念与情感；专注，能专心致志地聆听子女心声，使用沉默技巧，适当沉默，不必多话；寻找共识，不必受限于小问题，排除障碍，避免分心、做白日梦，并把不必要的东西排除；避免矛盾，清楚表达思想观念，不混淆，有耐心，不急促、不催赶，有耐心地进行沟通。

#### 2. 实务运用

亲职教育的主要内容包括以下两方面。

(1) 主要目标

一是协助父母有效地扮演好父母的角色；二是协助父母了解孩子成长过程中身心发展的特征以及发展中的阶段任务与危机；三是强化父母与子女之间的沟通技巧与沟通渠道；四是改善父母对子女的管教态度；五是了解家庭气氛对子女成长的影响；六是如何及早发现并辅导子女的异常行为表现。

(2) 主要服务活动

活动资料一：有效亲职训练

以小组为单位进行分组训练，讨论主题是：当子女有不当的行为表现时，做父母的应如何处理？假设你是父母亲，你会怎么做？先给成员10~15分钟思考问题，并写下个人意见。之后，在小组中进行分享，互相交换意见。

活动资料二：未完成事件的影响

三人一组，以角色扮演方式演练：一人扮演父亲（未完成事件的主角），一人扮演辅导员，另一人扮演子女。情境是：父亲年幼时很喜欢音乐，想成为音乐家，但家里很穷，没有办法如愿；现在家境变好了，因此把要成为音乐家这一未完成事件投注在子女身上，偏偏这个小孩就是不喜欢音乐……以角色扮演的方式表演整个剧情，15分钟以后，三人各自分享担任角色的感觉，以及讨论父母的成长背景与对孩子的期望两者之间的关系。

活动材料三：家庭会议

家庭会议是解决家庭问题、分享或讨论家庭成员内心事很好的一种方式，可以沟通彼此的意见，更能促进亲子之间的关系。演练方式可以三人一组：一人扮演父亲、一人扮演母亲、一人扮演子女。以一次出游为例进行家庭会议式的讨论。例如，可以讨论个人对出游的看法、出游地点的选定、事前工作的分工与事后的反省和建议等。

活动材料四："孩子是无辜的"角色扮演活动

父母婚姻关系的好坏对孩子人格的成长影响巨大，夫妻终日吵闹不休，会在孩子的心里种下害怕结婚的种子；万一有一天婚姻关系已濒临破裂，势必要分手时，孩子怎么办？可以简单的舞台剧形式把上述情境带出，进入要探讨的主题：如何帮助孩子适应双亲的离异？以小组为单位进行分享与讨论。

## 五、青少年社会工作服务项目成效评估

中华人民共和国国家标准《青少年社会工作服务指南》提出了要开展青少年社会工作服务成效评估，并在测量目标达到情况、服务满意度、服务对象及环境系统的改变、服务的结束及跟进等方面开展评估。

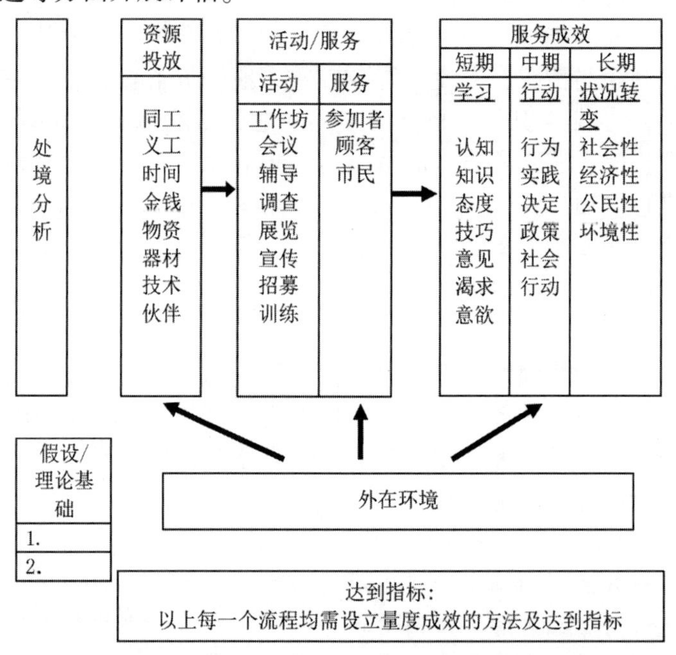


**图 4-4　社会工作服务成效评估模式——程序逻辑模式架构**

在各类社会工作服务成效评估模式中，程序逻辑模式因其倡导活动及其成效的逻辑关系、"资源用得其所，成效达之有理"的理念原则而得到社会工作者的较大认同和运用。社会工作服务成效的程序逻辑模式主要包含 7 个环节：资源投放、活动/服务、服务成效、处境分析、假设/理论基础、外在环境、逻辑联系。

资源投放是指在服务或活动中所投放的资源，包括时间、人力、财力、活动物资和设备等，这些将有助于服务或活动的开展。

活动/服务是指向服务对象提供的活动和服务，这些活动和服务数量的多少则视最

终想达到的成效而定。另外，活动/服务亦会关注谁为该服务的受众或谁该是受众才能达到活动的成效。

服务成效是指活动和服务为个人、家庭、组群、社区、机构所带来的益处和转变，甚至是一些较长远的影响。其中所产生的转变可分为长、中、短期的成效，而这些成效所带来的转变可以是增长或减少的。短、中、长期成效的另一个表达方式可以是学习、行动、状况的改变。短期成效是期望参加者能掌握有关知识、态度和技巧，并引发他们对某些议题的觉醒和关注，以增加他们对有关议题关注的动机和改善的期望。中期成效是指参加者能就有关议题作出具体行动或行为的转变。长期成效是指参加者持续实践所学习的，并将它持之以恒，便会带来整体的转变和深远的影响。长、中、短期的成效之间必须有逻辑的关系。

处境分析是指活动和服务推行时的状况或背景因素，也即社会工作介入时对问题的理解或需要分析，这些分析便成为推行该项活动或服务的依据所在。

假设/理论基础是指在推行整个活动和服务计划时，对服务对象所持的信念、活动过程中需要持守的重要原则或达到成效的理论框架。假设/理论基础能指引社会工作者订立整个活动和服务计划的方向，以及整个活动和服务计划的重点所在。

外在环境因素是指一些影响活动和服务成效的处境与外在因素，这些因素是不能控制的，推行活动时会产生一些限制性作用，会影响活动的成功与否。

各部分的逻辑联系则要求整个服务项目必须做到“成效为本，逻辑为导向”“有根有据，环环紧扣”。

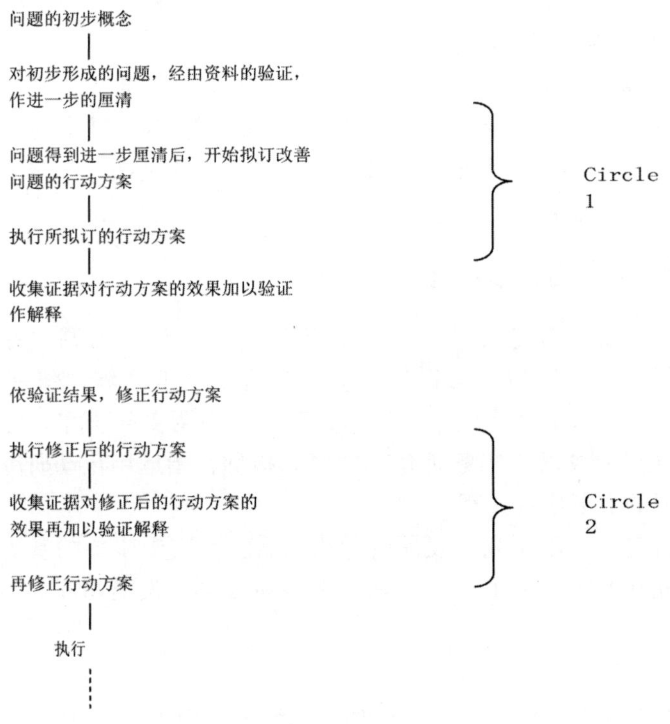


**图 4-5　勒温的行动研究概念**

## 六、青少年社会工作服务管理

根据中华人民共和国国家标准《青少年社会工作服务指南》，青少年社会工作服务管理主要包括以下内容。

1. 加强制度建设

青少年社会工作服务机构应制定相关规章制度，主要包括青少年社会工作项目管理规定、青少年社会工作督导管理规定、青少年社会工作档案管理规定。

2. 开展质量管理

青少年社会工作服务机构应对本机构内的服务进行质量管理，主要包括建立社会工作服务质量管理体系，建立外部监督和内部监督相结合的服务质量监督与评估机制，对相关社会工作服务情况进行信息公开，确保青少年知情权，根据服务质量评估情况改进服务，完善制度。

3. 建立督导制度

青少年社会工作服务机构应建立社会工作督导制度，开展督导工作，主要包括建立社会工作督导制度、明确督导关系、定期为督导对象提供督导服务。

4. 开展档案管理

青少年社会工作服务机构应加强服务档案管理，主要工作包括建立基本服务档案，包括青少年的基本信息、服务提供者、服务场所、服务过程及服务成效等；建立服务质量监督与评估档案，包括是否符合基本服务要求、目标完成情况、服务评估情况等；根据青少年实际情况进行分类、分级管理档案，做好信息的保密工作。

5. 开展社会工作者能力建设

开展青少年社会工作服务的社会工作者应获得国家颁发的社会工作者职业水平证书或者具备国家承认的社会工作专业大学专科及以上学历；遵循社会工作专业伦理，遵守《社会工作者职业道德指引》；按照《社会工作者继续教育办法》，接受继续教育，不断提高职业素质和专业服务能力。

## 七、青少年社会工作实务研究

本章所指称的“实务研究”，与“行动研究”概念一致，强调“在行动中认知、在行动中反省、对行动作反省”[①]，遵循行动研究过程的一般步骤。但基于“社会工作实务”是目前我国社会工作服务发展中的惯常指称，且强调实务研究，更能表达“以研究促实务发展”的观点，故以“实务研究”的概念指称，指运用行动研究方法促进社会工作服务专业化发展的实务研究过程。

从国外实务研究（行动研究）发展的脉络来看，其实施步骤的基本结构仍是以勒温所提出的行动研究基本架构为主。但在理念上有所不同，发展出了“实务者即研究者”

---

① Schon, Donald A. The Reflective Practitioner: How the Professionals Think in Action. New York: Basic Books, Inc., 1983. 转引自：郑增财．行动研究原理与实务［M］．台北：五南图书出版公司，2006.

"批判的、解放的实务研究""实务反省式"实务研究思维方式①。

在"实务者即研究者"的实务研究范式中，实务工作者必须对自己的工作开展自我反省，追求专业的不断成长。在这里，实务者和研究者是一体的。

"批判的实务研究"探讨反省的内容，聚焦在3个方向上：自己的工作实务、自己对实务工作的理解以及自己所从事实务工作的情境。它把实务工作者、服务对象及机构工作者看作是"改革知识"的认知主体，而非知识的受领者；集体行动共享决定与后果②。这里，研究者和实务工作者既可以是一体的，也可以是由外来工作者和实务工作者合作组成。

"实务反省式"实务研究强调熟练的实务工作者实务知识的学习与表达。实务工作者通过在行动中认知、在行动中反省、对行动作反省，以及综合性技术的运用来实现专业成长。

从目前青少年社会工作实务研究来看，尚没有发展出类别分明的实务研究范式，上述几类实务研究的思维方式都对社会工作者有非常重要的启示。实务研究通过确定问题→理解→反思→行动→改变→新问题→新行动等研究步骤的实施，获得对社会工作服务专业化发展的全面认识，建构实务模式，直接推进社会工作专业化发展。同时，实务研究也是一个多系统合作的过程，是社会工作者通过开展实务研究获得专业能力提升的过程。社会工作者有意识、有计划地把实务研究融入青少年直接服务过程中，既能对当下青少年社会工作服务的发展进行专业反思和引领，也能够通过开展实务研究提升社会工作者队伍的专业水平。因此，实务研究是社会工作服务专业化发展的重要介入策略。

## 本章小结

青少年期是一个充满变化的时期，青少年社会工作必须充分尊重青少年的特点，从人与环境互动的视角多层面地开展工作，最终促进青少年的健康发展。

青少年社会工作是把青少年作为工作及服务的对象，通过运用关于青少年成长和发展的规律，以及社会工作专业的理念、理论、方法和技巧，最大限度地发掘青少年的潜能，促进其全面健康发展，使其更好地适应社会生活的专业活动。

青少年社会工作服务主要包括服务青少年成长发展、维护青少年合法权益、预防青少年违法犯罪等内容。

青少年社会工作的理论来源于社会学、社会工作学、心理学等诸多学科。青少年发展理论及青少年偏差理论是青少年社会工作的重要理论基础。

青少年社会工作实务方法的运用是以满足青少年需求为主要目的。青少年社会工作必须运用各种方法开展各类社会工作服务，以满足青少年的发展性需求。开展社会服务成效评估、青少年社会工作实践研究、青少年社会工作服务机构管理，是促进青少年社会工作服务专业化发展的重要策略。

---

① Jean McNiff & Jack Whitchead. 行动研究原理与实作［M］. 朱仲谋，译. 台北：五南图书出版公司，2004.

② Jean McNiff & Jack Whitchead. 行动研究原理与实作［M］. 朱仲谋，译. 台北：五南图书出版公司，2004.

# 第五章　老年社会工作

老年社会工作以弘扬中华民族敬老、养老、助老的美德为宗旨，帮助老年人有尊严地老去。老年社会工作者在工作中常常要面对涉及老年人经济、身心健康、家庭关系、社会支持网络、社会参与、权益维护等多方面的问题。老年社会工作方面的知识，能够让社会工作者更好地了解老年人，把握工作要点，在应对时有所准备，工作更富成效。本章所要介绍的，就是开展老年人社会工作的相关问题。

## 第一节　老年社会工作概述

### 一、老年人及老年期

老年期常被划分为不同的阶段，这些对开展老年社会工作十分重要。我国一般将老年群体中 60～69 周岁的人划分为低龄老人，70～79 周岁的人为中龄老人，80 周岁以上的人为高龄老人。不同年龄段的老年人在身体健康状况、生活自理能力、参与社会活动、婚姻状况、家庭关系、心理需求等方面都有很不一样的特点。划分老年期有助于社会工作者关注老年人群的共性需要和差异性需要。比如，社会工作者在策划社区老年人服务项目时，不仅要了解本社区 60 周岁以上老人的数量，还要关注其中低龄、中龄和高龄老年人所占的比例。大部分低龄老人可能需要更多的社会参与类的服务，而大部分高龄老人则不仅需要社会参与类服务，而且需要较多的社区照顾类服务。

单以出生日期为标准界定的年龄常被称为日历年龄。除了日历年龄，最常见的对年龄的界定有生理年龄、心理年龄和社会年龄。生理年龄指的是按个体细胞、组织、器官、系统的生理状态、生理功能，以及反映这些状态和功能的生理指标确定的个体年龄。心理年龄指的是根据个体心理活动的程度来确定的个体年龄。社会年龄指的是根据一个人在与其他人交往中的角色作用来确定的个体年龄。

社会工作者认识老年人不能单凭日历年龄来判断，还要综合生理、心理和社会方面的标准来考虑，因为每个人在生理、心理和社会方面的发展和衰退程度有可能不同步。一位刚满 60 岁的低龄老人可能会有因老化而带来的多种退行性疾病，而一位 80 岁的高龄老人可能仍保持良好的健康状况。社会工作者不能仅凭老年人的年龄来判定服务需求，还要关注个体的差异。

## 二、老年期的特点

### （一）生理变化

#### 1. 人体九大系统的老化特点

老化会给人体的九大系统带来变化，详见表 5-1。

表 5-1　与年老有关的生物学意义上的变化

| 系统 | 与年老有关的变化 |
|---|---|
| 皮肤系统<br>（皮肤、毛发、指甲） | 皮肤出现皱纹、头发稀疏并可能变白、手脚的指甲变厚<br>老人可能较容易出现低烧或高热，受伤可能要多 50%的时间痊愈 |
| 神经系统<br>（脑、神经系统） | 对刺激作出反应的时间延长、睡眠质量不高<br>老年人更容易患心血管疾病，容易出现不同程度的中风 |
| 心血管系统 | 如果有动脉硬化或动脉粥样硬化，心脏不能有效地发挥功能，更容易患高血压 |
| 肌肉、骨骼系统 | 老年人可能会变矮，失去肌肉力量和肌肉块，较容易出现关节炎；妇女可能会出现骨质疏松症，导致骨折、驼背或脊椎侧凸 |
| 呼吸系统 | 肺功能减弱；老年人在使劲的时候更容易呼吸困难，可能更容易患肺炎 |
| 泌尿道系统 | 肾脏不太能有效地过滤毒素并恢复血液中离子的平衡；膀胱丧失了紧张性，更容易出现没有任何症状的感染，有些老人会出现小便失禁 |
| 内分泌系统<br>与生殖系统 | 有些老人在葡萄糖的新陈代谢方面不太有效，可能会发展成老年糖尿病；绝经后雌性激素的丧失可能会加重骨质疏松症 |
| 感觉系统 | （1）触觉：老年人可能会有较高的痛觉阈限，更可能发生低烧或高热；身体平衡问题会加重<br>（2）视觉：通常会有老花眼，眼睛需要较多的光才能聚焦，并且对强光反应敏感；老年人分辨颜色的能力可能会下降；有些老人会出现白内障、青光眼或黄斑变性，一种渐进性的丧失中央视觉<br>（3）听觉：听觉的灵敏度可能会减少 50%之多，难以分辨不同的声音<br>（4）味觉/嗅觉：嗅觉可能会严重受损；味觉会受缺乏嗅觉的影响，老年人可能闻不出煤气、天然气、烟雾或变质的饭菜的气味 |

#### 2. 九大系统老化对开展老年社会工作的影响

首先，社会工作者在评估和介入阶段要特别关注老年人的身体健康状况。因为健康状况是决定老年人生活安排的核心，身体觉得怎样是他们是否愿意离家、参加社会活动以及与他人交往的“晴雨表”。

其次，社会工作者要处理好涉及老年人隐私的健康问题。尽管认真了解老年人的健康问题对于制订介入方案非常重要，但是讨论这种很深入的个人性问题时必须要谨慎。

最后，随着老年人生理方面的变化，社会工作者要帮助机构和家庭进行生活环境方面的调整，比如安装扶手帮助身体平衡有问题的老人上下楼梯或者穿越走廊、门厅；使用明快的颜色区分不同的台阶，帮助视力受到损伤的老年人避免摔跤；使用醒目的标识，方便老人在不熟悉的环境中找到要去的地方等。预见有感觉问题和身体不便的老年人所需的各种环境方面的调整，有助于避免发生意外事故，让老年人无论是在自己家中还是在公共设施及场所中都感到更自信。

（二）心理变化

1. 智力、人格、记忆力的变化

（1）智力。年老的时候认知和智力功能的减退并非在所难免。实际上，老年人的结晶智力比年轻人还要多。然而，个人处理复杂问题的速度的确会随着年老而有所下降，这是由于脑部的神经传输介质的效率有所改变。在没有诸如阿尔茨海默病、抑郁症或营养不良导致的器质性脑损伤的情况下，老年人会保持学习新技能的能力，并仍然可以在智力上保持活跃状态。因此，让大脑能一直得到刺激并投入运转，对于保存认知能力至关重要。

（2）人格。按照心理学家埃里克森的观点，老年是人生的最后一个阶段，它要解决的核心问题是获得自我完整感，避免陷入自我绝望。在这一阶段，个人必须学会接受生活中所发生的一切，并得出对自己生命意义的理解。有时这一过程包括处理未了的事宜，挽回尚能改变的东西，而有时则意味着要放弃无可挽回的东西。在其中任何一种情况下，如果个人无法对自己的生命感到安心，就不可避免地会陷入绝望和生命无意义感。

（3）记忆力。知觉速度下降，让老年人在相同时间内难以像自己年轻时那样处理信息。老年人是比较挑剔的学习者。个人动机是老年人是否能够学会东西的非常重要的因素。有两个重要因素可提升老年人的学习能力：一是学习的东西与个人的生活有关；二是有演练新行为的机会。

2. 智力、人格、记忆力的变化对开展老年社会工作的影响

针对老年人智力、人格和记忆力变化的特点，社会工作者在工作中要注意以下3点。

（1）提供机会但尊重选择。老年人若常用脑可以把认知能力保留得更长久。社会工作者应积极提供适合老年人生活需要的动脑学习的机会，比如学习使用手机微信与亲朋保持联系。尽可能减少老年人参加学习活动的障碍，比如提供就近便利的场所，容易接触到相关信息的途径等。如果创造了条件，但老年人仍不参加活动，那么即使社会工作者能肯定这是老年人需要的东西，也要尊重老年人的选择。

（2）所有事放慢节奏。在没病的情况下，老年人若能有较多的时间就可以完成复杂的任务或者记住重要的信息。社会工作者要放慢节奏，给老年人时间处理正在学习的东西。如果有必要的话，要用多种方法解释同一个信息以强化这一信息。比如，在开展老年人小组活动的时候，社会工作者一次介绍的信息要尽可能简短，让老年人有时间消化。

（3）关注身体健康对心理和社会功能的重要性。老年人的心理与社会功能状况，在很大程度上取决于身体健康状况。如果老年人正遭受身体不适的折磨，社会工作者工作

的重心却放在增强他们的社会接触或改善认知上，可能会徒劳无功。此外，社会工作者要认识到老年人常会用身体不适来表达情绪问题，即有情绪问题躯体化现象，比如老年人可能会用头痛来表达情绪受困扰。社会工作者应善于识别。

（三）社会生活方面的变化

1. 对老年社会生活变化的理论解释

人们对于步入老年的生活有多种理论解释，主要包括以下 5 种理论。

（1）角色理论。这一理论认为，个人在经历老化过程所带来的变化时，会丧失象征中年的社会角色和社会关系。例如，丧偶或同辈人死亡所带来的关系和角色的变化，或者因为退休而失去职业角色等。这一理论认为，成功的老年生活在很大程度上取决于对角色变化和角色丧失的调整适应。

（2）活动理论与撤离理论。这两个理论都认为，老年人的生活满足感与活动间有积极的联系。活动理论认为成功适应老年生活的人是能够保持活力、力争不从社会生活中退出的人。而撤离理论认为，老年个体接受甚至渴望减少与社会的交往，老年个体逐渐退出社会生活对社会也是有价值的。

（3）延续理论。这一理论认为，老年不是一个单独的阶段，而是人生之前阶段的延续。老年人若能延续一生所从事的活动就能适应良好。比如中年时社会生活活跃的人，进入老年若仍能保持这种活跃的生活状态，就会感到幸福，反之亦然。延续理论认为，人们年老的时候不是自然而然地退出工作和社会生活，相反，他们选择能让自己继续获得满足感的生活方式，终止那些没有带来满足感的生活方式。

（4）社会建构理论。这一理论提出，所有年龄的人都是按照自己赋予事物的社会含义来参与日常生活的。这一理论不认为老年阶段的生活只有一个标准模式，而是更关注人们怎么看待自己的经验。丧偶对一个老年人来说可能是自我发展的新机会，而对另一个老年人来说则可能是等待死亡的开始。社会建构主义者认为，老年及其随之而来的调整是一个独特的个人过程，取决于每个人自己的社会认识。

（5）现代化理论。这一理论认为，现代化导致了老年人地位的不断下降。经济和工业技术的应用为年轻人带来了新职业，老年人则由于缺乏再培训的机会而会被要求提前退休，而都市化意味着工作地点与家分离。年轻人与父母的社会距离增大，这改变了代际关系和代际联系的性质。年轻人向上流动所取得的高于父辈的社会地位导致了老年人社会地位的相对降低。经济和工业技术的发展要求倡导读书识字和受教育，这也使子女所受到的高等教育比父母要多。社会资源直接向年轻人倾斜而远离老年人，加剧了老年人地位的下降。

2. 有关老年的社会理论在社会工作中的运用

老年生活的种种理论解释对开展社会工作有重要意义，它提示社会工作者要做好以下几项工作。

（1）关注带来角色转变的重大生活事件，帮助老年人积极应对。无论是退休、亲友去世还是自己生病等，老年人在遇到这些重大生活事件的时候都需要在角色上作调整，可能会失去一些角色，也可能会拥有新的角色。社会工作者要帮助老年人调整自己，适应新的角色，或者发展新角色来替代失去的角色，重新建立有意义的关系。活动理论和撤离理论描述了两种个性的老年人在老化过程中的调适，按照这两个理论，在规划老年人中心和老人院为老年人提供的活动方案时，涵盖面要广，方案要兼顾高低不同层次参与水平的老年人，以满足不同个性、不同早年经历的老年人的需要。

（2）注意老年人的个体差异，尊重老年人自己对生活意义的理解。老年生活没有一个“范本”，幸福的老年生活是老年人根据自己的理解去创造的。社会工作者要关注老年人自己对生活的理解和追求，而不应以自己的想法去替代老年人的想法。

（3）注意社会隔离可能对老年人造成的危害。社会隔离会让老年人处于危险境地，它对抑郁症、认知症、滥用药物和虐待老年人会起到推波助澜的作用。老年人要有良好的心理健康和社会适应，这就需要保持与他人或事物的联结。老年人需要某些形式的社会交往以保持其智力功能和社会功能。不仅与他人保持交往对老年人来说是重要的，而且感觉自己仍能作贡献、有用也同样重要。即便是认知和身体功能严重退化的老人，如患阿尔茨海默病到中晚期的老年人仍需要保持与他人的联结。

（4）认识到改变的可能性。尽管延续理论提出，老年人对于生活的调适常常会延续一生的行为形态，但是仍有改变的可能。社会工作者要秉持这一信念开展工作。老年作为生命历程的一个阶段给老年人提供了丰富的改变机会，老年人愿意尝试新活动的范围或许就取决于社会工作者的创意和鼓励。

（5）关注社会变迁对老年人的影响，推动社会政策的调整。现代化使老年人在许多方面处于不利的境地。面对社会变迁，老年人可能会缺乏学习的机会和应对的资源。因此，社会工作者应关注社会变迁给老年人带来的影响，充当倡导者，提出相应的政策建议，让老年人的福祉有更好的制度保障。

## 三、老年人的需要及问题

### （一）老年人的需要

#### 1. 经济保障

在传统社会中，老年人依靠子女提供经济供养，但在现代社会中，老年人是需要通过领取退休金、养老保险等途径来得到赡养，从而获得经济方面的保障。

#### 2. 健康维护

老年期是疾病多发期，健康维护是老年人最为关注和渴望满足的需要。老年人需要建立健康的生活方式，获得适宜的生活照顾，并得到康复服务。

#### 3. 社会参与

老年人需要表达自己的意愿，维护自身的权益并发挥余热，因此，社会参与是老年人的重要需求。老年人需要多方面地、深度地参与社会生活，而不是象征性地参与或简单地、被动地参加各种活动。

#### 4. 就业休闲

许多达到退休年龄的老年人还有继续工作的愿望。因此，重新就业成为其基本需要。也有许多老年人打算好好享受生活，因此，养花、养宠物、书法绘画等成为他们新的需要。老年人需要有机会发挥自己的专长，也需要有机会发展自己的兴趣。

#### 5. 婚姻家庭

伴侣和家人是老年人最重要的支持源，老年人也有维持和向往美好婚姻家庭生活的需要。

6. 居家安全

老年人需要在家中生活有安全感。家庭条件的改善、居住环境的安全，都是老年人所期盼的。

7. 善终安排

老年是人生历程的最后一个阶段，因此许多老年人十分关心自己的身后事宜，需要在离世前安排好子女的生活、财产的处置、墓地的购置、后事的操办等。他们期望能没有痛苦地、有尊严地安心离世。

8. 一条龙照顾

伴随老化过程，老年人会有不同的照顾需要，可能需要接受居家养老、社区照顾、机构照顾等不同类型的服务，需要不同类型的照顾之间有良好的整合与过渡。

### （二）老年人面临的问题

老年问题包括因个人的老化而导致的问题，以及由于社会人口老龄化而出现的问题。在现代社会，老年人常面临以下一些方面的困境和问题。

1. 疾病及与医疗有关的问题

老年人，尤其是高龄老年人，往往受到慢性疾病的折磨，生活质量因此受到损害。与之相关的医疗费用也常常成为困扰老年人的一大问题，带来了经济上的紧张甚至困境。

2. 家庭照顾问题

城市化、家庭小型化、女性职业化、离婚率上升和年轻人口的高流动性等，都使得家庭照顾老年人的功能严重受损，特别是空巢、独居和失独老人缺乏家庭照顾的问题尤为严重。

3. 宜居环境问题

老年居住环境中常存在安全隐患和物理障碍，使老年人面临伤残风险和融入社会的限制。此外，社会上普遍存在对老年人的刻板印象和老年人歧视，也使建设老年宜居环境问题十分突出。

4. 代际隔阂问题

在全球化、信息化和知识爆炸的时代，知识的更新和增加的速度前所未有，老年人积累的知识和经验可能已经过时，而学习机会和资源的下降使其难以掌握现代的知识和信息，因此与年轻人的沟通常会出现信息不对称的情况，容易造成代际隔阂。

5. 社会隔离问题

老年人退出工作岗位或失去劳动能力后，社会交往的圈子常常会大大缩小，同时疾病、失能、配偶和有亲密关系的人去世也有可能造成老年人的社会接触非常有限，甚至由于缺乏接触会导致社会隔离严重。

## 四、老年社会工作

### （一）老年社会工作的对象

老年社会工作的对象既包括贫困、残障、失独等特殊群体的老人，也包括一般的健康老人。很多时候老年人周围的人，如家庭成员、亲属、朋友、邻居、志愿者等也会成为老年社会工作的对象。更宏观地看，单位和服务组织也有可能成为老年社会工作的对象。无论是直接以老年人为工作对象，还是以外围人群或组织机构为工作对象，都是为了让老年人有更好的生活质量和生命质量。

（二）老年社会工作的目的

老年社会工作秉持独立、参与、照顾、自我实现、尊严的原则，根本目标是促进“老有所养、老有所医、老有所为、老有所学、老有所乐”。

（三）老年社会工作的作用

老年社会工作在微观层面是协助老年人解决因为年老而带来的角色转变，使其积极与社会保持联结，维持良好的日常生活功能。特别是在老年人遇到重大生活转变的时候，如住院、丧亲、入住养老机构、濒临死亡等问题，为老年人提供各种支持性服务。老年社会工作的重点是让老年人获得更好的社会支持，建立并更好地运用社会网络和社会资源，增进福祉。

在宏观层面，社会工作者还应参与制订有关老年人的社会服务方案及相关政策，致力于建立一个不分年龄、人人共享的社会。

## 五、老年社会工作的特点

老年社会工作的对象主要是老年人及其家人，由于老年人的生理、心理状况及社会处境的特殊性，老年社会工作者会遇到许多特定的问题，这也是老年社会工作区别于其他领域社会工作的特点。

（一）服务对象常受到年龄歧视的影响

整体而言，社会上对正常的衰老有恐惧和误解，对老年人群体抱有偏见。老年社会工作者又常常接触较年老的人中境遇最差和伤残最严重的群体，因此，尽管接受社会工作服务的老年人数量在老年人口中所占的比例并不高，但社会工作者根据自己的经验仍可能对老年人形成消极的看法并影响对待老人的态度。老年歧视还会影响制订为老年人服务的方案，并造成应有服务的缺失。因此，在开展老年社会工作时，社会工作者要认真反思自己的价值观，学习有关老年学的知识，以便消除对老年人的错误理解和认识。

（二）社会工作者易于对服务对象产生反移情

做老年社会工作时，社会工作者可能会出现反移情，不仅会表现为对老年人缺乏耐心和关怀，还会表现为对老年人过度保护，想要“拯救”老年人。当挽救老年人的努力失败后，社会工作者很容易把挫折感转成对老年人的愤怒和敌意。注意反移情问题，时常反思自己对老年人的反应，对从事老年社会工作来说很重要。

（三）社会工作者易于产生替代性创伤

同老年人打交道会时刻提醒社会工作者生命的进程，社会工作者看到由生到死的不可逆转，有可能会产生深深的无力感。目睹服务对象经历的死亡和丧失，可能会引发社会工作者自己的死亡焦虑和哀伤反应。所以，在做老年人辅导工作时，社会工作者应该审视自己对老年人以及面对垂死和死亡的感受。在工作中，社会工作者要善于运用督导机制解决工作职责、专业技能和情绪困扰方面的问题。

（四）服务对象的问题常需要多学科合作

老年人的问题常常错综复杂，涉及许多方面的工作，做老年人工作需要多学科的合作，懂得协调、配合不同的学科共同开展老年人服务工作，这样才能使工作取得更好的成效。

## 第二节　老年社会工作的主要内容

老年社会工作服务围绕老年人群的需要和问题展开，涵盖了范围广泛的各项服务。2016 年 1 月，民政部发布了《老年社会工作服务指南》（MZ/T 064—2016）推荐性行业标准。根据这一标准，老年社会工作服务包括 13 个方面的工作内容。

### 一、老年社会工作的内容

#### （一）救助服务

评估老年人，特别是空巢、高龄、失能、计划生育特殊家庭老年人基本物质生活条件和经济状况；协助符合条件的老年人申请政府最低生活保障、特困人员供养、受灾人员救助、医疗救助、住房救助、临时救助等社会救助；协助有需要的老年人获得单位和个人等社会力量的捐赠、帮扶和志愿服务；提供相应的心理疏导、能力提升、社会融入等服务。

#### （二）照顾安排

组织开展老年人能力评估，包括日常生活活动、精神状态、感知与沟通、社会参与等方面内容，为老年人建立照顾档案；协助有需要的老年人获得居家照顾和社区日间照料等服务；协助有需要的老年人申请机构养老服务；协调安排老年人的长期照护，特别是居家照顾、社区日间照料和机构照顾之间的衔接；协助照顾者提升照顾技能。

#### （三）适老化环境改造

协调开展老年人居住环境安全评估；帮助老年人，特别是失能、失智等有需要的老年人及家庭申请政府与社会资助，改造室内照明、防滑措施、安装浴室扶手等，减少老年人跌倒等意外风险。

#### （四）家庭辅导

协助老年人处理与配偶的关系；协助老年人处理与子女等的家庭内代际关系；提供老年人婚恋咨询和辅导。

#### （五）精神慰藉

识别老年人的认知和情绪问题，必要时协调专业人士进行认知和情绪问题的评估或诊断；为有需要的老年人提供心理辅导、情绪疏解、认知调节，帮助老年人摆脱抑郁、焦虑、孤独感等心理问题；协助老年人获得家属及亲友的尊重、关怀和理解；帮助老年人适应角色转变，重新界定老年生活价值，认识人生意义，激发生活的信心和希望。

#### （六）危机干预

识别并评估老年人所面临的危机，包括危机的来源、危害程度、老年人应对危机的能力、以往应对危机的方式及效果等；统筹制订危机干预计划，包括需要干预的问题或行为、可采用的策略、可获得的社会支持、危机介入小组的建立及分工、应急演练、信息沟通等；及时处理最迫切的问题，特别是自杀、伤及他人等可能危及生命安全的行为问题，必要时，协调其他专业力量的支援，对老年人进行身体约束或其他限制行为；进行危机干预的善后工作，包括对介入对象的回访、开展危机介入工作评估和总结、完善应急预案以预防同类危机的再发生等。

（七）社会支持网络建设

对老年人的社会支持网络进行评估，包括个人层面可给予支持的人数、类型、距离及所发挥的功能，以及社区层面老年人群的问题与需求、资源配置情况及需求满足情况；综合使用各种策略以强化老年人社会支持网络，包括个人增能与自助、家庭照顾者支持、邻里互助、志愿者资源链接、增强社区权能等；巩固社会支持网络成效，建立长效机制。

（八）社区参与

开展适合老年人的文化、体育、娱乐等各项活动，培养老年人兴趣团体，提升老年人的社会活跃度，丰富老年人的社会生活；组织老年人积极参与各项志愿服务，培育老年志愿者队伍，发展老年志愿服务团体；支持老年人参与社区协商，为社区发展出谋划策；拓展老年人沟通和社区参与的渠道，促进老年人群体的社会融合。

（九）老年教育

评估老年人兴趣爱好及教育需求；推动建立老年大学、老年学习社等多种类型的老年人学习机构和平台；开展有关健康教育、文化传统、安全防范、新兴媒介使用等方面的学习培训课程；鼓励和支持老年人组建各种学习交流组织，开展各种学习研讨活动，扩大老年人的社会交往范围；鼓励老年人将学习成果转化运用和传承，鼓励代际相互学习、增进理解。

（十）咨询服务

协调相关专业人士为老年人提供政策咨询、法律咨询、健康咨询、消费咨询等服务；完善老年人信息提供和问询解答的机制和流程。

（十一）权益保障

维护和保障老年人财产处置和婚姻自由的权益；发现并及时举报老年人受虐待、遭遗弃、疏于照顾等权益损害事项；开展社会宣传和公众教育，防止老年人受到歧视、侮辱和其他不公平、不合理对待；协助符合条件的老年人享受社区和机构的各项养老服务，获得老年人补贴和高龄津贴等。

（十二）政策倡导

研究、分析与老年人相关的法律法规及社会政策在制定和执行中的不完善与不合理内容，向相关职能部门提出政策完善建议；对社会公众进行教育、宣传，树立对老年人群体的客观、公正的社会评价。

（十三）老年临终关怀

开展生命教育，帮助老年人树立理性的生死观；协调医护人员做好临终期老年人的生活照料和痛症管理；密切关注老年人的情绪变化，提供相应的心理支持；协助老年人完成未了心愿及订立遗嘱、器官捐献等法律事务；协助老年人及其家属、亲友和解与告别等事宜；协调为老年人提供精神层面的支持；为有需要的老年人及家属提供哀伤辅导服务。

## 二、老年人社会工作服务中的要点

### （一）处理认知与情绪问题

抑郁症、认知症、谵妄和焦虑症是老年人最常见的 4 个认知和情绪问题。表 5–2 对这 4 个问题的特点作了简要的介绍。

表 5–2　抑郁症、认知症、谵妄和焦虑症的辨识性特点

| | 抑郁症 | 认知症 | 谵妄 | 焦虑症 |
|---|---|---|---|---|
| 症状 | 情绪低落、负面的自我对话、嗜睡、饮食和睡眠紊乱 | 记东西困难；失去时间感、方位感、辨识不出人；推理和思考能力出问题 | 失去定向感、精神错乱、情绪易波动、类似狂躁的行为、幻觉 | 有强烈的、持续性的精神紧张，如紧张、担忧，不安全感或发作性惊恐状态，如运动性不安、小动作增多、坐卧不宁或激动哭泣等 |
| 发病特点 | 缓慢发病；可能与身体患病、失去家人或朋友、经济收入或居住条件改变连在一起 | 缓慢发病；逐渐失去智力功能；头脑日益混乱；丧失做熟悉的事情的能力 | 突然发病；可能会在患病或手术后出现；功能迅速恶化 | 可能由来已久，并与特定的情境有关，也可能会在没有任何明显的外部刺激的情况下突然发病 |
| 认知特点 | 很少会丧失认知功能，但老人集中注意力和作决定有困难，可能会有轻微的记忆力丧失 | 记住近期的事件，学习新东西和与人沟通有困难。即使是在熟悉的环境中也容易搞不清方向和自己在哪儿 | 很快头脑混乱、失去定向感。意识水平出现波动，同时特别难保持注意力 | 焦虑时会有不合理的思维 |
| 情绪特点 | 失去对喜爱的事物的兴趣或乐趣；持续悲哀、易激惹、有负罪感和无望感，表现得嗜睡、冷漠或有强烈的忧虑 | 随着老人与身边的环境失去联结会变得被动、退缩。面对认知丧失可能会变得情绪激动 | 情绪激动、时起时落的躁狂、焦虑、不合作。对他人可能会有言语和身体攻击 | 深深的恐惧感，过于忧虑、心烦意乱、坐卧不宁，情绪易激动 |
| 身体特点 | 胃口和睡眠紊乱；抱怨又讲不清楚身体不适，医治又没有效果；看起来非常悲伤 | 看起来“迷失”、混乱。可能衣着不当或者有迹象表明照顾不好自己 | 可能显得非常没有定向感。外表可能乱七八糟 | 可能会心跳过速、呼吸过快、眩晕或出汗过多，有诸如头痛、肠胃不适、发抖、胸闷和失眠等严重的躯体症状 |

续表

| | 抑郁症 | 认知症 | 谵妄 | 焦虑症 |
|---|---|---|---|---|
| 风险因素 | 家族有抑郁症病史、女性、社会隔离、身体患病、低收入、服用的药物的副作用会造成抑郁症 | 有阿尔茨海默病或唐氏综合征家族病史，高龄 | 服用多种药物，有吸毒或酗酒史，营养不良和脱水，近期患病或动过手术，有帕金森病或多重硬化症，或者总体上健康差 | 生物学因素，如遗传影响与生理因素、疾病等；心理因素，如认知情绪等；社会因素，如居住环境、经济状况等 |

抑郁症的辨识性特点是影响老年人的情绪和情感；而认知症的特点是影响老年人的认知和智力功能；谵妄类似认知症，但是它的辨识性特点是发病突然，并且有生理方面的原因，这些生理方面的问题往往都可以逆转；焦虑症的典型特点是过度忧虑，有非理性的恐惧，并抱怨躯体不适，但是老年人可能只有焦虑行为而不是焦虑症。

抑郁症若不能及时治疗，有可能会导致老年人尝试自杀以求解脱长期悲哀和感到毫无价值带给自己的痛苦。患认知症的老年人表现出在熟悉的家里从事日常活动越来越力不从心，也可能是身体健康状况急剧下降，状况危险。如果不加以医治，谵妄有可能导致老年人由于身体衰竭或疾病而死亡。长期焦虑，会让老年人越来越加重社会隔离和情感上与他人的隔膜。

社会工作者要学会识别老年人的情绪问题。老人自己和家人可能并未意识到有问题，以致未能及时寻求帮助。比如，·位老人在老伴去世 3 年后还一直情绪低落，对以前感兴趣的事也提不起精神，不愿出门，每天入睡困难而且早醒，常常觉得活着没啥意思。家人总认为是因为跟老伴感情深、放不下，但实际上是有抑郁症的典型症状，需要尽快去医院做进一步的检查。

### （二）虐待和疏于照顾问题

虐待老人指的是恶意对待老人，在身体上、情感或心理上、性方面或经济方面对老人构成非人道对待或剥削。疏于照顾老人既包括主动也包括被动地让老人得不到所需的照顾，导致老人的身体、情绪或心理方面健康的衰退。表 5-3 总结了老人最常见的受到恶意对待的类型、他人的恶意行为或老人自己的疏忽行为、受到各类恶意对待的症状以及与每一恶意对待类型相关的风险因素或情境。

**表 5-3　　恶意对待老人问题综合描述**

| 恶意对待类型 | 恶意对待的行为表现 | 受到恶意对待的症状 | 高风险因素或情境 |
|---|---|---|---|
| 身体虐待 | 击打、体罚、推搡、冲撞、摇晃、掌击、烧烫和捏掐，不恰当地用药、限制人身自由或强迫进食 | 身体有擦伤、抽打伤痕、烧伤、烫伤、骨折或其他的由另外一个人造成的受伤；受伤很严重或不正常，不能归结为由摔跤或意外事故造成 | 老人的认知或身体有问题；老人对受伤非常警惕或紧张<br>照顾人拒绝让其他人见老人 |

续表

| 恶意对待类型 | 恶意对待的行为表现 | 受到恶意对待的症状 | 高风险因素或情境 |
|---|---|---|---|
| 性虐待 | 未经当事人同意发生性行为，各种类型的性攻击，包括强暴、鸡奸、非自愿地裸露身体或者拍摄色情图片 | 胸部或生殖器周围区域有擦伤、患无法解释原因的性传播疾病或感染、生殖器或肛门异常出血等 | 认知有问题或身体行动不便的妇女是有较高风险的人群；与认定的虐待人的关系的性质不正常或与性有染 |
| 情感或心理上的虐待 | 用语言或非语言的方式让老人遭受精神上的痛苦，包括责骂、威胁、恐吓或骚扰老人，还包括把老人当孩子对待或者有意断绝老人与他人的社会接触，以此为手段惩罚或控制老人 | 老人一直容易受激惹或持续退缩；虐待人会表现出害怕、退缩、愤怒或咄咄逼人 | 老人和照顾人都有社会隔离<br>认定的虐待人常常对老人非常盛气凌人、敌对<br>环境中可能还有其他的虐待行为，如凶狠地对待孩子 |
| 经济虐待 | 不恰当地使用老人的经济资源、个人财产或其他有价物品，包括伪造支票或法律文件 | 突然改变在银行办事的方式，老人抱怨没钱，老人提到赢了竞赛或中彩。突然改变遗嘱 | 老人认知有问题<br>有大笔现金或值钱的东西放在家中<br>曾有过受愚弄或受致富诈骗的经历 |
| 他人疏于照顾 | 主动或被动地未尽责满足老人身心康泰的需要，包括未能充分满足老人在饮食、居所、穿衣、医疗照顾和身体保护等方面的需要 | 尽管安排有人照顾老人，但老人的个人卫生差、褥疮没有得到护理治疗、水分摄取不足或营养不良，以及缺乏适当的看管<br>老人的居住条件不安全或不卫生 | 老人认知有问题或身体行动不便<br>老人的生活条件差而家中其他人的生活条件却看起来不错<br>照顾人酗酒吸毒等，损害了对老人的照顾 |
| 自我忽视 | 老人没能充分照顾自己又没有其他的照顾人<br>由于缺乏自我照顾、自我忽视会危及老人的身心安康 | 老人营养不良或严重脱水，有病却没有求治、个人卫生差，由于外表不洁可能会被他人疏远或排斥 | 老人认知有问题或身体行动不便，有明显的精神疾病；在独居或无家可归老人中比较常见<br>公安局、医院或其他场合的庇护所可能会接触到这类老人 |

女性比男性有更高的受到虐待的风险。老年人的年龄越大，就越容易成为虐待或疏于照顾的受害者。高龄老年人、身体不好和认知有问题的老年人更可能受到虐待或疏于照顾。主要介入措施包括：

（1）保护老年人免受经济方面的剥夺。

（2）提供支持性辅导。

（3）发展支持性服务。

（4）改变和调整环境。

**案例 5-1**

李爷爷77岁，老伴李奶奶75岁，老两口生活均能自理。儿子结婚后与老两口住在一起。最近儿子准备买房子，要求老两口拿出50万元。但老两口没有那么多钱，儿子要求将现在住的房子卖掉，李爷爷拒绝了，双方发生争执，闹得非常不愉快。其后儿子、儿媳妇多次因为房子问题对老两口出言不逊。有一次，趁李爷爷不在家，儿媳妇与李奶奶发生争吵，并辱骂、殴打了李奶奶，导致李奶奶身体多处被抓伤，左脸浮肿，跌倒后左腿骨折，经医院救治后回家休养。

李奶奶出院回家后，社会工作者小赵来到了李奶奶家，发现李奶奶神情恍惚、精神颓废，在与李奶奶的交谈中，李奶奶经常长吁短叹，直说“太丢人了”，甚至表达出轻生的念头。

社会工作者对李奶奶服务的介入，应包括危机初期干预与长期的支持辅导两方面。危机初期干预侧重于稳定李奶奶的情绪，让她看到生活的希望，避免发生意外。长期的支持辅导则应针对李奶奶关心的实际问题而展开。如李奶奶可能会有“自己没钱才导致挨打”“在街坊邻居面前太丢人了”等心理负担，社会工作者应及时发现问题，引导、帮助她卸下心理负担，恢复心理平衡。同时，社会工作者还应与李爷爷、李奶奶商议是否选择报警，并帮助李奶奶收集被虐待的证据。

在处理服务对象家庭关系时，为防止继续发生冲突和伤害，社会工作者也可建议小两口搬离出去，并对儿子、儿媳妇进行劝导，指明利害，帮助修复家庭关系。总之，社会工作者应对李奶奶家持续关注，并进行追踪评估。

### （三）临终关怀

作为一种专业照护方法，临终关怀通过运用早期确认、准确评估、治疗病痛以及心理干预的综合手段来缓解临终老人的痛苦，并以此来提高相关人群的生活质量。老年临终关怀社会工作是指具备相应专业价值观和拥有家庭功能维系、带领团队、渲染生命等知识的社会工作者，通过采用专业的照护方法与服务技巧对存在时间限制的老年服务对象（6个月或者更少）及其家庭提供缓解极端痛苦、维护死亡尊严、哀伤辅导等服务，最终拓展临终老年服务对象生命广度和生命质量的过程。

一般来说，临终关怀社会工作服务的主要内容包括：

（1）控制疼痛和症状，包括音乐治疗、艺术治疗、宠物治疗、戏剧治疗等。按摩和做运动也常用来缓解临终者及其家庭照顾人身体上承受的压力。

（2）协助老人及其家人解决医疗费用方面的问题。

（3）提供丧亲后续服务。后续服务认为尽管照顾濒临死亡的亲人不容易，但是处理亲人离去后的哀伤也需要得到社会支持和专业协助。

### （四）丧亲问题

丧亲是老年阶段的重大问题，社会工作者要帮助老年人及其家人应对好这一问题。著名学者伊丽莎白·库伯勒·罗斯提出，人们在接受自己不可避免的死亡或他人的死亡时会经历几个阶段，包括：

（1）否认期。刚得知死亡或濒临死亡的消息时感到震惊和麻木，人们常常在心理上拒绝接受这一信息。

（2）愤怒期。当麻木感消失后，濒临死亡的人或者其家人可能会感到非常愤怒。愤怒的对象可能是非现实生活中的神明，也可能是医护人员或者行将离世的人。

（3）讨价还价期。讨价还价的特点是向外界或自己提出一系列的“交换条件”，要求多活几年。

（4）抑郁期。当愤怒和讨价还价都不能改变死亡一定会降临的事实时，人们常常会抑郁，会变得非常绝望或者退缩，有典型的抑郁症的临床症状。

（5）接受期。濒临死亡或者丧亲的人进入能“安静地期待”死亡来临的状态，他们尽管没有绝望或者屈从死亡，但是不再与不可避免的死亡苦苦抗争。

行将去世的老人在身体、心理、社会和精神方面有一些特定的需求，如害怕延长身体上的不适或痛苦；关心自己的身体形象和其他人对自己的观感；需要尽可能长久地保持对自己生命的某种掌控；需要跟家人和朋友保持接触，尽管此时他本人和家人、朋友常常都有退缩行为；需要有机会在一个安全的、能接纳他们的氛围里谈论即将到来的死亡；需要寻求生命的意义等。

社会工作者在老人濒临死亡时要做的重要工作如下：

（1）提供情感支持。协助老人及其家人处理伴随临近死亡而来的多种复杂的情绪，敞开心扉，处理未了的事宜。

（2）代表老人及其家人争取合理权益。社会工作者可以代表老年人及其家人跟其他专业人员打交道，确保医护人员能敏锐地体察和理解老人及其家人的需要。

（3）提供相关信息。帮助老人及其家人得到有关病情、备选处置方案、预留治疗指示、临终关怀和支持性服务的信息。如一个家庭正在考虑临终关怀服务，那么社会工作者就可以为其提供本地临终关怀组织的相关信息，并细化作出这一选择的步骤。

（4）做丧亲辅导。帮助老人及其家人把丧亲视为一个长期的系列调整过程，促使他们在生活方式和态度上有所改变。社会工作者提供一些支持性服务，包括个人或家庭辅导、家务服务、技能培训、开办支持性小组、组织社会和娱乐性活动等。

### （五）自杀

#### 1. 老年人自杀的高危因素

儿时受到虐待、一生人际关系困难、酗酒、吸毒和长期抑郁都与老年人自杀高度相关。抑郁是老年人自杀最重大的风险因素。身体疾病、近期亲友去世也会增加老人自杀的风险。老人在伴侣去世后的第一年自杀的风险最高，以后这一风险会逐年降低。家族中有自杀未遂、自杀死亡或严重精神疾病情况的老人更可能自杀。受到社会歧视，被家人虐待和遗弃也是自杀的高风险因素。

#### 2. 自杀评估

评估老人的自杀倾向可能比年轻人更困难，因为老人不大愿意说出自杀打算，并且真的实施自杀的可能性要大得多。社会工作者需要意识到与老人自杀有关的风险因素，并通过直接的、间接的和行为上的线索加以评估。

（1）直接线索。老人若说要结束自己的生命便是直接的线索，表明他正在考虑终止自己的生命。如果老人有这类直接表达的话，那么就要问他一些问题，进一步筛查自杀倾向，包括老人是否有具体的计划和实施计划的途径，如果有的话，那么就要马上采取行动。老人正在考虑的自杀手段越致命，其实施方案的可能性就越大，完成自杀企图的风险就越高。

（2）间接线索。老人比较间接地表明打算自杀，比如老人说“我会很久都不在这儿”“我已经厌倦了这一切”或者“没了我你们会过得好些”。这些话是直接肯定他们的生命有价值、他们对某人来说很重要。尽管家人和专业人员可能觉得这样的话让人恼怒，但其实这是老人在绝望地呼救，需予以重视。

（3）行为线索。有些老人没有提供任何口头线索，他们决定要结束自己的生命，并且不愿讲给他人听。这些老人常常会在行为上流露出一些信息，应该被视为警示信号。国外学者提出下面一些信号表明老人有自杀倾向：企图自杀或者过去自杀过，储存药物，出人意料地留遗嘱或修改遗嘱，突然开始筹划葬礼安排，突然把贵重物品送人，非本人性格特点的不在意自己或不做家务，长期情绪焦灼不安或抑郁却突然变得安稳、平和。

有其中任何一种表现，本身并不一定表明就有自杀倾向，然而，当这些风险信号与直接或间接线索一起出现时，老人实际采取自杀行动的风险可能就很高。社会工作者如果认为老人的自杀风险高，就要咨询老人的家人，获得老人近期行为表现更为完整的资料。

**案例 5-2**

张女士一共育有三个子女，其中两个女儿自幼就腿有残疾，只有儿子是健全的。张女士和丈夫努力种地，含辛茹苦把三个孩子养大。随着两个女儿先后出嫁，眼看要过上好日子，没承想儿子却意外出车祸死亡，这给了张女士致命的打击。

此后，大女儿把张女士夫妇接到自己家生活，进行照顾。但是从那时候起，张女士的情绪开始发生变化。大女儿夫妇都是残疾人，靠种植蘑菇维持生计，还有两个孩子在读书。看到女儿家里的生活状况，张女士越来越觉得自己是家庭的累赘。为此，她曾多次背着女儿尝试要自杀，但都没成功。后来，张女士甚至背着女儿悄悄地把自己穿的衣服送给了别人，别人问她为什么送衣服，她说自己穿不着了，放着是浪费。一天早上，大女儿要出门干活，临出门前，张女士还给女儿交代了一连串的事情。大女儿出门干活后不久，张女士就上吊自杀了，时年 79 岁。从大女儿出门到自杀死亡，她离开大女儿视线的时间只有短短的 26 分钟。

在上面的案例中，张女士在自杀前留下的可以辨识的线索包括：觉得自己活着没有价值，是家庭的累赘；多次背着女儿自杀未遂；无缘无故地将自己穿的衣服送给他人；在女儿出门干活前交代各种事情，等等。这些都是老人自杀前比较典型的一些行为线索。社会工作者如果在服务老人时发现上述类似线索，需要高度注意，并和家人朋友一起采取行动，防止老人自杀。

3. 自杀干预

老年社会工作者在做显示出自杀倾向的老人的工作时，要担当先行者的角色，进行危机干预。应对措施包括：设定一个极短时间内能够实现的目标，帮助老人缓解感受到的压力；清除眼前的危险，如储存的药物；找人陪着老人，或者联络医护人员让老人住院接受进一步的评估；同老人作安全约定，让老人答应在社会工作者下次来探望前不要自杀，并在每次联络老人时重新确认老人的这一承诺。社会工作者可能还需要做简短的缅怀往事治疗，积极地与老人一起回忆其曾经的辉煌与贡献。

另外，动员老人外部环境的资源，诸如家人和朋友的力量也很重要。老人常常会在看不到有什么解决问题的办法时，认为自杀是一种办法。制订行动方案，为看似无法应对的问题提供解决途径，可能会给老人灌注希望。

## 第三节　老年社会工作的主要方法

开展老年社会工作需要运用评估工具、通用社会工作方法及一些独特的工作方法，如缅怀往事法、现实辨识小组和动机激发小组等。社区照顾及养老机构中社会工作方法的运用也十分重要。

### 一、老年人评估

#### （一）老年人评估的意义

有效识别老年人社会服务方面的需求是开展老年社会工作的重要前提。一些评估工具已经在现有的为老服务中被广泛采用，并起到至关重要的作用。民政部于2013年出台了《老年人能力评估》行业标准，推动以科学评估的结果作为提供养老服务的依据。

对老年社会工作而言，良好的评估工具的实践意义主要如下：

第一，通过它社会工作者可以研究老年人的优势和面临的挑战，识别出工作中的有利因素和不利因素，更妥善地统筹资源。

第二，良好的评估工具使老年社会工作者能够准确、高效地甄别老年人的个人和家庭问题，有效地判定问题，规避可能出现的风险，调动和运用好资源，有针对性地制订工作方案并开展工作，起到事半功倍的效果。

第三，可以起到基线测量的作用，使对干预成效的评价更有依据。

第四，它是将相关工作规范化、标准化的有效手段，使为老年人服务的质量更有保障。

按照不同的目的，老年人评估可以分为三类，即社区居家养老评估、机构养老评估和老年个案管理评估。

#### （二）老年人评估的基本类型

1. 社区居家养老评估

社区居家养老评估的重点是老年人的独立生活能力、自我管理能力与环境支持条件。评估会涉及老人的疾病诊断、健康状况和疾病预防处理、营养、排泄、认知能力、感知觉与沟通能力、情绪状态、行为表现、日常生活能力、社交活动、非正式支持体系的作用、家居环境、医疗及社区服务的使用等。

2. 机构养老评估

不同的老人院舍适宜于不同需求的老人，养老机构评估的重点是老年人的需求能否与机构提供的服务相匹配。一些老年机构只接收生活完全自理的老人，也有的机构只接收需卧床护理的老人。因此，在评估的时候，各类机构的侧重点会有所不同，社会工作者在组织和参与评估的时候使用的方式也会不同。通常养老机构对入住老人的评估更注重老年医学方面的一些指标，如疾病诊断、健康状况、疾病预防处理以及用药情况，也会评估老人的日常生活、社会交往和社会支持等方面的能力。

（三）老年人评估的目的

社会工作者所作的老年人评估的目的是要获取一些基本信息，并在此基础上识别出哪些支持性或康复性服务可以帮助老年人保持独立的、满意的生活方式。评估还是一个教育性的过程，它让老人和相应的支持系统警惕可能会影响老人福利的高危情况的出现。评估常常是在老人有改变之后进行，诸如患上严重的疾病、跌倒、丧偶、改变居住安排或者家庭成员或照顾人发觉老人有某方面的困难。一个实实在在的评估既应该识别出老人能充分发挥功能之处，也应该识别老人面对的重大挑战。一旦识别出老人受到的限制，就要以支持老人康复或者得到替代功能为目标提供具体服务。

概括地说，评估有以下 4 个目的：①识别老人的优势和不足。②识别支持和维护现有功能的方法。③识别恢复丧失功能的干预措施。④识别替代丧失功能的支持性措施。

（四）老年人评估的方法

建设性的评估，是把社会工作者的观察和印象与老年人自己对自身功能水平的看法结合到一起。只有老年人认识到自己受到的限制并接受增强日常功能的服务，获得的东西才更多。

1. 实施评估的物理环境

理想的评估场所是在老人家里。让老人处在自己熟悉的地方，会减少老人在陌生环境中出现的注意力分散和焦虑。家庭场所还能给社会工作者提供非常宝贵的信息，验证或质疑老人对自身功能状况的描述。如果不能在家中作评估，那么让老人待在自己已经习惯的房间或空间里会比让老人去不熟悉的地方更有益处。

社会工作者要确定老人能得到辅助性的器具，诸如助听器、眼镜、假牙等，或者步行器、拐杖之类的行走器械。还有非常重要的一点，那就是评估场所要有充足的光线，这样老人就能看见评估所使用的书面材料，清楚地看到做评估的社会工作者。要尽量减少由开门、背景噪声或者强光造成的注意力分散。

如果评估时需要老年人提供具体的药物治疗、医疗记录或经济状况方面的资料，那么最好提前沟通，让他有所准备。老年人如果基本了解评估的内容，那么在面谈的时候就会更加自信。

尽管从家人、邻居和医护人员获得额外的评估资料可能会有帮助，但是在第一次评估时要尽量跟老人单独进行。有配偶或家人在身边不仅会影响老人对于问题的答案，而且增加了他人试图代老人回答问题的可能性。

2. 选择最佳时机做评估

社会工作者要选一个老年人不疲倦或感觉尚好的时候做评估。对于健康状况非常差的老年人，可以分几次进行，每次时间都不能太长。

3. 解释评估的目的

老人需要非常详尽地知道评估的目的，谁要求做评估（如果不是老人自己的话），以及最终的评估结果会用来做什么。评估必须获得老人在知情情况下的授权。当老人不能给予知情同意时，或者显得没有能力理解评估的目的时，社会工作者应当尽一切可能保护老人的权利和尊严。家庭成员或指定的照顾人要完全了解评估过程中会做些什么，在老人认知能力有限的情况下，他们会拿到评估的结果。

4. 注意保密问题

在做老年人评估的时候，绝对保密难以做到，不应该用它来鼓励老人说出自己的情况，其他相关方的人（社会服务组织、民政、社会保障等组织和部门人员）可能要看相关资料。社会工作者有责任告知老人都采取了什么措施保密，让老人知道只有在绝对必要的情况下才会把资料披露给有权过问老人福祉的服务提供者和家人。社会工作者有义务据实向老人解释保密的相关事宜。

5. 通过观察收集评估信息

评估信息既需要通过与老人的沟通交流来获得，也需要通过观察来补充和验证。听力减退的老人可能会用点头来表示能听到你的话，但是不能恰当地回答，或者不理会你的问题。视力减退的人可能会在说话的时候眯着眼或头向着说话的人倾斜，这是试图寻找声源。家中闻到危险的气味，如燃气味或烟味，而老人没注意到，表明老人的嗅觉有问题。家中的温度过热或过冷可能是一个警示信号，表明老人有可能会体温过高或过低。观察到的东西能成为询问身体健康方面的问题的重要补充。

（五）老年人评估的工具

社会工作者最常做的是老人的基础性评估，这类评估一般是综合性的，除了收集老年社会人口特征方面的资料外，通常会评估身体健康、心理和情绪方面的安康、社会功能、日常活动能力、经济状况及环境安全 6 个方面的状况。下面介绍常用的一些评估工具。

在身体健康方面，评估工具一般包括疾病诊断、治疗和用药情况的筛查表。老年常见病、慢性病是关注的重点。此外，这方面的评估还会了解相关社会服务的使用情况。

在心理和情绪方面，评估的重点是认知功能和情绪状况。认知功能包括近期记忆、程序记忆、定向能力、判断能力等。蒙特利尔认知评估量表（MoCA）是常被用来判断和衡量老年人轻度认知功能障碍（Mild Cognitive Impairment，MCI）的测量工具。蒙特利尔认知评估量表共包括 8 项认知领域的测试：视空间与执行功能、命名、记忆、注意力、语言、抽象、延迟回忆、定向力。量表的总分是 30 分，以 26 分为分界值，得分≥26 分表示认知功能正常；20~25 分表示有轻度认知功能障碍；<20 分表示有显著认知功能障碍。如果受教育年限≤12 年，需要在测试结果上再加 1 分，得分越高表示认知功能越好。目前我国已有修订的中文版量表，有较好的信度和效度。情绪状况的评估包括抑郁症状、焦虑症状和自杀意念等。有关老年抑郁症已有专门的评估工具。常用的甄别抑郁症初步症状的检测工具是老年抑郁量表（Geriatric Depression Scale，GDS）。量表包括观念、躯体症状和行为 3 个维度的测查。老年抑郁量表有 30 道题的版本以及 15 道题的简化版，建议根据受访者的实际情况进行选择。如果老年人的体力有限或者交流不便，则简化版老年抑郁量表更为适用。

在社会功能方面，评估的目的：一是要确定老人参与了哪些社会活动或者想参与哪些社会活动，二是要确定老人是否有自认为能够调动的社会支持资源。评估的重点是社会参与和社会支持，包括老人的生活方式、参与的活动、感知到和获得的社会支持。有关社会支持已有成熟的量表可以使用，如鲁宾的社会支持网络量表（Lubben Social Network Scale，LSNS）、肖水源的社会支持评定量表（Social Support Rating Scale，

SSRS）。前者主要评估受访者在家庭关系或者朋友关系方面的社会网络/支持程度，后者主要评估受访者的主观支持、客观支持和对社会支持的利用度。

在日常生活能力方面，评估的重点是独立生活能力，包括自我照顾能力和独立生活能力。日常生活自理能力指的是人们在家庭和本地社区中生活所需具备的最基础的能力，通过巴氏量表（Barthel Index）进行测量。这个量表包括10道题，询问受访者在过去的3个月内从事10项日常活动时是否需要协助。这10道题包括步行能力、上下楼梯、上下床和从座椅上起立、吃饭、穿衣、洗漱、洗澡、去洗手间以及是否大小便失禁。每题最高10分，最低0分，总的得分范围是0~100分。分数越高，表明受访者日常生活自理能力越高。工具性日常生活自理能力则是人们在家庭和本地社区中生活所需具备的相对较高水平的能力。工具性日常生活自理能力量表（Instrumental Activities of Daily Living，IADL）有7道题，包括准备饭菜、做家务、管理财务、处理药物、打电话、外出使用交通工具和外出购物。受访者需要就这些问题回答两类问题：一类是受访者在从事这些活动中的表现（0代表完全独立完成；1代表需要部分协助；2代表需要完全协助）；另一类是受访者评价从事这些活动的难度（0代表无困难；1代表有困难；2代表非常困难）。

在经济状况方面，重点是评估老人是否存在经济方面的困难，影响老人的基本生活和健康维护。了解一下老人的经济状况，有助于识别他是否有资格享受社会救助或其他来源的经济或物质方面的援助。这方面的评估，通常包括老人个人的固定收入，也包括共同生活的家庭成员收入。

在环境安全方面，重点是评估家居环境的安全性。包括观察房屋总体修缮情况、家居有无安全隐患和基本的安全防护措施，确保老人居住的环境对人身安全有保障。

### （六）老年人评估的注意事项

评估是社会工作者与老年人合作共同完成的，是两者都有所贡献的一个动态过程。社会工作者与老人共同评定出老人在身体、心理、精神、社会生活、日常生活能力、经济和家居环境等方面的功能状况。评估要特别注意下面几点：

（1）平衡好老人自立与依赖他人的需要，防止老人不惜代价保持自立，让自己生活充满风险，生存、生活受到损害，或者另一极端，不当地过于依赖他人。

（2）关注最初提议做评估的人。在老年社会工作中，最早提议做评估和干预的人往往不是老人自己，而是与他有接触的身边的人。因而，评估时要特别注意最初提议做评估的人的看法和老人自己对待评估的态度。明确在评估中相关方的角色，有助于厘清以谁的目标为重以及如何信守服务对象自决原则。

（3）通过评估为老年人充权。接受评估容易使老年人在客观上陷入一种无力、无权的境地，在心理上产生无力的感觉，所以在评估过程中既要评估不足，也要评估优势。

（4）重视老年人群体的异质性。老年人群体的异质性非常强，社会工作者在做评估的时候应当把每个老人都当成独特的个体来对待。

（5）尊重老年人的隐私权。在大多数的评估中都要求服务对象透露一些个人隐私性的东西。社会工作者在评估过程中要维护服务对象的尊严。

**案例 5-3**

王女士，69 岁。一年前开始出现轻度阿尔茨海默病的症状，经常转身就忘记自己做过什么事情。3 个月前外出买菜，路上被电瓶车意外刮倒，右腿骨折，虽已出院在家康复，但仍需坐轮椅，无法行走，目前由其丈夫李先生照顾。李先生已经 73 岁，身体较为健康。两位老人有一个儿子，但是已结婚，在外省定居，每月回家一次。

社会工作者在对王女士夫妇的服务需求进行评估时应关注以下要点：

（1）确认王女士的认知能力和日常生活能力。社会工作者应使用简易评估工具，对王女士的时间和空间的识别能力进行判断，以初步确定她当前的认知情况，为后续的服务作预判。比如，运用蒙特利尔认知评估量表（MoCA）进行初步的筛查。同时，确认王女士的日常生活自理能力也极为重要，这部分决定了她服务需求的程度以及服务的类型。可以使用日常生活自理能力量表（ADL）和工具性日常生活自理能力量表（IADL）收集资料。

（2）需要了解照顾者的照顾压力。李先生目前已经 73 岁，虽身体较为健康，但要完全照顾王女士的饮食起居以及健康护理，还是有些压力。若王女士需要李先生的帮助才能完成翻身、走路、洗澡、如厕，那李先生的照顾压力就会增大。这时需要同时考虑李先生的照顾压力和照顾能力。若李先生的身体状况无法承受长时间照顾他人，在后续的服务过程中还应重视照顾者的需求。

（3）需要观察家庭及社区中的无障碍设施。观察生活区的物理环境，对于日常生活能力受限的老年人至关重要。目前王女士依然需要坐轮椅，所以评估人员在进行评估的时候需要仔细观察老人家中和社区的物理环境是否安全便利；家中是否有帮助老人恢复的器材；浴室是否有防滑设置；座椅是否有助起的功用；住所在几楼，是否有电梯；社区及周围是否有无障碍设施，出行是否方便。

（4）医疗服务或康复护理资源对老人极为重要。虽然李先生可以在日常生活中照顾老伴，但是李先生做不了专业的腿部康复。由于王女士还在腿部恢复的初期，所以便捷的医疗服务或康复护理极为重要。这需要评估人员对社区及社区周围进行评估，查看附近是否有可用的相关康复资源。

（5）需要了解两位老人的精神健康状况。实证研究发现，与普通人群相比较，长期照顾者更容易产生抑郁情绪。李先生已照顾老伴一年。而王女士时常会忘记东西，有时候会发呆，面对自身记忆力的衰退，她会有焦虑的情绪，在强照顾压力下也容易导致两位老人产生矛盾。评估人员需要了解两位老人的精神健康状况，若有老人伴有抑郁或焦虑情绪，则在后期干预时应匹配相关服务。

（6）还需要了解老人的社会支持情况。两位老人唯一的儿子在外省，且有工作，儿子和儿媳妇会轮流每月回家一次照顾老人。但是，目前两位老人急需有人承担起照顾者的角色。关于工具支持，需要了解儿子、儿媳妇是否能够请假回家照顾老人一段时间；老人身边是否有其他亲朋好友；邻里关系是否良好，邻里或社区是否能够提供一定的帮助。关于情感性支持，需要了解老人遇到困难时是否有能够及时提供帮助的人；有情绪问题或情感困惑时是否能有人听其倾诉。此外，需要了解家里的经济状况，特别是医疗和照护费用是否可以通过长期照护保险等报销的问题。

## 二、老年人个案工作方法

老年人的身心与社会生活特点使之面临着一些特定的问题与需要，因此应针对老年服务对象的独特需要采取一些具有专业性的个案工作方法，比较有代表性的方法包括缅怀往事疗法、意义疗法和园艺疗法等。

### （一）缅怀往事疗法

缅怀往事疗法是基于老年人的心理特点发展而来的。老年人常回忆往事，心理学家认为这是老年人的一种调节机制。适当加以引导的往事回顾对老年人来说，能完成“自我完整”这一心理学家埃里克森所说的老年期的人生任务，从而避免陷入绝望。通过回忆一生的成就，老年人能增强自己进入老年后的自尊。而且，老年人对于过往的兴趣，可以弥补目前探索和把握不断变化的环境所受到的能力和机会上的限制。回顾过去痛苦的经历或者一直未能解决的冲突，能使老人通过接受专业辅导，重整对这些事的看法，接纳过去，或者采取行动解决问题。

国外有学者将缅怀往事分成了 6 种不同类型。第一种是整合性缅怀往事，这是人生回顾型，目的是帮助老人通过解决冲突，接纳过去与现在的不同，找到人生的意义和为离世做准备，来获得对过往人生的整合性看法。第二种是工具性缅怀往事，指重拾过去用过的解决问题技能和应对方法。第三种是传递性缅怀往事，指将有关文化遗产或个人的传奇故事传递给下一代。第四种是叙事性缅怀往事，指描述性地回忆生平经历或过去的逸事。第五种是规避现实型缅怀往事，指的是回顾能带来自豪感的过去，抵御眼前的困境。第六种是强迫性缅怀往事，指的是重新发掘能带来内疚、苦涩和绝望感的负面回忆。

**案例 5-4**

在婚姻回顾中，老李夫妇回忆起早年老李丢了工作、家庭面临生活维持不下去时的困难情形。对于丈夫丢掉工作这件事，妻子终于说出对不得不把孩子送给别人照看、自己做养家糊口的顶梁柱等的不满想法。尽管如此，在述说自己的不满时，她也认识到重新工作让她有了一些技能和自信，可以说自己不只是妻子和母亲，还有了一些自己喜爱的角色，这些角色应付起来并不是那么困难。40 年后再来看这一负面事件带来的积极结果，对于帮她把愤怒转化为理解有非常宝贵的价值。尽管这对夫妇不会把这件事看成是婚姻中的快乐时光，但是能从积极的一面重新诠释，有助于动员起已有的技能，协助他们重新看待目前遇到的与年龄有关的挑战。

上面是一个工具性缅怀往事的例子。缅怀往事疗法对老年人的抑郁症、自尊和社会化有积极的作用。对认知有严重问题的老年人，如患认知症的老年人，这一方法并不适用，但对有轻微认知症的老人可以有好的成效。行为错乱的、有严重精神疾病的老人和失禁的老人也不适宜用这一方法。

社会工作者常用的类型有人生回顾型缅怀往事。在运用这一方法时最好先做一下前测，了解老年人对生活的感受。比如，可以运用相关量表了解老年人的生活满足感和抑郁症状，建立评估的基线。人生回顾不仅是要更好地了解老年人的一生，重要的是通过回顾获得领悟，使老年人走出过去的阴影，生活得更满意，更有建设性。所以建立评估的基线很重要，它可以让社会工作者和老年人在工作结束的时候能评估介入的成效。

人生回顾疗法所用的时间可以根据老年人做人生回顾的目的、老年人的健康状况、个人的偏好等决定，一般每个重要的人生阶段会用两节的时间来讨论。在内容安排上，可以制订一套方案，明确探查的领域，比如可以探查死亡、悲伤、恐惧、读书生活、艰难的事情、工作和与他人的关系等。这些内容在有的人生阶段可能是重点，但不是每个阶段都要探讨这些话题，可以根据老年人的情况加以删减。在回顾过程中，还要帮助老年人发现人生历程中的一些主题，让他了解这些主题如何影响他过去和现在的生活。特别要发现让老年人失去和得到对生活的掌控感的一些主题，前者包括焦虑、否定、绝望、无助、孤立、孤独和丧失等，后者则包括联结、应对、效能、希望和信任等。让老年人逐步识别自己拥有的力量是人生回顾疗法的部分目的。

社会工作者可以和老年人设计制作具体的成果来总结和结束人生回顾。比如做一个相册或录像光盘等，但并非一定要这样做。必须做的是对整个介入进行结果测评，对比介入前的测评，评估介入的效果。

### （二）意义疗法

意义疗法是弗兰克尔在弗洛伊德精神分析理论强调快乐原则和阿德勒个体心理学强调权力原则的基础上，结合自己在纳粹集中营的生活经历而提出的一种心理治疗理论和方法，强调发挥服务对象的主动性，设法在治疗过程中协助患者领悟并追寻生命的意义，摆脱外部环境导致的心理焦虑、空虚、无意义感，激发患者的创造力和潜能，从而确立正向积极的生命价值观，活出高质量的人生。

社会工作可以根据老年人发现生命意义的途径将意义疗法划分为自我意义模式、生活意义模式、工作意义模式以及社会意义模式。

#### 1. 自我意义模式

自我意义模式指的是通过探索老年人内心、整合自我，找到自我存在的特殊意义，重在解答自我意义问题，激活人体内在疗愈潜能。意义疗法主要是一种侧重价值、帮助老年人把握生活的教育，而把握生活的能力则是以超越自我需要的自我意识为开端，这种自我意识既能提高个体对动力、需求及渴望的内在认识，又能增强个体对社会交往中的生命意义的外在认识。从形式上看，自我意义表现出认知、情感、意志 3 种形式，即自我认识、自我体验和自我调控。其一，自我认识，指个体对生理自我、心理自我和社会自我的认识，包括自我感觉、自我分析、自我评价等方面，主要解决“我是一个什么样的人”的问题。其二，自我体验，指个体在自我认识的基础上所产生的态度，包括自尊、自信、自卑等方面。其中，自尊是自我体验中最主要的方面。其三，自我调控，指个体对自我心理和行为的调节与控制，包括自我监督、自我克制、自我塑造等方面。自我认识是基础，决定自我体验的主导心境以及自我调控的主要内容；自我体验又强化自我认识，决定自我调控的行动力度；自我调控则是完善自我的实际途径，对自我认识、自我体验都具有调节作用。三者相互联系、相互制约、相互整合，形成完整的自我意识，最终指向自我实现。

#### 2. 生活意义模式

弗兰克尔指出，使得我们生活有意义的，是我们所给予生活的，而不是我们从生活中索取的。生活意义模式即通过体验生活历程中某个事件、仪式、人物或者关系的前因后果以及多维脉络，去发现事物后面蕴含的价值，并以此反思或提升生命的意义。该模式尤其强调体验的价值，即通过思考或享受创造之美，或体验与他人的爱为纽带来证明的价值，正所谓“你所经历的，世人夺不去”。比如爱情和家庭，就具有多种维度和意义可能性。弗兰克尔认为，通过与他人相爱，将意义作为生活核心，用积极的态度拥抱生活，不仅能使所爱之人认识到自己的所能和应为，还能促进其自我潜能的实现。可见，意义是我们生活的基础和核心。如果不能理解生活的深层意义，就无法与他人建立联系；如果不了解意义的来源，就无法引导自己走出生活的混沌状态；如果不能对生活抱有一种感激态度，就无法应对生活中的兴衰沉浮。无论境况如何，生活都是充满意义的，社会工作就是要协助老年人摒弃环境的侵扰，学会追寻和确认生活的意义。

3. 工作意义模式

工作意义模式是指通过创造性的行动实现意义，即利用老年人的天赋去创造一些以前不存在的东西或者贡献。弗兰克尔指出，重要的不是工作本身的类型，而是个体完成工作的方式。每个人在各自的领域或职责范围内，都有可能以建设性的方式贡献自己独特的才能，实现自己独特的意义。努力寻找工作的深层意义，不仅有助于个体认识自我、探索自我、控制自我以及反思自我，更是挖掘自我潜能、激发创造力和自我实现的必要条件。在此模式下的社会工作服务，重在协助服务对象与别人建立有意义的联系，树立对所从事工作的目标和梦想，并用积极的态度拥抱生活，由此发现工作和人生的价值和意义。

4. 社会意义模式

社会意义模式即是社会工作者通过社会关系联结、社会网络建构、社会事件赋意以及社会责任承担去协助老年人重构态度价值，并恢复和增强自我价值感、参与感、意义感以及社会功能，从而发现人生的意义所在。所谓“态度价值”即是服务对象对命运所持有的看法，以及对无法控制且无法改变的环境的态度。它是一种面对不可改变的事件时，有勇气、有尊严地面对苦难的能力，即有选择态度的自由。虽然苦难并非一种幸福快乐的经历和体验，但如果经历了苦难的人能够转换自我思维方式，将其视为一种积极的人生体验，就能将悲剧性的人生经历转化为积极性的人生成就。为此，社会工作者一方面要协助老年人认识到各类社会关系的重要性，使其积极参与家庭生活、社区活动、学校教育以及朋辈互动，承担家庭照顾、社区参与、义务教育以及互助互爱的责任，在社会关系的总体框架中认识到自我的价值以及苦难的意义；另一方面要协助老年人积极拓展社会支持与人生格局，通过参与志愿服务、承担社会责任、增强家国情怀等途径，去反思自我局限，认识自我价值，促进自我实现，表达社会关怀，促进社会功能。

（三）园艺疗法

园艺疗法（Horticultura Therapy）是源于自然和植物的一种疗法，旨在通过运用园艺植物、从事园艺活动以及园艺环境对人们产生的作用，改善身心状态，缓解症状以维持和增进健康，提高生活质量。面对多样性的服务对象，园艺疗法强调人在与植物相处的过程中激发潜能，并有效地帮助其实现身心功能恢复、家庭关系维系、社会功能发展以及共建美好社区等目标。

发展至今，园艺疗法已经形成了较为科学的体系，不仅包括传统的植物疗法（Plant Therapy）和园艺治疗（Horticultura Treatment），更拓展到花卉疗法（Flower Therapy）、芳香疗法（Aroma Therapy）、药草疗法（Phytotherapy）以及包括插花、押花、组合花园制作等在内的艺术疗法等。结合社会工作服务的特点和形态，园艺疗法可以有不同的分类模式。

1. 机构园艺模式

该模式是针对身体、心理和精神状况迫切需要改善的老年人群体，通过专门设计的园艺机构以及活动进行治疗的一种模式，具体手段包括感官刺激、康复花园、互助园艺、植物培育、植物心理治疗等。

2. 社区园艺模式

该模式是指利用园艺进行相关的休闲和娱乐活动，目标在于疾病的预防、健康状况的维护、社会交往的促进以及通过个人促进社区的发展方式。在这种模式下，没有明确的治疗目标，也没有固定的园艺活动方案，对掌握园艺疗法的专业人员配备无太大要求，其重点在于社会互动和园艺活动本身带给人们的益处。这种模式可在社区工作中得到广泛使用，可以通过社区花园、温室大棚、学校花园、城市绿化场地、自然中心、疗养花园和农村发展项目来加以实施。

3. 社会园艺模式

该模式的对象可以是所有人，它关注人的社会功能的提高，旨在利用园艺活动解决和预防服务对象社会功能的衰减问题、恢复和发展服务对象的社会功能。该模式强调以人的发展为核心，通过不同形式的园艺疗法活动，促进服务对象了解自我，发掘自身潜能，并最终实现自我。社会工作针对不同对象的特殊需要，可以结合不同社会系统和群体需求开展成长园艺、保健园艺、园艺养生、家庭园艺、园艺就业等多样性服务。

## 三、老年人小组工作方法

### （一）老年人小组工作的特点

尽管运用小组方法开展老年社会工作有其优势，但是在这一人群中运用小组方法时仍有一些应注意之处值得提醒。

（1）老年人有各种身体上的不便和知觉方面的限制，因此在开办小组的时候要有相应的调整，如轮椅的出入和使用辅助器具。

（2）在老年小组中，带领者可能自始至终都要扮演一个比较积极的角色。目前的老年人群体常常在小组活动时表现得要比年轻人群体被动。因此，小组带领者可能要投入额外的时间与小组成员建立个人关系。

（3）老年人由于其身心健康状况，常使小组工作的节奏比年轻人的小组慢许多。

在有些情形下，社会工作者不宜采用小组工作的方法，如老年人身体状况不好，出行有实际困难；患有器质性疾病，思维混乱；有精神疾病；有严重行为问题；正处于紧急的危机状况中等。

### （二）专门适用于老年人的小组

1. 现实辨识小组

现实辨识小组（Reality Orientation Group）的成员一般是有轻度到中度认知混乱的老年人，社会工作者通过环境中的一些提示，帮助他们确认时间、方位或者人。现实辨识小组一般在护理院、医院中开办。在理想的情况下，现实辨识小组是这些服务机构中常规工作的组成部分。小组工作只是机构让思维混乱的老年人与现实环境“接轨”的整体工作的一部分。

现实辨识小组一般每天活动1~2次，每次30分钟。理想的情况下小组由5~7人组成，另有一名小组带领者。如果小组中的老年人功能状况不太好，那么可能就需要两名带领者。表5-4是对开办现实辨识小组活动的一些建议。

**表5-4　　现实辨识小组的活动**

| |
|---|
| 1. 用应季水果和蔬菜 |
| 2. 讨论时事新闻，如重要的本地新闻、重要的历史事件纪念活动等 |
| 3. 玩简单的互动游戏，如跳棋或者需要和另一个人搭档的游戏 |
| 4. 听现在的音乐和过去熟悉的音乐 |
| 5. 用摄像机或数码相机拍照，让老人马上能看到结果 |
| 6. 为节日开办主题晚会 |
| 7. 在不同的季节到花园里散步或者找寻大自然留下的痕迹 |
| 8. 放映现在的电影和钟爱的老电影 |
| 9. 在节庆的时候观看焰火 |
| 10. 坐车在本地社区游览，观看节日装饰 |
| 11. 由健康护理人员或本地其他专家作教育性讲座 |
| 12. 邀请本地学校的乐队演出流行音乐 |

现实辨识小组认知对处在认知症早期阶段，想要保持时间感、方位感和辨识人的能力的老年人，最有裨益；对进入认知症晚期阶段，觉得退回到早年的某个时光或其他地方，而不那么害怕的老年人来说，它的效果就不太大。

2. 动机激发小组

老年社会工作者面临的最困难的任务之一，就是让老年人参加个人和群体的活动。长期缺少社会接触会让老年人的交往能力受损，变得淡漠和了无生气，强化退缩倾向。动机激发小组的目的就是要激发那些不再对眼前或将来感兴趣的人。小组活动是用来帮助老年人重新与他人建立联结，摆脱一直满脑子装的都是自己和自己的麻烦的状况。

动机激发小组一般由15个以内老年人组成，成员没有患认知症或抑郁症，有一定的听力和语言表达能力，能积极参与小组活动。小组活动通常有6~12节，每周举办一次。

挑选相互了解的人或有共同兴趣的人做组员，通常会减少一些老年人对加入小组的犹豫。社会工作者需要非常了解每位老人，能拟定有感召力的小组活动，然后运用掌握的老人情况去激发每个人的兴趣。

动机激发小组应该聚焦在让人愉悦的活动上，避免开展让老年人感到烦恼的关系、健康问题或个人感到无望的活动，因为这些负面问题让老年人脱离了与眼前生活的对接。表 5-5 列出了一些动机激发的活动建议。

**表 5-5　　动机激发小组的活动**

| 动机激发小组的活动 |
|---|
| 1. 园艺 |
| 2. 准备过节 |
| 3. 准备做 1~2 人的饭菜的小建议 |
| 4. 艺术和手工制作 |
| 5. 演示目前的计算机技术 |
| 6. 化妆和时装表演（用于妇女小组） |
| 7. 简单的、花费不多的装饰家的点子 |
| 8. 宠物见面会 |
| 9. 按章节大声朗读一部小说 |
| 10. 教育性的电视节目 |
| 11. 充当志愿者的机会 |

## 四、老年人社区照顾

社会工作者在老年人社区照顾中的工作重点是社会性照顾。主要处理：一是日常生活的实际协助；二是为老年人应对日常问题提供实际的建议和帮助；三是具体教授和指导老年人掌握新技能，或者强化现有的技能；四是专门的社会照顾评估、处置和康复方案，目的是改善个人的社会功能，让老年人能生活得更自由、更独立；五是保护老年人中的高风险人群。

### （一）老年人社区照顾的重点目标人群

老年社区工作的重点目标人群包括五保和“三无”老人、空巢老人、高龄老人、伤残老人、失独家庭老人和其他困难老人。

### （二）老年人社区照顾工作方案

#### 1. 老年友好型城市与老年宜居社区

老年友好型城市是在城市建设、规划和发展中，通过政策、管理和引导，以积极的姿态，发掘老年人和城市的潜能；通过社会服务、场所和设施支持，社区、企业、社会组织以及家庭和个人的参与，为老年人提供适宜的公共社会资源和人文环境；营造全社会尊重包容老年人的氛围，促进老年人全面融入社会，让老年人有更好的自主生活和社会参与机会，享有健康和尊严的老年生活。我国自 2009 年开始大力推动老年友好型城市和老年宜居社区的建设，先后推出了《老年友好型城市行动指南》《老年温馨家庭行动指南》《老龄宜居社区行动指南》，开展老年社区工作要以此为指导设计工作方案。

#### 2. 社区照顾

社区照顾的核心是“正常化”以及独立自主的自由选择，其内涵包括长期护理照料、非机构化、减少公共依赖、非正式照顾、选择与参与、需求导向的服务以及成本效益7个方面。它倡导的是老年人不脱离家庭与熟悉的社区环境而接受照顾服务，使其尽可能过着正常的社会生活。

按照巴利（M. Bayley）的分类，根据被照顾老年人的身体、心理、社会等状况，社区照顾被分为“由社区照顾”（care by the community）和“社区内照顾”（care in the community）两种模式。“由社区照顾”主要是非机构、非住宿、非隔离式的照顾方式，是受助人居家接受政府、社会、家人等社区内专业、非专业的服务人员所组成的综合性照顾，是一系列的支援性服务。“社区内照顾”主要是指机构形式的照顾，是指受助人需要依赖社区内的专业机构或受过训练的专业工作人员的照顾。

在“由社区照顾”中，有以家庭为中心的家庭照顾（非正式照顾）、居家照顾与日托照顾3种形式，其中以居家照顾与日托照顾为“由社区照顾”的主要模式。

## 五、老年机构照顾

社会工作者在机构照顾中的主要工作有：需求评估，入住引导，协助入住者及其家庭运用社区资源解决由入住机构带来的经济、法律、精神健康和其他方面的问题，制订机构的社会工作服务计划，协调各项社会服务方案，落实社会支持、个案管理、转介等。

### （一）养老机构的类型

我国常见的养老机构有下述类型：

（1）托老所。提供短期老人托管服务的社区养老服务场所，设有生活起居、文化娱乐、康复训练、医疗保健等多项服务设施，分为日托、全托、临时托等。

（2）老年公寓。专供老人，通常是生活能够自理的老人集中居住，公寓或老年住宅，具备餐饮、清洁卫生、文化娱乐、医疗保健等多项服务设施。

（3）护老院。专为接待生活需要一定协助的介助老人安度晚年而设置的社会养老服务机构，设有生活起居、文化娱乐、康复训练、医疗保健等多项服务设施。

（4）敬老院。在乡（镇）、村设置的供养“三无”（无法定扶养义务人，或者虽有法定扶养义务人，但是扶养义务人无扶养能力的；无劳动能力的；无生活来源的）、五保（吃、穿、住、医、葬）老人和接待社会上的老年人安度晚年的社会养老服务机构，设有生活起居、文化娱乐、康复训练、医疗保健等多项服务设施。

（5）老年福利院。由国家出资兴办、管理的综合接待“三无”老人、自理老人、介助老人、介护老人安度晚年而设置的社会养老服务机构，设有起居生活、文化娱乐、康复训练、医疗保健等多项服务设施。

（6）养老院或老人院。专为接待自理老人或综合接待自理老人、介助老人、介护老人安度晚年而设置的社会养老服务机构，设有生活起居、文化娱乐、康复训练、医疗保健等多项服务设施。

（7）老年护理院。专为接待生活自理有困难的介护老人安度晚年而设置的社会养老服务机构，设有生活起居、文化娱乐、康复训练、医疗保健等多项服务设施。

### （二）养老机构中社会工作服务的具体目标

长期照顾设施中的社会工作服务的具体目标包括：

（1）协助居住者及其家庭在每个成员留在设施中的时候，最大限度地利用本设施和社区相应的社会资源和健康资源。

（2）增强居住者、家庭、工作方案或设施的员工之间的沟通。

（3）协助本设施获得并维护具有治疗作用的环境。

（4）通过鼓励社区参与本设施的事宜以及居住者和员工参与社区的事务，推动本设施与社区的互动，与范围广泛的社区资源牵线搭桥，参与和其他的长期性的社会服务和健康照顾资源有关的服务计划评估工作和规划工作。

### （三）养老机构中社会工作者的工作内容

社会工作者在养老机构中扮演着非常重要的角色，其主要工作内容如下：

（1）接收前的服务，包括做生理、心理和社会功能评估，参与多学科人员对个人是否需要机构照顾的评估并做好接待将要入住的老人的准备。

（2）识别各种需求，协调各项服务，确保每位居住者在生理、心理和社会方面的需求都能得到满足。

（3）根据需要参与制订和重新评估用来满足每位居住者的生理、心理和社会需求的个别化的社会服务计划和多学科照顾计划。

（4）协助居住者及其家庭落实和运用经济、法律、精神健康和其他方面的社区资源。

（5）提供个人、家庭和小组服务，保持或强化居住者的生理、心理和社会功能。服务包括协助处理下述事宜：与居住者的疾病、伤残、处置、财务和医疗方面的决定有关的事宜；居住者在机构内部或机构间的转换、人际关系；重建社区生活；应对分离、丧失、濒临死亡和死亡事宜。

（6）通过制定和执行政策，教育居住者、机构员工和家庭了解居住者的权利，倡导给居住者适当的照顾和处置。

（7）协助居住者获得或保持身心健康最佳状态，同时帮助在精神或心理社会功能方面有困难的居住者得到适当的处置和服务。

（8）充当资源，协助参与干预行动的员工。

（9）落实多学科合作的出院计划和追踪服务，为居住者安全地融入社区提供便利。

（10）参与本设施制订整体服务计划和制定政策的工作。

（11）根据需要或要求参与建立院民组织和家属组织。

（12）与医护人员和设施的员工一道，参与同有行为能力的居住者及其家庭讨论预留医疗指示问题和财务问题；对于失去行为能力的居住者，参与讨论监护权问题和指定作决定的代理人问题。

（13）引导和督导志愿者。

（14）开发社区资源，促进居住者的身体健康、精神健康并满足其他福利需求。

（15）督导社会工作学生的实习。

（16）参与独立进行或合作进行的研究项目和示范项目。

从工作流程的角度看，养老机构中的社会工作的主要内容见表5-6。

**表 5-6　　养老机构不同照顾阶段社会工作者扮演的主要角色和工作内容**

| 养老机构照顾阶段 | 当事人的反应 | 服务目标 | 社会工作者扮演的主要角色和工作内容 |
|---|---|---|---|
| 申请和作决定 | 不情愿 | 辅导 | 辅导员 |
| | 焦虑、恐惧 | 研究和评估 | 研究和评估筛选 |
| | 放弃 | 物理环境 | 为当事人选配适当的机构 |
| | 拒绝 | 经济状况 | 评估者 |
| | 害怕与家人分离 | 家庭网络 | 调查者 |
| | 压抑 | 健康 | |
| | 失去自尊 | 自我照顾能力 | |
| | | 生活方式 | |
| | | 宗教信仰 | |
| | | 教育水平 | |
| 等候期间 | 不踏实 | 检讨服务对象的情况 | 与服务对象保持联络的工作者 |
| | 焦虑 | 动员各种资源 | 检讨者 |
| | 暧昧 | | 不断支持者 |
| | 愧疚感 | | |
| 入院 | 接纳 | 让当事人和家人做准备 | 营造充满温暖的氛围 |
| | 试探 | 让家人和工作人员做准备 | |
| | 敏感 | | |
| | 尝试重新安置 | | |
| 住院 | 自决减少 | 个案会议 | 提供直接的个人和小组服务 |
| | 屈从性个人生活 | 满足居民的需要 | 与工作人员和社区机构合作 |
| | 丧失自尊 | 参与提供照顾和处置 | |
| | 孤独 | 与家庭和社区建立联系 | |
| | | 失去隐私 | |
| | | 依赖 | |
| | | 失去个性 | |

续表

| 养老机构照顾阶段 | 当事人的反应 | 服务目标 | 社会工作者扮演的主要角色和工作内容 |
| --- | --- | --- | --- |
| 出院和出院后的照顾 | 心情复杂 | 定期检讨 | 评估照顾状况 |
| | 对离开安全的、受保护的环境感到焦虑和恐惧 | 提供其他形式的备选照顾 | 为当事人出院做准备 |
| | 担心打乱日常生活规律 | 向其他机构转介 | 计划出院后的照顾 |
| 死亡或垂危 | 极其恐惧和焦虑 | 当事人的社会和医疗需要 | 社会工作者对濒临死亡的感受和反应 |
| | 绝望 | 保持希望 | 鼓励当事人接受现实 |
| | 否定和愤怒 | 保持当事人的自主和自我抉择 | 帮助当事人有尊严地生活 |
| | 压抑 | | |
| | 放弃 | | |
| | 讨价还价 | | |

从表5-6可以看出，老年人在入住养老机构的不同阶段会有不同的心理反应，需要社会工作者给予有针对性的服务。

在申请和作决定阶段，老人和家人常常会因为这一重要的生活转变所带来的不确定性而出现彷徨、排斥、恐惧、担心等负面情绪。有些老年人也会感觉自己是家人的负担、包袱，虽然不情愿进养老机构，但是不表达自己的想法，任由他人代为决定，压抑自己。自己的事情被别人安排，失去参与和决定权，也会让他们感觉没有自尊。因此，对于这个阶段的老年服务对象，社会工作者需要帮助他们了解本机构的运作管理方式、对入住者的要求、现有居住者的情况和生活安排等，让他们了解入住的好处和限制并尽可能在知情的情况下作出决定。社会工作者可以安排他们参观本机构，帮助老人及其家人化解因为这一重要生活转变而出现的负面情绪，要初步评估老人是否适合入住本机构，如果入住本机构需要哪些服务，如果不适合入住本机构，可以有哪些选择和安排。

在等候期间，老人常会对将来的生活感觉心中没数，也会因入住可能带来的不确定性而焦虑，其家人也可能会感觉放弃了老人而心生愧疚。此时社会工作者要与老人及其家人保持联络，消除他们心中的疑惑和不良情绪，帮助他们了解入住养老机构不是单向过程，入住后仍有选择其他安排的机会，机构支持家人与老人保持联系、关爱老人。老人在等候期间可能会有一些特殊照护需要，社会工作者要动员和协调资源予以满足。

在准备入住和刚刚入住阶段，老人、家人和社会工作者都有一系列的工作要做，小到要带些什么物品入住都可能是老人和家人很费思量的事情。社会工作者要帮助老人及其家人了解机构的规定和生活中的情形，让他们能更好地作出决定，为入住做好准备。老人初入机构，面临新的环境，需要有一个调整适应期。他们需要感受到他人对自己的接纳和友好，需要了解机构可以使用的具体资源，逐步建立起新的生活方式和生活圈子。社会工作者要为老人开展迎新服务，让他们初入养老机构就能感受到自己受欢迎，同时为他们及时答疑解惑并建立新的社会支持网络。对确实不适应本机构生活的老人，社会工作者要帮助他们重新安置。

在老人院入住一段时间后，老人可能会有新的问题和需要。养老机构的生活时间性很强，非常有规律。对于固定的时间安排老人常常只能遵守，缺乏自主决定权，尤其是个性化的需求有时会得不到重视，因而会觉得没有自尊。所有的需要都由机构满足也会逐渐使老年人产生依赖感。一些机构或者实行封闭管理，或者远离社区，容易导致老人产生社会疏离感和孤独感。不少老人入住养老机构后要与他人合住，也会让他们觉得缺乏隐私。社会工作者要推动老人关心和参与机构的政策制定与运作，关注老人的个别需求并协助解决。同时要强化老人与家庭和社区的纽带，使老人即便在机构养老，也不会陷入社会隔离。

在出院和出院后的照顾阶段，老人常会出现两种情形：一种是经过在养老机构的一段生活，已经能重回社区居家养老；另一种是老人在机构居住一段时间后，需要更多照护，而现有机构无法满足，需要转介。两种情形下老人都会有一些复杂的心理反应。前者老人既会高兴，也会担心，怕自己应付不了失去机构支持的生活。后者则会忧虑自己又向失能、失去自主靠近了一步，产生很多恐惧。对于前者，社会工作者的工作重点是协调安排社区居家养老服务并作追踪评估，对于后者，则是帮助老人接纳自己并与老人及其家人一起选择适当的转介机构。

在死亡和濒临死亡阶段，老人常会承受身心方面的双重痛苦。社会工作者要了解临终者可能会有的恐惧、绝望、压抑等心理反应，了解临终者对于治疗的愿望，为老人提供临终关怀服务，使老人能有尊严地离世。社会工作者还要协助老人及其家人处理好医疗与后事、家人支持等方面的事宜。

## 本章小结

老年社会工作是以弘扬中华民族敬老、养老、助老的美德为宗旨，遵循独立、参与、照顾、自我实现、尊严的原则，运用社会工作的专业知识，以老年人及相关人员和系统为服务对象，帮助老年人，特别是处境困难的老年人改善社会功能、提高生活质量和生命质量，使老年人更好地适应社会福祉的活动。

老年社会工作的内容包含面向健康老年人和脆弱老年人的系列服务。提供这些服务需要坚实的有关老化的生理、心理和社会生活方面的知识，以便了解老年人的特点、需要和问题，掌握老年社会工作的特点。开展老年社会工作要运用一些特定的评估工具，评估老年人的需要，并在此基础上拟订工作方案，开展工作。除了通用的社会工作方法外，老年社会工作还有一些独特的工作方法，例如个案工作中的缅怀往事方法、小组工作中的现实辨识小组和动机激发小组等，需要社会工作者善加利用。此外，社区照顾也在老年人服务中占据很重要的位置。在养老机构中，社会工作者也扮演着重要的角色，有许多特定任务要完成。

# 第六章 妇女社会工作

通过本章的学习，主要掌握妇女社会工作的概念、特点、工作目标和原则，了解妇女的特殊困难和发展问题，以及认识到贯彻男女平等基本国策和推动社会性别主流化的重要性，并掌握一些最基本的妇女社会工作的方法。

## 第一节 妇女社会工作概述

如何看人决定了如何界定人的问题以及解决问题的方法。同样，如何看妇女，决定了如何界定妇女问题以及解决妇女问题的方法。妇女首先是人，其次是女人。生理性别的差异，使妇女们担负着生产人口的重任，这也决定了她们存在特殊的需求，然而人们用妇女的生理性别决定其社会角色、权利以及分工定位，也带来了诸多的问题。

### 一、妇女的需要和问题

#### (一) 妇女的需要

1. 维护妇女权益和保障妇女全面发展的需要

1954年颁布的《中华人民共和国宪法》及历次修订均确立了男女平等的原则，并明确规定妇女在政治、经济、文化、社会以及家庭生活各方面享有与男子平等的权利。尽管如此，现实中仍有侵犯妇女权益、阻碍妇女发展的问题出现，如就业中的性别歧视、针对女性的性暴力、妇女参政率低等，因此，维护妇女权益和保障妇女发展仍然是妇女们的需要，是新时代妇女工作艰巨的任务。

2. 落实男女平等基本国策、将性别平等纳入决策主流的需要

男女平等和妇女发展是人类社会追求的崇高理想，是社会文明进步的重要标尺，是实现可持续发展的基本目标，将性别平等纳入决策主流有助于全面贯彻落实男女平等的基本国策。

#### (二) 妇女面临的问题

1. 婚姻与家庭问题

在婚姻方面的突出问题是婚姻冲突、离婚率不断上升，尤其是大城市更为严重。违法婚姻增多，姘居、婚外恋等现象严重地损害了正常的家庭生活。此外，单亲母亲家庭经济困难和社会福利保障缺乏等问题也不容忽视。

2. 针对妇女的暴力问题

据研究统计，在全世界各地，妇女一直是暴力的主要受害者。针对妇女的暴力主要包括婚姻暴力、拐卖妇女、性暴力、性骚扰和性服务等。施暴手段也是多种多样，不仅严重伤害了妇女的身心健康，影响了其未成年子女的健康成长，而且不利于社会的安定。据有关部门调查，女性犯罪率有所增加，与她们遭受暴力和虐待有着直接关系。

3. 妇女的生殖健康问题

妇女的生殖健康比较容易受到危害。妇女很难得到与性、生殖有关的信息及服务，很难获得有效的避孕服务，一旦怀孕，妇女如果无法安全流产，又会使得她们处于健康和生命的双重危险之中；由于解剖学上的原因，妇女易感染性传播疾病和艾滋病病毒，这使得女性的健康甚至生命受到性传播疾病的严重威胁；此外，妇女的宫颈癌、乳腺癌的发病率也比较高，很多妇女缺乏生殖健康方面的知识和维护生殖健康的权利意识；流动妇女，尤其是在打工女性群体和从事商业性性服务的妇女中，性疾病严重地威胁着她们的健康，她们极度缺乏生殖健康方面的有关知识。

4. 留守妇女和流动妇女问题

留守妇女承担着照顾家庭（尤其是老人和孩子）、种地等工作，生活负担重、精神压力大。流动妇女的问题包括：工作权益受到侵害、工资低、工作不稳定、生殖健康的权利得不到保障、照顾不了父母以及承受与孩子长期分离（留守儿童）的精神压力等。

5. 妇女就业问题

城镇妇女失业率高，妇女在劳动力市场受到排斥，妇女打工者很难享受到医疗服务（主要是生育健康、性传播疾病和艾滋病的预防）。收入比男性差，妇女就业者集中在报酬比较低的领域。妇女就业的岗位往往是合同工、临时工，以及一些其他非正式部门提供的缺乏社会保障的工作，这使得妇女的劳动权益严重受损，严重地影响了妇女的生存和发展。

6. 妇女返贫问题

通过国家实施的脱贫攻坚战，消除了妇女的绝对贫困问题，温饱解决之后的妇女如何避免返贫，这是一个艰巨的工作。面对因病、因灾等，妇女是脆弱群体，很容易导致返贫。贫困有多维度的表现，温饱解决之后，还要防止出现妇女因健康、婚姻、工作、权益等受损带来的返贫现象，预防妇女返贫的问题任重道远，需要动员妇女参与乡村振兴，从根本上解决返贫问题。

7. 拐卖妇女问题

凡是以营利为目的，利用欺骗、利诱等手段将妇女（既包括中国国籍，也包括外国国籍和无国籍）卖给第三方的行为就是拐卖行为，就是一种犯罪。2022 年 10 月 30 日第十三届全国人民代表大会常务委员会第三十七次会议修订的《中华人民共和国妇女权益保障法》中的第二十二条规定，禁止拐卖、绑架妇女；禁止收买被拐卖、绑架的妇女；禁止阻碍解救被拐卖、绑架的妇女。拐卖不仅给妇女带来严重的身心伤害，也给家庭和社会带来一系列的危害。尽管国家采取了一系列严厉打击的措施，但迄今为止，拐卖妇女犯罪现象仍旧存在。

8. 妇女土地权益保障问题

农村妇女土地权益遭受侵害是指农村妇女因性别、婚嫁或离异而导致土地承包权和相关经济权益遭受侵害的现象。虽然《中华人民共和国土地承包法》《中华人民共和国妇女权益保障法》等相关法律法规对农村妇女的土地权益进行了立法保护，但是现实中部分地方还存在着歧视、侵害农村妇女土地权益的现象。如很多农村地区，女儿一旦嫁出去，就失去了“嫁出地”的村民资格，其承包地或由村庄收回或者自然让渡给娘家父兄，而“嫁入地”以“30年土地政策不变”为由不予分配承包地，导致出嫁女“两头落空”。农村妇女土地权益遭受损失会导致一系列严重的社会问题。

9. 妇女参政问题

妇女参政人数比例是衡量妇女政治地位最重要的标志之一。虽然国家颁布了一系列法律法规用以保障妇女的基本权益，但现实政治生活中，妇女参政率很低，妇女参政仍旧存在“四多四少”的现象：副职多，正职少；基层多，高层少；虚职多，实职少；辅助岗位多，核心岗位少。妇女在参政中存在的问题得不到解决，男女平等和公正就很难实现，也势必会影响我国的可持续发展和政治民主化建设的进程。

## 二、妇女社会工作的内涵和特点

妇女社会工作就是回应上述妇女需要和问题而出现的一个社会工作实务领域。

### (一) 妇女社会工作的内涵

妇女社会工作是以妇女为主要工作对象，一方面以男女平等国策和社会性别视角为指导，借鉴社会工作专业价值理念和方法，在总结和提炼本土的妇女工作实践经验的基础上，着力解决妇女存在的特殊问题和发展问题，提高妇女的社会福利，维护妇女权益，促进妇女发展，推动妇女工作向专业化发展；另一方面推动男女平等基本国策的落实以及社会性别视角的普及和纳入决策主流，致力于实现性别平等。这两方面相辅相成，构成中国妇女社会工作的核心内涵。

在妇女社会工作中，直接的工作对象为妇女，但是在妇女社会工作的实践中，我们认识到，在解决妇女问题与推动男女平等中男性参与和针对男性工作的重要性，因此，这些年逐渐将男性也作为妇女社会工作的对象。

考虑到妇女的传统性别角色分工，家庭和儿童都与妇女社会工作息息相关，但二者有专门的社会工作领域，如家庭社会工作和儿童社会工作，因此在本章中，我们主要阐述针对妇女开展的工作。

### (二) 妇女社会工作的主要特点

1. 关注妇女群体的多样性

妇女群体具有多样性，决定了妇女问题的多样性。妇女问题是性别问题，与国家、民族、年龄、残障、宗教、文化、城乡等紧密交织在一起，这也决定了妇女问题的复杂性。妇女社会工作的服务对象不仅包括困难的妇女群体，还包括其他妇女群体。实际生活中有打工妹、单亲母亲、流动妇女和留守妇女等生存和生活形态多样的妇女，这些多样性决定了妇女需要和问题的差异性，也决定了服务内容和工作方法的多样性。因此，在妇女社会工作中，既要遵守社会工作“个别化”的工作原则，又要运用性别视角分析，结合国家、民族、文化、宗教等多视角分析和解决妇女问题。

2. 关注妇女的声音和经验

长期以来，在父权文化（如“男尊女卑”“男强女弱”）的影响下，妇女的声音和经验常常被忽视或者轻视，尊重和倾听妇女的声音，尤其是在任何一个人群中被边缘化的妇女的声音和经验，是妇女社会工作的起点，也是妇女研究的起点。

3. 了解、理解和接纳妇女的现实处境

妇女的现实处境不应该归因于个人选择的结果，而是要看到她们的处境与社会变迁、性别歧视以及社会资源缺乏等问题之间的内在联系。因此，了解、理解她们的现实处境、接纳她们的生存选择、尊重她们生存和生活的方式，都是社会工作者必须遵守的工作原则。

4. 两性差异不等于女性次于男性

男女两性的生理结构不同，不能构成社会中男尊女卑、男强女弱的社会评价基础。

5. 强调妇女个人问题的社会原因，“个人的即政治的”

传统的社会工作将妇女问题个人化，并忽视妇女在私人领域中受到的压迫，而妇女社会工作是强调性别视角的社会工作，提出“个人的即政治的”口号，强调个人问题与整个社会环境之间存在的关系，打破了公私领域的划分，将私人领域问题也提升到社会制度层面，使得妇女问题从个人问题上升为社会问题、制度问题。妇女问题的根本解决需要全社会树立积极、健康的妇女观，需要国家的法律和政策给予保障。

6. 注重本土妇女工作经验的总结和提炼

西方社会工作根植于西方本土文化，是为了解决他们的社会问题而产生的。中国的妇女问题产生于中国大地的土壤里，因此解决它必须分析这块土壤的特质，从这块土壤中找到解决方法。我们有丰富的妇女工作的历史经验，有行之有效的解决妇女问题的方法，因此着力和用心对解决本土妇女问题的妇女工作经验进行总结和提炼，在此基础上参考和借鉴西方专业社会工作理论和方法，是妇女社会工作的特点。

## 三、妇女社会工作的目标和原则

### （一）妇女社会工作的目标

1. 初始目标

（1）缓解压力和宣泄情绪。

（2）提升妇女对自我的认识，帮助她们重塑自我。

（3）解决妇女的实际困难和需要。

2. 中间目标

（1）协助妇女重新界定妇女问题，认识到“个人的即政治的”。

（2）提升妇女性别平等意识，促进自省、自信和自我认同。

（3）建立妇女的支持小组，减少服务对象的孤独感。

3. 最终目标

（1）重新建构性别权利关系。

（2）建立妇女网络与社会网络之间的连接。

（3）倡导和建立全社会的性别公正和公平的意识和制度。

3 个目标层次之间是递进的逻辑关系，是不可割裂的，它们显示了解决问题的不同层面。

### （二）妇女社会工作的原则

（1）承认妇女的多样性以及工作视角的多样性。

（2）尊重妇女作为独立的个体，而不只是家庭角色的扮演者。

（3）了解、理解和接纳妇女的现实处境和她们的生存选择。

（4）认识到妇女本身的丰富资源，她们有能力处理自己的问题。

（5）妇女是发展的主体，不是客体。

（6）增加妇女的资源和选择的多样性。

（7）将个体与群体联结起来，促进妇女之间的互助，特别是具有类似经历的妇女。

（8）妇女问题的解决需要多视角结合、多机构合作。

（9）社会工作者与服务对象之间是平等的救助关系。

由于妇女的需求和问题与性别息息相关，因此，开展妇女社会工作，除了遵循一般的社会工作理论和方法外，还需将男女平等的国策、社会性别视角以及增权理论等纳入社会工作服务中。

## 四、妇女社会工作的主要基础理论

### （一）男女平等的基本国策

#### 1. 男女平等的核心要义

男女平等的核心要义是重视和发挥妇女在经济社会发展中的主体地位和作用，推动妇女与经济社会同步发展；在承认男女现实差异的前提下倡导男女两性权利、机会和结果的平等，依法保障妇女的合法权益；从法律、政策和社会实践各方面消除对妇女一切形式的歧视，构建以男女平等为核心的先进性别文化；将性别平等意识纳入决策主流，切实在出台法律、制定政策、编制规划、部署工作时充分考虑男女两性的现实差异和妇女的特殊利益。男女平等是妇女解放的重要目标，也是社会进步的一项指标，是整个社会平等的一部分。平等，就是权利和机会的平等。权利的平等要靠法律来保障，机会的平等要用措施来促进。"基本国策"在整个政策体系中处于最高层次，规定、制约和引导着一般的具体政策，它的适用范围宽、稳定程度强，能够长时期起指导作用。

#### 2. 男女平等是党和国家的一贯政治主张

自中国共产党成立之日起，就主张并始终贯彻妇女解放和男女平等。中华人民共和国成立之后就把推动妇女解放和发展、促进男女平等上升为执政理念和国家意志，并在出台的一系列法律中加以体现。如 1954 年颁布的《中华人民共和国宪法》及历次修订时均确立了男女平等的原则。1992 年出台的《中华人民共和国妇女权益保障法》，成为我国第一部保障妇女权益的专门法律，并把"实行男女平等是国家的基本国策"写入其中。1995 年至今，国务院颁布实施了 3 个周期的促进男女平等和妇女发展的国家行动计划——《中国妇女发展纲要》。党的十八大报告中明确指出"坚持男女平等基本国策，保障妇女儿童合法权益"，重申促进男女平等、促进妇女全面发展是新的历史条件下党治国理政的重要内容。2015 年，习近平总书记在中国与联合国妇女署共同举办的全球妇女峰会上发表了题为《促进妇女全面发展 共建共享美好世界》的重要讲话，提出了促进男女平等和妇女全面发展的四点中国主张。

3. 男女平等基本国策丰富和发展了马克思主义妇女理论

（1）深刻揭示了妇女与经济社会同步协调发展的辩证关系。

（2）深刻揭示了妇女与男性平等和谐发展的辩证关系。

（3）深刻揭示了妇女全面发展与人的全面发展的辩证关系。

（4）深刻揭示了促进妇女发展与发挥妇女主体意识和创造精神的辩证关系。

男女平等基本国策贯彻和执行的过程就是社会性别主流化的过程，没有社会性别视角，很难落实男女平等。

（二）社会性别理论

社会性别是从女性主义理论中发展出来的一个核心概念、一个分析问题的视角。

1. 什么是社会性别

社会性别是与生理性别相对的一个概念。生理性别是人类生理上的事实，由染色体决定，具有先天性，不可改变。社会性别是人们经由社会化的过程，即通过家庭、学校、社会（文化等），男性和女性分别学习如何按照社会关于不同性别的观念来规范自己的行为，成长为符合社会性别角色定型的男性和女性，进而形成男性和女性的群体特征、角色、分工、责任、能力和权利。它由后天的社会建构而成，在个人社会化以及社会制度中得到传递和巩固。

2. 社会性别的主要观点

（1）制度因素和文化因素是造成男性和女性的角色及行为差异的原因，两性差异不等于女性次于男性。

（2）人们现有的社会性别观念是社会化的产物。

（3）社会对妇女角色和行为的预期，往往是对妇女生物角色的延伸。

（4）社会性别的角色不是生物性别决定的，而是后天学习来的，它是可以改变的。

（5）社会结构有利于男性，女性是受歧视和排斥的群体。

（6）性别既存在于私人生活领域，也存在于公共生活领域。

（7）社会性别概念是对传统社会性别关系不平等的不认可和挑战。

（8）社会性别是一种社会身份，它与其他社会身份（如阶层、民族等）交织在一起。

（9）个人的问题，也是政治的问题。

传统的、基于生理决定论的社会性别观念规定了男人和女人不同的发展路径，而且男性优越于女性的性别定型认识阻碍了妇女的发展。因此，打破传统的社会性别定型认识，重新反思和认识社会性别，对妇女发展、男女平等的实现有深刻的意义，也是妇女社会工作的目标。

男女平等更多的是一种原则的阐述，华夏“男女有别”的性别制度是对中国几千年来形成的“男尊女卑”和“重男轻女”文化的一种深刻剖析，进而证明了社会性别是一种文化积淀、社会关系、制度安排和权利关系。而社会性别的概念发展出了很多细致的分析方法，分析现存的或传统沿袭下来的性别分工、性别观念以及性别之间的关系是如何形成的，它们在生活、家庭、社会、经济关系、公共事务当中如何影响我们，以便更好地将男女平等基本国策落到实处，解决日常生活中的性别问题。

## 第二节　妇女社会工作的主要内容

从中国妇女的需要、妇女工作的基本内容以及妇女社会工作专业发展的进程来看，妇女社会工作的内容主要围绕为妇女服务，解决妇女面临的实际困难；关注妇女的发展，解决妇女在政治、经济、文化、婚姻家庭方面的权益和发展问题；倡导和促进性别平等和公正的机制建设 3 个方面展开。

### 一、婚姻和家庭关系的调适与工作策略

在家庭和儿童社会工作中都会重点谈及与家庭相关工作的诸多内容，这里重点强调应用性别视角对家庭和儿童开展相关工作的一些原则。

家庭对妇女来说是重要的归属，也是妇女遭受歧视和不公平甚至压迫问题隐藏最深的地方，如针对妇女的家庭暴力；性侵犯；单亲母亲家庭经济困难；妇女在家庭中的权益被忽视；将养老的责任重点放在家庭中的妇女身上，加重了承担照顾者角色的妇女的负担。

针对妇女婚姻家庭的工作主要有以下几个方面的内容。

#### （一）婚姻和家庭关系调适

1. 夫妻关系的调适

针对夫妻关系的调适详细参考《家庭社会工作》一章，本章主要强调性别视角的婚姻辅导原则，鉴于大多数求助者是家庭中的女性，因此在辅导的过程中要避免一味让妻子改变而忽视丈夫改变的重要性。

2. 婆媳关系的调适

尽管在不同的历史时期，婆媳关系呈现出的问题不一样，但婆媳关系是千年来的难解之题，在传统的社会性别观念影响下，婆媳被轮番污名化，不是“恶媳妇”就是“恶婆婆”。人们常常把婆媳问题归结为婆婆或媳妇个人的素质问题，这实际上是一种认知错误。婆媳关系与男娶女嫁形成的随夫居的婚居制有直接关系，如在广大的农村地区，女性在结婚后就成为婆家的人，与自己的原生家庭断裂，养老的具体责任全落在媳妇身上（如照顾老人日常生活起居等），甚至将儿子不孝顺的罪名也落在媳妇身上，种种原因，致使婆媳之间非常容易产生矛盾。

婆媳关系调适最重要的原则是，要教育媳妇认识到婆家和娘家都要平等对待，不要分亲疏远近。调适时应该遵循包容和相互理解、将心比心等原则，建立平等、尊重的婆媳关系。尤其是在乡村社区，要进行宣传和教育工作，通过社区力量形成对婆媳行为方式的有效舆论力量。

3. 亲子关系的调适

由于传统的社会性别分工，母亲担负着重要的养育子女的任务。当孩子教育出现问题的时候，家庭和社会往往将责任归因于母亲角色的不当或者母亲素质不高，如果没有

性别敏感性的社会工作者将辅导焦点集中在如何当好一个母亲和当母亲的技巧上面，反而会加重母亲的责任和负疚感，忽视父亲的责任和其他家人的配合，以及教育中社会所承担的责任。调适亲子关系的原则是：第一，要教育家长有健康的育儿观念，优先重视孩子品德和能力的培养；第二，家长教育身教重于言教；第三，让家长认识到亲子关系优先于其他任务性的工作；第四，家长要给孩子成长的空间（包括犯错误的空间）。

（二）家庭教育

开展家庭教育一直是妇女社会工作中家庭工作的重要内容。2022 年 1 月 1 日正式实施的《中华人民共和国家庭教育促进法》，第一次将家务事变成了国事，赋予了父母从事家庭教育的法律责任。家庭教育以立德树人为根本任务，培育和践行社会主义核心价值观，弘扬中华优秀传统文化、革命文化、社会主义先进文化，促进未成年人健康成长。要求父母或者其他监护人应当树立家庭是第一个课堂、家长是第一任老师的责任意识，承担对未成年人实施家庭教育的主体责任，用正确的思想、方法和行为教育未成年人养成良好的思想、品行和习惯。开展家庭教育不只是父母应尽的义务，更是父母应承担的法律责任。父母实施家庭教育，要合理运用以下方式方法：①亲自养育，加强亲子陪伴；②共同参与，发挥父母双方的作用；③相机而教，寓教于日常生活之中；④潜移默化，言传与身教相结合；⑤严慈相济，关心爱护与严格要求并重；⑥尊重差异，根据年龄和个性特点进行科学引导；⑦平等交流，予以尊重、理解和鼓励；⑧相互促进，父母与子女共同成长；⑨其他有益于未成年人全面发展、健康成长的方式方法。

（三）针对单亲母亲家庭的服务

单亲母亲家庭是指因为丧偶或者离异以及其他一些原因，导致只有母亲带着孩子一起生活的家庭。其面临的主要问题有：单亲子女教育难，就业、再婚难，社会对单亲母亲的歧视和偏见使得她们的生存环境恶劣，缺乏针对单亲母亲家庭的社会保障等。

社会工作者应从以下几方面看待单亲母亲家庭：

（1）单亲家庭是一种现实存在，是正常的家庭形式。

（2）单亲母亲的问题不是单亲母亲个人的问题，而是社会福利不足、社会歧视观念等导致的问题。

（3）尊重和相信单亲母亲应对问题的能力和智慧。

（四）针对失独家庭的服务

失独家庭是指独生子女死亡，父母不再生育、不能再生育或不愿收养子女的家庭。其存在的问题是，失独带来三大“欠缺”：一是核心家庭结构的残缺；二是精神情感生活的痛缺；三是老年生活照顾的空缺。失独最大的问题是精神-情感-心理的全面危机。广义失独家庭既包括了“绝对失独家庭”和“相对失独家庭”，也包括了“事实失独家庭”和“潜在失独家庭”。

“走出失独”社会工作干预的内容主要包括：从个人家庭层面，协助当事人首先从情感和理智上承受和接受事实；其次要告别过去以孩子为中心的生活，将对孩子的爱转移到爱自己或者建立新的情感转移目标；最后要重建生活的信心甚至信念，包括重建自我价值，重获人生意义。从社会层面，社会拯救的实质是对“唯一性风险”的国家补偿和老有所养全方位支持。从社区层面，通过社区公共教育让社区居民认识到失独家庭的困境，营造对该群体尊重、关怀和帮助的氛围；帮助解决失独家庭遇到的实际困难，提供家庭所需的服务；鼓励和动员失独家庭参与社区活动，丰富他们的业余生活，重塑生活意义。此外，还包括建立支持小组，组织遭遇同类问题的家庭和人群形成支持和互助团体；倡导保障失独家庭的社会政策不断加强和完善，如目前的"三孩"政策是一种预防该类家庭问题的有效措施；提供养老、医疗等社会保障以及一些救助或者补偿是重要的解决问题的制度性保障。

### （五）与家庭一起工作的视角

#### 1. 家庭为本和妇女为本的视角

"家庭为本"服务的原则是：要求服务以家庭为重心，强化家庭的功能，使之有效地履行家庭本身的角色；改善各项社会制度，以减少对家庭功能的损害。"家庭为本"强调以人格平等为原则的现代家庭关系，在重视个人要求的同时维持家庭关系的协调。如果在传统父权制的家庭观下理解"家庭为本"的原则，就会强调妇女在家庭中扮演的重要角色，甚至牺牲妇女的利益而成全家庭的整体利益，如深受婚姻暴力伤害的妇女常常牺牲自己来维护家庭的稳定和成全孩子，作出不离开家庭的决定；将母亲视为家庭角色的扮演者、母亲责任的重要承担者，就会要求母亲花更多的时间照顾孩子，并且在服务上指导母亲学习教育孩子的技巧，忽视家庭中父亲的角色以及社会资源在教育孩子、照顾老人等方面存在的不足等。

"妇女为本"的实践原则要求尊重家庭中妇女作为独立的人的需要和情感，不能把她们视为家庭角色的扮演者，强调不能为了家庭利益而一味要求妇女作出牺牲或者忽视妇女应该独立享受的权益。妇女为本，不是说只考虑妇女的利益，而是应该将妇女放到一个特定的文化处境中。因此，在具体处理问题的过程中应尽量做到家庭整体利益和妇女利益两者的兼顾。"妇女为本"是对传统的"家庭为本"中忽视妇女利益的一种补充，从这个意义上说，两者不应该是矛盾的。

#### 2. 性别视角的家庭工作原则

除了遵循一般社会工作理论中与家庭一起工作的原则之外，性别视角的家庭工作原则更加丰富了家庭社会工作的视角，其工作原则是：

（1）尊重和接纳现实中家庭形式和婚姻形式的多样性。

（2）重新调整家庭权力，避免家庭暴力、冲突与资源分配不均。

（3）夫妻双方工作和家庭生活的协调与平衡。

（4）做好父母不仅是一种责任，更需要学习，父和母的责任同等重要。

从性别视角来看家庭，社会工作者必须有性别平等的敏感性，关注妇女的经验，关心家庭中女性是否受到来自文化、社会、政治、经济等方面的外在影响，以及这些影响是否给妇女造成了压迫和家庭中不平等的地位。因此，家庭教育的重点是协助女性在家庭生活中自我赋权，尊重女性独特的个性和权利，而不仅仅成为家庭角色的扮演者，同时让男性意识到自身在家庭育儿角色上的缺失对孩子及家庭带来的影响。

**案例 6-1**

王女士，45 岁，育有一儿一女，儿女都进入了青春期但和妈妈感情疏离。王女士因工作性质常年出差，丈夫工作安定，可以照顾家庭。多年来，家庭生活虽然平静，但王女士一直感觉丈夫不理解她的工作，很难与其进行正常的生活和工作沟通，与两个孩子的关系也变得越来越疏远，在家中感觉孤独，甚至觉得家人对她的需要就是挣钱。王女士在工作中与一名外地男性产生了婚外情，对方离异没有子女，王女士陷入离婚或者割断婚外情的痛苦选择中，因此求助社会工作者。

首先社会工作者遵循无条件接纳和非评判的工作原则，对前来求助的王女士表达对她情感的尊重，接纳已经发生的事实。同时，遵循当事人自决的原则，协助当事人一起分析和明确离与不离的利弊，由当事人作最后的情感抉择。本案例中当事人最终选择留在家里。社会工作者采用性别视角的家庭工作原则，开始以家庭为工作对象，以解决婚姻危机和冲突为切入点进入家庭，展开家庭辅导，最终让家庭关系产生改变。

作为社会工作者，需要反思在辅导过程中自己关于婚姻辅导的理念和价值观：如果是比较传统的家庭为本的辅导理念，在辅导过程中，社会工作者可能比较倾向该妇女留在家中成全家庭；如果是妇女为本的辅导理念，可能鼓励妇女尊重自己的情感，追求爱情。但这两种辅导取向都有其局限性，家庭为本可能让妇女回到家中，可能成全了家庭，但忽视妇女的情感需求；妇女为本的辅导可能重视了妇女首先作为人的情感追求，但忽视了其他家庭成员对家庭完整性的需求。

而性别视角的家庭辅导需要考虑所有人的利益，尤其是婚姻关系中夫妻双方的利益。当王女士作出留在家庭的选择后，这不是社会工作者辅导的结束，而是开始，还要协助家庭成员们一起认识到每个人都是问题的一部分，促进家庭问题的认识和改变，让留在家庭的王女士感受到家庭关系的改变带来的欣喜。同时，也要做好婚外一方的情感辅导。假如王女士最后选择了离开，也同样要做好家庭的工作，让家庭成员看到各自的问题，如何接纳和理解王女士。

## 二、针对伤害妇女行为的干预

### （一）妇女暴力的类型

#### 1. 针对妇女的婚姻暴力

（1）婚姻暴力的概念

联合国《消除对妇女的暴力行为宣言》中，将“对妇女的暴力行为”界定为：指对妇女造成或可能造成身心方面或性方面的伤害或痛苦的任何基于性别的暴力行为，包括威胁进行这类行为、强迫或任意剥夺自由，而不论其发生在公共生活还是私人生活中。

《中华人民共和国反家庭暴力法》中规定，家庭暴力是指家庭成员之间以殴打、捆绑、残害、限制人身自由以及经常性谩骂、恐吓等方式实施的身体、精神等侵害行为。针对妇女的家庭暴力是指发生在夫妻之间，丈夫针对妻子的上述暴力行为。

（2）婚姻暴力的一些特征

受虐妇女综合征是指长期遭受婚姻暴力的妇女具有一些共同的特征，其特征是：低自尊，认为自己应该对施暴者的行为负责，有严重的罪恶感和心理压力，并带有身心疾病，相信除自己外没有人能够帮助自己解决问题。

暴力循环论：婚姻暴力是有规律的，呈现出周期性循环发生的特征，分为愤怒情绪积蓄期、爆发期、道歉、宁静、爱、喘息期等不同阶段，有时也被人们称作“螺旋状”的暴力。每次暴力不仅有周期而且深度也相同。

暴力正常化：是指长期和反复经受暴力的妇女，不是不愿反抗暴力，而是逐渐将暴力行为视为日常生活的一部分，将其正常化。她们被暴力控制了身心，否定自己的能力，不相信自己能够摆脱暴力等。

上述的特征加大了干预婚姻暴力的难度，表明让受虐妇女走出暴力关系是一个艰难的过程。

（3）对婚姻暴力的理论分析

心理学的观点：侧重从个人因素来探讨，认为施暴者个人的认知、行为和情感方面的缺陷导致了暴力行为，如自卑、不会表达思想和情绪、害怕与人建立亲密关系、多疑等。

社会学习理论：从个人与家庭等微观系统分析暴力产生的原因，认为暴力是一个社会性习得行为，是通过直接体验或者观察而学到的，以此来解释男人是如何在童年时代的经验中，以及在社会化过程中学习暴力行为的。根据此理论，既然暴力是习得的，那么干预中也可以通过再学习改正施暴行为。

社会性别理论：认为家庭暴力是一种男性对女性行使的权力，是父权文化的产物。社会文化把家庭暴力当成是“家务事”或者“私事”，并且将妇女受虐归为“个人”原因。在“清官”难断的家务事的文化中，针对妇女的家庭暴力行为得到某种程度的掩饰。这些社会文化因素促使妇女变成“习得无助”，而沮丧和无助感使得她们在暴力面前越来越难采取行动，只能留在受暴的婚姻中。

### 2. 拐卖妇女

（1）拐卖妇女的概念

拐卖妇女是指以出卖为目的，涉及拐骗、绑架、收买、贩卖、接送、中转妇女等行为，我国刑法明确规定这是一种犯罪行为。2022 年 10 月 30 日新修订的《中华人民共和国妇女权益保障法》第十九条规定，妇女的人身自由不受侵犯。禁止非法拘禁和以其他非法手段剥夺或者限制妇女的人身自由；禁止非法搜查妇女的身体。第二十一条规定，妇女的生命权、身体权、健康权不受侵犯。禁止虐待、遗弃、残害、买卖以及其他侵害女性生命健康权益的行为。妇女在被拐卖的过程中遭受各种形式的暴力，如性侵害、失去自由、虐待等。把妇女当成商品买卖，严重地损害了妇女的身心健康，同时给家庭带来了深重的灾难，这种行为是对妇女人权的践踏和轻视。拐卖妇女的根本原因是一种性别歧视，在婚姻中两性不对等的权利关系所致。经济落后、法律意识不强等仅仅是表面原因。

（2）对拐卖妇女问题的治理

从根本上治理拐卖妇女问题，一方面需要完善法律中涉及的打击拐卖妇女犯罪行为的有关条文，严格依法治理；另一方面需要在政府、社会、社区、家庭以及个人层面开展一系列具有针对性的活动，进行综合治理，以便有效地改善拐出地和拐入地妇女的生存与发展状况，有效地减少和遏制拐卖和欺骗妇女现象的发生。同时，要无死角地普及和宣传拐卖人口犯罪的法律知识。目前对拐卖和欺骗妇女儿童的治理仍然局限于公安打击、妇联救助的方式上。民政部推动全国基层社会工作站的建设举措，将社会工作力量送达最基层的乡村，若专业社会工作组织能将社会工作专业的理念和方法应用于此，开展个人、社区和社会法律、政策等层面的综合治理，应该是妇女社会工作需要开拓和发展的重要实践领域。例如，公安机关打击了拐卖妇女的行为，从卖出地解救几名妇女回到她们自己的家乡。但这些回到家乡的妇女在整个事件过程中所遭受的心理创伤如何康复？今后如何在家乡开始新的生活，她们的家人和社区如何对待她们？她们拐卖地的家如何面对妇女被解救后留下的孩子的安置和一个家庭的破碎？等等。这些问题更需要专门的机构和人员用社会工作的理念和方法进行后续的跟进服务。

3. 针对妇女的性暴力

（1）性暴力的定义

目前，针对妇女的性暴力已成为比较严重的社会问题。世界卫生组织将性暴力定义为："无论当事人双方是何种关系，以及在何种情形下（包括但不限于在家里和工作中）任何人通过强迫手段施加的性行为、企图发生性行为、令人厌恶的性暗示或性骚扰、性买卖或其他针对另一方特征的行为。"当前，比较严重的是针对妇女的强奸、猥亵和性骚扰。

①强奸。最高人民法院、最高人民检察院、公安部《关于当前办理强奸案件中具体应用法律的若干问题的解答》定义，强奸罪是指以暴力、胁迫或者其他手段，违背女性的意志，强行与女性发生性交的行为。

②性骚扰。性骚扰的界定主要靠受害者的主观感知：有针对性的、违反个人主观意愿的、带有性意味的行为或者言辞。"性骚扰"的表现有两个方面：一是言语上，故意说下流语言挑逗；违背对方意愿，讲黄色笑话强迫别人听。二是行动上，故意触摸、碰撞、亲吻对方身体的性敏感部位；故意展示色情淫秽图片、广告等，让人难堪。

③猥亵。猥亵是指以刺激或者满足性欲为动机，用性交以外的方式对被害人实施的淫秽行为。客观上包括抠摸、舌舔、吮吸、亲吻、手淫等行为方式。猥亵罪指以暴力、威胁或者其他手段，违背男性女性或者儿童的意志，强制猥亵男性女性或者儿童，并且情节严重构成犯罪。

（2）性暴力给女性带来的危害

①生理伤害。睡眠障碍，例如突然噩梦连连，难以熟睡，失眠；厌食或暴饮暴食；自我伤害；身体不适，例如行走别扭，常有下体疼痛的感觉；感染性病或者未婚怀孕等。

②心理伤害。情绪过激或情绪抑郁，变得极端敏感或暴躁易怒；焦虑、抑郁、自杀倾向、进食困难；自责、内疚、自卑，影响人际关系；对人不信任，对被触及身体的反应异常强烈；神情恍惚，注意力难以集中，学业受影响明显；出现吃手指、啃指甲、尿床等类似幼儿的倒退行为，甚至出现身心发展迟缓的现象；害怕某些人或某些地方；突然出现与年龄发展阶段不相符的性知识。

③家庭方面的伤害。经受灾难性打击，经历以下阶段，包括震惊、否认（不相信）、愤怒、悲伤和决定解决；心理挣扎和情绪困扰（贞节观念导致的羞耻感，"面子创伤"，不知道如何处理，社会舆论的压力等）；现实困难（如打官司、离婚、转学、经济困难等）；家庭关系（影响亲子、夫妻、亲友、邻里等社会关系）。

④对社会的危害。引起公众恐慌；对社会环境产生不信任感和不安全感。

（二）针对妇女暴力的干预原则和策略

1. 干预原则

（1）关注受害妇女的生命安全。

（2）接受受害妇女描述的问题而不是责怪受害者。

（3）尊重受害妇女的人格独立，提升她们的自信心。

（4）与受害妇女建立信任、真诚的专业关系。

2. 干预策略

（1）促进相关立法及法律完善。向有关机构及其领导者、决策者进行倡导、宣传、培训；开展国际合作、政府和非政府组织间的合作；建立和完善对受害妇女的社会救助机制；向大众进行重视妇女人权的宣传和教育；倡导社会树立尊重妇女的良好社会氛围。

（2）为受害妇女提供各种形式的服务。开设妇女心理辅导、法律咨询等热线，对受到性骚扰、性暴力、性侵害的妇女进行心理上的帮助、个案辅导。

（3）建立受害妇女支持小组。小组成员主动参与反暴工作，唤醒社会的理解和关注；建立对施暴人的干预机制，不仅从法律上更要从思想认识上使其认识到如何尊重妇女，制止其暴力行为。

（4）开展反对针对妇女暴力的综合干预行动，必须建立多部门合作机制。从公检法、司法、城市、农村、医院、妇联等领域进行研究、行动、倡导立法等形式的综合干预，建立多机构合作的反对针对妇女暴力的机制。鼓励和支持建立为受害者服务的专业机构。

除了上述的婚姻暴力、拐卖等暴力外，还有对妇女以及女童的性侵犯、对从事商业性性服务的妇女的剥削和暴力等，都已经引起了社会的关注。《中华人民共和国反家庭暴力法》第八条要求："乡镇人民政府、街道办事处应当组织开展家庭暴力预防工作，居民委员会、村民委员会、社会工作服务机构应当予以配合协助。"第九条要求："各级人民政府应当支持社会工作服务机构等社会组织开展心理健康咨询、家庭关系指导、家庭暴力预防知识教育等服务。"第十四条要求："学校、幼儿园、医疗机构、居民委员会、村民委员会、社会工作服务机构、救助管理机构、福利机构及其工作人员在工作中发现无民事行为能力人、限制民事行为能力人遭受或者疑似遭受家庭暴力的，应当及时向公安机关报案。公安机关应当对报案人的信息予以保密。"第三十五条要求："学校、幼儿园、医疗机构、居民委员会、村民委员会、社会工作服务机构、救助管理机构、福利机构及其工作人员未依照本法第十四条规定向公安机关报案，造成严重后果的，由上级主管部门或者本单位对直接负责的主管人员和其他直接责任人员依法给予处分。"

## 三、对流动妇女的服务

流动妇女群体集农村人、女性、被雇用者 3 种身份于一身，使得她们在流动打工生活中面临包括来自性别、阶层等的歧视和压迫，如工作中面临劳动报酬、社会保险、工作时间等方面得不到保障；情感和婚姻也面临极大的挑战，她们到了婚嫁和生育年龄要面对选择留在城市或者回到农村的困扰；没有定期的妇科体检，很少关注生殖健康。针对流动妇女人群更要强调包括性别在内的社会平等，没有社会平等的大环境，只谈性别平等不能真正改善流动妇女的境况。

针对流动人口的服务，主要有几个方面：首先，解决问题的根本是要从国家大的战略布局出发，解决"三农"问题，建立农村社会保障体系，在缩小城乡差距上下功夫，让妇女愿意留在自己的家乡愉快工作。同时，对流动妇女，国家要完善社会保障制度，让流动妇女能够平等享受国家教育、医疗、就业、养老等社会保障资源，优化她们的生活和工作环境。其次，将流动妇女视为社区中的一分子，针对她们的需求开展有针对性的服务，开展丰富多彩的文娱活动，在劳累的工作之余有个空间放松自己；鼓励她们参与社区公益活动，促进其与本地居民的融合；对她们进行职业培训，拓宽就业途径；给她们的孩子开办各种夏令营、亲子班以及课外辅导班等，缓解她们无暇顾及孩子的压力。最后，社会工作服务机构致力于建立她们之间的支持小组，建立她们的互助关系系统，增强她们一起争取各种权益的力量，为她们联络资源，提供就业咨询和心理辅导等。

## 四、针对妇女生殖健康的服务

### （一）妇女生殖健康的概念

《中华人民共和国妇女权益保障法》第三十条规定，国家建立健全妇女健康服务体系，保障妇女享有基本医疗卫生服务，开展妇女常见病、多发病的预防、筛查和诊疗，提高妇女健康水平。公民健康是衡量和评价一个国家公共卫生政策有效性的重要尺度。生殖健康是指生殖系统及其功能和过程所涉及的一切事宜在身体、心理和社会方面的健康状态，而不仅仅是没有疾病或不适。具体表述为：人们能够有和谐、满意而安全的性生活，有生育能力，有权获得卫生保健和生育健康的知识与信息，有权享有必要和良好的健康服务。

妇女的生殖健康除了上述内容之外，还包括妇女对自己健康权利的认识、权利的行使和行使能力。妇女的生殖健康涉及其整个生命周期的完好和安全状态，包括享有生命安全的权利、在整个生命周期达到身心健康标准的权利、享受基本的卫生保健服务的权利以及有能力抵御各种传播性疾病的权利。具体来说，能够进行负责、满意和幸福的性生活，而不担心传染疾病和意外妊娠；能够进行生育并有权决定是否、何时生育和生育间隔；妇女能够安全地通过分娩和妊娠，妊娠结局是成功的，婴儿成活并且健康成长；夫妇能够知情选择和获得安全、有效、可接受的节育方法。同时，妇女有着特殊的生理特点——“五期”（经期、孕期、产期、哺乳期、更年期），需要保障“五期”期间的劳动权益和适当的工作。妇女生殖健康和安全不仅关系妇女自身的生存和发展，而且影响子孙后代以及整个家庭和社会的总体健康水平。

### （二）干预的原则

（1）妇女是生育的主体，而不是客体。

（2）妇女主动参与健康计划的制订和实施，而不是只作为被动的承受者。

### （三）干预策略

妇女生殖健康的干预是一项系统工程，涉及生物医学、社会文化、妇女地位、医疗体制等方面的工作，因此解决该问题也要多部门合作，综合治理。针对妇女生殖健康方面存在的问题（详见第一节妇女问题中妇女的生殖健康问题），其主要服务策略如下：

（1）倡导制定健全具有社会性别敏感性的妇女生殖健康政策。

（2）建立“以社区为基础，以妇女为中心”的服务策略。即依托社区，把生育健康工作内容直接放到基层，落实到户和人；向妇女提供卫生保健的知识与信息，提高妇女控制自身健康的能力；让社区中的妇女骨干人物在生殖健康工作中发挥核心的作用；赋权妇女，培育妇女自助服务的意识和能力；建立妇女互助的健康小组。

（3）建立妇女定期生殖健康检查的制度。

## 五、妇女参与乡村振兴工作

### （一）妇女与乡村振兴

乡村振兴既是国家实现生态文明的战略，也是国家打赢脱贫攻坚战之后提出的预防返贫的根本举措。农业女性化的现状让妇女已经成为乡村振兴的重要力量，脱贫之后的妇女，更需要通过乡村振兴巩固脱贫攻坚成果，从根本上解决返贫问题。

2021 年 6 月 1 日正式实施的《中华人民共和国乡村振兴促进法》，提出全面实施乡村振兴战略，开展促进乡村产业振兴、人才振兴、文化振兴、生态振兴、组织振兴，推进城乡融合发展等举措，并应当按照产业兴旺、生态宜居、乡风文明、治理有效、生活富裕的总要求，统筹推进农村经济建设、政治建设、文化建设、社会建设、生态文明建设和党的建设，充分发挥乡村在保障农产品供给和粮食安全、保护生态环境、传承发展中华民族优秀传统文化等方面的特有功能。乡村振兴不仅是经济的振兴，也是生态的振兴、社会的振兴，文化、教育、科技、生活的振兴，以及农民素质的提升。

农村妇女作为家庭经营者、农业生产者、乡村守候者，是乡村振兴的重要力量，助力农村经济、政治、文化、社会、生态文明和党的建设。妇女在乡村振兴的各个方面可以发挥重要作用，是机遇，也是挑战。

### （二）妇女参与乡村振兴的作用

#### 1. 助力乡村产业发展

在乡村振兴的总要求中，将产业兴旺放在了首位。产业兴旺的一个重要环节为发展融合产业，而乡村产业融合的重要路径之一是通过农业产业链的延伸来实现。农业产业链延伸除了传统的生产、加工、销售这一延伸维度，另外，就是利用农业收获物发展乡村手工业，如编织、刺绣、纺织、印染、雕刻等。农村妇女在这一延伸维度中广泛参与农村生产生活的各个方面，成为振兴乡村产业的重要推动力，进而促进乡村振兴战略的实施。

#### 2. 改善乡村生态环境

提升生态宜居的乡村环境，将农村打造成为人与自然、人与人和谐共生的美丽家园。妇女也是农村人居环境整治和美丽乡村建设的主力军。妇女对于环境污染的高敏感度使她们对生态环境有更清晰的认识和需求，妇女通过积极参与农村垃圾治理、污水处理、厕所革命等使村容村貌整治提升，参与乡村山水林田湖草系统以及其他农村环境卫生等问题的治理，对改善人居环境、打造生态宜居的美丽乡村有推动作用。

#### 3. 推动乡村文明建设

大量男性劳动力外出打工，教育与培养好下一代的重任就落在农村妇女身上，农村妇女成为乡风文明建设的主力军。妇女们以小家带大家，以家风促乡风，使农村尊老爱幼等传统美德不断发扬光大。推进移风易俗、勤俭节约，破除大操大办、铺张浪费等陈规陋习，让乡村成为培养和传播先进理念和文明生活方式的载体。妇女文化活动组织大有成为当下中国村级公共组织缺失的替代组织之势，通过集体组织形式，广泛开展文艺活动、志愿服务关爱行动等，并发挥其多重作用，以凝聚人心、提升村民对村庄的归属感和认同感，从而推动乡村文明建设。

4. 参与乡村社区治理

实现乡村振兴，治理有效是基础。女性的敏感性、柔韧性和沟通特长使得她们具有处理错综复杂的村庄矛盾关系的优势。通过这一优势，她们以互助合作的方式从家庭出发进入社区公共空间，对村庄蕴藏的亲缘网络进行再组织化，重建私人领域与村庄公共领域的连接，重建村庄内的社会信任网络与社会支持网络，这是社区内生性稳定发展的重要土壤。除传统的妇联组织外，妇女互助组织、社会组织的出现发展，不仅丰富了乡村的组织建设，也在创新柔性治理新方法方面发挥着积极的作用。

（三）妇女参与乡村振兴工作的保障机制

促进妇女参与乡村振兴工作，关键的是要完善和建设各种保障机制。

1. 完善管理机制，助力农村妇女积极参与乡村治理

农村妇女的政治参与需要一个公平、自由、民主、平等的社会环境，这有赖于健全的管理机制和严格的监督机制。在管理机制方面，需完善农村村委会选举法，加强基层民主建设，规定妇女在村委竞选中的实际比例，要健全村民选举制度，提高村委会公信力，实现妇女参与及决策重大社会事务。在监督机制方面，各级人大要重点关注农村妇女的政治权利是否受到侵害，农村妇女自身也应积极正确行使自身的监督权，为基层建设贡献力量。

2. 灵活运用现代媒体渠道，为妇女参与乡村振兴营造良好氛围

融媒体是现今大众接触信息的主要媒介，充分发挥融媒体的引导作用，有利于推动农村妇女全面参与乡村振兴。互联网背景下，在运用报纸、广播、电视等传统媒体宣传民主法治意识的同时，应该运用融媒体，融合公众号、微博、抖音、快手等新媒体，让妇女更多了解各种关于乡村振兴的政策，以及文化、经济等各方面的信息、案例等，引导营造妇女参与乡村振兴的社会氛围。

3. 加强各种教育培训，提升农村妇女整体素质

为了更好地让妇女参与乡村振兴，必须开展多形式多层面的、妇女生活生产所需要的教育培训，一是要提高农村妇女接受教育培训的比例，开展与妇女生产生活实际相关的技术等方面的知识与技能培训，解决妇女的“急难愁盼”问题，让农村妇女提高增收致富的能力。二是通过采取联合办学、一校多办、日校加夜校等灵活多样的办学形式，适合妇女生活生产时间的方法进行培训，让更多的妇女接受有用的教育。三是通过家庭教育等的培训，增强妇女解决亲子关系和家庭关系的能力等。在所有的培训中，必须加入具有性别敏感性的内容，要提升妇女的社会性别意识，为妇女增能赋权；乡村振兴的最终目的是提升妇女的幸福感和意义感，要反思所做的工作是否增加了妇女对乡村建设的拥有感以及是否减轻了妇女的负担。

4. 建立妇女组织化参与机制，提升农村妇女政治参与能力

培育各种类型的村庄内部的妇女组织，这不仅是构建具有中国特色乡村治理体系的内在要求，也对实现“以农民为中心”的乡村振兴也具有重大意义，且能体现妇女的主体地位，增强妇女的合作意识和理念，激发乡村振兴的内生动力。

首先依托现有基层妇联组织，做到妇女组织建设与党建工作一同推进、一同落实，不断扩大妇女工作的覆盖面，建立妇女组织化参与机制；其次培育代表不同妇女群体利

益的新型民间妇女组织，不断强化该组织的妇女权益代表身份、独立性地位和增强其在乡村治理中话语权的分量，通过组织建设不断培养农村妇女的独立意识和政治参与能力；最后引入专业社会工作机构，培育和联动乡村各种组织和资源助力乡村振兴。

（四）社会工作参与乡村振兴工作

社会工作专业能在落实国家乡村振兴战略、助力乡村振兴上发挥重要的作用，尤其是通过赋权视角、社会性别视角等开展工作，能有效地为妇女发展赋能，成为乡村振兴的重要参与和推动力量。乡村社会工作者可以搭建妇女支持系统，有效链接各种资源，开展社区综合发展，让社区支持妇女和家庭，助力妇女参与社区发展，从根本上防止出现规模性返贫问题。

## 六、维护妇女权益、促进妇女全面发展的工作

（一）维权的内容

维护妇女合法权益，就是使宪法等各项法律赋予妇女的权益，在她们生活的方方面面得到充分的享受，而不受到侵害。但目前妇女权益遭受侵害的情况仍比较严重，因此维护妇女各种权益的工作艰巨且迫切。

（二）维权的基本途径

社会工作者在维护妇女权益方面的工作内容是：

（1）向社会以及妇女宣传各种维护妇女权益的法律知识。

（2）调查研究妇女权益状况，为健全和落实权益保障立法提供事实依据。

（3）监督妇女权益的落实状况。

（4）倡导、督促健全维护妇女权益的机制。

## 七、推进性别平等的工作

妇女得到平等的发展权利，实现妇女自身的解放，不只是妇女自己的事情。全社会的人都要有社会性别敏感意识，树立尊重妇女、健康文明的妇女观，因此在社会中宣传男女平等的国策，将社会性别纳入决策主流等的工作也是妇女社会工作的重要内容。这样才能从微观到宏观根本改善和治理妇女生存的环境，为达到性别公正平等的目标创造条件。

（一）宣传男女平等的基本国策

男女平等是指男女两性在政治、经济、文化、社会和家庭生活的各方面享有平等的权利和机会。男女平等是妇女解放的重要目标，也是社会进步的一项指标，是整个社会平等的一部分。平等，就是权利和机会的平等。权利的平等要靠法律来保障，机会的平等要用措施来促进。“基本国策”，在整个政策体系中处于最高层次，规定、制约和引导着一般的具体政策，它的适用范围宽、稳定程度强，能够长时期起指导作用。

男女平等基本国策贯彻和执行的过程就是社会性别主流化的过程，没有社会性别视角，很难落实男女平等。

（二）推动社会性别主流化的工作

一个国家是否具有不断完善的提高妇女地位的国家机制，是判断其是否真正重视性别平等与妇女发展的重要标志，性别平等立法、国家行动计划的制订与实施，以及促进

性别平等国家机构的建设，是建立和完善提高妇女地位国家机制的重要内容，也是妇女社会工作者开展工作的重要依据和保障。

1. 社会性别主流化

1997 年联合国经济和社会理事会认为把性别问题纳入主流是一个过程，它对任何领域各个层面上的任何一个计划行动，包括立法、政策或项目计划，对妇女和男人产生的影响进行分析。它是一个战略，把妇女和男人的关注、经历作为在政治、经济和社会各领域中设计、执行、跟踪、评估政策和项目计划的不可分割的一部分来考虑，以使妇女和男人能平等受益，不平等不再延续下去。它的最终目的是达到社会性别平等。

2. 推动社会性别主流化的内容

确立强化性别意识，注重性别分析，维护性别公正，推动平等基础上的性别发展目标；采用为决策层、执行层、监察层和评估层提供性别意识训练，向政府宣扬社会性别观点的策略；通过自上而下、自下而上和两者相结合的路径，使社会性别平等意识贯彻到社会公共政策之中，并使之上升为国家意识。

3. 社会性别主流化的途径

（1）强化和明确国家与政府的责任，从制度上保证将性别平等意识贯彻在政策的制定中。

（2）逐步改变权力结合体系的构成，也就是改变主流的结构，让妇女、妇女组织、困难群体进入主流，改变性别关系和权利关系。

（3）强化全社会的性别敏感意识。

（4）要建立国家及地方一级的性别平等监察机构，保证社会性别意识政策和方案切实得到实施和有效的监督。

（5）要有社会性别的统计、审计和分析。

让社会性别主流化的过程，也是贯彻男女平等基本国策的过程。马克思主义妇女观是妇女解放的指导思想，男女平等是政府为贯彻这一指导思想而制定的一个国家的根本性政策，社会性别主流化是贯彻男女平等基本国策的具体策略和实施途径。只有从上述几个方面入手推动，妇女的现状和问题才能从根本上改变。

上面几项基本工作内容之间是相互联系、彼此促进的，既要解决妇女面临的现实问题并维护妇女权益，又要推动社会性别主流化。

## 第三节　妇女社会工作的主要方法

### 一、性别分析方法

社会性别分析是一种收集和处理社会性别数据信息的方法，在提供性别分析数据的基础上，解析社会性别角色的社会建构，以及劳动是如何被分割并赋予不同价值的。通过分析两性间社会性别存在的差距和原因，确保发展和资源能够在两性间公平地分配和受益，避免对妇女或者两性关系产生负面影响。

两种性别需求分析方法产生于 20 世纪 80—90 年代，由卡罗琳·摩塞等创造，也称

“社会性别与发展”框架。摩塞把妇女的需求分为实用性社会性别需求（Practical Gender Needs）和战略性社会性别需求（Strategic Gender Needs）两种（见表6-1）。实用性社会性别需求是指在社会生活中为了满足妇女因其传统被社会承认的角色而产生的需要，如妇女为了做饭洗衣照顾家庭对水的需求、为了教育孩子对教育知识的需要等，因此很多发展项目就为妇女建造水窖、提供育儿培训等，的确解决了妇女们为满足传统分工模式带来的角色定位的需求，但在问题解决过程中不会挑战传统的性别角色和分工模式。战略性社会性别需求指的是由于妇女在社会中的从属地位而产生的需求，满足这类需求可以协助妇女取得更多的平等权利，改变现存的分工模式和角色，挑战妇女的从属地位。

两种性别利益不是非此即彼，它们在实践层面上同时存在并有各自的作用，但如果我们要实现性别公正和平等的目标，在满足实用性社会性别需求的同时，必须转向战略性社会性别需求。如果只停留在满足实用性社会性别需求上，没有挑战传统的分工模式、角色和社会地位，也很难实现性别平等。

**表6-1　　性别需求分析表**

| 实用性社会性别需求 | 战略性社会性别需求 |
|---|---|
| 改善妇女的生活条件，不挑战传统的性别分工模式和两性权利关系 | 改善妇女的社会地位，挑战传统分工模式和两性权利格局 |
| 改善用水条件 | 妇女集体组织 |
| 就业 | 发言权 |
| 建卫生厕所/沼气池 | 参与和管理社区事务 |
| 育儿经验<br>…… | 教育<br>…… |

如在改善用水条件的时候，不是由村委会或者一些有权力的人决定由包工队实施完成，而是要组织妇女参与决策过程和管理。如果做到了这一点，就可以说在满足用水这个实用性社会性别需求的同时，考虑了妇女参与决策和管理这样的战略性社会性别需求。

下面的案例是一个从妇女的实用性社会性别需求出发，通过社会工作者持续地工作，进而发展为满足战略性社会性别需求、赋权妇女的案例。

**案例6-2**

某社会工作机构到某山区开展农村综合发展工作。社会工作者进入村子后了解到，村里大部分成年男性外出打工，每年能寄回家的钱不够支撑家庭的开支。村里的妇女们要担负起照顾孩子和老人、做农活等几乎家庭全部的事情，甚至也要在农闲期间外出打工挣钱。妇女们十分辛苦。调查发现，该村的妇女们有制作手工艺的传统，大人小孩的衣服、鞋子、家里的一些用品都是手工缝制的，妇女们都以能够缝制好看的手工艺品为荣，并且有强烈的致富愿望。

社会工作者同时了解到，该村的男性酗酒、赌博的情况比较严重，家庭暴力常常发生。由于受到“家丑不可外扬”等意识的影响，受暴的妇女们之间很少提及这些事情，只能默默地忍受着。

社会工作者针对该村的现状，采用优势视角，发现村庄和妇女们的优势和资源，将妇女作为主要工作对象，开展了以下工作。

1. 进行需求评估、问题排序、制定目标

社会工作者用社会性别视角、参与式的方法，保证妇女最大限度地参与意见，了解妇女们的需求。由于妇女们居住分散，因此，社会工作者根据妇女们的作息时间，将居住比较集中的妇女们召集在一起，进行参与式需求评估。

（1）列出需求。妇女们文字表达能力有限，因此社会工作者用图画形象地画出可能的需求，如改良厕所、修建道路、养猪养羊、学习手工艺等，直观可视，可以吸引妇女们的兴趣和关注。

（2）优先排序。妇女们在自己认为的需求上贴点或者画钩。社会工作者将所有的需求进行归类总结，将点数集中地筛选出来，按照点数多少列出前三项。

（3）确定干预目标。利用优势视角对排序前三的需求进行逻辑分析，盘点手中的资源，寻找可以介入的点，并将此列为介入的目标。即分析前三项中哪些需求是妇女们有能力、有项目资金以及根据村子的现状可以解决的，而哪些是目前的人力、资源无法干预的，哪些需要一旦满足就能起到以点带面的作用，每项需求之间是否有逻辑上的联系。经过讨论，社会工作者最终决定组建一个妇女手工艺小组。

直接目标：满足妇女们的现实性需求——通过手工艺补充家用。因为妇女有缝制手工艺的技能，有组织起来的愿望，社会工作者也可以利用手中的资源暂时提供一些市场，手工收入可以补贴家里的费用，从满足大家的现实需求开始能够更好地吸引妇女们参与和家人的支持。

间接目标：形成相互支持的小组。将妇女们聚在一起，在手工艺小组中建立妇女之间相互支持的网络关系，逐渐学习一些反对家庭暴力的常识，以便打破沉默文化，为干预家庭暴力做准备。另外，可以通过手工艺小组发现和培养妇女骨干，让这些骨干去发动更多的妇女们参与活动。

最终目标：提高妇女在村里的地位，推动妇女们参与社区活动和社区事务。将社会工作强调的过程目标（提升妇女能力和意识）和结果目标（增加妇女收入、反对家庭暴力）相结合。

2. 妇女手工艺小组组建和发展过程

在小组组建和发展过程中，社会工作者只关注增加收入，因此很大精力放在如何开发产品和市场、提高培训技能等上面，没有进行公益意识、性别教育等。很快，增加了收入的妇女们强调能者多劳、多劳多得分配原则，使得一些手工艺技能弱的妇女们离开小组，小组开始分化，相互竞争，矛盾积怨增多，无法达到组织起来的目标。因此，该项目自始至终采用妇女赋权的理念和方法，关注妇女参与、能力提升、公益和大局意识觉醒等。这表明，第一期项目关注了妇女实用性性别利益，虽然增加了一些补贴，却没有让妇女团结起来达到项目制定的第二层目标。在第二期项目开始，社会工作者调整策略，开展了以下工作：

(1) 在小组中加入服务、宣传和教育的功能。手工艺小组一开始是纯粹的经济单位，聚在一起做手工产品，社会工作者负责对接外面的资源卖掉产品，收回来的钱根据每个人的活计分配。由于社会工作者要求居住在附近的妇女们要定期聚在一起切磋技术，慢慢地，社会工作者从大家聚在一起的闲聊中了解妇女们有不同程度的妇科疾病，于是通过小组这个载体宣传一些妇女生理、心理健康知识，以及大家关心的家庭教育的知识和经验，并联络社会资源开展了妇科病讲座和检查的活动，慢慢建立起妇女们对小组的认同和归属感。

(2) 提升妇女们拓展市场的意识和自信心。起初，妇女们做好的活计由社会工作者负责市场销售，卖出后，再由社会工作者把钱拿回来分配。慢慢地，社会工作者带着妇女们到山外寻找各种市场，进行谈判和买卖，妇女们开始自己商量怎么分钱。逐渐地，妇女们对自己的产品有了信心，对自己开拓市场的能力有了信心，一些妇女开始凸显领导的才能。

(3) 从经济小组慢慢发展到妇女组织。等妇女们有了一些稳定的经济收入之后，社会工作者引导小组成员商量拿出一点钱作为小组活动的经费，这些经费用于支持妇女们出去学习别人的手工艺，带领她们出去开辟市场等。在这个过程中，社会工作者不断地提供信息、培训和支持。

外出学习和培训使妇女们开阔了眼界，提升了改变自己生活的信心，对自己也提出了更高的学习和发展的要求。社会工作者开始对各小组的妇女骨干进行“领导能力培训”、社会性别意识培训等，让骨干妇女们出去参加各种交流活动，也开始鼓励妇女参与村里的各项活动，增强妇女的影响力。在这个过程中，妇女骨干开始发挥作用。

(4) 制作公益产品。当妇女们的意识有了一些提升之后，社会工作者特意拉来一些公益产品让大家无偿地制作，如红丝带、环保购物袋等，在制作产品的过程中学习公益知识、增加公益精神和爱心。

(5) 妇女小组开始干预家庭暴力。在日常的学习中，社会工作者也加入了反对家庭暴力学习，开始打破小组中的沉默文化，启发大家对家庭暴力进行思考，鼓励受暴的妇女讲述自己的故事。同时也开始在社区与乡妇联和村妇女主任合作，开展“五好家庭”的评选活动，宣传夫妻社会地位平等、家庭和睦的理念，将反对家庭暴力、赌博和酗酒等内容巧妙地融进社区的宣传活动中。对一些有家庭暴力的家庭，妇女小组通过走访、动用亲戚和家族中有权威的人的劝导，对施暴者做思想工作。最核心的是，这些妇女的家庭也发生着很大变化，丈夫开始分担家务支持妻子外面的社区工作，婆媳关系开始改变。

(6) 引导妇女参与村委会的工作。参与村委会的竞选等活动是妇女手工艺小组发展到一定阶段的产物。由于妇女手工艺小组的经济实力增强，妇女在家中和社区的影响力也逐渐增大。尤其是一些社区的公共活动，村委会通过妇女小组长就能够发动妇女参与，妇女小组长成为村委会工作重要的支持和依靠力量。社会工作者开始引导妇女们参与村委会的竞选，希望妇女参与村级事务的管理。

(7) 开展社区宣传和教育。妇女小组除了手工艺小组之外，还组建了妇女文艺小组，并利用各种婚丧嫁娶宣传妇女的作用，如利用女娶男的事件，大张旗鼓办喜事，并在喜事上宣传男娶女、女娶男都一样的新的婚居模式，以及生男生女都一样的性别文化。

3. 不断总结、找到问题、解决问题，循环往复

手工艺小组从关注增长个人收入的经济小组发展为关注社区发展的妇女组织，从依靠社会工作者寻找市场到自己出去开辟市场，这个过程都是社会工作者陪伴妇女们一起走过来的。

在这个案例中，社会工作者始终是组织者、引导者、协助者、信息提供者的角色，更是同行者和学习者的角色。从妇女和当地的实际情况出发，从一个手工艺小组开始到妇女开始参与村级事务管理，不仅关注妇女实际利益，满足了实用性性别利益需求，也关注妇女的战略性性别利益，挑战了传统的性别分工模式，提升了妇女的意识、能力以及妇女在社区中的地位。

## 二、妇女赋权的方法

赋权是指一个人感觉有一种自我控制的能力，尊重自己、充满自信，并且相信自己有能力改变现状。妇女赋权的目的是通过社会工作者和妇女之间的共同合作，让妇女有能力认识到自身的真实处境，引发她们对形成这种境况的社会因素进行思考，寻找解决的途径，并且通过采取具体的行动来改善处境。

### （一）干预目标

具体干预目标分为3个层次：一是个人层次，包括个人感觉到自己有能力去影响或者解决问题；二是人际层次，指的是增长个人和他人合作促成问题解决的经验；三是环境层次，是指促进改善社会政策的能力。

### （二）评估妇女赋权的几个层次指标

（1）福利的平等得到层面。看女性是否得到和男性一样的福利资源。

（2）资源使用层面。在与男人平等的基础上，妇女使用生产资料的权利，以及平等地使用土地和劳动、获得贷款、培训和所有公共服务的权益。

（3）意识层面。需要有社会性别意识，让妇女们了解和意识到因为性别歧视导致机会缺失、资源分配不公等的现状，把它作为迈向两性平等的基础工作。一旦建立妇女的集体意识，就会产生群体身份认同和人多力量大的工作效果。

（4）参与层面。妇女平等参与家庭、社区和社会方面的支配和决策，增强了在计划、决策、组织、管理、开展活动以及与周围他人和机构打交道等方面的能力。

（5）资源的支配层面。通过意识提升和决策参与，平等地支配生产资料和利益分配。

### （三）妇女赋权的方法

（1）意识觉醒。第一，强调通过鼓励、肯定、教育，慢慢增进妇女的自信和能力，提升妇女自身的价值感。第二，通过阅读、小组讨论、经验分享以及观看影片等方式观察和了解妇女的社会地位，为进一步的改变建立必要的思想基础。第三，和服务对象一起讨论个人问题和社会制度之间的关系，分析讨论两性之间、家庭以及日常生活中其他相关的权利关系，让服务对象认识到其所带来的问题大多与权利有关。

（2）社会工作者与服务对象之间的关系是协同关系，是彼此相互教育的过程，都是学习者，是互利互惠、患难与共的关系。

(3) 借助集体行动，倡导政策改变。民众戏剧是一种实现对妇女赋权的工作方法。民众戏剧强调每个人都是艺术家，以民众为主体，由民众创作，与民众生活息息相关，强调民众参与、表达民众心声，为民众而存在。只要通过某种方式（如培训、座谈、排练等），为民众创造真诚、畅通的交流机会，他们就能表现出无尽的智慧和创造力，能达到自我教育和教育他人的目的，并有能力以自己的方式向社会发声，促进社会变革。

**案例 6-3**

在某村，十几年来，社会工作者持续开展推动性别平等的工作，他们和当地群众一起组建了一个文化协会，使用赋权的方式和文化协会一起创建民众戏剧，以此达到教育群众、改变群众的目的。

在农村，婆媳关系是千年的难题。该村也一样，婆媳关系一直是敏感且没有人去触碰的话题，社会工作者在介入十几年后，看到社区环境的改变和人们思想觉悟的提升，抓住机遇，想用民众戏剧的方式打开这个千年难解的话题。因此，社会工作者用赋权的理念和方法组织群众开展了“婆媳对对碰”论坛，并和文化协会一起创作了以改善婆媳关系为主题的“婆媳对对碰”民众戏剧，让文化协会成为强有力的社区教育推动者，同时改善了村民中的婆媳关系，其介入过程包括以下几步。

第一步：社区教育先行——意识提升。

社会工作者对千年来尤其在农村存在的婆媳矛盾进行了深刻的剖析：首先，婆媳矛盾是男娶女嫁——媳妇的身份冲突。尽管嫁过来的媳妇是婆家人，心却系着有血缘关系的娘家，夫家本位的传统观念让婆家不满意儿媳将娘家当成本家，因此当儿媳常常用各种方式照顾娘家的时候，就会产生矛盾，家庭矛盾很容易被加在婆媳关系上。其次，传宗接代的压力，能否生儿子也成为产生婆媳矛盾的根源，一旦生了儿子，媳妇就理所当然将孩子交给婆婆带，因为这是生给婆家的后代。最后，在农村表面上是“养儿防老”，男性担着养老的“名”，但养老的具体照顾责任仍然落在儿媳妇的身上，她们往往成为“非自愿的照顾者”，很容易用抱怨、唠叨的方式表达不满和情绪。

社会工作者利用老年学堂等平台，将上述这些道理对村民进行教育和传播，村民认可了这些道理，就产生了改变的可能。

第二步：举办婆媳论坛。

1. 预热。为群众播放一部反映婆媳关系的地方剧，引出婆媳关系话题，启发思考：家庭成员之间的关系有两种：一种是以婚姻为基础的夫妻关系，具有亲密性；一种是以血缘为基础的亲子关系，具有稳定性。但婆媳关系既不具有稳定性也不具有亲密性，却要以“亲人”相待，长时间在一起生活，如何处理关系？“好媳妇”和“好婆婆”的标准究竟是什么？

2. 婆媳论坛，就群众中常见的婆媳问题展开讨论：“娶了媳妇忘了娘”，你同意这个说法吗？媳妇是“婆家人”还是“娘家人”？儿子在婆媳之间的作用是什么？孙辈究竟该谁带？

群众就这些话题分组展开热烈的讨论，社会工作者进行引导，总结出大家对问题的共识点。

第三步：将群众讨论的内容和文化协会一起编成剧本，并由文化协会自导自演。

根据讨论会上大家的故事和意见，由社会工作者根据议题分别整理编写出几个剧本，依据“人人都是编剧”的赋权思想，再组织文化协会成员逐字逐句、逐段、逐幕进行讨论，形成剧本。

文化协会的演员都是群众本色出演，演员的角色可能是生活中的“他”或“她”，很容易进入角色，演出过程就是自我教育的过程。

第四步：巡回演出。

“婆媳对对碰”分为4幕，形式活泼，台上台下充分互动，观众不只是看戏，演出期间，社区变成了民众共同关注、讨论的“公共空间”和“社会治疗”场所。

思考：赋权要求参与者所参与的活动公开透明，强调参与者一起参与改变的过程，达到意识提升、增强自信的目的。在“婆媳对对碰”民众戏剧的编写过程中，社会工作者发挥协作者的作用，协同普通群众参与讨论、剧本编写、自导自演、巡回演出，以戏剧形式参与千年难解的婆媳关系改变，将自我教育和社区教育结合在一起。

民众戏剧是赋权群众自我表达、自我教育的好方法，但剧本必须来源于民众真实的生活，只有真实才可信，可信才能促进人们去思考，才能转化为行动。民众戏剧从议题到编剧、导演、演出，必须是以民众为主体，在“润物细无声”中催化民众发生改变。

## 三、性别视角的妇女社会工作方法

在妇女社会工作中，个案、小组、社区工作方法仍然适用，只是使用时一定要加入性别视角。

### （一）建立关系

关系本身就有治疗的功效，建立信任、真诚、平等的关系在妇女辅导中非常重要。建立信任关系的技巧有：

（1）具有性别敏感性地倾听、反映感受和表达同感。

（2）接受和协助妇女厘清责任归属，而不是责怪她们。

（3）鼓励妇女表达个人化的故事和经验。

（4）肯定妇女在家庭中所承担责任的价值。

（5）尊重妇女的语言表达逻辑、帮助妇女接纳自己的情绪。

（6）社会工作者和服务对象的平等关系。

前来求助的妇女本身就是在社会中受到排斥和被轻视的人群，因此，社会工作者要警惕自己的身份和由此带来的权力，避免复制社会中的权威关系。在工作关系建立之后，社会工作者要清楚告知服务对象整个服务的目标和动机，让服务对象知道如何使用辅导达到权利平等的效果。

### （二）协助妇女重新界定问题，提升意识

（1）妇女无论带来怎样的问题，都不要将问题个人化，以减轻妇女的自责。

（2）评估社会因素对个人生活的影响。

（3）协助妇女反思女人的处境和角色如何演变而来。

（4）关注生育健康权利。

（5）寻找个人处理问题的能力、资源与环境等之间的关系，协助个人认清无力感是怎样形成的。

**（三）挖掘自身潜能，联络周围资源，解决所面对的问题**

（1）协助妇女认清自己的性格、特长和优势，肯定自己已经为解决问题而做过的努力和取得的成绩，使其从中看到自己的能力和优势。

（2）协助妇女分析问题本身带来的机会和挑战。

（3）协助妇女了解关系中的权利。

（4）发展更多可能的行动以供妇女自由选择。

（5）协助妇女从自己的人生故事回顾中找到解决问题的动力和契机。

（6）协助妇女联络周围的资源，建立支持小组。

**（四）协助类似处境的妇女建立支持小组**

（1）建立小组要兼顾妇女的两种性别需求。妇女有实用性社会性别需求和战略性社会性别需求。在满足妇女现实需求的基础上，进一步启蒙妇女的思想意识，实现战略性社会性别需求的目标才比较现实。

（2）小组活动的时间和场地一定要根据妇女的情况而定。

（3）性别敏感小组的工作内容：

①宣泄情绪，缓解压力。

②重塑自信，建立积极的自我认识。

③重新界定带来的问题。

④建立组员相互间的支持和互助关系。

⑤联络外部资源跟进小组。

⑥发现和培育小组中的妇女骨干，使之成为小组的继续推动者。

⑦在小组中进行社会性别意识启蒙。

（4）支持和鼓励妇女自助小组，充分认识到这类小组产生的互助作用对妇女的帮助。

**（五）社区层面**

1. 宣传与教育

宣传教育的内容主要是宣传社会性别观念和推进男女平等有关的内容。

（1）利用各种相关政策出台和修改的机会进行宣传和教育。如利用《中华人民共和国妇女权益保障法》修订的机会，通过各种媒体开展宣传，加强人们对妇女权益的了解和认识。

（2）利用各种婚丧仪式、节日等作为推动和宣传活动的契机。如利用“三八”妇女节，在表彰“三八红旗手”的同时，宣传马克思主义妇女观和男女平等基本国策等。

（3）借用突发性事件进行宣传和教育。

（4）利用各种培训机会将性别意识纳入其中，以及开展专门的性别培训。如在各级党校培训中，利用政策的空间进行“男女平等基本国策”的宣讲，并将该课程纳入党校课程体系中，变成常规的课程。

2. 参与式方法

为了有效地贯彻妇女社会工作中尊重妇女的声音和经验、协助妇女参与对自己问题的重新界定、将妇女看成是发展的主体而不是客体等妇女社会工作的原则，在开展妇女社会工作的时候常常用到参与式学习方法，它不仅体现了赋权，还是推动妇女自我教育、建立自尊自信、学习平等尊重的方法，同时也是锻炼妇女们参与社区事务管理乃至参政议政能力的方法。

“参与式”强调的是参与者介入的程度和活动中权利的分享，特别关注参与者的参与动机、参与态度、参与热情、参与方式、参与效果等。“参与式”认为，每个人都有认识世界的方式，社会工作者不能将自己的信念或者看问题的方式强加给妇女。妇女应该参与对自己问题的界定，而不仅仅是依靠专家或者学者定义。妇女应参与制定问题解决的目标、进行讨论、制定解决策略的全部过程，而不是被动地等待解决。社会工作者和参与者的关系是合作关系，社会工作者是协助者的角色，而不是专家的角色。参与式学习的主要目标是赋权，确保妇女参与培训，实现权利关系的改变。参与过程要达到一起改变，而不只是妇女改变。

（1）使妇女们参与学习课程内容制定、课程主题和进程、课程评估等各个环节，而不是执行专家制订的一套学习计划。

（2）用角色扮演、案例讨论、游戏、情景剧、讲故事等方法调动妇女经验的分享，“小活动、大道理”，通过小活动引发大家的深入思考，每名妇女充分表达自己的思想。

（3）不仅要让妇女学习到知识，更重要的是提升妇女的自信。

#### 3. 倡导

倡导指的是为了确保社会公正，站在服务对象或者受助团体的立场上，直接从事代表、捍卫、支持受助个人或者团体利益的活动过程。倡导的前提是妇女个人存在着困难、社会保障制度缺乏、政策和法律保障不力等。倡导的目的就是改变政策、法律和制度。从微观上而言，倡导是为了满足服务对象的需求；从宏观上说，倡导就是采取宣传游说、运用传媒等方式进行政策建议。

#### 4. 资源链接

很多妇女问题的产生与身边资源的匮乏紧密相关。因此，增加妇女的资源是社会工作重要的工作方法。资源链接包括个人身边资源链接、个人所在的社区内部的资源链接和外部的资源链接等。因此，为有相同处境的妇女建立支持和互助小组是一种资源链接的方法。

#### 5. 多部门合作

多部门合作通常是解决妇女问题的一个比较根本和切实可行的方法。因为妇女问题不是妇女个人的问题，最根本的是社会问题或者由它导致的社会问题；妇女本身就在社会各级阶层和各种部门中，因此，解决妇女问题需要各相关部门的配合协作。

多机构合作集合了各个领域的参与者，整合多领域的智力和资源，包括政府部门、社会组织、媒体及妇女活动者等，干预手法呈现多样性、多角度，包括立法建议、行政干预、社会性别培训、法律援助、医疗救助、警察干预、社会工作介入、媒体呼吁、社会舆论干预等。

多机构合作的参与对象和干预对象都是多样性的，合作方式也是多样性的，它不仅是对受害者的救助和对家暴群体的干预，也会带动所有参与者乃至全社会接受教育、改变观念、反对家暴，兼顾了预防和制止家庭暴力两个方面。

## 本章小结

妇女社会工作是社会工作的一个重要实务领域，它的产生和发展与社会性别意识的传播、专业社会工作位置的确立和发展，以及妇女工作的专业化直接相关。之所以出现针对妇女的社会工作实务领域，是因为社会将男女两性的生理不同，通过制度定型为“男尊女卑”“男强女弱”的社会文化，将两性的差异演变为歧视和排斥妇女的依据，使得妇女在政治、经济、婚姻家庭、生殖健康等方面都被边缘化，甚至使她们的基本权益遭到剥夺，限制了妇女在社会各方面的发展。妇女的权益受到侵害，身体健康受到损害，于是也就出现了妇女独特的需要和急需解决的问题。妇女社会工作实务领域的主要内容包括3个方面：为妇女服务，解决妇女面临的实际困难；关注妇女的发展，解决妇女在政治、经济、文化、婚姻家庭等方面的权益和发展；倡导和促进性别平等和公正的机制建设。这3个方面有着内在的紧密联系，涉及解决问题的不同层面，即从解决现实的困难入手，关注和改变问题产生的根源——制度和政策。在妇女社会工作中，提炼和总结本土妇女工作的经验是重要的、不可忽视的内容。

# 第七章　残疾人社会工作

残疾人社会工作是残疾人社会福利事业的有机组成部分，围绕实现“全面建成小康社会，残疾人一个也不能少”的目标，应着力打赢打好贫困残疾人脱贫攻坚战，努力开创新时代残疾人事业发展新局面。通过本章学习，主要了解残疾人的问题及需要，掌握残疾人社会工作的含义及特点，熟悉残疾人社会工作的主要内容，掌握并运用残疾人社会工作的主要方法，更好地推进我国残疾人福利事业健康发展。

## 第一节　残疾人社会工作概述

残疾人是人数众多、特性突出、有特殊困难的社会群体。残疾人不仅承受着自身生理或心理残障所带来的不幸和困难，而且往往遭到社会的人文缺陷所带来的痛苦和艰辛，平等参与社会生活还面临不少困难和障碍。政府和社会应该从残疾人的“权利”（包括司法权、政治权和社会权等）出发，大力推进残疾人社会工作，共建、共治、共享和谐的“全纳”社会。

### 一、残疾的定义和残疾人的分类

残疾人是人类大家庭的成员，应尊重和保障残疾人的人权和人格尊严，使他们能以平等的地位和均等的机会充分参与社会生活，共享物质文明和精神文明成果。但是，在不同文化领域和不同历史阶段，社会公众对残疾的理解存在巨大差异。

#### （一）残疾的定义

在传统的语境中，“残”代表着因伤致残，一般泛指因外伤性损害导致肢体或器官缺损或功能丧失；“疾”则泛指区别于健全人的“常态”而形成的在生理和心理上的“病态”。长期以来，残疾人群体因为这种特殊性被贴上了很多负面的社会标签。随着20世纪60年代源于美国的残疾人权利运动的推进，人们逐渐认识到“残疾是人类多样性的表现”，残疾人在追求“有意义的生活方式”上与“健全人”完全一样。自此，他们的声音才逐渐被人们“听见”。这迫使人们去反思传统的残疾观和社会给残疾人所造成的障碍。

对残疾的定义，有很多不同的表述方式。1990年颁布、2008年4月修订的《中华人民共和国残疾人保障法》第二条对残疾人的定义：“残疾人是指在心理、生理、人体结构上，某种组织、功能丧失或者不正常，全部或者部分丧失以正常方式从事某种活动能力的人。残疾人包括视力残疾、听力残疾、言语残疾、肢体残疾、智力残疾、精神残疾、多重残疾和其他残疾的人。残疾标准由国务院规定。”相对而言，这个定义在范围上更显完整，基本上概括了残疾人的特征，对残疾人的理解不仅包含了身体上的缺陷带来的器官的丧失或者不正常，而且也包含了心理上的功能障碍带来的精神和智力层面的残疾。同时，在残疾人的分类上也比较科学，主要包括六大类，有些残疾人有两种甚至两种以上的残疾，就属于综合性多重残疾。显然，这个定义在法律层面的确立，在概念运用上完全实现了由“残废”向“残疾”的转型，对残疾人的范围界定也显得更加宽泛，把更多的残障人士纳入残疾人范围，从而使其能获得更多更好的社会保护，有利于残疾人全面融入社会。

在国际上，也出现了从机能障碍、能力低下、社会不利 3 个方面整体评价伤残后果的趋势。1980 年，世界卫生组织颁布的《国际残疾分类》对“残障”的定义是：“由于人们的表现未满足社会期望而产生的损失或障碍时所体验到的社会处境不利。”其中，受损（impairment）：出生时就有或后天发生的由受伤或疾病所导致的身体结构或功能混乱；心理或生理解剖的结构或功能的丧失或失常。残疾（disability）：由于潜在受损而导致的在期望功能活动中所受到的限制；不能充分地在被认为是人类正常活动范围内开展活动，这种限制或能力的缺乏往往是由社会所导致的。残障（handicap）：指的是某人因困境而陷入对他人的依赖或需要施舍的状态，犹如“套着帽子的手”。2001 年，世界卫生组织发布了《国际功能、残疾和健康分类》（ICF），更加注重从“社会处境化”来理解残疾人的困境。

1982 年，联合国发布的《关于残疾人的世界行动纲领》中指出，残疾人是由于心理上、生理上或人体结构上某种组织或功能的任何异常或丧失的缺陷导致缺乏作为健全人以正常方式从事某种正常活动能力的人；与其相应的障碍是指某人由于缺陷或残疾而处于某种不利地位，以致限制或阻碍该人发挥按其年龄、性别、社会与文化等因素应能发挥的正常功能。由此可以看出，联合国非常重视残疾人社会功能的康复和残疾预防。

### （二）残疾人的分类

根据第六次人口普查及第二次全国残疾人抽样调查，我国残疾人分为视力残疾、听力残疾等 7 类（如表 7-1 所示）。相对于发达国家而言，我国残疾人口占总人口的比例相对偏低。随着我国社会经济发展水平和残疾人福利保护水平的提升，将会使更多的人能够有机会享有残疾人社会福利。对家庭而言，父母残疾会影响对子女的照顾，子女残疾也会影响父母的生活和收入。从某种程度而言，残疾实际上会影响所有人。“残疾人问题”是人类所面临的共同社会问题。

**表 7-1　中国残疾人类别构成分布**

| 类别 | 人数（万人） | 百分比（%） |
|---|---|---|
| ①视力残疾 | 1263 | 14. 86 |
| ②听力残疾 | 2054 | 24. 16 |
| ③言语残疾 | 130 | 1. 53 |

续表

| 类别 | 人数（万人） | 百分比（%） |
| --- | --- | --- |
| ④肢体残疾 | 2472 | 29.07 |
| ⑤智力残疾 | 568 | 6.68 |
| ⑥精神残疾 | 629 | 7.40 |
| ⑦多重残疾 | 1386 | 16.30 |

## 二、残疾人的需求及其面临的问题

残疾人群体在现实社会中，很多时候因无法获得公平发展机会和资源分配处于相对困难地位。维护残疾人的生存权、发展权和平等参与政治、经济和社会生活权利，体现了人类文明和社会进步。在文明社会的发展中，人的平等权主要是从人的社会发展权而言，联合国《关于残疾人的世界行动纲领》的宗旨是要推行有关残疾预防和康复的有效措施，以实现两大主要目标：使残疾人得以“充分参与”社会生活和发展，并享有“平等地位”，即具有与全体公民同等的机会，平等分享因社会和经济发展而改善的生活条件。相较而言，我国政府充分发挥政府、企业、社会组织和公民的作用，努力构建残疾人社会保障体系和社会服务体系，使我国残疾人保障事业成就举世公认，在残疾人权利保障上已取得很大的成效。

### （一）残疾人权利和基本需求

2006 年 12 月，联合国颁布了第一个全面保护残疾人权利的国际法律文件《残疾人权利公约》，这是国际社会在 21 世纪通过的第一个人权公约，中国也是签约国之一。公约的核心内容是确保残疾人享有与“健全人”同等的权利，并能以“正式公民”身份生活，在获得同等机会情况下为社会作出积极贡献。公约涵盖了残疾人应享有的各项权利，诸如在法律面前获得平等权利，享有平等、不受歧视的权利，享有健康、就业、受教育和无障碍环境的权利，享有参与政治和文化生活的权利等。

中华人民共和国成立 70 多年来，从国情和实际出发，努力促进和保护残疾人权利和尊严，保障残疾人平等参与经济、政治、社会和文化生活，走出了一条具有中国特色的残疾人事业发展道路。中国残疾人社会政策已经形成相对完整的体系，基本涉及了残疾人的政治权利、劳动权利、社会保障和医疗卫生、教育、文化体育等各个领域。它是以《中华人民共和国宪法》为核心，以《中华人民共和国残疾人保障法》为主干，以《残疾预防和残疾人康复条例》《残疾人教育条例》《残疾人就业条例》《无障碍环境建设条例》等为重要支撑的残疾人权益保障法律法规体系。截至 2018 年 4 月，直接涉及残疾人权益保障的法律有 80 多部，行政法规有 50 多部，基本形成了具有中国特色的残疾人权利保障体系。遵循这些法规，我国坚持以人民为中心，关心特殊困难群体，尊重残疾人意愿，保障残疾人权利，注重残疾人的社会参与，推动残疾人真正成为权利主体，成为经济社会发展的参与者、贡献者和享有者。

残疾人权利是多方面的，其在法律层面的确认必然会对该群体的规范性需求产生影响。权利的保障和基本需求的呈现是“一体两面”。根据《中华人民共和国残疾人保障法》和《关于加快推进残疾人社会保障体系和服务体系建设的指导意见》规定，残疾人的权益和基本需求主要包括康复权、教育权、劳动权、文化生活权、社会福利权和环境友好权。

1. 康复权

残疾人康复权是其获得良好生活质量的前提条件，也是残疾人“独立生活”的重要保证。残疾康复水平的差异性直接决定了其未来生活质量的差异性，不少残疾人只能长期被封闭在家中，很大部分原因是其康复水平跟不上。各级政府和部门要为残疾人康复创造条件，完善社会化康复服务网络，逐步实现残疾人“人人享有康复服务”的目标，对贫困残疾人实施康复救助。截至 2018 年，全国已竣工的省、市、县三级康复设施 914 个，总建筑面积 344.9 万平方米；全国残疾人专业康复服务机构 9036 个，在岗人员 25 万，2750 个县（市、区）开展了社区康复服务。

2. 教育权

残疾人教育权是实现其就业和社会参与的重要保障，不仅要保障残疾人接受教育的平等机会，尤其是义务教育阶段，而且要保障残疾人接受教育过程的平等性，全面推进“完全接纳”教育；完善残疾人教育服务体系，不断提高残疾人受教育水平。2017 年，融合教育首次写进《残疾人教育条例》。2018 年，特殊教育在校生 66.6 万人，比 2013 年增加 29.8 万人，增长 81%。整体来看，我国正在逐步完善以特殊教育学校为骨干、随班就读和特教班为主体的残疾儿童、少年义务教育体系，加快发展以职业教育为主的高级中等以上教育。

3. 劳动权

残疾人劳动权是社会参与的最重要方面，能够充分展现残疾人“自我生命意义”和“奉献社会”的功能，但残疾人有特殊身心障碍，需要特殊的就业保护政策，整个社会要为残疾人劳动就业创造条件，促进残疾人的各种就业形式的发展。2018 年，全国共有省、市、县三级残疾人就业服务机构 2811 家，建立了 500 家国家级残疾人职业培训基地，350 家省级残疾人职业培训基地。2011 年以来，中国扶持近 1300 万残疾人发展生产，其中 676 万贫困残疾人摆脱贫困，推动残疾人扶贫开发政策与各项社会保障政策的有效衔接。

4. 文化生活权

残疾人文化生活权是残疾人拥有平等参与各种文化、体育和娱乐的权利。一方面要丰富残疾人的精神文化生活是残疾人权益保障的重要内容；另一方面要通过残疾人文化生活权的确认，来展现残疾人积极向上的生活状态，构建残疾人和“健全人”之间共融共享的文化。截至 2017 年，各地民政部门共登记助残社会组织 6200 余个，包括 1500 余个社会团体、4600 余个民办非企业单位和约 100 个基金会。2018 年，全国残疾人文化周有 120 余万残疾人参与该活动。

5. 社会福利权

残疾人社会福利权是指享有各种社会保障和社会福利的权利，尤其是在出现“即时性”困难时获得有效社会帮助，主要包括残疾人社会保险、社会救助和社会供养与公共服务等内容。截至 2018 年 3 月，全国共有 904.4 万残疾人享受城乡最低生活保障。截至

2018 年，2561.2 万城乡残疾人参加城乡社会养老保险，1024.4 万残疾人领取养老金。当前已建立困难残疾人生活补贴和重度残疾人护理补贴制度，2018 年受益残疾人超过 2190 万人次，发放补贴超过 230 亿元。

6. 环境友好权

残疾人环境友好权主要指残疾人享有平等社会生活的无障碍的权利，消除社会性环境中阻碍残疾人参与的“物化”因素。加快推进无障碍建设，方便残疾人生活，这主要包括物理环境（各类建筑物、道路和交通设施等）的无障碍、信息交流环境无障碍、公共服务无障碍和政治参与无障碍等。逐步推进残疾人家居环境无障碍建设和改造。截至 2018 年，全国省、地（市）、县级共制定无障碍环境与管理的法规、规章等规范性文件 475 部，政府加快了残疾人家庭无障碍改造进度。2016—2018 年，共有 298.6 万户残疾人家庭得到无障碍改造。

（二）残疾人面临的主要问题

应该看到，残疾人在生理、心理等方面的缺陷并不必然会构成其在社会参与中的障碍，实际上障碍的形成及其程度是由残疾人与其生活环境之间关系的“亲和度”所决定的，当残疾人遭到物质、精神、社会等层面的阻碍，无法利用其他人可以利用的各种社会系统时就会产生障碍。残疾人问题实质上是残疾人平等的公民权实现不足的问题。

1. 物质层面的困难

残疾人在物质层面的困难是多方面的。第一，经济困难。残疾人及其家庭收入少、开支大，相对而言，残疾人及其家庭的经济困难程度比较大。残疾人本人由于身心障碍，在就业领域处于不利状态，这直接影响其家庭的收入；同时残疾人需要长期治疗和康复，无疑又增加了家庭的经济开支。第二，住房困难。目前，我国住房的商品化程度高，保障性住房相对较少，针对残疾人及其家庭的无障碍的保障性住房更是稀缺，残疾人存在各种行动性障碍，大多数需要与家庭长期照顾者共同居住，居住空间相对狭小，居住环境舒适性比较差。第三，医疗困难。残疾人就医本身有许多特殊困难（如聋哑人就医就很难表达自己的病情，肢体残疾人就医有很多行动不便），在广大的农村地区，不少残疾人家庭还存在“因病致贫”或“因病返贫”等现象。

2. 精神层面的困难

这主要是指残疾人在心理上的压力感。传统中国文化的孽缘论和“污名化”的残疾文化对残疾人及其家庭带来了巨大的精神压力和心理负担，并常使他们在社会支持系统等方面陷入困境。

3. 社会交往的困难

首先，参与机会缺乏，残疾人及其家庭成员在物质层面和精神层面的特殊直接导致其社会交往的困境，不仅社会参与机会少，而且有时候不得不放弃参与，尤其是精神性疾病的康复者和家庭成员，受世俗性的社会偏见的影响，导致其摆脱不了封闭的生活方式的形成。其次，残疾人及其家庭成员还会在婚姻恋爱方面遭遇因残障带来的困难。

## 三、残疾人社会工作的定义及特点

残疾人社会工作开始走向“专业化”是在20世纪60年代之后，其标志性事件有：一是联合国发布了《智力迟钝权利宣言》《残疾人权利宣言》等纲领性文件；二是1981年创立了残疾人的世界性组织“残疾人国际”，倡导“平等、参与、共享”的残疾人工作新理念。

### （一）残疾人社会工作的定义

残疾人社会工作不同于一般的残疾人服务，专指在社会福利制度框架下，社会工作者秉承利他主义的宗旨，运用社会工作专业知识和方法，帮助残疾人进行能力建设以克服自身缺陷的局限性，构建社会性支持系统克服各种环境障碍，使得残疾人能够全面融入社会生活，并提升人类社会整体生活质量的活动。残疾人社会工作的方法在微观层面也包含残疾人服务的个案工作和小组工作，在宏观层面则包含残疾人的社区工作和社会政策等。残疾人社会工作的领域涉及面广，在残疾人医疗、康复、就业、教育、文化、体育、维权、社会救助、辅助用品等方面都需要社会工作的专业服务，这是对残疾人“全人和全程”的人性化和柔性化服务。

残疾人社会工作与医务社会工作既有重叠也有区别。残疾人社会工作的主要对象是各种残障人士及其家庭成员，医务社会工作的主要对象是各类病患及其家庭成员。显然，医务社会工作中包含部分在疾病期的残疾人，而其他残疾人则不属于医务社会工作的范围。当然，医务社会工作更多体现“医疗”，而残疾人社会工作则更多注重“康复”。两者虽然在心理疏导、人际关系调适等方面有相同之处，但残疾人社会工作更多地注重为残疾人提供提升学习和就业能力的机会等，以协助残疾人平等地参与社会生活。可以这样说，医务社会工作在服务目标上注重使残疾人摆脱病痛而恢复健康，而残疾人社会工作则更注重使残疾人全面康复和融入社会。

### （二）残疾人社会工作的特点

残疾人社会工作的目标是尊重残疾人的公民权利，促进残疾人平等的社会参与，实现残疾人体面工作和尊严生活，推动残疾人树立“自尊、自信、自强、自立”观念，全面提升残疾人素质，使其为社会作出更大贡献，构建“残疾友好”社会。

#### 1. 理论视角的特殊性

残疾人社会工作在我国还处于不断探索阶段。残疾人社会工作的理论视角主要包括残疾发生上的社会代价理论、残疾康复上的社区照顾理论和残疾融合上的社会网络理论。

（1）社会代价理论。该理论认为残疾的发生是人类创造物质文明和精神文明必然付出的代价，无论是从人的自然属性还是从社会属性来看，残疾和伤残都与人类社会共存。人类发明了火药、枪炮和现代化的武器都使得人类认识自然和改造自然的能力大大加强，但是人与人之间的残酷战争造就了空前多的疾病和残疾，很多军人残疾实际上是为了“保家卫国”；人类发明了汽车、飞机和高铁等交通工具，使得人类的外出通行能力大大加强，真正实现“天涯若比邻”，但是交通速度的加快直接导致交通事故的增加，人类的伤残大幅度增加；文化体育运动的开展，丰富了人们的日常生活，但也出现了许多失误和难以预料的意外事件；工业、矿业和现代化工厂的建立，造就了多彩的物质世界，但也造成了大量的工伤、矿难和职业病等，甚至带来了环境污染，产生“血铅”儿童和先天性残疾婴儿等。

就残疾的发生来看，必然是社会问题和个人问题的综合，后天性残疾肯定有社会性原因，即使先天性残疾，也有很大的社会性原因。例如环境污染、不安全的食品和劳动强度过大等都会导致新生儿的残疾。因此，残疾人问题是社会问题，不仅是残疾人个人的责任，也是整个社会的责任，因此要运用社会的力量来解决。

（2）社区照顾理论。20 世纪中期，在西方残疾人社会工作中出现了“反机构化”的社区照顾理论。美国的一些社会学家和社会工作者关注长期居住在养老院、康复医院等机构接受专业服务的残疾人和老年人，探求机构化管理和服务质量之间的关系。美国社会学家戈夫曼深入研究了居住在庇护中心的精神疾病康复者，发现了一些精神疾病的康复者处于“不良人际关系”的困境中。一是不良同伴关系，精神疾病的康复者长期集中居住在一起，往往会形成具有强烈刺激性的互动关系，不利于“正能量”的传递；二是不良的观护关系，庇护中心的管理人员、医护人员等长期面对精神性疾病患者容易出现“职业倦怠”状态，对精神疾病的康复者持消极、冷漠的态度，并且对精神疾病患者采取半封闭严格管制措施等，直接导致医护人员和病患之间关系变得隔阂、紧张甚至出现对立状态。这在某种程度上不仅不利于精神疾病患者康复，反而会加重患者的病情。当时，美国奥斯卡获奖影片《飞越疯人院》就是反映了 20 世纪四五十年代，美国“机构化”精神疾病患者的一种生存状态。同时，人们也开始反思老年人或残疾人因长期住在医院或老人院而带来的各种不良后果，这会使得服务对象慢慢对自己的能力产生丧失感，对提供的各种服务产生依赖感，并渐渐失去了重新适应和融入社会的动力和能力。因此，社区照顾理论的倡导者指出，“机构化”的照顾是一种昂贵且效果不好的模式，社区照顾模式有利于促进服务对象回归社会。

残疾人社会工作领域的社区照顾理论强调：残疾人是社会上的困难群体，需要通过社区照顾服务（正式服务和非正式服务的结合）在社区内“独立生活”，即通过整合各种社会资源，提供“适合性”的支持，使得残疾人在社区中实现最大化的独立性和自我控制能力。

（3）社会网络理论。该理论从系统论角度来分析人与人之间的关系，强调社会工作者与服务对象之间应建立良好的互动关系。社会网络是指一群人之间关系结构及他们之间存在的交换关系和特定角色，这种联系的整体性则可以来解释这群人的社会行为。社会网络和社会支持有所不同，社会网络主要指非正式的社会支持，大多数状态下是发挥支持性功能。一般而言，当人们遭遇即时的困境时，有时“第一时间”想到的就是寻找父母或亲朋好友的支持和协助，社会网络是对正式社会支持系统的一种有效补充。对残疾人来说，社会网络中的父母、亲朋好友、互助小组和社区中的邻里关系等，能够在“关键时刻”提供心理及情绪上的支持，协助应对日常生活中的小问题，提供物质性的经济援助，并提供一定的技术性服务和咨询意见等。同时，残疾人置身于社会网络中，感受到“亲和性”的社会网络，就能产生自信和增加对外在环境的控制感，从而形成积极的心理状态，社会网络直接发挥了保护性和预防性相结合的社会功能。当然，社会工作者要深入残疾人的生活情境去发现其社会网络中的“重要他人”，形成积极的良性互动关系，并不断拓展个体之间自愿联结、群体之间的互助、邻里之间的互爱等社会网络。

2. 功能发挥的特殊性

残疾人社会工作必须坚持“同一个世界，同在蓝天下”的人道主义精神，要突破因对残疾人的“偏见”而形成的“健全和残疾”的二元分化，加快残疾人全面融入社会。

（1）微观层面，主要是针对残疾人个体的服务。第一，对残疾人提供直接的物质性帮助。尽管从社会工作专业服务来看，给予有需要的、有困难的残疾人物质性帮助主要还是一种间接服务。社会工作者要通过整合各种社会性资源，甚至改变资源配置的路径，与政府、社会组织、社会工作服务机构和慈善机构紧密合作，为残疾人争取各种社会福利和社会服务项目等。第二，为残疾人提供能力建设的支持服务。残疾人群体陷入现实困境中，有些并不是经济的困难，而是自身社会期望角色和人际支持系统不足或缺失。社会工作者不仅要为残疾人提供心理认知的咨询服务，还要帮助残疾人提升适应社会环境能力，例如在残疾人服务体系中正在推进家庭环境的无障碍设施改造工程，实现残疾人社会工作的“助人自助”。

（2）中观层面，主要涉及残疾人社会工作的组织发展层面。一是推动残疾人组织和为残疾人服务的社会组织的发育。通过这些组织来协同政府搭建为残疾人的基本公共服务输送平台，提升服务的经济效益和社会效益；通过这些组织为残疾人搭建在争取正常利益和权益的平台，增加其利益诉求的表达渠道，防止出现个体化和非理性化“信访”的事件；通过这些组织为残疾人搭建社会参与的组织平台，面对经济、政治和文化领域中的社会排斥，为残疾人正确认识残疾融入社会、创造财富实现人生价值提供组织支持。二是推动社区残疾人社会支持系统的发育，它是一项动用社区资源的创新性服务方式。残疾人社会工作的重点在社区康复，推动残疾人社区性融合，社区发展和社区服务都有利于形成良好的社区共同体。残疾人合法权益的损害多发生在社区，维护残疾人的合法权益的落脚点也是在社区，通过在社区对残疾人的赋权和增能，在社区营造志愿者支持系统来推动残疾人在社区“独立生活”。

（3）宏观层面，主要涉及政府政策和社会文化的变迁。一是推进残疾人社会政策的变迁，残疾人生活质量的高低，体现了社会的公平公正程度，也体现了社会的文明程度。维护残疾人的合法权益是政府和全社会的责任。目前，很多长期存在并带有普遍性的所谓的“残疾人问题”，社会性因素占主导地位，例如在偏远欠发达的农村地区由于老年人的白内障而形成失明问题，表面上看是家庭经济困难，实际上主要是城乡基本医疗公共服务的不均衡，这是政策性的差异化而带来的问题，也是国家反贫困战略落实的问题。因此，残疾人的社会保障制度、教育制度、就业制度、社会保护制度等的不健全或缺失，直接带来所谓的残疾人问题。通过残疾人社会工作，自下而上来推动残疾人社会政策的变迁和完善，就能发挥预防性功能，防止各种残疾人问题产生，在制度和政策领域促进社会进步。二是增加社会资本，形成有“亲和力”的残疾人文化。现代社会中的社会问题，本质上是人与环境的关系、人与组织的关系、人与人的关系出现了不均衡状态，利益的竞争、物质的追求、权力的崇拜、人际的排斥等引发了大量社会问题。残疾人社会工作以服务对象的需求为本，致力于在残疾人与健全人、残疾人和社会组织、残疾人和政府之间建立相互支持的关系，不仅增加了对残疾人的保障和能力建设，还进一步提升了人际信任和社会资本，推动构建一个充满“爱和关怀”的社会。

3. 实务前提的特殊性

残疾人是人类社会中一个较大群体，由于其自身缺陷和社会环境阻碍，常常无法获得平等发展机会，其在社会生活中处于相对困难地位。服务对象的特殊性也直接导致了残疾人社会工作实务前提的特殊性：一是残疾人社会工作服务更加注重残疾病患应该得到长期的照料，无论在康复机构还是在社区，残疾人与其他病人相比，往往需要更长期的治疗。二是残疾人社会工作服务更注重社会资源的整合，更重要的是激发残疾人及其家庭成员的潜能。强调多部门协作和不同专业人士的共同努力，尤其是社会工作者和工程技术人员（残疾人的辅具开发）。三是残疾人社会工作更加注重挖掘服务对象的优势和能力，强调潜能的发挥。

## 四、中国残疾人社会工作的发展

我国早期的残疾人社会工作主要是在教育和医疗卫生服务领域内开展的。1921 年，美国医务社会工作专家蒲爱德在北京协和医院创立社会服务部，把医务社会工作思想带到中国，这是我国残疾社会工作的“萌芽”。20 世纪 80 年代，随着我国残疾人事业的蓬勃发展和社会工作教育的发展，残疾人社会工作也得到了快速发展。1988 年 10 月，中国残疾人联合会创办了中国康复研究中心，这是集医疗、教育和研究于一体的残疾人服务中心，其中社会康复工作由专业社会工作者实施，在中国康复研究中心设有专门的社会工作部。这种示范性的做法对推动残疾人社会工作的发展发挥了良好的作用。同时，在社会工作实务的先发地区，开始在残疾人服务中导入专业社会工作服务，为开展本土化的残疾人社会工作奠定了基础。

尤其是党的十八大以来，党和政府出台了一系列的政策意见，将社会工作纳入我国残疾人服务体系，不仅推动了我国残疾人事业的发展，同时也促进了我国残疾人社会工作专业发展。一是形成了专业的价值理念。我国残疾人社会工作者秉持需求为本、全面康复的价值理念，促进了专业服务质量的提升和服务内容的完善，推动了全方位、全周期的精准康复服务目标的实现。二是探索并发展出更为独特的优势服务模式。从聚焦于服务对象缺陷的问题视角转向关注残疾人内在资源和力量的优势视角，根本上改变了社会工作实践的基本立场，维系了残疾人的尊严和价值，开发了残疾人的优势和资源，最终增强了残疾人应对困难的能力。三是初步建构了残疾人社会工作理论体系。在实务经验的基础上，不断进行理论总结，形成了由残疾人社会工作的基础理论、专业理论、政策理论和历史理论所构成的理论初步框架，为推动我国残疾人社会工作实践向纵深发展提供了理论支撑。四是形成了较为成熟的服务程序和规范。我国残疾人社会工作者运用个案工作、小组工作、社区工作等方法和需求评估、社会诊断、心理疏导、社会支持等手段，通过接案、预估、计划、介入、结案和评估等过程步骤在家庭、机构和社区开展残疾人康复服务工作，不仅提高了残疾人的生活能力和自信心，也规范了残疾人服务的过程。五是初步形成了残疾人社会工作的服务范畴和领域。在以服务对象为中心的指导下，我国残疾人社会工作者开展了残疾人基本生活、医疗照料、特殊教育、职业康复、社区康复、社会康复、社会救助和心理康复等服务领域，丰富和拓展了专业服务范畴和场域。

2017 年 6 月，国务院批复同意设立“残疾预防日”，将每年 8 月 25 日设立为“残疾预防日”，是自 1990 年 12 月 28 日同意“每年 5 月第三个星期日为全国助残日”之后的又一重要事件。2019 年 6 月，教育部正式批复支持筹建康复大学。康复大学由山东省主办，驻地青岛市，由中国残联、国家卫生健康委等部门共同建设。2019 年 7 月 25 日，国务院新闻办公室发表《平等、参与、共享：新中国残疾人权益保障 70 年》白皮书。

但从残疾人社会工作服务层面而言，我国当前的残疾人社会工作不仅区域发展很不平衡，而且服务供给也无法满足残疾人日益增长的需求，残疾人服务专业化的发展相对不足，专业社会工作人才队伍建设已成为推进残疾人更高水平社会保障体系和更高水平社会服务体系建设的重要内容。随着我国“两个一百年”目标的推进，中国残疾人社会工作的发展迎来了新的机遇和挑战。

## 第二节　残疾人社会工作的主要内容

随着社会的发展，人们对残疾及残疾人问题的理解正在悄悄地发生变化，以前人们往往把残疾人问题的根源归诸“残疾本身”，但目前除了少数重性精神疾病患者或智力残疾严重的儿童之外，所有的残疾儿童都能接受适当的、免费的公共教育，所有的公立学校都为残疾人的入学创造条件，使得人们对残疾人特殊教育的理解也发生了很大的变化，这些都促进了残疾人社会工作的发展。

### 一、残疾人服务发展

#### (一) 残疾人社会工作服务理念变迁

目前，社会对残疾的理解已经从主要归因于“个体和家庭”的个体模型转向更加重视“人与环境互动”的社会模式。

传统的个体模型把残疾界定为残疾者个人的问题，与社会无关，相应的责任都是归属个体，个体应该为了社会的整体利益而改变。例如，20 世纪前在西方占主导地位的医学理论分析框架把残疾看作是“功能丧失”，即无法独立和有效地完成他人所能完成活动的能力，残疾人则是偏离“常模”（标准）的人。这种来自医学模型的残疾标签具有消极的负面影响，从而导致残疾人（尤其是精神残疾人）的自尊丧失。

随着 20 世纪 60 年代残疾人权利运动的深入开展，社会模型开始成为主流模型。社会模型强调在多元化的社会中，“标准和隔离”是丧失“人性”的表现，不是个体患有残疾，而是社会环境导致了残疾，社会应为了适应个体的需要而改变。社会环境包括人为环境、社会价值观、社会机构、社会个体和残疾人文化等。例如，社会建构模型就认为：“残疾人问题是一种社会的客观存在，应该将这个问题归于社会，残疾问题不是由残疾人的个人无能造成的，而是社会本身无法为残疾人提供充分有效的服务，也无法确保残疾人的需要在社会组织中得到足够的重视。”因此，根据社会建构的理论框架，“残疾完全是社会强加给残疾人的，这种强加包括从个体的偏见到制度性的歧视，从公共建筑的障碍到交通系统的限制，从隔离式的教育到排斥性的工作安排”①。因此，在社会公

① Oliver. M. Social Work, Disabled People, and Disabling Environments. London: Jessica Kingsley, 1991, pp. 30-31.

共政策的制定上就必须要认识到残疾人的需要和特点，注重挖掘残疾人的潜能。应该看到，残疾人潜能的发挥会大大超出人们的想象。

这种主导性理论的变化，促使人们反思和理解传统的残疾人观念存在的几大误区。

1. 防止把导致残疾的原因归诸个体的生理性因素或道德层面的缺失

自从有人类以来，就有残疾人。残疾的原因可能是遗传和疾病，也可能是自然灾害、战争和意外事故，还可能是环境污染和科技水平限制等。在残疾人致残的原因分析上应该坚持社会原因分析为主导。

2. 防止把残疾人个体的问题“普适化”

当某个残疾人遇到困难时，容易简单地判断是由于残疾所引起的。其实，残疾人的个体差异是非常大的，当人们把困难的核心界定为残疾的时候，因为残疾的事实是客观存在的，那就意味着直接否认了残疾人克服困难的可能性，也就否认了作为人具有改变自身现状的潜能，直接否认了残疾人的权利。

3. 防止把残疾人简单地看作社会的“受害者”

“残疾人问题”的主要原因是外部障碍（无论是政策还是环境等），使得残疾人处于“不利”的社会境遇中，无法发挥正常作用。残疾人权利的实现和能力的发挥需要消除外部的障碍，政府也应该在立法上制定对残疾人的保障政策，推进发展残疾人事业。要认识到，残疾对于个体的发展而言，既是一种挑战也是一种机遇。

4. 防止把残疾人看作“理所当然”需要帮助和社会支持的人

历史上，残疾人经常处于与世隔绝的状态。在现代社会中，残疾人与健全人一样，具备良好的社会适应能力，能够发展替代性需要并且相对独立地使用社会资源。当然，这并不否认残疾人需要给予特别的帮助，关键问题是要评估残疾人需要“什么”帮助以及在“什么”处境下需要帮助。社会赋予残疾人以同等的发展机会才是最重要的，社会帮助的目标不是要让残疾人依赖社会，而是建构残疾人的新“能力体系”。“我们把人放在首位，把残疾放在第二位。残疾者首先是人。”① 发展残疾人事业，就是要实现残疾人的“平等、参与和共享”。

（二）残疾人社会工作服务模式变迁

当前，国际残疾人社会工作的发展越来越朝着专业化和职业化方向发展，残疾人社会工作的发展正在经历从“医学治疗模式”向“社会康复模式”的转变。20 多年来，联合国一直倡导这种模式的转型。

1. 残疾人社会工作理论层面的转型

残疾人社会工作就是要把理论知识、实务技能和自我洞察力相结合，但在这样的结合中，理论知识恰恰占据最重要的地位。其一，在致残原因的理论分析上，从个人责任理论转向社会责任理论。个人责任理论的前提隐含了“健全人”和“残疾人”的对立，在同等生活状态下，大多数人是正常的，而少数人致残，其责任只能在于个人或家庭，一个人患有残疾只能是个人和家庭的不幸或悲剧。社会责任理论则强调无论先天性残疾

---

① ［美］Juliet Rothman. 残疾人社会工作［M］. 曾守锤，张坤，译. 上海：华东理工大学出版社，2008：180.

还是后天性残疾都是社会因素造成的，例如近亲结婚而生出智障儿，表面上是先天性的，实际上是父母知识的缺乏，也是社会性因素造成的。其二，在残疾现象的理论分析上，从社会标签理论向社会照顾理论转变。标签理论是美国社会学家贝克提出的，强调困难群体的偏差行为是强势群体“妄加”的标签，从而直接导致困难群体逐渐游离在主流社会之外。显然，这种标签理论运用于残疾人社会政策，则会给残疾人和社会带来双重损失。社会照顾理论则强调，社会工作者与服务对象建立信任的专业关系，关键是把所谓的“不正常”的群体或行为看作是“正常”的，要寻找这类群体或行为在“当下生活情境”中的合理性，社会工作者应该以服务对象的需要为出发点。社会照顾的理论就是要在文化价值层面坚持多元化，防止出现价值观的“侵入”现象，注重服务对象自我潜能的激发。

2. 残疾人社会工作方法层面的转型

这种转型主要表现为残疾人社会工作方法背后理念分析和工作方法直接介入模式的理论分析。第一，在工作方法的理念分析上，残疾人社会工作正在实现由供养理论向回归社会理论转变。供养理论的理论基础主要是从残疾人的生存“首位权”出发的，主要注重经济和物质层面的供养，而相对忽视精神和社会层面的满足。回归社会理论是“去机构化”运动的代表性理论，强调社会工作者和残疾人服务对象的互动，强调服务对象社会关系的重建，增强服务对象的“能力”。回归社会理论和增能赋权理论在理论层面是相通的。第二，在直接介入模式的理论分析上，由单一的个案模式向综合服务模式转变。个案模式比较注重个体和家庭关系的介入，而综合服务模式则更多从社会系统的角度来反思对残疾人合法权益的保护问题。这也是社区康复理念得以流行的重要原因之一。

## 二、残疾人社会工作的主要内容

残疾人社会工作的主要内容包含努力维护残疾人的合法权益及积极改善残疾人的生活质量两个方面。

### （一）本土化视野下的残疾人社会工作服务

面对国际化残疾人社会工作新的发展趋势，毫无疑问，我国应该从自身残疾人事业的特色出发，积极发展本土化的残疾人社会工作，把本土化和国际化有机结合起来。

1. 确立残疾人社会工作的新理念

把残疾人社会工作纳入公共服务体系，建构多元中心治理机制下的新型残疾人社会工作。多元中心不仅要实现残疾人社会工作主体的多元化（包括政府、非政府组织），还要有一定的市场化运作的企业等；并且要实现残疾人社会工作资源来源的多元化，政府发挥主导作用，其他社会组织发挥辅助性作用，从各自的优势出发筹集资源。这些资源不仅包括人力、财力、物力资源，更重要的是社会资本。在残疾人社会工作发展中，要正确处理政府、非营利性组织、残疾人服务对象、残疾人社会工作等多元要素之间的关系。

2. 进一步完善残疾人社会工作的法律地位和法律框架

残疾人社会工作的发展离不开非政府的民间残疾人服务组织的发育，在法律的框架中赋予这些组织以合乎其社会身份的法律地位，特别是对民间“草根性”的组织身份的法律确认。因此现有的法律框架还需要不断完善，这就牵涉法律和社会政策相关的配套。例如，国家税收政策中对民间捐助的优惠规定和民间组织的社会募捐的法律规定等。

3. 实现残疾人工作机制的创新，构建网格化的服务模式

残疾人服务内容和形式多样化，要更加有效地满足残疾人的需求，网格化的服务模式构建就显得十分关键。要建立“横向到边，纵向到底”的工作网络，形成“多级”的网络服务体系。残疾人的社会服务机构和残疾人的社区服务是重点工作，要把残疾人社会工作纳入社区建设的总体规划，加强基础建设、打造残疾人社会工作的服务平台，创造社会各界共同参与的社会化残疾人社会工作的新局面。

4. 加强残疾人社会工作专业服务组织和人才队伍建设

在发展残疾人社会工作事业进程中，对专业社会工作者要“外引人才和内部培养相结合”，对于志愿者则要加强“奉献”和“激励”的统一性。在专业服务机构和专业人才的培育上，要加大培训、认证制度的建设。虽然全国社会工作者职业水平考试在社会工作人才队伍建设上迈出了一大步，但是对专业的残疾人社会工作者来说，还需要更专业的培训和认证制度。

5. 构建全社会“友善”的残疾人价值观

其一，残疾人社会工作的特点就是以残疾人的能力建设为手段，激发残疾人的社会参与度和融入度。其二，要大力发展农村残疾人社会工作，坚持城乡统筹的发展战略。农村残疾人社会工作应该更加注重“社区资产”，构建新的残疾人社会支持系统。其三，残疾人社会工作要推动全社会对残疾人服务的广泛参与，单纯政府的行动并不能真正提升残疾人的主体性社会地位，还需要全社会营造“友善”残疾文化，达成社会对残疾人具有“接纳”的义务和责任的共识。

### （二）政策层面：保障残疾人合法权益的政策体系

1. 残疾人社会保护政策体系建设

社会保护是由政府、各类社会组织建立起保护性制度和措施，以避免或减少社会困难群体在快速社会变迁（包含政治、经济、社会、文化等方面的制度性和结构性变化）过程中所遭受的利益损害，通过“社会补偿”的方式来降低“社会损害”，通过预防性和治疗性两种手段来达到目标。

2. 残疾人的民生权利和人身权利的法律确认和保障

1954 年颁布的《中华人民共和国宪法》和现行宪法第四十五条都明确规定：“国家和社会帮助安排盲、聋、哑和其他有残疾的公民的劳动、生活和教育。”在 1990 年颁布、2008 年修订的《中华人民共和国残疾人保障法》中对保障残疾人的各项社会平等权利都作出了明确的规定，残疾人的公民权利和人格尊严受法律保护，禁止歧视、侮辱和侵害残疾人。民法典、民事诉讼法、律师法、劳动法、教育法等 40 多部重要法律中都有关于残疾人权利的具体规定。残疾人教育方面的社会政策：在 1951 年 10 月中央政务院下发的《政务院关于改革学制的决定》和 1994 年国务院专门颁布的《中华人民共和国残疾人教育条例》中，明确了国家和社会对帮助残疾人接受教育的责任和义务。残疾人就业方面的社会政策：

2007年国务院发布了《中华人民共和国残疾人就业条例》，对保障和促进残疾人就业的责任和措施作出了具体规定。党的十八大以来，以习近平同志为核心的党中央对残疾人格外关心、格外关注。2014年、2019年，习近平总书记两次会见全国自强模范暨助残先进集体和个人表彰大会受表彰代表，为我国残疾人事业发展指明方向。残疾人事业发展进入了快车道，残疾人获得感、幸福感、安全感持续提升。

3. 实施发展残疾人事业的国家规划

自1991年开始，残疾人事业被纳入国民经济和社会发展总体规划，“十一五”至“十三五”国民经济和社会发展规划中分别设立“保障残疾人权益”“加快残疾人事业发展”“提升残疾人服务保障水平”专节。国务院先后颁布7个残疾人事业五年发展规划，对残疾人权益保障工作作出总体部署；发布《关于加快推进残疾人小康进程的意见》《“十三五”加快残疾人小康进程规划纲要》《“十三五”推进基本公共服务均等化规划》《国家残疾预防行动计划（2016—2020年）》和两期《特殊教育提升计划》等一批专项规划，进一步细化残疾人事业发展的工作任务和责任清单。2008年，《中共中央　国务院关于促进残疾人事业发展的意见》发布，明确要求健全残疾人社会保障制度，加强残疾人服务体系建设，缩小残疾人生活状况与社会平均水平的差距，实现残疾人事业与经济社会协调发展。自2009年开始，施行的三期国家人权行动计划均规定了残疾人权益保障的任务要求和完成指标。

2010年国务院正式发布《关于加快推进残疾人社会保障体系和社会服务体系建设的指导意见》，提出了八大指导原则和两个阶段的任务目标，成为现阶段我国残疾人事业发展中的纲领性文件。八大原则为：“坚持以人为本，促进残疾人全面发展；坚持残疾人‘两个体系’建设与经济社会发展水平相适应，保基本、广覆盖、多层次、可持续；坚持将残疾人‘两个体系’纳入国家总体社会保障和公共服务体系，并予以优先发展；坚持政府主导与社会参与相结合，重点保障与特殊扶助相结合，一般性制度安排与专项制度安排相结合；坚持统筹兼顾，把解决当前突出问题与完善制度体系相结合；坚持资源共享，充分依靠现有公共服务体系和保障制度为残疾人服务；坚持分类指导，促进城乡区域均衡发展；加强残疾人社会保障和服务政策理论研究，建立健全法律法规和基本制度，构建残疾人‘两个体系’建设的长效机制。”

两个阶段性任务目标：“到2015年，建立起残疾人‘两个体系’基本框架，使残疾人基本生活、医疗、康复、教育、就业等基本需求得到制度性保障，残疾人生活状况进一步改善。到2020年，残疾人‘两个体系’更加完备，保障水平和服务能力大幅度提高，残疾人都能得到基本公共服务，实现残疾人人人享有基本生活保障，人人享有基本医疗保障和康复服务，残疾儿童少年全面普及义务教育，残疾人文化教育水平明显提高，就业更加充分，参与社会更加广泛，普遍达到小康水平。”

还有许多省、市、县级根据法律规定，结合本地实际情况出台了一系列残疾人的社会救助、社会优惠和社会照顾方面的社会政策。另外，司法部和中国残联先后联合发布了《关于做好残疾人法律援助工作的通知》；2006年，《农村五保供养工作条例》重新修订等。

（三）服务层面：残疾人康复服务

由于残疾人社会工作具有很大的特殊性，其工作内容和范围显然要比其他类型的社会工作广泛许多，与残疾人的社会权利相对应，主要包括残疾人康复服务、就业服务、教育服务、婚姻家庭服务和社会预防服务等。中国香港社会工作学者江绍康认为，残疾人社会工作可以划分为三大部分：第一，康复工作。包括：预防残疾、暴力、意外、不良生活方式等，这是造成缺陷和残疾的主要原因；复健，即狭义的康复，旨在使有缺陷的人在生理、心理和社会功能上都能达到最佳状态；均等机会，包括社会调查、社会立法及政策和自助组织发育。第二，增能工作。使残疾人获得能力行使自由的权利；消除无力或无助感、疏离感以及无从自主感。第三，社区康复。它将有关残疾的知识、预防方法、康复技能等普及到基层健康工作人员、残疾人及其家属等，调动一切资源帮助残疾人康复和参与社会活动。

### 1. 教育康复及其主要内容

残疾人教育康复在国内的定义中是指残疾人特殊教育，并非国际上流行的残疾人的“全纳教育”。教育康复是针对在社区或机构中的婴幼儿、学龄前儿童和学龄期的青少年以及部分成年人，其重点是从出生到学龄前的残疾婴幼儿和少年儿童的早期干预，以及义务教育阶段后的与职业康复和就业安置等相关的教育工作。

很明显，残疾人社会工作者和特殊教育的老师发挥的作用是不同的。残疾人社会工作在教育康复中的主要内容如下：

（1）针对残疾人群体。首先，开展人与环境互动的教育，要认识自己的残疾、认识日常生活环境、认识自己的心理状态；通过社会工作的个案、小组和社区等方法提供专业化重点服务，残疾人的身心与环境达到和谐，积极应对残疾及其残疾的生活状态。其次，针对不同残疾提供差异化的“补偿性”功能的训练，不仅学习基础性科学文化知识、劳动技能和职业技能训练，更重要的是为他们结合身心发展提供各种培训。在整个的个性化服务中，要相信服务对象，与服务对象“在一起”工作，激发残疾人在服务过程中的主体性，从而达到教育康复、心理康复和功能康复的“三位一体”。

（2）针对残疾父母、监护人或家属等。残疾人的家庭照顾者是残疾人教育康复中的“关键人”之一。首先，要给予家庭照顾者以及家庭成员以心理支持，为其缓解精神压力。在对待残疾人的问题上，有正反两种现象都是不可取的，一种是歧视和忽视，另一种是过度的呵护和保护，对这两种不正确的做法要进行矫正。其次，普及残疾人教育康复的相关知识，同时提升照顾者的康复技巧。最后，帮助构建社区型社会支持系统，提升社区志愿者的服务质量。

（3）针对社会组织、残疾人服务组织和各类爱心人士。残疾人社会工作服务是系统工程，但是科学化的助人活动仅靠爱心还是不够的，科学化与专业化紧密相连。目前，虽然有很多社会组织、残疾人服务组织和爱心人士从事残疾人服务，但大多数还是用比较传统和经验化的方式，这种方式还无法理解残疾人社会工作“独立生活”的理念。因此，在残疾人教育康复的过程中，要加大对从事残疾人服务的组织、志愿者团队和爱心人士的宣传、教育和培训，提升服务于残疾人的专业知识和技能。

### 2. 职业康复及其主要内容

职业康复是指通过一系列措施，稳定且合理地解决残疾人的就业问题，主要是提供职业服务，如职业咨询、职业评估、职业指导、职业训练和有选择地安置工作。如果说教育康复重点是提升残疾人融入社会的能力和素质，那么职业康复重点就是实现残疾人助人自助和奉献社会的价值。1983 年国际劳工组织通过的《残疾人职业康复和就业公约》指出职业康复的目标是：为了使残疾人获得、保持适当的职业并得到提升，从而促进他们参与或重新参与社会。国际劳工组织在 1985 年的《残疾人职业康复的基本原则》（第三版）中明确规定职业康复的主要内容包括以下 6 个方面：掌握残疾人的身体、心理和职业能力状况；就残疾人职业培训和就业的可能性进行指导；提供必要的适应性培训、心理功能的调整以及正规的职业培训；引导从事适当的职业；提供需要特殊安置的就业机会；残疾人就业后的跟踪服务。

具体而言，职业康复的流程如下：

（1）职业咨询。面对“就业难”的困境，职业咨询成为职业康复的第一环节。残疾和障碍对残疾人的个体职业活动产生了影响和限制，走在求职道路上最容易感到孤军奋战的孤独，残疾人的职业咨询就显得更加重要。在接案后针对每个残疾人自身特征和就业情况等相关问题进行综合性分析并提出相应的解决方案。

（2）职业评估。这是第二环节，其目的是评定残疾人的工作能力和适应职业的可能性，是指通过各种测试手段和方法对残疾人所进行的一系列的客观评估、心理测试以及性格分析，涉及身体、心理和职业适应性 3 个方面，从而对残疾人的兴趣、个性、气质、价值观、态度、身体、学习和工作能力等作出科学评定，通过职业评定活动来为残疾人的职业生涯规划提供科学性的依据。

（3）职业培训。这是残疾人就业前和上岗前的针对性培训，是帮助残疾人达成“有效”就业的措施，由社会工作者和职业指导师等专业人员共同协作实施。就业前培训是让残疾人接受特定职业的相关基础知识和技能培训，并形成从事该职业活动所必须具有的能力和态度，具有比较广的适用性；上岗前培训是让残疾人接受即将从事的工作岗位所必须具有的知识和技能的培训，以便适应实际的工作能力和工作环境。

（4）就业指导。这包含两方面内容：根据残疾人的个案实际情况，提供劳动市场、就业方向等信息以及具体就业指导意见和建议，根据残疾人进入职业工作领域中所出现的问题提供跟踪性指导服务。例如，我国台湾地区残疾人进入职业领域后，就业指导师基本上有 6 个月的跟踪服务期。

职业康复是残疾人融入社会的最有效途径，是一种集合了“治疗—康复—发展”3 种功能的方法。通过就业，残疾人不仅奠定了自身独立的经济地位，实现自身的发展，同时通过劳动也使得某些已经丧失生理性能力的器官得到某种程度恢复；更重要的是，就业过程能够增强残疾人的成就感和自信心，能够帮助残疾人建立与健全人之间新的社会支持，加快融入社会生活。

### 3. 社区康复及其主要内容

这是现代“生物—心理—社会”模式在残疾人康复领域发展的必然结果，在社区中运用社会康复的理念来推动残疾人社会工作。社会康复的理念是帮助残疾人全面康复，实现回归社会生活的主流。社区康复就是依托城乡社区，充分利用各种社区资源（包括政府、企业、社会组织、社会工作者、社区居民、残疾人及其家庭等），在医疗、职业、教育和社会等康复领域为残疾人提供方便、经济、有效和可行的“全面康复”服务，促进残疾人在社会生活和家庭生活中重塑自我，积极参与社区公共事务，并建立“亲和性”高的残疾人社区文化。社区康复在中国也有发展，目前在上海、浙江等地区社区针对精神性残疾和智力残疾开设的“工疗站”，也是社区康复的一种新方法。

2000 年，民政部、中国残联等 14 部门发布了《关于加强社区残疾人工作的意见》（以下简称《意见》），对残疾人社区康复原则作出了详细的规定。基本原则是：坚持以政府为主导，社区为依托，有关部门密切配合，社会各界共同参与的社会化工作方式。将社区残疾人工作纳入社区建设总体规划，融为一体、同步发展、共建共享。建立以社区居民委员会为核心、社区残疾人组织为纽带、社区服务机构为基础的工作机制，促进残疾人平等参与社会生活。《意见》强调在社区建立残疾人组织，推进残疾人社区康复，为残疾人提供切实服务，活跃残疾人的文化生活，建设社区无障碍环境，保障残疾人合法权益等。

残疾人社区康复的主要内容如下：

（1）开展残疾的预防工作。社区是残疾预防和宣传的最重要场所，社区康复要与初级卫生保健工作共建、共享、共担当，推进残疾人社区康复工作。残疾预防是指在发生伤病残之前，预防其发生或发生后减轻其功能障碍程度。我国初步建立了三级预防体系：一级预防是指预防致残性伤害和残疾的发生，通过实施免疫接种、围产期保健、预防性咨询及保健、减少暴力、预防交通意外、加强公共场所安全、避免引发伤病的危险因素或危险源、指导健康的生活方式、提倡合理行为及精神卫生、安全防护照顾等措施。二级预防是指防止伤害后出现残疾，通过实施残疾早期筛查、定期健康检查、控制危险因素、改变不良生活方式、预防并发症、早期医疗干预、早期康复治疗等措施。三级预防是指防治残疾后出现残障，通过实施康复功能训练、假肢矫形器及辅助功能用品用具、康复咨询、支持性医疗及护理、必要的矫形替代性及补偿性手术等措施。

（2）开展康复评定和建档工作。在社区中针对残疾人运用客观、科学的方法开展功能障碍性质、部位、范围、程度、发展趋势和转归等作出全面评定。评定的方法主要有：肌力评定、运动功能评定、日常生活能力评定、认知功能评定、心理功能评定、社会交往功能评定、职业技能评定等。同时，在社区建立残疾人服务档案，根据残疾人的特征、发展趋势和潜能开发可能性，提供适当性的社区康复方案。

（3）开展具体的康复服务。社区康复的内容是多样化的，就是要整合社区中的各种资源，通过各种康复性治疗，最大限度地恢复残疾人所丧失的功能。社区康复集教育康复、职业康复和医疗康复等功能于一体，实施“治疗—康复—服务”整合性服务。

## 第三节　残疾人社会工作的主要方法

残疾人社会工作和其他社会工作一样，要充分利用个案工作、小组工作、社区工作等主要方法，并在实践中不断掌握和提高工作技巧。从残疾人本身和残疾人家庭的特点来说，还必须了解下面几种工作方法或模式。

## 一、社区康复模式

社区康复的概念是：在城乡社区水平基础上，积极调动和协调社区内有关部门和人员，包括残疾人及其家属，充分开发和利用社区的资源，在医疗、教育、职业和社会等方面，为残疾人及其他康复对象提供有效、可行、经济的全面康复服务，从而促进他们在社会生活及家庭生活中树立自尊、自信、自强、自立的信心，积极参与社会生活。

这个概念的内涵是：社区康复是在一定地域内使残疾人全面康复的一种形式，它是相对于在康复机构内的康复工作而言的，两者相辅相成；社区康复的任务是为社区内各类残疾人提供医疗的、教育的、职业的和社会的康复服务；社区康复应由社区的政府组织发动，由政府有关职能部门参与筹划，社会企业事业和城乡基层组织积极配合，由残疾人及其家庭或监护人参加；社区康复需开发利用社区现有的人力、物力和财力资源，并充分利用初级卫生保健网络和社区服务网络，同时发动教育机构、福利企业事业单位和其他部门，配合残疾人家庭对残疾人实施全面康复服务；社区康复工作应在专业人员和志愿者的指导下进行；社区康复是在城市街道、农村乡镇范围内，对残疾人和其他康复对象实行康复的有效途径，应采取因地制宜、因陋就简和因势利导的原则，以方便、经济、有效的方法进行，逐步发展，不断完善和提高。

显然，社区康复是在一定地域内使残疾人全面康复、回归社会的一种好形式，它是相对于在康复机构内对残疾人进行全面康复而言的，与机构内开展的社会康复相辅相成。

进行社区康复，关键是要形成尊重残疾人、帮助残疾人的社会风气，并在物质上和精神上对他们给予支持。在社区资源的组织、动员方面，重要的是将有利于残疾人生存和发展的自然网络提供的资源、社会机构提供的资源和正式组织（政府）提供的资源结合起来，共同支持残疾人的康复。在这方面，社会工作者应该发挥重要的作用。

### （一）社区康复的文化背景

联合国《关于残疾人的世界行动纲领》指出："残疾人的处境必须根据不同的经济和社会发展水平和不同的文化来进行具体分析。"由于中国的传统文化与世界上其他任何国家都有很大差异，因此在中国特有的社区文化背景下，如何确立社区康复的发展方向、工作目标和格局，如何制订和实施社区康复计划，成为引人注目的课题。

中国的社区结构在世界上有独特的稳定性和强大的内聚力，这是由中国传统文化决定的，开展社区康复必须深刻了解我国的文化背景。

中国社区的文化特点决定了社区康复必须有自己的特色。目前，符合中国国情的社区康复工作方法，在城市是纳入民政系统的社区服务系列中，在为残疾人进行各种社会服务中强化全面康复的指导思想；在农村是纳入初级卫生保健网络中，利用三级卫生网络的医疗保健优势带动残疾人的全面康复工作。

实际上，社区康复并非完全是"舶来品"，其中蕴含着中国人民的智慧和创造。20世纪60年代流行于广大农村的"赤脚医生"所做的工作，为缓解农村缺医少药的局面和初级卫生保健服务网络的建立作出了不可磨灭的贡献；此后，70年代中国各地城市开展的精神病人和智障青少年的“工疗站”康复方法，也为许多大中城市的残疾人基层康复工作积累了十分宝贵的经验，如上海、沈阳、杭州等地的“工疗站”，在国际社会的康复领域受到了普遍赞誉。这两个方面的成就，受到各国医疗卫生组织和很多专家的重视，并将其吸收为社区康复的基本精神和内容。所以，在我国开展社区康复工作是有较好基础的。

### （二）开展社区康复工作的有利条件

在社区中积极开展残疾人的康复工作是促进残疾人与社会融合的重要途径，在我国具有十分有利的条件。

#### 1. 社区建设工作已成为我国社会主义建设事业的组成部分

社区建设的深入开展，有利于提高整个社区的文明程度，使残疾人能与社区的其他居民一道共享环境优美、治安良好、生活便利、人际关系和谐的文明社区环境。

#### 2. 社区中有配置较为合理的资源

社区资源包括设施、设备、人力资源、服务网络等。在“资源共享”的原则下，残疾人可以获得在医疗、康复、教育、职业以及参与社会生活等方面的物质基础和保障条件，有利于残疾人全面康复目标的实现。

#### 3. 在社区中残疾人可以得到方便、及时的康复服务

街道、社区居委会是城市的基层单位，是最贴近残疾人的管理层面，一方面管理者和服务者容易了解残疾人的康复需求；另一方面残疾人在社区中有亲切感和归属感。这无疑有利于残疾人在社区和家庭得到方便、及时的康复服务。

#### 4. 在社区中可因地制宜地为残疾人提供各种康复服务

我国幅员辽阔，各地在经济发展、风俗习惯、资源情况等方面多有不同，加之各地残疾人发生及分布的不同，残疾人对康复的需求也会不同。各地社区可根据自身的实际条件，以残疾人迫切需要解决的问题为出发点和落脚点，确定服务内容、方式和方法。

此外，我国政府实行的改革开放政策极大地吸引了世界各个国家和地区对中国发展的兴趣，我国政治和经济体制的改革和市场经济的迅速崛起，也使许多国际朋友愿意对中国的残疾人事业有所投入和给予帮助。这些援助对开展社区康复也起到了重要作用。

### （三）如何开展社区康复

#### 1. 社区康复的原则

民政部等 14 部门发布的《关于加强社区残疾人工作的意见》明确了我国社区残疾人工作的基本原则：坚持以政府为主导，社区为依托，有关部门密切配合，社会各界共同参与的社会化工作方式；将社区残疾人工作纳入社区建设总体规划，融为一体、同步发展、共建共享；建立以社区居民委员会为核心、社区残疾人组织为纽带、社区服务机构为基础的工作机制，促进残疾人平等参与社会生活。

在实际工作中，各类专业人员还要坚持以下原则：

（1）社会化的工作原则。通过社区康复，残疾人不仅要实现身体功能的康复，更重要的是应实现重返社会的最终目标。这需要在政府统一领导下，多部门、多组织、

多种人员共同参与，广泛动员社会力量，充分利用康复机构资源中心的力量和各种社区资源，营造全社会都来关心残疾人及其他康复对象的氛围，共同推进社区康复工作。

（2）成本低、覆盖广的原则。社区康复应针对病、伤、残者对康复需求和资源状况，采用低投入、高回报、高效益、广覆盖的方法，就近就地，大力开展家庭康复服务于社区所有伤、病、残者。

（3）因地制宜的原则。社区康复应依据社区的社会背景、经济水平、文化习俗、康复技术、资源状况和康复对象需求等实际，因地制宜，采取适合本地的社区康复模式开展工作。社区康复应以社区残疾人康复需求为导向，以社区建设为依托，立足社区内部资源和力量，从社区实际出发，有针对性地开展康复服务。

（4）因陋就简的原则。社区的资源是有限的，尤其是广大农村，缺医少药，交通不便，康复条件较差，设备远比城市的简陋。要使社区大多数康复对象享有康复服务，必须在尽可能动员社区力量的基础上因陋就简，使康复人员、康复对象及其亲友自制康复训练器械，充分利用传统的医学知识，采用易懂、易学、易会的实用技术，使康复成为普遍理解、便于推广应用的服务措施。

（5）因势利导的原则。在社区康复中，社会工作者协助医护人员开展小组工作或家庭病床的个案工作，都应该本着因势利导的原则开展。所谓“因势利导”，重点在于如何把握“势”的变化。这个“势”，既包括整个社会环境的“大势”，也包括社区范围内的政治、经济、医疗卫生、文化教育等的形势，具体指社区领导者对残疾人康复的认识和重视程度、社区内的有关机构和社会团体对残疾人事业的支持态度和力度、社区居民对残疾人的看法等。此外，还包括如何利用“全国助残日”“国际残疾人日”、节假日、双休日为残疾人服务，如何利用社区资源以及志愿者开展工作等。政府通过动员社会的慈善组织和扶贫基金会等社会力量，经常举办各种类型的公益活动，帮助残疾人提高生活质量、改变生活状态和参与社会生活。社会工作者必须发挥专业技巧，因势利导，这样才能得到社区领导和群众的理解与支持，取得扎实的成效。

（6）康复对象及其家庭积极参与的原则。社区康复服务应使康复对象及其家庭成员主动参与，树立自我康复意识，参与康复计划的制订，配合康复训练及回归社会等全部康复活动。

在上述各项原则中，因地制宜、因陋就简和因势利导是最基本的原则，简称为“三因原则”，成为社区康复的根本指导原则。

2. 社区康复的内容

（1）开展残疾的预防。调查表明，导致残疾的主要原因是遗传、疾病、意外伤害和有害环境，而社区内每一个成员都离不开社区的生存环境、生活方式、防病治病的条件和社区安全设施等。因此，社区是开展残疾预防工作最重要的场所，如能使社区康复与初级卫生保健工作共同发展和资源共享，则更有益于残疾预防工作的开展。

康复医疗机构、社会福利机构中的社会工作者在残疾预防方面特别要注意开展以下工作：

①修建方便残疾儿童日常生活的无障碍设施，并保证这些设施能安全使用：不允许在盲道上堆放物品；坡道要及时扫除冰雪杂物；厕所的残疾儿童便池扶手等要保持清

洁、稳固；打扫房间地面时应注意防止孩子滑倒摔伤。

②避免使用容易造成光、电伤害的玩具和有尖角、锐棱等容易碰伤儿童的玩具；儿童玩具要经常消毒、修理和更新；教育并防范健全儿童在各种活动中伤害残疾儿童。

③关心残疾儿童的心理健康，防止因孤独、自卑、妒忌等因素造成的自残或故意伤害其他儿童的行为。

④组织院内、院外集体活动时要做好各项准备工作，活动过程中要加强管理，防止意外事故发生。

（2）开展康复评定。在社区康复中，要采取客观、准确的方法评定伤、病、残者功能障碍性质、部位、范围、程度、发展趋势、预后和转归。评定方法主要有肌力评定、关节活动度评定、步态分析、运动功能评定、日常生活活动能力评定、心肺功能评定、认知功能评定、心理功能评定和职业技能评定等。

（3）开展全面康复服务。康复治疗是基础性的工作，主要是根据评定结果设计和实施康复治疗方案。方案应包括合理应用各种康复治疗措施，最大限度地恢复患者丧失的功能，使患者最终回归社会。常用方法有物理治疗、运动疗法、作业疗法、言语康复治疗、心理康复疗法，同时开展康复护理、康复工程、职业康复和社会康复等服务。社会康复和职业康复服务目前主要由社会工作者承担，其他服务则需要社会工作者开展个案服务时适当干预或转介。

在社区康复中，社会工作者要根据各地实际情况协助建立和健全视力残疾儿童康复、聋儿康复、智障儿童康复、偏瘫康复、脑瘫康复、精神病康复（包括自闭症）等不同类型和规模的社区康复站，并介入具体的专业服务。

## 二、社会康复模式

社会康复是残疾人社会工作的主要方法和基本模式。疾病、伤残与社会学之间的联系是客观存在的必然联系，社会康复工作理论的产生与发展都是建立在这种联系之上的。康复医学体系中的社会康复，既是现代“生物—心理—社会医学模式”发展的必然结果，也是社会学研究中一个极富生命力的新领域。采取社会康复的措施帮助残疾人全面康复、回归社会生活的主流，是残疾人社会工作中一项长期而艰巨的任务。

社会康复和社区康复的根本区别是：社会康复是残疾人康复事业中的一个重要组成部分，是现代康复医学的一个环节，主要是指在康复机构和社区里都应该采取的措施中有关社会生活方面的内容；而社区康复则是残疾人康复工作的一种具体形式和途径，是在一定地域和范围内落实各项康复措施的工作，这些措施中也包含着社会康复的措施。无论是社会康复还是社区康复，都是康复医学和社会康复学理论指导下的康复社会工作模式。

例如，在社区康复工作中，要建立社会化康复服务的网络；要开展社区康复调查，包括社区概况、社区地理环境、社区人口情况、可利用的社区机构和网络、社区人群对残疾人所持态度和残疾人住户分布等，以及社区内康复对象的调查；要开展社区康复服务人员的挑选和有计划的培训；提供社区康复服务或提供全方位的转介服务；普及健康知识并传授康复技术；进行社区康复评估等。

社会康复在机构中开展，并不完全需要上述的“社区”工作，重要的是个案管理工作；社区康复工作是依托社区、充分利用社区资源力量为残疾人服务，是社区建设的重要组成部分，是我国残疾人事业为适应经济和社会发展新开辟的业务领域；而社会康复是以在机构中为残疾人服务为主的。

不过，社区中的康复社会工作与机构中开展的社会康复工作有些是相同或交叉的，如政策咨询、法律援助、组织各种活动、社会网络的资源利用和组织志愿者服务等。

### （一）社会康复的概念与内容

社会康复的概念是：从社会的角度，采取各种有效措施为残疾人创造一种适合其生存、创造、发展、实现自身价值的环境，并使残疾人享受与健全人同等的权利，达到最终全面参与社会生活的目的。

社会康复工作的目标是：广泛运用社会工作的专业知识帮助残疾人，使残疾人的功能丧失降低到最低限度，防止残疾人可能增加的损伤，最大限度地增强残疾人的生理功能；增进残疾人对于困难情境的自我处理和自我照顾能力以及向他人倾诉和沟通的能力。与此同时，社会康复工作还要使残疾人获得充分的情绪支持，并培养其社会适应能力；提高残疾人的职业技能，发挥其潜能，增强其社会生活能力，并最终使残疾人也对社会有所贡献。

具体而言，机构和社区中针对残疾人的社会康复方案包括5个方面的内容：

（1）协助康复医师正确地诊断、有效地医治，以维持残疾人康复后的健康状况和自我照顾能力。

（2）要考虑残疾人康复后应有的基本医疗设施，包括地方性的医疗单位、残疾老年人、残疾儿童的疗养所及福利机构的设施。

（3）家庭照顾方案的实施。康复社会工作者要与康复医师、护士等定期到残疾人家庭探访，提供康复指导。

（4）要与有关机构协调，开展一切必要的和可能的社会服务项目，促使残疾人有效利用医疗设施，同时补充医疗服务的不足。

（5）提供社会工作的专业服务，包括合法权益的维护及提供职业培训和特殊教育的机会与条件，切实解决残疾人的社会适应问题，满足他们的社会福利需求，帮助他们重新参与社会生活。

### （二）社会康复的措施

根据社会康复的内涵，开展具体工作的措施如下：

（1）协助政府机构制定法律、法规和各种政策来保护残疾人的合法权益，使其享有同健全人一样的物质生活条件和文化成果。

（2）保障残疾人生存的权利，使其在住房、食物、婚姻家庭方面得到公平的待遇，有适合其生存的必需条件。

（3）为残疾人自身的发展提供帮助，使其有接受教育和培训的机会，提高其生活自理能力、就业能力和参与社会的能力。

（4）消除家庭中、社区里和社会上的物理性障碍，使残疾人获得生活起居的方便，并享受社会的公共设施服务。

（5）大力提倡和实现人道主义精神，消除社会上对残疾人的歧视和偏见，激励残疾人的自强自立精神，建立和谐的社会生活环境。

（6）组织残疾人与健全人一起参加社会文化、体育和娱乐活动，支持残疾人自己的社团活动，通过交往，形成全社会理解、尊重、关心和帮助残疾人的良好风尚。

（7）帮助残疾人实现经济自立，或提高其经济自立能力，保障其在经济生活中不受歧视；对不能实现经济自立的重度残疾人，帮助他们得到社会给予的经济保障。

（8）鼓励和促进残疾人参与社会的政治生活，保障其政治权利。

这些措施，无论是机构还是社区都要开展。举例来说，如果一个人突然在交通事故中受伤致残，在机构向社会工作者求助时，社会工作者就要按照个案工作的方法来接案、预估、制订工作计划、进行介入服务，并进行科学评估和结案。在开展这一系列工作的过程中，社会工作者在接案时要尽可能直接见到与服务对象有关的当事人，包括家属（或监护人）、目击者、警察、肇事者、单位负责人、首诊医生和护士，及时面谈并做好记录。预估过程中要充分利用现代通信工具和其他方法，核实接案时所了解的内容，去伪存真，补充、修正不足，同时尽量搜集证据和资料，如"交通事故责任认定书""诊断证明书"、伤残等级的法医学"鉴定书"、服务对象和相关者的文字、照片及影像录音证明材料，以便正确作出判断。在计划里明确近期要解决的问题和此后的打算，既要考虑到可能遇到的问题，也要考虑可能出现的转介程序，还要在制订计划时与其他专业人员沟通，包括医生、护士、工程技术人员、心理工作者和康复技术人员。进行介入服务时，要充分考虑残疾人的心理变化、家庭经济承受能力、家属的态度和伦理困惑、肇事方的责任与利益、单位的照顾问题、日常生活护理问题、服务对象的文化特征和性格特点等，此时工作记录十分重要。最后，因为伤残者在机构中的停留时间是有限的和变化的，结案也不能拘泥于形式，评估则更要注意反思工作过程的步骤和细节，以利于后来的工作。

## 三、职业康复模式

职业康复是残疾人全面康复中的重要环节，是为残疾人获得并保持适当的职业，使其重新参与社会生活而进行帮助的方式，也是残疾人社会工作的一种特殊方法。

职业康复的流程如下。

### （一）咨询

职业康复方法的第一个环节是职业咨询，其目的是在接案后针对残疾人的特殊情况和与就业相关的问题进行综合考察，帮助残疾人解决职业中出现的问题。针对残疾人的职业咨询活动与对健全人职业咨询服务的主要区别在于，要考虑到残疾与障碍对个体职业活动的影响和限制，同时由于残疾人职业选择的领域比较狭窄，因此更要注意他们对其职业的适应能力。

### （二）评估

职业评估通常称为职业评定，是职业康复措施的第二个环节，也就是个案工作的预估，其目的是评定残疾人的作业水平和适应职业的可能性。职业评定是一个综合的过程，涉及身体、心理和职业适应性 3 个方面，包括对残疾者的兴趣、个性、气质、价值观、态度、身体能力、耐力、学习和工作的适应性等的评定。通过职业评定活动，可以诊断、指导和预测残疾人职业发展的可能性，并为科学的职业指导、训练与制订职业康复计划提供依据。

（三）培训

帮助残疾人从事职业活动的有效措施，是社会工作者与职业指导师一起对残疾人进行就业前培训和上岗前培训。就业前的培训是指受训者掌握与特定职业相关的基础知识技能，这些知识与技能是从事特定职业活动的基础，它具有广泛性，其重点是让受训者掌握从事职业活动所必需的能力和态度。上岗前的培训要求残疾人掌握即将从事的职业所要求的知识和作业技能，从而适应职业活动的要求。

职业培训是开发残疾人职业潜能、促进残疾人就业的有效措施和方法。通过接受不同形式的职业培训，可以使残疾人掌握一定的工作知识和技能，并培养积极的工作态度。

（四）就业指导

职业康复措施的第四个环节，是根据残疾人的实际情况提供劳动市场、就业方向等信息以及具体的就业指导意见和建议。在有条件的情况下，还要针对残疾人职业工作领域中出现的问题提供跟踪服务。职业指导要求对残疾人的情况有一个全面深入的了解，并向残疾人提供有关方面的信息。

残疾人职业指导的目的在于帮助残障者选择职业、选择职业课程、介绍就业、增进职业效率。就业指导的内涵包括如下几个方面：

（1）帮助残疾人了解某几类职业的情形，包括职业的性质、对社会的贡献、职务、报酬等，使残疾人能够作出明确合理的选择。

（2）使残疾人了解某些职业所需要的一般能力和特殊能力，以及所限定的资格，如年龄、性别、受教育程度等。

（3）使残疾人在学校内选择若干探索性的职业科目，并在校外参加实践，以便获得职业经验，了解职业信息，由此可以帮助残疾人发现自己的能力，扩展兴趣范围。

（4）使残疾人形成一种观念，即一切正常的工作都是重要的、社会所需要的。选择职业的主要标准在于本人能够从事哪一种工作和本人具有哪一种职业所需要的能力。

（5）帮助残疾人学习分析职业信息的方法，并且在决定从事某种职业之前养成科学分析职业信息的习惯。

（6）帮助残疾人了解自己的一般能力、特殊能力、职业兴趣等特点，作为选择职业的依据。

（7）帮助家庭贫穷的残疾人在接受义务教育后向有关部门申请奖学金或者其他经济补助，以便能够继续求学，完成自己的职业教育计划。

（8）帮助残疾人收集各种职业学校的资料，使他们了解各种职业学校的设备、课程、入学资格、修业期限、求学费用等。

（9）帮助已就业的残疾人适应其职业生活，了解本职工作和其他部门工作的关系、与有关职业的关系以及与社会的关系。

职业康复方法的实施是通过帮助残疾人就业来促进他们康复和个人发展。通过就业，残疾人不但获得独立的经济地位和收入，而且可以通过劳动使原已失去的某些器官的能力得到某种程度的恢复。此外，就业还可以增强残疾人的成就感和自信心，使他们融入社会生活。因此，职业康复是一种有综合意义的对残疾人进行康复和帮助其发展的方法与措施，在方法取向上也是治疗和发展的统一或整合。目前，我国一些大中城市的街道和社区都陆续建立起残疾人“职业康复站”，介入这种服务和管理的社会工作者应该学习职业康复方法，帮助残疾人提高职业技能，从而更好地参与社会生活。

## 四、教育康复模式

### （一）特殊教育

教育康复的主要对象是机构中和城乡社区的各类残疾人，也称为特殊教育。不仅在残疾类型上有肢体、智力、听力、语言、视力等类的残疾人，而且在年龄上包括从婴幼儿、学龄前到学龄期残疾儿童、青少年以及部分残疾成年人（含老年人）。教育康复的重点是从出生到入学年龄前的残疾婴幼儿和少年儿童的早期干预，以及义务教育阶段后与职业康复、就业安置等工作相关的教育工作。

### （二）如何配合特殊教育工作

作为特殊教育服务团队的重要一部分，社会工作者的角色和任务是多层面的，具体包括以下几方面。

1. 作为前期预防者与评估者，参与特殊需求儿童的发现、筛选与评估

作为预防者，社会工作者要在家庭、学校以及社区层面开展宣传教育活动，以促进儿童身、心、灵的全面发展，使其与周围社会环境相适应，致力于改善社会服务，达到儿童的人际关系和谐以及潜能发挥。这种预防性干预，可以有效地减少儿童心理障碍和精神疾病的发生率，显著降低各种风险，也可以尽早发现具有特殊需要的儿童并进行早期干预，以发挥缺陷补偿和家长训练等多种效益，减轻障碍程度，促进社会融合教育。

作为评估者，社会工作者一方面需要对特殊需求儿童进行筛选和评估，通过对儿童进行观察和相关的诊断，为教师和家长提供儿童社会发展的资料并与其他专业人士进行会商，以评估儿童需要并确定如何安置，并避免对那些具有发展性心理和行为危机的儿童的阶段性需要进行“标签化”，损害儿童个性发展的权利。另一方面，社会工作者需要从生态性、系统性、发展性、动态性的角度，对儿童所生活的社会环境及其与儿童之间的关系进行评估，尤其是要评估那些受虐、被忽视、学业失败以及情绪困扰儿童的社会环境和政策体系，评估的内容包括影响儿童发展的家庭、学校、社区以及政策方面的保护性因素和风险因素，以确定所需要改变的社会环境的重点。

2. 作为专业咨询者和参与者，为家长、教师及服务团队提供专业意见并参与相关计划

特殊教育服务团队中的家长、教师及其他专业人员对于自身专业范畴内的事务较为熟悉和有信心，但是对于特殊需求儿童社会性功能的发展及其与环境之间的关系往往较为陌生，特别是诊断以及服务计划涉及相关政府福利政策的时候，需要向社会工作者寻求专业意见。咨询的主要内容包括：儿童社会性功能发展状况、社会环境中的保护性和危险性因素、家庭生态系统、社会福利以及转衔服务等。

因此，作为服务团队的一员，社会工作者必须参与各阶段特殊教育服务的相关计划与会议，参与学生个别化教育计划（IEP）、学前个别化家庭支持计划（IFSP）以及个别化转衔计划（ITP）。在参与这些计划过程中，社会工作者不但需要评估家庭与学生的需求、协助家长参与表达意见，更需要与特殊需求儿童及其家庭建立长期关系，以监督教育目标的执行，保障学生教育权益。

3. 作为直接服务者，为特殊需求儿童的安置提供建议，并提供个案管理服务

作为直接服务者，社会工作者在特殊教育体系中主要扮演支持者、照顾者以及辅导者的角色。

首先，无论是对于特殊需求儿童本身，还是其家庭，残障造成的遗憾、悲痛、哀伤甚至是社会压力都是不可避免的，所以社会工作者最直接的任务就是向他们提供更多的同感、尊重以及心理和情绪的支持，提供诸如喘息服务、情绪支持、咨询服务等，在此基础上帮助儿童及其家庭自我接纳并树立自我认同感。当工作理念由个体性残疾转向社会性残疾时，社会工作者又必须帮助他们克服社会歧视和隔离所带来的伤害，构建社会支持体系。

其次，当家庭出现残疾儿童时，总会需要家庭提供更多的物资以及时间和精力等，社会工作者作为照顾者帮助特殊需求儿童及其家庭解决实际问题就显得十分重要，比如，争取适当的居住条件、合理的收入补偿，以及适当的辅助器械。同样，减少特殊需求儿童出行的限制，减轻父母所花费的时间和精力也是照顾的一部分。

再次，对特殊需求儿童的治疗主要由物理治疗师等其他专业人员负责，社会工作者只需要对安置提供适当性的评量建议，并协助家庭与教育系统合作。但是，对于特殊需求儿童的一些行为问题、情绪问题，家长的情绪、沟通和参与问题，以及其他专业人员转介过来的案例，仍然是需要社会工作者处理的。所需要提供的辅导服务根据情况的不同包括：儿童受虐保护、儿童情绪疏导、危机干预、药物滥用的防治、社交技巧训练、父母效能训练以及互助小组的组织等。

最后，当特殊需求儿童的需要包括医疗护理、个人照护、教育、娱乐、营养以及社会支持等一系列综合服务的时候，逐个进行服务并不能提高服务效能，就需要社会工作者了解特殊需求儿童的需求与资源，通过 IFSP、IEP 和 ITP 等计划将资源进行适当的整合，提供他们所需要的生活、教育、卫生医疗以及职业辅导等转衔服务。

此时，相关人士都需要参与需求评估和资源寻求，社会工作者一般只负责联系、协调和监督服务，并持续地进行直至特殊需求儿童需求得到满足。但当最终的目标不一定能够全部实现的时候，社会工作的干预焦点至少要包括改善特殊需求儿童及其家庭的状况，使潜在伤害和损失降到最低，保证特殊教育的成效最大化。

4. 作为协调者和沟通者，为特殊教育专业团队提供管理和资源支持

成功的特殊教育专业团队合作取决于学校的氛围、资源、政策、人员和政策执行情况。为此，社会工作者需要积极发挥协调者的角色，一方面加强团队不同人员之间的有效沟通，澄清团队成员个人的观点与态度，营造相互支持并鼓励成长的气氛，借由团队讨论达成专业整合的政策共识，并增强团队运作过程的弹性、开放性和同理心；另一方面加强有效的行政支持，争取完善的疗育设备、优质的专业队伍以及适当的人、财、物

的资源，促使教师、治疗师、家长等相关人士能够在共同的目标下，释放与接纳彼此的角色，建立伙伴关系，达成特殊教育的统整性服务。当然，这一目标的实现也有赖于社会工作者自身提高专业知识，成为团队其他专业人士的有力支持，并积极参与团队的决策。

社会工作者不但需要促进专业团队的协调，更要促进特殊学生家庭—学校—社区的沟通。一方面，由于特殊需求儿童遭受到不同程度的社会排斥，获取社会支持的程度较低，进而产生了自我的社会疏离。社会工作者需要通过赋权、宣传以及争取社会资源等方式，鼓励特殊需求儿童参与学校活动、社区规划以及各类公益活动，提高特殊需求儿童及其家庭的社会参与能力，也增进社会对特殊需求儿童的了解与接纳，营造包容性的社会环境。其中，为特殊需求儿童及其家庭争取各类基金会、大众媒体以及 NGO 的帮助和支持成为有效的途径之一。另一方面，社会工作者可以通过联结、合作与整合来促进特殊教育机构之间的信息交流、人员培训、专业研讨以及个案转介；也可以通过义卖、义演、志愿服务等公益活动以及公益广告，让社区大众了解特殊教育的基本理念、服务内容以及社会意义，促进社区融合。

#### 5. 作为增权者和倡导者，保护特殊需求儿童合法权益，促进特殊教育政策变迁

作为增权者，社会工作者在特殊教育体系中致力于改变特殊需求儿童及其家庭的困弱地位，帮助他们认识自身合法权益并提升自我行动的意识，增强其经济、社会和政治的力量和影响，促使他们通过自助小组、政治倡导以及社区活动来改善社会环境，促进资源的公平分配和权利保障。实现这一增权目标的策略主要来自社会支持网络的建立，具体包括个人网络策略、资源链接策略、相互援助网络策略、邻里互助网络策略以及社区授权网络策略，结盟、政治倡导和社会运动在某些国家和地区也是比较重要的增权策略。

作为倡导者，社会工作者一方面通过居民喜闻乐见的宣传方式，如公益活动、大众传媒、调查研究以及科普讲座等，让社会了解国家发展特殊教育事业的重要意义，促进社会对特殊教育事业的接纳和支持；另一方面通过课题研究、决策咨询、政策倡导等方式让国家和政府制定并完善有关特殊需求儿童家庭福利、卫生保健、就学与娱乐方面的政策，为特殊需求儿童提供灵活性、无障碍性和适应性的辅助技术。同时，面向民间社会机构倡导主要在于吸引更多的基金会和社会服务机构，通过捐赠、资助以及直接提供服务等方式支持特殊教育事业发展。

## 本章小结

残疾人是社会困难群体中困难最多、问题最突出的群体，残疾人生活质量的提升是社会文明发展的必然要求。国际残疾人社会工作发展直接推动了残疾人观念的变迁，人们对残疾的理解实现了由个体模型向社会模型的转变。

20 世纪 80 年代，随着我国残疾人事业的“两个体系建设”推进，残疾人社会工作得到快速发展。残疾人基本人权包含有康复权、教育权、劳动权、文化生活权、社会福利权和环境友好权。残疾人社会工作的总目标是尊重残疾人的公民权利，促进残疾人平

等的社会参与，实现残疾人体面工作和尊严生活，推动残疾人树立“自尊、自信、自强、自立”观念，全面提升素质为社会作出更大贡献，构建“共建、共享、共融”的具有“亲和力”的文化，从而提升人类整体的生活质量。

残疾人社会工作的理论基础是多元化的，主要有残疾发生上的社会代价理论，有残疾人社会融入上的社会照顾理论和残疾人社会康复上的社会网络理论等。因此，在残疾人社会工作的实务领域，始终要坚持残疾人理解的优势视角、残疾人服务的处境化原则、残疾人实务方法上的个案管理，残疾人实务的路径选择是推进残疾人的社会融入。

# 第八章　矫正社会工作

矫正社会工作是社会工作实务的重要领域之一，因服务对象的特殊性，矫正社会工作具有很多不同于其他服务领域的独特内容与方法。学习本章内容，是为了使矫正社会工作者能够掌握这一工作领域的基本概念、理论、方法和价值观，以便更有效地开展矫正社会工作专业服务。

## 第一节　矫正社会工作概述

### 一、矫正社会工作的概念及其功能

#### （一）矫正社会工作的概念

1. 矫正的原意及司法含义

矫正，也称矫治，原是医学上的专门用语，意指通过手术或药物治疗，使在身体部位的形状或机能方面发生了畸变的患者得到康复，重新过上和正常人一样生活的过程。例如，矫正口吃、矫正牙齿、矫正斜视、矫正脊柱等。

将“矫正”概念引入社会领域，成为司法方面的专门用语，意指国家司法机关和工作人员通过各种措施和手段，使犯罪者或具有犯罪倾向的严重违法人员得到思想上、心理上和行为上的矫正治疗，从而重新融入社会，成为其中的正常成员。

2. 矫正社会工作的定义

矫正社会工作在一些国家和地区也称感化工作（如我国香港地区），它是矫正制度中非常重要的组成部分，是社会工作实务的一个重要领域。

矫正社会工作是指将社会工作实施于司法矫正体系中，是专业人员在社会工作专业价值观指引下，运用社会工作的理论、知识、方法和技术，在审判、监禁、社区矫正、刑释或强制戒毒期间，为犯罪者或具有犯罪倾向的严重违法人员（如吸毒者），提供思想教育、心理辅导、行为纠正、信息咨询、就业培训、生活照顾以及社会环境改善等方面的服务，使其消除违法犯罪心理结构、修正行为模式、适应社会生活的一种福利服务活动。

#### （二）矫正社会工作的功能与作用

根据个人与社会两个因素的犯罪原因理论，矫正社会工作的功能与作用也应该从个人和社会两个方面入手进行分析。

1. 针对违法犯罪人员的功能与作用

矫正社会工作针对违法犯罪人员的功能与作用主要如下：

（1）监管功能。矫正制度即刑罚执行制度，矫正社会工作者是刑罚执行团队中的一员。在一些国家或地区的立法和司法实践中，矫正社会工作者（如美国的缓刑官、我国香港地区的感化主任等）被法律授予依法对非监禁罪犯实施监管的职责。其目的一是通过限制一定程度自由的办法（如定期汇报、不可随意离开居住地等规定）对犯罪行为作一定改正；二是通过监管预防其再犯罪。

（2）矫正功能。犯罪行为的实施有个人因素的影响。个人因素包括生理因素、心理因素、思想观念、行为特征、生活方式等。矫正社会工作者运用专业的理论、知识、方法和技巧，使犯罪者或具有犯罪倾向的违法人员得到生理、心理、思想和行为上的矫正治疗，从而重新融入社会，成为其中的正常成员。

（3）服务功能。矫正社会工作从本质上讲是在司法体系中的社会福利服务，其服务对象是社会特殊群体——罪犯或违法者。矫正社会工作的服务贯穿整个刑事司法过程，内容涵盖生活照料、经济支持、疾病医治、心理辅导、就学就业指导、家庭关系调适等，服务手段包括直接的专业服务、转介性的间接服务等。

2. 针对社会环境的功能与作用

矫正社会工作针对社会环境的功能与作用主要如下：

（1）营造有利于更新改造的家庭和社区环境。许多研究表明：一些人之所以犯罪，是因为其生活的家庭及社区环境恶劣，存在许多不利于人健康成长的影响因素，如监护缺失、家人酗酒、家庭教育方式失当、邻里失和、毒品泛滥、赌博盛行、偷盗猖獗等。这些现象的存在不利于罪犯的自新改造。矫正社会工作者的工作重心，除了针对罪犯个人的监管、教育和服务外，还应着眼于家庭和社区环境的改善，营造有利于罪犯更新改造以及预防再犯罪的健康和睦的家庭和社区环境。

（2）促进刑罚制度朝人性化、科学化方向发展。当前世界各国的刑法观念和刑罚制度大多朝着非刑罚化、非监禁化的方向发展。矫正社会工作制度既是这一发展趋势的产物，又是进一步推进这一变革的动力。矫正社会工作本着人道主义的精神，运用科学的理论和方法，从事更新改造罪犯和改善社会环境的活动，用有力的事实向世人表明，人性化、科学化的刑罚制度比威慑至上的严刑峻法更有利于罪犯的改造和社会的安全。

## 二、服务对象的需要和问题

矫正社会工作是社会工作专业中一个较为特殊的领域，其特殊性表现在它的服务对象具有其他领域服务对象所不具有的需要和问题。

### （一）服务对象的需要

1. 基本生存条件的保障需要

服务对象面临困难重重的生活压力，因此，为其提供基本生存条件，既是基本人权的体现，也是对其实施矫正计划措施的前提。基本生存条件包括：维持基本生活所需的经济收入或最低生活保障救助，维持基本生活所需的住房条件，维持身体健康的卫生医疗待遇等。

2. 教育、就业权益的保障需要

矫正社会工作的目标是帮助服务对象能够通过自身能力来维持其基本生存条件。故此，教育、就业权益的保障显得尤为重要。社会工作者要通过帮助服务对象接受较好的教育来实现其有效就业，同时帮助其实现自新、自强、自立的目标。

3. 正常家庭生活的需要

家庭是人们生活的基本场所，也是人们得到生命滋养的源泉。父母慈爱、子女孝顺、夫妻恩爱、兄弟和睦的家庭生活对每个人而言都十分珍贵、十分向往，矫正服务对象也不例外。有的服务对象可能就是因为其原生家庭缺乏爱和关怀，才导致人格缺陷从而犯罪；有的正常的家庭生活因为其成员的违法犯罪而陷入骨肉分离、支离破碎的境地。因此，矫正社会工作者要鼓励和协助服务对象构建和恢复正常的家庭生活，这既是为了满足服务对象对于正常家庭生活的需求，也是为了创造良好家庭环境促进服务对象更顺利地转变。

4. 再社会化的服务需要

矫正社会工作的又一目标是通过矫正计划措施的实施，促进服务对象恢复和重建其严重缺失的社会功能，成为社会正常的成员。社会工作者要在专业价值观指引下，运用社会工作的理论、知识、方法和技术，为罪犯（或具有犯罪危险的人员）及其家人，在审判、监禁、社区矫正、刑释或强制戒毒期间，提供思想教育、心理辅导、行为纠正、信息咨询、就业培训、生活照顾以及社会环境改善等方面的服务，使罪犯消除犯罪心理结构、修正行为模式、适应社会生活。

（二）服务对象的问题

1. 加害社会与加害他人的行为使其较难取得社会公众的同情

社会工作的重点服务对象是社会困难群体，他们的自身状况以及困难处境比较容易博得社会公众的同情，所以针对他们的专业服务活动比较能够得到社会公众的理解和支持。而矫正社会工作的服务对象是罪犯或具有犯罪倾向的违法人员，虽然从一定意义上说他们也是社会困难群体，但是他们过去的行为曾经给社会和他人造成过伤害。因此，社会一般民众鄙视和厌恶他们，不会像对待社会工作其他领域的服务对象（如儿童、老人、残疾人等）一样给予其同情与帮助。

2. 社会功能缺失的严重程度增加其功能恢复与重建的难度

作为“助人自助”的专业活动，社会工作关注服务对象社会功能的恢复和重建。矫正社会工作服务对象的特点之一就是其社会功能的严重缺失，这也是其之所以犯罪的原因所在。这一特点决定了矫正社会工作的艰难程度，社会工作者只有从生理、心理、思想、行为、生活方式、社会交往等多方面给予其矫正服务，才能使矫正对象达到恢复和重建的目的。

3. 受刑者的身份使其处于社会资源网络的边缘地位

不管是在监狱还是在社区接受矫正服务，矫正服务对象的身份都是刑罚被执行者。受刑者的身份使矫正对象处于社会资源网络的边缘地位，使他们无法得到或很少得到一般社会民众可以得到的经济、物质、社会保障资源，在生活、教育、就业、卫生、住房、家庭婚姻、社会交往等方面都将面临比一般社会民众更大的压力。

## 三、矫正社会工作的特点

矫正社会工作与其他领域的社会工作实务相比较，既有共性，又有其独特的个性特征。

### （一）特殊性：为社会特殊群体提供福利服务

社会工作的重点服务对象是社会困难人群，如儿童、老人、残疾人等。矫正社会工作的服务对象是罪犯或具有犯罪危险的违法者，这些人过去的行为对社会和他人的利益造成了损害。从这个角度讲，他们是社会安全和公众利益的危害者，具有一定的危害性和攻击性等特点，似乎是社会强者的象征。而实际上，这些人之所以违法犯罪，很重要的原因是其社会化过程的阻断或弱化造成其社会适应能力的降低甚至消失，他们无法通过用社会公众所认可的途径和方法来维持其在社会中的正常生活。从这一方面讲，他们是社会的弱者。尤其是当他们的行为被社会判定为违法或犯罪，受到社会的制裁和惩处时，其社会地位更处于与社会主流背离的不利层面，从而成为社会的一个特殊群体。所以说，矫正社会工作是为特殊群体提供的福利服务。

### （二）复杂性：强制性监管与人性化服务交织相伴

在许多社会工作实务领域如老年社会工作、残疾人社会工作中，社会工作者与服务对象的关系建立都要以服务对象的自愿为前提，社会工作者无权强行要求别人接受服务。但是在矫正社会工作领域中，服务对象是被司法机关判为有罪并处以刑罚的受刑者，或是被公安机关处以强制戒毒的违法者。对这些服务对象提供的矫正服务具有强制性特征，不以服务对象的主观意愿为前提。当然，即便是强制性的矫正服务，也要体现社会工作人性化的本质特征，即要尊重服务对象的人格和尊严，要相信并创造条件促使服务对象改变。所以说，矫正社会工作是强制性监管和人性化服务交织相伴的实务领域。

### （三）长期性：服务期限与刑罚执行期限基本一致

在其他社会工作实务领域中，社会工作者与服务对象关系建立的期限，以服务目标的基本实现为原则，因此，服务期限可长可短并不确定，有的需要几周时间，有的需要几个月时间，超过半年或一年的案例也有，但是比较少见。而矫正社会工作实务中，社会工作者与服务对象的关系建立以矫正对象的服刑期限为参照，一般与刑罚或强制性措施的执行期限相一致，往往会有半年、一年甚至几年的时间。

### （四）专业性：法律专业与社会工作专业相结合

矫正社会工作是将社会工作实施于司法矫正体系中的一项实务活动，而对罪犯的矫正又是一个复杂、长期、系统的工程，因此需要由各方面的专业人士共同合作才能达到目的。在矫正社会工作领域中，法律专业和社会工作专业是两个最基础和重要的专业。矫正社会工作者一方面需要学习掌握社会工作的系统理论知识和方法技巧，必须是一名合格的社会工作者；另一方面还需要学习和了解相关的法律知识，熟悉对于各类违法犯罪人员施以惩处和监管的各项规定。

## 四、矫正社会工作的起源与发展

### (一) 矫正社会工作的起源

据考证，现代矫正社会工作起源于美国，其创始人是一位家居美国波士顿的名为约翰·奥古斯特斯（John Augustus）的制鞋匠。

1785 年奥古斯特斯出生时，美国取得独立战争的胜利还不久。当时，殖民地统治时期残酷对待犯人的刑罚（如鞭挞、截割、手枷等）虽然还普遍存在于各个监狱中，但要求人道地对待人犯的呼声已时有所闻。1841 年，“华盛顿全民禁酒协会”在波士顿成立，奥古斯特斯加入该协会并成为其中最热心的成员之一。他常常到监狱去探望囚犯，对于那些因酗酒而被判刑者深表怜悯，屡次恳请法官对此类犯事者暂缓处分，由其保释出狱进行感化教育。在历时数周的保释期间，奥古斯特斯运用个案工作的辅导方法改善受保者个人及其周围的环境状况，等这些人返回法庭重受审视时，一般都会因为行为大有改观而获得宽大处分。后来，奥古斯特斯承保的案件越来越多，他干脆放弃制鞋本行而以全部时间从事感化罪犯的工作，其帮助对象也不再局限于因酗酒而犯事者。从 1841 年开创这项工作到 1859 年，在他去世前的 18 年中，奥古斯特斯总共保释的人犯近 2000 名。奥古斯特斯认为，自己的工作如果能使 1/10 的人犯有改善也是值得的，因为把一个人从错误中扭转过来等于把他从死亡中拯救出来一样。

当时，虽然有人对奥古斯特斯的行为不理解甚至怀疑和反对，但他毕竟开创了一个全新的工作领域，他的伟大精神和光辉业绩为后人所称颂，他也因此获得了“感化工作之父”“世界上第一位伟大的观护人”的美誉。

### (二) 世界一些国家矫正社会工作制度的建立和发展

奥古斯特斯逝世 20 年后，美国马萨诸塞州制定了一项法案，授权波士顿市设置专任矫正社会工作者（观护人）一名，让其参与法院刑事管辖权的审议，调查犯罪嫌疑人、判决犯、轻罪犯及接受“观护处分”者替代刑罚的建议工作。10 年后，该项制度延伸到州高等法院，马萨诸塞州因此形成美国第一个以州为范围的矫正社会工作。其后，密苏里州、佛蒙特州、伊利诺伊州、新泽西州等陆续制定了类似的法律。到 1925 年，美国《联邦观护法案》在国会通过，美国全国范围内的矫正社会工作制度由此得以建立。

英国早在 1887 年就已制定了《初犯法》。该法确立了“感化精神”，但其适用范围十分狭小。1907 年通过的《感化犯人法》第一次在全国范围内认可感化犯人制度并制定了具体措施。该法案规定：“由一个由有关机构指派并于必要时在公共基金下支薪的观护人员来代表法院负责被判以感化处分的人在释放后的监督、咨询、协助以及与之交往等有关事宜。”由此，改变了英国以往以志愿方式为基础开办感化矫正服务的发展方向，确立了由法院任命的专职人员以公共服务方式推进的矫正社会工作格局。1925 年英国制定《刑事裁判法》，规定按各承审法院的管辖范围设立“司法裁判区”，每一个司法裁判区设立一个“感化委员会”，专门负责辖区内矫正社会工作者的任命、薪金支付和其他一切行政事务，从而在体制上保证了矫正社会工作的进一步开展。

日本的矫正社会工作是在吸收了美、英经验的基础上于第二次世界大战后建立发展起来的。1947 年和 1949 年，日本分别制定了《恩赦法》和《犯罪者预防更生法》，由此开始了有关预防和感化矫正罪犯的法律建设新时期，形成了一个多层次的法规网络体系。在组织架构和机构设置上，既有更生保护委员会、保护观察所等国家机关，又有更生保护会、兄姐会等民间团体；既有刑务所、少年院、妇女辅导院等司法矫正机构，又有商谈所、教养院等儿童福利机构。在矫正措施上，既有日益社会化的设施内处遇，又有如更生保护、保护观察、中间处遇等设施外处遇。在人员配置上，既有由国家支付薪水的专职工作人员，又有如保护司这样不领工资的志愿者。日本在借鉴别国经验基础上发展起来的适合本国情况的矫正工作制度，是当代资本主义国家中最成功、最有效的。

### （三）我国矫正社会工作制度的建立与发展

#### 1. 我国香港和台湾地区矫正社会工作制度

我国香港地区矫正社会工作主要借鉴英国的经验。20 世纪 30 年代，感化制度从英国引入香港地区，对罪犯的判刑除了考虑其罪行的性质和程度外，还增加了对其背景的考量。从1938 年在监狱署下增设感化部，到 1948 年成立社会局，奠定了社会局承担感化工作的基础。1950 年香港地区设立"首席感化主任"职务，使得矫正社会工作得以正式开展，逐渐地为不同年龄的犯人提供辅导。从 20 世纪 80 年代中期起，"社区为本"的精神引入司法矫正领域，香港地区进一步确立起一套用"社会服务令"等非监禁形式对罪犯进行矫正的制度体系。

我国台湾地区 1962 年制定了相关规定，首创少年观护制度，开启了台湾地区矫正社会工作的先河。1981 年起在各地方法院检察处配置观护人，执行对假释、缓刑后交付保护管束的成年人的辅导监督工作。

#### 2. 我国内地的社区矫正制度

所谓"社区矫正"，是指与在监狱执行的"监狱矫正"相对的行刑方式，它是将符合社区矫正条件的罪犯置于社区内，由专门国家机关在相关社会组织以及社会志愿者的协助下，在判决、裁定或决定确定的期限内，矫正其犯罪心理和行为恶习，并促进其顺利回归社会。

2002 年 8 月，上海市正式在普陀区曹杨街道、徐汇区斜土街道、闸北区宝山街道启动社区矫正试点工作。2004 年 8 月，社区矫正模式推广到整个上海市。

2003 年 6 月，北京市决定在东城区、房山区和密云县的 47 个街道、乡镇大范围开展罪犯社区矫正试点工作。2004 年 5 月，试点工作范围又扩大到西城等 9 个区（县）。

2003 年 7 月，最高人民法院、最高人民检察院、公安部、司法部联合发出《关于开展社区矫正试点工作的通知》，并确定在北京、天津、上海、江苏、浙江、山东 6 个省、直辖市范围内开展社区矫正的试点工作。

2004 年 8 月，河北、内蒙古、黑龙江、安徽、湖北、湖南、广东、广西、海南、四川、贵州、重庆 12 个省（自治区、直辖市）被列为第二批试点省份开展社区矫正工作。社区矫正工作的试点规模和范围已经扩大到全国一半以上的省（自治区、直辖市）。

2009 年 10 月 21 日，最高人民法院、最高人民检察院、公安部、司法部联合召开了全国社区矫正工作会议，部署在全国全面试行社区矫正工作。

为进一步规范社区矫正工作，加强和创新特殊人群管理，根据中央关于深化司法体制和工作机制改革的总体部署，在深入调研论证和广泛征求意见的基础上，最高人民法院、最高人民检察院、公安部、司法部于 2012 年 1 月 10 日联合发布了《社区矫正实施办法》。

2014 年 11 月 20 日，司法部、中央综治办、教育部、民政部、财政部、人力资源社会保障部联合出台《关于组织社会力量参与社区矫正工作的意见》，对进一步鼓励引导社会力量参与社区矫正工作，进一步解决好社区服刑人员就业、就学和社会救助、社会保险等问题作出整体部署。

2019 年 12 月 28 日，第十三届全国人大常委会第十五次会议表决通过了《中华人民共和国社区矫正法》，这是我国首次就社区矫正工作进行专门立法。《中华人民共和国社区矫正法》规定，国家鼓励、支持企业事业单位、社会组织、志愿者等社会力量依法参与社区矫正工作；居民委员会、村民委员会可以引导志愿者和社区群众，利用社区资源，采取多种形式，对有特殊困难的社区矫正对象进行必要的教育帮扶；社区矫正机构可以通过公开择优购买社区矫正社会工作服务或者其他社会服务，为社区矫正对象在教育、心理辅导、职业技能培训、社会关系改善等方面提供必要的帮扶。

3. 禁毒社会工作在中国的发展

20 世纪 80 年代以来，随着国内毒品形势的日益严峻，党和政府高度重视禁毒工作，并作出了巨大的努力。1990 年 12 月，全国人民代表大会常务委员会制定并通过了《关于禁毒的决定》；1995 年 1 月，国务院发布了《强制戒毒办法》；2007 年 12 月，第十届全国人民代表大会常务委员会第三十一次会议通过了《中华人民共和国禁毒法》；2011 年 6 月，国务院第 160 次常务会议通过了《戒毒条例》，从而使我国的禁毒工作走上了依法禁毒戒毒的发展道路。

2017 年 1 月 20 日，国家禁毒委员会办公室、中央社会治安综合治理委员会办公室、公安部、教育部、国家卫生和计划生育委员会、民政部、司法部、财政部、人力资源社会保障部、中华全国总工会、中国共产主义青年团中央委员会、中华全国妇女联合会联合发布《关于加强禁毒社会工作者队伍建设的意见》，为社会工作介入禁毒领域提供了法律依据。

## 第二节　矫正社会工作的主要内容

矫正社会工作也称司法社会工作，是司法矫正体系中的社会福利服务。在我国的司法实践中，社会工作服务的内容主要包括对于涉罪成年人的服务，对于涉罪未成年人的司法保护，以及对于涉毒人员的服务。有关对于涉罪未成年人司法保护的内容，在本教材第四章中已经论述，不再赘述。本节主要论述社会工作对于涉罪成年人的服务，以及对于涉毒人员的服务。

### 一、对于涉罪成年人的服务内容

对于涉罪成年人的服务主要内容包括司法判决前的服务、监禁场所中的服务、社区矫正中的服务以及刑满释放后的服务 4 个方面。

#### （一）司法判决前的社会工作

司法判决前社会工作的服务对象主要包括犯罪嫌疑人及其亲友。

1. 针对犯罪嫌疑人的社会工作介入

社会工作介入司法过程，自司法判决前的案件审理阶段就已经开始。这时社会工作者的主要服务对象是已被拘押或保释的、尚未被判定有罪的犯罪嫌疑人。

矫正社会工作者在案件审理过程中的主要工作职责是通过与受助者（犯罪嫌疑人）及其家属和周围社区的接触了解，写出一份有关犯罪嫌疑人背景的审前调查报告并提交法庭作审判参考。

（1）犯罪嫌疑人审前调查报告的性质与作用

审前调查报告制度的核心，是指法院在刑事案件判决前，由专门机构对犯罪嫌疑人的犯罪背景、一贯表现等进行专门调查，并对其社会危险性和再犯可能性进行调查评估，提出适用监禁刑或非监禁刑的建议，形成调查与评估报告提交法院，供法院量刑时参考的一种制度。这一制度起源于美国的缓刑资格调查制度，1950 年在海牙召开的第 12 届国际刑法及监狱会议积极倡导这一制度，目前已有不少国家和地区采用此制度。

矫正社会工作者在司法判决前提交调查报告的目的不是像律师一样为被告作无罪或轻罪辩护，而是在犯罪嫌疑人承认犯罪事实的基础上为法庭判决提出参考建议。矫正社会工作者的调查报告所提供的犯罪嫌疑人的社会背景和性格特征等资料有助于法庭作出适用何种刑罚处置的判定，有利于罪犯的改过自新。例如，许多免予处罚、缓刑、社会服务等判决都是法庭在充分考虑矫正社会工作者的建议基础上作出的。这就是矫正社会工作者在司法审判前为罪犯提供的服务。

（2）犯罪嫌疑人调查报告的撰写

由于判决前的调查报告对于法庭的判决有重要影响，所以它受到相关矫正机构的高度重视。1955 年，美国“犯罪与违法的全美会议”为下属机构颁布的《量刑指南》规定，制作此类报告的缓刑官必须经过专门训练。

判决前的调查报告包括 3 个部分：

第一，犯罪事实的记录。其中，犯罪嫌疑人自己关于犯罪的供述和辩解，以及警察或被害人的陈述等都要加以记载。

第二，前科。要求对以前被逮捕及犯罪情况的详尽说明及评价。

第三，本人的生活史。记载家庭、受教育、工作经历、身体精神状况、宗教、兴趣、社会活动、服役、财产状况等。

矫正社会工作者要客观准确地写出报告，除了与犯罪嫌疑人交谈外，还要对与其相关的许多人（如家人、邻居、同学、同事、朋友、警察、受害人等）进行广泛交谈。

### 2. 针对犯罪嫌疑人亲友的社会工作介入

犯罪嫌疑人被拘押或被保释等待审判期间，其家人亲友会因此受到冲击和拖累，尤其是犯罪嫌疑人家中年迈的父母和年幼的子女，其生活会因事件的发生而陷入困境。矫正社会工作者此时的工作介入主要是针对这些陷入困境的犯罪嫌疑人的家人提供帮助。

（1）家庭关系协调及家庭成员心理、情绪辅导。犯罪嫌疑人被拘押和等待审判会给其家庭和家庭成员的心理、情绪带来严重影响，如夫妻关系失和、婚姻关系破裂、家庭成员心理自卑、情绪失控、在邻里和亲友面前抬不起头等，严重者甚至影响家庭成员正常的学习、工作和生活。矫正社会工作者在此种情况下可以介入其中，为家庭成员提供心理、情绪方面的辅导服务和家庭关系的调适服务，目的是协助家庭成员将事件造成的负面影响降到最低限度。

（2）社区资源链接以应对生活困难。犯罪嫌疑人如果是家庭收入的主要甚至唯一提供者，其被收押和等待审判会使家庭经济陷入困难境地。矫正社会工作者此时的主要工作任务是依据当地的相关法律法规，为犯罪嫌疑人的家人寻找社会资源以维持生计，如帮助申请社会救济、帮助寻找暂时性工作等。

（3）为失去依靠的家庭成员提供生活照料。因事件发生而失去依靠的家庭成员，如未成年的儿童少年，或年迈又无人照料的老年人，也是矫正社会工作者需要关注的服务对象。社会工作者此时的工作任务是为这些因事件发生而失去依靠的家庭成员提供生活照料方面的服务，如为失依儿童寻找替代家庭或收养机构、与学校老师联系以关注学龄儿童学业、挖掘社区资源为老年人提供志愿服务等。

### （二）监禁场所中的社会工作

对违法犯罪人员实施监禁的场所包括戒毒所、看管所及监狱等。事实上，这里所说的监禁场所主要是指监狱。社会工作者为在监狱服刑人员提供的服务主要是调动违法犯罪人员自身的潜能以及社会资源，引导其向积极的方向转化，以达到其改过自新、回归社会的目的。在监禁场所中，矫正社会工作者所能提供的专业服务主要如下。

#### 1. 协助服刑人员适应监禁场所生活

（1）帮助服刑人员熟悉监狱环境。监狱是对罪犯判处自由刑或生命刑以后的执行或待执行场所，是司法矫正体系的重要组成部分。因为监狱兼有惩罚、隔绝和威慑的功能，所以会在服刑人员的心理上产生震慑作用。这种震慑可能造成两种相反的引导：抗拒或改过。

矫正社会工作者对于刚刚进入监狱（尤其是初次进入监狱）服刑的人员提供的服务主要是协助他们适应监禁场所的生活，减少或消除对法院判决和监禁生活的抗拒，痛下决心改过自新。具体内容包括向服刑人员介绍监狱的环境、作息制度、监管措施、奖惩办法等。

（2）协助服刑人员戒除不健康的生活习惯。许多犯罪和违法人员有酗酒、吸食毒品等生活恶习，在监狱环境中，此类行为被严格禁止。矫正社会工作者要帮助初入监禁场所的“瘾君子”戒除酒瘾、毒瘾，以使其更好地遵守监禁场所的规定。

（3）协助服刑人员解决生活困难。有些服刑人员没有家庭支持，在经济方面比较困难；有些服刑人员体弱多病，无法适应监狱生活。对此，矫正社会工作者可以在法律允许的范围内帮助服刑人员得到经济和医疗方面的帮助，如换季衣被的添置、疾病医治等，条件许可的还可协助服刑人员申请保外就医。

（4）预防服刑人员间犯罪观念和行为的交叉感染。在监狱中，各种罪犯混杂居住，一些长期监禁的重犯、惯犯对于新近入监的初犯、轻犯、青少年犯往往实施控制，施加不良的影响。一方面，矫正社会工作者可以依据判决文书及心理、行为测评结果，配合监管人员对服刑人员进行严格的分类管理；另一方面，要提醒新近入监服刑人员善交狱友，保持行为端正，预防犯罪思想观念和行为的交叉感染。

#### 2. 为在监服刑人员提供专业咨询服务

许多服刑人员之所以犯罪，是因为其思想观念、心理人格、行为模式、生活方式等方面产生了障碍和偏差。矫正社会工作者作为矫正团队中的专业人员，最重要的工作内容是为服刑人员提供思想观念、心理人格、行为模式、生活方式等方面治疗和矫正性质的专业咨询服务。

（1）公民教育。通过公民的权利、义务教育和公民的行为规范教育，帮助服刑人员逐步了解并习得合法公民的基本素养。

（2）心理、情绪辅导。通过心理咨询、情绪辅导等方式，改变服刑人员偏差扭曲的心理结构和敏感过激的情绪反应。

（3）职业技能训练。通过专门知识技能的培训，服刑人员掌握一门或多门职业技能，使其出狱后可以用社会认可的方式和途径谋生。

（4）人际交往意识与能力提升。通过自我认知能力训练、人际沟通能力训练、人与社会相互关系知识的学习等，提升服刑人员人际交往的意识和能力。

3. 帮助在监服刑人员加强与社会的联系

监狱环境的特点是使服刑人员与社会和他人保持一种隔绝状况。这种做法一方面是通过剥夺罪犯一定程度自由的方式，使其为自己的犯罪行为作出补偿；另一方面是防止其在未改造更新之前对社会和他人实施再犯罪。但是，除了被判处死刑并立即执行的罪犯之外，大多数服刑人员都注定或可能要重返社会。而监狱的环境其实并不利于服刑人员的再社会化。因此，矫正社会工作者在监禁场所提供的服务还包括帮助服刑人员加强与社会的联系，以恢复重建其社会功能。

（1）帮助服刑人员了解外面社会的变化。邀请知名社会人士，如学者、官员、文艺工作者、体育工作者到监狱开讲座、作报告，开展文艺演出和体育比赛，使在监服刑者了解外面世界的信息，避免因监狱封闭的环境而造成罪犯社会化过程阻断现象的发生。

（2）帮助服刑人员加强与其家庭的联系。通过开通电话、组织家属探访、走访罪犯家庭、倡导放假制度等方式，尽可能保持和加强服刑人员与其家庭的联系，利用家庭的有利资源促进服刑人员的正面转化。

（3）帮助服刑人员构建支持性社会网络。如动员社会志愿人士与在监服刑人员建立结对帮教关系，用真情感化在监服刑罪犯，同时也为其日后重返社会构建良好的社会网络。

**案例 8-1**

对某市女子监狱的女犯崔某来说，8 月 8 日是一个令人难忘的日子——在她 40 岁生日这天，她与××大学大二女生谭某成为好朋友。“能够与谭某这样一个充满朝气的大学生交朋友，是我今天收到的最好的生日礼物。”拉着谭某的手，崔某高兴地对记者说。

8 日上午，来自××大学的 6 名优秀女大学生与市女子监狱的 6 名服刑人员签署了“一帮一”结对帮教协议。随后，6 名女大学生与帮教的对象进行了面对面的交谈。不一会儿，双方就像老朋友一样熟络起来了。马上要升入大四的学生党员李某对她的帮教对象刘某说：“不管你遇到什么困难，心里有事想不通的时候，一定要记得告诉我。”而刘某也希望李某能以她犯过的错误为借鉴，以后少走弯路。这次活动的发起人××大学的大二学生宋某告诉记者，她在一次看完服刑人员的生活纪录片后受到了很大的触动，随即便萌生了与服刑人员结对帮教的念头，并得到了学院和校团委的支持。该学院的杨老师介绍，这次活动只是一个开始，如果成功，以后还将以高年级带动低年级的形式在全校范围内开展。

据市监管局介绍，女大学生与服刑人员帮教结对在该市尚属首次。今后，女大学生主要通过见面、通信、电话等形式对被帮教人员进行教育，当被帮教人在生活、学习等方面遇到困难时给予一定的帮助。

### （三）社区矫正中的社会工作

#### 1. 缓刑、假释、监外执行人员的监督管理和教育帮扶

缓刑是为使被判处短期自由刑或罪行轻微的犯罪人免受入狱监禁的惩罚而设立的一种社区型的刑罚措施；假释是未达到刑期届满前的释放处分，是设施内处置向设施外处置的转变；监外执行是对某些在监服刑人员因特殊原因（如年老体弱、重病、怀孕）而暂予监外执行的措施。这几种刑罚措施都附有监督管理的规定，要求缓刑、假释和监外执行人员在观护期内遵守规定，不得违反。社会工作者和志愿者配合社区矫正机构对上述人员实施监督管理，要求缓刑、假释和监外执行人员做到如下几点：

（1）保持良好品行，不得与品行不端者来往。

（2）服从司法行政机关、社区矫正机构的命令。

（3）接受社会工作者辅导。

（4）及时汇报工作、生活和居住状况，不经批准不得离开居住地等。

社区矫正领域的社会工作者主要在以下两个方面开展矫正社会工作服务。

一方面，对于社区服刑人员来说，社会工作者运用尊重、平等、接纳的价值理念，以及专业理论知识、方法和技术，为其提供心理矫正、情绪辅导、行为治疗、家庭关系调和、人际关系协调、就业辅导、法制教育、社会适应性训练、帮困解难等各项专业服务活动，使社区服刑人员的心理、认知、行为、关系等方面得到矫正，有效地恢复社会功能，重新回归社会。

另一方面，对于社会环境来说，社会工作者开展专业矫正服务改善了社区服刑人员的家庭关系和社会关系，营造了健康和睦的家庭和社区环境。矫正社会工作本着人道主义精神，运用科学理论和方法所从事的更新改造罪犯、改善社会环境的服务活动及成效，有力地证明了宽严相济、人性化、科学化的新型刑罚执行制度的有效性和先进性。

#### 2. 机构训练的组织管理

机构服务是社会工作领域中一种重要的服务模式。通过向受助者提供住院或寄宿等训练机会，受助者掌握正常生活的技能，从而顺利回归社会。矫正社会工作领域中的机构训练通常是为违法犯罪人员尤其是违法犯罪青少年而设置的，在不同国家和地区有不同的名称，但一般不外乎中途家庭、寄养家庭、教养院、感化院等。

#### 3. 社会服务计划的执行

社会服务也称社区服务或社区劳役，是近年来西方国家较为盛行的一种替代短期自由刑的非监禁化的社会处遇措施，是通过判定罪犯在社区中的社会福利机构从事规定时间的无偿劳动或服务，以此赎罪悔过的刑罚措施。在我国社区矫正工作中，组织矫正对象参加社区公益劳动也具有社区服务或社区劳役的性质，然而，我国社区公益劳动制度并不是一种独立的刑罚措施或刑种。

社会服务计划的益处是通过从事公益劳动和服务培养罪犯的劳动习惯与社会责任感，其在服务过程中学会生产、生活技能以增强就业能力，在社会交往中学会处理人际关系的本领以增强社会适应能力。这种处遇方式最大限度地避免了监禁刑罚造成的隔绝和恶习的交叉感染。在社会服务计划的实施中，社会工作者及志愿者的督促和引导是成功的重要因素。

社会服务计划在许多国家和地区是一种被社会公众接受的行之有效的刑罚措施，其

重点并不在于监督服刑罪犯做满若干小时的社区劳动，因为许多罪犯并不缺乏劳动的经历和习惯。单纯的无偿劳动虽然能迫使服刑罪犯为其损害社会和他人的行为作出一些补偿，但是社会服务计划的矫正功能在于通过无偿的社区服务使服刑人员的心理结构和行为方式发生正向的变化。

在我国香港地区，社会服务计划判决后，由感化主任来监督执行。感化主任是供职于司法系统的专业社会工作者，他们受过严格的社会工作专业和法律知识的学习训练，有丰富的经验和方法技巧。感化主任在安排社会服务时，一般采用循序渐进的三段式计划进行：第一阶段是适应阶段，将 6~8 个服刑者编在一个组里，做一些不与社会接触的事务性的工作，如修理医院病床、粉刷油漆墙壁等，目的是让服刑者改变懒散的恶习，养成劳动习惯，遵守劳动纪律。感化主任从每个人的表现中了解其心态，进行辅导。第二阶段是学习阶段，做的也是事务性工作，但是增加了工作的趣味性。例如，让服刑者画图、布置环境等。这个阶段也可安排一些服务性的工作，如给孤儿院的孩子办生日会等，目的是让服刑者学会与外人接触，在工作中获得成功感，对自己的能力产生新的认识。第三阶段是贡献阶段，以服务性的工作为主，而且尝试让服刑者单独完成一项工作任务。如让他们自己组织带领智障者上街买东西，或带领老人院的老人们去郊游等，目的是强化服刑者的自信心和责任感，为他们回归社会做一个有益于民众、有益于社会的人奠定心理基础。通过这样 3 个阶段的引导后，服刑者一般都能较理想地得到矫正康复。因为这种做法注重调动服刑者的积极性和创造性，减少了服刑者的抗拒心理，所以较受服刑者的欢迎。

在我国目前推行的社区矫正工作中，也有让服刑者到社区或公益机构参加无薪劳动的安排，但是许多此类的劳动往往着重于其补偿功能，而不是着重其矫正功能。我国除了在刑法观念和刑罚措施的变革方面需要跟上世界发展趋势和潮流外，在矫正工作领域的专业化方法和技术方面也还存在一定差距。在监督服刑者参加社区劳动时，应该更着重于服刑者的思想和行为矫正，而不仅仅是为了让服刑者受到惩罚和作出补偿。

4. 为社区服刑人员提供社会服务

社会工作者应在解决社区服刑人员就业、就学和社会救助、社会保险等问题方面发挥积极作用。

（1）促进就业。社会工作者可协助符合条件的社区服刑人员申请享受相关就业扶持政策，帮助其接受公共就业服务机构提供的职业指导和职业介绍等服务。

（2）帮助接受教育。对于未完成义务教育的未成年社区服刑人员，社会工作者应当协助联系相关部门，协调并督促其法定监护人帮助其接受义务教育。对于非义务教育阶段有就学意愿的社区服刑人员，社会工作者应积极协调。

（3）做好基本生活救助。协助基本生活暂时出现严重困难、确实需要救助的社区服刑人员申请临时救助。

（4）落实社会保险。帮助社区服刑人员按规定享受基本医疗保险等有关医疗保障失业保险。

### (四) 刑满释放后的社会工作

刑满释放人员虽已不是罪犯，但也不同于社会中的正常人员。尤其是刚从监狱获释的人员，往往缺乏社会适应能力，又受到社会歧视、家庭拒绝、同伴疏远、就业困难、学习中断等多重压力和困扰。这部分人能否顺利度过刑满释放后的最初阶段，对于今后的生活及社会安定关系重大。

矫正社会工作者对刑释人员提供的服务也称为更生保护。这是一项起源于美国费城、面向刑满释放等人员的社会福利措施，其内容主要如下。

1. 提供住宿场所

为暂时不被家庭接纳或无家可归的刑释人员解决安身问题，同时在住宿中提供监管和辅导服务，帮助刑释人员顺利完成由监禁环境向开放社会的过渡。

2. 提供就业、就学辅导

寻找工作或继续求学是刑释人员回归社会的重要途径和手段。社会工作机构和人员在这方面的服务包括对刑释人员进行工作技能培训、帮助联系介绍职业、帮助联系就学学校等，同时还要通过辅导帮助其养成工作和学习的意识和习惯。

3. 提供生活辅导和医疗保健转介服务

刑释人员中有相当部分人员具有不良生活习惯，社会工作者的职责也包括为其提供生活辅导和医疗保健转介服务，帮助其养成良好的生活习惯。

4. 提供物质援助

刑释人员往往缺乏生活工作的物质条件，为帮助其尽快建立起正常的生活、工作秩序，社会工作者应挖掘和利用社会资源对其进行物质援助。

## 二、针对涉毒人员的社会工作介入

针对涉毒人员的社会工作介入也称禁毒社会工作，它是指社会工作者通过社会工作方法，包括个案辅导、家庭辅导、小组工作、学校活动和社区活动等，充分利用社区资源，协调各方力量帮助涉毒人员戒毒和康复，并教育动员社会民众远离毒品、健康生活。禁毒社会工作的主要内容如下。

### （一）提供戒毒康复服务

（1）调查了解戒毒康复人员行动趋向、生活状况、社会关系、现实表现等情况，开展戒毒康复人员心理社会需求评估。

（2）为戒毒康复人员提供心理咨询和心理疏导、认知行为治疗、家庭关系辅导、自我管理能力和社会交往能力提升等专业服务。

（3）帮助戒毒康复人员调适社区及社会关系，营造有利于戒毒康复的社会环境。

（4）开展有利于戒毒康复人员社会功能修复的其他专业服务。

### （二）开展帮扶救助服务

（1）为戒毒康复人员链接生活、就学、就业、医疗和戒毒药物维持治疗等方面的政府资源与社会资源。

（2）组织其他专业力量和志愿者为戒毒康复人员及其家庭提供服务，协助解决生活困难，提升生计发展能力，改善社会支持网络，促进其社会融入。

### （三）参与禁毒宣传教育

参与组织禁毒宣传活动，普及毒品预防和艾滋病防治等相关知识，宣传禁毒政策和工作成效，增强公民禁毒意识，提高公民自觉抵制毒品的能力。倡导禁毒社会工作理念，降低并消除社会歧视与排斥。

（四）协助开展有关禁毒管理事务

（1）协助开展吸毒人员排查摸底工作。

（2）协助建立相关档案资料，做好工作台账，对工作对象的戒毒康复情况进行定期评估。

（3）协助做好强制隔离戒毒人员出所衔接，督促、帮助社区戒毒社区康复人员和戒毒药物维持治疗人员履行协议，努力减少现实危害。

（4）发现社区戒毒社区康复人员拒绝报到或严重违反协议的、参加戒毒药物维持治疗人员严重违反治疗规定的，向乡镇（街道）禁毒工作机构报告，协助收集提供有关材料。

## 第三节 矫正社会工作的主要方法

本节主要介绍矫正社会工作实务方法的理论视角，以及矫正社会工作实务中常用的专业方法。

### 一、矫正社会工作实务方法的理论与视角

（一）行为主义理论

行为主义理论是以行为心理学为基础形成和发展起来的一种社会工作理论。它不赞同心理分析理论和认知理论将关注的焦点放在难以观察和验证的内心世界的做法，而是主张要把工作重点放在真正能够观察到的人的外显行为上。它认为行为是个体对当前环境所作的反应，不适当的行为是个体对当前环境所作的不适当的反应，矫正社会工作者的任务就是要对矫正对象的不适当的行为进行治疗或矫正，帮助其学习和构建对当前环境的恰当的反应模式。

（二）认知理论

认知理论是以认知心理学为基础形成和发展起来的一种社会工作理论。它也着力于改变人的行为，但它把关注的焦点放在促使人的行为产生的内心世界上。与心理分析理论不同，它认为人的行为主要是受制于理性思考，而不是潜意识中的本能。它认为，人的不良行为主要产生于认知上的错误或理性思维能力的缺乏，社会工作者的主要任务就是要帮助其获得对世界的正确认知或完善理性思考的能力，从而使行为能得到正确的、理性的引导。

（三）标签理论

标签理论是以社会学家勒麦特（Edwin M. Iement）和贝克（Howard Becker）的理论为基础而形成的一种社会工作理论。这种理论认为，一个人被认为是“有问题的人”是与周围环境中的社会成员对他及其行为的定义过程或标定过程密切相关的。标签理论认为，犯罪是社会互动的产物，而个人被社会上的重要他人（如警察、法官）贴上标签，描述为偏差行为或犯罪者，他就逐渐自我修正，自我认定就是偏差行为者或犯罪者，因而“破罐破摔”，在行为方面更加偏离社会规范。因此，社会工作的一个重要任务就是“去标签”，即通过一种重新定义或标定的过程，来使那些原来被认为或自认为“有问题

的人”恢复为“正常人”。

（四）优势视角

优势视角是与问题视角对应的理论视角。在矫正社会工作领域，传统的观念是将矫正对象看作是“有问题”的一群人。从这一视角出发，社会工作者的着重点就放在对矫正对象的严格监管和强制性的教育上，目的是防范问题的再发生。而优势视角理论却相信，每一个人都有“优点”，都有向健康方向发展的潜能，即便是曾经违法犯罪的矫正对象也如此。优势视角下的矫正社会工作是一种策略性地弱化服务对象的问题，是更多地关注服务对象的优势和潜能的社会工作实践的理论视角。从这一视角出发，社会工作者更多地将精力放在发现、发挥和发展矫正对象的“优势”方面。

（五）“社会–心理”视角

“社会–心理”视角是一种将服务对象的心理状态、心理过程同其生活的社会环境结合起来考虑并开展工作的理论观念。每一个人都有其内部心理世界，同时又与外部的社会环境密切相连，因此，需要将人作为一个整体去认识，即“人在情境中”。对于矫正对象而言，犯罪行为的产生，既有其自身心理因素的原因，又有其周围环境因素的影响；矫正成效的大小，既取决于自身的努力，又受制于社会环境的影响。因此，矫正社会工作者应该具有“人在情境中”的系统认识视角，整体、全面地去了解、认识矫正对象，既提供改善自我认识的服务，又加强矫正对象所处社会环境方面的工作。这就是融直接介入和间接介入于一体的综合服务的模式。

## 二、矫正社会工作的主要方法

社会工作的方法在矫正社会工作领域有非常广阔的应用空间。按照社会–心理的双重视角，矫正社会工作领域的工作方法可以分为两大类：致力于改善矫正对象个人状况的社会工作方法，以及致力于改善矫正对象社会环境的社会工作方法。此外，在上述两大类方法整合基础上形成的个案管理的方法，也是现今矫正社会工作实务领域十分通行的服务模式。

（一）致力于改善服务对象偏差心理和行为的社会工作方法

无论是在监狱中服刑的罪犯，还是在社会上服刑的罪犯，由于其人格特征方面的缺损、社会功能方面的丧失、行为方式方面的反常，矫正社会工作的重点之一就是改善服务对象的偏差心理和行为。

1. 行为治疗法

行为治疗法是以学习理论和实验心理学为理论基础而发展起来的治疗方法。作为一个完整的介入程序，行为治疗法注重以下几个方面的问题：

（1）评估方案。行为治疗法不重视人的内在心理机制，只注重人的具体可见的、可以度量的外在问题行为。为了客观地显示治疗效果，在治疗前首先要对问题行为（如发脾气、说脏话粗话、上班迟到等）的表现进行记录，包括行为出现的次数和强度，以便与治疗后的情况进行比较。

（2）治疗的策略与技巧。行为治疗法有许多有特色的治疗方法与策略，需根据情况作不同的选择。

①反应性治疗技巧。反应性行为通常与反射性反应和非自主性行为有关，例如内分

泌失调、焦虑、性冲动等。常用的反应性治疗技巧有如下几种：

一是反制约。即用一种新的制约反应取代原有的不理想的制约反应。

二是系统脱敏疗法，又称交互抑制法。利用这种方法主要是诱导求治者缓慢地暴露出导致神经症焦虑的情境，并通过心理的放松状态来对抗这种焦虑情绪，从而达到消除神经症焦虑习惯的目的。采用系统脱敏疗法进行治疗，应包括 3 个步骤：第一步，建立恐怖或焦虑的等级层次，这是进行系统脱敏疗法的依据和主攻方向；第二步，进行放松训练；第三步，要求求治者在放松的情况下，按某一恐怖或焦虑的等级层次进行脱敏治疗。

三是厌恶疗法，又叫“对抗性条件反射疗法”。它是应用惩罚的厌恶性刺激，即通过直接或间接想象，来消除或减少某种适应不良行为的方法。厌恶治疗的形式有电击厌恶疗法、药物厌恶疗法、想象厌恶疗法等。

②操作性治疗技巧。操作性治疗技巧主要处理与有条纹肌肉和骨骼系统有关的自主性行为，例如谈话、走路和工作等。常用的操作性治疗技巧有如下几种：

一是正增强。在某种行为之后给予奖励性刺激，以增强或维持理想的行为。

二是负增强。在出现某种行为之后远离厌恶性或不愉快的刺激，以增强或维持理想的行为。

三是削减。当某种行为出现之后便扣除增强物，以减弱或消除不理想的行为。

四是塑形。当出现近似目标的行为时给予奖励，以建立新的目标行为。

五是连扣。以按部就班的方法，把所需要完成的目标行为分解成一连串的程序和步骤，使服务对象能够循序渐进地达到目标。

六是惩罚。在出现不理想行为时给予厌恶刺激，以减弱或消除不理想的行为。

③综合性治疗技巧。由于反应性治疗技巧和操作性治疗技巧都只关注人的行为而不关注人的认知，所以它们都只能对具体的、外显的行为有明显的治疗效果。在班杜拉的社会学习理论基础上建立的认知行为理论强调行为、认知和环境三者的相互影响关系。在此理论指导下形成的认知行为治疗技巧被称作是兼顾认知和行为矫正的综合性治疗技巧。常用的综合性治疗技巧如下：

一是由规则管理行为。即由诸如法律、规例、指引、禁忌等口头或书面的刺激所制约的行为。这种综合性治疗技巧可以细分为两点：首先是自我指导，即由当事人用书写、朗读或心中默述的方法把规则告诉自己，以使自己有所遵从；其次是解决问题疗法，即培养当事人以逻辑和理性程序按部就班地解决问题，具体步骤包括初步指导、辨别问题和规划目标、衍生更替策略、决定、核实等。

二是模仿。即将直接经验或感应方式代入学习过程，让当事人通过观察别人受到奖励的行为而模仿此行为。

三是敢于自我训练。这是一种社交技能训练，即通过运用指导、回馈、模仿、角色扮演、社会性奖励、家庭联系等方法使当事人勇于表达自己的感受和想法。

四是松弛训练。即通过让肌肉松弛的训练方法达到消除紧张的目的。

（3）增强物的使用。增强物可以分为两类：第一类是初级奖励品，指可以满足人们基本需要的东西，如食物、饮料、睡眠等，适用于年纪较小、智力较低的人。第二类是次级增强物，指可以满足人们精神、社会和心理需要的东西，如金钱、名誉、赞赏、自由、快乐等，适用于年纪较大、智力较高的人。

（4）强化程序。强化程序是一个以指定的行为出现次数或时间距离来奖励某种行为的具体计划。凡理想行为出现便给予奖励是连续强化，凡理想行为出现后只作不规则奖励的是间歇性强化。前者适用于治疗的初期，后者较适用于治疗的中、后期。

2. 理性情绪治疗模式

理性情绪治疗模式是由美国心理学家艾利斯（Albert Ellis）根据自己多年的临床经验于 1955 年提出的。经过 10 多年的努力，理性情绪治疗逐渐被人们所接受，成为个案辅导的一种重要治疗模式。

（1）理性情绪治疗模式的内容

理性情绪治疗模式以人本主义作为自己理论的基础。理性情绪治疗模式对人的心理失调的原因和机制进行了深入的分析，提出了比较有影响的 ABC 理论：

A 代表引发事件（activation events），是指服务对象遇到的当前发生的事件。

B 代表服务对象的信念系统（beliefs），是指服务对象对当前所遭遇事件的认识和评价。

C 代表引发事件之后出现的各种认知、情绪和行为（consequences）。

理性情绪治疗模式指出，服务对象的认知、情绪和行为的反应受到其信念系统的影响。如果服务对象用一些非理性的信念看待引发事件，这种非理性信念就会使服务对象情绪和行为上出现困扰。所谓非理性信念，是指那些把特定场景中的经验绝对、普遍、抽象化之后与实际情况不符的想法和观点。

（2）理性情绪治疗模式的治疗技巧

①非理性信念的检查技巧。即对服务对象情绪、行为困扰背后的非理性信念进行探寻和识别的具体方法。主要包括：一是反映感受。让服务对象具体描述自己的情绪、行为以及各种感受，从而识别出背后的非理性信念。二是角色扮演。让服务对象扮演特定的角色，重新体会当时场景中的情绪和行为，了解情绪和行为背后的非理性信念。三是冒险。让服务对象从事自己所担心、害怕的事，从而使情绪、行为背后的非理性信念呈现出来。四是识别。根据非理性信念的抽象、普遍和绝对等不符合实际的具体特征分析、了解服务对象情绪、行为背后的非理性信念。

②非理性信念的辩论技巧。即对产生服务对象情绪、行为困扰的非理性信念进行质疑和辨析的具体方法。非理性信念的辩论技巧主要包括：

一是辩论。让服务对象对自己的非理性信念的不合理地方进行质疑，动摇非理性信念的基础。

二是理性功课。通过训练帮助服务对象修正非理性信念，建立科学的理性信念系统。

三是放弃自我评价。鼓励服务对象放弃用外在的标准评价自己，逐渐消除非理性信念的影响。

四是自我表露。借助社会工作者表露自己感受的方式，让服务对象观察和学习理性的生活方式。

五是示范。通过社会工作者具体的示范行为，让服务对象理解和掌握理性的行为方式。

六是替代性选择。借助替代性方法的寻找，帮助服务对象逐渐克服喜欢极端化的非理性信念。

七是去灾难化。让服务对象尽可能设想最坏的结果，直接面对原来担心、害怕的事件（灾难），从而使服务对象担心、害怕中的非理性信念显现出来。

八是想象。让服务对象想象自己处于困扰的处境中，并通过设法克服不合理的情绪和行为的反应方式学习和建立理性的生活方式。

3. 同伴教育在矫正服务中的运用①

（1）同伴教育及其功效

同伴教育（peer education）亦称为同伴教学、朋辈咨询、同辈辅导或者朋辈辅导，是指具有相似年龄、背景、生理、经历、体会、社会经济地位、相同性别等具有共同语言的人在一起分享信息、观念或行为技能，同伴教育者易唤起身边同伴的心灵共鸣，以实现教育目标。

矫正社会工作的直接目标是减少服务对象重新犯罪和复吸毒品。在以往的服务过程中，由于服务对象处于被教育和被矫正的地位，其自身潜能没有得到充分挖掘，矫正效果往往不甚理想。同伴教育是在具有同样犯罪和吸毒经历的人员中，发现和培养思想和行为改善良好者作为“同伴辅导员”，与社会工作者一起开展教育辅导，其效果表现为：

①改变了自我认同，提升了自信，获得了价值感。

②明确了自身定位，获得了使命感和责任感。

③增强了帮助同伴的动力，提升了生活意义。

④增强了抵御毒品诱惑的能力。

⑤为其他同伴树立了弃恶从善、改过自新的榜样。

（2）同伴教育的方法

① 同伴教育辅导员能力提升小组。项目招募了符合一定条件的同伴教育辅导员候选人，希望通过小组活动的开展培养其提升自我效能感，具备“同伴教育辅导员”的能力。具体来说，通过“今天，我们在这里起航”“愿望，就是能够”“让我们自助、助人、助社会”“我们学做同伴辅导员”“情系同伴，传递希望”“我和小组一起成长”“你我同行，创造奇迹”等小组活动的开展，帮助组员了解同伴教育的概念、理念；理解开展禁毒同伴教育的意义和目的；明确“同伴教育辅导员”的定义、职责；协助组员通过开展自我探索提升“自我效能感”；帮助组员掌握一种以上的同伴辅导技能；帮助组员掌握2~3种应对同伴交叉感染的方法；协助组员找到1个以上的助人途径和操作方法；协助组员在小组过程中牵手1名同伴。

②同伴教育主题活动。通过举办各种功能的主题活动，让同伴教育辅导员候选人学会感恩，提升同伴教育辅导员候选人的团队合作精神、社会责任感。主题活动主要包括以下几种类型：一是爱心公益型。通过组织同伴教育辅导员候选人参与一些社区公益活动，让他们感受到社会的关爱，同时激发其公益责任和热情。二是感恩回报型。通过收集一些平日感动的瞬间，搭建回报的平台，让同伴教育辅导员候选人通过自己的实际行动，通过感谢、感恩，体会到重获新生的收获和感动，强化他们持续康复的信心和勇

① 主要参考上海市自强社会工作服务总社2010年“‘涅槃重生’同伴教育辅导计划”项目资料。

气。三是团队互动型。通过团队暖身活动，让同伴教育辅导员候选人感受到自己是整个团队不可或缺的一分子，有责任为了同伴康复付出自己的努力。四是学习成长型。通过具有启发性的活动，让同伴教育辅导员候选人领悟一些人生道理，学习新的技能。五是回顾展望型。通过总结分享同伴教育辅导员候选人在项目中的收获和成长，展望同伴教育的未来，使他们对未来更加有信心。

③“同伴信箱”。发动“同伴教育辅导员”给在“场所”内戒毒或服刑的同伴写信，与社会工作者一起开展“提前介入”的服务。

④“星火计划”。培养同伴教育辅导员通过观摩社会工作者的访谈，在社会工作者的指导下，与有需要的同伴进行面对面的访谈交流。

⑤“同伴之音”。开通为戒毒或服刑人员专设的服务热线，由经过培训的“同伴教育辅导员”担任热线主持人或嘉宾，为有需要的同伴提供咨询服务。

⑥“同伴演讲”。同伴教育辅导员以亲身经历和体会，通过演讲去感染和帮助同伴建立行为改变的信心。

### （二）致力于改善服务对象社会环境的社会工作方法

#### 1. 社区工作方法在矫正社会工作中的运用

社区工作是以社区为对象的社会工作介入手法。它通过组织社区成员参与集体行动去界定社区需要，合力解决社区问题，改善社区成员生活环境及生活质量。在参与的过程中，让社区成员建立对社区的归属感，培养其自助、互助与自决的精神，加强他们在社区参与及影响决策方面的能力和意识，发挥其潜能，以构建更加公平、公正、民主及和谐的社区。在社区矫正社会工作领域，运用社区工作方法应该注意以下几个方面的问题：

（1）进行综合治理，以改善矫正对象的生活环境。矫正对象过去之所以犯罪，除了其自身的原因外，外部社会环境的影响也是不可忽视的因素。这些因素包括贫穷、失业、人员混杂等。在这样的社区居住生活，矫正对象迫于生活压力或难以抵制周围的诱惑而重新犯罪的可能性极大。因此，要实现社区矫正的目标，除了针对矫正对象个人的直接介入外，还应该整合社区资源进行综合治理，以改善矫正对象的生活环境。

（2）开展社区教育，培育社区居民接纳、尊重矫正对象的意识和习惯。社区矫正的功能发挥要靠社区居民的共同参与，以形成有利于罪犯改过自新的社会氛围。但是，由于矫正对象过去的行为造成对社会和他人的伤害，社区居民对矫正对象还有戒备、恐惧、防范、排斥等情绪和行为，这是正常的反应。然而这些反应对于矫正对象而言，却是影响其融入社区成为正常社会成员的障碍。社区矫正社会工作者的一个重要的工作任务就是通过社区教育的途径，改变居民对矫正对象的偏见，培育社区居民接纳、尊重矫正对象的意识和习惯，使矫正对象能够顺利回归社会。

**案例 8-2**

2002 年 4 月 28 日，39 岁的赵某与邻居发生纠纷，争执斗殴中，他持刀将对方砍伤。2003 年 6 月，区法院以故意伤害罪判处他拘役 6 个月，缓刑 6 个月。7 月 1 日，市社区矫正试点全面展开，赵某被列入其中，成为社区矫正对象。

7 月 20 日，赵某第一次参加社区组织的公益劳动，居委会主任让他去打扫楼道卫生。他认为干活时一定有警察和司法所的人监督着，就一边扫一边偷偷回头看。结果他发现没人看着他，居委会主任还跟他一起干。他心里既踏实又安慰，一直干到了中午，还怕自己干得不达标。

不过，并不是所有人都像社会工作者、司法所干部、民警等人那样友善地对他，有人甚至觉得不应该把一个砍人的人放到社会上。赵某说，他刚开始参加公益劳动时常有街坊邻居在背后指指点点地说他。每逢这时，他心里总是很难过，他多么希望周围的人给他一个友善的眼神，因为他想改好啊。

可没过多久，他再劳动时见到街坊四邻，对方都主动向他打招呼，还说："你是社区志愿者吧?"这可让赵某愣住了。后来他才知道，原来是细心的民警注意到这个问题，私下里找人们做了工作。大家的友善、关心释放了他心中的压力。

6个月后，赵某顺利完成社区矫正项目，成为全市第一例解除矫正的社区矫正对象。当记者采访他时，赵某的第一句话是，"社区矫正给了我重生"。

在上述案例中，安排服务对象参加社区公益劳动是目前社区矫正工作的惯常做法。但是参加劳动的目的并非仅仅是惩罚和补偿，更重要的是要在安排劳动时考虑到思想帮教和心理矫正的功能发挥。案例8-2中的社会工作者和民警通过细致的工作，使服务对象在劳动中感受到居民的友善和关心，这对服务对象放下思想包袱、积极配合矫正计划的实施具有不可忽视的正面作用。

（3）挖掘社区志愿力量，共同参与社区矫正工作。社区矫正工作的工作主体是专职的社会工作者，但是因为专职社会工作者人手少、任务重、工作复杂，所以还需要大量志愿者参与。专职社会工作者在社区层面上的一个重要任务，就是挖掘社区志愿力量共同参与社区矫正工作。

2. 社会工作行政在矫正社会工作中的运用

社会工作行政也称社会行政，它是将社会政策变为社会服务的活动。在社区矫正领域，可以从宏观和微观两个角度发挥社会工作行政的作用。

从宏观上讲，社会工作行政与政府的社区矫正政策实施相联系，即把社区矫正的政策法规变成社区矫正的服务活动。这种政策变动过程应该是双向的：将社区矫正的政策法规变成具体的、针对服务对象的社会服务，又将服务经验上升到理论层面以影响政策法规的修订。

从微观上讲，社会工作行政与社会服务机构从事的服务活动相联系，即通过加强对社区矫正服务机构内部管理的途径提高社区矫正的实施效果。这种内部管理的程序和内容包括规划、组织、人事管理、领导、督导训练、预算、公共关系、报告、评估和研究。

3. 社会工作研究在矫正社会工作中的运用

社会工作研究是获取知识和发现事实的过程。在此过程中，社会工作者及其他领域的理论和实务工作者使用社会研究方法收集和分析与社会工作有关的资料，以协助实现社会工作目标。

社区矫正是一个注重理论与实际紧密结合、涉及面广、政策性强、讲求操作的社会工作实务领域，综合了众多专业学科（如社会学、政治学、刑事法学、心理学、管理学等）的理论、知识和方法。社区矫正想要健康发展，需要加强这些理论、知识和方法的研究。

社区矫正在我国又是一个新兴的社会工作实务领域，其中的许多问题，如社区矫正的哲学基础、价值理念、理论依据、适用范围、责任主体、工作队伍、工作制度、项目实施、绩效评估、经费保障问题等，都需要逐个研究解决。

### （三）个案管理：协调、整合的服务提供模式

#### 1. 个案管理的缘起及其含义

随着社会的发展，对于一些社会功能缺失严重的工作对象（如老年人、残障者、矫正对象等），需要多部门、多专业、长时间提供服务。然而，单一部门或机构独自提供服务的方式不能满足其多样化需求，多部门提供服务又可能造成服务的重复使用和资源的浪费。于是，以协调整合的方式为服务使用者建构一套完整的服务输送网络，并以需求导向的方式提供给需要照顾者，便成为社会工作发展的新方向。个案管理就是在这种新的发展趋势中逐渐发展，甚至取代传统个案工作的模式，而成为实施社会服务不可或缺的新技术和新方法。

个案管理也称照顾管理或服务管理，是指专业人员为一个或一群服务对象协调整合一切助益性活动的一种程序。这种程序使得来自相同或不同福利及相关机构中的各个工作人员能彼此沟通协调，以专业的团队合作方式提供服务对象所需的服务，并扩大服务的效果。

矫正社会工作是社会工作实务中的一个特殊领域，其服务对象是一群社会功能缺失严重、服务需求广泛且多元并处于社会资源边缘地位的违法犯罪人员。对这些人员的矫正工作内容，包括监管、矫正和服务等多个方面，需要多部门、多机构、多方人员的配合协作，如果由单一机构和人员提供服务，极有可能造成服务缺失和重复并存、服务资源不足和浪费同在的局面，因此，需要由矫正社会工作者出面进行个案管理，以协调整合的方式提供服务。

#### 2. 个案管理的实施原则

（1）服务对象参与。个案管理强调服务对象与社会工作者一起工作，包括需求的评估、包裹式服务的规划与组织等，都是由双方共同作决定。服务对象不是单纯接受规划好的服务，而是需要参与整个个案管理过程。

（2）服务评估。评估是个案管理的核心任务，包括服务对象的需求、生理状况、社会环境、非正式网络，甚至个人偏好。评估的目的是切实提供符合服务对象需求的服务，并维持服务的公平性。

（3）服务协调。在服务设计过程中，强调社会工作者需要协调各方资源为服务对象提供“全人”服务，并不局限对服务对象的特殊需要提供直接服务。

（4）资源整合。社会工作者要尽可能掌握有助于满足服务对象需求的各方面资源，并加以整合运用。这些可利用的资源可能来自政府机构、非营利组织、商业机构，甚至可能来自服务对象自身，因为服务对象本身所具有的能力也是一项资源。

（5）包裹式服务与专业合作。所谓包裹式服务，是指经过需求评估和可利用资源的确认后设计一整套服务，并且通过各种服务的联结最终促使服务对象学会独立自主。所谓专业合作，是指个案管理是一种结合不同专业领域的团队工作方法。团队中可能包括

医生、护士、职业治疗师、临床心理学家以及其他专业人士。

（6）服务监督。服务监督是个案管理中的重要组成部分，其目的是确保所提供的服务能够达到服务对象认可的标准。

### 3. 个案管理的工作过程

（1）个案发掘与转介。需要个案管理的个案，一般来自医院、社会服务机构、村民委员会、社区居民委员会、邻居、家庭照顾者或者服务对象的主动求助。社会工作者发现个案的途径有两种：一是服务对象可能通过各种转介的渠道接触服务机构；二是有些机构可能会通过外展的方式深入社区，寻找或鼓励潜在的服务对象进入服务机构，让他们有机会获得服务机构提供的各类服务。这个阶段，社会工作者应具备的技术有：介绍自己和自己的角色，询问与服务对象问题有关的信息，把握服务对象在寻求帮助过程中可能带有的负面感觉，建立彼此的信任关系以及澄清角色期待等。

（2）评估与选择。个案管理评估的目的是确认服务对象的真实需求，以便能够有效运用资源，满足服务对象独特的需求。个案管理需要适当的评估，以确定服务对象是否需要整合性服务。而评估内容涉及很多方面，包括服务对象个人状况，如服务对象的健康、心理、认知、社交、经济、家庭、社会环境以及社会支持等。有时社会工作者甚至需要与心理咨询师、医生等其他专业合作进行评估工作。对于符合个案管理的服务对象，由最初接待的社会工作者对其问题或需求进行初步评估，然后机构指定一位合适的个案管理者负责。

（3）个案管理服务计划与执行。个案管理的主要任务之一是为服务使用者设计一个包裹式的服务，这套服务方案主要包括服务计划和治疗计划两部分。包裹式服务不是一个机构或社会工作专业本身能够完成的，通常需要相关专业人员和机构的配合。因此，社会工作者在制订服务计划的阶段，有两个方面需要特别注意：一是要确保有适当的资源，以满足服务对象的需求；二是需要负责管理珍贵而稀少的资源。

在服务计划的执行上，个案管理者的主要角色是将不同资源链接起来满足服务对象的需求。这些资源可能来自政府部门、企业、非营利组织和非正式组织，也可能需要专业间的合作。在解决服务对象个人心理、情绪等方面问题的辅导计划中，个案管理者有时也会扮演直接服务供给者的角色。

（4）监督与评估。在服务过程中，社会工作者需要不断监督和评估，以便及时调整服务，保证服务的适当性；而在服务结束后，也需要通过追踪来确保服务的效果。服务结束后评估主要包括如下几项指标：一是服务是否符合服务使用者的需要；二是服务使用者对整个服务是否满意；三是服务提供的目标是否实现。此外，社会工作者还可以再进行追踪评估，包括了解服务对象改变的情况、提供转介的情况、满足服务对象需要的状况、服务计划是否需要调整以及服务是否可以结束等。

（5）结案。在结案阶段，社会工作者要为结束服务做好充分准备，包括征求服务使用者对服务结束时间的建议；处理服务关系结束所带来的情感反应；检查结束工作的安排以及转介工作的安排情况等。

### 4. 个案管理运用在矫正工作中需要注意的问题

（1）要重视和善于与矫正对象建立良好的专业关系。矫正工作的对象与其他社会工作实务领域（如婚姻家庭社会工作、残疾人社会工作等）的工作对象不同，一般不是通过主动求助的途径来到社会工作者面前的。因此，他们中的很多人具有被动、不配合甚至抗拒的心理和行为特点。因此，矫正社会工作者要采取更为主动的姿态与矫正对象建立关系，这是矫正社会工作是否成功的第一步。

但是在有些矫正社会工作者看来，与矫正对象的关系能否维持，决定权不在对方而在自己一边，在法律规定的矫正期内，无论矫正对象愿意与否，他（矫正对象）都必须按照我（矫正社会工作者）的要求去行动。因此，他们并不重视和善于与矫正对象建立良好的专业关系，在工作过程中不依照矫正社会工作的专业价值理念用接纳、尊重、平等的态度来对待矫正对象，而是用一种居高临下的、强势的姿态来处理与矫正对象的关系。显然，这种做法很难达到矫正的目的。

（2）要有重点、分步骤地制订矫正工作计划。矫正是一个长期的工作过程，矫正社会工作者需要协助矫正对象解决许多复杂和艰难的问题，诸如服刑态度的端正问题、矫正计划安排的配合问题、心理和行为方式的改变问题、学习和工作的安排问题、基本生活的保障问题、身体疾病的治疗问题、家庭关系的调适问题、社会交往的恢复问题、重新犯罪的预防问题等。所有这些问题很难在短时期内全部解决，所以矫正社会工作者必须引导矫正对象共同参与，有重点、分步骤地制订矫正工作计划，逐步实现矫正工作的最终目标。

（3）要善于协调多部门、多机构提供整合性的服务。个案管理是一种资源的联系与整合的服务，其服务计划可能涉及许多部门和机构的人员、物资和财力的配合。个案管理社会工作者此时要扮演协调联系者的角色，在必要的时候要召集包括服务使用者在内的各相关人员进行协商。这样，既能为服务对象提供其所需的充足服务，又能避免服务的重复和资源的浪费。

（4）要着眼于矫正对象的潜能发掘和自己解决问题，切忌包办代替。矫正对象是被判处不同刑罚的罪犯，由于“标签化”的自我认同，矫正对象一般比较自卑和消极，加之社会对罪犯的歧视和恐惧，所以矫正对象通过正常途径获得社会资源的机会比较贫乏和困难。矫正社会工作的工作目标之一是帮助服务对象获得应有的社会资源，以利于他们重新回归社会，成为正常的社会成员。但是，“帮助”获得并不是“包办代替”，矫正工作计划的目标是帮助服务对象恢复或重建通过正常途径获得社会资源的意识与能力。因为社区矫正过程终究有结束的时候，社区矫正社会工作者不可能包办代替矫正对象一辈子。社区矫正的工作成果最终要以是否重建服务对象的社会功能作为衡量标准。

## 本章小结

矫正社会工作产生于美、英等西方国家，近年来在我国一些城市和地区有长足的发展。它是指社会工作实施于矫正体系中，是专业人员或志愿者，在社会工作专业价值观指引下，运用社会工作的理论、知识、方法和技术，为罪犯（或具有犯罪危险性的人员）及其家人，在审判、监禁、社区矫正或刑释期间，提供思想教育、心理辅导、行为纠正、信息咨询、就业培训、生活照顾以及社会环境改善等方面的服务，使罪犯消除犯罪心理结构，修正行为模式，适应社会生活的一种福利服务活动。

矫正社会工作以人道主义为哲学基础，吸收心理学、社会学、法学等学科的先进理论和方法，形成具有自身独特价值理念和理论、方法的社会工作实务领域，在审判、监禁、社区矫正以及刑释等各个环节中为罪犯提供专业的服务，可以起到促进罪犯改善和优化社会环境的作用。

目前，矫正社会工作在我国最主要的适用领域是社区矫正。

# 第九章　优抚安置社会工作

优抚安置是以对中国革命、建设和改革作出牺牲、贡献的军人军属和退役军人为主要对象进行的优待、抚恤和安置等工作，它伴随国家和军队的产生而产生，随着经济和社会的发展而发展，关系军队稳定和社会大局稳定，历来受到党和国家的高度重视。党的十八大以来，以习近平同志为核心的党中央从实现强国梦、强军梦的战略高度，立足国际战略格局和国家安全形势的深刻变化，将优抚安置工作同建设巩固国防和强大人民军队一体谋划和推进。党的十九大报告聚焦加强社会保障体系，提出完善优抚安置制度；立足富国强军相统一，要求“组建退役军人管理保障机构，维护军人军属合法权益，让军人成为全社会尊崇的职业”。2018 年 3 月 17 日，第十三届全国人民代表大会第一次会议批准国务院机构改革方案，方案提出，将民政部的退役军人优抚安置职责、人力资源和社会保障部的军官转业安置职责，以及中央军委政治工作部、后勤保障部有关职责整合，组建退役军人事务部，作为国务院组成部门。围绕职能转变，退役军人事务部职能配置和内设机构规定“退役军人事务部应加强退役军人思想政治工作和服务保障体系建设，建立健全集中统一、职责清晰的退役军人管理保障体制，协调各方力量更好为军人军属服务，维护军人军属合法权益，让军人成为全社会尊崇的职业，褒扬彰显退役军人为党、国家和人民牺牲奉献的精神风范和价值导向，更好地为增强部队战斗力和凝聚力做好组织保障”。地方人民政府根据相应的机构改革方案，组建退役军人事务部门。涉及军人军属和退役军人的优抚安置工作，统一转隶至退役军人事务部门。退役军人事务部门组建以来，围绕让军人成为全社会尊崇的职业、让退役军人成为全社会尊重的人，完善政策，健全机制，狠抓落实，军人军属、退役军人和其他优抚对象的获得感、幸福感、荣誉感持续提升。党的二十大报告对“加强军人军属荣誉激励和权益保障，做好退役军人服务保障工作。巩固发展军政军民团结”又作出专门战略部署。

本章主要明确了优抚安置社会工作的含义、特点，厘清了优抚安置社会工作服务对象的需要、问题，阐述了不同服务载体当中优抚安置社会工作的主要内容，介绍了优抚安置社会工作者需要掌握的一些独特方法和介入重点。

# 第一节　优抚安置社会工作概述

## 一、相关概念界定

### (一) 优抚安置工作的界定

优抚安置是国家和社会依据法定形式对现役军人、退役军人及其家属提供优待、抚恤和安置，实质是对这部分特殊群体所作贡献的一项补偿性社会保障制度。

1. 优待

优待一般是指国家、社会对优抚对象在政治上、经济上给予优先、优厚待遇的制度。优抚安置工作中的优待主要是指对军人、家属、退役军人等对象，在经济、政治、社会等方面给予物质照顾和优先、优惠待遇，主要包括发放优待金，以及在医疗、交通、参观游览、教育、住房等方面给予优待。

2. 抚恤

抚恤一般是指国家对因公伤残人员、因公死亡以及病故人员家属所采取的一种物质抚慰形式。优抚安置工作中的抚恤主要是指烈士遗属、因公牺牲军人遗属、病故军人遗属、残疾军人等优抚对象给予的精神抚慰和物质照顾待遇，主要包括死亡抚恤和残疾抚恤两类。

3. 安置

安置一般是指对特定对象或生产、生活有困难者的扶持、帮助或就业安排。优抚安置工作中的安置主要是指对退役的军官、军士、义务兵采取退休、转业、逐月领取退役金、复员、自主就业、安排工作、供养等方式妥善安置，主要包括落实政治待遇和生活待遇。

### (二) 军队社会工作的界定

军队社会工作是要运用社会工作的理念、知识和方法对军人、军属和军队社区提供各种福利服务的一种专业社会工作。内容主要包括：对军人及其家属为国家所作的贡献从优补偿，对退役军人的就学、就业、就医等政治待遇和生活待遇实行优待，参与军队与社区合作方案的制订、执行和督导，对军人及其家属进行人文关怀和心理抚慰等。

军队社会工作是一门军事学与社会工作之间的交叉学科，在社会工作门类中发展较晚，它的主要服务场域是军营但不限于军营，地方有关部门和机构也是其服务场域（包括本书的优抚安置社会工作领域）；主要服务对象是军人但不限于军人，军人家属、有关工作人员也是其服务对象（包括优抚安置社会工作领域的工作人员和服务对象）。

军队社会工作与优抚安置社会工作既相互联系又各有侧重，从某种意义上说，类似于上游与下游，但又纵横交错、密不可分。

## 二、优抚安置社会工作的含义及特点

### (一) 优抚安置社会工作的含义

优抚安置社会工作是在优抚安置领域，综合运用社会工作的专业知识、技能和方法，以优抚安置社会工作服务对象及其相关人员和系统为工作对象，协助有需要的优抚安置社会工作服务对象整合社会资源、协调社会关系、预防和解决问题、恢复和改善社会功能，使优抚安置社会工作服务对象有更好的社会适应和福利的活动。

这里的优抚安置领域主要是指退役军人事务管理部门和服务保障机构，具体包括各级退役军人事务部门、退役军人服务中心（站）、优抚医院、光荣院、烈士纪念设施保护单位、军供站、军休服务管理机构等。依托不同的服务载体，优抚安置社会工作主要包括优抚医院社会工作、光荣院社会工作、军转复退军人安置社会工作、军休社会工作、英烈褒扬社会工作和军供社会工作。

### （二）优抚安置社会工作的特点

优抚安置社会工作虽然服务内容繁复，但其共同特点主要包括政治性、特殊性、协调性、有限性。

#### 1. 政治性

（1）直接服务于国防和军队建设。做好优抚安置社会工作，是对我国革命、建设和改革历史的尊重，是进行爱国主义、革命传统教育的生动体现，是国家和社会对共和国有功之臣的褒扬与回报；能够有效解除现役军人的后顾之忧，稳定军心，鼓舞士气；能够鼓励广大适龄青年踊跃参军、报效国家；能够增强全民的国防意识和爱国主义精神，积蓄强大的后备力量，增强民族凝聚力。

（2）直接关系军地稳定。优抚安置社会工作服务对象分布在社会的各个领域，由于身份特殊，在维护军队和社会稳定中有着很强的感召力。因此，做好优抚安置社会工作有利于促进军心稳定和社会安宁。

（3）直接促进社会公平。优抚安置社会工作服务对象有功于国家和人民，但因历史原因等，导致一些优抚安置社会工作服务对象的实际生活水平低于当地平均生活水平。因此，做好优抚安置社会工作是促进社会利益均衡和公平正义的客观需要。

#### 2. 特殊性

（1）服务对象身份特殊。服务对象主要是涉军群体，覆盖范围广、军队情结深，经历特殊、地位特殊、贡献特殊，是“最可爱的人”。

（2）服务对象需求多样。服务对象范围广泛、情况复杂，不同的服务对象需求不一，有的是动态的、需要临时性服务，有的则需要长期照顾。

（3）服务保障环节复杂。如移交一名军队离退休干部，接收安置前，需要经过安置去向审定、落实住房保障、做好思想政治工作、召开“三见面”会、办理移交手续等十几个环节；接收安置后，需要落实政治待遇、生活待遇、医疗保障等几十项服务管理内容。

#### 3. 协调性

（1）协调部门多。优抚安置社会工作关联军、地，牵涉各方，既需要与地方组织、民政、人力社保、财政等多部门联系，又需要与军队政治工作、后勤保障、训练管理、国防动员等多部门相配合。

（2）协调任务重。优抚安置社会工作涉及社会保障各个方面，涵盖就业、教育、住房、医疗、养老、户籍等很多领域，关联各个阶层、行业、年龄层的人群。

4. 有限性

（1）政治任务的市场化。优抚安置工作具有强烈的、直接的政治目的，是国家政治行为的一部分，中央政府负有无限的责任，应当无条件负责。但在市场经济条件下，政府在公共权力领域呈现出收缩状态、在配置资源中的绝对强势地位逐渐削弱，优抚安置工作运行机制日益受制于市场经济规律的制约，市场与非市场之间的张力使得“政治任务的市场化”面临考验。当优抚安置工作的支撑基础依然是计划体制，而操作层面的要求越来越走向市场的时候，各种矛盾就不可避免地以各种形式显现出来，增加了优抚安置工作的难度。

（2）社会工作的辅助性。优抚安置社会工作政策性强、政策的政治意味高，基本是在既定的政策框架体系内运行。尽管社会工作在解决某些棘手问题时可以发挥传统的行政工作、思想政治工作所不能发挥的作用，但社会工作并非万能的。政策到位，社会工作可以把服务做得更好；政策不到位，社会工作只能缓解由政策缺位造成的不满，而不能彻底解决服务对象的问题。

## 三、优抚安置社会工作服务对象的需要及问题

### （一）优抚安置社会工作服务对象的需要

1. 优抚医院社会工作服务对象的需要

（1）优抚医院社会工作服务对象的界定。优抚医院是国家为残疾退役军人和在服役期间患严重慢性病、精神疾病的退役军人等优抚对象提供医疗和供养服务的优抚事业单位，是担负特殊任务的医疗机构，主要包括综合医院、康复医院、精神病医院等，对外统一名称为荣军优抚医院。优抚医院社会工作的服务对象主要包括：①需要常年医疗或者独身一人不便分散供养的一级至四级残疾退役军人；②在服役期间患严重慢性病的残疾退役军人和带病回乡退役军人；③在服役期间患精神疾病，需要住院治疗的退役军人；④短期疗养的优抚对象；⑤主管部门安排收治的其他人员。

（2）优抚医院社会工作服务对象的需要。主要包括：①治疗康复需要。无论是慢性病患者、残疾军人还是精神病患者，身体、心理或精神方面的治疗和康复都是其最迫切的需要。②基本生存需要。由于抚恤补助标准不高，在农村安置的复员退役军人慢性病患者的基本生存需要紧迫。③家庭生活需要。由于生理、心理等诸多方面的原因，多数服务对象没有成家，他们对幸福家庭生活的渴望往往超出一般常人的想象。④社会交往需要。多数服务对象长年累月居住在优抚医院，直至老死。作为社会的一员，他们也非常渴望与他人交往，渴望参与社会活动，渴望被社会接纳。⑤社会尊重需要。部分优抚对象由于对社会主义市场经济的错误理解、国防观念淡化等原因，感觉自己享有的社会尊重不如以前，社会地位有所下降。

2. 光荣院社会工作服务对象的需要

（1）光荣院社会工作服务对象的界定。光荣院是国家集中供养孤老和生活不能自理的抚恤优待对象，并对其实行特殊保障的优抚事业单位。光荣院社会工作的服务对象主要包括：老年、残疾或者未满 16 周岁的烈士遗属、因公牺牲军人遗属、病故军人遗属和进入老年的残疾军人、复员军人、退役军人，无法定赡养人、扶养人、抚养人或者法定赡养人、扶养人、抚养人无赡养、扶养、抚养能力且享受国家定期抚恤补助待遇的集

中供养优抚对象。

（2）光荣院社会工作服务对象的需要。主要包括：①婚姻家庭的需要。幸福美满的家庭生活是所有人追求的目标，孤老优抚对象对美好的婚姻家庭尤为向往，情感方面的需求尤为强烈。②健康维护的需要。老年期是疾病多发期，健康维护是孤老和生活不能自理的优抚对象最为关注和渴望满足的需要。③社会参与的需要。孤老优抚对象非常渴望与他人交往，渴望获得亲情与温暖，渴望发挥自己的作用。④社会尊重的需要。常年相对封闭的机构生活加深了一些孤老和生活不能自理的优抚对象"被社会遗弃了"的感觉，他们非常渴望得到别人的尊敬、重视和赞赏。

3. 军转复退军人安置社会工作服务对象的需要

（1）军转复退军人安置社会工作服务对象的界定。为加快建立健全退役军人服务保障体系，按照全覆盖和五有（有机构、有编制、有人员、有经费、有保障）要求，自2019年，县级以上各级政府建立退役军人服务中心，乡镇（街道）、村（社区）建立退役军人服务站。退役军人服务中心（站）主要承担全面做好就业创业扶持、走访慰问、帮扶解困、信访接待、权益保障等退役军人事务领域服务性、保障性、事务性、延伸性工作，是军转复退军人安置社会工作的有效载体。军转复退军人安置社会工作的服务对象主要包括军队转业干部、复员干部、退役士兵（含军士和义务兵）。按照分类保障的原则，基于官兵的身份类别，结合服现役年限、所作贡献等因素，对这类群体分别采取转业、逐月领取退役金、复员、自主就业、安排工作等方式予以安置。①以转业方式安置的军官，一般应符合以下基本条件：达到平时服现役最高年龄的；受军队编制员额限制不能调整使用的；因身体状况不能坚持军队正常工作但能够适应地方工作的；其他原因需要退出现役作转业安置的。军官转业安置后，由接收安置单位按照国家有关规定保障相应的待遇。②以逐月领取退役金方式安置的退役军官和退役军士。大校以下军官退役时符合下列条件之一的，由本人申请，经审核批准后可以以逐月领取退役金方式安置：担任军官满16年的；担任军士和军官累计满16年的；服役满20年的；直接选拔招录军官、特招入伍军官晋升（授予）少校以上军衔后达龄退役的。军士退役时符合下列条件之一的，由本人申请，经审核批准后可以以逐月领取退役金方式安置：担任军士满16年的；服役满18年的；晋升（授予）四级军士长以上军衔后，在本衔级服役满6年且服役累计满14年的。退役金区分国家法定退休年龄前后两个阶段发放，达到国家法定退休年龄前，按照规定逐月发放退役金；达到国家法定退休年龄后，按照规定享受基本养老金、职业年金等养老保险待遇，并继续保留一定比例退役金发放终身。国家积极扶持、鼓励以逐月领取退役金方式安置的退役军官和退役军士就业创业，更好地在经济社会建设中发挥作用。③复员干部是一个相对特殊的群体，是指符合退出现役条件且本人自愿要求复员或者刑满释放、被开除党籍等不宜安排转业又不具备退休条件的军队干部。④以自主就业方式安置的军士和士兵。服现役不满规定年限选择自主就业的退役军士，领取一次性退役金；服现役满2年的士兵（含提前退出现役），以自主就业方式安置，领取一次性退役金，均可参加由政府组织的职业教育和技能培训。⑤以安排工作方式安置的军士和义务兵。退役义务兵符合下列条件之一的，由政府安排工作：服役期间平时荣获二等功以上奖励或者战时荣获三等功以上奖励；因战致残被评定为5级至8级残疾等级；是烈士子女的。军士退役时以安排工作方式安置，除了符合上述条件之一，还需服现役满 12 年。一般情况下，退役义务兵和军士由安置地县级人民政府进行安置。

（2）军转复退军人安置社会工作服务对象的需要。主要包括：①就业创业权益保障的需要。当前军转复退军人的需要聚焦在就业创业方面。随着与军转复退军人安置密切相关的各项改革逐步深入，政府可控安置就业创业的空间越来越小、渠道越来越窄，造成了军转复退军人在岗时间越来越短、安置后的上岗率越来越低、上岗后的福利待遇保障越来越难。②社会再适应的心理调适需要。大部分服务对象处于军地转化的过渡期，普遍感到社会再适应的压力，存在诸如焦虑、愤怒、抑郁一类的不良情绪。

4. 军休社会工作服务对象的需要

（1）军休社会工作服务对象的界定。军休服务管理机构是服务和管理军休干部的专设机构，包括军休服务管理中心、军休所、军休服务站等，承担军休干部服务管理具体工作。军休社会工作的服务对象主要包括移交政府安置的由军休服务管理机构服务管理的中国人民解放军和中国人民武装警察部队离休退休干部和退休军士（以下简称军休干部），具体包括：①抗日战争时期入伍的营职以下军队离休干部；②解放战争时期入伍的团职以下军队离休干部；③中华人民共和国成立后入伍的师职以下军队退休干部；④军队退休军士。军官退休主要情况有：担任师级以上职务且达到服现役最高年龄，或者军龄满 30 年或者年满 50 周岁，本人申请退休的军官；军龄满 30 年或者年满 50 周岁的团职以下军官；未达到退休年龄，因公致残和因病经医院证明基本丧失工作能力的军官；接近服现役最高年龄的师职以上军官，不宜继续服现役，且不宜转业到地方工作的。中级以上军士符合下列条件之一的，以退休方式安置：年满 55 周岁；服现役满 30 年；因战、因公致残，被评定为 1 级至 6 级残疾等级；经军队医院证明和军级以上单位卫生部门审核确认因病基本丧失工作能力。以退休方式安置的军官和军士，由安置地政府按照国家保障与社会化服务相结合的方式，做好服务管理工作，保障其待遇。移交政府安置的军队无军籍离休干部和无军籍退休退职职工实行分散安置，由各地街道、乡镇服务管理，故应纳入社区社会工作服务范畴，未在本章阐述之列。

（2）军休社会工作服务对象的需要。主要包括：①军队情结的需要。军休干部是一个相对特殊的社会群体，具有明显的排他性。离退休前他们都是在军队服役几十年的军人，离退休后其身心不可避免地留有军队情怀，习惯于几十年军旅生涯所形成的“供给制”思维特点和“制式化”行为规范，具有鲜明的政治倾向性、特殊的荣誉自豪感、较强的社会参与性和组织依赖性。②社会尊重的需要。军休干部是一个政治上相对强势、生活上相对优势的群体，离退休后更渴望得到社会的尊重。③健康维护的需要。多数军休干部患有不同程度的疾病，对医疗保障需求高。④多元养老的需要。军休干部群体中，空巢老人多，独居老人不少，对家庭养老、居家社区养老和机构养老的需求不断增强。⑤社会参与的需要。军休干部具有丰厚的政治优势、经验优势、威望优势、专业优势，社会参与意识强。

### （二）优抚安置社会工作服务对象的问题

1. 优抚医院社会工作服务对象的问题

（1）生活适应困难，缺乏病理常识和自理、护理知识。住院伤病残军人大部分为高位截瘫和卧床等重残人员，生活半自理甚至完全不能自理，日常生活完全需要护理人员的帮助才能完成。

（2）心理障碍严重，难以接受伤病残导致的障碍。服务对象大多长期生活在相对隔绝的环境下，性格比较孤僻，人际沟通和日常生活规范存在某些障碍，往往有着强烈的被遗弃感，自尊心非常脆弱。

（3）生活保障问题。相关政策的调整相对滞后，导致部分服务对象出现了生活困难等问题。

（4）家庭婚姻障碍，生儿育女困难。服务对象大多没有家庭，一些服务对象结婚后离婚率很高，但他们也有结婚成家、生儿育女的需要。

（5）社会隔离问题。服务对象大多缺乏社交网络，身心非常孤单。

2. 光荣院社会工作服务对象的问题

（1）心理失衡。有的服务对象比较“独”、孤僻、不合群，有的觉得现在的待遇与既往的贡献不相符，有的觉得现在的生活不是年轻时憧憬的，尤其是与同辈群体相比，有很强的失落感。

（2）社会地位下降。由于长期的和平环境，人们的国防意识、拥军观念有所淡化，服务对象社会地位有所下降。

（3）社会隔离。对孤老优抚对象多实行相对封闭的机构式照顾，导致其与外界接触较少。

（4）老年慢性病增加与生活质量受损。服务对象尤其是高龄服务对象往往受到多种慢性疾病的折磨。

（5）老化问题。在变老的过程中每个人的身心系统都会有某些改变，诸如嗅觉或味觉的变化是慢慢发生的，个人几乎注意不到。而另外一些类似记忆力严重衰退的变化，则会给服务对象的日常功能带来重大挑战。

3. 军转复退军人安置社会工作服务对象的问题

（1）就业创业难。近年来，军转复退军人就业创业形势日趋严峻，供需不平衡问题突出，就业创业能力不足，扶持力度不够，服务体系不健全等问题不同程度存在，现实的就业创业状况与服务对象的择业标准往往存在很大差异，有的军转干部职务职级安排难以落实，有的复退军人长期得不到妥善安置。

（2）隐性失业。随着社会主义市场经济体制改革的推进，20 世纪八九十年代安排到企业的军转复退军人已有相当一部分失业，他们的生活来源已无承担主体。另有一些军转复退军人还不同程度地存在着隐性失业现象，少数被安置的军转复退军人的工资、保险、福利待遇无法得到有效保障。

（3）延迟上岗。一些部门和单位在接收安置军转复退军人问题上存在推诿、扯皮现象，有的甚至故意拖延上岗时间，使部分军转复退军人不能及时上岗就业。

4. 军休社会工作服务对象的问题

（1）角色失调。军休干部移交政府安置是使其重新回归社会，实际上是一个由在职到离职、由军队到地方、由军人到老百姓的社会角色转变过程和“再社会化”过程。对于戎马一生的军休干部来说，军转民的手续可以在短时间里办结，但根深蒂固的军队情结深深影响着他们的休养生活，他们有意无意地“抗拒”“延缓”着这种“再社会化”，呈现出一定的角色失调。

（2）心理失衡。随着社会地位发生的相对变动，尽管军休干部基本生活无忧，但他们将自己的利益得失与军队和地方管理的离退休干部等同辈群体进行对比时依然会有强烈的相对剥夺感。

（3）行为失范。随着社会转型、体制转轨的加速，既往重视国家利益、强调服从的意识逐步改变，一些军休干部越来越看重自身因为从军而遭受的各种损失和超过一般民众的特殊贡献，自我实现、经济利益日益代替“国家”赋予的价值观，要求“补偿”的呼声越来越高。尤其是近几年，一些军休干部的思想日趋活跃，维权意识日趋强烈，诉求呈现多元化、群体化的倾向，采取的行为方式日趋直接。

## 第二节 优抚安置社会工作的主要内容

### 一、优抚医院社会工作的内容

优抚医院社会工作属于医务社会工作的范畴，是指社会工作者将社会工作的知识、技术、态度及价值应用于优抚医院工作当中，从生理-心理-社会层面评估并处理服务对象的问题，以医疗团队一员的身份共同协助服务对象及其家属排除医疗过程中的障碍，尤其侧重对于服务对象因社会或环境紧张而导致的社会功能缺失和社会关系失败的干预，以使服务对象早日痊愈、达到身心平衡，并使其因伤病残而产生的各种社会问题得以妥善解决。

#### （一）总体内容

1. 协助处置服务对象及其家庭的问题

（1）参与入院时的评估，疏导服务对象因伤病残而引起的心理及情绪方面的问题。

（2）协助处理不良的家庭关系，促进服务对象与家庭沟通，加强互相支持。

（3）增强对病情或医疗程序的了解与适应，可联合医护人员，采取讲座方式，对有关伤病残引起的心理、生理、社会影响开展宣传教育。

（4）手术或特别治疗之前及之后的心理辅导。

（5）纠正服务对象不当的行为，复员退役军人慢性病患者短期重复住院率高或不愿出院的问题。

（6）增进服务对象与医护人员的沟通，建立适当关系。

（7）对遭遇紧急或突发事件的服务对象进行危机介入。

2. 协助增强服务对象对医院环境的适应

（1）解释医院的有关规定。

（2）帮助服务对象善于运用医院的设施，充分利用医院提供的医疗、康复服务，尽量预防伤病残的加重和复发。

3. 协助处理服务对象与医疗系统的关系

（1）提供相关的医疗资讯。

（2）协助及联络医疗团队的各专业同人，为服务对象提供生理、心理方面的全面性诊疗。

（3）协助服务对象及其家庭运用有关的社会资源。

（4）提供相关的医疗及福利的电话咨询。

（5）个案处理及转介。

（6）疏导医疗纠纷，妥善处理服务对象及其家属的投诉，进行相关的医务纠纷调解，营造良好的就医环境，构建和谐的医患关系。

4. 出院及跟进服务

（1）与医护人员一起商讨病情，做好出院评估、制订离院计划，尤其是要做好离院前的适应性方面工作。

（2）教导家庭照顾服务对象，提供辅助器具安装相关资讯。

（3）协助家庭与服务对象一起设计跟进及检讨方案。

（4）运用居家照顾及社会康复护理等服务。

5. 其他方面

（1）研究工作，提供医院管理和发展方面的政策建议。

（2）检讨优抚医院社会工作的运作过程。

（3）评估服务设施的使用情况。

（4）发展教育、支援、自助及治疗等个案、小组、社区服务，为服务对象提供更多与他人及外界接触的机会。

（5）协调及促进医疗团队成员的支援网络，加强员工的心理辅导及沟通技巧方面的知识培训，帮助他们增强与服务对象及其家庭进行沟通及辅导的能力。

（6）参与社区健康计划的有关活动。

（7）对工作人员和志愿者的服务进行专业方面的推进和督导。

（8）参与医院内有关活动的策划。活动要符合服务对象的能力和特殊需要。

（9）协调社会资源，整合社会网络，鼓励社会参与，提高社会地位。

### （二）特别内容

综合医院社会工作主要包括常规社会工作服务，如协助慢性病患者形成良好的应对慢性病和失能的生活方式，协助其融入社会环境，辨别和安排社会资源以协助患者离开医院或入住其他机构。

康复医院社会工作与康复社会工作（或残疾人社会工作）紧密相关，如协助退役残疾军人充分发挥其应有的潜能，克服环境障碍，以改善其社会生活适应功能。

精神病医院社会工作属于精神病理社会工作（或心理卫生社会工作），它是最深入的社会工作治疗的一种，同时也部分从事环境的调适服务工作，主要包括心理治疗和个案管理。

## 二、光荣院社会工作的内容

光荣院社会工作属于老年社会工作的范畴，是指社会工作者运用社会工作的专业知识，以孤老和生活不能自理的优抚对象及相关人员和系统为工作对象，帮助孤老和生活不能自理的优抚对象改善社会功能、提高生活质量，使孤老和生活不能自理的优抚对象有更好的社会适应和福利的活动。

### （一）主要内容

（1）做好服务对象入住前的评估和准备工作。

（2）协助服务对象适应光荣院的新生活，发展积极的人际关系。

（3）为服务对象提供个案心理辅导，如运用怀旧、生命回顾等技巧，帮助服务对象重塑自我、找回生命的意义。

（4）通过策划、组织一些简单易学的活动，增进服务对象群体之间的交流，促进互帮互助。

（5）协助服务对象提高自我管理和自我服务的能力，充分发挥其个人的潜能。

（6）鼓励服务对象参与力所能及的机构活动。

（7）引导服务对象正确看待死亡，减少焦虑感和恐惧感。

（8）利用社区或社会资源为服务对象提供服务。

（9）推动志愿服务并对志愿服务进行督导。

（10）促进光荣院专业服务的发展和专业质量的提高。

（11）影响社会及环境的决策。

（12）其他。

由于光荣院存在自然减员，符合享受集中供养条件的优抚对象不断减少。为充分利用现有的基础设施、设备和人员，有些光荣院开始探索扩大服务对象范围，因此，如何推进孤老优抚对象与其他服务对象的融合成为社会工作者面临的一个新课题。

### （二）特别内容

#### 1. 疏于照顾问题

光荣院中最常发生 3 种隐蔽性疏于照顾问题。

（1）服务对象丧失基本日常活动的选择权。如强迫服务对象按机构的需要而不是个人的需要进餐、洗澡和就寝。

（2）隔离。有攻击性的服务对象受到排斥，不能参加社会或娱乐性活动，因为他们的行为不符合群体活动的标准。棘手的服务对象不是被吸纳小组中参加时事小组或娱乐小组的活动，而是可能被罚，待在自己的房间里或者被推到电视机前。

（3）“贴标签”。某个服务对象被认为是“刺儿头”后，工作人员就不会尽力了解为什么这个人跟别人作对或有攻击性，不会尝试解决这一难题。如果服务对象被视为“老好人”，工作人员可能会认为他的棘手行为是不正常的，会跟别的服务对象一起想办法做些什么来消除这样的行为。这种区别对待既加重了服务对象的行为问题，也强化了机构用强硬措施或隔离方法对付服务对象的问题。社会工作者的角色是对服务对象疏于照顾的迹象保持警惕，运用自己的专业知识和训练识别可能会遇到这一问题的高风险服务对象，充当“代言人”，给行政管理人员提供建议。这里需要强调的是，在筹划避免服务对象受伤害的干预策略时，做服务对象和工作人员双方的工作十分重要。给予双方情感上的支持，介绍支持性服务缓解工作人员承受的负担，以及在环境上作些调整，都是重要的步骤，可以解决造成疏于照顾的起因。

#### 2. 药物滥用与药物依赖问题的解决和预防

在光荣院，不少服务对象有多拿药、藏药、“比着吃药”的现象。服务对象的药物滥用和药物依赖分为两类，第一类是服用违禁药物，第二类是滥用处方药，最常见的是后一种。服务对象滥用药物的情况大多发生在治疗抑郁症、焦虑症、慢性病引起的病痛和失眠症的时候。针对这些病痛所开的抗抑郁类药物、镇静剂、镇痛剂和安眠药属于精神调节类药物，对中枢神经系统有直接的化学作用，会改变人们的情绪状态或感觉状态。这类药物中，某些能造成生理上切实的药物依赖，另一些会造成心理上的依赖。持续服用或误用这些药物会导致服务对象与药物间形成不健康的关系。依赖处方药是一个隐性过程。对此，社会工作者要发挥重要作用，把检查服务对象的服药情况纳入评估工作，使之成为固定工作的一部分。同时，要与医护人员携手工作，教育服务对象，防止因不当用药造成致命后果。

3. 性与亲密关系

不管身心健康状况如何，性与亲密关系都是人们心理社会功能的一个重要组成部分。身体患病或缺少伴侣可能会改变性表达的方式，但是亲密关系和与他人保持联系的需要在整个生命周期中都是至关重要的。由于孤老优抚对象的特殊性，光荣院的工作人员倾向于避免与他们讨论性和亲密关系。如何敏锐地察觉和体恤老人在性和亲密关系方面的需要，对社会工作者来说是一个特殊的挑战。社会工作者应该组织尽可能多的社交联谊活动，以满足老人对归属与爱的需要。当他们成家的需要不太现实或不可能时，工作人员和朋友可以通过拥抱给老人更多身体上的关爱，满足老人对情感的需要。

## 三、军转复退军人安置社会工作的内容

军转复退军人安置社会工作是指社会工作者将社会工作的知识、技巧、态度以及价值观应用于军转复退军人安置工作中，协助面临人生重大转折的军转复退军人实现角色的转变，使其更好地适应环境，顺利地度过军地转轨、事业转型、人生转折的关键时期，做到妥善安置、合理使用、人尽其才、各得其所。

### （一）主要内容

（1）协助服务对象适应新工作和新生活，顺利度过军地转化的过渡期。

（2）协助服务对象充分利用和发掘自身和外部的正式和非正式社会支持网络，为他们更快融入社会、更好发挥作用创造条件。

（3）加强协调沟通，推进完善党委集中统一领导、退役军人事务部门牵头协调、相关部门支持配合、社会力量有序参与的安置格局。

（4）协助做好思想政治和信访接待工作，倾听心声、舒缓情绪、提供慰藉，维护合法权益。

（5）协助搭建信息咨询平台，为服务对象就业创业铺路搭桥。

（6）积极推进社会政策的良性改变。

### （二）特别内容

人的一生是一个不断适应环境的过程，军转复退军人在个体的生命历程中经历了与其他社会成员极为不同的组织化经历，这种组织化的烙印不仅锻造了这些个体独特的人生特质，也影响着他们“再适应”社会的心路历程。军转复退军人在既往的军营生活中形塑了相对固定的工作、生活和人际交往模式，但由军营到地方，已有的定式发生了变化，在截然不同的新环境中，如何尽快地适应角色转变、能力转换，开启新的生活和工作，是军转复退军人面临的难题，也是社会工作介入的重点。

## 四、军休社会工作的内容

军休社会工作是指在接收安置和服务管理领域，运用社会工作的专业知识、技巧、态度及价值观，以移交政府安置的军休干部及相关人员和系统为工作对象，以影响军休干部发挥正常角色功能的生理、心理、社会因素为切入点，帮助改善军休干部的社会功能、提高其生活质量，使军休干部有更好的社会适应和福祉。

### （一）主要内容

#### 1. 接收安置前

（1）收集、分析列入交接计划的军休干部的相关资料，做好待移交军休干部需求的预评估和问题的预诊断。

（2）协助待移交军休干部了解移交地方后的相关政策。

#### 2. 接收安置中

（1）协调移交部队解决遗留问题，配合做好交接过程中军休干部的思想工作。

（2）审核军休干部档案时，及时发现可能存在的问题，做好评估和诊断。

（3）利用上门“家访”机会开展有针对性的个案工作。

（4）利用部队移交单位、军休服务管理机构、军休干部三方见面的机会，做好群体性的政策解答和心理疏导。

（5）协调相关部门为军休干部办理医疗、落户、组织关系、档案移交等方面的手续。

#### 3. 接收安置后

主要是提供服务管理：

（1）积极引导军休干部进行“平民化”角色转换，做好心理补偿和精神慰藉，帮助其适应移交安置后的新生活，发展新的人际关系，促进其融入社区和社会，提高幸福指数。

（2）协助有关部门落实军休干部的政治待遇和生活待遇，依法维护军休干部的合法权益，在政策规定范围内实现军休干部利益最大化，实现“老有所养”。

（3）协助策划、组织形式多样的文体活动，积极培育自发性文体组织，丰富精神文化生活，实现“老有所乐”。

（4）协助做好军休干部医疗保障工作，实现“老有所医”。

（5）协助推进军休社区建设，整合链接资源，拓展服务内容，拓宽服务领域，推进服务管理社会化，便捷军休干部居家生活。

（6）协助军休干部发挥自身综合优势，使其力所能及发挥余热，实现“老有所教”“老有所为”。同时协助推进军休老年大学建设，满足军休干部终身学习需求，实现“老有所学”。

（7）做好高危军休干部的临终关怀，引导其正确面对生命的终点。

（8）培训工作人员，促进专业服务的发展和服务质量的提高；协助做好工作人员的情绪疏导和压力释放工作。

（9）推动志愿服务，训练、组织、督导志愿者。

（10）协助促进社会政策的良性改变，推进军休干部同步享受地方离退休干部待遇和经济社会发展成果，推进实现服务标准化、管理规范化、保障一体化。

### （二）主要功能

军休社会工作主要是协助军休干部实现角色的转变，减少对生活和环境的负面感受，顺利度过军地转化的过渡期；促进军休干部充分发掘和利用资源，更好地发挥其社会功能，建立并发展积极的社会关系，实现“六个老有”（老有所养、老有所医、老有所教、老有所为、老有所学、老有所乐）的目标；促进社会政策的良性改变，推进接收安置工作稳步发展，促进服务管理水平整体提高。

## 五、英烈褒扬社会工作的内容

英雄烈士是民族的脊梁、时代的先锋，英烈事迹和精神是中华民族的共同历史记忆和宝贵精神财富，是激励全党全国各族人民不懈奋斗的力量源泉。各级人民政府应当确定烈士纪念设施保护单位，依法保护和管理按国家有关规定修建的烈士陵园、烈士墓、烈士骨灰堂、烈士英名墙、纪念堂馆、纪念碑亭、纪念塔祠、纪念塑像、纪念广场等烈士纪念设施。英烈褒扬社会工作是指在英烈褒扬事务领域，社会工作者运用社会工作的专业理论、方法和技巧，推行与参观凭吊人群、烈士遗属、工作人员和系统有关的社会政策或措施，大力弘扬英烈精神、赓续红色血脉的工作过程。

### （一）主要内容

（1）引导讲解员和参观群众，加强红色阵地宣传，开展群体性的心理辅导。

（2）策划针对性宣传纪念活动，宣传弘扬英烈事迹和精神、继承革命传统，传承红色基因。

（3）协助烈士遗物、史料的收集，挖掘红色资源。

（4）协调烈属与陵园的纠纷，做烈属的暖心人。

（5）协助做好前来祭扫的烈属及亲朋的精神抚慰工作，加强人文关怀，协助解决实际困难。

（6）协助完善解说词，针对不同人群凸显不同的宣传教育重点。

（7）协助为烈士寻亲，引导社会力量为烈属送温暖献爱心，推动志愿服务并进行督导。

（8）推动优待烈属等相关政策完善，协助做好宣传解释。

### （二）主要功能

英烈褒扬社会工作主要是运用社会工作的专业知识，协助烈属做好悲伤辅导和心理疏导；倡导完善相关政策，协调落实相关待遇，舒缓相关矛盾纠纷；策划有针对性的社会宣传，讲好党的故事、革命的故事、英烈的故事，扩大社会影响，营造崇尚英烈、缅怀英烈、学习英烈、捍卫英烈、关爱烈属的浓厚氛围。

## 六、军供社会工作的内容

军供站是人民政府支援过往部队的组织机构和战备设施，主要任务是保障成批过往的部队、入伍的新兵、退役的老兵和支前民兵、民工等在运输途中的饮食饮水的供应及军运马匹的草料和饮水的供应。军供社会工作主要是指社会工作者将社会工作的知识、技术、态度与价值应用于军供保障工作当中，从生理-心理-社会层面评估并处理服务对象及相关系统的问题，尤其是关注服务对象因角色转变或环境紧张而导致的社会功能缺失，协助服务对象达到身心平衡，促进服务对象与环境相互协调和适应。

(一) 主要内容

(1) 及时发现过往部队人员存在的生理、心理问题，配合部队做好预防、解决和转介。

(2) 动员社会力量，整合社会资源，完成好军供保障任务。

(3) 协调组建工作人员支援网络，加强工作人员的心理辅导及沟通技巧，协助工作人员进行压力释放、情绪疏导和问题解决。

(4) 开展研究工作，提供军供站管理和发展方面的政策建议。

(二) 主要功能

军供社会工作主要是运用社会工作的专业知识、方法和技巧，及时发现、预防、舒缓和解决过往部队以及军供保障单位内部职工的社会问题；协调社会关系、整合社会资源，落实好军供保障任务。

## 第三节 优抚安置社会工作的主要方法

优抚安置工作与社会工作之间有着天生的亲缘性。社会工作的方法在优抚安置领域有非常广阔的应用空间，不同的优抚安置社会工作服务人群又有着不同的切入点和着重点。

### 一、认知和情绪问题的处理

**案例 9-1**

李老，1933 年出生，1950 年入伍，1952 年入党。1951 年参加抗美援朝作战，服役期间立一等功一次、三等功两次。1990 年退休，2000 年安置在某地方军休所。李老的老伴是地方退休干部，两人育有一儿一女，均不在二老身边，平时主要靠电话联系。尽管夫妇俩均患有多种老年常见病，但对于子女找个保姆的建议，两人均不愿接受。自从移交地方安置以来，李老一直闷闷不乐，心里的“结”很难解开，觉得自己为部队工作了大半辈子，老了没用了，被当作“包袱”“扔”了出来，有一种强烈的被抛弃感和失落感。平时，李老很少下楼，状态好的时候就翻翻泛黄的老照片、看看珍藏的军功章，沉浸在曾经的辉煌岁月中；状态不好的时候，一个人躺在床上絮絮叨叨、自言自语，强调“自己生是部队的人、死是部队的鬼”，抱怨自己曾经的手下由“兵小鬼混成了军级干部”，留在了部队干休所……

(一) 相关理论简介

1. 社会角色理论

该理论认为，社会角色就是社会结构中与某一特定位置相关的期望和行为的集合。每个人一生中都会扮演很多不同的角色，如何看待自身角色身份，影响着人们如何应对自身改变、如何在社会关系矩阵中为自己定位。角色理论经常被用于社会工作的评估和干预中。

2. 认知行为理论

该理论借用社会学习理论的 3 个要素（前置事件、目标行为、结果）来认识和改变人的行为；将认知用于行为修正上，强调认知在解决问题过程中的重要性及内在认知与外在环境之间的互动。在社会工作实务中，最具代表性的是理性情绪行为疗法。

3. 社会融合理论

该理论认为，社会融合的心理建构起源于个体的认同。认同包含社会认同与自我认同，前者是指个体或者群体对社会现象、文化、自我的认识以及在这些认识的基础上把自己归入一个群体，并对所属群体产生认同的过程；后者则是指个体根据自己的经历和经验所反思的自我，内化为一种自我反思而形成的自我认同，两者是一个相互作用的过程。

（二）介入重点

1. 基于角色分析的认知行为治疗模式

分析案例 9-1，从角色理论视角出发，对军休干部李老的社会工作评估主要包括：首先，评估主要社会功能的角色完成情况。军休干部移交地方政府安置的设计旨在推进“军转民”、军队后勤保障社会化，理论上，李老和地方上退休老人本无两样；实际上，李老对普通老百姓的角色身份不认可，角色转换未完成。其次，评估多重角色的影响。由在职到离职、由军队到地方、由军人到百姓，在实现角色转换的过程中，由于心理、行为上的惯性，李老很难适应新的角色模式要求，有意无意抗拒着“被社会化”。最后，评估角色完成不足造成的后果。一方面，对新角色认识不清，表现在实施角色行为时仍遵从旧角色模式的规范，造成角色失调；另一方面，由于相关政策法规的不完善，新角色模式的行为规范缺乏足够的约束力，容易导致心理失衡、行为失范。

对个人身份地位的敏感、焦虑、紧张、失落与无奈是包括李老在内的军休干部群体比较普遍的心态特征，强烈的怀旧感、被冷落感是大多数军休干部的心理感受，他们往往将自己的不良情绪归结于环境事件——由军队到地方，认为军队把他们当成了“包袱”，普遍“带着情绪生活”。运用认知行为理论的视角可以帮助李老识别导致情绪不适和问题行为的有缺陷的思维模式，促进其适应角色转变。

根据理性情绪行为疗法 ABCDE 理论（如图 9-1 所示），对于李老来说：第一，A（Activating Events）是指由现职到离职、由军队到地方、由军人到老百姓的转变这个先导事件；第二，B（Beliefs）是指李老对这一事件的非理性信念，即产生“被部队抛弃了”的想法；第三，C（Consequences）是指李老情绪和行为反应的结果，即不合理、消极地对待角色转变，心理上闷闷不乐、行为上“宅”在家里；第四，D（Disputing）是指用合理的信念驳斥不合理信念的过程，借以改变李老原有的信念；第五，E（Effect）是指驳斥成功，使李老在认知、情绪和行动上有所改善。

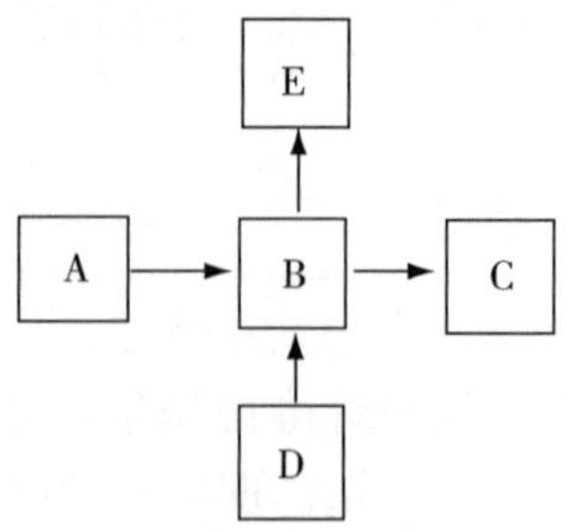


**图 9-1 艾利斯的 ABCDE 理论关系图**

在治疗过程中，社会工作者充当引导者的角色，其实质是要引导服务对象树立一种豁达的人生态度。可按如下步骤实施：一是情境分析。情境分析的过程也是预估的过程，旨在让李老明白，不是个人遭遇的事件而是个人的非理性信念造成了情绪和行为上的困扰，以及如何通过认知改变来改善情绪和行为。二是认知干预。军休干部移交政府安置是党中央、国务院、中央军委的重大决策，符合国家大政方针，有明确政策依据，李老一般不会明确对此表达异议，往往通过其他事件表现出来。在问题探索阶段，要帮助李老探查隐藏在情绪困扰后面的“自语”，要激励李老反省自己在感到焦虑和抑郁时絮絮叨叨“说”了些什么，认识非理性信念所在。三是认知重建。可以运用认知技术帮助李老质疑非理性信念和思维，认识其对当前和今后生活的影响，进而放弃不合理信念。四是行为改变。引导李老对军队到地方这个环境事件作出适宜的理性反应，使其接受组织安排的现实，树立积极健康的生活观，积极参与社会，提高生活质量。

2. 基于多层面分析的社会融合模式

在处理认知和情绪问题的同时，还要积极推进军民融合、军地融合，多视角、多层面协助军休干部建构幸福晚年。

（1）基于微观层面，推进军休老人与社会老人融合。社会工作者可以协助军休干部：①加强“自我反思”、提升“自我认同”，认识老龄化的过程，适应晚年生活，完成“自我整合”。②适应移交地方后的新生活，减少对生活和环境的负面感受，发展新的人际关系，树立积极健康的休养观。③构建社会支持系统，发挥家庭、邻里、社区等支持网络优势，协助军休干部走出自我、走出庭院，融入社区、融入社会。

（2）基于中观层面，推进军休社区与住地社区融合。社会工作者可以：①协助军休干部发挥综合优势，力所能及地服务社会，与住地周边院校的学生和单位员工分享革命光荣传统，提升“社会认同”。②可以发挥资源链接优势，借助社区服务网络体系，引进社会服务资源，拓宽服务领域，丰富服务内容，提高服务水平，推进军休干部同等同步享受地方惠民政策及国家经济发展和社会进步成果，提升“自我认同”。

（3）基于宏观层面，推进军队保障与地方保障融合。社会工作者可以发挥政策倡导优势：①推进军地管理体制“一体化”，突破军队和地方各自分管一部分军休干部的二元体制，加快建立起军地一体、上下联动、关系顺畅、责任明晰的管理体制。②推进军地政策体系“一体化”，加大政策评估、政策调整和政策创制力度，推进建立与经济社会发展相衔接、与国防和军队建设相适应、与法律规范相协调、与优良传统相承接的军休干部安置管理工作政策法规体系。③推进军地社会保障“一体化”，推动军队管理的军休干部和移交政府安置的军休干部之间、不同时间移交政府安置的军休干部之间、移交政府安置的军休干部与地方同职级离退休干部之间利益均等，推动军休干部安置保障与国家社会保障接轨，实现军地社会保障“无缝衔接”。

## 二、临终关怀与哀伤辅导

**案例 9-2**

除夕夜，躺在床上的赵老正在收看文艺晚会，电视里一曲《常回家看看》深深地刺痛了老人的心，“家都没有了，还回什么家，看什么看?”独身一人的赵老已年逾九十，抗战时期入伍，1990 年入住光荣院，有两个侄子在农村，但家境困窘难以提供日常照顾，平时很少联系。赵老因中风导致行动不便已卧床两年，视力、听力的退化让他失去安全感。近期赵老越来越虚弱，自己感觉“人生的大限”就要到了，内心非常沮丧、焦虑、无助和恐惧。虽然工作人员对他关怀备至，但由于不能深切地理解他的感受，因而不能给他提供所需要的支持，而且赵老性格内向，不愿与人交流，常常自我回忆战火纷飞的年代，情绪困扰日益严重。目前，这所光荣院里住着 40 多位孤老，清一色男性，平均年龄 80 多岁。一般来说，他们会在光荣院里度过人生的最后历程，每每“送走”身边的同伴，这群老人都久久难以平复那份不舍与忧伤。

### （一）相关理论简介

#### 1. 人生回顾

人生回顾是一种通过回顾、评价及重整一生的经历，使人生历程中一些未解决的矛盾得以剖析、重整，帮助个体发现新的生命意义的心理、精神干预措施。人生回顾疗法以完整的个体为中心，强调在关注积极回忆的同时感受消极的经历，重新整合整个人生，以一种平衡的心态评估整个生命的过程，促进其解决过去的矛盾与冲突，从而接纳自己、接纳当下、重建生活的期望。

#### 2. 临终关怀

临终关怀是指向临终服务对象及其家属提供一种积极、全面的照料，以控制疼痛、缓解其他相关生理症状以及解除心理、社会与灵性层面的痛苦为重点，强调通过保守性的治疗和支持性的照顾，尽可能地使服务对象能够有尊严、无痛苦、安宁、舒适地走完人生的最后旅程。同时，通过向临终服务对象亲属提供支持与哀伤辅导，其身心健康得到维护和增强。

### （二）介入重点

#### 1. 精神问题的解决：关于生命的意义

精神要素（对自我的超越、对意义的求索和与他人的联结感）在许多方面是孤老优抚对象面临的主要心理和社会挑战。对于进入老年阶段的孤老优抚对象，其人生的主要任务是实现自我整合、避免自我绝望，核心议题是有能力处理并接受人生中发生的所有事情，把这些人生事件当成是令生命有意义的东西。社会工作者可以运用人生回顾干预措施为赵老提供回顾一生经历的机会，帮助其处理“未了事宜”，找到跟自己及他人和解、获得心灵安宁的方法，从而重新认识生活、接纳自己，达到身、心、灵的和谐。

（1）人生回顾介入的具体步骤

①建立良好的信任关系。本着尊重、接纳、同理、保密的理念，耐心倾听赵老现在的感受、面临的困惑和问题，鼓励他充分表达自己的想法和情绪。

②回顾人生经历。采用逆序回顾干预方式进行人生整合：一是引导赵老珍惜现在的生活，使其真实地活在当下，“学习享受活着”；二是引导赵老找到往事的意义，重温旧时欢乐时光，肯定人生中的积极经历，以曾经的军旅生涯来建构生命的价值；三是引导赵老直面自己的局限，坦然放下、接纳生活中好的一面和不好的一面，接受自己独特的人生；四是引导赵老重新激活疏离的人际关系（如甚少联系的侄子），寻求与自己、与他人的和解；

五是引导赵老“拓展个人爱和同情的圈子”，力所能及地关怀他人、服务社会。

③制作人生回顾手册。社会工作者可将谈话记录整理成册，并通过设置老照片、精彩片段回顾、心灵空间、祝福传递等板块，协助梳理曾经的军旅生涯——“立功”、记录过往人生感悟——“立言”、肯定个人良好品质——“立德”，协助服务对象留下个人精神遗产，帮助传承生命的价值。

（2）在人生回顾的过程中，社会工作者要善于“积极倾听”

①积极倾听的指导原则可以用 SOLER 表示。S（Squarely）：座位与服务对象成直角，采用一种表示参与的相对而坐的位置。O（Open Posture）：采取一种开放的姿势，手臂交叉和腿部交叉表示参与意愿较少或者让他人接近的可能性较小，开放的姿势隐含着社会工作者开放地对待服务对象及其所说的话。L（Lean）：记住身体要不时地向对方倾斜，这是增强社会工作者与服务对象沟通的一种姿势。E（Eye Contact）：保持良好的眼神接触，这是一种表达方式，表示“我和您在一起，我很感兴趣，我想听您要说什么”。R（Relaxed）：尝试保持相对放松，这意味着两件事：一是没有神经质地坐立不安或是露出注意力分散的面部表情；二是很自在地运用自己的身体，作为与人接触和表达的工具。

②积极倾听的具体过程包括 3 个步骤。首先是邀请。借助身体姿势、面部表情和声音，表明正准备听服务对象说话。通常可以用提问题的方式来引导服务对象表达自己，如“最近过得怎样?”其次是聆听。当服务对象回应问话时，社会工作者可以借助观察、鼓励等方式予以接收并回应，通常不要打断服务对象的叙述。此时不仅要仔细倾听服务对象怎样叙述当下的问题，而且要认真倾听他们如何讲述过往的军旅生涯。在聆听的过程中，要允许沉默、倾听沉默，沉默可能是在思考、在回忆、在等待回应，也可能是表达不满。最后是回应。在服务对象倾诉的过程当中，可以用“嗯、对、没错”等语气词予以“口头”跟随，或者以点头、投以关注的眼神、将身体向服务对象稍微倾斜、握住服务对象的手等方式予以“行为”肯定，用“您的意思是……”等简短的复述予以“释义、澄清、面质、反映、概括”。服务对象讲述自己人生经历所用的语言可能有许多精神方面的寄寓，也能借此洞察他们在精神方面深藏的未能解决的冲突，比如详细回忆曾经经历战争的点点滴滴隐含着对战友的深深怀念，一件件展示的军功章和证书隐含着对部队的深深不舍。

### 2. 难以承受的告别：临终关怀与哀伤辅导

死亡并不是突如其来的事，大多数人思考这一问题已有很长时间，但工作人员“一般不碰这个话题”。实际上，直接面对死亡和濒临死亡的现实，是光荣院社会工作不可缺少的一部分。

（1）针对服务对象的临终关怀。本着个别化的原则，提供一对一的服务：①全程陪伴走过最后一程，通过心理疏导、情感支持，协助其处理不良情绪，增强自我整体感、掌控感。②探寻生命的价值，通过生命回顾，协助探究其一生的过程，使其重新体会生命的价值。③开展“死亡教育”，在一个安全的、能接纳服务对象可能会有的多种多样的感受的氛围里谈论死亡，尊重死亡是一个自然现象，它可以降低对死亡的恐惧，使服务对象勇于面对死亡的事实。④加强各层面协调沟通，发挥专业团队作用，整合光荣院、医院、社区、社会等各种资源，在进行一般治疗护理的同时，提供治疗性触摸、按摩、音乐治疗、冥想等补充治疗，最大限度地舒缓临终者的痛苦、满足临终者的需求。⑤处理未完成的事务与愿望，通过谈论希望和未处理的事务，协调沟通亲友，帮助计划临终生活、进行后事交代、制订葬礼计划、筹划人生道别、完成未了心愿，协助实现自我整合。⑥协助做好后事处理，提供相关资讯，代表服务对象及其亲属争取合法权益。

（2）针对朋辈群体的哀伤辅导。根据实际情况，开展小组工作：①在服务对象临终前，组织有相同或相似遭遇的成员进行交流，建立相互支持网络，策划一些处境游戏，给每位成员设身处地的感受机会，让服务对象感觉到并不是只有自己在经历这样的痛苦，在体味彼此内心最深处感觉与需要的同时，分享经验、分担痛苦、相互扶持、减轻孤独、做好准备、积极应对，组员合力让即将离世者“善终”。②在服务对象离世后，可采用理性情绪治疗法，协助同辈群体对“创伤性丧失”作出适当的情绪反应，及时调整不良的情绪困扰，减轻未被解决的哀伤压力造成的潜在影响，协助接受丧失、经历哀痛、处理依附情结、度过哀伤时期、逐渐恢复功能，尽早重新开始正常生活。社会工作者可以采用一些小组工作技巧，如在小组中分享逝者的故事以及死亡时的情景，在小组内分享逝者的照片和生命回顾手册，在小组内留出专门的时间表达失去同伴的感受，学习放松方法和锻炼身体的方法，谈谈他们对死亡和来生的看法。

## 三、危机干预方法

**案例 9-3**

小张，1990 年出生，2010 年入伍。家里有父母和两个姐姐，均在乡务农。2017 年，小张在一次为部队运输军用物资任务途中遭遇暴雨，遮盖车顶保护物资时遭遇高压电，致使其四肢失去了三肢，仅存的右手也只剩下三根手指。2018 年，小张退役，移交政府安置，入住荣军优抚医院，由国家集中供养。入院以来，小张情绪不稳，自我排斥，抵触他人，家人出于经济因素考虑，一直未曾探视。春节临近，小张想回家与亲人过个团圆年。在两名工作人员的护送下，小张回到了久别的村庄，但家人听说小张回来后“怕沾上麻烦”，闭门拒绝小张进屋。回到医院后，年轻的小张思虑后半生不得不在医院的轮椅上孤独度过，顿觉万念俱灰，拒绝治疗康复，开始绝食轻生，后虽经工作人员多番做工作，情绪依旧极度低落。让小张跨越人生的障碍、重新找到生命的意义，就成了优抚医院社会工作的重要任务。

### （一）相关理论简介

#### 1. 人本主义和存在主义理论

人本主义取向的社会工作相信人的理性，认为具有理性的人可以自主地选择行动、控制命运；存在主义取向的社会工作强调个人生命的意义和个人内在的价值，认为包括个人痛苦的经历都是有意义的。两者适用于面对发展危机、有痛苦体验、面对死亡、自觉命运不佳、遭遇生活焦虑的服务对象，对那些处于生活交叉路口、质疑当前生活状况且乐意接受挑战的人效果更佳。

#### 2. 危机干预和任务中心模式

危机干预和任务中心都是结构化的短期模式，强调在有限的时间内为服务对象提供支持性服务，强调处理紧急而非长期问题。前者着眼于调动服务对象的优势、资源和应对机制以克服面临的发展性、意外性或者存在性危机，适用于人格稳定和面临暂时困境或挫折的人，以及家庭、婚姻、儿童问题、蓄意自伤、自杀或意外伤害等情况；后者着眼于解决服务对象的具体问题，主张与个体、家庭、组织和社区共同工作，适用于解决人际冲突、对社会关系感觉不满意、反应性的情感压力以及角色承担、社会转型、资源不足问题。

### （二）介入重点

#### 1. 危机干预模式

危机是指人类个体或群体无法利用现有资源和惯常应对机制加以处理的事件和遭遇，一般包括 3 个相互联系的因素：一是压力性或危险性事件；二是个体对事件的认识；三是个体的应对机制和克服危机的能力。危机并非突如其来，而是一个过程，其焦点在于人们如何对突发性危险事件作出反应。

危机干预是一种短期干预的方法，一般仅持续 1~6 周，旨在通过运用现有的和新发现的优势、资源和应对机制处置挑战、压力或危险事件，目标是帮助个体、家庭和社区返回到平衡稳定状态。针对类似小张这样的服务对象，危机干预主要包括以下相互联系的 7 个阶段。

（1）开展评估。全面评估造成危机的生理—心理—社会因素，关注服务对象的情感—认知—行为反应，了解服务对象能够获取的支持和资源，重点获悉服务对象对自身、他人或社会的伤害史，做好致命性杀伤力评估。值得注意的是，在任何时候，服务对象发生危险需要就医的，应本着生命第一的原则马上联系急救或警方，确保服务对象的安全。

（2）建立关系。对处于危机中尤其是对生活失去信心，可能不会主动求助的服务对象，社会工作者应熟练运用沟通与谈话技巧，主动热情，积极拉近与服务对象的距离，迅速与其建立良好互信的专业关系，协助服务对象敞开心扉。这一阶段，社会工作者应该运用人本主义的视角，保持冷静和平静，对服务对象表现出无条件的积极关注、真诚和同理关怀。

（3）聚焦问题。造成服务对象危机的原因多样、问题多元，社会工作者可以使用开放式的问题让其详细阐述危机问题和突发事件、充分表达人生经历和过往故事。在问题呈现的过程中，社会工作者应将焦点限定在与危机相联系的紧迫性问题上，快速作出危险性判断。

（4）稳定情绪。在梳理问题的同时，要有效稳定服务对象的情绪，帮助其宣泄由危机带来的紧张，协助其远离危险、远离导致自杀等极端行为的情绪反应。在这一阶段，服务对象尤为需要他们的经历、感情和情绪获得认可和支持，社会工作者可以使用积极倾听的技巧，对服务对象予以鼓励性、认可性、反应性的示意。

（5）制订方案。通过询问，着力呈现、辨识、建构服务对象现有的优势、资源和应对技巧，充分发挥服务对象的能动性，与其一起寻求减轻紧急状况和问题的可取之策和应对机制。这里尤其要强调：介入的目的是处理那些与危机有关的问题，而非完全解决所有问题；介入的焦点是以危机的调适和治疗为中心，要瞄准服务对象当前需要，确立现实、有限、具体、可行的目标；介入的关键是帮助服务对象修改其意识中和潜意识中存在的问题，故应与服务对象一起探讨可行性方案、一起订立服务计划，鼓励服务对象自决。

（6）实施计划。在具体实施的过程中，尤其要注重：①输入希望，提供精神支持与宣泄渠道，让迷茫、无助的服务对象重燃对生活的渴望、人生的希望。②提供支持，加强资源链接，积极联络亲属，充分利用其自身拥有的资源，协助解决当前问题，共同努力克服危机。③恢复自尊，了解服务对象对自己的看法，协助其重塑自信、自我增强权能，并在其改变的过程中给予适度激励，以乐观的精神感染服务对象，传递正能量。④培养自主能力，帮助服务对象恢复和发展功能、减少依赖、增强自主、克服危机。

（7）后续跟进。社会工作者应该在最初的危机干预结束后适时结案，之后通过电话、网络等媒介或实地回访跟进服务等方式，确保危机情况得到解决，帮助服务对象恢复生活态度，努力促进其身心健康和人际交往。

### 2. 任务中心模式

任务中心实务模式是一种简短的解决问题的方法，是由 3 个主要行动序列组成的具体过程，见表 9-1。

**表 9-1　　任务中心模式的程序和步骤**

| 程序和步骤 | 目的 |
| --- | --- |
| 1. 准备 | 确定这时候社会工作者介入的理由 |
| 2. 程序一：探索问题 | 探讨和确立担忧/问题 |
| a. 问题扫描 | 建立所有认识到的问题/问题清单 |
| b. 问题细节 | 探讨每个问题的细节：谁、事情、时间、地点、原因和方式 |
| c. 优先问题 | 工作的重点不超过 3 个，服务对象按等级排序 |
| 程序二：限定目标和时间 | 确定与问题相关的目标以及达到目标的时间限制 |
| 程序三：确立任务 | 确定为了达到目标需要完成的任务 |
| 3. 评估 | 评估工作过程：服务对象完成他的愿望了吗 |

资料来源：Barbra Teater（2013）。

具体到小张这样的优抚医院服务对象，任务中心模式主要如下：

（1）准备或进入。此时，社会工作者的任务是考虑为什么应该或者能够为服务对象提供服务；服务对象的任务是认可社会工作者介入的理由。唯有双方达成共识，才有进一步介入的可能。

（2）探索问题。虽然社会工作者可以帮忙探讨问题，但服务对象在明确问题的过程中居主导地位。①问题扫描。社会工作者可以运用头脑风暴法，鼓励服务对象自由地讨论他们的担忧和问题，共同确定困难和问题清单。②问题细节。社会工作者可以运用“5W+1H”（Who、When、Where、What、Why、How），以开放式问题鼓励服务对象举例回答。③优先问题。社会工作者与服务对象一起仔细审视问题清单，按照优先顺序排列，然后选择一两个问题（不超过 3 个）作为一起工作的重点。选择优先问题时要考虑的因素主要包括：问题的紧迫性和特殊性、不解决的后果、成功解决的可能性、社会工作者和机构解决问题的能力、服务对象解决问题的动机。

（3）确定目标和时间限制。限定目标可以使用 SMART 方法，即具体性（Specific）、可测量性（Measurable）、可实现性（Achievable）、现实性（Realistic）、时间性

(Timely)。目标限定后，考虑达到目标的实际，制定共同工作的时间框架。任务中心模式通常不超过4个月，一般为6~12周。

(4) 规划和制定任务。商定的任务应该是服务对象和社会工作者能够并愿意完成的事情，这与完成最终目标直接关联。在实施的过程中应注重回顾和评估，适时总结成功完成的任务、遇到的障碍、需要制定的新任务，直至达到最终目标。

(5) 结束任务，即终止和评估。当目标已经成功实现、问题已被减轻或者解决，社会工作也就终止了，终止的同时要做好评估。社会工作者应该承认服务对象的优势、进步和成就，鼓励服务对象运用这些优势面对未来的挑战。

## 四、支持网络建构

### (一) 相关理论简介

#### 1. 社会再适应理论

根据该理论，“重新适应事业”这一生活事件构成重要的压力源，而“重新适应事业”的后续问题还将构成更多的压力源——工作单位以及工作责任的改变甚至暂时失业、经济状况改变、居住环境改变、个人休闲生活以及社交生活的改变等。在军转复退军人安置社会工作中，服务对象普遍面临“重新适应事业”的考验。运用社会再适应理论可以预防和及时发现服务对象面临的压力，尽早解决问题、化解矛盾。

#### 2. 社会支持理论

该理论认为，人的生存需要与他人合作，以及依赖他人的协助，一个人所拥有的社会支持网络越强大，就越能应对各种来自环境的挑战。社会支持网络是个人生命过程的组成部分，每个人都拥有一定的正式和非正式的社会支持网络，前者是指社会正式组织给予的支持，后者是指来自亲友、邻里等人际互助网络的支持。社会支持理论强调通过干预个人的社会网络来改变其在个人生活中的作用。在军转复退军人安置工作中，牵涉的部门和领域极其广泛，尤其是必须借助外部资源来实现助人自助。

### (二) 介入重点

军转复退军人从部队到地方会面临职业、生活的转变与适应，涉及生理、心理和社会3个层面，经历告别军旅生涯、选择新职业、从业准备直至稳定就业4个阶段，是一个不断调整的过程。社会工作者扮演的主要角色是社会支持网络的“编织者”，介入的重点是编织家庭、社区、社会（组织）和国家支持等多位一体的支持网络格局，帮助军转复退军人获取情感、认同、经济、政策等方面的支持，协助实现职业转向，恢复社会功能，推进社会再适应。

#### 1. 正式网络的建构

(1) 部门联动。军转复退军人安置不仅涉及军队多个部门，而且涉及地方多个单位，社会工作者可以发挥统筹协调优势，推动工作联动、矛盾联调、问题联治。

(2) 政策倡导。在政策的制定和完善过程中，充当改变媒介的社会工作者可以担当代言人的角色，积极推动退役安置法规制度良性改变，以国家层面的福利与社会政策为基础，通过福利国家的建设和社会保障体系的发展，为军转复退军人提供社会保障、帮扶援助等，使其实现有尊严的个体或家庭生活。

（3）资源链接。社会工作者可以发挥了解安置政策、熟悉安置渠道的优势，加强资源整合，挖掘国家行政机关、事业单位潜力，充分调动国有企业、非公经济积极性，推动构建政府主导、部门协作、社会参与的安置工作新格局，协助保障军转复退军人合法权益，推动军转复退军人尽快融入社会，维护社会和谐稳定。

2. 非正式网络的建构

（1）开展小组辅导。小组介入旨在帮助面对同类问题或共同需求的组员建立同辈群体支援网络，推进社会再适应。介入步骤包括：①小组初期——心态调适。社会工作者作为一个引导者，主要是帮助组员通过寻找组内的共同点来拉近关系、建立认同，从而调整彼此的心态。具体内容包括：让组员分享各自当前的生活、精神状态及对军转复员退役的看法；邀请既往军转复退军人中的佼佼者为大家分析这个时期的特殊性，分享度过这个关键期的经验方法。②小组中期——环境探知。这一阶段主要是使军转复退军人增加对个体和所处环境的了解，从而有针对性地进行改善提升，在此基础上帮助组员更好地进行职业选择和准备。具体内容包括：为组员进行职业生涯规划，带领组员进行自我职业性格分析；介绍当前的社会大背景和就业环境，重点介绍退役军人安置制度改革以及应对措施，促进其理念转变、能力提升。技巧上，可以通过播放视频、现场讲授、小组讨论等方式，让组员更加明确当前的形势、把握现有的机会，正确评价自己、更新观念、调整心态，树立与市场经济相适应的择业观和就业观，尝试进行职业选择。③小组末期——职业准备。主要包括心理准备和知识技能准备两方面。社会工作的重心是方式的传授与方向的引导。具体内容包括：为组员介绍就业信息查询途径、就业咨询网站，链接职业培训的资源，让他们可以接受更为全面系统、有针对性的职业教育；邀请职业培训师为组员讲授择业技巧，包括简历设计、笔试方法、面试技巧等方面；开展组内角色扮演，通过组员之间的演练，了解自我、认识现实、寻找差距、寻求突破，完善组员的职业准备工作；借助高科技、新媒介，协助建立微信群等“网络群”，加强同辈群体支持，促进信息分享、情感沟通、问题解决。

（2）开展个案辅导。个案介入旨在增强服务对象的自我能力，以应对新工作和新生活的压力。社会工作者主要担当同行者的角色，陪同服务对象走出困境，迈过职业转向的特殊时期。具体过程包括：首先，协助服务对象做好压力预防。社会工作者应力图获得接收安置单位全面而翔实的资讯，并准确地向服务对象描述。这种对预期的引导和现实的展望是一剂心理上的预防针。其次，协助服务对象做好减压工作。出于种种原因，部分服务对象不愿意向他人讲述自己所承受的压力。社会工作者应该帮助服务对象说出隐情，并协助其认清其中的危险信号，从而预防这一类压力的产生。最后，协助服务对象构建社会支持网络，加强与同辈群体的联系，积极获取家庭、社区、正式与非正式组织资源，顺利度过军地转化的过渡期。介入的方法包括：始终以尊重、关注和接纳的方式与服务对象进行沟通，适时予以安慰、鼓励、承认，同时要在现实的基础上表达出对服务对象的信心、肯定和赞许，疏导情绪，使服务对象消除焦虑、减少内疚、化解不满、增强自信，以从容、积极的心态应对新工作和新生活。

## 五、社会工作督导

**案例 9-4**

小郝大学毕业后只身离开了家乡应聘到某地方荣军优抚医院，带着无限憧憬的她踏入医院大门的那一刻就惊呆了：偌大的医院里看不到几个病人，三三两两的伤残军人有的坐在摇车上、有的躺在病理车上，几个穿白大褂的医护人员有的扫地，有的推着沉重的水车、拎着水壶穿梭于病房之间……在护士长的带领下，小郝来到了病房，她看到有的工作人员在给伤残军人洗手、洗脸、剪指甲，有的在喂水喂饭，还有年轻的女孩子在为赤身裸体的男病员擦洗、处理大小便……小郝的心凉了。在领导的挽留和同事的规劝下，小郝最终决定留下来，这一干就是 5 年。5 年来，小郝的神经老是"绷"着，"永远是同样的人、同样的状况，永远也看不到改变"，日复一日、年复一年枯燥单调的工作让她有一种"被掏空"的感觉。尽管没黑没白地加班加点，却还经常受到不被服务对象理解的困扰，任务繁重、工资不高、晋升无望、前景迷茫，对工作和生活深感无望却又无处诉说，身心俱疲的她有了离职的打算……

在优抚安置社会工作领域，不少服务对象需要管一生，死后还要管遗属，工作人员与服务对象朝夕相处，面临着诸多压力，一些工作人员将优抚安置工作形容为"带刺的玫瑰""橡皮擦""死不了"，显示了内心的一种情绪，有的甚至出现了抑郁症状。如何协助工作人员调适情绪、缓解压力、应对倦怠，是优抚安置社会工作需要着力应对的共性问题。

### （一）相关理论简介

#### 1. 增强权能理论

该理论认为，个人需要不足和问题的出现是由于环境对个人的排挤和压迫造成的，社会工作者为服务对象提供的帮助并不是"赋予"服务对象权利，而是挖掘和激发他们的潜能，以对抗外在环境的压力。该理论看重服务对象的长处、主体地位和个人价值，焦点在于消除服务对象的无力感。

#### 2. 社会工作督导

督导是一种社会工作间接服务方法或程序，通过督导者对受督导者的指导、督促，受督导者能够更有效地运用专业知识和技能并按照专业伦理开展工作，从而提升服务输送有效性、尽最大可能为服务对象提供最佳服务。督导是一种双向互动的过程，兼有行政、教育和支持 3 种功能。

### （二）介入重点：增强权能视野下的督导过程

在传统的督导者与受督导者关系中，前者的正式权力凌驾于后者，可能导致家长式干涉，产生压迫并减损督导效果。同时，作为环境脉络中的个体，受督导者可能受其生活空间影响，呈现无力感，从而无法完成机构或项目目标。将增强权能视角引入督导，可将督导过程划分为以下 3 个步骤。

#### 1. 辨识无力感

照顾优抚安置服务对象（尤其是优抚医院和光荣院的服务对象）的工作压力重重，

如照顾者与受照顾者之间缺乏互惠性，照顾者面临与社会隔离的危险。照顾者最常见的心理状态是无力感、无助感、疏离感和自我失控感，此时可以借助临床压力指数（见表9-2）进行预估。

**表 9-2　临床压力指数**

姓名：______________________　　　　　日期______________________

这份问卷是用来测量你对自己所经历的个人压力状况的感受。这不是测验，故答题没有对错。请你尽量认真、准确地回答每一个题目，并在每个题目边上写上代表以下答案的数字。

1=从来不如此
2=非常少如此
3=少量时间如此
4=有时如此
5=相当多时间如此
6=大部分时间如此
7=时刻如此

1. ______我觉得精神极度紧张
2. ______我感到非常战战兢兢
3. ______我感觉自己要放声大叫
4. ______我感到彻底被打败
5. ______我感觉非常轻松
6. ______我感到自己紧张到想哭
7. ______我感到压力太大了，以致想找地方出出气
8. ______我感到非常心平气和
9. ______我感觉自己像一根紧绷的弦快要断了
10. ______我很难放松
11. ______晚上我很容易入睡
12. ______我感到有巨大的压力
13. ______我觉得自己的生活一帆风顺
14. ______我感到惊恐万分
15. ______我感到自己快要完全崩溃了
16. ______我感到自己正失去对生活的控制
17. ______我觉得自己快到极点了
18. ______我感到自己像弹簧一样紧张
19. ______我感到自己跟不上所有要求
20. ______我感到自己工作严重落后
21. ______我对周边人感到又急又怒
22. ______我感到我必须忙来忙去
23. ______我感到自己完全事事跟不上
24. ______我感到自己紧绷
25. ______我感到非常紧张不安

资料来源：Leon H. Ginsberg（2013）。

辨识无力感主要包括以下两个部分：

(1) 辨识受督导者内心感受的无力感状态：①个人特质导致的无力感状态。个人特质如性别、年龄、身心障碍、性取向等，可能引起不平等对待。②挫折经历导致的无力感状态。受督导者在问题解决中经历的挫折可能导致强烈的无奈感和挫败感，受阻的日常生活功能和重复的受挫经验可能导致习得性无助，并最终使受督导者将挫败经验内化，导致无力感。

(2) 辨识督导关系中的无力感状态：①督导者正式权力导致的无力感状态。正式权力来自督导者在督导关系中较高位置所获得的权力。实际工作中，受督导者普遍认为只有地位与权力（正式权力的主要部分）才能驱使他们遵照督导者的指示行事。督导关系建立初期，受督导者可能因为在实务领域比督导者更具有经验而感受到权力剥夺。②督导者非正式权力导致的无力感状态。非正式权力来自督导者的专家能力、个人特质等。实际工作中，多数督导者认为专家能力（非正式权力的重要部分）是最有效的权力。非正式权力的体现在督导关系建立中期更为明显，此时受督导者对督导者处于依赖状态。受督导者对督导者非正式权力的承认甚至依赖，可能导致受督导者强化自身的无力感与挫败感，督导者越提供专业协助越有可能带来受督导者对自身能力的否定。

2. 增强权能

这一阶段主要是通过降低受督导者的无力感、促进其权能，协助其有效应对工作任务。增强权能主要如下：

(1) 提高受督导者的权利意识。为消除督导关系中的不平等状态，督导者与受督导者澄清彼此的角色期待。增强权能取向的督导关系基于平等的地位，强调虽然督导者身份和专业知识带来了正式或非正式权力的差异，但受督导者比督导者更接近服务对象及其生活情境，从而与服务对象共同成为后者问题解决的专家。

(2) 增强受督导者的能力感。督导者向受督导者提供心理和情感上的支持，促使受督导者感到自我的重要性与价值，从而轻松面对工作挑战，体现督导的支持性功能。受督导者能力感提升以督导者与受督导者建立具有信任度的专业关系为基础，需要频繁且密切的互动支撑。这一阶段可采取的技巧包括：①富于同理心的倾听，协助宣泄负面情绪；②肯定受督导者的能力与付出，协助发现工作成效，提升价值感；③将问题归因外在化，减低失能感。

(3) 发展受督导者的能力。集中体现社会工作督导的教育性功能，督导者对受督导者完成任务所需的知识、技能与程序予以指导，协助受督导者实现专业上的发展，可从培养受督导者 4 方面态度和能力入手：①改变和主动参与的态度；②批判性分析环境系统中权力与压迫的能力；③分析问题、制定行动策略的能力；④开展改变行动、解决问题的能力。这一阶段，社会工作者可以协助成立受督导者支持性小组，支持性小组可以围绕特定的主题开展活动，诸如时间管理、个人技能、冲突化解、满足成员谈论照顾服务对象的努力和磨难方面的需要等。不管支持小组的重点是什么，关键是小组成员能有足够的时间相互交谈，有机会从有同样经历的人那里获得支持和理解。另外，社会工作者可以做一些切实的事情，提高受督导者自我保健意识，鼓励照顾好自己。同时，不要低估合理的薪酬水平与福利待遇以及可预期的职业生涯发展规划对增加工作满意度和减少压力的重要性，督导员要积极呼吁管理层为工作人员提高薪酬福利待遇、畅通职业生涯发展通道。

3. 效果评估

效果评估主要包括过程取向和结果取向的评估。

（1）过程取向。着重于评估增强权能程度，即受督导者无力感的降低程度，主要包括权利意识增强程度、能力感提升程度以及能力增强程度等。

（2）结果取向。着重于评估服务目标完成程度，主要包括服务投入情况、产出情况、结果、效率、效能和质量评估。

## 本章小结

优抚安置社会工作是社会工作专业实务的一个重要领域。优抚安置社会工作按照不同的服务载体可分为优抚医院社会工作、光荣院社会工作、军转复退军人安置社会工作、军休社会工作、英烈褒扬社会工作、军供社会工作等。优抚安置社会工作特点鲜明，兼具政治性、特殊性、协调性和有限性。优抚安置对象需求多元、问题多样，社会工作的内容涵盖了面向优抚安置对象的系列服务，提供这些服务需要了解不同服务载体当中服务对象的需要和问题。除了通用的社会工作方法，优抚安置社会工作还有一些独特的工作方法需要社会工作者善加利用，比如军休干部群体的认知和情绪问题处理、孤老优抚对象的临终关怀与哀伤辅导、残疾退役军人的危机干预治疗、军转复退军人的支持网络构建、工作人员职业倦怠问题的应对等。

# 第十章　社会救助社会工作

社会救助社会工作是指依据社会救助法规和政策，面向生活困难的个人、家庭和群体，展开以济贫、解困、扶危、增能为主要内容的社会工作专业活动，是社会工作的重要领域之一。2014年国务院颁布施行的《社会救助暂行办法》，第一次以行政法规形式规定了社会工作在社会救助领域中的作用。

## 第一节　社会救助社会工作概述

虽然社会救助和社会工作有着不同的概念、体系和内涵，但两者的关联性非常紧密。社会工作以“助人”为核心理念，其早期的助人实践活动基本上都是围绕救助开展的，积累了丰富的救助经验。而社会救助只有以社会工作为依托，才能达到应有的救助效果。社会救助社会工作从属于社会救助、服务于社会救助，致力于通过为救助对象提供专业服务，提升社会救助的质量。

### 一、社会救助的概念与内容

#### （一）社会救助的概念

社会救助是指在社会成员因个人原因、自然原因或社会原因致使其基本生活难以维持时，由政府和社会为其提供基本物质保障的救助制度。社会救助是社会保障体系的重要组成部分，是受到宪法保障的基本公民权利之一。它以家庭经济状况调查为基础，由政府和社会为生活陷入困难的城乡家庭提供直接的物质救助或服务，帮助他们解决基本的生存问题。社会救助是一个动态的、涉及多个领域的复杂概念。

#### （二）社会救助的内容

社会救助的内容随着社会的发展而不断变化，涉及经济、文化、政治、社会等多个领域，是一个复杂的、综合的制度体系。同时，它又是一个由管理体制与运行机制、资金筹集与资金管理、救助给付与动态管理等组合起来的运行过程。我国的社会救助体系主要包括以下几方面的重点内容。

1. 最低生活保障

最低生活保障是由政府提供的一种收入补充型救助制度。国家对共同生活的家庭成员人均收入低于当地最低生活保障标准，且符合当地最低生活保障家庭财产状况规定的家庭，给予最低生活保障，使之家庭人均收入达到当地低保标准。户籍状况、家庭收入和家庭财产是认定最低生活保障对象的 3 个基本条件。低保边缘家庭（一般指不符合最低生活保障条件，家庭人均收入低于当地最低生活保障标准 1.5 倍，且财产状况符合相关规定的家庭）中的重残人员、重病患者等特殊困难人员可参照“单人户”申请低保。

2. 特困人员救助供养

国家对无劳动能力、无生活来源且无法定赡养、抚养、扶养义务人，或者其法定赡养、抚养、扶养义务人为无赡养、抚养、扶养能力的老年人、残疾人和未成年人，给予特困人员救助供养。根据《国务院关于进一步健全特困人员救助供养制度的意见》《特困人员认定办法》原城市“三无”人员救助和农村五保供养统一为特困人员救助供养制度。供养内容主要包括：①提供基本生活条件；②对生活不能自理的给予照料；③提供疾病治疗；④办理丧葬事宜。供养形式分为在家分散供养和在当地的供养服务机构集中供养。具备生活自理能力的，鼓励其在家分散供养；完全或者部分丧失生活自理能力的，优先为其提供集中供养服务。

3. 受灾人员救助

受灾人员救助是指国家对遇到自然灾害致使基本生活受到严重影响的社会成员提供一定的物质帮助，使之维持基本生活水平，并逐步恢复和提高生产、生活能力的一项救助制度。受灾人员救助的内容主要包括为受灾人员提供必要的食品、饮用水、衣被、取暖、临时住所、医疗防疫等。自然灾害危险消除后，政府还应当及时核实居民住房损毁情况，开展恢复重建，并给予资金、物资等帮助。此类救助具有突发性、应急性等特点。

4. 医疗救助

医疗救助是指国家通过提供资金、政策上的支持，帮助低保对象、特困人员、低保边缘人口等困难人群获得基本医疗卫生服务、改善健康状况的一种救助制度。医疗救助能够帮助困难群体满足基本医疗服务和健康需求，从而避免疾病的困扰。医疗救助分两种形式：一是资助城乡困难家庭的成员参加居民基本医疗保险；二是给予城乡困难家庭成员直接的医疗费用补助。对需要急救但身份不明或者无力支付急救费用的急重危伤病患者给予救助的疾病应急救助制度，属于医疗救助范畴。符合规定的急救费用由疾病应急救助基金支付。

5. 教育救助

国家对在学前教育、义务教育、高中阶段教育（含中等职业教育）和普通高等教育（含高职、大专）阶段就学的低保、特困、低保边缘等家庭学生以及因身心障碍等原因不方便入学接受义务教育的适龄残疾未成年人，根据不同教育阶段需求和实际情况，采取减免相关费用、发放助学金、安排勤工助学岗位、送教上门等方式，给予相应的教育救助。国家通过教育救助的方式保障困难家庭学生的基本学习、生活需求，帮助他们完成学业。一些地区或学校给困难学生发放的学习用品、校服，或提供的免费午餐等，也属于教育救助范畴。

6. 住房救助

住房救助是指国家对符合规定标准的住房困难的最低生活保障家庭、分散供养的特困人员、低保边缘家庭等给予住房方面的帮助，满足其基本住房需求。住房救助的形式在城镇主要是配租公共租赁住房、发放住房租赁补贴，在农村主要是实施危房改造等。

7. 就业救助

就业救助是指国家对最低生活保障家庭、低保边缘家庭等困难家庭中有劳动能力但处于失业状态的成员，按规定落实税费减免、贷款贴息、社会保险补贴、培训补贴、公益性岗位安置等政策，帮助其实现就业。如果低保家庭、低保边缘家庭有劳动能力的成员均处于失业状态，政府应当采取有针对性的措施，确保该家庭至少有一人就业。

8. 临时救助

临时救助是指国家对遭遇突发性、紧迫性、灾难性困难，生活陷入困境，靠自身和家庭无力解决，其他社会救助制度暂时无法覆盖或救助之后生活仍有困难的家庭或个人，给予的应急性、过渡性生活保障。临时救助采取发放救助金、发放实物或者提供转介服务等方式开展。生活无着流浪乞讨人员救助也属于临时救助范畴。

## 二、社会救助的工作原则

### （一）兜底线

社会救助是最后一道民生兜底保障安全网。当其他社会保障制度实施后仍不能维持公民基本生活时，就需要社会救助给予最后帮助，守住基本民生保障底线。救助对象的受助资格在困难事实或急难情形经过法定程序认定后即可获得。社会救助依照救助对象的申请并经过法定程序审核批准后实施，具有无偿性。

### （二）保基本

对于陷入困境的社会成员来说，需要政府和社会不间断的支持和帮助才能彻底改变境遇，提高生存能力，改善自身生活质量。对于政府来说，在充满风险和变动的现代社会，只有拥有足够的、与救助需求相适应的财力保障，才能使社会救助行为持续进行。因此，社会救助给予的应当是最基本的生活保障，既要尽力而为，又要量力而行，并且不断提高科学性和人性化。

### （三）救急难

“急”和“难”是社会救助最显著的特点，也充分体现了社会救助的急迫性和重要性。当一个人的生命和生活处于危急时刻，社会救助要在第一时间给予最直接、最有效的物质帮助，保全生命，保障基本生活。救急难同时也表明，在社会救助中要坚持社会工作伦理，将服务对象的生命安全作为服务的第一要义。

### （四）促发展

社会救助不能是简单的给予、消极的救助，而应当注重激发救助对象摆脱困境的内生动力，促进其自我发展能力。既要救助，也要扶志、扶智。这就需要在社会救助实践中更多引入社会工作专业服务，帮助救助对象链接资源、提升能力，更好融入社会。

## 三、社会救助社会工作服务对象的主要需求

甄别和发现服务对象的需求是开展社会工作的前提。随着社会的发展，服务对象的需求越来越多元化、个性化。除了物质和经济方面的需求外，心理、社会、情感、文化等方面的需求也在不断增强。

马斯洛的需求理论认为，人类的需求从低到高分为生理需求、安全需求、社交需求、尊重需求和自我实现需求 5 个层面。社会救助社会工作服务对象的需求在以下 5 个层面上均有体现。

#### （一）生理需求

生理需求是救助对象最基本、最迫切的需求。社会救助对象属于社会困难群体，大多数是老弱病残、鳏寡孤独以及其他低收入人口，其衣食住行等部分生理需求主要依靠政府或社会给予帮助。例如，当某个地区遭遇自然灾害、某个家庭突遇祸端，或者某个儿童身患急症、丧亲失依的时候，这些救助对象首先需要食品、饮用水、衣被、医疗、住宿等应急救助，以满足其基本生理需求。

#### （二）安全需求

安全需求主要包括救助对象的人身安全、健康保障、财产安全等方面的需求。例如，为受灾人员提供取暖、临时住所、医疗防疫等救助，确保服务对象的安全和健康。当社会成员遭遇火灾、交通事故等意外事件，或者家庭成员突发重大疾病时，为他们提供临时食宿、疾病救治等方面的临时救助，确保临时安全。

#### （三）社交需求

社交需求是救助对象爱和归属感的情感需求。当救助对象的生理和安全的需求得到满足后，其情感方面的需求就随之而来。因为一个人或者一个家庭面临严重困难的时候，来自家人、邻里和社会的亲情和友情尤为重要，失去社会交往，会使处于困境的个人和家庭更加孤独和无助。因而，满足其社交需求，能支持处于困境中的个人或家庭获得自信和力量。

#### （四）尊重需求

社会成员既有来自内部的自我尊重需求，也有来自外部社会环境的尊重和认可的需求。尊重需求的满足不仅能让一个人充满自信、信任他人和社会，还能体现出自身的价值和意义。例如，社会工作者为社区低保家庭的孩子安排丰富多彩的暑期活动，鼓励孩子们参与社区志愿活动，展示和嘉奖孩子们的成果，从而让每一个孩子都有一种参与社会的成就感，满足其尊重需求。

#### （五）自我实现需求

自我实现是进一步地发挥个人潜能，追求更高人生境界的高层次需求。由于受客观条件的限制，处于困难境况的社会成员其自我实现需要社会充分的重视、理解和支持。残障人士希望突破身体的限制过上正常生活，困境学子希望对社会有所贡献，每一名社会成员的价值都应该得到尊重和支持，尤其是面对救助对象时，社会工作者更应当鼓励其正视自身的潜能，勇于挑战，用自我实现的内驱力改变命运。

## 四、社会救助社会工作的定义与特点

### （一）社会救助社会工作的定义

社会救助社会工作是指在社会救助领域，社会工作者根据社会救助的性质与特点，以社会工作价值理念为指导，以社会工作的专业理论为依据，采用社会工作专业方法与技巧，为社会救助对象提供专业服务的过程。这个过程包括物质方面的社会救助、精神层面的内在提升以及救助对象社会功能的修复。

### （二）社会救助社会工作的主要特点

#### 1. 救助对象的多样性

社会救助的服务对象范围广泛，有生活无依的老人和儿童，有暂时找不到工作的失业人员，有残疾人、重症病人等特殊人员，有因为突发事件而使生活暂时陷入困境的家庭，还有因自然灾害导致的受灾人员等。

#### 2. 救助类型的复杂性

针对不同救助服务对象的特殊情况，社会救助社会工作所能够提供的救助期限、救助形式以及救助服务数量差异很大，内容丰富，种类多样。

#### 3. 工作过程的持续性

社会救助社会工作的过程具有持续性特征，其服务过程不仅要协助政府经办机构为救助对象发放救助款物，及时了解并帮助解决城乡群众面临的生存困难，使他们脱离困境，而且还要设法逐步增强他们生活的能力和战胜困难的信心。这个服务过程是一个持续进行的过程。

#### 4. 工作方法的融合性

依据救助服务对象的不同、困难类型的不同以及困难产生原因的不同，社会救助社会工作所采取的工作方式是不一样的。如果服务对象是一名因身体残疾而导致生活困难的母亲，社会工作者可以采取针对个体的微观工作方法；如果是遭遇自然灾害导致生活困难的社区，社会工作者就要运用团体或者社区重建的方法；如果服务对象是流浪乞讨未成年人，社会工作者就需要考虑运用危机干预、心理辅导、行为矫治和教育培训等方法。当然，社会工作者在提供救助服务的过程中要强调各种专业方法的融合运用。

#### 5. 工作依据的政策性

社会救助制度体系较为复杂，除了《社会救助暂行办法》外，2020 年中共中央办公厅、国务院办公厅印发《关于改革完善社会救助制度的意见》，国务院及其有关部门还制定了一系列具体落实的规范性文件，各地也依据当地实际制定了相应的配套法规政策。社会工作者在参与社会救助过程中，需要认真分析服务对象的困难状况、困难成因以及可能获得的救助类型等情况，这些都必须以相应的法规政策为依据。如果服务对象分别是城乡低保对象、特困供养人员或者流浪乞讨未成年人等，就需要依据不同的救助政策协助其申请相应的社会救助项目，有针对性地解决服务对象的困难和问题。

## 五、社会救助社会工作的主要作用

社会工作者在参与救助过程中既要依据有关社会政策对困难群体进行及时救助，又要采用社会工作的专业方法，实现物质救助与精神救助的结合，充分发挥社会工作的作用。

### （一）协助服务对象申请适合的救助项目

社会救助政策多，涉及项目广，内容非常丰富。服务对象对于申请救助的程序和拟申请的救助类型、项目不一定都能充分了解，或者限于能力和认知，不知道自身应享有的救助权利以及国家相应的救助政策。要想为救助对象提供这方面的帮助，社会工作者首先自己要熟悉社会救助的项目、内容和程序，对相关法规政策有清晰的了解；其次要帮助服务对象正确分析自身的状况，对照政策作出是否符合申请条件的判断；最后在政策范围内按程序申请合适的救助项目。

#### （二）协助服务对象提升自我发展的能力

社会救助对象大多是老、弱、孤、病、残、贫的群体，其中绝大部分丧失劳动能力，依靠自身力量难以改善生活状况；还有一部分虽有劳动能力，但就业条件差；也有一部分只是遇到暂时性困难。对不同的救助服务对象，社会工作者有必要帮助他们制定最适合的策略，增强其自身发展能力。除了协助其获得国家政策范围内的各项救助外，社会工作者还要帮助困难家庭和个人发掘社会资源，提高生存能力，培养工作技能，改善生活质量，通过自身努力彻底摆脱困境、实现自我发展。

#### （三）促进服务对象的社会融合与社会支持

生活困难或者遭遇不幸的个人或家庭缺乏参与社会活动的机会和资源，往往被排斥在正常的社会交往之外，在社会生活中往往被边缘化。社会工作者需要为救助服务对象创造机会参与社会活动，增进他们与其他居民的交流，扩大他们的交往范围，帮助他们积极融入正常的社会生活。比如，社会工作者可以鼓励社区中的低保对象参与社区的文体活动和志愿活动，帮助他们参加社区的各种居民组织，增加互相了解，为社区发展献计献策。

#### （四）疏导和解决服务对象的心理困扰

因为无法抗拒或无力改变的原因而陷入生存困境的个人或家庭，在精神和心理层面都有可能受到不同程度的伤害，因而会封闭自己、缺乏信心，或者抱怨命运以及社会不公。社会工作者在实施救助服务过程中，要及时发现服务对象的这些心理特征，并运用社会工作的专业知识和方法及时介入和进行干预。例如，通过开展个案工作或者家庭治疗，帮助服务对象正确面对生活的挫折，正确认识现实，摆脱心理困扰。

## 第二节　社会救助社会工作的主要内容

依据《社会救助暂行办法》，社会救助体系主要包括最低生活保障、特困人员供养、受灾人员救助、医疗救助、教育救助、住房救助、就业救助、临时救助 8 项救助制度。根据具体的社会救助内容，社会工作者要积极参与救助，体现专业素质，为服务对象提供与救助内容相契合的专业服务。

### 一、最低生活保障中的服务内容

#### （一）对象识别

对象识别就是最低生活保障制度的目标瞄准机制。一般来说，社会工作者主要通过家庭经济状况调查的方式了解困难群众的家庭经济状况，并对照当地的最低生活保障标准，选择“最需要或者最困难的人群”作为救助服务对象。在我国一些社会工作先发地区，政府部门、街道办事处或社区通过向社会工作机构购买服务的方式，由专业社工承担入户调查、邻里访问、信息核查等工作，协助政府准确识别救助对象。在这个过程中，专业社工能够深入了解低保申请家庭的实际生活状况，确保把真正困难的群众纳入低保，并督促低保资金的落实和社会化发放。同时，通过专业社工的救助服务，还可以帮助解决低保家庭心理和精神上的一些困难，做到物质救助和精神救助的结合。2017年，经党中央、国务院同意，民政部、中央编办、财政部、人力资源社会保障部印发《关于积极推行政府购买服务 加强基层社会救助经办服务能力的意见》，对政府购买社会救助服务作出详细规定，目前这项工作已全面推开。

（二）协助申请低保

最低生活保障制度有一套严格的申请审核确认程序。在申请过程中，社会工作者可以帮助救助对象了解申请程序和申请方法。首先，要帮助申请人判断自己是否具备申请条件。其次，要以家庭为单位，帮助户主向户籍所在地的乡镇人民政府（街道办事处）提出书面申请，同时按要求如实提交所需的材料。接着可以协助申请人接受乡镇人民政府（街道办事处）会同社区村（居）委会开展的入户调查、公开公示等活动，并如实反映掌握的有关情况。社会工作机构的人员熟悉社会救助政策和程序，可以帮助困难群众根据自身的实际状况，提前判断是否符合低保条件。低保政策处于不断调整完善中，社会工作者需要不断学习，及时掌握低保政策的新变化，以协助困难群众申请到低保。例如，根据2020年民政部、财政部印发的《关于进一步做好困难群众基本生活保障工作的通知》及相关规定，对低保边缘家庭中的重残人员、重病患者等特殊困难人员，经本人申请，可以参照“单人户”纳入低保。

（三）提供心理支持

申请最低生活保障的家庭或者收入微薄，或者家庭成员身患重病、身体残疾等，或者没有劳动能力或不具备劳动条件，自身无法获取足够的收入。这一切都致使他们的生存和生活压力巨大，心理上感到压抑、精神上易于焦虑。社会工作者可以通过专业的方法给予及时的心理疏导和支持，帮助他们舒缓压力，宣泄情绪。

（四）调解家庭关系

良好的家庭关系对于家庭成员的发展以及改变生活状态有着积极的影响。生活处于困难状态时，家庭成员的心态和家庭关系都会受到一定的影响。社会工作者在协助服务对象申请低保的过程中，需要全面了解和分析其家庭结构和关系，及时发现问题，适时调解家庭关系，帮助改善家庭生态环境。

（五）开展能力建设

能力建设是指增强学习能力、专业技能以及社会能力等。在生活压力之下，救助对象的就业意愿比较强烈，但是，由于文化素质低、缺乏知识和技能、没有求职信息和技巧等，这些因素严重制约了救助对象再就业和增加收入的机会。对有劳动能力的低保对象而言，需要社会工作者积极开展能力建设以改善他们的生活质量，同时帮助其摆脱生活困境。例如，可以通过多种形式和渠道的职业技能培训，帮助救助对象提高操作技能、转变就业观念、增强创业能力以及适应市场的能力等。

（六）促进社会融入

在社区层面，低保家庭对于社区的依赖程度较高。其生活范围主要局限在社区内部，人际圈子同质性高，家庭支持不够。社会工作者要为低保对象创造参与社区活动的机会，鼓励他们参与社区的公益和文娱活动，帮助他们建立和其他社区居民的联系。同时，在互帮互助中，鼓励他们承担一定的责任和义务，增强他们的成员感、归属感和自信心。俗话说，远亲不如近邻。在社区中，邻里的守望相助对于困难群体来说是心灵上的莫大安慰。在有些社区，社会工作者帮助建立邻里互帮小组就是一个很好的例子。有困难的家庭和其他正常家庭结成互帮互助的对子，彼此提携相助。比如，低保家庭的孤寡老人帮助双职工家庭看护放学后的孩子；双职工家庭帮助照料老人的日常生活，给予老人紧急情况时的及时帮助等。

## 二、特困人员救助供养中的服务内容

### （一）提供基本生活条件

特困人员生活困难、无依无靠、无人照料，是困难群众中最困难、最脆弱的群体。他们没有生活来源，没有劳动能力，也没有法定赡/扶/抚养人等可以依靠。对于这部分困难群体，首先要为他们提供基本的生活条件，改善其生存状况。这里的基本生活条件主要包括住房、食物、衣被以及出行等。

### （二）提供日常生活照料

很多特困人员生活不能自理，或者不能完全自理，这就需要通过救助供养政策为他们提供日常生活所需要的照料服务，例如个人卫生的洗漱洗理、居住环境的洒扫整饬、每日三餐的按时供给以及其他照料服务等。特别需要指出的是，当发生重大疫情等公共事件、自然灾害或季节变换时，要及时看护和照顾特困人员，以防发生意外和危险。

### （三）提供疾病治疗

应当建立特困人员的健康档案，跟踪了解他们的身体健康状况，并对所患疾病随时监控、动态管理，定期进行康复和救治。此外，应联系社区卫生机构或者专门医疗机构为特困人员定期体检。一般性的体检以及小的疾病，可以通过设立在供养机构的医务室给予治疗；需要到当地医疗机构住院治疗的，还要及时联系医疗保险和医疗救助部门，协调解决治疗费用问题。

### （四）办理丧葬事宜

当特困人员身故后，应当积极联系殡葬管理部门和户籍所在地的村（居）民委员会，帮助处理丧葬事宜。如果当地出台有惠民殡葬政策，应当确保亡故的特困供养人员能够享受到。

## 三、医疗救助中的服务内容

### （一）协助申请救助

城乡困难人口中，因病致困、因病返贫的比例相当高。因为医疗费用昂贵，许多人生病后不去就医或者推迟就医，结果导致小病酿成大病，或病情更加严重，进一步加重了家庭的经济负担。医疗救助就是为了帮助城乡困难人口解决基本医疗服务问题，减轻病人的经济压力。医疗救助公平覆盖医疗费用负担较重的困难职工和城乡居民，根据救助对象类别实施分类救助。对低保对象、特困人员、低保边缘家庭成员和纳入监测范围的农村易返贫致贫人口，按规定给予救助。对不符合低保、特困人员救助供养或低保边缘家庭条件，但因高额医疗费用支出导致家庭基本生活出现严重困难的大病患者，根据实际给予一定救助。社会工作者需要给救助对象讲解医疗救助的政策、标准和方式，协助救助对象准备申报所需材料，帮助他们申请获得医疗救助。

### （二）改善救治环境

在救助对象救治过程中，社会工作者可以帮助救助对象了解医疗机构的诊疗程序，熟悉治疗过程以及了解治疗效果。同时，积极与医务人员沟通，介绍救助对象的具体情况，寻找较为合适的治疗手段和方法。

### （三）协调医疗资源

社会工作者一方面要连接医疗保险经办部门，通过医疗救助为城乡困难群众参加居民基本医疗保险提供资助，并帮助患者通过医疗保险经办机构报销相应的医疗费用；另一方面要连接医疗机构和医保部门，帮助符合条件的患者准备各种材料，及时就医和诊治，并协助救助对象获得医疗救助。此外，还要帮助救助对象了解治疗和康复的资源，寻找当地医院以及社区卫生机构的资源，使得救助对象在医院能够得到及时的治疗，回到社区能获得继续治疗和康复。

### （四）强化社会支持

救助对象身患疾病需要治疗时，除了没有经济收入外，有的还缺乏家庭成员的支持和关爱。在医疗救助过程中，社会工作者需要动员志愿者或社区邻里共同帮助救助对象，增强他们战胜疾病的信心，给予他们必要的关爱和支持，协助救助对象早日治愈病痛，恢复正常生活。

## 四、住房救助中的服务内容

### （一）协助申请住房救助

住房救助的对象是符合住房困难规定标准的最低生活保障家庭、分散供养的特困人员以及低保边缘家庭等。社会工作者要注意把握住这一政策要点，根据当地的基本住房保障标准和救助标准，协助住房困难群众准确评估自己的家庭收入、财产状况以及住房状况，并作出是否符合救助条件的判断。如果评估后认为符合救助条件，社会工作者应当帮助住房困难群众准备相关材料，协助其提出申请，以便县级人民政府住房保障部门及时给予住房保障。

### （二）宣传讲解政策

住房救助主要通过配租公共租赁房、发放住房租赁补贴、农村危房改造等方式实施，不同家庭情况涉及的住房救助政策有所不同。社会工作者需要协助申请人理解住房救助的相关政策，明了当地的救助标准，准确把握住房救助申请的相关程序。同时，要帮助申请人正确对待和接受申请结果。

## 五、教育救助中的服务内容

**案例 10-1**

大学生中的生活困难学生是一个较为特殊的群体。通过调查发现，家庭困难给这些学生的精神、心理、学业、就业、人际交往等都会带来不少负面的影响，对个人成长及社会发展都很不利。针对这个群体，某高校开展了以“助力青春”为主题的综合救助活动，侧重绿色救助、心理健康、能力培养 3 个方面。这些活动由学生工作处、团委、勤工俭学办公室、学校心理咨询室、社会工作系联合开展。通过实施教育救助的具体措施，达到教育救助的目的。系列活动由社会工作专业的老师和同学直接介入，运用专业知识，并结合学校社会工作、青少年社会工作的内容，灵活运用了心理咨询、个案辅导、小组工作等方法，使得这次活动取得了很大的成功。

从这个案例中可以发现，教育救助的具体方式主要有以下几种。

### （一）提供教育机会

国家对在义务教育阶段就学的最低生活保障家庭成员、特困供养人员、低保边缘家庭成员等给予教育救助；同时为在高中（含中等职业教育）、普通高等教育阶段就学的这部分人员，以及不能入学的残疾儿童提供适当的教育救助。社会工作者要了解救助对象的家庭实际情况，及时摸清潜在救助对象对教育救助的需求，帮助申请政府提供的教育救助，使处于生活困难状态的儿童和青少年能够获得接受教育的机会。这是改变家庭和个人命运的机会，也是促进儿童和青少年健康发展的有效途径。

### （二）提供教育补助

针对困难家庭学生教育救助在内的教育资助体系共分 5 个层次，即“奖、贷、助、补、减”。所有这些措施，困难家庭的大、中专学生都可以享受。所谓奖，即学校设立奖学金支持家庭困难且学习成绩优秀的学生。所谓贷，即金融机构针对高校困难学生开展的各种助学贷款。所谓助，即政府通过学校发放助学金，同时学校设立勤工俭学岗位，困难学生可以通过参加工作获得一定的收入。所谓补，即政府每年拨出一定的专款和高校从所收学费中提取一定比例的资金，用于对困难学生的生活补助。所谓减，即针对不同专业和经济困难程度不同的学生减少或者免收学费。教育救助根据不同教育阶段需求，采取减免相关费用、发放助学金、给予生活补助、安排勤工助学等方式，保障教育救助对象基本学习和生活需求。在为困难大学生提供生活救助的同时，社会工作者还可以安排他们参与勤工俭学，在改善生活状况的同时增强能力、提高生活技能。案例10-1所展示的“助力青春”活动就是鼓励大学生通过参与学校的勤工俭学活动，提高社会实践能力。

### （三）心理能力建设

在儿童和青少年接受教育救助的过程中，社会工作者要关注他们的心理能力建设，给予积极正向的支持，鼓励青少年参与社区和学校的社团活动，多与同辈群体交往；引导青少年多用优势视角看待自己的生活境遇，在生活中获得成长。

## 六、就业救助中的服务内容

### （一）转变就业观念

国家对于最低生活保障家庭、低保边缘家庭等困难家庭中有劳动能力并处于失业状态的成员给予就业救助。就业救助的形式主要包括贷款贴息、社会保险补贴、岗位补贴、培训补贴、税费减免、公益岗位安置等。为了促进救助对象积极就业，社会工作者要帮助他们转变就业观念，积极参与就业培训，获取就业信息，通过就业改变生活状态。

### （二）自我认知调整

受自身能力、知识技能以及社会资源匮乏等限制，救助对象在参与就业过程中可能会遇到挫折和挑战，出现不能及时就业或者不能完全符合自己就业意愿等问题。社会工作者要协助救助对象认真分析就业形势和自身优势不足，调整自己的认知和心态，以更加务实和乐观的心态积极就业。

### （三）职业技能培训

社会工作者要帮助就业救助的申请者按照当地公共就业服务机构免费提供的就业岗位、职业介绍、职业指导等信息积极参与就业培训。通过参与技能培训，提高自身的能力，掌握一定的就业知识和技能，提高自己的素质和就业竞争力。

### （四）链接就业资源

社会工作者应当积极为社区困难群体寻找就业信息，协调就业资源，争取培训机会，向社会用人单位积极推荐，维护困难群众的就业权益。社会工作者要协助救助对象了解劳动力市场的现状以及就业形势，避免他们产生不切实际的就业期望，鼓励申请者积极接受新岗位，勇于面对新挑战。同时，针对困难群体工作技能和知识水平较低的现实情况，社会工作者应当在当地劳动就业管理部门的帮助下，在社区努力开发保洁、保安、绿化、家政服务、日常维修等公益岗位，促进社区就业。这样，既有利于社区服务的发展，也能够增加困难群体的收入，提升他们的自信力。

## 七、临时救助中的服务内容

### （一）危机干预

根据困难情形，临时救助对象可分为急难型救助对象和支出型救助对象。急难型救助对象主要包括因火灾、交通事故等意外事件，家庭成员突发重大疾病及遭遇其他特殊困难等原因，导致基本生活暂时出现严重困难、需要立即采取救助措施的家庭和个人；支出型救助对象主要包括因教育、医疗等生活必需支出突然增加超出家庭承受能力，导致基本生活一定时期内出现严重困难的家庭，原则上其家庭人均可支配收入应低于当地上年度人均可支配收入，且家庭财产状况符合当地有关规定。申请临时救助的情形具有突发性、急难性、临时性或刚性支出较大等特点，需要立即进行危机干预，否则就有可能造成无法挽回的损失或无法改变的严重后果。社会工作者面对申请临时救助的人员，要积极采取危机干预措施，真正救急解难，确保服务对象的生命安全。需要指出的是，申请急难型临时救助不受户籍地限制，在急难发生地也可以申请。

### （二）外展服务

社会工作机构或者社会工作者要积极开展外展服务，对于生活陷入困境、无力改变自身状态的人员要给予及时的帮助。例如，对于生活无着的流浪乞讨人员，要了解其需求，并及时提供临时的食宿、衣物、疾病治疗等，或者协助他们返回原籍。外展服务是社会救助社会工作的重要内容，一般包括街头救助和全天候救助两种。街头救助是指借助救助巡逻车和救助亭对街头的流浪乞讨人员实施救助。全天候救助是指各个地区的救助站 24 小时开放接待流浪乞讨人员或者其他需要紧急救助的人员。一些地区社会工作者向流浪乞讨人员派发“救助指引卡”，与城管人员合作劝助，并且动员市民和大学生志愿者劝导、指引流浪乞讨人员到救助站接受救助，也属于外展服务。

### （三）机构救助

专业社会工作机构或者社会工作者要向在街头流浪、乞讨的人员告知如何向救助管理机构求助。如果是残疾人、未成年人、老年人或者行动不便的人员，还要引导、护送他们到当地的救助管理机构；对于有突发疾病的人员，要立即通知急救机构进行救治，确保其生命安全。

机构救助包括基本生活安置以及行为思想引导与矫正。流浪乞讨人员没有基本的生活条件，且生存缺乏保障。救助机构首先要做的就是合理安排其生活。除了物质上的救助，还要开展教育，对其行为和心理进行疏导，消除其懒惰和依赖社会的想法，纠正偏差行为，帮助其分析自身的长处和弱点，鼓励他们独立自强，走出困境。

## 八、受灾人员救助中的服务内容

### （一）社会工作介入受灾人员救助的不同阶段

在我国社会工作发展过程中，2008 年是具有标志性意义的一年。“5·12”汶川大地震造成巨大的生命伤亡和财产损失，政府和社会开展了大规模的受灾人员救助工作。在众多的受灾人员救助队伍中，社会工作者的身影明显而特殊。广大社会工作者以社会工作的专业理念、方法和价值观参与灾后救助，帮助震区群众树立重生的勇气和重建家园的信心，成为促进社会融合的润滑剂以及完善社会救助的重要力量。

我国台湾地区社会工作学者冯燕曾提出灾后社会工作开展分 3 个阶段的观点，并仔细阐述了每个阶段的工作重心。

第一阶段：从灾后紧急救援到 1 个月内的临时安置阶段。灾后 72 小时以内的工作重点是维护生命安全，一切围绕抢救生命展开；灾后第 3 天到第 10 天是危机处理期，预防进一步的伤害；灾后两个星期至一个月内是临时生活庇护以及生活需求评估期。社会工作者要组织受灾民众活动，让他们参与救灾和重建，安抚受灾民众的情绪、安置受灾民众的生活。

第二阶段：从灾后 1 个月至半年内。这一阶段的工作重点主要是建设临时住所，社会工作者要协助受灾民众迁入新居，并且要让受灾民众了解政府救助的内容以及如何寻求救助等，使之逐步适应过渡时期的生活。

第三阶段：从灾后 6 个月至 3 年的中长期恢复重建阶段。这一阶段的主要工作包括 3 项：一是家庭重建，二是社区重建，三是社会重建。

在从事受灾人员救助过程中，社会工作者的功能发挥主要体现在 4 个方面：一是支持受灾个人及其家庭；二是协助个人与资源的链接；三是防止受灾民众出现更严重的身心健康问题；四是预防个人、家庭、团体和社区的瓦解。

### （二）社会工作介入受灾人员救助的服务内容

#### 1. 协助安置受灾人员

自然灾害发生后，政府灾害救助应急机构应当根据情况紧急疏散、转移和安置受灾人员，并及时为受灾人员提供必要的食品、饮用水、衣被、取暖、临时住所、医疗防疫等应急救助。社会工作机构和专业人员应当积极参与疏散、转移和安置工作，并随时开展针对受灾人员的危机干预工作。

2. 及时开展危机干预

灾害过后，受灾群众目睹家园坍塌，遭遇丧亲之痛，会表现出震惊、恐慌、无助、焦虑、紧张、悲伤、抑郁等情绪，在行为上可能会出现行为失常、焦躁不安或者冷漠、退缩等。对于灾后处于危机状态的个人、家庭和社区，社会工作机构和专业人员要尽快介入，在有限的时间内提供支持性的服务，使受灾人员迅速降低心理上的恼怒、悲伤等情绪，逐步恢复社会功能和生活功能。

3. 修复社会支持系统

自然灾害发生后，受灾地区的社会结构和社会功能受到严重破坏。家庭破碎、邻里失踪、社区被毁、村庄消失等突发事故，正常的生活秩序和社会交往完全被打乱，社会生活突然陷入无序混乱状态。社会工作机构和专业人员要积极运用社工专业的方法，通过团体工作以及社区发展的方式为受灾人员重建和修复社会关系，加强社会支持系统的力量。

4. 社区重建与发展

受灾人员救助的长期目标应当是重建社区和发展社区。社区重建就是要组织和动员全体社区成员参与，通过集体行动寻找和利用资源，实现自助自救。同时，在解决社区问题中，促进社区早日重建并更好地发展。社会工作机构、社会工作者要和社区成员一起，通过多方整合资源为困难群众解决生活难题。同时，组织和参与恢复重建工作，开展社区活动，重建邻里关系。社工机构要积极征求社区成员的看法并积极向政府提出建设性意见。

**案例 10-2**

### “巷巷会”与“社区互助网络”

“5·12”汶川大地震，在安置点建设初期，受灾群众对于政府都有一种“等、靠、要”的依赖倾向。在碰到比如安全、卫生、板房漏水等具体问题而管委会又没有及时解决的时候，社区冲突就容易发生。为此，社会工作者在走访调查的基础上，组织两排紧邻的、门对门的居民在弄堂之间座谈，共同协商和研究这些具体问题的解决办法，促进了邻里之间的熟识、自决和自我管理机制的建立。这个形式受到居民的欢迎。后来这种弄堂会按照四川当地民众的习惯改称“巷巷会”，并且迅速推广到许多巷子和其他安置点社区。居民还在协商的基础上，给自己的巷子起了富有特色的名字。以此为契机，在社会工作者的指导下，各个安置点又逐步建立起老人、青年、妇女的互助网络和志愿服务网络。

在这个案例中，社会工作者运用了小组和社区的工作方法，结合安置点社区的具体情况，鼓励居民参与社区管理，帮助居民建立社区互助网络。具体来说，灾后社区重建的内容主要有以下 3 项：

（1）开展社区人居环境重建。评估社区房屋、公共设施、生命线工程的重建需求；组织受灾群众参与恢复重建活动；征集受灾群众意见，向地方政府提出社区重建规划建议；协助地方政府监督重建工程建设的进展。

（2）恢复社会生活秩序。协助重建社区管理组织系统，以及社区的医疗、教学、文化娱乐、基本生活物资供给等社会服务系统；组织策划专题活动，重建邻里关系；参与社会救助活动，安排困难群众的基本生活。

（3）复苏社区的经济秩序。帮助受灾企业开展恢复重建，恢复生产和经营活动，组织策划专题活动。引导社会投资，通过职业培训促进居民就业。社会工作者可以根据受灾群众的需求，设计职业培训内容。同时开发社区岗位，引入外地援助项目，帮助居民解决生活难题。

从内容上看，社会救助社会工作主要依据 8 项社会救助制度展开。在社会救助具体实施过程中，社会工作机构和专业社会工作者要依据各项社会救助制度的政策和原则，恪守社会工作的价值和伦理，运用社会工作的专业知识和方法，为社会救助对象提供资源链接、社会融入、能力提升以及心理疏导等服务，改善社会救助的效果，提高社会救助对象的生活质量。

## 第三节　社会救助社会工作的主要方法

社会工作者在为救助对象提供服务的过程中，运用生态系统理论、社会支持网络理论以及增能理论，应用专业方法和技巧，从需求评估入手，开展危机干预和心理疏导，通过个案与团体工作，运用社区为本的综合性救助方法，帮助服务对象重建社会关系，恢复社会功能。社会救助社会工作的根本目的在于帮助服务对象建立社会支持网络，使之更好地融入社会，同时也使自身能力得到提升。

### 一、社会支持网络的理论基础及其应用策略

**案例 10–3**

某社会工作事务所承接服务低保家庭的项目，名称为“低保家庭社工介入服务及社会支持网络建设”。社会工作者首先以社区融合活动来吸引服务对象，帮助他们走出自我封闭状态，提升社会参与意识。在节假日，社会工作者组织了“爱心企业赠月饼”“腊八粥香暖寒冬”“同吃年夜饭、共叙邻里情”等活动，让低保家庭和其他居民一起参加，促进他们的融合。被低保家庭接纳后，社会工作者根据服务对象的需求提供有针对性的服务，包括子女教育支持、心理疏导、邻里关系维护、职业辅导等。通过一年多的社区融合小组活动，低保家庭这个“社区中沉默的人群”得到关注。

社会工作者经过观察和了解低保家庭的生活环境，发现导致低保家庭生活困难的原因在于社会关系的中断，没有与生活的社区形成互动关系。低保家庭的封闭状态也是长期以来与社区缺乏交流造成的。生态系统理论强调个人的生活问题一定要放置在服务对象生活的整体空间来理解和解决。因此，社会工作者策划了“为我所用”主题活动，目的就是通过挖掘社区潜能和资源来帮助低保家庭重建社会支持网络。活动中，社会工作者和低保家庭一起分析和寻找社区现有资源，进而利用这些资源增强自身的力量。通过活动，许多低保家庭发现身边有许多自己没有注意到的资源，自己应该主动去利用这些

资源，以前老觉得自己没能力、没用，给自己贴负面标签。通过这些活动，低保对象提高了自信心，相信自己的能力，开始积极参与社区活动，展示自己的才华①。

社会支持网络理论是从现代社会系统理论发展而来的一个理论分支，它将社会支持与社会系统连接起来，把个体与各种社会关系的交往视为一种相互关联的网络。通过社会关系网络，个体能够获得各种正式的和非正式的社会支持，进而获取社会资源。

### （一）社会支持网络的理论基础

#### 1. 基本定义

所谓社会支持网络，是指由个人之间的接触所构成的关系网，通过这些接触（关系网），个人得以维持其身份，并获得情绪、物质、服务、信息等支持。社会支持包括正式的社会支持系统和非正式的社会支持系统，前者是指社会正式组织（如政府、慈善组织等）给予的支持，后者是指来自亲友、邻里、同事等人际互助网络的支持。社会工作者通过干预服务对象的社会支持网络来改变其在个人生活中的作用，特别是对于那些社会网络资源不足或者利用社会网络能力不足的服务对象，社会工作者可以帮助他们扩大社会网络资源，提高其利用社会网络的能力。

社会支持网络理论为社会工作者提供了系统分析问题的视角。它将服务对象置于个人、家庭、组织、社区、社会的关系网络之中，以社会支持和资源获取为重点，帮助服务对象构建新的社会支持网络。社会支持网络理论广泛应用于低保困难家庭服务、老年人照顾、流浪未成年人保护、农村妇女能力提升等多个社会工作服务领域。在案例10-3中，社会工作者就运用了重建服务对象社会网络、加强社会支持的工作模式。

个人的社会支持网络是指个人或家庭能够从中获得各种资源（如信息、物质、信任等工具性或情感性帮助）的社会关系。通过社会支持网络，人们可以解决日常生活中遇到的问题和危机，维持日常生活的正常运行。社会支持指的是由社区、社会网络、亲密伴侣等提供的表达性支持或者工具性支持。其中，来自社区的社会支持可以为社区成员带来归属感；包括朋友、亲戚、同事在内的社会网络让社会成员与社会联结在一起，获取支持；密友、知己和配偶等亲密伴侣则提供了情感上的支持。

从社会支持的内容上看，表达性支持一般是分享感受、宣泄情感、肯定自我和他人的价值与尊严，表现为心理支持、情绪支持、自尊支持、情感支持和认可；工具性支持一般是通过运用人际关系达到某种目标，如找工作、借钱或者帮助照看孩子等，表现为有形支持与解决问题的行动等。从支持关系的程度看，社会支持可分为强关系和弱关系。强关系表现为互动频繁，情感投入程度高；弱关系表现为互动较弱，情感投入程度低。

#### 2. 基本假设

社会支持网络理论认为，每个人都处于社会关系之中，无法自绝于社会而存在。其基本假设如下：

（1）人类的生存需要与他人合作，并且依赖他人从而获得协助。

（2）人的一生中都会遭遇一些可预期的和不可预期的事件发生。

---

① 闫薇．专业力量介入社会救助：社工先行［J］．中国社会工作，2014（13）：15.

（3）人们在遭遇一些事件时，需要自身资源以及外部资源的支持。

（4）当人们遭遇事件处于压力之下时，社会支持网络能够缓解负面的压力。

（5）一个人所拥有的社会支持网络越强大，就能够越好地应对来自外部的挑战。

（6）社会中的困难群体需要强化他们的社会支持网络，增强社会支持功能。

3. 社会支持网络中个人与支持者的关系类型

（1）工作伙伴：服务对象和支持者之间成为伙伴关系，互相支持和帮助。在社会支持网络中，如果能够建立服务对象与支持者之间的平等关系，共同协助解决问题，则有利于增强服务对象的自信心和自主意识。

（2）生活协助：支持者可以为服务对象提供生活方面的帮助，帮助其解决生活和生存问题。

（3）关系连接：服务对象可以通过支持者接触更多的社会网络，扩大自己的社会关系网络，接触更多的资源。

（4）心灵抚慰：支持者给予服务对象情感和心灵等方面的支持和安慰，缓解其压力和焦虑情绪。

（二）社会支持网络的建构途径

1. 丰富社会支持网络的成员

在案例 10-3 中，社会支持网络成员可以分为社区内部成员和社区外部成员两大类。社区内部网络成员包括社区居民、困难家庭、志愿者、社区各类组织、居委会等，这些成员构成的社区内部支持网络关系十分紧凑，支持力度大，能够给予服务对象直接、及时的帮助。社区外部的支持网络成员从水平方向延伸，可以扩展到其他社区成员和社会组织；从垂直方向可以延伸到街道、区县等政府相关机构和部门。社会工作者要有意识地丰富社区内外支持网络中的成员，发挥这些成员直接服务或者间接支持的作用。

2. 整合社会支持网络的资源

在社会支持网络中，社会工作者要合理整合来自政府、社会、市场的各种资源。既要利用制度性的正式资源，例如政府出台的各项政策、法规等，又要努力争取来自社会的非正式资源，例如志愿者团队或者社会公益组织的捐赠等。社会工作者要善于整合社会支持网络的各种资源，这对于更好地开展工作，为救助对象提供服务是有极大裨益的。

3. 发挥社会支持网络的功能

（1）物质援助：社会救助对象一般处于生活困难状态，物质匮乏严重影响生活。通过社会支持网络，社会工作者首先可以为他们提供物质援助，解决生活难题，摆脱生存困境。

（2）情感慰藉：救助对象往往因下岗失业等生活所迫或身体残障而产生压力，如果不能及时得到舒缓，其情绪和心理就会受到负面的影响。同住一个社区的成员也更容易产生共同的利益以及认同感。通过社会支持网络的建立，社会工作者、志愿者、家人、朋友等给予服务对象及时的疏导、支持和关怀，帮助他们缓解负面情绪和压力。案例10-3中，社会工作者平日里与低保家庭保持联系，节假日则专门组织社区活动，让他们感受到来自社区和社会的温暖。

（3）心理疏导：困难家庭因为生活所迫承受着巨大的压力，在社会交往中能获取的资源少，参与竞争的机会少，往往处于边缘化的状态；同时，困难家庭成员有时候会被贴上负面标签，影响自我认知。社会工作者要及时给予心理辅导，解决心理问题。

（4）关系支持：困难家庭在社会资源和网络体系中往往处于弱关系的状态，关系简单，资源少。社会工作者要积极成为资源的整合者和关系的连接者。在社区层面或者所涉及的服务领域中，社会工作者要充分利用社区的资源，制订有利于救助对象的分配方案，同时连接社区内外的其他关系网络，扩展困难家庭在支持网络中的关系广度和强度。

### （三）社会支持网络的应用策略

#### 1. 政府层面：参与政策倡导

作为政策的倡导者，社会工作者要积极发挥桥梁作用，促使各项社会救助政策的制定和实施更加合理，更符合救助对象的利益，能够充分满足其需求。作为参与各项社会救助政策实施的专业人士，社会工作者必须了解救助对象的问题和需求，熟悉社会救助政策的内容和程序，并且要通过评估了解政策实施的实际效果。在参与政策倡导过程中，一方面，社会工作者可以通过科学的调查研究收集分析数据，为政策制定提供依据；另一方面，可以整理优秀的社会救助社会工作案例，通过分析案例，提炼本土救助社会工作的典型经验。

《社会救助暂行办法》鼓励社会力量参与社会救助，这是第一次在国家法规层面明确了社会工作介入社会救助的途径和主要功能。根据这一规定，社会工作介入社会救助得到了法规上的认可和支持，社会工作者可以名正言顺地参与社会救助过程，发挥专业特长，链接社会资源，帮助救助对象建设社会支持网络。2017 年 9 月，民政部、财政部等部门印发《关于积极推行政府购买服务 加强基层社会救助经办服务能力的意见》，提出了一系列支持政府购买社会救助服务的措施。社会工作机构应当抓住这个机会，积极参与社会救助服务。

#### 2. 社会层面：发挥组织影响

近年来，社会组织在社会支持网络中的作用和影响越来越大。社会组织可以参与直接捐钱捐物，给予救助对象物质帮助，或者提供及时的志愿服务，为救助对象提供心理咨询、情绪疏导等专业服务，同时还可以链接其他地区的组织和资源，扩大社会支持网络的广度。

社会工作者在帮助服务对象建构社会支持网络的时候，要善于利用社会组织的影响和力量为救助对象提供服务，同时鼓励救助对象多参与公益性组织和团体开展的活动，通过参与获得更多的社会支持网络中的关系资源，获得更大的益处。

#### 3. 社区层面：提供专业服务

在以社区为本的社会工作服务中，社会工作机构和社会工作者为社会救助对象提供服务时要突出社会工作专业化服务的特点。首先，要恪守社工价值理念。社会工作者要接纳并尊重服务对象的需求，给予服务对象个别化的服务。其次，要以专业理论知识指导实践。社会工作者要以社会支持网络理论为行动的指导，同时从优势视角出发调动服务对象的主观能动性，设计并实施社会工作介入社会救助的项目，明确每个阶段的工作计划和任务，以期实现助人自助的目标。最后，要运用专业方法与技巧。在接触服务对象时，社会工作者要善于倾听和沟通，准确甄别需求，为救助对象提供专业化的帮助。

**案例 10-4**

某社会工作服务社是全市第一批专业从事社区市民综合帮扶工作的社会服务单位。服务社将生态系统理论、社会支持理论和增能理论等专业社会工作理念引入社会救助工作，主要为社区中有特殊困难的居民家庭提供服务，并将因病致贫家庭作为综合帮扶的重点对象。生态系统理论强调社会工作实务要注重发展关爱性社区，促进积极的伙伴关系，增加个人与社区的接受力，并促进环境公平与社会公平。服务社的社会工作者对因病致贫家庭分析后发现，他们对疾病治疗、康复等需求非常强烈，而疾病与生活困难的双重困扰给其情绪和心理带来了严重的负面影响，有的甚至产生自我放弃、自我否定等消极情绪。据此，服务社为这些家庭创造社区互助平台，一方面帮助其运用社区资源缓解生活困难；另一方面为其弥补和拓展社会资源，帮助其获取社会支持，得到精神慰藉，提升自助能力，减轻心理压力。服务社的社会工作者结合大重病患者及其家属的同质性需求设计了形式各异的主题活动，为平日孤独寂寞的患者举办交流茶话会，引导其正面表达情绪，并组织康复情况好、心态乐观的患者现身说法，分享抗病经历，激励其他患者保持积极心态。通过开展支持性小组活动，服务社促进了这些家庭之间的交流，形成了互相支持、相互分享的互动模式。

从案例 10-4 所展示的工作经验看，社会工作者开展的训练有素的专业化服务改变了社会救助的传统方法，不仅增加并拓展了救助服务的内涵，注重服务对象物质需求之外的精神需求，而且善于从服务对象自身寻找资源和优势，给予服务对象充分的信任和尊重，使服务对象自身的能力得到提升。

4. 个人层面：强化网络效益

社会工作者介入社会救助领域时，要特别注重救助对象个人社会支持网络的建设，促使其通过亲戚、同事、邻里等关系以及其他正式或非正式的渠道与他人接触，鼓励救助对象积极融入社会关系网络。社会工作者可以从以下 4 个方面评估救助对象个人的社会支持网络状况：

（1）网络规模：即救助对象所拥有的可以给自己和家庭带来益处的关系人的数量。

（2）网络基础：主要分析救助对象的家庭、亲戚、朋友、邻里、同事和其他的援助者所能够提供援助的情况。

（3）网络质量：评估网络成员提供和运用资源的能力以及实际提供援助时的意愿强度等。

（4）网络强度：分析救助对象个人网络中成员之间的接触频率、耐久性以及强度等。

社会工作者掌握了救助对象个人关系网络的详细信息后，就可以开发和链接有用的资源，修复和强化救助对象的社会关系。在分析救助对象社会支持网络的基础上，社会工作者可采取以下具体步骤开展工作：一是和救助对象一起分析网络中能够提供支持的成员，然后鼓励和协助救助对象与其加强联系。二是发动志愿者网络资源，将救助对象和愿意提供志愿服务的成员联系在一起，通常一对一的连接方式更为有效。

三是结成互助和自助网络，鼓励有相同需求的救助对象互相支持。此外，还可以发动邻里资源，联系社区居民中的骨干、领袖等，通过多元化途径加强社会支持网络建设。

## 二、个案管理及其应用策略

### （一）个案管理的特点

个案管理作为一种社会服务传输方式应用日益广泛。在我国目前的社会工作实务和社会服务领域，个案管理适用于社会救助、社区照顾、社区矫正、社区禁毒、社区居民慢性病的护理、社区精神健康等，特别是在社会救助领域，对于分散在社区的救助对象而言，个案管理的方法非常有效。从事个案管理的社会服务人员被称为个案管理员。个案管理具有以下几个方面的特点：

（1）它是一个过程，建立在服务对象和社会工作者信任的关系基础之上。

（2）运用社会工作“人在情境中”的知识，协助陷入危机之中的服务对象。

（3）主要目标在于确保对复杂、具有多重问题以及失能的服务对象提供持续性的照顾。

（4）通过临床上的干预来减缓因为疾病和失能带来的情绪问题。

（5）注重运用社会工作的转介和倡导技巧，是一种跨领域的服务传输方法。

（6）所服务的目标人群需要各种社区服务或长期照顾服务，如经济、健康、医疗、社会和个人照顾等需求。

（7）需要对服务对象的功能性能力和支持网络加以评估，作为提供服务的依据。

（8）肯定服务对象自决、个人价值和尊严，以及参与决策的社会工作价值观。

### （二）个案管理的程序

个案管理是按照程序传输服务的过程。这个程序的基本假设是：个案管理员在对服务对象提供服务时，要扮演不同的角色，且个案管理具有复杂性。这一过程大致可分为制订计划、实施计划和评估计划 3 个阶段，共由 7 个步骤组成。

（1）进入机构：个案管理员安排和服务对象的见面。

（2）接案：建立和服务对象的密切关系，这有利于引导服务对象进入服务体系中。

（3）评估：个案管理员和服务对象的家人与朋友会谈，了解服务对象的真实需求。

（4）设定目标：个案管理者和服务对象一起设定明确合理的短期和长期目标。

（5）介入：个案管理员充分利用外部资源，帮助服务对象达到短期和长期目标。

（6）链接资源：将服务对象和其他社会网络支持资源链接起来，让服务对象能够顺利使用这些资源。

（7）检查和评估：个案管理员随时检查和评估，确保服务对象参与整个过程，提升服务质量。

### （三）个案管理应用于社会救助的具体方法

#### 1. 评估服务对象

在进行社区低保家庭需求调查时，社会工作者应对社区中的低保家庭进行评估，发现问题以及分析低保家庭所拥有的资源和优势，根据救助政策判断服务对象是不是有资格接受社会救助。在面谈过程中，社会工作者要与服务对象认真沟通，收集和记录相关信息，开展评估。

2. 确定服务方式

经过初始评估，社会工作机构确定服务对象符合条件且愿意接受服务后，就要确定服务人员和服务方式。根据服务对象的需求，如果本机构的社会工作者可以承担，那就安排人员开始服务；如果需要其他专业机构的人员参与，就要联系其他机构的专业人员承担服务任务。提供服务时，社会工作机构要指派一名专业人员跟进，而且还要以团队的形式出现，以处理具体事宜。

3. 撰写服务报告

社会工作者需要针对不同的服务对象撰写过程记录、接案摘要和个案笔记。过程记录要记录与服务对象交谈的内容，准确描述对服务对象的观察。接案摘要是在第一次面谈之后，整合所掌握的所有相关信息进行的评估。个案笔记是社会工作者每次访问服务对象之后撰写的材料，在材料中要确认某项需进行的具体服务，描述服务对象的反应和状况等。

4. 制订服务计划

正式开始服务之前，社会工作者要制订工作计划，写清楚服务的目标以及要采取的行动。社会工作者要和服务对象一起商议长期和短期目标。需要注意这些目标应该是清晰、具体、可行的，而且能够在一定时间内完成。比如，社会工作者可以和低保家庭一起，将提高专业技能改善自己就业的状况确定为长期目标，将未来 3 个月参加一期社区举办的就业培训确定为短期目标，这些都是具体且可行的。

5. 实施服务计划

根据工作计划，社会工作者要与服务对象一起实施服务计划，或者接受心理辅导，或者参与社区支持性小组，或者参加就业培训，或者转介进入其他组织康复训练等。在实施服务计划的过程中，社会工作者要确定服务对象所需资源的所在，积极协调服务。组建服务团队时，除了专业服务人员外，社会工作者也要积极吸纳服务对象的家人和朋友一起参与团队，拓展支持网络。

社会救助领域引入个案管理方法是对我国社会服务传输方法的改进。通过个案管理，将社会救助体系中的政策、资源、组织整合与协调起来，最大限度地服务救助对象。个案管理有利于提升救助社会工作的质量，社会工作机构、服务对象以及社会工作者都能从中获益。

## 本章小结

社会救助是指社会成员因个人原因、自然原因或社会原因致使其基本生活难以维持时，由政府和社会为其提供基本物质保障的救助制度。社会救助的基本方针是兜底线、保基本、救急难、促发展。

社会救助社会工作是指在社会救助领域，社会工作者根据社会救助的性质与特点，以社会工作价值理念为指导，以社会工作专业理论为依据，采用社会工作专业方法与技巧，为救助对象提供专业服务的过程。社会救助社会工作的主要特点是：救助对象的多样性、救助类型的复杂性、工作过程的持续性、工作方法的融合性、工作依据的政策性。

社会救助社会工作的主要内容包括最低生活保障、特困人员救助供养、受灾人员救助、医疗救助、教育救助、住房救助、就业救助、临时救助 8 项内容。根据具体的社会救助内容，社会工作者要积极参与救助，体现专业素质，为服务对象提供与救助内容相契合的专业服务。

社会救助社会工作的方法主要是通过个案管理，帮助救助对象修复和强化社会支持网络。社会支持网络为社会工作者提供了系统分析问题的视角，将服务对象置于个人、家庭、组织、社区、社会的关系网络之中。通过支持网络的建立，整合资源、提升能力。个案管理是科学有效的社会服务传输方式，通过评估服务对象的需求，社会工作者可以为救助对象提供多元服务，满足其多样化的需求。

# 第十一章　家庭社会工作

家庭社会工作，是以家庭作为受助单位而开展的社会工作服务活动。本章将围绕家庭社会工作展开讨论，首先简要概述家庭社会工作的基本内涵、特征和假设，然后介绍家庭社会工作的主要内容以及经常运用的主要方法。

## 第一节　家庭社会工作概述

习近平总书记历来重视家庭建设，他指出："家庭是社会的细胞。家庭和睦则社会安定，家庭幸福则社会祥和，家庭文明则社会文明。"党的十八大以来，党和政府也高度重视家庭工作以及家庭教育。《中华人民共和国家庭教育促进法》第二十七条就专门提出："县级以上地方人民政府及有关部门组织建立家庭教育指导服务专业队伍，加强对专业人员的培养，鼓励社会工作者、志愿者参与家庭教育指导服务工作。"家庭社会工作是社会工作的重要专业实践领域之一，它有着自己的基本假设和特征，与家庭治疗既有联系又有区别。

### 一、家庭社会工作的定义

#### （一）家庭社会工作的基本内涵

1. 家庭社会工作的基本含义

由于家庭的类型很多，而且家庭遇到的困难也千差万别，要给家庭社会工作一个清晰的定义并不容易。家庭社会工作是指运用社会工作的专业理论和方法帮助家庭解决面临的困难，更好地发挥家庭的社会功能，以满足所有家庭成员的发展和情感需要的专业服务活动。

在这个定义中，需要注意以下 3 点：

（1）家庭社会工作是运用社会工作的专业理论和方法而开展的专业服务活动。它不同于其他助人活动（如心理咨询、护理、法律等），需要运用社会工作的专业理论知识、方法和技巧。例如，家庭系统的概念、增能的观点等，社会工作者只有运用这些社会工作特有的理论知识和方法帮助有需要的家庭，才能在服务活动中体现出社会工作的专业特性。

（2）家庭社会工作的目的是帮助有需要的家庭更好地发挥家庭的社会功能。家庭社会工作不仅仅关注那些处于危机或者社会困难当中的家庭，帮助其解决面临的困难，同时也关注其他有需要的家庭，帮助他们更好地发挥社会功能，以满足家庭成员的成长发展以及各种情感的需要。因此，家庭社会工作的服务焦点既可以是帮助家庭克服面临的困难，治疗修补取向的；也可以是协助家庭发挥家庭成员的潜能，成长发展取向的。

(3) 家庭社会工作关注整个家庭成员的需要。它不同于个人的服务，以整个家庭作为服务关注的焦点。当然，对于整个家庭的理解也可以不同，有两种基本看法：一种是把家庭作为一个整体视为服务活动开展的对象。家庭中的任何一名成员都只是整个家庭的一部分，只有当他们一起组成一个家庭整体时，才能成为服务活动关注的焦点，服务活动始终围绕着整个家庭而展开；另一种是把家庭作为服务活动开展的场境或者活动单位。这样，既可以把个人放在家庭场境中开展的专业服务活动，如亲子关系、教育等，不一定涉及所有家庭成员；也可以把家庭作为活动的单位放在更大的社区场景中所开展的专业服务活动，如家庭心理健康教育等，帮助家庭在社区中建立和扩展有效的社会支持网络。

因此，家庭社会工作是一种以家庭作为服务帮助对象的各种服务活动的总称。如果细分起来，家庭社会工作主要包括 3 个部分：以家庭作为背景的专业服务活动、以家庭作为对象的专业服务活动以及以家庭作为活动单位的专业服务活动。

2. 家庭社会工作的基本特征

不同类型的家庭社会工作虽然具有不同的服务活动的形式，但它们都有一些共同的基本特征：

(1) 针对家庭的日常生活和沟通交流方式进行干预。虽然家庭社会工作有时会在辅导室中进行，但更多的时候却是直接在受助的家庭中展开，尤其是对于深陷危机中的家庭来说，这样直接在受助家庭中开展专业服务的方式就能够保证社会工作者接近家庭的自然生活环境，了解家庭成员的实际需要，并且针对受助家庭的互动交流方式以及日常生活安排开展服务介入活动。

(2) 协助家庭成员改善家庭困扰产生的环境因素。家庭既是家庭成员改变的条件，也是家庭成员困扰产生的来源。家庭社会工作为社会工作者提供直接接触家庭生活环境的机会，让社会工作者直接面对家庭困扰产生的生活环境以及家庭成员改变的生活条件，协助家庭成员寻找积极有效的措施，改变家庭环境的影响，让家庭环境更好地满足家庭成员的需要。

(3) 为家庭成员提供直接、具体的支持和帮助。在受助的家庭中开展社会工作服务活动，社会工作者就可以根据家庭成员的实际需要设计服务活动计划，按照服务计划的要求开展各项服务活动，评估服务活动的效果，并且根据受助家庭成员需要的变化随时调整服务计划，让服务活动和家庭成员的发展配合起来，为家庭成员的发展提供直接、具体的支持。

总之，家庭社会工作不同于围绕个人而开展的社会工作，它有自己的基本特征，包括针对家庭的日常生活和沟通交流方式进行干预、协助家庭成员改善家庭困扰产生的环境因素以及为家庭成员提供直接、具体的支持和帮助等。

3. 家庭社会工作的基本功能

显然，只有当家庭的发展遇到障碍时，才会寻求专业的帮助，包括家庭社会工作者的支持。尤其是当这样的困扰妨碍了家庭成员日常生活的安排时，像家庭社会工作这样的专业服务就成为帮助家庭恢复正常社会功能不可缺少的部分。当然，家庭社会工作不仅仅服务处于危机困扰中的家庭。根据家庭社会工作对家庭改变所发挥的作用，可以把它的基本功能概括为以下 3 个方面：

（1）增强家庭的能力，帮助家庭成员做好改变的准备。无论是遇到危机希望解决面临的困难的家庭，还是寻求潜能发展希望提高生活水平的家庭，都可以在社会工作者的协助和支持下为未来生活状况的改善做好准备。

（2）结合家庭的治疗和支持，保证家庭维持有效的家庭功能。社会工作者在协助家庭克服面临的困难时，还需要为家庭提供必要的支持；而在为家庭提供必要的支持时，又需要协助家庭寻找解决困扰的方法。将家庭的治疗和支持结合起来，这样才能为家庭维持有效的家庭功能提供保障。

（3）促进家庭功能的改善，维护家庭成员有效、满意的日常生活方式。家庭社会工作不仅仅局限于保证家庭能够维持有效的家庭功能，同时还需要与受助家庭成员一起改善家庭的功能，更好地满足家庭成员成长发展的需要，并且根据家庭成员的要求维护家庭成员有效、满意的日常生活方式。

### （二）家庭社会工作与家庭治疗的关系

提起家庭社会工作，很容易让人想起家庭治疗，这两个概念既有联系又有区别，很容易混淆。

#### 1. 家庭社会工作与家庭治疗的主要区别

家庭社会工作与家庭治疗的区别主要体现在以下 4 个方面：

（1）起源不同。家庭社会工作的产生要比家庭治疗早，它源于社会工作初期的美国慈善组织运动中的“友好访问者”活动，已有 100 多年的历史。可以说，社会工作的创始人玛丽·里士满是一位家庭社会工作的先驱，她首先要求社会工作者同时对服务对象及其家庭成员的历史和现状进行系统考察。而家庭治疗则是系统理论产生后把心理治疗从个人延伸到家庭的尝试和实践，时兴于 20 世纪六七十年代，只有五六十年的历史。

（2）关注焦点不同。与家庭治疗相比，家庭社会工作关注的焦点更为广泛，既包括家庭成员之间的沟通交流，也包括家庭成员在不同层面的互动交流，例如家庭成员个人与家庭的互动交流、家庭与社区的互动交流等；而家庭治疗的焦点主要集中在家庭本身的结构和互动关系上。因此，家庭治疗通常以整个家庭作为关注的焦点，而家庭社会工作就更为自由，它的关注焦点既可以是家庭中的个人，也可以是家庭中的次系统，如亲子关系等，甚至可以是家庭与家庭之间的互动关系。

（3）工作理念不同。家庭社会工作更为强调“人在情境中”的服务理念，注重在受助家庭的自然生活场景中开展专业服务。这样的方式不仅能够让社会工作者更容易接近受助家庭的实际生活，了解家庭成员的真实需要，而且能够帮助社会工作者把受助家庭的环境因素作为服务介入的重要方面来考察。而家庭治疗更为注重家庭系统的服务理念，关注家庭成员之间的互动方式和结构。因此，家庭社会工作更倾向在受助家庭的自然生活场景中开展服务；而家庭治疗更多地在离开家庭自然生活场景的辅导室中进行。

（4）专业关系不同。在家庭的自然生活场景中开展专业服务，这要求社会工作者与受助家庭建立良好的合作关系。通常，这样的良好合作关系的建立超出了一般意义上的“专业合作关系”，包含很多情感方面的交流。如果缺乏这些情感方面的交流，社会工作者就无法深入受助家庭的自然生活场景中，而这一要求在家庭治疗中并不突出。

### 2. 家庭社会工作与家庭治疗的联系

以上的比较是把家庭社会工作和家庭治疗作为理想的服务模式进行对比的，实际上，在日常的专业服务活动中，家庭社会工作和家庭治疗之间的界限并没有那么清晰，而且两者往往交错在一起使用。无论在服务的方法和技巧上，还是在服务的理念和原则上，两者相互影响、相互借用。家庭社会工作与家庭治疗的联系主要表现在以下 3 个方面：

（1）服务领域的相互影响。虽然细分起来家庭社会工作与家庭治疗的服务领域存在一些差别，但两者都以家庭作为帮助的对象，服务内容存在交叉和重叠，很容易出现相互替代的现象。

（2）服务模式的相互影响。尽管家庭治疗比家庭社会工作出现得晚，但家庭治疗的服务模式、方法和技巧却比家庭社会工作发展得快，而且影响也比家庭社会工作大。很多社会工作者学习家庭治疗的服务模式、方法和技巧，并把它们运用于家庭社会工作的服务项目中。因此，在实际服务活动中，家庭社会工作与家庭治疗的界限并不是那么清晰。

（3）工作人员的相互影响。家庭社会工作与家庭治疗的相互影响还表现在工作人员的相互交叉上，不少社会工作者学习家庭治疗的方法和技巧，在辅导室里从事专业服务活动；同时也有不少家庭治疗师走出辅导室，在受助家庭的自然生活环境中开展各种服务活动。

可见，家庭社会工作与家庭治疗既相互区别又相互关联，但是要在实际服务中明确区分家庭社会工作和家庭治疗的界限并不容易。不过，明确家庭社会工作的基本要求还是非常有意义的，能够让社会工作者了解自己的位置和作用，并且在开展家庭服务活动中把握家庭社会工作的核心要求和基本内涵。

## （三）家庭与家庭社会工作

社会工作者之所以关注在家庭的自然生活场景中开展专业服务活动，是因为有这样的共识：家庭是社会成员获得基本需要并且学习社会行为的重要场所，在家庭中孩子学习基本的生活技能和知识，并且为家庭之外的生活做好准备，家庭功能的正常发挥就能保证社会的正常运行。因此，了解家庭的定义、家庭的基本类型等对于开展家庭社会工作来说是十分必要的。但是，要给家庭一个清晰的界定却非常困难，家庭的结构和功能会随着社会环境的改变而改变。例如，核心家庭在现代社会中已成为主要的家庭类型，而多代的联合家庭在慢慢减少。此外，不同文化对界定谁是家庭成员谁不是家庭成员也有明显的差别。

不同的学者对家庭有不同的理解和界定，但这些有关家庭的定义中都包含了一些基本的要求：一是家庭是依靠血缘、婚姻或者法律联系起来的一群人；二是家庭成员拥有共同分享的历史和未来；三是家庭成员之间存在深厚的情感联系。简言之，家庭就是一群通过血缘、婚姻或者法律联系起来，并且拥有共同历史和未来以及深厚感情联系的人。

根据家庭的结构特征，可以把现代生活中的家庭分为：核心家庭、主干家庭、联合家庭、领养家庭、寄养家庭和单亲家庭等。核心家庭是指由一对夫妻以及未婚子女组成的家庭；主干家庭是由父母亲和一对已婚子女组成的家庭；联合家庭则包括父母亲和多对已婚子女组成的家庭；领养家庭则是通过法律长久收养子女的家庭；在寄养家庭中，父母亲暂时托管和抚养未成年的子女；单亲家庭则是由父亲或者母亲一方与未成年子女一起生活的家庭。

**案例 11-1**

阿美今年 32 岁，离婚后独自一人来到城市打工，把女儿留在了农村。因为怕耽误孩子的学习，阿美在城市找到一份稳定的工作后，把 8 岁的女儿带到了城市。可是不久阿美就发现，女儿除了不适应城市的学习生活外，还有一些令人讨厌的行为习惯，如随地乱扔东西、不整理自己的学习用具等。母女俩经常为此发生口角，争吵之后女儿总是喊着要回家乡，这让阿美感到很苦恼。班主任老师很关心阿美女儿的学习，时常进行家访，有时还利用自己的休息时间给孩子补课，只是最近有了身孕，精力有些顾不过来。

案例 11-1 中，阿美的家庭就属于单亲家庭，因为只有母亲阿美和未成年的女儿一起生活。当然，一个家庭可以同时属于两个或者两个以上的不同类型的家庭。像一个领养的家庭，同时也可以是联合家庭。另外，需要关注的是，随着家庭成员的成长，家庭的结构也会发生变化。例如，核心家庭的子女长大成家之后，如果继续与父母亲生活在一起，核心家庭就会转变成主干家庭或者联合家庭。

家庭结构的转变不是简单的结构的变化，同时意味着家庭成员之间互动交流关系的转变，以及家庭成员的需要的改变。作为社会工作者，需要将家庭结构的改变与家庭成员互动关系的转变以及家庭成员需要的变化联系起来，并且将这些变化放在家庭的自然生活场景中考察。

值得社会工作者特别关注的是，社会工作者自身对家庭的看法和认识。由于社会工作者也生活在家庭中，也有自己的家庭生活经验，这些家庭生活的经验就构成了社会工作者对家庭认识和看法的基础，影响社会工作者对受助家庭成员需要的理解以及对服务活动计划的规划和执行。例如，如果社会工作者认为一个完整的家庭应包括父亲、母亲和孩子，这样的看法就会影响社会工作者对阿美以及她女儿的需要的理解，在需要评估以及制订服务活动计划的时候就会特别关注丈夫和父亲的角色。因此，社会工作者在开展家庭服务时，要对自己的家庭生活经验保持警觉，这样才有可能避免自身的主观偏见，了解受助家庭成员的真实需要。

## 二、家庭社会工作的基本假设

### （一）提供以家庭为基础的支持

家庭社会工作有一些基本的假设，这些基本假设为家庭社会工作的开展提供基本的逻辑框架。社会工作者只有正确了解和把握这些基本的假设，才能保证专业服务活动的顺利开展。

首先，为家庭成员提供以家庭为基础的支持。因为在社会工作者看来，家庭是家庭成员的基本生活场所，涉及家庭成员生活的各个方面，为家庭成员的健康成长提供必不可少的支持；家庭也是孩子学习基本生活技能和知识的重要场所，帮助孩子学习基本的人际沟通技巧和生活原则，提升孩子的社会适应能力；而且家庭生活的改善离不开家庭成员的投入和参与。只有以家庭为基础为家庭成员建立和提供必要的支持，才能满足家庭成员的基本需要，真正改善家庭成员的生活状况。

### （二）坚持以家庭为中心的理念

社会工作者认为，家庭是家庭成员成长的重要场所，尤其是对于孩子来说，家庭是影响其健康成长的重要因素。运用以家庭为中心的视角就能把受助家庭成员放在家庭的自然生活环境中考察，了解家庭成员与家庭环境之间的相互影响过程，从而更为准确地掌握家庭成员的需要；某个家庭成员遇到困扰，不仅与个别家庭成员相关联，往往同时与整个家庭成员之间的互动交流密切相关。只有把遇到困扰的家庭成员放到整个家庭的互动关系中去理解，才能真正了解受助家庭成员的要求。例如，当我们想了解案例 11-1 中阿美 8 岁女儿面临的学习困境时，不仅需要分析农村生活与城市生活的差异，同时还需要关注母女之间的沟通交流方式。此外，运用家庭为中心的视角，能够让社会工作者在关注受助家庭成员面临困难的同时，了解受助家庭成员与其他家庭成员在互动交流中形成的相互支持关系，充分运用家庭的资源推动受助家庭成员改变。

#### （三）采取危机介入的策略

家庭成员常常在日常生活出现危机时才会主动寻找专业人员的帮助。此时，社会工作者才有可能与家庭成员建立必要的信任合作关系。对于家庭成员来说，危机既是妨碍家庭日常生活顺利进行的障碍，同时也是家庭生活改善的重要契机。因为只有在这个时候，家庭成员才愿意关注相互之间的沟通交流方式，反思和调整自己的生活。对于社会工作者而言，把握危机介入的时机，能够保证顺利地走进家庭成员的日常生活中，并且结合危机在家庭成员的日常生活中寻找危机解决的方式，对家庭成员的日常生活发生直接的影响。当然，采取危机介入的策略并不意味着社会工作者仅仅关注危机的解决，而是首先关注危机的解决，并且通过危机的解决过程进一步开展危机预防的服务活动，将短期的目标和长期的目标结合起来，更有效地发挥社会工作的作用。

#### （四）运用生态视角

家庭成员生活在家庭中，而家庭又受到周围社会环境的影响。运用生态视角不仅要求社会工作者把受助家庭成员放在家庭环境中考察，同时也要把家庭放在更大的社会环境中去理解。尤其是对于处于社会困难的家庭来说，社会环境的影响非常突出，而且家庭环境的影响又常常与周围环境的影响交错在一起。例如，案例 11-1 中阿美与女儿之间的矛盾和冲突，既与母女之间的沟通交流相关，阿美不喜欢女儿的一些行为习惯；同时也与城乡生活方式以及教育水平的差异密切相连。如果不运用生态视角理解母女俩之间的冲突，就很难了解发生冲突的真正原因，当然服务介入活动也就很难有效。另外，生态视角还特别强调社会环境中重要他人的影响。在案例11-1中，班主任老师就是解决阿美母女俩之间的冲突和改善家庭关系的重要他人。

## 第二节　家庭社会工作的主要内容

### 一、家庭社会工作的一些重要理论和概念

#### （一）家庭系统理论

家庭系统理论是家庭社会工作中运用最广也最受欢迎的理论，它已成为很多家庭社会工作服务模式的理论基础，为家庭社会工作构建评估和干预家庭功能的基本框架。家庭系统理论有 3 个基本的观点。

1. 家庭成员的问题是整个家庭不良的沟通交流方式导致的

所有的家庭都是一个社会系统，家庭成员之间相互依赖、相互影响。因此，不能把家庭的问题归结为某个或者某些家庭成员导致的，而应把问题放在整个家庭的处境中，理解家庭成员之间的互动交流方式，以及这样的方式如何产生和维持问题的具体过程。

2. 家庭所面临的危机既是机会，也是挑战

一旦某个家庭成员出现“问题”时，不仅这个家庭成员需要调整自己的行为和沟通交流方式，对“问题”作出回应；同时也会影响家庭中的其他成员，要求其他家庭成员作出相应的调整。如果家庭成员仍旧运用以往无效的“问题”解决方式，就会加深“问题”；相反，如果家庭成员能够运用“问题”提供的机会调整相互之间的沟通交流方式，就能为“问题”的解决提供新的机会。

3. 因“问题”而导致的家庭功能的失调能够有效解决

如果家庭出现了“问题”，通常这些“问题”会被理解成某个或者某些家庭成员导致的，其他家庭成员就会花费很多时间和精力责备那些有“问题”的家庭成员。这样，整个家庭的沟通交流方式就会转向相互指责、相互抱怨的不良循环中。如果社会工作者能够让整个家庭成员看到“问题”与家庭成员沟通交流方式之间的关联，并且设法打断这样的沟通交流方式，让家庭成员从相互责备的互动循环方式中摆脱出来，就能有效解决家庭功能的失调。

家庭系统理论的核心概念是家庭系统，而要正确理解家庭系统概念，就需要进一步把握家庭系统概念的 6 个核心要素：

（1）家庭作为一个整体大于各部分之和。家庭不是家庭成员的简单相加，而具有作为一个整体的运行规则。

（2）家庭系统努力维持改变与稳定之间的平衡。家庭系统既处于不断改变中，又处于稳定的寻求中，需要维持两者的平衡。

（3）家庭系统中每一名成员的改变都会影响所有其他家庭成员。家庭系统是一个整体，成员之间是相互影响的，其中任何一名成员改变都会影响其他成员。

（4）家庭成员的行为遵循相互影响的循环因果原则。家庭系统遵循的是一种循环影响的原则，即 A 影响 B，B 同时也在影响 A。

（5）每个家庭系统既包含很多次系统，又归属于更大的社会系统。系统与系统之间是相互关联的，家庭也一样，它是更大的系统的组成部分，如社区就是由很多家庭组成，而家庭本身又包含更小的次系统，如夫妻、亲子等。

（6）家庭系统依据已经建立的规则运行。一旦家庭系统建立了运行规则，就会按照已经建立起来的规则运行。

显然，家庭系统理论为社会工作者提供了理解整个家庭运行规则的服务框架，让社会工作者避免陷入用单个家庭成员的理解替代整个家庭理解的困境。

### （二）家庭生命周期理论

家庭也像人一样有一个成长、发展的自然变化过程，这就是家庭生命周期理论的核心观点。家庭生命周期理论强调家庭成员的互动交流关系以及需要会随着家庭的发展在不同阶段呈现出不同的特征，每一家庭发展阶段都有不同的任务和要求需要家庭成员去面对，让家庭成员感受到一定的压力。因此，在家庭发展比较脆弱的阶段就容易出现问

题，如第一个孩子出生、孩子开始上学等。家庭生命周期理论为社会工作者正确评估家庭成员在不同家庭发展阶段的需要提供基本的逻辑框架，也为社会工作者协助家庭成员解决不同发展阶段的问题提供必要的指导。

根据家庭成员之间的互动关系和面临的任务，可以把家庭生命周期分为 8 个阶段：家庭组成阶段、学龄前子女家庭阶段、学龄子女家庭阶段、青少年家庭阶段、子女独立家庭阶段、家庭调整阶段、中年夫妇家庭阶段以及老年人家庭阶段。当然，每个阶段家庭成员面临的任务和要求是不同的，具体见表 11-1。

**表 11-1　　家庭生命周期的 8 个阶段**

| 家庭发展阶段 | 名称 | 任务和要求 |
|---|---|---|
| 一 | 家庭组成阶段 | (1) 脱离原生家庭；(2) 组建新的家庭；(3) 形成夫妻的角色分工和规则 |
| 二 | 学龄前子女家庭阶段 | (1) 学习父亲和母亲的角色；(2) 调整夫妻的角色 |
| 三 | 学龄子女家庭阶段 | (1) 培养子女的独立性；(2) 对学校等新的机构和社会成员保持更大的开放性；(3) 接纳家庭角色的变化 |
| 四 | 青少年家庭阶段 | (1) 调整家庭界限满足青少年的独立要求；(2) 适应家庭成员对个人自主性的新的要求 |
| 五 | 子女独立家庭阶段 | (1) 为子女独立生活做准备；(2) 接纳和促进子女的自立要求 |
| 六 | 家庭调整阶段 | (1) 重新调整夫妻的角色；(2) 学习把子女作为成人对待 |
| 七 | 中年夫妇家庭阶段 | 适应新的、不以子女为中心的角色要求 |
| 八 | 老年人家庭阶段 | (1) 学习与成年子女沟通；(2) 学习与孙子（女）交流；(3) 学习应对衰老带来的困难；(4) 维持晚年生活的尊严、意义和独立 |

注：本表参考 Collins，D. Jordan，C. & Coleman，H. （2ed Eds.）（2006）. An Introduction to Family Social Work. USA，CA：Thomson Boobs/Cole. p. 187。

值得注意的是，这样的家庭生命周期阶段的划分是以普通标准家庭为例的，并没有考虑不同结构类型的家庭，也没有考虑文化、社会等因素的影响。因此，社会工作者在运用时需要注意它的限制。这里介绍家庭生命周期理论只是为社会工作者提供基本的参考框架。

### （三）结构式家庭治疗模式和萨提亚家庭治疗模式

家庭治疗模式众多，其中最为基础而且广受欢迎的有结构式家庭治疗模式和萨提亚家庭治疗模式。结构式家庭治疗模式是由米纽秦（S. Minuchin）提出的，它假设家庭的动力和组织方式与家庭成员的问题密切相关，通过家庭动力和组织方式的改变来解决家庭成员的问题。其核心概念包括：家庭系统，即家庭是由家庭成员相互影响过程中形成的组织化的系统；家庭结构，即家庭系统中存在边界、责任和权力结构；病态家庭结构，即家庭系统的失衡就会出现病态的家庭结构；家庭生命周期，即家庭也有一个发展变化的生命周期。结构式家庭治疗模式要求社会工作者进入受助家庭后，关注家庭结构的认识和把握，通过病态家庭结构的调适，恢复家庭的正常功能。

萨提亚家庭治疗模式是由美国著名的家庭治疗师弗吉尼亚·萨提亚（Virginia Satir）总结提出的。这一理论假设主要包括对人的理解、对困难的理解和对家庭的理解，它相信：人是拥有快乐生活的各种能力和资源的，导致人出现问题的原因是其错误的应对方式，对每个人来说家庭都是非常重要的。萨提亚家庭治疗模式要求社会工作者在治疗过程中不是关注家庭成员的病症表现，而是注重考察家庭成员的困难应对方式，通过改善家庭成员的沟通方式和家庭规则，提高家庭成员的自尊和自我价值感。

### （四）家庭抗逆力

家庭成员在逆境中并不一定必然成为"问题"，任何家庭在"问题"面前都拥有应对困难的能力，并且通过克服逆境的过程寻求新的发展。这是家庭抗逆力的基本假设。家庭抗逆力从另一个不同于传统"问题"的视角看待家庭面临的困难，它认为没有哪个家庭不面对困难、压力和挑战，所谓健康家庭，并不是说没有"问题"，而是拥有能力应付"问题"。家庭抗逆力要求社会工作者从不利的危机因素和有利的保护因素两个方面考察家庭应对逆境的过程。

不同的学者对家庭抗逆力的内涵有不同的解释，美国著名的家庭抗逆力研究专家瓦希（F. Walsh）把家庭抗逆力分为3个方面9个因素，即家庭信仰系统、家庭组织方式和家庭沟通过程3个方面，每个方面又包括3个因素①。其中，家庭信仰系统包括逆境的意义、看待逆境的积极态度以及超越和灵性的感受；家庭组织方式包括家庭的弹性、连接性以及家庭的社会和经济资源；家庭沟通过程包括家庭沟通的清晰性、情感的公开表达以及合作解决问题等。瓦希强调，3个不同方面的家庭信仰系统是家庭抗逆力的关键。

## 二、家庭社会工作的基本内容

家庭社会工作的内容涉及很广，不同的学者对此有不同的划分。这里以家庭社会工作的服务焦点和目标作为划分的标准，对家庭社会工作的基本内容进行分类，它主要包括两类：改善亲子关系的服务和改善夫妻关系的服务。

### （一）改善亲子关系的服务

改善亲子关系的服务是以父母亲和子女关系的改善为服务焦点，并且以增进亲子之间的沟通交流和家庭社会功能为目标而开展的各项社会工作专业服务活动。常见的有家庭行为学习、家庭照顾技巧训练以及家庭心理健康教育等。

家庭行为学习是根据行为学习理论的原理，对家庭中的年轻子女在成长过程中遇到的行为问题进行干预的服务。它假设孩子在家庭生命周期不同阶段有不同的学习任务，如孩子在学龄阶段就需要与不同的同龄伙伴交流，学习新的行为；同样，孩子在青春期向往更多的自由空间，也需要学习新的行为。当然，孩子的行为学习与家庭中的其他人员的互动交流方式是紧密相连的，尤其是与父母亲之间的沟通交流，是影响孩子行为学习的重要因素。家庭行为学习要求社会工作者首先与父母亲建立良好的合作关系，指导父母亲在孩子做出适当的行为时给予奖励；而当孩子做出不当的行为时给予惩罚，帮助

---

① Walsh，F. Strengthening family resilience. New York：Guilford Press，1998：45-78.

父母亲指导孩子学习新的行为方式，改善父母亲与孩子之间的沟通交流。

家庭照顾技巧训练也是根据行为学习理论的原理设计的，不过它不是针对家庭中的年轻子女，而是针对家庭中的父母亲，尤其是那些在与孩子沟通交流中感到困难的家长。它要求社会工作者首先明确父母亲在与孩子沟通交流中存在的具体问题，把问题变成可以观察、测量的行为表现；其次，设计和尝试新的行为，测试新的行为带来的效果，并且根据行为的效果坚持或者调整新的行为。这样，就能帮助父母亲学习更有效的方式与孩子互动，增进父母亲与孩子之间的沟通交流。

家庭心理健康教育是将家庭教育、技能训练和社会支持等方式综合一体的服务活动，它最初运用于精神疾病患者的家庭，后来扩展到涉及其他健康问题的家庭，如肺结核疾病患者家庭、学习情绪控制与管理的家庭等。它要求社会工作者为家庭成员提供专门的教育，让家庭成员掌握有关问题的必要知识，并且对家庭成员进行沟通技能和问题解决技能等方面的训练，改善家庭成员之间以及与社区之间的沟通交流；同时把拥有类似经验的个人和家庭联结起来，扩展受助家庭成员的社会支持。家庭心理健康教育的目的是为受助家庭提供必要的知识，并且增强受助家庭成员的沟通交流能力、解决问题的能力和社会支持。

### （二）改善夫妻关系的服务

如果家庭社会工作服务活动的焦点集中在家庭夫妻关系的改善上，这样的服务活动就属于改善夫妻关系的服务。像婚姻辅导、家庭暴力的干预等都是常见的改善夫妻关系的服务活动。

婚姻辅导，顾名思义，就是针对夫妻的婚姻状况而开展的服务活动，涉及夫妻角色的界定、扮演以及相互之间沟通交流方式的改善等。由于婚姻辅导涉及的内容很多，不同的问题可以采取不同的方法。例如，如果是关注夫妻角色学习的，就可以运用行为学习理论作为指导；如果是注重夫妻沟通交流方式改善的，就可以运用家庭系统理论；如果是强调夫妻平等关系的，可以采用性别视角。

家庭暴力的干预是针对家庭中的暴力现象而开展的服务活动，通常涉及妇女、儿童权益的保护，如妇女权益的法律援助、妇女平等意识的提升等。此外，还包括对家庭施暴者的心理辅导等内容，如男性控制愤怒小组等，帮助家庭施暴者学习控制自己的情绪，改善冲突处理的行为方式。

改善亲子关系服务的重点是关注家庭生活中的纵向关系，而改善夫妻关系服务的重点则是关注家庭生活中的横向关系。在实际生活中，家庭纵向关系的改善和横向关系的改善常常交错在一起，相互影响。

## 三、我国开展的家庭服务

我国专业社会工作起步比较晚，家庭社会工作的专业化程度并不高，但针对我国的实际情况，也开展了不同形式的家庭服务。依据这些家庭服务关注的焦点和目标，可以把我国的家庭社会工作服务分为 3 种不同类型：家庭的救助和帮扶、改善亲子关系的服务和改善夫妻关系的服务。

### （一）家庭的救助和帮扶

家庭的救助和帮扶是以整个家庭作为帮助的对象，其目的是保障整个家庭的基本生活水平。例如，对于家庭收入低于城市最低生活水平保障线的家庭，政府给予一定数额的经济补助和相关的优惠。此外，因生活变故或者意外灾害引发的特殊困难，政府也会向这些困难家庭发放救济金，提高困难家庭应对生活困境的能力，保障困难家庭基本的生活水平。

（二）改善亲子关系的服务

在改善亲子关系的服务活动方面，常见的有家庭生活教育、有关家庭的主题活动以及家长学校等服务活动。这些家庭服务活动以预防和发展为主，目的是改善家庭成员之间的沟通交流，增进家庭成员之间的感情联系，促进社区的和谐。

家庭生活教育是一种通过讲座、宣传、知识竞赛和娱乐活动等方式增进家庭成员的生活常识，改善家庭成员的沟通交流的服务活动，其目的是促进家庭成员之间人际关系的协调，增强家庭的社会功能，提高家庭成员的生活质量。

我国有丰富多彩的以家庭为主题的服务活动，如重阳节的敬老活动、“六一”的儿童游园活动等，这些活动以娱乐为重点增强家庭成员之间的感情交流，其目的是丰富家庭成员的生活，促进家庭的和谐相处。另外，还有家长学校，邀请专家为家长讲授科学育儿的方法、培养子女成才的方式以及合理处理家庭冲突的技巧等，以增强亲子之间的沟通交流，加强家庭的社会功能。

（三）改善夫妻关系的服务

改善夫妻关系的服务有婚姻调解和婚姻学校等形式，其目的是解决夫妻之间的矛盾和冲突，改善夫妻之间的沟通交流，维护家庭的稳定与和谐。

婚姻调解是对婚姻关系出现紧张和冲突的夫妻进行调查、劝说和协商等，以化解双方的矛盾，改善双方的关系，使双方达成谅解，避免家庭解体。婚姻调解工作首先由冲突双方的工作单位和居住地区的居委会或村委会共同协商；如果双方感情恶化要求办理法律离婚手续，则由法院负责婚姻调解工作。

婚姻学校包括新婚夫妇学校和离婚夫妇学校等，其目的是增进人们有关婚姻的知识，学习处理婚姻中出现的矛盾和冲突，改善人们的婚姻状况和家庭生活状况。此外，我国也出现了婚姻辅导、家庭暴力干预以及失独家庭帮扶等服务。

值得注意的是，在这些家庭服务活动中有一些并不是严格意义上的家庭社会工作，但包含了家庭社会工作的一些要素，它们的专业性有待进一步提高。

## 第三节　家庭社会工作的主要方法

### 一、家庭社会工作的基本原则

家庭社会工作的开展需要依据一些基本的原则，如家庭处境化原则、帮助家庭成员增能原则、家庭个别化原则和满足家庭成员需要原则等。这些基本原则为家庭社会工作的设计和执行提供基本的指导框架，保证社会工作者准确评估家庭成员的需要，发掘家庭成员的能力，实现家庭服务活动的目标。

### （一）家庭处境化原则

家庭处境化原则假设，家庭是家庭成员自然生活的场景。它要求社会工作者在观察和评估家庭成员的需要时，把家庭成员放在家庭的日常生活环境中，观察和了解家庭成员之间以及家庭成员与周围环境之间的互动交流状况，关注家庭成员的日常生活。只有建立在家庭自然生活场景中的观察和评估，才能准确把握家庭成员的真实需要，并且提供能够符合实际家庭处境的解决方案。

### （二）帮助家庭成员增能原则

帮助家庭成员增能原则假设，每个家庭成员都有自己解决困难的能力，有效帮助家庭成员克服困难的方式是增强他们自己克服困难的能力。指出家庭成员的问题并且提供直接的解决方法，这样的解决方式虽然能够克服家庭成员的困难，但并不能增强家庭成员的能力以应对未来生活中的挑战。帮助家庭成员增能原则要求社会工作者在帮助家庭成员解决问题过程中，鼓励家庭成员积极参与问题的解决过程，增强家庭成员自身的能力，提高他们的自信和独立。当然，每个家庭成员都有自己的能力和不足，只有准确评估家庭成员的能力和不足，才能设计出有效的服务介入计划。

### （三）家庭个别化原则

家庭个别化原则认为，每个家庭都是独特的，都有自己的生活环境和沟通交流的方式，社会工作者只有从受助家庭所处的特殊处境和方式着手，才有可能把握受助家庭成员的真实需要，提供符合受助家庭成员要求的服务。家庭个别化原则要求社会工作者避免通过裁减受助家庭成员的需要以适合预先安排的服务模式，而要求直接从受助家庭的日常生活处境出发，准确评估受助家庭成员的要求，并且根据受助家庭的实际需要设计服务介入的计划。

### （四）满足家庭成员需要原则

满足家庭成员需要原则是指社会工作者既要关注受助家庭成员的目前需要，也要关注受助家庭成员的长远要求，并且跟随受助家庭成员需要的变化将问题的解决和预防以及发展结合起来。如果仅仅关注受助家庭成员问题的解决，就会忽视受助家庭成员的预防和发展的长远要求；而如果仅仅关注受助家庭成员的预防和发展的要求，就会无视受助家庭成员希望解决目前问题的需要，无法与受助家庭建立良好的合作信任关系。只有将受助家庭成员的问题解决的需要与长远的预防和发展的需要结合起来，才能保证社会工作的服务活动真正满足家庭成员的要求。

## 二、家庭社会工作的实施步骤

虽然社会工作者在开展家庭服务时需要从受助家庭的特殊处境和互动关系出发，了解家庭成员的特殊要求，设计专门的服务介入计划，遵守家庭处境化和个别化的原则。但就家庭社会工作服务活动开展的进程而言，通常经历 4 个阶段：接触阶段、开始阶段、介入阶段和结束阶段。

### （一）接触阶段

接触阶段是社会工作者与受助家庭成员初次见面，评估受助家庭成员需要，并且与受助家庭成员建立初步的信任合作关系的阶段。其主要任务包括：与受助家庭约定初次会谈的时间和安排、为初次会谈做准备以及安排第一次会谈等。

与受助家庭约定初次会谈的时间和安排是接触阶段的重要任务。通常，社会工作者需要预先通过电话和信件等方式与受助家庭确定初次会谈的时间、地点和其他安排等。由于这是社会工作者第一次与受助家庭成员正式接触，给受助家庭留下一个好印象非常重要，便于以后信任合作关系的建立。确定了初次会谈的地点之后，如果可能，社会工作者需要事先熟悉一下会谈地点的环境和路线，以保证准时到场。

在初次会谈之前，社会工作者需要做一些准备工作，例如阅读受助家庭的有关资料或者查阅与受助家庭类似的其他家庭的一些研究文献，以了解受助家庭的基本情况。此外，还要为初次会谈准备需要的道具和材料，如需要评估表、机构的介绍材料、玩具、纸张和彩笔等。对于那些高风险家庭的服务，督导者需要提醒社会工作者关注家庭冲突的事件、时间以及家庭冲突压力排解的方式，以便做好家庭风险规避的准备。

在初次会谈开始，社会工作者首先需要介绍自己和服务机构的基本情况，让受助家庭对社会工作者和服务机构有一个基本的了解。在初次会谈中，社会工作者有两项基本任务需要完成：一是初步评估受助家庭的问题；二是与受助家庭成员建立基本信任关系。另外，在初次会谈的安排中还需要考虑社会工作者自身的安全。

（二）开始阶段

开始阶段是社会工作者正式开始与受助家庭开展服务介入活动的阶段，除了与受助家庭建立稳定、信任的合作关系之外，同时还需要与受助家庭成员一起制定服务介入的目标和基本安排。在开始阶段，社会工作者的主要任务包括：与受助家庭成员建立稳定的合作关系；全面评估受助家庭成员的问题；明确服务介入的目标和基本要求。

为了与受助家庭成员建立稳定、信任的合作关系，社会工作者在开始阶段需要创造良好的家庭会谈的气氛，保证家庭成员能够自由地谈论自己和其他家庭成员，让家庭成员感觉到社会工作者也是家庭中的一员。

为了准确评估受助家庭成员的问题，社会工作者在此阶段需要倾听每一名家庭成员的解释，理解每一名家庭成员的要求，并且在界定问题时，将每一名家庭成员的观察视角和要求也包含在里面，尊重每一名家庭成员的真实感受。为此，督导者需要引导社会工作者学会站在家庭成员的角度倾听和呈现他们各自的要求，突出要求提出自身的经验和感受，例如，社会工作者可以运用这样的句子与家庭成员沟通，“这件事情让你觉得……”或者“你觉得这件事情是……”等，避免站在中立的立场“客观”描述事件。

此外，社会工作者还需要与受助家庭成员一起讨论如何解决面临的问题，明确服务介入的目标和基本要求，并且与受助家庭成员签订服务合同。服务合同的基本内容包括：①服务介入活动的目标；②家庭会谈的时间和次数；③家庭会谈的地点；④参加会谈的家庭成员以及基本要求等。

（三）介入阶段

完成了问题的评估、服务介入目标的确定以及服务合同的签订之后，家庭社会工作服务活动就进入介入阶段，即社会工作者运用专业服务方法和技巧直接影响受助家庭成员的过程。这一阶段社会工作者的主要任务是明确自己的专业角色并且运用专业技巧影响受助家庭成员，协助家庭成员解决面临的问题。与个案介入不同的是，社会工作者即使针对某个家庭成员开展服务，也需要把这样的服务放在整个家庭成员的关系中来考察。

随着受助家庭成员自身能力的发掘和认可，受助家庭成员不再被视为服务活动的被动接受者，家庭社会工作者的角色也随之出现相应的转变，成为受助家庭成员的合作者和促进者，帮助家庭成员评估和解决自己面临的问题。具体而言，家庭社会工作者在介入阶段主要承担支持者、教育者、咨询者、使能者和资源的调动者等不同角色。

支持者是指社会工作者在了解受助家庭成员资源限制的同时，认识和调动受助家庭成员的能力，并在此基础上与受助家庭成员建立积极、信任的合作关系，推动受助家庭成员发生积极的改变。

教育者的角色要求社会工作者把受助家庭成员面临的困难视为某些生活知识和技能的不足，而不是受助家庭成员自身的缺陷，并且向受助家庭成员讲授有关的知识和提供必要的技能训练。

咨询者的角色要求社会工作者为受助家庭成员提供必要的咨询，帮助受助家庭成员深入了解面临的困难，以便作出准确的判断。

所谓使能者是指社会工作者为受助家庭成员提供相关服务机构的服务信息，帮助受助家庭成员了解和使用相关机构的服务，增强受助家庭成员能力。

资源的调动者是社会工作者在家庭服务中经常运用的角色，它要求社会工作者为受助家庭成员建立和扩展他们的社会支持网络。

当然，在介入阶段社会工作者扮演的角色不仅仅只有上面这几种，而且面对不同的受助家庭，社会工作者扮演的角色是不同的，需要依据受助家庭的实际情况而定。

#### (四) 结束阶段

结束阶段是家庭社会工作服务活动的最后阶段，是社会工作者与受助家庭成员协商服务活动结束的相关事项，并且结束、退出服务活动的阶段。在这一阶段，社会工作者需要完成的主要任务是：与受助家庭成员协商服务结束事项以及总结和巩固整个服务活动的成果。

随着服务活动目标的逐渐实现，社会工作者在每次会谈中需要留出一定的时间与受助家庭成员讨论已经实现的目标有哪些和尚未实现的目标有哪些，让受助家庭成员了解服务活动的进程，为服务活动的结束做好准备。

在帮助受助家庭成员总结和巩固整个服务活动的成果方面，社会工作者首先需要协助受助家庭成员回顾已经实现的目标和取得的进步，增强受助家庭成员的改变意识和自信心；其次再和受助家庭成员商讨在未来生活中如何保持已经取得的改变，并且为未来可能面临的困难做好准备。此外，社会工作者在开展家庭社会工作时，还需要注重成员的家庭沟通和互助意识的培养。

## 三、家庭社会工作的常用方法

家庭社会工作在每一阶段都有自己特殊的方法和技巧，以保证服务活动顺利进行。其中如何准确评估受助家庭的需要以及如何有效干预受助家庭是家庭社会工作中最基本的两个问题。下面重点介绍家庭评估和家庭干预中的方法和技巧。

#### (一) 家庭评估的常用方法

在家庭评估中，社会工作者经常运用家庭结构图和家庭生态图作为评估的工具。家庭结构图是用图形方式来表示家庭的结构、家庭成员之间的关系以及家庭的一些重要事件等，它帮助社会工作者迅速、形象地了解和掌握受助家庭成员的结构、成员关系以及其他一些家庭情况。在家庭结构图中，□表示男性，○表示女性，——表示婚姻关系，—//—表示离婚关系，—/—表示分居关系，-------表示同居关系。

家庭结构图的绘制遵循 3 项基本原则：一是长辈在上，晚辈在下；二是同辈关系中，年长的在左，年幼的在右；三是夫妻关系中，男的在左，女的在右。以案例 11-1 为例，如果以家庭结构图来表示，其具体的图示如图 11-1 所示。

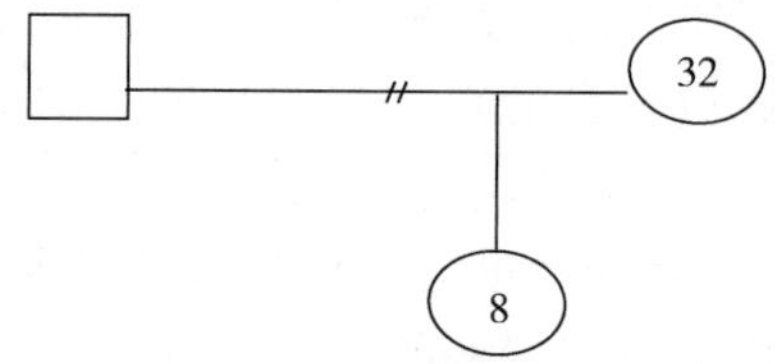


**图 11-1　家庭结构图**

家庭生态图用于表示家庭成员与家庭外部环境之间的互动交流关系，帮助社会工作者了解受助家庭成员与家庭外部环境互动交流的状况以及家庭拥有的资源和面临的困难。家庭生态图由不同的圆圈组成，中间的圆圈代表家庭，圆圈内家庭成员的关系按照家庭结构图的要求表示，家庭外的圆圈代表与家庭有密切关系的个人和机构。在家庭生态图中，←——→表示强关系，----------- 表示弱关系，∿∿表示紧张的关系。以案例 11-1 为例，其家庭生态图如图 11-2 所示。

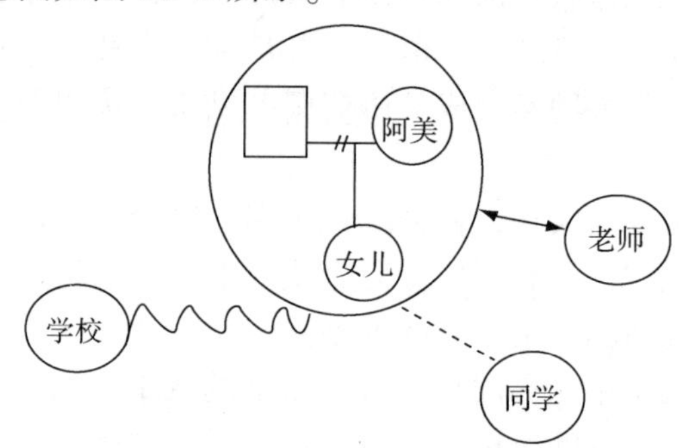


**图 11-2　阿美的家庭生态图**

### （二）家庭干预的常用技巧

在家庭干预中，社会工作者需要运用一些专业的技巧影响受助的家庭成员，以推动受助家庭成员发生积极的改变。其中常用的干预技巧有观察、聚焦、例子使用和再标签等。

观察技巧是指运用系统记录实际行为表现的方式让受助家庭成员了解自己面临的问题以及改变的状况，从而帮助受助家庭成员随时调整自己的行为，增强行为的有效性。

聚焦技巧是指社会工作者帮助受助家庭成员收窄注意的焦点，将受助家庭成员的注意力集中在需要解决的问题上，以便对问题进行深入的探索，保证服务介入活动的效率。

社会工作者经常运用例子使用的技巧向受助家庭成员解释、描述和传递重要的信息和想法，让受助家庭成员了解困难解决的不同途径和经验，并且舒缓受助家庭成员的压力。

再标签技巧则是指社会工作者帮助受助家庭成员从更为积极的角度界定问题，改变受助家庭成员以往的消极态度和认识，从而促使受助家庭成员产生新的、积极的行为。

值得注意的是，家庭社会工作的干预技巧不仅仅只有上面介绍的这几种，而且服务技巧的学习也不是简单的技巧学习，需要结合受助家庭的实际情况。因此，社会工作者只有在实际的家庭服务活动中总结和提炼自己的服务经验，才能真正掌握和提高社会工作的专业服务技能。

### （三）家庭社会工作的常用形式

在我国婚姻家庭服务过程中，经常以社区为载体采取一些民众喜闻乐见的形式开展活动，一般包括以下几种形式。

#### 1. 专题讲座

专题讲座是一种教学形式，多采用报告会、广播等方式进行。其特点在于：一是容易组织，有利于活动有目的、有计划地进行；二是适用面广，可根据团体大小组织不同规格的讲座；三是能在有限的时间内传递大量、系统的相关知识。当家庭内部关系出现失调、结构失序、功能紊乱、两性关系和协调发展遭到破坏时，家庭矛盾就会爆发，影响人们的正常家庭生活。在婚姻家庭社会工作服务中，面对普适性的家庭问题，包括两性沟通、婆媳关系、亲子关系、经济纠纷、家庭暴力等，采用专题讲座的形式能在知识的传递上达到时间短、覆盖面广的效果，使多数家庭受益。

但专题讲座也有其缺点，主要表现在：一是听众较多时，讲授者难以了解听众对讲授内容的反应，无法与每位听众进行良好的沟通；二是讲授效果对听者个人的语言素养依赖较大，不利于参与者的主动学习；三是不利于服务对象获得持续的经验，很难帮助其改变。

#### 2. 主题沙龙

作为一种自由的小组形式，主题沙龙既不像小组工作那样对参与者有严格的要求和规范，也不像讲座那样对讲师有专业的要求。主题沙龙强调的是参与者围绕一个核心问题展开讨论，以轻松和谐、平等交流、亲密合作的方式，在思维碰撞中发酵，依靠集体智慧来解决问题。主题沙龙在婚姻家庭社会工作服务中发挥的主要作用包括：一是意识启发；二是支持网络建立；三是加深感情、凝聚人心。

#### 3. 社区活动

社区活动是一个地域性的、就近解决社会问题的综合服务过程，着眼于居民多层次、多样化的物质文化生活需求。作为家庭社会工作服务中比较常用的形式，社区活动在家庭教育宣传、营造和谐家庭氛围、家庭法律法规知识普及等方面发挥着重要的作用。同时，社区活动根据活动人群、性质以及内容有不同的划分。围绕家庭开展的社区活动类型包括亲子互动类、观念倡导类以及知识宣传等。

## 本章小结

家庭社会工作是指运用社会工作的专业理论和方法帮助家庭解决面临的困难，使其更好地发挥家庭的社会功能，以满足所有家庭成员的发展和情感需要的专业服务活动。细分起来，家庭社会工作主要包括3部分：以家庭作为背景的专业服务活动、以家庭作为对象的专业服务活动以及以家庭作为活动单位的专业服务活动。

家庭社会工作的基本假设：提供以家庭为基础的支持；坚持以家庭为中心的理念；采取危机介入的策略；运用生态视角。

家庭社会工作拥有很多重要的理论和概念，主要包括家庭系统理论、家庭生命周期理论、家庭抗逆力理论以及结构式家庭治疗模式和萨提亚家庭治疗模式。根据家庭社会工作的服务焦点和目标，可以把家庭社会工作的服务分为两大类：改善亲子关系的服务和改善夫妻关系的服务。

家庭社会工作一般经历接触、开始、介入和结束4个阶段。家庭社会工作常用的评估方法有绘制家庭结构图和家庭生态图，常用的干预技巧有观察、聚焦、例子使用、再标签等，常用的形式有专题讲座、主题沙龙、社区活动等。

# 第十二章　学校社会工作

学校社会工作会同时受到所在社会的福利理念、福利制度及教育理念与教育制度的影响和制约。本章立足中国本土经验，从学校社会工作的基本概念与特点、学校社会工作的服务内容以及学校社会工作的实务方法等 3 个方面进行阐述。

## 第一节　学校社会工作概述

### 一、学校社会工作的内涵

学校社会工作是社会工作者遵循社会工作的价值理念，运用社会工作的专业理论知识和方法，整合政府及社会资源，为学校全体学生，特别是处境不利的学生提供的专业性服务活动。其目的在于协调学校、家庭及社区之间的关系并促进其教育功能，满足学生学业及成长需要，增强适应今日与面对未来生活的能力，获得幸福人生。

结合上述关于学校社会工作的定义与学校社会工作的实务经验，学校社会工作包含如下含义。

#### （一）学校社会工作服务的提供者应该具有专业资格

首先，学校社会工作者的知识结构至少应包括：社会工作专业的知识、方法、技巧和价值观；有关青少年的生理、心理及社会发展特点与成长规律的知识；有关教育及学校的理念与知识。其次，学校社会工作者的服务行为必须接受专业伦理与职业道德的约束。最后，学校社会工作者应该通过各种学习与培训，不断地进行自我成长与生命管理，努力以良好的生命状态影响学生、服务学生。

#### （二）学校社会工作服务应该遵循相关的价值理念

社会工作是一项富有价值的行动，价值理念是社会工作服务的核心和灵魂。影响学校社会工作实务的价值体系包括社会工作专业价值观、所在社会的价值观、服务机构及学校的价值观、服务对象的价值观及服务提供者即学校社会工作者的价值观。社会工作专业相信人性的善良、尊严与权利平等，相信人有改变的能力和动力，相信并尊重人的独特性；相信社会应该坚持公平、公正与正义，以利他主义开展服务行动。学校社会工作服务行动必须坚持我国社会主义核心价值观，在机构及学校价值理念指导下开展服务活动。学校社会工作者必须经常反思与澄清自己的价值观体系以符合专业要求，在服务过程中，注重对服务对象价值观的引导，特别是在践行社会主义核心价值观及人生观层面把握方向，防止偏离。

### （三）学校社会工作服务应该集科学性、技术性及艺术性于一体

科学性是指对学生的需求评估、服务主题及服务目标的确定、介入策略的选择、服务方案的实施及服务成效的评估都要有科学的理论依据，倡导“证据为本”，科学地运用个案工作、小组工作、社区工作等直接服务的方法及其他间接服务的方法。技术性要求社会工作者服务过程操作娴熟，具有高度的专业敏感性，能够及时、灵活、准确、正确地理解问题并处理问题，满足服务对象的需求。艺术性是指学校社会工作者在服务的过程中发挥自己的个性特征与专业特长创造性地开展服务活动，在遵循专业价值理念及科学方法的基础上努力创新，打造特色服务品牌。

### （四）学校社会工作服务应该整合政府及社会资源

社会工作是社会福利的传送体系，学校社会工作服务需要动员一切可以动员的力量，主要包括教育、民政、卫生、妇联、共青团等各种政府或群众团体资源，各种社会组织、学校、企事业单位及其他社会资源。学校社会工作者要培养自己资源的敏感意识及资源的整合能力。

### （五）学校社会工作服务以全体学生为服务对象，首要关怀处境不利学生

学校社会工作以全体学生作为服务对象，通过专业服务营造良好的教育环境，协助学生完成学业，促进健康成长。然而，那些学业成就低、有身心成长障碍、来自困难家庭、遭遇排斥与欺凌等处境不利的学生是学校社会工作服务的首要关怀对象，需要学校社会工作者具有专业的敏感度，高度关注处境不利学生，及时评估需求并提供适切的服务。

### （六）学校社会工作服务以帮助学生获得幸福人生及促进社会进步为目标

医疗助人帮助改善生理功能，心理治疗助人帮助改善心理功能，教育助人主要关注学生的智能发展，而社会工作助人要同时关注人的生理、心理及社会发展，改善其社会功能。学校社会工作服务的终极目标是要帮助服务对象获得幸福的人生，同时促进社会的进步。要想帮助学生获得幸福的人生，首先，要帮助服务对象排除成长中的环境障碍，促进教育公平；其次，帮助学生处理成长中的各种心理及行为问题；最后，在此基础上帮助他们挖掘生命的潜能，以具备应对现在及未来生活的能力，获得幸福的人生。青少年成长环境的优化及个人的健康成长，对社会进步具有积极的促进作用。

## 二、学校社会工作的基本特征

### （一）服务对象特征

学校社会工作主要服务于成长中的青少年学生。以成长中的青少年为服务对象，强调服务对象的生理、心理及社会发展方面均尚未成熟。因此，学校社会工作者提供服务时必须以充分了解具体的服务对象的生理、心理及社会发展特点和个性化的需要为前提，多提供具有保护性、支持性及排除危险因素的服务，设计与服务对象年龄特点相适应的服务活动，以与其年龄特点相适应的方式进行沟通与互动。

### （二）服务理念特征

基于服务对象特征，学校社会工作服务特别强调优势视角、需要为本及潜能挖掘的

服务理念。

优势视角理念相信学生的成长和转变的能力超出预期，相信任何学生和环境都充满资源和优势；同时相信贫穷、歧视、疾病和困难可能是伤害，但它们也可能成为挑战和机遇。

需要为本理念将学生的问题理解为学生的需要，认为学生有各种一般性的、特殊性的或预防性的、改善性的、发展性的需要，反对问题学生的概念，反对对学生标签化。

潜能挖掘理念相信学生的潜能与创造力，强调对学生的服务目标不仅仅是解决眼前的困境，满足现实的需要，更是注重在协助其解决问题、排除困境的过程中，给学生以信心，激发学生的创造力，不断挖掘其生命的潜能。

### （三）服务行动特征

学校社会工作服务强调团队合作与资源整合行动。团队合作行动是指学校社会工作服务需要与学校其他学生服务团队进行合作。在美国的中小学校有一个学生人事服务的“科际”团队，由学校社会工作者、心理老师、医务工作者、查勤人员构成。我国中小学校学生服务的大德育框架包括班主任班级管理、心理健康教育、法治教育、团（共青团）队（少先队）活动、校医服务及食宿安全等后勤保障服务。学校社会工作服务需要与上述系统分工合作，团队合作中要求学校社会工作者了解其他系统的特点与功能，处理好与其他服务人员的关系，合理分工协作，形成合力，产生“一加一大于二”的服务效应。

资源整合行动主要强调“家校社联动”的概念，学校社会工作服务需要链接学校资源、家庭资源及社区与社会组织资源，要求学校社会工作者以学生为核心，同时立足学校、家庭、社区服务平台并整合社会服务资源提供服务。总之，学校社会工作服务实施的过程就是资源链接的过程。

## 三、学校社会工作的功能

学校社会工作的功能主要是指学校社会工作服务对学生成长的影响和作用，在服务学生的同时也会对学校、家庭及社会产生影响。

### （一）学校社会工作对学生困境的改善功能

改善功能主要体现在对学生个人不良行为的介入和对阻碍学生成长的环境障碍的排除。社会工作者可以通过认知重构、情绪疏导、行为修正等个案辅导的方法及主题小组工作等方法进行专业介入，帮助学生改善各种违规行为及心理异常行为；通过父母效能训练及家庭治疗帮助改善家庭环境；通过对教师培训、学校管理建言等方法改善学校环境；通过社区营造方法改善社会环境。社会工作肩负着为学生优化成长环境的使命。

### （二）学校社会工作对学生权益的保护功能

保护功能体现在社会工作服务维护学生权益，避免学生遭遇伤害等方面。关怀与正义是社会工作专业服务不可或缺的价值理念，学校社会工作者应具有高度的专业敏感性，在对学生提供资源链接、关怀照顾、辅导修正及环境改善服务的同时，要警觉一切环境因素对学生身心的伤害及权利的剥夺，并促进教育的公平公正。

### （三）学校社会工作对学生成长的发展功能

社会工作专业强调优势视角，相信服务对象的潜能与优势，学校社会工作者在改善学生不利处境服务的基础上，应重视对全体学生资源与优势的关注、潜能的挖掘及生命力的激发。

## 第二节　学校社会工作的主要内容

本节从3个角度讨论学校社会工作的内容：面对困境学生的改善性服务、面对遭遇伤害学生的保护性服务及面对全体学生的发展性服务。

### 一、满足困境学生改善性需要的学校社会工作

困境学生是学校社会工作的首要关怀对象，对困境学生的社会工作服务应遵循优势视角的理念，以处理问题、满足需要及脱离困境为服务目标。此处的困境主要包括学生的心理困境、学习困境、人际关系困境、不良行为困境及家庭困境。

#### （一）学校社会工作对学生心理困境的介入

这里的心理困境是指学生出现的各种心理异常现象。人的心理现象主要由认知、情绪情感和意志等心理过程及人格构成，因各种遗传及成长环境的不利因素导致很多学生在成长过程中会出现各种心理问题，需要社会工作的专业帮助。学生的心理困境主要表现在以下几个方面。

1. 认知障碍

认知是指学生认识和获取知识的智能加工过程，涉及学习、记忆、语言、思维、精神、情感等一系列心理和社会行为。认知障碍指与上述学习记忆以及思维判断有关的大脑高级智能加工过程出现异常，从而引起严重的学习和记忆障碍。

2. 情绪困扰

情绪和情感是人认识客观事物时产生的各种心理体验过程，青少年学生常常会因各种个人及环境因素产生情绪困扰，需要学校社会工作者高度关注。例如，家长、老师及学生本人对学业成绩的过高期望，达不到要求，常常会引发学生紧张、焦虑、烦躁、恐惧及沮丧的情绪，严重的会产生考试恐惧症等；人生观教育不到位及学业压力长时间得不到缓解很容易导致学生抑郁，青少年抑郁症及其他精神疾病的发病率逐年升高与之有很大的关联。另外，近年来的研究发现，杀伤力极强的悲伤情绪常产生于与宠物的生死离别。学生各种负面情绪必然影响其正常的学习和生活，情绪困扰长期得不到疏导会危及身心健康。因此，帮助学生管理情绪是学校社会工作的重要内容。

3. 意志力薄弱

当代青少年学生，尤其是家庭经济条件好的青少年学生意志力薄弱现象很严重。坚强的意志力的形成需要在长期的培养及训练中完成，在应试教育的大环境下，对学业成功的追求让我们忽视了为青少年学生创造在“大风大浪”及艰苦环境下磨炼意志的机会。

4. 人格障碍

人格障碍是指明显偏离正常状态并且根深蒂固的行为方式，具有适应不良的性质。

个人的人格在内容上或整个人格方面有异常，会妨碍情感和意志活动。有人格障碍的人会遭受痛苦并给他人带来痛苦，给个人及社会带来不良影响。人格障碍从临床上分主要有偏执型人格障碍、分裂型人格障碍、反社会型人格障碍、冲动型人格障碍、表演型人格障碍、强迫型人格障碍、焦虑型人格障碍等。

5. 网络成瘾

学生的网络成瘾是指对互联网过度依赖而导致的一组心理异常症状以及伴随的一组生理性不适。儿童青少年网瘾的基本症状表现是上网时间失控，欲罢不能，常常不吃饭不睡觉但不能不上网。即使能意识到问题的严重性，仍无法自控。网络成瘾的学生常表现为情绪低落、头昏眼花、双手颤抖、疲乏无力、食欲不振等。

对上述种种学生的心理困境的介入，学校社会工作者应该与心理学、精神医学工作者合作，进行联合介入，需要学校社会工作者提供的服务及注意的事项包括：

（1）通过“校园行”观察记录、对老师和家长及同学的访谈、心理评估问卷等方法收集资料，邀请心理医生、精神科医生等进行科学评估，筛选确定服务对象，评估具体需求。

（2）依据需求评估商议制订介入计划，明确介入目标，选择介入策略。如有药物介入，监督药物介入的执行，并配合医务介入设计实施主题小组介入方案。

（3）提供围绕认知重构、情绪疏导、行为修正等方面的个案辅导与小组辅导服务，运用小组动力，设计恰当的体验活动，在带领中关注组员变化，引导组员分享经验。

（4）记录服务过程，进行专业反思，配合心理和医务工作人员帮助提供阶段性评估资料以随时调整介入方案。

（5）服务全程保持链接所需的家庭及社区资源，与老师、家长保持密切接触和有效沟通，提供父母效能训练及对相关师生沟通行为的辅导。

（6）科学评估服务效果，商定结案时间，并提供后续支持。

### （二）学校社会工作对学生学业困境的介入

1. 学生个人因素导致的学业困境与社会工作介入

（1）针对认知障碍介入。认知障碍影响学习可能有不同的层面：生理层面认知障碍的社会工作介入，需要得到心理和医务工作人员的支持与协助，前述进行了较为充分的讨论。观念层面认知障碍可以通过认知行为治疗模式进行介入，通过个案辅导及小组辅导的方法帮助学生调整认知，强化学习意识。

（2）针对情绪情感困扰介入。情绪情感困扰可能有 3 个来源：其一，学生焦虑紧张恐惧的情绪常常来自对学业的担忧，糟糕的情绪反过来又阻碍学业的完成，形成恶性循环。其二，学生的情绪困扰可能来自人际交往的不顺利，同学之间对友谊的理解和把握的差异常常会导致误会发生，特别是处于青春期阶段的学生感情的困扰也常常是影响学业的重要因素。其三，有的学生学业的困境来自对授课教师情感的排斥，由于师生冲突或沟通不畅，学生常常会发生对老师选择性喜欢或不喜欢，对不喜欢的老师可能连同老师教授的科目也不喜欢或放弃，甚至敌对，致使学习成绩低下。

（3）针对学习动力不足介入。学习动力同时受学生优势倾向及价值观的影响。人具有遗传学意义上的智能优势，天生对某种事物具有高度的敏感，同时会伴有强烈的主观情绪体验。学校社会工作者可以帮助学生评估智能倾向，鼓励发展优势，学生通常会对自己的智能优势区保有极大的兴趣和热情，具有强大的学习动力。同时，价值观的引导也非常重要，通过个案辅导、主题小组及综合活动设计与实施，引导学生明辨是非、澄清荣辱，以努力学习为荣。

（4）针对学习能力不足的介入。学生的学习能力差异很大，对学习能力低、学习方法不得当及学习基础差的学生，学校社会工作者可以组织提升学习能力主题小组，链接相关学习资源，例如邀请老师、高年级同学或大学生志愿者分享学习经验，帮助学习能力不足的学生训练学习方法与技巧，培养良好的学习习惯，提升学习能力和学习效果。

2. 学校因素导致的学业困境与社会工作介入

（1）针对学校教学理念及教学管理的介入。在目前应试教育的大环境下，虽然很多学校的教学理念口号漂亮，但实质的价值关怀是追求分数及升学率。考分排名、激烈的竞争无疑给学生带来极大的心理压力，重压势必阻碍学生生命力的绽放和学习潜能的发挥。因此，学校社会工作者有责任通过上书建言、参与学校事务、与管理者沟通交流，不断影响学校的办学理念，引导学校贯彻全人关怀、均衡成长的培养理念。

（2）针对学校环境的介入。影响学生学习的学校环境是指改善嘈杂凌乱的校园及教室环境和不良的学习氛围。有些学生，特别是小学生，集中注意力的能力较弱，容易被周围环境分散注意力而影响学习。通过“校园行”观察了解校园及教室环境是学校社会工作者的基础工作，在发现问题的基础上，可以通过建言、直接参与或带领学生一起行动改善学习环境。

（3）针对教师教学方法的介入。教师的教学方法直接影响学生的学习热情和学习效果，为改善教师的教学方法，学校社会工作者可做的工作包括：访谈学生向教师反馈信息，与相关部门合作组织教师培训，链接校内外资源，引导教师之间沟通互动、互相交流学习，根据学生年龄特点与接受能力进行教学方法的改革与创新。同时，反馈个别有学习困境的学生的需求，邀请教师提供个别的课业辅导。

3. 家庭因素导致的学业困境与社会工作介入

（1）针对家庭学习环境的介入。通过家访评估学生家庭学习的物理环境，发现问题，提出对孩子学习环境的需求，与家长一起讨论有利于孩子学习的家庭环境要素，指导并协助家长进行家庭学习环境改善的工作。

（2）针对父母婚姻关系的介入。父母关系不和谐势必影响孩子学业，孩子在家看到父母矛盾冲突，会产生紧张焦虑的情绪，甚至会产生担忧恐惧的心理，在学校也无法安心学习。对此，学校社会工作者要提供婚姻辅导服务，帮助父母意识到夫妻关系不和对孩子学习及身心健康的负面影响。

（3）针对父母教养方式的介入。有的父母管教过于严厉，要求苛刻，对孩子学习成绩期望过高，或者过分溺爱纵容，这些都会造成学生适应困难，难以安心于学业。对此，学校社会工作者可以开展父母效能训练服务。父母效能训练内容有 3 个层面：首先，协助父母做好自己，通过自我成长与生命管理课程调整自己的生命状态；其次，协助父母做好榜样，以身作则，例如与孩子一起学习一起成长；最后，协助父母履行亲职，学会与孩子建立信任关系，学会感受孩子及恰当回应孩子的需求，学会与孩子良好的沟通互动，学会帮助孩子减压增能。

4. 社区因素导致的学业困境与社会工作介入

（1）针对社区环境的介入。社区环境对学生的影响巨大，如果社区内遍布网吧、游戏厅等，就会把学生的兴奋点引向电子游戏而不是学习。另外，如果社区的治安不好，令居民恐慌，学生也会受影响，整天紧张恐惧，无法安心学习。对此，需要学校社会工作者进行“社区行”，发现问题、评估问题，与社区沟通，与社区社会工作者合作，联合推出社区营造的服务方案，改善社区环境。同时，也可以邀请该社区的学生参与社区服务，培养公益情怀，为社区建设作贡献。

（2）针对学生社会交往的介入。社区居民背景复杂，学生在社区中生活，难免会接触到各种人。如果结交游手好闲、不思进取甚至有反社会行为等充满负能量的群体，不仅对学生的学习，更重要的会对学生的身心健康产生极大的影响。对此，需要学校社会工作者保持专业的警觉，及时介入。

（三）学校社会工作对学生人际关系困境的介入

1. 亲子关系困境与社会工作介入

由于亲职教育的缺位、父母学习意识淡漠，加之对孩子学业的功利主义驱动，家长与孩子的关系相处问题颇多，有问题的亲子关系主要表现为父母与孩子的关系过于纠缠或过于疏离，以及由于父母对孩子过高的学业期望而产生的冲突对立。

（1）针对纠缠与疏离的亲子关系的介入。纠缠的亲子关系是指父母与孩子之间的关系没有界限，对孩子控制过于严格或过度溺爱，不给孩子自主发展的空间。疏离的亲子关系即父母和孩子之间缺少正常的沟通交流，父母对孩子过于放任不管。针对纠缠与疏离的亲子关系，学校社会工作者应该做的工作包括：家庭探访，依据结构家庭治疗理论进行需求评估，制订契合的服务计划，对家庭关系进行转化的介入。

（2）针对父母过高期望的介入。父母对孩子学业过高的期望是中国家长的共性问题，家长们相信，高期望可以激发孩子的潜能，会产生激励因素。但是，父母给孩子过高的学业期望意味着让孩子总是体验挫败，一个在挫败感当中长大的孩子不可能建立自信。因此，针对父母对孩子过高的期望，学校社会工作者可以通过亲子平行小组的设计与实施，帮助父母与孩子沟通交流，彼此分享感受，澄清期望，改善关系，以帮助孩子解压增能。

2. 朋辈关系困境与社会工作介入

处理学生的人际关系以及引起的各种问题是学校社会工作服务很重要的内容，包括：通过个案辅导解决学生认知方面的偏差，消除同学之间的误解与成见；通过人际交往主题小组对学生进行社交训练，进行社会意向引导、消除交往障碍；通过“营造和谐校园”等主题的综合性活动，创造关怀、友爱的校园环境。需要强调的是，社会工作者要特别关注那些遭遇朋辈群体排斥、歧视、欺凌的学生，帮助他们进行班级融入。

3. 师生关系困境与社会工作介入

老师对学生的态度从某种意义上定位了一个学生在班级同学中的心理地位。被老师积极关注、经常给予肯定和更多展示机会的学生，其自我概念基本都是正向的，相反，经常感受到老师对自己的忽视、失望、不满意、批评甚至羞辱贬低的学生，内心会充满沮丧、紧张、焦虑甚至恐惧。虽然学生的智能水平和智能偏好具有差异性，但任何一个学生在任何一个群体里一定有优越于他人之处，学校社会工作者有责任将这样的信念传递给老师，并争取机会对老师进行专业的辅导，引导老师在与学生的交往中秉承优势视角理念，努力发现学生的优势与资源，灵活运用赞美艺术激发学生的积极性。同时，社会工作者也要辅导学生学习与老师积极沟通的技巧，学会对老师表达感受和需要，形成良好的师生互动关系。

### （四）学校社会工作对学生偏差行为困境的介入

#### 1. 学生的违法行为与社会工作介入

预防青少年学生违法犯罪是学校社会工作的重要任务。对于触犯法律的学生，例如偷盗抢劫、吸毒及药物滥用、暴力伤害等行为，需要学校社会工作者配合公安部门进行适当的处置，联合提供矫正社会工作服务。

#### 2. 学生的违纪、失德行为与社会工作介入

违纪行为主要是指学生违反校纪校规的行为，例如逃课逃学、扰乱课堂秩序、损坏学校设施等行为。失德行为是指学生违反伦理道德，特别是不遵守社会公德的行为。对此类行为的社会工作介入，需要以认知行为治疗模式和行为治疗模式为理论依据，帮助学生进行认知的重构和行为修正的训练。

#### 3. 学生的失仪行为与社会工作介入

学生的失仪行为是指学生违反社会交往礼仪的行为。对此，学校社会工作者可以通过开设礼仪主题小组，帮助学生修正失仪行为，规范礼仪行为。

### （五）学校社会工作对学生家庭困境的介入

学生的家庭困境主要是指特殊的家庭状况给学生成长带来的负面影响，包括低保家庭、单亲家庭、再婚家庭、服刑人员家庭、残疾人家庭等。这些家庭的学生主要面临的困境包括社会歧视、经济压力、父母对孩子疏于照顾和管教及教养能力弱等。学校社会工作者在面对生活困境学生时，可以从以下3方面入手。

#### 1. 提供情感支持

学校社会工作者可以通过个案辅导的同感、接纳、尊重等工作技巧，引导学生表达感受、宣泄情绪。运用抗逆力理论，帮助学生挖掘自己内在及环境的积极因素，发现资源与优势，让学生认识到家庭困境是挑战也是机遇。或许这些困难将他们推到了困境乃至绝境，但也会激发他们的生命动力，点燃生命中最旺盛的力量，最终超越自己。

#### 2. 发展支持系统

学校社会工作者可以为相似家庭背景的学生提供自我成长主题小组服务，引导组员分享感受，互相支持、互相学习、互相鼓励，彼此增能；还可以组织不同家庭背景学生的支持小组，在互动中消除彼此芥蒂，分享不同生活经验，体验尊重与理解；也可以通过合作活动的设计与实施，培养学生创新能力及协同解决问题的能力，在共同探讨问题、解决问题的过程中发现自我，深化同学友谊，形成社会支持系统，共同成长。

#### 3. 链接社会资源

学校社会工作者要及时学习了解有关教育及儿童青少年的福利政策及动态，主动与教育、民政、卫健委等有关政府机构以及共青团、妇联等群众团体和相关社会机构建立联系，及时为困境家庭的学生链接福利资源，帮助其改善家庭境况。同时，及时反馈困

境家庭状况及其对未成年子女的影响，帮助相关部门及时调整福利政策以满足服务对象需求。

## 二、满足遭遇伤害的学生保护性需要的学校社会工作

这里的伤害主要是指家庭、学校及社会成年人对学生权利的不尊重或剥夺而导致的对学生的伤害。下面主要阐述儿童虐待、教师体罚、性侵害对学生的伤害及学校社会工作的介入。

### （一）学校社会工作对学生虐待的介入

**案例 12–1**

驻校社会工作者小娟早上在“校园行”时，发现二年级一班早操队里的同学小亮动作不到位。走上前去发现，小亮的胳膊举不起来，经仔细观察和询问，发现小亮身上有多处瘀伤。后来了解到，小亮的爸爸长期酗酒，有严重的暴力倾向，经常对小亮拳打脚踢，妈妈不敢阻拦，否则妈妈也会招致施暴。

上述案例是一个典型的学生被虐案例，需要学校社会工作者做的工作包括：

（1）个案评估。运用社会工作的专业敏感观察了解，及时发现遭到虐待的学生，进行专业的评估，如果伤害严重，及时链接医疗服务资源，进行医疗诊断，及时救治，避免严重后果。针对上述案例，社会工作者可及时带小亮去学校医务室，进行医疗诊断，做消毒涂药处理。

（2）与班主任老师沟通。了解小亮的基本情况，并协同班主任一起进行家访，与小亮的父母进行会谈，了解父亲对孩子施虐行为的发生频率、严重程度及以往的处理方式。

（3）约谈小亮父亲并实施个案辅导。帮助小亮父亲认识到自己对孩子的虐待侵权行为的严重性及其对孩子身心发展造成的危害性，提出矫正行为的要求，要求父亲必须停止对孩子施暴，如不接受辅导，不改掉暴力行为，社会工作者可以向司法机关提起诉讼。

（4）为小亮提供个案辅导与陪伴服务。解决小亮在班里疏离、孤僻、回避交往、成绩下滑等问题。

（5）提供小组服务。通过设计实施班级群体活动，帮助小亮融入班集体，改善与同学的关系，链接班级资源，通过结对子帮助小亮学习建立信任关系，提高安全感。

（6）为母亲提供个案辅导服务。动员小亮母亲作为行动系统，在完善自己的同时配合社会工作者对丈夫和小亮的介入。

（7）提供家庭治疗服务。评估家庭结构与家庭动力，帮助改变病态的家庭结构，在引导家庭文化创建的过程中建立具有约束力的家庭规范，增强家庭凝聚力。

对被虐待学生的服务是一种危机介入，上述服务是一个连贯的过程，过程的不同阶段交互作用，评估的同时已经有介入服务。随着与不同情境中人的接触沟通，逐渐明确介入目标。评估中有介入，介入中持续评估是社会工作服务的常态。

### （二）学校社会工作对教师体罚学生的介入

社会工作接受对违规学生必要适度的教育惩罚，但是反对教师对学生的羞辱性惩罚、过度非接触性体罚和暴力行为。学校社会工作者对此现象必须保持高度的警觉，及时发现及时介入，相关的服务内容包括以下几点：

（1）链接医疗服务资源，对有需要的学生及时进行医疗救治，并及时与家长沟通，邀请家长积极配合。

（2）对相关教师进行个案辅导，从认知及行为层面深度介入，情形严重者提请学校甚至公安部门处置。

（3）对受伤害学生进行个案辅导与陪伴服务，提供情感支持及创伤辅导。

（4）针对体罚学生的现象向学校提出建议，联合学校其他服务系统设计实施营造“关爱校园”的综合性或系列性活动，向每一名教师传递关爱学生的育人理念。

（5）组织教师书写杜绝伤害学生行为的“承诺宣言书”。

### （三）学校社会工作对学生遭遇性侵害的介入

性侵害对学生的身心都会造成巨大伤害，预防性侵害是学校社会工作的重要内容，学校社会工作者可以从预防和干预两个层面提供服务。

#### 1. 提供青春期性教育服务

帮助学生学习关于性的科学知识。帮助学生学习防性侵害的知识与应对技巧。为家长提供性教育主题小组服务，帮助家长提高防范意识，传授有关性心理发展知识，提醒家长，防止孩子遭遇性侵害不仅要防陌生人，同样也要防熟人甚至亲属。

#### 2. 对性侵害事件介入

（1）进行危机介入。第一时间保护受害学生的人身安全，如有需要，及时链接医疗资源，进行医学评估，及时救治，保证将身体伤害降到最低点。另外，做好防孕处理。

（2）提供情感支持。连接家人，协助家长对受害学生提供温暖和安抚，充分表达对孩子的关心和爱护。

（3）情绪疏导、认知澄清。运用个案辅导方法引导受害者倾诉与宣泄，表达感受，疏导情绪，运用放松技术帮助受害者放松身心。引导受害者认识到遭遇性侵害不是自己的错，避免自责，消除耻辱感。

（4）处置侵害者。与家人商议对侵害者的处置办法，尊重受害学生的感受和意见，情节严重者，征得家人同意，送交公安机关处置。

（5）关注受害学生的心理行为状态，如需要，社会工作者可提供长期辅导与陪伴服务。

## 三、满足全体学生发展性需要的学校社会工作

### （一）学校社会工作对引导和培养学生价值观的介入

#### 1. 引导学生践行社会主义核心价值观

学校社会工作者引导学生践行社会主义核心价值观，可以做以下 4 个方面的工作：第一，与学校其他工作系统配合，综合运用学校社会工作专业方法，向学生传递并阐述社会主义核心价值观的意义与内涵，帮助学生加深理解其含义；第二，在专业服务的理

念定位、目标确定及服务方案的设计中体现社会主义核心价值观的内涵；第三，具体设计并实施以社会主义核心价值观为主题的“32个概念32个主题”系列小组工作服务活动，或者与学校有关部门合作研发社会主义核心价值观校本课程；第四，与学校德育、团队、心理教育、班级管理等学生服务系统联合设计、组织实施各种激励学生践行社会主义核心价值观的活动，例如以践行社会主义核心价值观为主题的演讲比赛、知识竞赛、歌曲创作、诗词创作、板报展示等寓教于乐的丰富多彩的活动。

2. 引导学生树立正确的人生观

人生观是人们在实践中形成的对于人生目的和意义的根本看法，它决定着人们实践活动的目标、人生道路的方向，也决定着人们行为选择的价值取向和对待生活的态度。以协助青少年学生健康成长为己任的学校社会工作服务，有责任引导学生树立正确的价值观。

（二）学校社会工作对学生情感培养及情绪管理的介入

1. 培养学生健康的情感

（1）培养学生健康的情感的底线是防止学生产生仇恨的情感。防止学生产生仇恨，不仅要在介入学生的人际关系中进行引导，还要过滤环境中的风险因素。

（2）培养学生健康的亲情。通过亲子连接活动及意识觉醒，帮助学生懂得父母的养育之恩，践行孝道；同时引导父母给孩子提供关怀家人及贡献家庭的机会，培养家庭责任感。通过家校社联动服务，促进家庭文化建设，增强家庭凝聚力。

（3）培养学生健康的友情。帮助学生在价值观层面澄清对友谊的价值观念，树立平等、尊重、接纳、真诚、包容、互利、友爱等健康的友谊观和集体观，培养学生助人的意愿和助人的能量，培养集体意识和团队合作精神。

（4）培养学生健康的爱情观。进入青春期的学生开始对爱情有渴望和追求，学校社会工作者在提供“陪伴青春期”服务中应引导学生正确对待爱情，帮助学生理解“爱”意味着给予、牺牲和奉献，在爱的关系里要彼此尊重，彼此为对方着想，所作所为要为对方负责任。

（5）培养学生对社会的关怀情怀。唤醒学生的怜悯之心，培养学生对社会苦难体恤、怜悯、救助的情感，组织学生参与公益活动，帮助学生在帮助弱者、贡献社会中体验自身价值，感受生命的意义。

（6）培养学生家国情怀。通过个别辅导、主题小组服务及综合活动设计培养学生的爱国情怀和以祖国为荣的情感，心系祖国，树立以为祖国贡献为荣、以损害祖国利益为耻的道德观，帮助学生意识到为祖国贡献要从我做起、从现在做起，努力学习、天天向上。

（7）培养学生大爱精神。超越国界、超越人类的大爱精神与行动意味着践行崇高价值观，学校社会工作者在服务理念定位及服务设计与实施中，应帮助学生建构为人类和平、为生态平衡的大视野人生格局，引导学生脚踏实地、立足本土、放眼世界。

2. 帮助学生科学管理情绪

学校社会工作者可以通过个案辅导、小组工作方法从以下几个方面帮助学生管理情绪。

（1）帮助学生学习关于情绪的知识，了解情绪的性质、类别、意义及对个人的影响作用。

（2）帮助学生管理紧张、焦虑及愤怒的情绪。此类负面情绪会严重干扰学生的学习，社会工作者通过认知重构调整引发学生不良情绪的认知，通过个案工作“心理-社会”治疗模式的“探索—描述—宣泄”的技巧，帮助学生疏导情绪，通过调整呼吸和肌肉训练，让学生学习放松。

（3）警惕抑郁情绪。帮助学生觉察抑郁情绪，了解评估抑郁情绪的诊断指标，重视意义丧失感、社交回避、睡眠障碍等指标的重要意义，学习科学评估抑郁情绪的测量方法，保持警觉，及时发现，预防问题的严重发展。

（4）注意悲伤情绪。重大的丧失会引发悲伤情绪，过度悲伤会损害身心健康。对青少年学生来说，引发悲伤情绪除了亲情丧失，还有一个需要特别注意的就是宠物死亡。若发生这种情况，社会工作者除了要提醒家人注意陪伴，还应该为学生提供哀伤辅导。

### （三）学校社会工作对培养学生人际交往能力的介入

#### 1. 培养学生建立并维持良好的人际关系的能力

良好的人际关系，是指能够与更多的人建立和谐的关系，得到更多人的尊重、认同和友谊。通过人际交往主题小组服务，帮助学生澄清交往理念、回顾反思交往经验、讨论交往困境、训练交往技能，通过个案辅导进行个案会谈、交往双方联合会谈，帮助学生增进沟通、消除误解。

#### 2. 培养学生与人合作的能力

通过合作力主题小组帮助学生提升合作力。首先，通过意识觉醒、信息植入，帮助学生认识到在合作的时代与人合作能力的意义；其次，引导学生在小组中分享自己过去的合作感受和经验，通过讨论达成共识；最后，通过设计并带领各种团队合作的沟通和体验活动进行团队合作的训练。

#### 3. 培养学生良性竞争的能力

第一，帮助学生学习理解竞争的必然性和竞争的意义，澄清良性竞争和恶意竞争的差别，明确良性竞争的含义，避免恶意竞争。第二，培养学生勇于挑战、勇敢面对竞争的勇气。第三，体验学习，通过设计实施含有竞争元素的体验活动，引导分享感受和经验，觉察自己的意识行为。第四，总结提炼出在竞争中胜出的要素，例如，知识技术与能力、科学抉择、积极主动、细心观察、合作能力等。第五，引导学生将提炼的要素再放回到实践中去践行。

### （四）学校社会工作对培养学生劳动意识和劳动能力的介入

#### 1. 培养学生的劳动意识和热爱劳动的品质

学校社会工作者与学校其他服务系统协调，通过各种方法的宣传教育及创造校内外劳动的机会，引导教师、家长和学生理解和认识到劳动的价值和意义，通过设计、组织实施各种校内外劳动的项目，培养学生的劳动意识和热爱劳动的品质。

#### 2. 培养学生家务劳动习惯和家务劳动能力

通过家访及家庭辅导，引导家庭成员在共同参与家务劳动的过程中更好地沟通和交流，彼此增进情感，在享受共同创造的劳动成果中增强家庭凝聚力；通过主题小组，例如以烹饪为主题的小组活动，让学生在美食创作过程中收获营养学知识，提高烹饪能力、艺术创作能力和创新能力。

### （五）学校社会工作对培养学生科学抉择能力与生涯规划能力的介入

#### 1. 帮助学生学会科学抉择

（1）澄清科学抉择的理念。帮助学生认识到任何一种抉择都是对得与失的思考和选择，也就是说，任何一个选择都包含着“得到”与“失去”两个方面，如果只想得到不想失去，势必会产生焦虑，因为没有一项选择只包含得到而没有失去的。例如，选择文科就意味着放弃理科，选择加入足球队可能就要放弃篮球队。

（2）学习掌握科学评估的程序。科学抉择的程序需要先了解候选项目的具体情况，澄清自己的资源、优势与需要，在此基础上进行科学抉择。

（3）通过主题小组的活动设计对学生进行科学抉择的训练。按照上述程序，通过设计模拟情境，让学生分组讨论选择项的特点及要求，达成共识，通过自我探索、互相回馈等方法进行自我评估，之后引导组员慎重选择。

#### 2. 帮助学生培养生涯规划能力

（1）培养学生职业生涯规划能力。培养学生科学地进行职业生涯规划的能力可以从小学生开始，依据学生不同的年龄特点，采取适当的方法帮助学生进行自我探索，了解自己的兴趣、能力、人格特征及职业价值观，引导学生学习以访谈、参与式观察、文献阅读等方式了解职业世界，帮助学生树立并不断调整职业理想与定位，积极努力为未来的职业选择做准备。

（2）培养学生人际关系生涯规划能力。如何与父母相处、何时要求自己独立，如何与同学和老师相处，选择什么样的人做朋友，未来自己多大年龄结婚生孩子、如何与配偶相处、怎样对待配偶的家人，等等，都是人际关系生涯规划的内容。学校社会工作者可以通过个案辅导、人际关系生涯规划主题小组为学生提供服务，服务的内容可以从关系对象角度分为与父母关系、与朋辈关系、与老师关系、与男女朋友关系等。

（3）培养学生闲暇时间生涯规划的能力。学校社会工作者应努力为学生争取更多的闲暇时间，引导学生以有利于健康、舒展生命、放松身心、丰富自己的原则规划自己的闲暇时间。

### （六）学校社会工作对培养学生行动力的介入

#### 1. 引导学生主动领受任务

老师经常会有一些需要学生帮助完成的事情，社会工作者可以帮助学生提高对老师需要帮助的工作的敏感度，及时提出领受任务的申请；还可以通过主题小组设计模拟情境，提出任务，邀请组员竞标，培养树立积极的生活态度和工作态度。

#### 2. 培养立即行动的习惯

社会工作者可以对学生提出任务指标，及时检查执行情况，例如邀请家长监督孩子养成回到家立即做功课的习惯，通过主题小组设计“有了想法立即行动”的体验活动，培养学生有了想法立即行动的习惯。

#### 3. 训练动手操作能力

社会工作者鼓励学生积极参与物理、化学、生物课等教学实验，并组织分享感受与经验；通过主题小组设计实施具有操作性的活动帮助学生体验操作过程，例如动手为自己制作有创意的名片来展示自我、自创烹饪菜肴分享、拆装赛车比赛等，培养学生动手操作的乐趣。

4. 培养冒险精神

通过历奇辅导帮助学生经历新奇、体验冒险，培养行动力。

## 第三节　学校社会工作的主要方法

### 一、学校社会工作的重要理论概念

理论对于学校社会工作的功效体现在3个层面：一是理论可以帮助我们理解和解释学生的心理行为及环境现象；二是理论可以为实务提供方向性的指导；三是理论可以发展出具体的技术技巧指导实操。学校社会工作实务需要很多理论作为指导，此处简要阐述对学校社会工作实务意义重大的几个理论概念。

#### （一）人在情境中

"人在情境中"或"人在环境中"是社会工作的核心概念，指个人受到其生存环境内的诸多因素的影响，并且人的内心事实及所处的社会环境经常处于交互作用状态，因此必须注重人的心理因素和社会因素。"人在情境中"的理论概念对学校社会工作实务的启发有以下几点。

1. 注重在情境中理解学生的行为

在学校社会工作的服务中，要注重了解情境因素。情境因素包括学生置身的物理环境、人际互动及"信息场"。

2. 注重学生的心理及社会因素

心理学认为，个人心理现象主要由心理过程和人格构成，关注学生的心理因素主要就是关注学生的"知、情、意"心理过程和人格或个性。服务中注重社会因素可以有两个角度的理解：一是要注重学生的社会发展或社会化；二是关注学生成长的社会环境。

3. 注重对学生问题的个人与环境的双重归因

学校社会工作服务要同时关注学生个人与环境因素，对学生问题的个人与环境双重归因。

4. 注重人与环境的交互作用

人与环境交互作用强调学生与其成长环境是相互影响、相互作用的，环境对学生具有影响和制约作用，学生的行为表现对家庭、学校及社会也具有重要影响。学校社会工作者提供服务时应积极引导这种交互作用，使之有利于青少年学生的健康成长。

#### （二）标签

标签是标签理论的核心概念。该理论认为，每个人都有"初级越轨"的可能，但如果被贴上越轨的"标签"就有可能导致越轨者走上"越轨生涯"。一个人被贴上

“标签”是与周围环境中的社会成员对他及其行为的定义过程或标定过程密切相关的。标签理论认为，犯罪是社会互动的产物，而个人被有意义的他人——教师、亲戚、警察等贴上标签，描述为偏差行为或犯罪者，他就可能逐渐自我修正而成为偏差行为者或犯罪者。

标签理论概念对学校社会工作具有极其重要的启示。

1. 谨慎给学生贴“标签”

标签理论告诉我们，老师、家长及其他成年人要谨慎给学生贴负“标签”，负“标签”的风险在于把学生引导走向“标签”的人生。

2. 重新定义“标签”

学校社会工作可以通过重新定义或标定的过程，来使那些原来被认为是有问题的学生恢复为“正常学生”，将问题“标签”转变成优势“标签”，激发学生的潜能资源，形成良性循环，激励引导学生走向积极标签的人生，进入努力进取的状态。

### (三) 自我同一性

自我同一性本义是证明身份，是指个体尝试着把自己众多的方面整合起来，成为一个被自己认同的整体的自我。可以理解为个体对自己“是什么样的人”以及“想成为什么样的人”的一个明确稳定的认知。

自我同一性理论概念对学校社会工作的启示有以下几点。

1. 协助学生自我成长是学校社会工作服务的重要内容

通过个案辅导、自我成长小组等专题服务设计，帮助学生进行自我探索、自我觉察、自我接纳、自我整合，逐渐建立人格的独立感、完整感及持续感，建立积极的自我概念。同时，引导老师和家长积极协助，例如，将自我成长的相关内容渗透到学科教学，协助班主任设计实施自我成长主题班会，引导家长与孩子建立积极关怀而又保持合理心理距离的亲子关系等。

2. 注重培养学生的社会归属感

社会归属感的建立是以对社会主流价值认同为前提的。只有从心里对我国社会主义核心价值观认同，才会产生社会归属感，因此，在引导践行社会主义核心价值观的服务中，需要首先详细讲解社会主义核心价值观的概念内涵，帮助学生认真学习、消化理解、接受认同，在此基础上指导行动。

3. 帮助学生树立集体意识

对社会主流价值观的认同是建立社会归属感的基础，而较好的群体融入和集体意识则是归属感的实际体验。社会工作者应警惕校园欺凌及群体排斥对学生建立自我同一性的破坏作用，针对校园欺凌及群体排斥现象，设计实施防御性、干预性的专业服务。

4. 注重帮助学生探索生命历程

在帮助青少年实现自我同一性的过程中，需要整合过往的生命经验。自我同一性的建立需要解构童年的自我，完成对童年身份和价值观的思考和选择，这样才能学习接纳自己新的身份。学校社会工作者在帮助学生自我探索的过程中，应引导学生分享成长经验，学习自我接纳，并通过科学抉择、生涯规划的辅导服务引导学生展望未来，建立过去、现在及未来的连接感和持续感。

### （四）抗逆力

抗逆力是指一个人身处困难、挫折、失败等逆境时的心理协调和适应能力，即他遭受挫折后能够忍受、适应、摆脱挫折，保持健康、正常的心理和行为能力[①]。研究发现，一些儿童即使经历了难以忍受的逆境，长大以后却依然社会功能完好，心理及精神都呈现良好的状态，这是因为抗逆力起到了重要作用。抗逆力理论最为核心的部分是风险因素及保护因素的构建。风险因素是指阻碍个体正常发展，使个体更易受到伤害而得到不良发展结果的生物的、心理的、认知的或者环境方面的因素。而保护因素是与风险因素相反的因素，或者说是与风险因素相互作用并抵消风险因素影响的因素[②]。

抗逆力理论概念对学校社会工作的启示有以下几点。

#### 1. 注重帮助学生挖掘个人优势和效能

社会工作相信任何一个学生在任何群体中一定有优越于别人之处，因此，学校社会工作者要运用优势视角帮助学生感受自己的优势，例如良好的形象与道德修养、良好的品格及积极乐观的情绪等，引导学生对自己有积极正面的评价，帮助学生建立健康的自我概念或自我形象。学生的个人效能因素主要包括学习能力、人际技巧、解决问题能力、情绪管理及目标制定等。社会工作者可以通过个案辅导及主题训练小组帮助学生提升效能，增强自我效能感。

#### 2. 创造外在保护因素

学校社会工作者帮助学生创造外在保护因素，可以从 5 个方面做起：一是建立正面连接关系，学校社会工作者要通过各种专业方法帮助学生与朋辈、老师、家长等建立积极关怀的正向连接关系；二是创造支持的环境，链接一切可以动员的环境资源为学生提供支持；三是合理期望，无论是老师还是家长，如果对学生的期望过低会影响学生成长的动力，而高不可及的期望则意味着让学生过多体验挫败，因此，帮助老师和家长设定合理的可以实现的期望，能够激发学生的行动，鼓励优势的发挥；四是界定清晰的规范，帮助学生树立规范意识，并帮助他们设定基本的生活规范，形成是非观念的界限；五是社会参与，要为学生创造参与有意义的集体生活和社会活动的机会，并能在其中发挥作用，感受价值观，提升自信力。

#### 3. 注意学生非常规抗逆力行为

有些学生遭遇重大挫折后，如果得不到及时的正确引导和支持很有可能以逆反的方式抗争逆境，轻者表现为挑战常规、对抗成人、批判现实，重者可能会出现“打砸抢”等一些破坏性、攻击性、伤害性强的反社会行为。因此，学校社会工作者要特别关注遭遇重大挫折的学生，第一时间做出支持行动，防止学生非常规抗逆力行为发生。一旦发生非常规抗逆力行为，社会工作者要及时依据具体情况进行专业介入（具体内容可参考本章第二节学校社会工作的主要内容中关于困境学生介入的相关知识点）。

---

① 沈之菲．青少年抗逆力的解读和培养［J］．思想理论教育，2008（1）：71-74.

② 吴帆，杨伟伟．留守儿童和流动儿童成长环境的缺失与重构：基于抗逆力理论视角的分析［J］．人口研究，2011，35（6）：90-99.

## 二、学校社会工作传统方法创新

### （一）个案工作方法在学校社会工作中的特点与创新

个案工作是发展最早、最基础的社会工作专业方法，为学生提供服务需要经常运用个案工作方法。在日常工作中，学校社会工作者应遵循个案工作的基本原则，选择契合的个案工作模式，通过需求评估、制订服务计划、实施会谈、评估效果、跟进服务等环节为学生提供服务。由于学校社会工作服务的场域及对象的特殊性，在运用个案工作方法时需要社会工作者灵活运用与创新。

#### 1. 师生联合会谈法

师生联合会谈是指学校社会工作者同时与老师和学生一起实施专业会谈，通过引导老师和学生分享感受、需求及对彼此的期待，挖掘个人及环境资源，解决问题、满足需要。师生联合会谈经常用于协调紧张或冲突的师生关系。需要说明的是，在实施师生联合会谈之前，要分别与老师、学生进行单独个案会谈，如需要，还应对家长、同学及其他老师进行个案访谈，了解基本信息；开展师生联合会谈最重要的是要引导师生双方都充分表达自己的感受、需求以及对对方的期待，通过会谈学校社会工作者帮助双方协调关系，整合需求和期待，达成共识，确定解决问题的方案。

联合会谈法也适合社会工作者同时与老师和家长一起会谈。现在的学校由于班级人数多，老师教学压力大，很少做家访了，而很多家长因观念和压力的原因，也很少与学校主动沟通，这种情况不利于学生的成长教育。对此，学校社会工作者可以作为媒介帮助彼此沟通信息，必要时，可以实施老师与家长的联合会谈。

相较于传统一对一的个案会谈，联合会谈的优势在于能更有效地促进老师与学生的沟通，帮助师生澄清事实，联络感情，缩短服务进程。

#### 2. “结对子”朋辈助力法

“结对子”朋辈助力法，是指根据学生的需求与资源，把学生结成“一对一”的对子，引导其互相帮助、协同成长。“结对子”朋辈助力法是借鉴传统的“一帮一一对红”思想政治工作的方法。学生的“结对子”朋辈助力，通常是选择综合的或某方面有优势的同学与另一名相对较弱的同学“结对子”。学校社会工作者在运用此方法时需要完成的工作步骤包括：

（1）确定帮扶主题。首先要确定帮扶目的，是综合的全面成长还是具体的某一方面的素质提升，进而确定帮扶主题。例如，数学成绩提升帮扶“结对子”、英语会话“结对子”、帮扶留守儿童或困境家庭学生“结对子”等。

（2）合理配对。在配对时，除了考虑强弱的因素，还要考虑学生的性别、个性、之前彼此的关系、家庭情况、居住的便利性等其他因素。

（3）举行结对仪式。仪式是内容的支撑，仪式对当事人具有积极的暗示作用和制约性，可以根据各方面的条件及学生的情况，设计有特色的“结对子”仪式活动。

（4）协助制订行动计划。如果有可能，社会工作者参与每对学生的行动计划的设计，并监督计划的执行。

（5）建立合理可行的奖励机制，激励学生进步与成长。

“结对子”朋辈助力作为个案工作的本土化和创新，有很多传统个案工作没有的优势。例如，培养学生助人的情怀和能量；帮助学生体验合作与竞争，一帮一的两个人是一种合作关系，而与其他的“对子”又是竞争关系；帮助学生体验友谊，学习亲密交往等。

3. 社工信箱

社工信箱是指通过设置固定的信箱，邀请学生将自己的困扰和需求通过书信的方式投递到信箱里，学校社会工作者及时阅读信件并回信，给予学生辅导和陪伴的一种服务方法。如在“5·12”汶川地震之后，“社工信箱”就陪伴了很多遭遇地震伤害的幼小心灵。社工信箱是个案工作方法的延伸，因此，在实际操作过程中，社会工作者必须秉持社会工作的理念和价值观，运用同感、共情、尊重、真诚等专业服务原则，充分扮演倾听者、陪伴者的角色。作为学校社会工作的特殊创新服务手法，社工信箱有着相对固定的程序，一般包括以下几个工作步骤：

（1）制作信箱。根据学生的年龄特点，精心设计和动手制作信箱，信箱要大小合适，并放置在比较隐蔽的地方，便于学生投递时不会被更多的同学及老师看到，以免产生投信的顾虑。

（2）广而告之。印制宣传单或海报做广告宣传，详细说明投递信件及接收回信的方法。学校社会工作者会在每天的固定时间打开信箱取信。

（3）阅读信件并及时回应特殊需求。对收到的信件，社会工作者应认真阅读，进行分类整理，根据信件的轻重缓急决定回信次序。同时，要严格遵循社会工作理念和价值观，确保每次至少有两名以上的社会工作者阅读信件，并相互监督。如遇到严重问题社会工作者要及时与督导沟通，由督导组织同工讨论决定回信内容；如遇危机介入需求，也应请求督导支持，及时介入。

（4）组织回信。回信一般需要按照固定的格式要求，大致内容应包括：感谢信任，澄清来信中提到的问题和需要，深入分析问题根源，提出没有风险的建议，提出相关的期望，表达祝福和信任。如果学生来信过多，学校社会工作者应接不暇，可以链接志愿者资源。例如，抗震希望学校社会工作服务项目中，由于学生的心理压力过大，又羞于直接面对社会工作者，社工信箱信件量大，为了能够及时回复学生的来信，学校社会工作者用拍照传递的方法，将信件传递给远在北京的大学生志愿者，由接受过培训的大学生志愿者在督导的指导下及时回信。

（5）保证学生获取回信。回信放置处的选择很重要，学生取信时可能会有各种心理压力而不想被同学看到。例如，抗震希望学校社会工作服务项目中，社会工作者是把回信放置在收发室，因为每个同学都有可能去收发室领取信件。

（6）保存信件。将学生投递的信件和社会工作者及志愿者的回信，通过拍照存档等方式分门别类保管封存。

作为个案工作服务形式的延伸和演化，社工信箱较为适合当今社会情境下的学校社会工作服务。具体创新体现在：可较好解决学生学习压力较重、时间较紧张而导致无法长时间开展个案会谈的难题；可较好解决学生在个案会谈中存在诸多当面无法表达的语言的难题，社工信箱的高度匿名性亦能够让学生感受到安全感，而愿意自由表达；同时，还可较好避免个案会谈过程中学生反应及时性的障碍及社会工作者回应欠考虑的风险。

### （二）小组工作方法在学校社会工作中的特点与创新

#### 1. 主题班会

严格的小组工作对组员人数是有要求的，从团体动力学角度出发，8～12 人是合适的小组规模。但是，学校的活动通常是以班级为单位的，因时间及空间的限制，不太有可能将 60 多人的班分成五六个小组同时开展服务，因此，学校社会工作者可经常通过主题班会的形式介入班级为学生提供服务。主题班会的工作流程包括以下 5 个环节：

（1）掌握服务对象的基本情况，观察并了解需求，合理清晰界定问题。驻校社会工作者进入服务场域后，在建立关系的过程中需要对服务对象进行观察，并在日常工作中与服务对象进行广泛的接触与了解，与相关老师进行沟通，通过主动发现服务对象需求，与服务对象一道就服务对象自身的需要和问题进行讨论，并及时与同工、督导交流，作出专业需求评估和清晰的问题界定。

（2）在上述观察发现的基础上与校方进行深度沟通，商定班会主题。这一阶段需要社会工作者在需求调查的基础上就服务对象的共性问题，与学校德育主任、相关的班主任老师进行沟通，征得班主任的同意，并与班主任一起商议确定班会主题。

（3）制订具体可行的班会活动计划，与校方负责人、班主任、机构督导共同修改商议。此环节是将各方商议的结果进行落实的过程，特别是在班会的活动（游戏）项目环节，需要以社会工作的理论、模式、方法、技巧为基础，在活动（游戏）环节中带入社会工作的理念，让服务对象能够真正地在活动中有正向的体验和思考。这也是在班会活动中体现社会工作专业性最重要的部分之一。

（4）实施班会活动。在班会活动实施前应对相关的物资、人员、时间等因素进行提前确认。带领班会活动的社会工作者需有良好的身心状态，对班会活动环节应熟练掌握，并与相关协助人员做好沟通。活动过程中，社会工作者可灵活运用小组社会工作中的语言表达和非语言表达技巧，可承担带领者、支持者、教育者等多种角色，注意关注服务对象的反应并积极给予反馈，对活动中的一些意外情况进行及时恰当的处理。

（5）活动评估。无论是单次班会活动还是系列班会活动，都可面向服务对象、老师进行问卷活动满意度评估、意见和建议收集工作，对于过程评估中发现的问题要引起重视，及时与学校方面、机构督导研究解决。

#### 2. 社工课堂

通常而言学校教育的课程都是严格按照教育部教学大纲设置的，但会有一定比例的地方课程及校本课程，这就为学校社会工作服务开设“社工课堂”提供了机会和空间。学校社会工作者开设社工课堂提供专业服务。社工课堂需要做的工作包括以下几点：

（1）基础调研。全面了解学校课程设置及教学管理现状，寻找开设“社工课堂”的空间和时间，主动与校方相关人员沟通申请。

（2）确定课程主题。寻找对学生成长意义重大而学校又缺位的课程主题，例如生命教育、生涯规划、青春期教育（“少男课堂”“少女课堂”）等。

（3）课程设计。按照小组工作专业要求及学校对课程建设及教学管理的要求进行课程设计，撰写教学大纲和教案，包括阐述课程设计背景与理念、理论支持、教学目标、教学方法、考核方式等。

（4）体验式教学。用小组工作的方法开展教学过程，融体验式教学与小组体验活动的“讲解、带领、解说”3 个环节的带领技巧为一体，灵活完成教学过程。

（5）运用小组工作评估方法评估教学效果及服务成效。

3. 家长互助会

社会工作支持网络理论是社会工作专业重要的理论支持，社会工作助人强调人际连接和资源整合。对学校来说，学生背后的家长群体藏龙卧虎，蕴含着巨大的资源和能量。近年来，很多学校意识到家长群体的重要性，纷纷成立学校一级的家长学校，一些班主任也在班里成立了班级家长会。上述举动，为学校社会工作服务的开展提供了平台和启示，学校社会工作者可以运用小组工作的方法注入社会工作的服务元素。一般学校主导的家长学校或班级家长会行政性色彩比较浓，老师无法做到对每一名学生家长都给予特别关注，此时社会工作者可以在内容和形式上注入社会工作的元素，使之更好地对学生的成长发挥助力。

第一，选择试点班级。选择对社会工作认同的班主任进行积极沟通，传达社会工作专业理念，分享对班级管理的设想和创意，提出组建“家长互助会”的建议，争取班主任老师的支持与合作。

第二，积极与家长接触，通过小组工作方法中的“团队建设”设计活动方案并实施，将家长分组建立小型家长互助会。例如，50 名学生的班级可以组建 5 个家长互助会，可以根据学生性别、学习成绩、个性特长、居住位置等因素进行组合，努力做到资源配置的优化。

第三，通过提供“父母效能训练”等主题小组服务，帮助家长互助会进行团队建设，建立互助网络，形成凝聚力，培养“当地领导人”，协助建立团队规范，引导建立日常沟通交流制度。例如，建立微信群线上沟通、周末家长沙龙等线下沟通活动，围绕孩子的问题与需求，设计活动内容进行定期与不定期的聚会活动。

第四，举办家长互助会经验分享与研讨会，印制宣传简报，送交学校有关部门，提出在全校班级建立“家长互助会”的建议和倡导。

第五，协助学校改革家长学校的理念和管理制度，全面注入社会工作的专业元素，进而在学校推进社会工作服务的深入发展。

（三）社区工作方法在学校社会工作中的创新

无论是作为工作方法的社区工作还是实务领域的社区社会工作，对于学校社会工作都同样具有意义。前者强调居民动员、集体行动、解决社会问题，后者强调为社区成员提供服务、满足需要。学校社会工作运用社区工作方法创新要坚持“一个理念两个兼顾”：“一个理念”是指坚持“家校社”联动的理念；“两个兼顾”是指兼顾校园社区及校外社区，也就是说运用社区工作方法为学生服务既可以“走出去”，也可以“请进来”，在兼顾为学生服务及学生服务社区，即链接社区资源为学生提供福利服务的同时，为学生创造服务社区、贡献社区的机会，以体验价值感。下面以社会工作多维架构介入预防校园欺凌，来阐述社区工作方法在学校社会工作中的运用。

1. 初级介入：面向全员——营造友善环境

（1）友善校园营造。学校社会工作者与学校德育、心理、年级管理、班级管理等相关学生服务的人员联手合作，出台综合性服务方案，面向学校全员进行集体动员，通过校园文化展示、文化课程渗透、生命教育课程的设计与执行、民间戏剧表演、演讲竞赛、友善班级及友善个人评奖等丰富多彩的活动、设计开设互动体验课程，内化“关怀生命-友爱互助”的理念，践行“关怀生命-友爱互助”的行为。在校教师及管理者负责提供讲座及体验式培训，促进建立管理机制，保证友善校园环境营造的可持续性，并建立监督机制。

（2）友善社区营造。学校社会工作者与社区工作者及社区社会组织的专业社会工作者联手合作，在学校所在地社区、学生家庭住址社区集体动员，通过社区宣传栏、宣传单、讲座、竞赛、微信群等方式宣扬“关怀生命-友爱互助”理念，培养“关怀生命-友爱互助”的行为；开发功能社区，建立家长管理机制，依据学生年级、性别及住址建立家长互助会，促进家长功能发挥。

（3）友善家庭营造。通过家长互助组织进行家庭总动员，协助开展家庭文化创建活动，例如通过家庭会议，讨论家庭建设理念、家规家训、关爱标准、承诺方式、家庭活动设计等。通过与家长群体互动协商，制定关爱家庭标准，指导家庭进行关爱家庭建设，例如家庭成员关爱语言表达及行为训练等。

通过以上“家校社”联动，营造人人以欺凌为耻、以友善为荣的文化氛围，从而杜绝校园欺凌。

2. 二级介入：面对高关怀人群——避免复发，消除可能性

（1）服务对象主要是高风险高关怀人群，即曾有过欺凌经验和被欺凌经验的学生。

（2）介入策略。开设主题小组，例如设计欺凌风险与被欺凌风险学生的平行小组，对特殊组员进行个案辅导，同时家庭辅导跟进，帮助学生调整认知，培养同学间友爱之情，发展亲社会行为。

3. 三级介入：欺凌事件发生后，针对欺凌者、被欺凌者、情境中人的介入

（1）危机介入：服务被欺凌者。第一时间排查被欺凌者的身体伤害，根据实际需要及时协助医治，同时提供保护性和支持性服务，连接家人，并辅导家人对被欺凌者提供及时保护与支持；危机处理之后，多方收集资料，全方位评估，依据实际需要，拟订服务计划。被欺凌者可能需要的服务包括个案辅导、家庭辅导、团体辅导（特别是班级融入的小组工作设计与实施），社会工作者可用策略包括自信训练、自我训练、角色互换、明星体验等。

（2）服务欺凌者。对于行为严重的欺凌者，可报请公安部门依据相关的法规适度惩罚；对一般欺凌者可以依据具体情况选择个案辅导、家庭辅导、班级辅导、团体辅导/小组活动设计与实施。可采用的策略包括认知调整（意识到欺凌行为的危害性）、情绪管理（处理愤怒和焦虑）、行为修正、攻击替代训练、同感训练、后果认知训练、“友善社交训练”等。社会工作者要重视对欺凌者家庭的工作，有可能父母是欺凌的始作俑者。

（3）服务情境中人。协助者和附和者都是社会工作介入的目标系统，即需要改变的人。对保护者一定要给予肯定和鼓励，培养行动系统可以通过“反欺凌主题班会”设计有针对性的活动，对所有情境中的人进行教育的介入。

（4）服务特殊情境中的人——老师。把老师列为特殊情境中的人有两种理解：第一，老师置于学生的权力架构之上，有其强大的甚至是绝对的影响力和控制力；第二，老师即便不在事发现场，也不是绝对的局外人。但遗憾的是，在有关校园欺凌的研究文

献中，几乎没有对老师的问责。事实上，在某些欺凌事件中老师也可能是协助者或附和者，但在实际工作中对老师的介入，是对社会工作者的巨大挑战，需要学校的认可与支持。社会工作者可以通过个案会谈技巧，促进老师自我觉察、自我调整、自我改变、自我成长。

## 三、学校社会工作具体方法与技巧举要

社会工作是一个行动的专业，理论固然重要，但更重要的是在理论的指导下具体的助人行动。在此，结合学校社会工作服务对象及服务场域的特殊性，从实操的层面介绍几个常用的个案工作和小组工作的方法与技巧。

### （一）系统脱敏——帮助学生克服考试恐惧情绪

系统脱敏疗法又称交互抑制法，是个案工作行为治疗模式中的一个具体的方法，由美国学者沃尔帕创立和发展。沃尔帕认为，人类情绪可以交互抑制，诱导求治者缓慢地暴露出导致神经症焦虑和恐惧的情境，并通过身心放松状态来对抗这种焦虑情绪，从而达到消除焦虑或恐惧的目的。如果一个刺激所引起的焦虑或恐怖状态在求治者所能忍受的范围之内，经过多次反复的呈现，他便不再会对该刺激感到焦虑和恐怖，治疗目标也就达到了，这就是系统脱敏疗法的治疗原理。系统脱敏疗法的理论基础是学习理论，即经典的条件反射与操作条件反射，其基本的理论假设是，人类除去出生就会的笑、哭、眨眼睛、打喷嚏、吃奶、无目的的手舞足蹈等先天性行为外，其他行为都是后天习得而成，人类可以通过学习获得良好的适应行为，也可以通过学习消除不良或不适应行为。

系统脱敏疗法有 3 个操作环节：放松训练、敏感等级建构、脱敏训练。下面结合经常发生的学生考试恐惧现象具体阐述。

1. 放松训练

深呼吸和放松肌肉可以带来情绪的放松，社会工作者可以帮助学生学习体验深呼吸和肌肉放松。首先选择一个安静适宜、光线柔和、气温适度的环境，其次让学生坐在舒适的座椅上，随着音乐的起伏开始进行肌肉放松训练。训练依次从手臂、头面部、颈部、肩部、背部、胸部、腹部以及下肢训练，同时配合深呼吸，过程中要求学生学会体验肌肉紧张与肌肉松弛的区别，一个训练周期做 6~10 次练习，每次历时半小时，每天 1~2次。

2. 等级建构

帮助学生建立对考试恐惧或焦虑的等级层次。例如按照引起恐惧、焦虑情绪从高到低设置中考、期末考试、期中考试、月考、周考、日考 6 个等级；或者要求学生将开始复习时、复习期间、考试前一天、临进考场时、进入考场时、拿到试卷时、阅读试卷时、开始做题时等按时间顺序，逐一记录下当时的周围环境和真实感受，按紧张程度不同分成由弱到强的顺序。

3. 脱敏训练

脱敏训练分为想象脱敏和现实脱敏。对于考试恐惧脱敏应以想象为主要方法。社会工作者从引起学生焦虑最低等级开始描述，例如“明天要进行英语会话测验”，发现学生听了描述开始焦虑，这时要求学生做深呼吸并伴随肌肉的紧绷与放松，直至学生完全放松为止，再开始描述下一个等级，依次逐渐训练，直至达到在想起最紧张的情景时也

能够完全或接近完全般轻松自如。也可以按照学生自己写下的感受等级训练。当通过全部等级时，可从想象训练向现实情境转换，并继续进行脱敏训练。例如，考试日去校门口接学生进校园，路途中发现学生有焦虑情绪，止步做放松练习，陪伴学生走进教室，如果此时发现服务对象仍有焦虑情绪，则引导服务对象坐下现场做放松练习。开考前，可带领全班同学做放松练习，以感染服务对象。

需要说明的是，结束上述3个环节，还应该给学生布置家庭作业，要求学生在家进行自我训练、自我治疗。另外，系统脱敏疗法只能够帮助学生驱除对考试的恐惧和焦虑情绪，不能代替应对考试所应有的认识、能力、方法与技能，在实际操作过程中“系统脱敏疗法”和认知调整、学习方法与学习能力训练相结合，效果会更佳。

### （二）行为契约法——帮助学生形成良好的行为习惯

“行为契约法”是行为主义心理学常用的一种行为治疗技术，它的主要原理是通过行为契约的商定、执行过程中的“强化”训练而改善行为。行为契约是指服务者与被服务者经过双方共同协商后签订的对双方都具有约束力的书面协定。行为主义心理学只关注人类可观察、可预测的行为，认为人类的行为主要通过学习获得，良好的行为可以习得而来，不良的行为也可以习得而去。行为心理学在研究动物的行为之后提出的强化理论，用于人类的学习和教育，取得了很好的效果。

行为契约由5个基本部分组成：确定目标行为、规定出如何测量目标行为、确定该行为必须执行的时间即行为有效期、确定强化与惩罚条件、契约双方签字。行为契约有两种类型：单方契约，由寻求一项行为目标改变的一方，与实施强化的契约管理者组成；双方契约，一项行为契约是由双方共同签写的，每一方都想改变一种目标行为，由双方来确定要改变的目标行为以及将要对目标行为实施的强化措施。通常而言，双方契约更有制约效果。通常双方是有关系的，例如亲子、师生。社会工作者在操作“行为契约法”时需注意以下几点：行为契约必须由双方共同商定，目标必须可行（难度适中），强化物要有效，具有执行的可行性。实际工作中，“行为契约法”的基本工作程序如下。

#### 1. 确定目标行为

以亲子行为契约为例，确定目标行为时，要选择家长和孩子都想要改变的某个行为习惯，例如按时完成作业、养成预习习惯、按时起床、控制玩电子游戏时间等。需要注意的是，初次制定契约不要开始就挑战“不许玩手机”“保证作业正确”等高难度的目标，可以把大的目标进一步细化成小的、容易实现的目标。

#### 2. 商定奖惩清单

商定奖惩清单是重要的环节，家长和孩子一起商定完成行为目标后希望获得的奖励及没有完成目标要接受的惩罚。奖励可以是物质的也可以是精神的，避免单一，例如孩子做到了，可以获得父母的陪伴、增加看电视时间、得到更多的零花钱，如果做不到则减少玩手机时间等。

#### 3. 书写行为契约

鼓励双方都参与书写行为契约，例如可以各自书写对自己行为约束的部分（见行为契约模板），完成之后可以讨论建一个“行为契约执行记录表”。

**行为契约**

我张亮（化名）承诺：在接下来的一周里，每天按时认真完成家庭作业，写作业时桌子上只放相关的文具、作业本和书。完成作业前不随意离开椅子去做无关的事情。喝水、上厕所之类的事情在休息时间完成。作业字迹工整，正确率在90%以上，按要求时间完成。

**奖惩**

如果能做到以上承诺：奖励周末出游要求：一周内每天可多玩手机半小时，奖金200元。

如果做不到以上承诺：第二天立刻补上并减少自由时间；连续一周做不到，没收手机直到不耽误进度的情况下补完。

我李娟（化名）承诺：在接下来的一周里。每天放下手机一小时，专心陪孩子玩游戏、讲故事。

**奖惩**

如果能做到以上承诺：做到一天，可获得孩子捶背15分钟；连续一周做到，可获得孩子亲手制作的礼物一件。

如果做不到以上承诺：一天做不到第二天补上，并且没收手机两小时；一周不能完成，罚款1000元作为家庭活动基金。

承诺人：张亮、李娟

见证人：张光剑（化名）

2019年4月7日

**行为契约执行记录表**

| 日期<br>契约项目 | 某月某日 | 某月某日 | 某月某日 | 某月某日 | 某月某日 | 某月某日 | 某月某日 |
|---|---|---|---|---|---|---|---|
| 1 | | | | | | | |
| 2 | | | | | | | |
| 3 | | | | | | | |

4. 签字承诺

签字前，引导双方回顾并认真阅读行为契约，确认无误后郑重签字。最好要设计一个签字仪式，例如必要的签字、握手、拍照、彼此承诺与祝愿等。

5. 填写“执行记录表”

执行记录表也可以理解为打卡表，每天一个格，完成当天的任务便可以在日期栏目打一个大红钩或贴一张笑脸，在契约项目栏里填写完成的具体情况，彼此关注监督契约整体完成情况。

“行为契约”对改变学生的行为、改善亲子关系以及培养学生的自主性、独立性都有很大帮助，适用于对学生多种行为的矫正、提升自我管理能力及养成学习、生活好习惯。对小学中高年级和初中学生尤其有效。

### (三) 亲子运动会——引导家长与孩子建立良好的亲子关系

由米纽秦创立的结构家庭治疗理论认为，学生问题的背后是家庭问题，而家庭问题通常表现为病态的家庭结构，其中亲子之间纠缠与疏离的关系就是病态的家庭结构表现之一。我们的教育体制中，由于亲职教育的缺位，父母没有机会学习如何科学把握亲子关系，纠缠或疏离的亲子关系是常态。对此，学校社会工作者可以通过设计实施“亲子运动会”进行介入，需要做的工作如下：

(1) 需求评估与服务创意提出。通过与学生会谈、家庭探访发现亲子关系纠缠的改善相关需求，确定优化亲子关系服务主题，主动与学校有关部门沟通，争取学校支持。

(2) 撰写“亲子运动会”计划书。计划书包括活动背景（学生亲子关系需求）、理论支持（结构家庭治疗、体验学习）、活动目标（改变病态的家庭结构）、活动具体描述及实施步骤、预料中问题及解决的预案、活动的人财物预算及场地准备、选择服务成效评估方法并做好前测评估资料的收集、设置奖项以激励家长和学生参与的积极性，等等。

(3) 发布邀请，招募组员。通过微信群直接发布或学生传递邀请函的方法向家长发出亲子运动会邀请，说明相关事项要求。

(4) 亲子运动会进行时——讲解→带领→解说。讲解→带领→解说是历奇辅导的理论概念，指的是体验活动开展的3个环节。

讲解是活动开始之前的动员和说明，是解释活动、说明程序及原则，对组员提出要求的过程。此活动中，社会工作者要说明家长和孩子用3种合作形式完成3次百米竞跑，第一次要求分别将家长和孩子一条腿绑在一起完成百米竞跑；第二次要求家长和孩子手拉手完成百米竞跑；第三次要求家长和孩子没有接触地完成百米竞跑。讲解要求语言简练、表达准确、通俗易懂。为了确认组员是否了解，有时需要回答组员提问，最后要确认参与者没有异议。需要特别提醒的是，有时此处需要有承诺的仪式以制约组员的违规行为。

带领，是指社会工作者引领组员参与活动的过程，重点是体验。带领可分为社会工作者参与式带领和非参与式带领。社会工作者在“亲子运动会”中适合非参与式带领。带领过程中要监督参与者执行规则，并安排专人记录亲子竞跑所用的时间。

分享感受与经验，也即“解说”的环节，是指体验活动之后，引发组员回顾有关经历、整理活动经验、思考此经验对自己的意义，并探索未来的方向，此处需要社会工作者提前做好功课。“亲子运动会”活动的目的是想让家长反思自己与孩子之间的关系，因此，要设计一些在活动中或结束后对家长和孩子有启发性的问题，社会工作者可参考如下问题：3次竞跑过程中你的感受如何？你喜欢哪一种方式和孩子竞跑？为什么腿绑在一起会跑得最慢？你怎么看分别独立竞跑亲子拉大了距离，你会担心孩子吗？这3次亲子竞跑对你有什么启发？……

通过引导分享讨论，目的是引导家长思考：与孩子的腿绑在一起竞跑非常影响速度，就如同亲子关系过于纠缠妨碍了孩子的成长；而各自独立竞跑亲子之间距离又太大，照顾不到孩子，如同疏离的亲子关系，孩子感受不到支持和爱。因此，应该与孩子建立既亲密关怀又保持适当距离的亲子关系。

使用此方法需要注意的是，服务对象不同，在解说的环节会略有差别。例如，对于低年级小学生，孩子年龄小，亲子各自独立竞跑通常是家长跑在前面，孩子会远远地落在后面，而中学生特别是高中生则相反，家长会远远地落在后面，此时可以引导学生建立关怀父母的意识。

### （四）拍卖会——引导学生树立正确的人生价值观

人生价值观决定一个人的人生方向，人生价值观的引导是学校社会工作服务的重要内容。这里具体介绍引导学生人生价值观的“拍卖法”，即以拍卖会的活动形式帮助学生体验、澄清并思考自己的人生价值观念及其影响，发现问题并及时纠正方向。具体的工作程序如下。

（1）物资准备。100 万元道具钱币（参加者每人一份）、罗克奇 36 项人生价值观内容的拍卖板（每个价值观分别印在彩色 A4 纸板上）、拍卖槌、拍卖桌、麦克风。

（2）现场讲解。社会工作者讲解罗克奇关于人生价值观的 36 个要素；说明活动程序与规则并提出对组员的要求。例如，每个人手中的 100 万元代表了你一生的时间和精力，拍卖活动将对两类价值观进行拍卖，请你在拍卖活动开始之前认真想一想，自己想通过拍卖竞价获得哪些追求的价值观，以做好竞拍的准备。拍卖活动将逐一拍卖上述 36 项价值观（底价一般有两种方式：一是没有底价，二是底价为道具钱币的最小面值），想要拍得某一价值观的组员可以喊出你的出价，最高的出价被主持人当场确认 3 次后，若未出现价格突破，则由出最高价者拍得该价值观。讲解完之后社会工作者需要和组员确认是否清楚了解拍卖活动的规则。

（3）实施活动。根据活动规则进行拍卖活动，辅助工作员记录卖品成交价格及购买者。

（4）讨论分享。可参考的议题包括：在拍卖的过程中，你的心情如何？争取买到的价值观都是自己想要的吗？拍卖最贵的价值观是什么？是否后悔你买到的价值观？为什么？有没有组员什么都没有买？为什么？是否还有其他更值得追寻的价值观？钱是否一定会带来快乐？有没有一种东西比金钱更重要或者比金钱带来更大的满足感？等等。

（5）社会工作者进行活动总结。

### （五）做名片——帮助低自我概念的学生提升自信

人本心理学关于心理健康的十条标准将“安全感”排在首位，自信与信任是安全感的两大支柱，因此培养学生的自信力和信任力对帮助学生建立安全感意义重大。“做名片”“小背摔”是两个经过实务研究证明较为有效的方法，做名片的主要步骤如下：

（1）物资准备：用纸浆压成的一次性餐盘（每人一个）、彩笔、双面胶条、彩纸、剪刀等。

（2）现场讲解：社会工作者讲解名片创作的要求并鼓励创新，邀请组员在餐盘上为自己制作名片，要求名片有 3 个信息：①最喜欢别人对自己的称呼；②称呼前写上一个自己最得意的优点；③画一只自己最喜欢的小动物（增加活动的趣味性，从学生描述喜欢的动物特性时的情绪色彩了解可能投射出的没有被满足的重要需要）。

（3）创作进行时。组员动手制作名片，社会工作者观察组员、回应问题、提供支持。

(4) 展示名片。引导组员围坐一起，每名组员轮流到中间郑重展示名片并介绍自己，此时，社会工作者应引导其他组员积极回馈，例如大声高喊“勇敢的大勇你是最棒的”，全体组员给予“爱的鼓励”。

(5) 分享讨论。引导组员分享创作过程、展示自己以及组员积极回应赞美自己时的感受，激发组员积极向上。

(6) 社会工作者总结回馈，并鼓励组员把自己的作品贴在家里最显眼之处以激励自己成长。

此活动需要社会工作者根据不同年级学生的特点进行适当引导和调整。

#### (六)“小背摔”

人类进入了合作的时代，缺乏对人基本的信任将会给人生带来极大的不利。由于个人及成长环境不利因素的影响，有些学生个性胆怯、缺少对他人的基本信任，对此，学校社会工作者可以通过“小背摔”游戏活动帮助学生消除恐惧、培养信任力。

首先，社会工作者可以带领全班同学一起玩“小背摔”：将学生分成 3 人一组，3 名组员轮流做体验者。要求体验者背对着其他 2 名组员站立，其他 2 名组员作为道具，以弓步对面而站，彼此拉紧双手，之后，社会工作者引导体验者交叉扣住双手，闭上眼睛，让身体向后方倒下，被后面 2 名同学接住，体验信任。如果哪名同学犹豫不决，甚至拒绝倒下，就说明这名同学的人际信任力弱。“小背摔”游戏具有评估的功能。

接下来，社会工作者可以将不敢跌倒或拒绝跌倒的体验者轻轻推倒，体验者的心里会有 4 秒左右时间的恐惧害怕的感受，之后身体被同学稳稳接住了的“体验”会帮助体验者削弱这种恐惧感，反复训练，多次体验，就会逐渐消除恐惧，开始学会信任。“小背摔”游戏具有治疗的功能。

“小背摔”游戏活动是建立在行为理论基础之上的。行为理论认为，除了极少量的不需要学习的先天性行为，人类的行为（包括外显行为及内隐行为）都是后天习得而成的，重复动作可使行为形成动力定型。“小背摔”就是基于这样的理论假设，帮助学生在反复体验信任中学习信任。

## 本章小结

学校社会工作是社会工作的专业价值观、理论、知识和方法在学校社会工作领域的全面应用。本章主要阐述 3 个模块的内容：首先，对学校社会工作的基本概念进行了阐述，包括学校社会工作定义界定、含义归纳、特征分析及功能阐述，以期帮助读者对学校社会工作有基本的了解和把握。其次，从 3 个角度阐述了学校社会工作的主要内容，即面对困境学生的改善性服务、面对遭遇伤害学生的保护性服务及面对全体学生的发展性服务。最后，从 3 个层面论述了学校社会工作的主要方法，理论层面阐述了对学校社会工作实务意义重大的理论概念；方法层面讨论了对传统个案工作、小组工作及社区工作的方法创新；技巧层面介绍了面对学生服务对象经常用到的具体方法和技巧。

# 第十三章　社区社会工作

在我国社会治理领域，社区社会工作具有广泛的应用空间。社区社会工作是以社区为对象的专业服务，本章将从社区社会工作的概念出发，重点介绍社区社会工作的内容和主要方法。

## 第一节　社区社会工作概述

本节主要介绍社区、社区社会工作的基本概念和社区社会工作的目标，并比较我国相关政策对社区的界定和推动社区社会工作服务发展的原则和目标。

### 一、社区社会工作的含义

社区社会工作主要包含两个层面的意义：其一，社区社会工作是社会工作的一个实务领域，即社会工作者针对某一个目标社区（target community）运用各种专业方法，如个案工作、小组工作、社区工作、社会工作行政、社会工作研究等提供多元化服务，提高居民社会意识，协助居民运用社区资源，解决社区问题。另外，社会工作者还协助社区居民建立友善邻里关系，鼓励互相照顾和关怀，满足社区需求，实现社区和谐。其二，社区社会工作是社会工作的一种专业方法，主要强调综合运用实践模式（如地区发展、社会策划、社区照顾），通过科学的工作过程，采用系列专业技巧，处理社区问题和推进社区发展。

### 二、社区社会工作的目标

从社会工作专业角度出发，社区社会工作主要有以下目标。

#### （一）促进居民参与，解决社区问题

社会工作者认为社区问题的解决主要应依靠社区居民，相信居民有能力处理与他们日常生活密切相关的问题，例如社区安全、社区环境整治等，但居民可能暂时缺乏的是解决问题的知识和技巧。因此，社会工作者的重要任务是帮助居民建立参与解决社区问题的信念，传授解决社区问题的知识和技巧，发现和提升培育居民骨干能力，鼓励居民参与集体行动，群策群力解决社区问题，促进推动社区自决能力的提升。同时，在解决问题的过程中，社会工作者也注重发现居民潜能，提升居民自我形象，培养居民独立自主的精神。

### （二）改善社区关系，提升社区意识

社会工作者认为社区关系主要有两种表现形式：一是对外关系。它是指社区通过与政府部门、辖区单位和社会服务机构建立良好互动关系，表达居民的意见和诉求，同时积极争取资源，以解决社区问题和满足社区需求；二是对内关系。一方面是指社区内部各组织之间的关系，这些组织包括社区党组织、居委会、服务站（工作站）、业主委员会、物业公司以及居民创建的各类社区社会组织等。社会工作者致力于推动各个组织建立互信互赖的关系，合力解决社区问题，促进社区凝聚力的形成。另一方面是指居民和居民之间的各种关系，包括邻里关系、本地人和外来人口的关系、代际关系、同辈关系等，社区工作者致力于推动社区居民之间的交流、沟通、协商和合作，促进社区居民之间的互惠、互助，培养相互关怀的社区美德，促进社区归属感的建立。

### （三）挖掘社区资源，满足社区需求

社会工作者在社区的重要工作是挖掘社区的人力、财力和物力资源，并通过资源的合理配置，来满足社区居民的需求。在这个过程中，社会工作者通过发现、挖掘、整合和管理资源的工作，一方面让社区中有需要的居民尽快得到有效支持，提升专业服务的质量；另一方面保证资源的有效运用，避免重复和浪费。社会工作者在挖掘资源过程中，一是重视挖掘社区中的人力资源，如发现和培养社区骨干、招募和组织志愿者开展服务等；二是重视社会政策研究工作，通过对相关立法、政策、规章的分析，为社区居民和服务对象寻求政府资源的支持；三是重视辖区单位（或组织）的资源发展工作，通过推动辖区内政府机关、企事业和公益性民间组织的合作，加强社区治理，促进社区和谐。

## 三、社区社会工作的特点

### （一）以社区为对象

社区社会工作的特点是以社区为对象，即为居住在社区中的个人、家庭提供服务，更重要的是服务整个社区。而从社区的角度看，社会工作者不仅服务地域型社区，也会关注功能型社区或共同利益社区，这类社区是由一群有共同背景、共同需要或面对共同问题的人组成，他们未必居住在一个地域社区内，但因拥有共同的特质和利益而聚集，例如残疾人自助组织、癌症病人自助团体等，而在地域型社区内，社会工作者的对象主要是指居住在社区中的每一个人，包括不同年龄段的居民，从长者、成年人到幼儿，其生活形态则表现为上班的、上学的和居家的居民。

### （二）重点解决社区居民所面临的集体性问题

集体性问题主要指社区居民，无论男女老少都面对的问题，这些问题直接影响了居民的日常生活、社会交往以及各种权利等，造成了诸多不便，影响社区生活质量的提高。例如社区环境卫生、冬季供暖不良等。社会工作者通常会敏锐地发现与居民切身利益高度相关的问题，从这些问题入手，鼓励居民交流、沟通、协商、互谅达成共识，共同参与解决问题，保障居民的日常生活秩序，维护居民的共同利益，促进社区的团结和凝聚。

### （三）采用宏观结构的视角分析和介入问题

社区社会工作是以整个社区为对象的，而社区问题常常与社会转型和社会变迁有关，涉及整个社会的政策和制度。为此，社会工作者在分析社区问题时较多采用宏观结构视角分析问题，认为社区问题的产生不完全是居民个人，而是与社区周围的环境、相

关政策和制度有密切的关系。由此也可得知，一方面，解决问题的方法不应纯粹是改变个人，增强其适应性，而是要改善周围的环境，促进政策和制度的完善；另一方面，解决问题的责任也不完全由个人承担，而是强调政府、社区都有责任提供资源，协助处理和解决问题。这种解决问题的策略更关注强调遏制和阻断问题的诱因，促进社区居民个人、群体、社区组织和社会密切联系，推动社会的良性运作和发展。

（四）强调社区参与，关注人的发展

社区参与的理念认为社区发展的行动主体应从政府转移到民众，通过社区居民“自下而上”有组织地参与解决与他们共同利益相关的问题，来提高居民的生活质量，凝聚社区意识，提高社区生产力。社会工作者所倡导和组织的居民参与行动，包括参与社区决策和资源分配，共同商讨设计服务方案，执行服务方案，并保障决策和服务方案有效惠及社区的居民。社会工作者推动社区参与，可以让居民在共同生活经验中学会承担社区责任，自动自发参与社区建设；培养社区居民内在的集体意识，增强对社区的认同感；推动居民间的社会互动和互助，满足社区居民的多元化需求；让居民共同分享社区参与的成果，并把这些成果逐步推广至其他社区，推动整体国家发展和社会进步。

（五）重视社区资源的挖掘和运用

社区资源包括社区的人力、物力、财力、组织和文化等资源。社会工作者在社区中重要的作用是挖掘、组织和善用社区的各种资源，为社区作贡献。这主要表现为：一是重视社区人力资源的开发，包括发现和培育社区居民骨干、社区各类组织的领导者等。社会工作者认为社区治理不能仅依靠当地政府官员、专业社会工作者的能力，而是要重点开发居民拥有的多种知识和潜能，同时发展社区内非正式的支持网络，调动居民的亲属、朋友、邻里和志愿者资源，支持社区建设。二是重视社区组织资源的开发，一方面整合社区内社区居委会、物业公司、业主委员会等各类组织资源，形成合作关系，为社区提供优质服务；另一方面引入社会服务机构协同服务居民，倡导辖区单位共驻共享社区，实现互惠互助。

## 第二节　社区社会工作的主要内容

### 一、社区社会工作机制建设

（一）推动基层治理现代化与多方联动机制建设

《中共中央　国务院关于加强基层治理体系和治理能力现代化建设的意见》指出，基层治理是国家治理的基石，统筹推进乡镇（街道）和城乡社区治理，是实现国家治理体系和治理能力现代化的基础工程。

1. 基层治理体系现代化发展目标

（1）近期目标是力争用5年左右时间，建立起党组织统一领导、政府依法履责、各类组织积极协同、群众广泛参与，自治、法治、德治相结合的基层治理体系，健全常态化管理和应急管理动态衔接的基层治理机制，构建网格化管理、精细化服务、信息化支撑、开放共享的基层管理服务平台；党建引领基层治理机制全面完善，基层政权坚强有力，基层群众自治充满活力，基层公共服务精准高效，党的执政基础更加坚实，基层治理体系和治理能力现代化水平明显提高。

（2）长远目标是用 10 年时间，基本实现基层治理体系和治理能力现代化，中国特色基层治理制度优势充分展现。

2. 多方联动机制建设

社区社会工作者要响应国家号召发展公益慈善事业。一是完善社会力量参与基层治理激励政策，创新社区与社会组织、社会工作者、社区志愿者、社会慈善资源的联动机制，支持建立乡镇（街道）购买社会工作服务机制和设立社区基金会等协作载体，吸纳社会力量参加基层应急救援；二是完善基层志愿服务制度，大力开展邻里互助服务和互动交流活动，更好满足群众需求。

### （二）乡镇（街道）社会工作站平台建设

2021 年 4 月 20 日，民政部办公厅印发《关于加快乡镇（街道）社工站建设的通知》，统筹加快推进乡镇（街道）社会工作服务站建设进度。具体工作内容包括以下几方面：

（1）要加紧制定政策，将乡镇（街道）社会工作服务站建设纳入民政重点工作。要加强资金保障，统筹社会救助、养老服务、儿童福利、社区建设、社会事务等领域政府购买服务资金及彩票公益金中用于老年人、残疾人、儿童和社会公益等支出资金，优先用于购买乡镇（街道）社会工作服务。

（2）要把握推进步骤，抓紧制定时间表和路线图，建设条件好的地方，争取 2023 年年初启动建设，2023 年年底前完成建设任务；建设条件不完备的地方，争取 2023 年启动试点建设，2025 年底前完成建设任务。

（3）要强化资源整合，联动民政管理员、社会救助经办人员、儿童督导员和儿童主任等民政部门服务力量，司法、人力资源和社会保障等政府部门和工会、团委、妇联、残联等群团组织基层服务力量，社区社会组织、公益慈善组织和志愿者等社会力量共同开展服务。

（4）要聚焦重点人群，重点做好社会救助、养老服务、儿童关爱保护和社区治理等领域特殊困难群众基本生活保障、社区融入和社会参与工作。要发挥专业优势，突出社会工作特色专长，避免单纯承担事务性工作。

（5）要加大人才培养，强化政策引导和资金保障，对乡镇（街道）社会工作服务站提供有组织、有计划的专业培训，鼓励驻站社会工作者参加全国社会工作者职业水平考试。

（6）要规范机构建设，指导社会工作服务机构恪守公益性、非营利性等原则，建立健全各项规章制度。

（7）要强化督导支持，采用购买服务、政校合作等方式，搭建协调配合的督导网络，统筹组建专业督导团队，通过定期、持续的监督和指导，协助开展社会工作服务站建设、管理、督导、评估和社会工作人才队伍培训等工作。

## 二、城市社区社会工作的主要内容

根据国务院办公厅印发的《“十四五”城乡社区服务体系建设规划》、民政部行业标准《社区社会工作服务指南》及《〈社区社会工作服务指南〉解读》，结合我国社区服务政策要求及社区服务实践成果，当前城市社区社会工作服务的主要内容有以下几个方面。

### （一）统筹社区照顾

统筹社区照顾是社区社会工作服务的主要工作，这主要是基于当前的社区现实，即社区中存在着老年人、残疾人、优抚对象等特殊群体，以及低收入家庭、特殊计生困难家庭和其他特殊家庭等是社区服务的重点对象，其社区照顾的需求尤为强烈。随着我国经济进入新常态，社会快速转型，特殊困难群体及家庭的社区照顾压力更为凸显，满足社区特殊困难群体及家庭的需求，成为社区社会工作服务的重中之重。因此，在社区社会工作服务的内容上，应以统筹社区照顾为重点，着力推进为社区内救助人员、老年人、儿童、妇女、残疾人、矫正对象、困难居民以及其他特殊群体开展服务，同时根据社区居民需要，开展医疗健康服务、家庭暴力救助服务等，并协助社会服务机构开展专业特色鲜明的专业社会工作服务，合力回应社区居民的服务需求，共同解决社区问题，改善居民生活环境，提高生活质量。

#### 1. 社区社会救助人员服务

为社会救助对象提供社会融入、能力提升、心理疏导等专业服务，解决社会救助对象因心理行为偏差引发的个体和社会问题。社区社会工作者在遵循助人自助价值理念的基础上，运用个案工作、小组工作和社区工作等多种专业方法，以服务社区内因个人原因、自然原因或社会原因造成生活难以维系的群体为重点，以物质资金帮扶与心理社会支持相结合、基本救助服务与专业化个性化服务相补充的服务为原则。结合社区不同救助群体的特点，协助服务对象舒缓心理压力、提升发展能力、增强社会功能、建立支持网络、改善生活境况。

#### 2. 社区老年人服务

为老年人特别是留守、空巢、失独、病残、失能、高龄老年人提供生活照顾、精神慰藉、情绪疏导、危机干预、关系调适及社会参与等服务。社区社会工作者要结合社区老年人的特点，开展符合老年人需要的基本服务和个性化服务。要以营造敬老、爱老的社区氛围为方向，以帮扶社区困境老年人群体为重点，以生活照顾、精神慰藉等服务为基础，遵循独立、参与、照顾、自我实现的原则，解决老年人面临的危机和问题，促进老年人角色转换和社会参与，增强其社会支持网络，提升其晚年的生活和生命质量。

#### 3. 社区儿童服务

为儿童、青少年，特别是农村留守儿童和其他困境儿童、青少年提供生活照料、救助保护、学业辅导、情感关怀、成长支持等服务。社区社会工作者要充分了解社区儿童的需要，结合本社区的实际开展符合儿童成长和发展的服务。要以城市和农村的困境儿童为重点对象，以照顾、保护和发展为基本原则，以儿童的生理、心理特点为基础，遵循社会工作的专业理念和方法。首先应为有需要的儿童提供生活照料、救助保护，保证在基本生活照顾的基础上，开展学业辅导、情感关怀、成长支持等服务，以保护儿童利益，促进儿童发展。

#### 4. 社区妇女服务

为城市妇女提供安全教育、技能培训、能力提升、关系调适等服务。社区社会工作者在开展社区妇女服务时，要充分了解妇女独特的生理、心理特点，以社会性别视角为指导，以性别平等为原则，以社会工作专业知识和方法为依据，在结合本土妇女工作经验的基础上，从妇女的需要出发，为其提供物质帮助、给予心理支持，进行人身、财产等安全教育，开展生计技能培训，促进妇女能力提升，与社区居民委员会合作，开展妇女夫妻关系与家庭关系等调适服务，维护妇女的合法权益。

5. 社区残疾人服务

为残疾人提供生计帮扶、家庭支持、社区康复和社会融入等服务。社区社会工作者要将社区残疾人服务纳入社区建设的总体规划要求，使之融为一体、同步发展、共建共享。社区社会工作者要以社区为依托，积极链接资源，促进社会各界对残疾人的关爱。社区社会工作者要与社区党组织、居民委员会形成良好的关系，逐步建立以社区党组织、居民委员会为核心，以社区残疾人自组织为纽带，以社区服务机构为基础，以社区残疾人健康服务为具体内容的社区残疾人服务机制，促进残疾人的就业和社会参与。社区社会工作者应结合社区情况，为残疾人提供生计帮扶、家庭支持、社区康复、文化活动和社会融入等具体服务，并积极倡导建设社区无障碍环境，保障社区残疾人合法权益。

6. 家庭暴力救助服务

社区社会工作者在社区家庭暴力救助服务中，以优先保护为原则，以妇女、未成年人、老年人等特殊群体为重点，以紧急救助和专业化帮扶相结合为基础。社区社会工作者在发现家庭暴力情况后，要联合居民委员会、妇联组织、民政部门和公安机关等，及时受理求助，提供紧急救助和临时庇护服务，按需进行情绪疏导，并根据实际情况链接资源，协调人民法院、司法行政、人力资源和社会保障、卫生健康部门、社会救助经办机构、医院和社会组织，为符合条件的受害人提供司法救助法律援助、婚姻家庭纠纷调解、就业援助、医疗救助、心理康复等转介服务，保护受害者的人身安全。

7. 社区居民健康服务

社区社会工作者要协助社区居民做好健康管理，帮助医院转介患者进行社区治疗与开展康复服务。社区社会工作者要充分认识以社区为基础的健康服务体系构建的重要性，结合本社区基本情况，发展以居民需要为导向的社区健康服务。坚持以人为本、以健康为中心的原则，以妇女、儿童、老年人、慢性病人、残疾人和贫困居民等为重点的服务群体，以主动服务为主，开展常见病、多发病诊疗以及健康教育、预防、保健、康复等服务。与医院等医疗机构紧密合作，建立患者从医院到社区的转介、治疗和康复服务体系。

8. 特殊困难居民服务

社区社会工作者要为遭遇突发事件、意外伤害、丧葬事宜等特殊困难的社区居民提供生活照料、情绪疏导、哀伤辅导、危机干预、资源链接等服务。社区社会工作者要充分认识开展社区困难居民服务的重要意义，坚持以救急救难为方向，以个人和家庭为对象，以保障居民基本生活为目标。与社区居民委员会、各级民政部门、教育部门、住房城乡建设部门等建立良好的关系，通过参加慈善项目、发动社会募捐、提供专业服务和组织志愿服务等形式，一方面协助相关部门为符合条件的社区困难居民申请临时救助金，发放衣物、食品等实物；另一方面根据具体情况提供情绪疏导、哀伤辅导、危机干预、能力提升、资源链接或转介服务。

（二）扩大社区参与

1. 参与社区需求调查与社区服务开展

社区社会工作者要协助社区党组织和居委会开展社区需求调查，参与策划、执行、评估社区服务项目与活动。社区社会工作者要充分认识到社区参与对社区服务的重要作用，结合本社区实际情况，以社区全体居民为服务对象，以社区分工协调、合力服务为方向，以推动居民自助、互助服务为目标，以社区全体居民为服务对象，发挥专业优势，针对社区居民开展需求调查，在认真分析需求的基础上，积极参与社区服务项目或活动的策划、落实和评估。

2. 促进社区议事协商

社区社会工作者要协助社区党组织和居委会，动员和组织社区居民参与社区协商。社区社会工作者要充分认识社区议事协商对于解决社区问题的重要意义，结合本社区实际情况，以有事多协商、遇事多协商、做事多协商为方向，以维护社区居民的切身利益为原则，以发挥基层党组织领导作用和健全基层群众自治机制为目标，协助社区党组织和居委会，拓宽协商范围和渠道，丰富协商内容和形式。在此基础上，积极运用多种方法动员社区居民参与社区议事协商，运用专业知识帮助社区居民提升社区议事协商能力。

3. 提高社区居民参与水平

社区社会工作者要培养社区居民参与社区公共事务的意愿、提升参与能力、拓展参与空间、建立参与机制。社区社会工作者要认识到居民参与水平对社区建设和治理的重要性，结合社区居民的实际情况，以居民社区参与水平的提高为方向，以居民的主观参与意愿为基础，提升居民的参与动力。社区社会工作者一方面要提升居民对社区公共事务的关注度，培养社区居民的参与意愿，发挥专业优势，开展形式多样的服务，提升社区居民的参与能力；另一方面要与社区党组织、社区居民自治组织一起，拓展参与空间，在社区形成良好的参与机制。

4. 培育社区社会组织和社区骨干

社区社会工作者要协助社区党组织和居委会培育社区社会组织和社区骨干，提供咨询、培训、能力建设等服务。社区社会工作者要充分掌握社区社会组织的状况，以居民需求为导向，以发掘社区骨干为基础，以培育社区社会组织为抓手，以服务社区居民为目标。一方面要积极引导现有社区社会组织发展，另一方面要根据需求强化社区社会组织培育力度。发掘社区党员、能人等社区骨干力量，重点培育社会事务类社区社会组织，优化发展文体活动类社会组织，鼓励发展居民自治类社区社会组织，规范发展志愿公益类社区社会组织，促进各类社区社会组织的全面发展。

5. 组织社区志愿服务项目

社区社会工作者要组织策划社区志愿服务项目，引导社区居民参与社区志愿服务，协助社区党组织和居委会开展社区志愿者动员、招募、培训、使用、登记注册、服务记录与证明等工作。社区社会工作者要充分发挥社区居民的作用，结合本社区的实际，以自愿参与、服务社区为方向，以社区老年人、残疾人、儿童、青少年等为重点服务群体，以社区志愿服务组织为依托，重点开展为老服务、文体活动、心理疏导、医疗保健、法律援助、公共安全、环境卫生、社区文化等服务项目。积极培育社区志愿者队伍和组织，整合社区志愿者资源，倡导社区志愿服务精神，通过实施社区志愿服务项目形成社区良好的志愿服务氛围。

### （三）促进社区融合

#### 1. 社区社会组织共建服务

社区社会工作者要协助社区党组织和居委会建立本社区与政府相关部门、社会组织、驻社区单位、业主委员会和物业公司等单位之间的良好协作关系。社区社会工作者一是要充分利用现有社区组织自治、资源等优势，通过搭建各类平台，以提供居民所需服务、解决社区问题、参与社区治理为重点，发挥其在社会治理中的协同参与作用，实现围绕中心、服务大局、团结联合的社区组织参与社区建设，增进社区组织与社区居民、社区工作的良好关系；二是要引导社区组织树立“社区建设你我有责”的共建意识，社区组织参与社区事情的讨论、协商，为社区建设提供人力、物力、财力及治理资源，增强社区参与意识；三是要立足社区实际，以服务社区和社区发展为目的，协助培育、孵化创新型的社区组织，提升社区建设质量；四是要关注社区组织的困境，以多种形式帮助社区组织排忧解困，促进社区组织良性发展。

#### 2. 社区居民自助与互助服务

社区社会工作者要参与建立社区居民的互助团体和支持网络，组织社区居民互助和自助，推动形成理性平和、宽容接纳、诚信友爱、平等尊重的居民关系。社区社会工作者要充分发挥居民自治组织的作用，结合本社区的实际开展有特色、符合群众需求的自助和互助服务，要以服务社区未成年人、老年人、残疾人等群体为重点，以居民自治为方向，以邻里互助、自助为基础，以促进社区居民之间互相联系、相互帮助、坦诚相待、和睦相处。要引导居民树立“社区是我家、建设靠大家”的意识，人人关心社区建设、人人参与社区建设，本社区的事情要共同协商、集体决策，增强居民自治意识。社区社会工作者要集思广益，倾听居民的心声，了解居民的困难，通过多种形式的服务帮助居民排忧解难，维护好社区居民的利益。

#### 3. 外来人口社区融入与发展服务

社区社会工作者要帮助外来人口适应社区环境，促进户籍居民接纳外来人口，增进社区团结。社区工作要促进流动人口自身能力建设，提高流动人口维护权益的能力和社区生活的适应能力；增进流动人口与当地居民交往，促进群体融合和社会认同；强化社区的自治和服务功能，健全社区服务体系，创新社区管理方式，拓展外来人口参与社区建设渠道，丰富其社区生活，培育社区成员意识，提高自我管理、自我教育和自我服务能力，推动和谐社区建设和中国特色的工业化、城镇化、现代化健康发展；运用社区教育方法提供服务性的工作，向外来务工人员传递尊重、平等的理念，与外来务工人员自身发展结合起来，使他们更乐于接受社区教育，更愿意参与社区活动，逐渐地融入社区生活，并对社区产生良好的归属感。

#### 4. 异地安置社区居民服务

社区社会工作者要帮助拆迁安置、棚户区改造、政策移民、灾后重建等异地安置社区居民适应新环境，建立支持性社区关系网络。异地安置社区居民服务的重点是安置居民进入新居住地，实现其对新居住地从不熟悉、不习惯、不认同到熟悉、习惯、认同的转变。具体包括：规范的融入，即社区通过制定整合规范、将规范内化为个人的行为准则，让新居民认同并遵守新社区的行为标准；社区关系的融入，即促进居民融入被安置的社区，与原居民熟悉交流、和谐相处；文化融入，即帮助安置居民了解新社区的文化，建立起社区成员共同的价值观和信仰，实现社区文化的整合。

5. 社区矛盾纠纷调解服务

社区社会工作者要参与社区居民矛盾的预防、调解和化解工作，发挥其在矛盾预防和矛盾初期的干预服务，协助强化社区自我调节和解决问题的机制，促进社区、家庭、个人的自我发展和自我服务的功能。

（四）推动社区发展

1. 协助制订实施社区发展规划

社区社会工作者要协助社区党组织和居委会发动社区居民参与制订、实施社区发展规划。社区社会工作者根据社区居民需求，综合运用专业方法，为社区居民开展多元化活动，引导社区居民主动关心社区公共生活和社区事务，积极参与社区发展规划的工作，共同畅想美好未来；鼓励居民参与城乡社区基础设施布局、选址和建设方案，贡献意见和建议，协助政府合理规划社区公共空间；开展提升社区居民能力服务，建立和维系社区支持网络，增强社区发展能力，也有助于形成理性平和、宽容接纳、诚信友爱、平等尊重的居民关系，增强社区凝聚力、归属感和人文关怀，促进社区稳定、和谐文明。

2. 培育社区归属感与认同感

社区社会工作者要注重培育社区共同体精神，开展提升社区居民文化素质、家庭美德与公民道德教育，协助社区居民树立健康的生活态度和文明行为规范，培养其积极向上的世界观、价值观、人生观；引导社区居民共同参与社区建设，建立健全社区支持网络，加强社区居民能力建设，增强社区归属感和认同感。社区社会工作者要充分发挥居民自治组织的作用，结合社区实际情况，以开展有特色的符合群众需求的活动和项目为切入点，服务社区居民，通过引领社区居民打造“人、文、产、地、景”，增强社区成员对社区事务的关心和介入，帮助他们探索最关键的问题，培养自助能力，并通过共同的工作计划或项目推动社区发展。积极引导居民养成“社区是我家，建设靠大家”的思想意识，参与社区的整体建设活动，并不断建设社区居民的联系纽带，营造出人人关心社区、人人爱护社区、人人建设社区的睦邻友好氛围。通过社区居民之间共同协商、集体决策、集思广益，增强居民的自治意识。社区工作者要立足社区，倾听交流，了解社区实际，发掘社区资源，积极利用“互联网+新媒体”等形式，搭建起社区居民互动平台，及时为群众排忧解难，维护好社区居民的利益。

（五）参与社区矫正、社区戒毒与康复服务

社区社会工作者在参与社区矫正方面的工作内容主要有以下几方面：

（1）疏导社区服刑人员心理。疏导社区服刑人员的心理情绪，纠正思想行为偏差，促进社区生活融入，恢复和发展社区服刑人员的社会功能。

（2）修复家庭和社区关系。修复社区服刑人员与家庭和社区的关系，重建社会支持网络。

（3）促进社区服刑人员就业。协助符合条件的社区服刑人员申请享受相关就业扶持政策，为社区服刑人员提供就业指导和职业介绍等服务。

（4）协调并督促社区服刑人员教育。协调并督促未成年社区服刑人员的法定监护人，帮助其接受义务教育，鼓励有就学意愿的社区服刑人员接受社区教育。

(5) 配合司法行政机关对拟适用社区矫正的被告人、罪犯进行社区影响调查、家庭和社会关系评估等工作。

(6) 帮扶生活困难的社区服刑人员。协助社区居民自治组织帮助生活困难、符合条件的社区服刑人员及其家庭依法获得相关社会救助政策资源，链接社会资源对其进行帮扶救助。

社区社会工作者在参与社区戒毒与康复服务方面的工作内容主要有以下几方面：

(1) 协助社区禁毒工作机构组织开展毒品预防教育，特别是为处于失学、失业、失管状态的青少年提供就业帮助、心理咨询和毒品预防教育等服务。

(2) 为社区戒毒康复人员提供心理辅导、行为矫正、社会支持等服务，巩固戒毒康复效果。

(3) 为社区戒毒康复人员链接就业资源，协助其接受职业技能培训和职业指导。

(4) 协助社区居民自治组织帮助生活困难、符合条件的社区戒毒康复人员及其家庭纳入最低生活保障范围或依法接受其他社会救助，链接社会资源对其进行帮扶救助。

## 三、农村社区社会工作的主要内容

依据 2021 年 6 月 1 日起施行的《中华人民共和国乡村振兴促进法》和 2021 年 12 月 27 日国务院办公厅印发的《“十四五”城乡社区服务体系建设规划》，我国农村社区社会工作的主要内容有以下几方面：

### (一) 参与乡村振兴工作

《中华人民共和国乡村振兴促进法》在第二十五条第三款要求，各级人民政府应当采取措施培育农业科技人才、经营管理人才、法律服务人才、社会工作人才，加强乡村文化人才队伍建设，培育乡村文化骨干力量。第二十八条第二款要求，县级以上人民政府应当建立鼓励各类人才参与乡村建设的激励机制，搭建社会工作和乡村建设志愿服务平台，支持和引导各类人才通过多种方式服务乡村振兴。以上表述都明确了社会工作人才在乡村振兴中能够发挥重要作用。社会工作者参与乡村振兴的实务内容主要表现在以下几方面：

#### 1. 多渠道链接资源，发展生态友好产业

产业兴旺是当前农村发展的重点，这就要求提高经济生产力水平，推动第一、第二、第三产业协调发展。在我国农村很多地区，存在独特的产业资源，可对资源进一步开发，形成当地的特色产业。如利用村庄的天然优势，发展旅游业等第三产业，在推动乡村经济发展水平的同时，开发一些扶持性岗位，提供就业机会。社会工作者在乡村产业发展中扮演资源协调者的角色，可利用社会网络资源联络政府、社会组织、市场运营者等主体，争取多种类型资源，并将这些资源用于发展产业，推动村民自力更生。社会工作者在介入乡村振兴的过程中，在考虑经济效益的同时要把农村的生态建设放到突出位置。社会工作者还可以在乡村治理的框架下，协调各方主体，筹划具体措施，推动乡村生态环境的改善，助力新农村建设。

#### 2. 提升村民社区意识，改善农村人居环境

社会工作者在推进美丽乡村和村镇生态文明建设方面扮演重要角色。社会工作者在

农村人居环境改善行动中，主要协助政府完成以下几方面工作：一是通过举办社区活动，强化农村居民节约意识、环保意识和生态意识，形成爱护环境、节约资源的生活习惯、生产方式和良好风气。二是注重挖掘村民潜能，动员社会力量开展形式多样的农村社区公共空间、公共设施、公共绿化管护行动。三是提升村民对农村社区基础设施建设的认识，配合农村供电、供排水、道路交通安全、消防安全、地名标志、通信网络等公用设施的建设、运行、管护，提高村民应对自然灾害、事故灾难、公共卫生事件、社会安全事件的预防和处置能力。四是参与当地政府分级建立污水、垃圾收集处理网络的行动，协助健全日常管理维护，促进农村废弃物循环利用，解决污水乱排、垃圾乱扔、秸秆随意抛弃和焚烧等“脏乱差”问题。五是引导村民投入改水、改厨、改厕、改圈的行动，推动农村社区卫生条件的改善，保护农村社区乡土特色和田园风光。

3. 开展乡村文体服务，传承民族民间文化

社会工作者在发展各具特色的农村社区文化，丰富农村居民文化生活，增强农村居民的归属感和认同感方面发挥重要作用。一是协助村委会开展和谐村庄等精神文明创建活动，树立良好家风，弘扬公序良俗，创新和发展乡贤文化，形成健康向上、开放包容、创新进取的社会风尚。二是协助村委会健全村庄公共文化服务体系，整合宣传文化、党员教育、科学普及、体育健身等服务功能，形成综合性的文化服务中心，开辟群众文体活动广场，增强农村文化惠民工程实效。三是协助村委会发现和培养乡土文化能人、民族民间文化传承人等各类文化人才，开展具有浓郁乡土气息的村庄文化体育活动，激发村庄发展的内在动力和创新活力。

4. 培育乡村自组织，增强村民主体意识

乡村自组织的培育可以发挥当地村民的主体作用，激发其参与公共事务的热情与积极性，进一步增强村民自我组织和自我管理的能力。社会工作者在参与乡村振兴的过程中运用参与式发展的理念，帮助村民持续提升参与意识和能力，解决农村自治力量薄弱的问题，发展具有内生动力的乡村振兴发展模式。在农村地区培育自组织的过程中，社会工作者为村民增强权能，提升村民的主体意识，以平等的方式共同推动乡村问题的解决。

5. 评估乡村的需求，积极倡导社会政策

社会工作者在乡村帮扶困难群体时，能敏锐了解到群众的真实需求，并可根据实际情况对其需求的迫切程度进行排序，并且能够有效判定问题解决的方式，有些可以通过专业服务进行干预，但有些则需要通过政策或者制度化途径来解决。社会工作者可在乡村振兴推进工作中，评估和反映乡村的需求，建言献策，发挥政策倡导功能。

（二）服务农村特殊群体

20世纪80年代以来，随着改革开放的不断深化、经济社会的快速发展和工业化、城镇化进程的不断加快，原有城乡二元结构被逐渐打破，大量的农村剩余劳动力由农村向城市迁移。特别是自90年代起，我国人口流动逐渐由分散的个人型流动向家庭型流动转变。但由于经济条件限制、子女入学问题、传统乡土观念等原因，有许多农村儿童、妇女和老人仍然留在农村生活，形成了农村留守儿童、老人、妇女这三类农村特殊群体。

1. 农村留守儿童社会服务

留守儿童问题已经成为农村社会的一大社会问题。多数留守儿童的家庭和其他社会

支持体系相对较弱，在遇到困难时也很难得到政府等正式支持体系的有效支持，因此留守儿童迫切需要相应的支持和社会服务，以应对成长过程中的各种挑战。近年来，很多地方都积极应对留守儿童问题，政府、学校和社会组织等都开展了一些社会服务项目，如学业辅导、心理支持、生活照料、安全教育等，取得了一定成效。从当前实践来看，农村留守儿童社会工作服务主要有：

（1）留守儿童成长服务。着眼于留守儿童身心发展特点和学习、生活需要，开展学业辅导、心理咨询、人际交往技巧训练、生活技能训练、青春期健康教育、安全教育等方面的服务，提升留守儿童学习、生活适应能力。

（2）留守儿童家庭服务。为留守儿童的监护人、照顾者提供培训，增进对儿童青少年身心发展特点的理解，提高教养技巧，增强监护和照顾能力；为留守儿童家长提供培训，增进家长与留守儿童的交流沟通，改善亲子关系，加强家庭对留守儿童的情感支持等。

（3）青少年犯罪预防与行为偏差青少年矫治服务。提供预防留守儿童违法犯罪行为发生的社会服务，及时发现潜在影响因素进行干预。对出现偏差行为的留守儿童提供矫治服务，纠正偏差行为，使其建立良好的学习、生活习惯。

（4）留守儿童社区托管服务。动员农村社区的正式和非正式组织，整合资源开展农村留守儿童社区托管服务，配合学校教育和家庭照顾，为留守儿童提供良好成长环境。近年来，有的地方政府通过购买社会服务等形式，支持社区社会工作者开展留守儿童暑期日间托管服务，收到了一定的成效。

2. 农村留守老人社会服务

在人口老龄化和社会转型的双重背景下，由于农村经济社会发展相对滞后，农村留守老人既面临精神上的窘困，更承受着繁重的农事负担。留守老人面临的问题主要有经济收入低、生活质量差、生活缺少照料、安全隐患多、精神慰藉缺乏等，而目前我国农村养老服务十分薄弱，农村老年人的养老问题日益严峻，这不仅影响大量农村家庭的经济生活，也直接影响整个农村经济的改革发展和农村社会的和谐稳定。

近年来，志愿者和社会工作人才队伍以及志愿服务组织、专业社会工作服务组织等社会力量积极开展留守老年人关爱服务，弥补了政府关爱服务力量与资源的不足，形成了不少接地气、受欢迎的服务方法模式，得到广大老年人的认可。主要有以下几个方面：

（1）广泛开展关爱农村留守老年人志愿服务。鼓励农村基层组织组建志愿者队伍，为志愿服务活动开展提供场所和其他便利条件，完善志愿服务信息网络，建立健全农村志愿服务体系。引导城市和农村志愿者与志愿服务组织为留守老年人提供内容丰富、形式多样、符合需要的志愿服务。鼓励低龄健康老年人为高龄、失能留守老年人提供力所能及的志愿服务，探索建立志愿服务互助循环机制。

（2）探索推动社会工作专业力量参与留守老年人关爱服务。发挥社会工作人文关怀、助人自助的专业优势，通过设立社会工作站点、政府购买服务等方式，及时为留守老年人提供心理疏导、情绪疏解、精神慰藉、代际沟通、家庭关系调适、社会融入等服务。

（3）支持社会组织为留守老年人提供关爱服务。落实税费减免等优惠政策，加快孵化培育专业化为老社会服务机构，提升其开展农村留守老年人安全防护、生活照料、紧急援助、康复护理等专业服务的能力。鼓励农村经济合作社、农村电商组织等其他社会力量参与关爱留守老年人服务。

3. 农村留守妇女社会服务

留守妇女问题不仅直接影响着农村地区经济的发展，更关系到家庭的和谐、社会的稳定。男性劳动力进城务工、寻求发展后，留守妇女承担起本应由夫妻双方共同承担的家庭责任，在生活中往往面临不少问题，如生产负担重、家庭压力大、精神生活匮乏、幸福指数低、安全隐患大、维权意识弱、能力精力不够、子女疏于教育管理等。为了解决这些问题，近年来一些地方政府部门、妇联等社会团体开展了一些服务，如种养业实用技术培训、女性健康教育、妇女互助活动等，取得了一些成效。结合各地实践和农村留守妇女的需求，可以将农村留守妇女社会服务划分为以下几个方面：

（1）开展卫生保健服务。协助妇联组织和卫生医疗部门积极开展送医送药下乡活动，定期开展义诊、免费健康检查等活动，广泛宣传医疗卫生保健知识，提高留守妇女的健康意识。

（2）开展心理健康服务。针对留守妇女劳动强度大、心理压力大、孤独感强烈等问题，开展情绪疏导、心理咨询、成立互助小组等方式，促进留守妇女之间的交流，及时化解她们心中的郁闷，减轻她们的精神压力，维护心理健康。

（3）技能训练和创业支持服务。社区工作者联合劳动技能培训部门或相关民间培训组织开展各类培训班、主题讲座活动等，传授实用技术、法律维权、医疗健康、家庭教育等方面的知识，动员留守妇女参加，提升留守妇女的综合素质。另外，也有一些地方依托“小额担保贷款”项目，畅通融资渠道、支持妇女创业，如因地制宜地发展农副业生产，扶持妇女手工编织业，引导扶持“农家乐”特色休闲旅游农业等。

（4）组织文化娱乐活动。基层妇女组织和社区社会工作者组织开展各种文化娱乐活动，并将一些国家方针政策、妇女保健、家教、科技、法律法规等知识以娱乐的形式表现出来，既丰富其文化娱乐生活，又能让她们学到知识，同时促进妇女之间、家庭成员之间的相互交流，培养留守妇女的多种兴趣、爱好。

## （三）农村灾害社会工作服务

灾害社会工作是以受灾群众、家庭和社区为服务对象，运用社会工作专业方法，帮助受灾对象修复受损关系、提升发展能力、增强社会功能、走出生活困境的专业服务，是社会工作服务的重要组成部分。近年来，我国灾害社会工作服务在应对汶川特大地震、玉树强烈地震、舟曲特大山洪泥石流、芦山地震、鲁甸地震等重大自然灾害过程中得到了快速发展，灾害社会工作服务机构初具规模，灾害社会工作实践不断探索，社会工作在满足受灾群众需求、创新灾区社会治理、加强灾区社会建设、促进灾区社会发展方面的作用得到了初步显现。

《民政部关于加快推进灾害社会工作服务的指导意见》（民发〔2013〕214 号）对灾害社会工作服务发展提出了具体要求，对灾害社会工作的服务内容、服务机制等作了明确界定。结合近年来我国农村地区灾害社会工作实际开展情况，社区社会工作者开展的灾害社会工作服务可以分为以下几个方面的内容。

1. 灾后心理社会援助服务

帮助受灾群众舒缓悲伤、化解焦虑、稳定情绪，修复灾害创伤，重建社会关系，恢复发展生计，提升自助自救与互帮互助能力。

2. 灾区儿童抗逆成长关爱服务

帮助受灾儿童青少年排除恐惧心理，消除灾害阴影，恢复正常学习生活，促进儿童权益保护与身心健康成长。

3. 灾区老年群体社会照顾服务

帮助受灾老年人重建社会照顾体系，建构物质保障与服务保障、精神慰藉与生活照料相结合的老年人服务机制。

4. 因灾致残人群社区康复服务

帮助因灾致残人群建构社区康复体系，重构社会支持网络，推动实现生理康复、心理康复、职业康复与社会康复。

5. 临时安置点和新建社区服务

推动建立临时安置点和新建社区服务组织网络，引导社会组织和志愿者有序开展服务，促进受灾群众适应临时安置点和新建社区生活，参与受灾地区社区规划与社会重建，推动健全社区服务机制、提升社区服务能力、完善社区服务功能。近年来一些灾害社会工作服务机构基于资产为本的社区发展模式，指导和带领农民开展灾后重建，取得了较好的实践效果。

6. 协助开展防灾减灾宣传教育服务

以农村社区、学校等为单位，开展灾害模拟体验与救灾演练，宣传普及防灾减灾知识，增强公众防灾减灾意识，提高公众自救互救能力。

## 第三节　社区社会工作的主要方法

本节重点介绍社区社会工作的主要工作过程，包括社区分析、社区服务（活动）方案策划、方案执行及方案评估，还根据我国社区工作的实际和社区社会工作的特点，介绍资源链接、推动居民参与、建立社会支持网络、推动多方联动等常用方法。

### 一、社区社会工作的过程

#### （一）社区分析

1. 社区类型分析

社区社会工作者在实际工作中，首先应通过观察或与居民聊天掌握社区的基本类型。我国城市社区类型可以分为以下几种：

（1）商品住宅区。此类住房主要是 2000 年以后建设的，居民通过市场购买的方式获得。社区的主要管理组织是社区居委会、物业管理公司和业主委员会。居民都属于中间阶层，受教育程度高，经济收入稳定，多从事管理工作和专业性工作，社会生活丰富，拥有较高的经济社会地位。

（2）单位型社区。主要是指政府机关、大学、军队、大型国企的宿舍区，一般采取封闭式管理，居民多是本单位的职工，既是工作同事也是邻居。居民普遍收入稳定，但由于在单位中的工作职位不同，居民的收入和社会地位有高低差异。社区管理组织是社区居委会和单位后勤管理部门。

（3）保障房住宅区（经济适用房、两限房、公共租赁住房等）。这类社区的住房是政府为了照顾中低收入群体而开发的住宅区。在不同时期的政策影响下，可以分为经济适用房、两限房、廉租房、公共租赁住房等不同的保障类型和层次。保障房社区的管理组织与商品住宅楼相似，社区居民来源较为多元、经济水平整体不高，对社区的归属感和认同感较差。

（4）老旧小区。住房的建筑年代一般是 20 世纪 90 年代以前，每套房屋的面积较小，在 30~80 平方米。其中楼房多在城市中心地带，平房则分散在城乡接合部。这类住房中的楼房多数是计划经济时期通过“福利分房”分配给单位职工的，后在“住房商品化”改革中以“成本价”卖给了住户。而平房则较多是个人祖产私房，或是郊区农村集体宅基地住房。这类社区由于住房和基础设施较差，聚居了大量的困难人口、老龄人口和流动人口，社区的管理组织也较为单一，主要是社区居委会，即使部分社区有物业公司也是规模较小、管理粗放的公司。

2. 社区基本情况分析

（1）社区的名称、发展历史。

（2）社区的地理位置、经济状况、生态环境。

（3）社区的人口结构，包括人口数量、性别比例、年龄比例、受教育程度比例、职业状况等。

（4）社区组织或单位资源，如教育机构、医疗单位、社区组织、商业场所等单位和组织的数量、位置、运作情况、对居民的影响、使用状况等。

（5）社区服务人力资源状况，包括社区党组织和社区居民自治组织成员、社区专职工作者、社会组织工作人员以及社区志愿者、社区居民骨干、社区各类专业人员等。

3. 社区问题分析

（1）社区内共同性问题的分析。所谓共同性问题是指社区所有居民都卷入其中，带有明显的“集体性”。因此可以通过政府公开的统计资料、学者的研究报告、媒体的报道等资料了解，也可以通过访问社区居民获得。一般社区社会工作者会采取“质询”的方式来掌握社区问题：社区有什么问题存在，居民对这些社区问题的看法是什么；社区内部是否有严重的冲突，社区与外部是否有严重的冲突；如果社区存在问题和冲突，当前是如何处置的。

（2）社区内群体性问题分析。包括社区中的老年人、青少年、妇女、残疾人、失业者和低收入者等群体，而分析的角度有：该人口群体的共同属性是什么，人口的分布和人口的数量如何；群体所存在的问题是什么；政府是否有相关政策扶持，内容如何；民间和社区组织是否提供服务，内容如何。

4. 社区需求分析

社区需求分析较为常用的方法是布雷德绍（J. Bradshaw）1972 年提出的四种需要类型。

（1）感觉性需求。指社区居民或服务对象感受到或意识到，并用言语表述出来的需要。

（2）表达性需求。指社区居民或服务对象把自身的感觉通过行动表达出来的需要，如申请服务、排队等候服务等。

（3）规范性需求。指由专家学者、专业人士、政府行政官员评估而决定的需求。

（4）比较性需求。指社区居民或服务对象将所得到的服务与其他类似社区进行比较，而认为有所差别的需求。

在分析社区需求时，社区社会工作者可以将布雷德绍的 4 种需求与专业介入层面相结合，通过填写下列表格（见表 13-1）综合分析社区需求。

**表 13-1　　社区需求分析表**

| 社区需求 / 介入层面 | 感觉性需求 | 表达性需求 | 规范性需要 | 比较性需求 |
| --- | --- | --- | --- | --- |
| 个人 | | | | |
| 家庭 | | | | |
| 小组 | | | | |
| 社区 | | | | |
| 社会 | | | | |

### 5. 社区优势和劣势分析

在社区环境里，社区居民不但怀着美好的希望，而且面临着来自社区的压力，领受社区带来的挫折。社区社会工作者可以运用 SWOT 分析法分析社区内部的优势（Strength）和劣势（Weakness）以及外部的机会（Opportunity）和风险（Threats），对社区的内外部条件等各方面内容进行综合和概括，将社区发展与社区内部资源、外部环境有机结合起来，在此基础上选择介入策略。社区 SWOT 分析的步骤如下：

（1）罗列社区的优势和劣势、可能的机会与风险。社区内部环境优劣势的分析内容参考如下：一是目标群体自身有什么优势，这些对将采取的增权行动有什么帮助；在社区内是否有让目标群体享受服务的途径，这对目标群体有多大的积极作用。二是哪些社区里的人、群体、社团、组织会对目标群体关心的事给予回应，主张帮助目标群体并为他们提供实际援助。三是对目标群体的服务和分配受到了哪些社区内的人、群体、社团、组织限制，谁会反对解决目标群体的问题；社区内是否存在阻止目标群体融入社区的障碍。四是目标群体与其他社区成员间有哪些差别，是否由于这些差异受到压制。五是社区中有哪些群体、组织、规定、程序对目标群体构成歧视或造成不利的状况。

社区外部环境的机遇和风险分析内容参考如下：一是哪些社区外的服务提供组织（如非营利组织、公共部门、营利组织）在为目标群体进行呼吁和提供服务，发挥积极的作用；二是哪些社区外的中介单位（如自助团体、志愿团体或草根组织）在为目标群体提供服务方面发挥积极的作用；三是社区外部有哪些规定或政策，对目标群体增权赋能和权益分配起到积极作用；四是社区外部有哪些群体、组织、规定、程序、政策、区域文化或风俗，对目标群体构成歧视，或存在削弱目标群体利益和权能的状况。

（2）将优势、劣势与机会、风险组合，形成社区工作的 SO、ST、WO、WT 策略。

具体见表 13-2。

表 13-2　　社区优势和劣势（SWOT）分析表

| | 优势（S） | 劣势（W） |
|---|---|---|
| 机会（O） | SO 战略（发展型策略） | WO 战略（改进型策略） |
| 风险（T） | ST 战略（控制型策略） | WT 战略（防御型策略） |

（3）对 SO、ST、WO、WT 社区工作策略进行甄别和选择，确定目前应该采取的具体战略与策略。

### （二）政策分析

社区社会工作者在实务活动中，主要是解决社区问题，包括困难群体问题。出于社会公平的价值和解决社会问题的需要，我国及各国都出台了大量的社会政策，但是，由于社区居民和困难群体信息封闭、知识欠缺和技巧不足，对政策文本内容及其执行过程缺乏了解和认识，因此需要社区社会工作者了解政策、分析政策，以便能够为他们提供政策咨询服务。社区社会工作者的政策分析工作主要有以下两方面。

#### 1. 分析社会政策的层次

不同层级政府和单位所制定的福利政策一般具有层次性的差别。例如第八届全国人民代表大会常务委员会第二十一次会议通过、第十一届全国人民代表大会常务委员会第三十次会议修订的《中华人民共和国老年人权益保障法》是全国性社会政策，城市最低社会保障制度中最低生活保障线的标准是各城市政府制定的地方性政策，而各企（事）业制定的有关职工福利政策则是单位的内部政策。一般而言，高层政府制定的社会政策涵盖面大，政策规定也较为笼统和概括，基层政府和企事业单位的福利政策则较为具体，更具有操作性。

#### 2. 分析政策内容和政策过程

政策内容分析重点探讨的是政策目标、服务方案（制度）设计、服务获取的资格条件、服务提供的组织结构、财务安排等。分析侧重于建议性，即社区社会工作者进行政策内容分析的目的是向政策制定者建议选择政策内容需要依据的准则。政策过程分析包括政策制定和执行过程，如问题的挖掘和界定、政策制定和规划、政策的执行或落实和政策评估等，分析侧重于描述性。

### （三）社区服务（活动）方案策划

社区服务（活动）方案策划是一个以未来为取向，服务或活动为归依的策划过程。即在综合考虑各方面的实际情况，征求各类社区居民的意见后，决定采取的服务（活动）内容和形式，以便系统地达到特定目标。社区服务（活动）策划是一个理性的过程，即在策划之初，对社区问题和需求进行了科学的评估，并广泛征求了社区居民或服务对象的意见；在策划中期，充分考虑资源状况，估计工作人员素质和能力，订立服务（活动）目标，规划服务内容、服务流程和人员分工；在策划后期，还要确定服务（活动）的成效评估方法……经过这样科学严谨、循序渐进的过程，确保了服务（活动）推行的可预测性和稳定性，也确保了服务（活动）能够系统地实现特定的目标。

1. 服务（活动）策划前的分析工作

（1）服务对象分析。例如社区工作者最有责任和使命服务的人群是谁？这个服务对象群体有多少人？服务群体中有多少人已经在接受服务？为什么有些服务对象没有接受或参与现有的服务？服务（活动）方案未来甄选服务对象的标准如何？预期服务（活动）中受益的人数有多少？

（2）问题分析。例如社区中有哪些人受到问题的影响？哪些人在问题中获得好处？哪些人认为该情况是一个问题？导致问题的原因是什么？针对这个问题，目前提供了哪些服务（活动）？如果相关的服务（活动）停办，后果会怎样？如何改善现有的服务（活动）以有效解决这个问题？

（3）服务（活动）的逻辑推进步骤分析。即界定和确认问题→确认要达到的目标→选定评估的指标→寻找各种可行的方案→计算每个方案的成本（包括人力、物力、时间）→计算每个方案的成效→列举方案并进行比较分析。

2. 服务（活动）策划的过程

第一步：确认社区需求。可以通过规范性需要、感受性需要、表达性需要和比较性需要来界定社区需求（见表13-3）。

表13-3　社区需要评估表

| | 需要的类型 | | | | 评估 |
|---|---|---|---|---|---|
| | 规范性 | 感受性 | 表达性 | 比较性 | |
| 1 | 有 | 有 | 有 | 有 | 各方面都显示有需要，并且没有争议。这类需要应尽快满足，如改善社区治安 |
| 2 | 有 | 有 | 无 | 有 | 需要没有表达出来，很可能是由于缺乏足够的途径让服务对象获取相关服务，如流动人口的权利 |
| 3 | 有 | 有 | 无 | 无 | 这种情况很可能显示服务严重不足，如社区青少年公民教育 |
| 4 | 无 | 有 | 有 | 有 | 服务对象觉得有需要，但有关专家、政府行政人员却觉得不是必需的，如老年人理发 |
| 5 | 有 | 有 | 有 | 无 | 各方面都有需要，但没有服务提供，这种情况是开展创新服务的最佳时机，如家庭暴力受虐者庇护所 |
| 6 | 有 | 无 | 无 | 有 | 专家和政府行政人员认为有需要，而且有服务的提供，但服务对象没有感受到有需要或提出要求，这种情况服务提供是最困难的，如社区精神文明建设 |
| 7 | 有 | 无 | 无 | 无 | 通常开展的是防患于未然的预防性服务，如消防安全演练 |
| 8 | 无 | 无 | 无 | 有 | 某种需要有服务满足，但不是必需的，这种服务只是给服务提供者带来利益，但没有给服务接受者带来利益 |
| 9 | 无 | 有 | 无 | 无 | 这主要表达的是一种期望，并不代表真正的需求 |

第二步：了解社区居民或服务对象的特征。包括社区居民或服务对象的兴趣、特点、能力、生活习惯和方式、休闲时间的安排，以及与社区其他群体的关系等。

第三步：订立工作目标。这个目标应包括三方面内容：一是清楚界定整个服务（活动）方案是以哪些人为服务对象；二是清楚列出服务（活动）的内容；三是表达出期望服务（活动）的成效，即社区居民或服务对象参与该服务后可能产生的改变。

第四步：评估自身的能力。这里主要是评估提供服务的机构及其工作人员的能力。机构的能力主要是人、财、物的配置能力和合理的时间安排；工作人员能力则是指其具有专业知识、技能等。评估的内容包括机构及其工作人员对外所面临的机会和挑战，对内所存在的优势和不足，并要根据这些评估制订合乎实际、切实可行的服务计划。如果能力不足，可以寻求外来协助或更改原有的目标。

第五步：制定工作进度表。即将计划分为开始、推行和评估 3 个阶段，列出各阶段要完成的工作及其完成的期限，然后按照完成日期排列出先后次序，保证服务可以按照计划的时间来完成。

第六步：程序编排。方案设计了一系列与目标相关的活动，而且每个活动都有其具体的目标，因此要将这些活动一方面按照推行时间先后排出次序，另一方面还要根据服务活动的目标、场地（环境）、资源等要素进行编排。具体编排见表 13-4。

**表 13-4　　活动程序编排表**

| 阶段＼活动 | 活动名称 | 活动目标 | 活动形式 | 活动方法 | 时间安排 | 场地安排 | 物资准备 | 资金安排 |
|---|---|---|---|---|---|---|---|---|
| 开始阶段 | 启动活动一 | | | | | | | |
| | 启动活动二 | | | | | | | |
| | …… | | | | | | | |
| | …… | | | | | | | |
| 推行阶段 | 推行活动一 | | | | | | | |
| | 推行活动二 | | | | | | | |
| | …… | | | | | | | |
| | …… | | | | | | | |
| 评估阶段 | 评估活动一 | | | | | | | |
| | 评估活动二 | | | | | | | |
| | …… | | | | | | | |

### （四）社区服务（活动）方案执行

社区服务（活动）方案的执行需要分阶段进行，具体如下。

#### 1. 筹备阶段

筹备阶段主要进行的是人、财、物的配置以及服务（活动）的宣传和推广工作。一是在经费筹措方面，主要途径有申请政府资金补助、向社会筹款，有些发展性和娱乐性项目也可以向服务对象或者居民合理收取一定的费用；二是在人力安排上，应规划配置几名专业社会工作者，要招募多少志愿者来协助活动的开展；三是在场地安排上，应考虑场地的面积和布置，灯光、音响、麦克风、电脑、投影仪等设备的安排，桌椅的数量及其摆放方式等；四是在服务（活动）的宣传推广方面，首先要清楚向谁宣传，宣传的目的是什么、要传递的信息是什么，其次设计宣传策略和方法来吸引社区居民或服务对象的注意，激发其参加活动的兴趣。

2. 服务或活动阶段

这个阶段主要开展的工作有预算管理、时间进度管理、服务品质管理、士气激励和提升。一是预算管理。应本着节约和“量入为出”的原则，一方面要记录清楚收入，包括政府补助、社会捐赠、服务收费等；另一方面要记录清楚支出，包括场地租金、宣传品印刷费、活动道具和材料费、纪念品费用、游戏奖品费用、志愿者的午餐补贴和交通补贴及其他杂项等。二是时间进度管理。首先是整个服务（活动）安排的期限管理，如在一周内完成或在一个月内完成；其次是服务（活动）各个阶段的进展时间管理；最后是服务（活动）进行环节的时间管理，如志愿精神培训要求45分钟内完成，其中热身游戏要求3分钟内完成等。三是服务品质管理。是指专业社会工作者对服务（活动）的可信度、及时性、同理心以及设施设备的管理，以确保服务的质量。四是士气激励和提升。这里是对提供服务和开展活动的专业社会工作者和志愿者的激励和士气提升，主要目的是增强其成就感，让其感觉自己的工作和付出是有价值的。具体方法是通过口头表扬、墙报表扬等形式，公布每个人的工作进展和成绩，通过光荣榜等形式表彰优秀社会工作者和优秀志愿者的工作成绩。

3. 结束阶段

在服务活动结束后应处理的工作有：一是经费报销。社会工作者应事先熟悉政府、社会服务机构的财务制度，了解经费使用和报销审核的程序，在服务（活动）结束后应尽快处理经费报销事宜，保证后续其他服务（活动）的经费使用。此外，对服务收费的资金部分要及时公布使用（开支）情况，通过财务的透明，增强服务（活动）的公信力。二是服务资料及时归档。包括服务需求调查报告、服务策划书、服务记录表、摄像与摄影资料、服务（活动）满意度调查表、社区居民或服务对象意见反馈表等。三是对专业社会工作者和志愿者进行表彰。由于社区服务（活动）的性质具有公益性和非营利性，因此通过表彰达到激励是主要目的，但也需要针对服务（活动）开展的情况让工作人员和志愿者能够认真反思，对自己的工作表现和工作成效能够有一个客观评价。四是对服务（活动）成效进行评估，包括对服务（活动）过程和服务（活动）结果进行评估。

**（五）社区服务（活动）方案评估**

社区服务（活动）评估的目的在于了解社区服务（活动）是否达到了预定的目标，社区居民或服务对象的满意度如何，在服务（活动）推行过程中存在的优点和缺点。评估的结果一方面可以作为本社区的居委会和工作站（服务站）未来持续开展工作的参考，另一方面也可以为其他社区的居委会和工作站（服务站）提供借鉴。

1. 社区服务（活动）方案的评估方法

社区服务（活动）方案的评估方法包括定量评估法和定性评估法。定量评估法的特点：一是用数字表现评估结果；二是评估者事先预设了某些答案，然后再由参加服务

（活动）的社区居民或服务对象对答案进行选择。定性评估法的特点：一是用文字来表达评估结果；二是评估者事先不预设答案，只是听取参与服务（活动）的社区居民或服务对象的意见和看法，然后再进行归纳和总结。

2. 社区服务（活动）方案的评估内容

社区服务（活动）方案的评估内容包括方案成效评估和方案过程评估。

社区服务（活动）方案成效评估的方法有两种：一是可以采取定量的方法，即通过事先设计的问卷，采用问卷调查法，收集社区居民和服务对象参与服务（活动）后的满意度；二是可以采用定性的方法，即通过深度访谈、观察、文件档案整理分析来评价社区服务（活动）方案的成效。

社区服务（活动）方案过程评估一般只能采取定性评估法，重点是总结方案设计情况，以及方案筹备、进行和结束等阶段的基本情况。

## 二、社区社会工作的主要方法

### （一）资源链接

1. 社区资源的含义和类型

社区社会工作的突出特点是通过发现、挖掘、整合和管理社区资源来解决社区问题、满足社区需求。社区资源是指可以被社区运用为社区居民服务的一切人力、物力、财力、文化和组织等资源。人力资源是指居民能够提供知识、技能、经验，或奉献自己的时间、体力，为其他社区居民服务，包括社区居委会成员、社区居民骨干、社区志愿者、居住在社区的知名人士等；物力资源是指社区内有助于开展社区服务的、能够促进社区发展的物质资源，包括室内外活动场地、活动设备、器材、工具等；财力资源是指可以用于开展社区服务或活动的经费，包括政府财政拨付经费、辖区企事业单位赞助经费、各种社会捐赠以及活动收费等；组织资源是指可以推动社区服务和促进社区发展的各类组织或机构，包括基层政府、辖区内的企事业单位、社会团体、各类互助性和互益性居民小组等；文化资源是指社区中既有的典籍、古迹、文物等文化遗产，以及民俗、艺术等其他有助于促进精神文明建设的文化活动。

2. 社区资源的链接方式

（1）资源整合。资源整合强调的是社区内各类组织在强调社会分工的同时，通过整合既有资源和争取更多资源，形成功能上的互补与互依，来达到共同的目标。资源整合包括社区组织之间协调、合作的过程。协调是指社区内组织和组织间的协调，通过协调过程强调共享工作环境（如场地设施）、联合决策和行动等；合作是社区内两个或多个组织以及参与者一起共事，彼此形成紧密联系和友好的关系，并建立起互惠措施，来达到共同的目标。

（2）资源共享。资源共享是指相邻社区都有资源，但资源的种类不同，如一个社区有丰富的场地资源，另一个社区有丰富的人力资源，为了改善社区的环境和促进社区的发展，相邻的社区通过共同合作的方式，各自获得自己的利益或达到自己的目的。例如，两个社区居委会通过自愿性的合作协议开展一个“市民教育”课程，一个社区出场地，一个社区找授课教师，形成了一个完整的课程计划，这就属于资源共享过程。在这个过程中，包含了几个重要的要素，如参与资源共享的社区至少有两个，彼此之间都有资源可以共享，彼此有合作的协议签订，资源共享的目标明确，等等。

（3）资源配置。资源配置是指在社区服务过程中，社区社会工作者根据资源的不同特征配置资源，采取组织、培训、咨询、合作等不同方法进行弹性使用，以保障资源能够被有效地协调和使用，发挥资源的最大效率。资源配置能够让社区组织提供的服务方案更具效率。社区社会工作者应通过计划、组织、领导、协调与沟通、控制与评估等过程，有效管理种类繁多的资源。例如，社区居民骨干、志愿者、普通社区居民都是人力资源，应通过有组织、有目标、有计划的方式来利用这些人力资源，开展各种社区服务。

### （二）推动居民参与

社区参与是指社区居民共同期望社区进步与发展，愿意投入思想、行为，投入个人有形或无形的资源，包括时间、金钱、劳力等，通过这种个人参与社区活动的过程，增强个人对社区的认同，而这种认同又能够转化为个人对社区环境的情感认知，也就是形成了对社区的归属感。可见，社区参与体现的是一种合作过程，通过社区居民的参与，分享决策权力，同时必须对决策后的结果承担共同责任。

#### 1. 社区参与的层次和形式

（1）告知。属于最低层次的参与。社区居民单方面获得上级对社区进行建设或改造的规划和信息，却没有任何机会改变既定规划。有关部门传递这些信息的目的通常是便于说服社区居民接受他们的观点和规划，重点是为了宣传。这种参与方式代表的是一种“自上而下”的沟通过程。

（2）咨询。比“告知”上升了一个层次。有关部门除了告诉基层社区、重要利益关系人和相关组织将要进行社区建设或改造的规划和信息，并进一步征求他们的意见，同时也会在规划修订过程中，考虑他们提出的意见。

（3）协商。社区进行建设和改造时，邀请受此影响的社区居民一起了解和讨论计划内容，推动居民成为决策过程中的一分子。不过，虽然居民被邀请参加了决策过程，但社区建设或改造的最初设计者通常会设定讨论议题的范围，限定其他参与者的决策权。

（4）共同行动。在决策过程中，社区建设或改造的规划由大家共同决策，并在决策过程中分配任务，让大家共同分担执行责任，形成了分工与合作。

（5）社区居民自治。这是最高层次的参与形式。社区自己决定什么是本社区重要的事务、何时去做等议题，并负责执行这些决策。在这种情况下，社会管理者和专家只是提供信息和专业知识，帮助社区能够周详考虑、审慎决策。这种参与形式代表着“自下而上”的培育过程。

上述5个层次和形式中，从结果层面看，对决策结果完全没有影响的是“告知”，而对决策结果有全面影响的是“社区居民自治”；从过程层面看，不需要教育或能力，也不需要权力、责任和沟通的是“告知”，最需要教育或能力，也需要权力、责任和沟通的是“社区居民自治”。总之，居民参与的层次越高，越能够充分反映社区居民的意见，也越能符合社区的需求。但实际上，社区问题往往非常复杂，涉及当代的历史背景、人际关系、居民组成等，因此，不同的社区、不同的时机会采取不同的参与形式。

### 2. 影响社区居民参与的因素分析

从以往的研究成果和社区社会工作的实际经验看，社区居民是否积极参与社区事务，受到以下 3 个因素的影响：

（1）参与价值。社区居民对参与社区事务通常会有 3 种态度：第一种是不关心，即认同“各家自扫门前雪，不管他人瓦上霜”“事不关己，己不劳心”等观念，其参与社会事务的热情就会较低；第二种是自责，认为问题的产生是因为自己无能；第三种是无用感，认为自己参与并不能影响和改变目前的状况，缺乏参与的热情。显然，社区居民参与社区事务的兴趣，关键在于这些事务与他们的切身利益是否有密切关系，如果参与对其生活质量改善不大，他们就不会参与。

（2）参与意愿。即使社区居民肯定参与的价值，但仍要看其是否愿意，或有动机参与其中，并身体力行。参与意愿受参与者的主观因素控制，通常是居民个人主观作出判断，决定参与并付诸行动，但居民有时候也会受客观环境的影响，如家人或朋友的赞成和支持，会推动居民有较高的意愿和动机参与社会事务。

（3）参与能力。参与能力可能受两个主要因素的影响。第一个是时间和金钱。社区居民参与是要付出代价的。例如，参加居民大会、小组会议或研讨会，他们都要利用业余时间，有时甚至是上班时间参与各项工作或活动，并且需要交通和餐费等支出。居民是否有能力付出这些时间和金钱，会影响其参与行为。第二个是知识与技巧。参与各种会议需要具备有关开会的知识和参与讨论的技巧，如果社区居民没有参与经验，又缺乏有关的组织技巧及决策的相关知识等，就会阻碍其参与社区事务。

除了影响居民参与的个人因素外，制度上的因素也会影响居民的参与。例如，参与的过程通常是由计划者和行政者来决定是否让社区居民参与决策，在哪一个阶段参与，并由他们来对居民参与行动的方式和条件进行选择等，从而导致社区居民只是“反应器”，缺乏原动力，必然影响社区居民的参与行动。

### 3. 推动社区居民参与的策略

（1）促进社区居民对参与价值的肯定。通过社区教育和社区宣传，唤醒居民对社区问题的关注，改变他们对社区的冷漠态度，增强其对参与成效的信心。具体方法包括社区研讨会、座谈会、居民大会、社区展览会、教育讲座、记者招待会和公布社区调查结果等。

（2）提升社区居民的参与意愿。一方面，充分考虑家人和亲友对参与意愿的正负面影响，邀请和鼓励他们同时参与，或尽量减少其负面的影响；另一方面，要考虑到居民参与意愿，很大程度决定于所参与的社区事务是否与他们的生活或利益密切相关。因此，社会工作者在选择工作的目标和方向时，最好能与居民的利益挂钩。

（3）提高社区居民的参与能力。首先是进行参与知识和技巧的培训。可采用个别培训或小组训练的方法，帮助社区居民了解参与各类组织与活动的过程，提高表达、沟通、讨论等技巧；更重要的是协助他们掌握社区的基本资料和最新动态，以便在讨论时能充分论证，具有说服力。而培养民众对自己的信心，也是成功参与的重要环节。其次是妥善处理时间与资源的缺乏问题。在时间等方面，社会工作者有责任安排适当的开会时间、地点，尽量考虑社区居民的需求；在资源方面，可以提供适当的资金支持与补助；但在经济安排上要格外谨慎，避免养成参与者在经济方面的依赖性。

如果影响社区居民参与的原因来自制度方面，则较为棘手，因为要改变有关部门的政策和办事方法，往往需要更多的时间和更强大的力量去推动。具体策略是：一方面，要建立自主的基层组织，因为组织的力量大于个人，且能够形成相对持久的参与行动。要使基层组织能够独立自主且组织有力，重要的途径是发掘和训练社区的居民骨干，使之能够承担基层组织的领导和推动组织发展。另一方面，社会工作者可以借用媒体等社会舆论的压力，要求有关部门作出改变。

（三）居民能力建设

从教育心理的角度来看，社区居民的能力建设主要有以下几方面。

1. 认知和思维能力的培养

社区居民认知和思维能力主要表现在 4 个方面：一是能够掌握社区生活和共同问题的知识和资料；二是能够理解资料的相互关系，批判地分析问题；三是能够引申和推理；四是能够进行分析和评价，并提出创新的建议。

社区社会工作者一方面可以通过反复练习的方法，让居民学习知识和技能，使之逐步成为个人的常识和习惯；另一方面可以通过思考能力的训练，将个人的感觉经验提升进入概念层面的抽象思维中。此外，还可以通过鼓励居民不断发现，让居民学会总结经验和不断产生新体会。为了增强居民的学习兴趣，降低居民对学习的抗拒，社区社会工作者可经常利用个案阐释政策，或将资料简化成容易记忆的、顺口流畅的口号和歌曲等来有效地帮助社区居民掌握知识和资料。

2. 行为和技巧能力的培养

在社区教育过程中，居民骨干能力的培养是非常重要的。合格的居民骨干必须具备一些基本的能力，包括与基层居民沟通的技巧，善于表达对他人的关怀和爱护，能理解文件和有关资料，懂得行政和会议技巧，拥有基层动员的能力，具备谈判、游说、公共关系和与大众传媒合作的能力等。而这些能力是需要通过一系列的教育和训练活动来培养的，社会工作者可以采取的方法主要有以下几个方面：

（1）肯定模仿学习的重要性。社区工作者通常以身作则，积极示范待人处事的行为、态度和技巧，让居民骨干观察社会工作者和其他居民骨干的表现，自觉或不自觉地吸收知识、技巧和掌握工作程序。

（2）社会工作者可以采取个别训练和督导的方式，即根据居民个体的水平和兴趣，设计训练内容。这类训练一方面能够帮助居民个体掌握与人沟通的技巧和解决社区问题的能力；另一方面有助于发挥其“影响力”，成为其他居民的“模范”，发动和带领更多的居民参与社区事务。

（3）社会工作者也可以采用示范、心理预习、自我引导、复习等方法，帮助居民学习公开演讲、协商、游说等复杂技巧。例如，在培训一群饱受建筑工地噪声骚扰的老年居民时，一方面，社会工作者要事先告知居民协调谈判的程序，协助居民代言人撰写发言稿，介绍与工地负责人讲话的技巧，更为重要的是还要事先进行集体彩排，做好充分的心理准备，确保发言人临场能自然地应对和表达居民的意见；另一方面，社会工作者带领居民进行事后的总结也十分重要。社会工作者可以拍下整个谈判协商过程，与居民一起重温，赞赏良好的表现，促进互相鼓励，然后再重复讲述一次技巧。类似的复习能够帮助其他出席但没有发言的居民学习有关技巧，而资料和录像带还可以作为日后的教材。

3. 情感和价值观的培养

在任何一个社区中，居民对社区事务的参与态度有所不同。社会工作者常常会遇到对社区不关心、态度冷漠的居民。这些居民对参与社区事务没有兴趣甚至反感，这使社区发展的推进十分困难。面对这类居民，社会工作者需要从感受、兴趣、态度取向和价值观 4 个方面下功夫，改变他们对参与、社会正义、居民权益的感观和价值取向；也可以通过行动反思的方法澄清价值观，分享个人经历和感受，引起居民的共鸣，并巩固“服务社区”的精神。

社会工作者的工作是要不断给居民灌输公民意识和价值，这些价值包括为他人着想、以公众利益为归依、不损人利己、勇于承担责任等。培育价值观的方法也是多种多样的，如领悟法、辩证法、理性分析法、观念扩展法和模拟游戏法等。社区社会工作者必须灵活运用组织过程，引起讨论，来巩固正面的价值观。另外，要建立“典型”和“模范”，这是塑造理想品德、行为，培养良好公民的有效方式。我国城乡社区普遍开展的“文明街道”“五好家庭”和“文明村镇”等评比活动，其实质就是要树立典范，宣传良好公民的行为，以提高人民的素质。事实表明，正面的典范比负面的典型在教育上更为直接，应尽量采用这种方式。

（四）建立社区支持网络

社区社会工作除了以社区问题为核心，通过过程模式分阶段循序渐进地介入并解决社区问题的努力外，以社区中有困难或有需要的人群（包括社区中的独居老人、长期病患者、单亲家庭、智障人士等）为中心，建立网络化的社会支持，也成为社区社会工作的主流方法。社区社会工作者为这些有困难或有需要的人，联系他们的亲戚、朋友、邻居和志愿者，建构起支持网络，解决其问题，满足其需要。这个方法的特点是运用社会支持网络的概念，用种种方法去建立、强化和维系个人和群体的网络，使这些网络能够发挥积极的支持作用，帮助个人和群体解决所面对的问题。社区支援网络建立的策略主要如下。

1. 个人网络

主要是针对服务对象个人的现存人际关系以及其所置身的环境内具有发展潜力的成员，例如家庭成员、朋友、邻居或者其他服务的提供者（如家政服务员）等，通过建立联系和提升助人能力，让这些成员来协助服务对象。具体做法是：社区社会工作者集中服务对象个人现存的有联系且有支持作用的成员，动员服务对象关系密切的重要人物提供支援，维持和扩大服务对象的社交关系和联系。

2. 志愿者联系网络

用于社区中拥有极少个人联系的服务对象，将他们与可以提供帮助的志愿者联系起来，建立一对一的帮助关系。具体做法是：社区社会工作者寻找和动员社区内或社区外愿意成为志愿者的大学生、社区党员、辖区单位的职工，通过合理配置，让志愿者和服务对象建立联系，提供帮助和支持。

3. 互助网络

把面对相同问题或具有相似兴趣或能力的人聚合在一起，帮助他们建立联系，促进他们互相帮助和互相支援。具体做法是：社区社会工作者为那些有共同问题、相同背景、相同兴趣的服务对象建立起朋辈支持小组或互助小组，加强同伴之间的支持，促进信息分享和经验交流，增强解决问题的能力。

4. 邻里协助网络

社区社会工作者认为，社区中的邻里、社区商店员工、物业公司职工、保洁员、保安员等在为服务对象提供支援上扮演着重要角色，并且可以用最自然、最快捷的方式，为服务对象提供支持。具体做法是：社区社会工作者通过举办各种活动召集和推动邻里了解服务对象，强化邻里和服务对象之间的联系，发展互助性支持，有效减低正规服务的烙印效果。

（五）推动社区多方联动的方法

近年来，各地区积极推动多方联动服务机制建设，开展了卓有成效的工作，多方联动也成为我国社区建设和社区社会工作领域重要的本土化实践成果。在社区党组织的领导和社区居民自治组织的指导和支持下，社区社会工作者在实践中综合运用专业方法，组织引导相关社会组织、社区社会组织、驻社区单位、志愿者和社区居民等多方力量参与、支持社区建设和社区治理，推动实现社区共建共享。具体方法如下：

（1）了解社区状况，熟悉社区资源，心目中要有一台账。社区社会工作者要了解社区内各类组织、各方力量的运作和互动情况，掌握相关社会组织、驻社区单位、社区社会组织、业主委员会、物业管理公司、社区居民、志愿者等情况，做到心中有数。社区社会工作者全面梳理社区内各类组织机构、各方力量的基本情况、运行情况、参与社区服务和社区建设情况，做到心中有数、手中有账，这是多方联动的一项基础工作。例如，社区社会工作者可以通过社区资源图、社区组织机构名录、社区服务手册等方式，系统地梳理社区内外的相关组织机构和有关力量。

（2）与多方力量积极沟通，建立协同合作关系，工作中要有一盘棋，社区社会工作者要在社区党组织活动、社区自治活动、社区服务等领域中与有关各方积极接触、建立联系、夯实合作基础；社区社会工作者要在服务中树立全局意识，为社区内各类组织机构、各方力量创造更多参与的机会，力求实现社区、相关组织机构、社区居民多方参与、互利共赢，使得多方联动具有更高的互惠性、可持续性。例如，社区社会工作者可以以社区居民协商议事活动为平台，动员和吸收社区居民中的热心人、驻社区单位代表、社区社会组织代表、社区商户代表等积极参与社区事务，并以此为契机构建协商协调机制，着力推进社区服务和社区建设。

（3）发挥联系纽带、资源整合的作用，服务中要有一条线。社区社会工作者在社区社会工作服务中组织和引导有关多方力量、推动社区居民参与，共同为社区建设和社会治理创新、实现社区共建共享作出贡献。社区社会工作者要抓住社区参与这条主线，通过发现培养社区居民骨干、培育社区社会组织等途径，着力提高社区参与意识、促进参与行动，将社区居民的主动参与和社区其他组织机构的协同配合联系起来，构建多方联动的社区社会工作服务机制。

## 本章小结

本章首先立足于我国社区发展的实际，从社区、社区社会工作的基本概念出发，阐述了社区社会工作的目标，同时介绍了我国社区建设等相关政策对社区的界定及其倡导的社区工作服务原则和目标。其次，本章结合我国城市社区工作的实际状况和社区社会工作的特点，重点介绍了社区社会工作机制建设、城市社区社会工作中的统筹社区照顾、扩大社区参与、促进社区融合、推动社区发展、参与社区矫正、参与社区戒毒与康复等工作内容，同时，介绍了农村社区社会工作中乡村振兴、特殊群体服务等内容。最后，本章从社会工作专业的视角，描述了社区社会工作的主要工作过程，包括社区分析、社区服务（活动）方案策划、方案执行及方案评估，并根据我国社区工作的实际和社区社会工作的特点，阐述了资源链接、推动居民参与、居民能力建设、建立社区支持网络、推动社区多方联动等社区社会工作常用方法。

# 第十四章　医务社会工作

医务社会工作是社会工作中重要的分支服务领域，普遍存在于健康和医疗卫生服务情境中。由社会工作者提供专业服务于卫生保健体系和医疗卫生服务实践中，贯穿疾病预防、疾病治疗、功能康复、家庭健康以及社区健康服务等环节。

## 第一节　医务社会工作概述

### 一、医务社会工作的发展历程

#### （一）国外医务社会工作发展历史

1. 医务社会工作是社会发展文明的产物

从国际医务社会工作发展来看，社会工作在社会矛盾凸显的时候出现，在世界卫生组织（WHO）提出新的健康概念时得到迅速发展，在健康福利得到发展和医疗模式发生变化时而转变。医务社会工作最早萌芽于中世纪天主教会开办的慈善服务和医疗救助。医务社会工作起源于16世纪的英国，英国的“施赈者”就在医院里做救济困境患者的工作，具有浓厚的慈善救助性质。

2. 现代意义的医务社会工作起源于19世纪末期

1895年，英国伦敦Royal Free Hospital开始聘用社会工作者为患者解决因病而产生的社会问题。1905年，美国马萨诸塞州总医院在里查德·C. 加博（Cabot）医生倡导下正式成立医院社会服务部，聘用首位社会工作者。从此，社会工作就成为医疗卫生系统中一个重要组成部分，标志着医务社会工作专业服务正式诞生。1936年，巴克在美国儿童福利局开设医务社会工作课程，标志着医院服务阶段已转入医务社会工作阶段。1946年，世界卫生组织提出全人健康概念，特别是1970年生物医学模式的转变，医务社会工作的内容已由单纯的医院服务扩大到所有与生理、心理、社会健康有关的领域，进入健康照顾处境下社会工作阶段。

#### （二）我国医务社会工作发展历程

1. 我国内地医务社会工作起源于北京的协和医院

美国洛克菲勒基金会于1920年选派蒲爱德（Ida Pruitt）女士到北京协和医院筹建社会服务部，经过一年的筹备，社会服务部于1921年正式成立，并分派1~2名社会工作者到每个科室和部门。社会服务部的主要功能是“为每一个人找到他/她在世界中的位置”。此后，济南鲁大医学院附设医院、南京鼓楼医院、上海红十字医院、上海仁济医院、重庆仁济医院以及南京中央医院都设立了“医疗社会服务部”。从1952年起我国高校院系调整，社会工作作为一门学科被取消，我国各大医院的医务社会工作服务也在20世纪50年代随之被取消。改革开放后，随着社会工作教育的恢复，医务社会工作教育也逐渐恢复。

2. 我国香港和台湾地区医务社会工作发展

我国台湾地区于1949年首先在台北医院成立社会服务部。1967年，部分医院成立社会服务部。1985年社会工作被纳入医院评鉴项目。1989年正式开始在医院推行社会工作。1990年台湾地区卫生部门颁布的医院评鉴标准中明确规定社会工作部是必备条件，应是独立部门，并有专业人员任职，其中主任、督导资格有严格的学历要求，工作内容除个案、团体工作以外，应有报表、记录及工作手册等考核办法。至此，医务社会工作无论是从专业化、职业化还是规模、服务上都得到了大力发展。

1958年，我国香港地区成立社会福利署。20世纪70年代，香港地区的社会工作进入了黄金时代，此时社会工作的许多服务模式开始创建，包括医务社会工作。从1982年10月开始，公立医院的社会工作被纳入社会福利署的管辖范围，医务社会工作得到大力发展。

3. 我国内地医务社会工作政策的推进

2006年10月，原国家卫生部首次发布《全国卫生系统社会工作和医务社会工作人才队伍现状调查与岗位设置政策研究报告》，将医务社会工作概念、现实状况、社会工作者角色定位、医疗卫生机构配备社会工作者要求等公布于众，首次以卫生部人事司名义规定：“全国所有二级以上医疗卫生机构均应设置社会工作部。”

2016年，习近平总书记在全国卫生与健康大会上强调，“没有全民健康，就没有全面小康”。同年，中共中央、国务院印发并实施《“健康中国2030”规划纲要》。党的十九大报告也指出“实施健康中国战略”。

2018年，原国家卫生计生委、国家中医药管理局下发的《关于进一步改善医疗服务行动计划（2018—2020年）的通知》明确指出，从2018年起医疗机构要建立医务社会工作和志愿者制度。明确要求配备医务社会工作者，设立医务社会工作岗位，负责协助开展医患沟通，提供诊疗、生活、法务、援助等患者支持服务。有条件的三级医院可以设立医务社会工作部门，配备专职医务社会工作者，开通患者服务呼叫中心，统筹协调解决患者相关需求。为落实该计划，国家卫健委发布《进一步改善医疗服务行动计划（2018—2020年）考核指标》，在该指标中，医务社会工作制度将作为一级指标考核医疗机构。医务社会工作制度下设医务社会工作者配备情况和志愿服务时长两个二级指标，分别占3分。

## 二、医务社会工作概述

### （一）医务社会工作概念及内涵外延变化

医务社会工作是社会工作者运用社会工作专业知识和技术于医疗卫生机构，从社会心理层面来评估并处理服务对象的问题，以医疗团队的一分子共同协助患者及家属排除医疗过程中的障碍，使疾病早日痊愈，患者达到身心平衡，提高治疗效果。在医院，社会工作者与医生及涉及面非常广的各类专家合作，包括医生、护士、营养师、理疗师、药剂师、语言听力专家等。在院外，社会工作者与政府官员、公共卫生和健康教育专家等一起工作。社会工作者利用团队工作方法与医护人员和其他医疗专业人士配合，将各自的技巧整合在一起，为患者提供全面的医疗服务，提高治疗效果。

医务社会工作概念所反映的是特定社会环境、文化背景和社会福利制度下的价值取向。随着历史变迁，医务社会工作的内涵不断丰富，外延不断扩大，由初创时的“医院社会工作”逐渐扩展到以医院为基础的新的健康照顾领域，统称“医疗社会工作”。随着社会发展，疾病谱的改变和医疗模式的转换，医务社会工作的外延延伸到疾病预防、维护健康和以增强体质为目标的健康照顾社会工作。

同时，医务社会工作受到心理学、社会学、社会医学、经济学等多学科影响，服务对象由微观个人、中观社区和组织扩大到社会环境与制度，服务内容由单纯的医院服务扩大到所有与生理、心理、社会健康有关的领域。

### （二）医务社会工作的作用和功能

#### 1. 医疗对社会工作的需求

（1）社会变革和发展给医疗卫生领域带来挑战。我国人口众多，地域辽阔，经济和卫生事业发展不平衡，医疗资源缺乏且配置不合理，医疗人员也面临挑战；人口老龄化、疾病谱变化和生态环境变化等给公共卫生事业带来严峻挑战；日趋严重的与医学有关的社会问题，如吸毒、酗酒、艾滋病的传播以及生态环境等问题。

（2）人们日益增长的健康需求对卫生领域提出更高要求。社会的发展使人们对健康的认识有更新的观念，不仅要没有病，而且要更健康；人们在疾病得到治疗的同时希望得到心理慰藉。传统的生物医学模式已经被“生物—心理—社会”医学模式取代，现代医学更强调社会因素和心理因素。

（3）医疗保障制度和健康照顾体系还须健全和完善。由于地区经济发展不平衡，社会服务体系与发达国家比较还有相当的距离。随着患者在接受疾病治疗过程中及之后的生活质量备受关注，以前曾经被低估的各种支援性服务与家属、朋友和专业人士的支持得到了空前重视。医务社会工作作为专业助人职业，在为社会建立社会支持系统中具有独特的作用。

（4）推进医务社会工作需要本土化。社会工作专业是西方社会工业化、城市化和社会现代化产物，理论体系和工作方法发展于西方社会，缺乏具有中国特色的医务社会工作实践模式，亟须探讨在中国目前条件下开展医务社会工作的途径，推动医务社会工作本土化发展。

#### 2. 发展医务社会工作的功能与意义

医务社会工作服务对患者而言，其目的是协助患者处理因疾病或治疗引起的各种问题；使病人无论生理、心理和社会各方面都能达到最佳的适应状态，而维持全人的健康；以希望患者在治疗或出院后回归家庭和社会，仍然对不断改变的环境有良好的适应性。其意义如下：

（1）全面介入医疗过程，提高治疗效果。

（2）扩展专业性服务，积极倡导人性化医疗服务。

（3）拓展、整合、运用和协调各种社会资源（包括志愿者、慈善基金、政府力量等）为患者、医院发掘更多社会资源。

（4）承担一些行政事务工作，包括研究、训练、基金募集管理、社会资源联系与倡导等，协助医疗机构发展公共关系，提升社会声誉。

（5）积极引导医疗服务向社区延伸，发展医疗机构的社区关系，让社会大众更充分地利用医疗资源；协助医院提供卫生教育，使社区居民得到预防疾病的知识与服务。

（6）处理患者与医疗体系之间的关系，协助患者处理情绪上的困扰、协助患者对病情及疗程的了解、协助病患适应医院的环境，及时处理医疗过程中医患之间的不良人际关系，包括疏导医疗纠纷，促进医患和谐，促进医院在制度、组织和工作流程等方面不断完善。

（7）完善医疗机构的社会功能。如晚期患者的关怀、艾滋病的预防和干预等。

## 三、医务社会工作的特点

### （一）服务领域广泛

（1）在疾病预防方面，由于疾病谱的改变，人口全球流动性的增加，疾病预防站在了全球卫生视角，关注人口健康、优生优育和公共卫生等取向。

（2）在疾病治疗阶段，各种矛盾和问题集中体现，此阶段包含医疗救助、紧急医疗救援、医院体系建设、医疗质量和流程的关注和心理行为问题。

（3）在回归康复阶段，除了涉及生物医学领域的康复，还涉及心理康复和社会行为功能康复。

（4）家庭健康、社区健康和人群健康是医务社会工作的第四阶段，也是社会稳定、安居乐业的保障。

### （二）社会需求宏大

（1）医务社会工作领域与医疗保障制度、国家卫生政策和体系建设密切相关，社会工作的职能是将社会福利和社会公平的价值观念和价值理念引入医疗服务领域。

（2）罹患疾病往往伴随心理失衡，社会支持需求增加，家庭支持系统需要加强。社会工作的职能是传递社会关爱，将人文关怀、权利的概念引入临床医疗服务过程中。

（3）医疗资源不平衡，医患双方缺乏有效的沟通机制，医患矛盾凸显。社会工作者在维护患者权益的同时，主持社会正义，承担了修复医患关系的职责。

### （三）遵从证据为本

（1）医务社会工作者实践于医疗健康领域，必须具备相应的医疗基础知识，熟悉相关福利政策和医疗流程，提供最恰当的服务。

（2）医疗机构强调团队合作，社会工作只有融入医疗服务团队中才能发挥应有的效果，将“以患者为中心”的思维融入医疗品质导向中才具有生命力。

（3）由于疾病的多样性和不确定性，治疗理念和文化背景不同，患者需求个性化明显，社会工作只有以证据为本，才能提供最有效的服务。

## 四、医务社会工作的价值理念和相关知识

### （一）医务社会工作者应具备的相关知识

#### 1. 相关基础知识

医务社会工作者需要在一般社会工作知识基础上同时具备卫生健康领域的专业知识。

（1）人类行为发展理论，包括人类行为发展规律、特点和阶段优势。

（2）基本医疗常识和医学知识，包括医疗体系、保障制度、医疗流程、疾病治疗和康复规律等。

（3）疾病的社会心理反应，包括心理情绪因素对疾病产生的影响，疾病引起的社会心理反应等。

2. 常用基本理论

医务社会工作最常用的理论有生命周期理论、危机干预理论、任务中心理论、人本主义理论、生态系统理论和社会网络理论等。

（二）医务社会工作特殊伦理议题与价值

1. 特殊伦理议题

社会工作是以人的尊严和价值为核心的专业助人过程，除了遵守一般社会工作伦理守则以外，还要特别注重以下相关特殊议题。

（1）隐私保护，如疾病咨询、病历记录和调阅等。

（2）有限资源的有效利用，特别是在协助服务对象决定治疗方案或放弃治疗时。

（3）安乐死，我国目前还没有相关明确法律规定。

（4）药物或临床干预研究，必须遵守相关不伤害和告知原则，包括“知情同意书”也必须通过相关伦理委员会讨论通过。

2. 价值理念

除了保证专业社会工作的尊严与价值、潜能发展、服务对象自决、资源运用和社会正义等普遍价值理念外，还应该注重服务对象的医疗权利、生活质量、医疗适应、意愿表达、恢复功能和资源支持等特殊价值的运用。

## 第二节　医务社会工作的主要内容

随着社会进步和经济发展，人们对疾病和健康的理解有所不同，医务社会工作的内涵和外延也有了相应扩展，其服务内容也随之丰富，除了医院社会工作，还包含了公共卫生、健康促进、优生优育各个领域。2020 年 2 月 23 日，习近平总书记在统筹推进新冠肺炎疫情防控和经济社会发展工作部署会议上的重要讲话提出：“要发挥社会工作的专业优势，支持广大社工、义工和志愿者开展心理疏导、情绪支持、保障支持等服务。”

### 一、公共卫生领域社会工作

（一）公共卫生服务内容

根据《国家基本公共卫生服务规范（2011 年）》中的规定，在国内开展的基本公共卫生服务有 11 项，包括城乡居民健康档案管理、健康教育、预防接种、0~6岁儿童健康管理、孕产妇健康管理、老年人健康管理、高血压患者健康管理、Ⅱ型糖尿病患者健康管理、重性精神疾病患者管理、传染病及突发公共卫生事件报告和处理以及卫生监督协管服务规范。

### （二）公共卫生领域社会工作的主要内容

作为社会工作最早的实务领域之一，公共卫生社会工作的灵感来自睦邻组织运动和慈善组织运动，主要采用流行病学方法来确定影响人们健康状况和社会功能的因素，强调针对初级预防的干预措施，注重培养个体、家庭和群体的积极健康生活方式，以及重视改善环境和规避风险。公共卫生社会工作一方面通过评估服务对象的健康需求，分析社会因素与健康问题发生率之间的联系，计划并实施基于多级预防的干预策略；另一方面强调减少与健康问题有关的社会压力，提供改善健康的社会支持。公共卫生社会工作从综合的视角理解健康问题，包括贯穿整个生命周期的身体、社会、情感和精神健康。其实务领域主要包括艾滋病传播的预防、儿童和老人受虐待的预防和干预、急性和慢性疾病的保健服务、精神健康和药物滥用的预防和干预、心理健康服务、灾害救助服务、老年人服务、残疾人服务和妇幼保健服务等。

首先，以流行病学的方法来认识社会问题对全人类健康状态和社会功能的影响，通过健康宣传、居民动员等方式，强调初级预防层面的干预。

其次，专注于通过干预，强化社区、家庭及个人的健康水平，以此提高他们的健康、福祉和社会心理功能，尽量减少残疾的发生和机构化的照顾。

最后，在一个多学科的环境下，由医务社会工作者与其他专业人员合作，确保所有目标人群都能获取健康照顾和社会服务，确保相关社会福利政策的有效执行。

### （三）公共卫生社会工作者的角色

公共卫生社会工作者接受过社会工作专业训练，在服务中担当多种角色，如直接服务提供者、研究者、咨询者、管理者、项目计划者、评估者和政策制定者。在实践过程中每个功能都相互作用，最大限度地促进民众健康和满足社会需求。公共卫生社会工作者在个人、家庭和群体的生活方式上倡导积极的健康行为，从而改善环境、预防疾病。同时，公共卫生社会工作者要不断评估目标群体健康的需求，确定社会因素和健康问题间的关联性，满足公众对公共卫生服务的要求。

## 二、医院社会工作实务

### （一）慢性疾病与长期照护的社会工作

#### 1. 糖尿病

（1）疾病特点。糖尿病是一种常见的以血糖水平增高为特征的内分泌疾病。其基本病理是胰岛素分泌绝对或相对不足引起包括糖、蛋白、脂肪、水和电解质等代谢紊乱。糖尿病的典型症状有“三多一少”，即多饮、多食、多尿，体重减轻。临床早期多无明显症状，久病常伴发心脑血管、肾、眼及神经病变，少数病人有难以愈合的感染、视力急剧下降等首发症状。饮食控制、运动治疗、健康教育、口服降糖药和胰岛素是糖尿病治疗的主要方式，其中饮食和运动治疗是基础。

（2）需求分析。糖尿病患者对于疾病和治疗的认知和适应是其突出的两项重要需求，同时糖尿病患者也存在提升自我管理能力、心理情绪支持、家庭支持网络重建及出院康复照护等方面的需求。

（3）服务内容。①在医疗适应方面，医务社会工作者需要协助患者了解和适应病情并配合治疗；鼓励患者接受病情和治疗措施；鼓励患者向医护人员了解病情和治疗；同时向医护人员反映患者的需求，以此提高患者的治疗依从性。②在疾病认知方面，医务社会工作者需要对患者进行健康教育，包括疾病、治疗、康复及饮食运动等知识介绍；同时对患者疾病及治疗的认知不足和偏差进行矫正。③在心理情绪支持方面，医务社会工作者需要为患者因疾病及治疗而引起的心理情绪困扰提供支持。④在家庭支持网络重建层面，医务社会工作者可以为患者家属提供资源，解决家庭因疾病而引起的各类情感困扰或家庭关系障碍；为患者家庭提供社会心理服务。⑤在出院康复照护方面，医务社会工作者可以协助患者提升疾病自我管理能力；协助家属学习照护患者的能力；链接社区及医疗资源，为患者制订出院计划，使患者出院后依然能得到良好的身心照护。

2. 心脏病

（1）疾病特点。心脏病是所有心脏方面疾病的统称，主要类型为冠状动脉疾病、急性心肌梗死、充血性心脏病、先天性心脏病、心肌病和心绞痛等。心脏病本身是一种心脏器官及心血管疾病，常常伴随高血压和脑卒中。

（2）需求分析。心脏病患者对于疾病的认知及对于疾病和治疗的适应是其突出的两项重要需求，同时心脏病患者也存在心理情绪支持、家庭支持网络重建及出院康复照护等方面的需求。

（3）服务内容。医务社会工作者需要在医疗适应、疾病认知、心理情绪支援、家庭支持网络及出院康复照护等方面为患者提供全面的服务，提高患者对治疗方案的依从性，缓解患者及家庭面对的压力。

3. 终末期肾病

（1）疾病特点。终末期肾病是一种需要终身进行肾替代疗法治疗（包括血液透析、腹膜透析或肾移植）的慢性疾病。终末期肾病有很多病因，糖尿病和高血压是最主要的两种。其他的病因有系统性红斑狼疮、痛风、化疗、癌症以及肾脏疾病，比如肾小球性肾炎、肾炎和多囊肾等。

（2）需求分析。疾病或治疗带给终末期肾病患者诸多心理社会层面的压力。如对于疾病和治疗的适应需求、对疾病认知的需求、情绪支持需求、家庭社会支持网络重建的需求、处理多种损失的需要（经济方面、独立性及自由度等）、姑息治疗及临终关怀的需要等。

（3）服务内容。①评估诊断，医务社会工作者需要评估患者的心理社会状态，确认患者优势、需求及是否符合社会工作干预的范围；②咨询教育，为患者提供咨询和教育，如为患者及其家属提供与疾病和治疗有关的资源和信息，鼓励患者依从治疗；③危机干预，处理患者在透析和移植过程中出现的冲突；④为患者及其家属提供临终关怀；⑤康复的辅助，为患者链接康复资源，开发及管理有关康复的服务；⑥团队合作，医务社会工作者与医疗团队合作，为患者提供整体服务，并就心理社会议题对医疗专业人员进行培训；⑦政策倡导，医务社会工作者在医疗机构和社区机构为患者的需求作倡导，同时也在宏观政策层面上（如制度层面）为患者发声和作倡导。

4. 获得性免疫缺陷综合征（艾滋病）

（1）疾病特点。获得性免疫缺陷综合征（艾滋病）是一种特定的严重抑制人类免疫系统的疾病症候群。当人类免疫缺陷病毒（HIV）阳性的患者体内每微升血中 T 细胞的数量<200 时（正常人的每微升血中 T 细胞的数量>1000）即诊断为艾滋病。HIV 传播途径包括性传播、血液传播（如共用针头或输血感染）和母婴传播。“高效抗逆转录病毒疗法（HAART）”又叫作药物的“鸡尾酒”疗法，使艾滋病患者的存活率及生活质量得到大大提高。此种疗法虽然不能治愈艾滋病病毒感染者，但可以降低病毒的数量，延长生命、改善生命质量。

（2）需求分析。患者对于疾病的认知及对于疾病和治疗的适应是其突出的两项重要需求。由于该疾病有较强烈的社会标签作用，因此患者也存在较大的心理情绪支持、家庭社会支持网络重建及出院康复照护等方面的需求。

（3）服务内容。对艾滋病患者的成功管理取决于患者依从治疗方案和对自己疾病负责的程度，因此，促使患者依从治疗是医务社会工作者对艾滋病患者的主要职责。医务社会工作者的服务内容包括医疗适应、疾病认知、心理情绪支持、家庭社会支持网络重建及出院康复照护等全方位的服务。同时，艾滋病作为一个越来越引起社会关注的公共卫生问题，医务社会工作者在疾病的预防、教育及为艾滋病患者权益倡导方面等也可以发挥更多的作用。

### （二）妇女儿童医务社会工作

#### 1. 妇女医务社会工作的内容

（1）群体特点

普通育龄期女性面临生育、避孕、怀孕、不育、生产、优育和其他情绪问题。妇女疾病分为妇科与产科，主要包括女性生殖器官疾病的病因、病理、诊断及防治，妊娠、分娩的生理和病理变化，高危妊娠及难产的预防和诊治，女性生殖内分泌及妇女保健等。

（2）需求分析（以宫颈癌为例）

①疾病适应，如无法适应治疗及其副作用。如尿便失禁、呕吐、疼痛、丧失食欲等；对疾病不了解、误解、不配合治疗。特别是家属要求隐瞒病情时，情形更严重。

②心理调适，性焦虑，担心影响性生活；自我形象焦虑，性角色、性能力的担忧。

③经济问题，长期的医疗费用负担，形成压力及实际困难。

④情绪问题，出现否认、沮丧、恐惧、无助、焦虑等心理反应。

⑤家庭问题，夫妻关系负向改变或持续恶化。

（3）服务内容

①协助患者及其家属了解病情与治疗计划，鼓励其配合治疗，并增强其治疗信心。

②疏导患者与其家属的焦虑、不安、沮丧的情绪。

③转介病友或志愿者，协助病情适应。

④通过病友团体提供社会支持。

⑤协助医疗费的减免及申请社会资源。

⑥面对普通育龄妇女的服务包括婚前咨询、妊娠咨询、艾滋病教育与咨询、流产咨询、不育咨询、家庭和睦咨询、优生优育倡导、健康育儿及相关家庭服务等。

#### 2. 儿童医务社会工作的内容

（1）群体特点。一般儿童医院的服务人群为0~14周岁。考虑遗传或先天性遗传疾病，有些儿童医院就诊年龄扩大至18周岁。患病期间，患儿除了要承受疾病所带来的生理不适之外，还会面临住院治疗导致其脱离原来熟悉的生长环境、与朋辈群体分离、活动范围受到限制等困境。以上因素都可能导致儿童产生不同程度的心理问题（如焦虑、恐惧、抑郁）和社会适应问题（如攻击性行为、社交障碍、尝试自杀等），从而增加了治疗和护理的难度。

（2）需求分析。儿童处于生命发展阶段的初期，受中国文化的影响，儿童在中国家庭中一般处于无可取代的核心地位，儿童的疾病对于整个家庭来说是一场危机和灾难。于是，儿童患者的照顾者一般表现出较高程度的焦虑、自责、抑郁、恐惧等心理反应，同时还要面临因疾病所引起的夫妻关系障碍、家庭经济负担过重等问题。这些都可能导致他们在照护患儿时出现一些心理和社会适应问题，从而导致缺乏恰当的应对方式和照顾能力的不足，最终加剧问题的程度。

（3）服务内容。①对患儿而言，医务社会工作者应该帮助其适应医院环境和治疗过程，降低其对于医院和治疗的恐惧感，采用适合患儿生理心理发展阶段的社会工作方法，如游戏治疗、艺术治疗等，与患儿建立良好的专业关系，通过促进患儿情感的表达，帮助其认识疾病、适应治疗环境，缓解其因疾病产生的心理和社会适应问题。②对照顾者而言，医务社会工作者的工作重点是帮助个体或整个家庭从疾病造成的混乱中恢复正常，将整个家庭的功能调节至正常状态。用个案或者小组的方法帮助他们处理情绪上的问题，提升其照护患儿的能力，也可采用家庭治疗方法来处理家庭成员关系方面的问题。另外，还可以整合相应的社区资源帮助照顾者减轻照护或者经济方面的压力，建构患儿家庭的社会支持系统。

### （三）急诊室的社会工作

#### 1. 工作特点

（1）急诊室的物理环境和服务环境，相较于门诊或住院病房，更容易显现出紧张、快速、高压力甚至是混乱的情境。

（2）急诊是医院工作环境中节奏最快、问题最集中的地方，也是分秒必争的地方，需要工作人员判断准确、反应迅速、处理果断。

#### 2. 需求分析

（1）患者及其家属的心理危机干预的需求。①患者发病急、变化快、病情突然，患者及其家属心理恐慌，容易面临巨大压力，产生焦虑、抑郁、恐惧等剧烈情绪变化。②急诊医护人员需要投入大量和紧急的医疗工作，无法抽出精力去关注患者与其家属心理及社会情绪方面的变化，对他们的焦虑和担心在整个医疗过程中往往有心无力、无暇顾及。

（2）医疗团队及其成员的需求。急诊医护人员要独立面对错综复杂的情况，应对各类突发疾病和事件，生理与心理同时承受极大挑战，难以顾及患者及其家属的心理反应。

（3）急诊管理的需求。①在医院资源有限的情况下，急诊室不可能接待所有患者，这时候就需要及时转介至其他部门或医院。②对一些特殊患者（如无人陪伴者），需要提供基本生活支持并联系相应社会资源，进而提高急诊工作效率，提升急诊医疗服务品质。

#### 3. 服务内容

（1）支持患者及其家庭，对患者及其家属进行心理辅导、哀伤辅导等支持性服务，关注他们的心理、社会需求，缓解他们的心理危机。①急诊服务面向所有患者，由于急诊资源的有限性，医务社会工作者必须在了解患者的病情与病程、家庭经济状况、社会支持系统的基础上，整合社会资源，协助患者及其家属接受急诊救治。②当患者到急诊求诊时，其家属同样面临重大压力。医务社会工作者应针对家属情绪作适当处理，即使患者无法如愿留在该院接受治疗，对其家属情绪也可以作有效的处理。对于无法在急诊室处理的问题，可以转介作追踪处理。③帮助患者及其家属获取各种社会资源与社会支持。很多急诊患者是遭遇重大灾难的人员，他们在急诊过程中往往缺乏心理、经济以及社会的支持。医务社会工作者必须帮助他们获取各种社会资源。

（2）配合医护人员的急诊救治工作。医务社会工作者是医疗团队中的一分子，一方面，医务社会工作者可以利用与急诊患者及其家属接触机会较多、时间较长的优势，详细了解患者的家族病史、心理与情绪状态等诸多方面的信息，在医护人员需要时，可以将信息提供出来作为资料；另一方面，当医护人员忙于工作、身心疲惫的时候，医务社会工作者可以提供一些心理辅导支持性服务，帮助他们克服情绪低落所带来的工作倦怠。

（3）协调急诊管理。在面对突发公共安全事件时，医务社会工作者协同其他医疗及政府部门开展相关救援工作，如评估患者信息，甄别患者身份，链接资源并协助相关部门协调关系。医务社会工作者一方面将急诊室的工作状况、工作需要向医院管理层反映，提升急诊的服务质量，促进整个医院的沟通与协调；另一方面，医务社会工作者通过构建医患沟通良性渠道，获得社会大众的理解与支持，及时发现并预防急诊医疗纠纷，防患于未然。

### （四）肿瘤治疗康复、舒缓疗护及临终关怀社会工作

#### 1. 疾病特点

肿瘤是机体在生理与环境等各种致癌因素作用下，局部组织发生的异常增生。目前，针对癌症的常用治疗手段主要有外科手术切除、化学治疗、放射治疗等。

#### 2. 需求分析

肿瘤/癌症患者及其家属的主要心理社会需求包含经济、情绪、医患关系、家庭关系、社会福利政策咨询、出院安置、喘息服务、临终关怀等方面。

#### 3. 服务内容

舒缓疗护不同于临终关怀，它贯穿整个肿瘤的治疗过程。舒缓疗护是通过早期识别、积极评估、控制疼痛以及治疗其他症状（包括身体、心理、社会、灵性的困扰），以预防与缓解身心痛苦，从而改善患者及其家人的生活质量的一门临床学科。舒缓疗护需要跨专业的团队合作为患者提供身、心、社、灵服务。舒缓团队包括医生、护士、医务社会工作者、灵性照顾者、志愿者、药剂师、心理学家与精神病学家、物理治疗师及营养师等。

医务社会工作者在肿瘤/癌症治疗、舒缓疗护及临终关怀方面的主要服务内容有：①经济资源协助；②情绪心理辅导；③协调医患沟通；④社会福利咨询；⑤出院安置计划；⑥家属及照护者的支持性服务，提升照护者的能力和提供喘息服务等；⑦临终关怀，医务社会工作者整合相关资源和信息，评估个案的身心社会需求，协调团队专业分工，并与服务对象共同协商医疗或照护目标，以提供支持性和适当性的照护服务方案，来维护其生命品质，达到强化个人与家属面对死亡的能力；⑧哀伤辅导，协助哀伤者进行预期性的哀伤处理，以及在合理时间内，帮助哀伤者表达正常的悲伤，并健康地完成悲伤任务，以提升重新开始正常生活的能力。

## 三、精神卫生领域社会工作

### （一）精神卫生概述

#### 1. 我国精神卫生领域的现状与特点

我国对精神卫生的定义不仅指开展精神障碍的预防、治疗与康复，还指促进公民心理健康的各项活动。特点有以下几个方面：

（1）精神疾病占我国疾病负担的首位。1990 年以来，精神疾病占我国疾病总负担的 16.7%。据世界卫生组织和世界银行估算，至 2020 年，该疾病将占我国疾病总负担的 1/4。其中精神分裂症、抑郁症等 6 类精神疾病占疾病负担的 17.4 %。

（2）我国精神障碍总体高发，但重性精神疾病患病率相对稳定，总体治疗率低。诊断为精神障碍的患者中 24%的人存在中至重度社会功能损害，8%曾寻求专业帮助，5%从未看过专业医生，总体治疗率低。

（3）精神卫生服务资源总量不足，资源配置不平衡。具体表现为人力资源发展速度滞后，人力资源配置跟不上精神卫生机构和床位数设置，人员种类不齐，心理治疗师、社会工作师、康复治疗师等配比不足。

（4）精神卫生已经上升至公共卫生、社会问题，更涉及法律问题。2012 年 10 月通过的《中华人民共和国精神卫生法》宗旨是发展精神卫生事业，规范精神卫生服务，保障患者权益。

#### 2. 精神疾病分类方案与诊断标准

精神障碍（Mental Disorders）指在各种生物学、心理学以及社会环境因素影响下，大脑功能出现失调，导致认知、情感、意志和行为等精神活动出现不同程度的障碍。精神障碍除包括精神病外，还包括痴呆、精神活性物质所致精神和行为障碍、心境障碍、神经症性障碍、应激相关障碍、躯体形式障碍和人格障碍等。

精神障碍的分类体系是精神病学、医学心理学等精神卫生相关学科的关键组成部分，对于精神卫生服务提供者和利用者也是非常重要的问题。目前，世界上有两种通用的精神障碍分类系统：一是世界卫生组织主导制定的《疾病及有关健康问题的国际分类》（简称国际疾病分类，ICD-10）；二是美国精神病学会制定的《精神障碍诊断与统计手册》（DSM-IV）。

#### 3. 心身疾病的致病原因和防治方法

心身疾病（Psychosomatic Disease）也称心理生理疾病（Psychophysiological Disease），是一组与精神应激和压力有关的躯体疾病，其特点是既具有躯体器质性病变（如冠状动脉硬化、胃溃疡、十二指肠球部溃疡等）或具有确定的病理生理过程（如高血压、偏头痛等）。而该类疾病的发生、发展、预防又与心理社会因素密切相关，是心理与躯体同病。

（1）心身疾病的成因：①生物学因素；②生活方式与行为习惯；③心理应激和情绪因素；④认知因素；⑤个性特征；⑥人际关系和社会因素。

（2）心身疾病的特点。心身疾病是患者既存在躯体的器质性病变，同时又伴有心理、情绪和行为障碍。故心身疾病需要心身兼治，以提高其临床疗效。在疾病的急性期、晚期及严重阶段需要采取高新技术、手术及药物治疗等为主，需要注意保护和挖掘患者的自我心身康复能力。

（3）心身疾病的综合防治。①帮助患者提高自尊，促进其不良情绪的转化，改变不合理认知和不适应行为。②鼓励心身疾病患者学习新的健康行为、建立健康的生活方式，提高他们对未来应激事件的应对能力。③在治疗疾病的同时，帮助他们重新适应社会，改善生活质量，最终达到实现心身全面健康的目的。④对于心身疾病患者本人则需要加强健康教育，改变其某些原有的传统观念，从单一的传统治疗模式中走出，让他们主动参与治疗，采取积极药物、饮食运动、放松及心理行为调节等综合防治措施，这样才能有利于该类疾病患者的早日康复。

#### （二）社会工作在精神卫生领域的作用

1. 工作角色

医务社会工作是医疗机构“全人服务”理念的补充，其角色从不同角度、层面可分为很多种，精神卫生社会工作者的角色可以从微观、宏观两个层面来叙述：

（1）微观层面指在精神科医疗机构和社区中从事精神卫生临床社会工作服务的社会工作者，其角色是诊断者、辅导者、教育者、倡导者、转介者和协调者。

（2）宏观层面主要指更多在政策服务方面的角色，包括行政者、推动者和研究者。

2. 服务内容

（1）针对住院患者而言，社会工作服务主要包括：①住院适应；②心理支持；③各类治疗方法（药物治疗、心理治疗、社区康复）整合。

（2）针对精神病患者家属而言，社会工作服务主要包括：①减轻照护者压力；②获得精神疾病知识辅导和支持。

（3）针对社区精神康复而言，社会工作服务主要包括：①普及精神健康知识；②开展精神疾病患者康复训练；③社区资源链接；④提供咨询；⑤开展转介工作。

## 第三节　医务社会工作的主要方法

### 一、公共卫生领域社会工作常用方法

#### （一）行为干预

改变行为是控制疾病和促进健康的重要策略措施，随着对行为在疾病和健康中重要作用认识的加深，人们越来越重视通过改变行为来控制疾病和促进健康。这要求公共卫生社会工作者不仅需要了解不良健康行为发生的环境及其决定和影响因素，还需要为改变这些行为创造条件。

公共卫生社会工作的行为干预技术具体包括以下 3 个方面：

一是多阶段优化策略（Multiphase Optimization Strategy，MOST）。即公共卫生社会工作者通过筛选、优化及证实三个阶段，达成对服务对象行为干预方案的制订、完善和应用。该策略通过标准化策略流程，促进高质量多因素干预方案的形成，为服务对象提供切实有效且兼具成本效益的行为干预，被广泛应用于各类人群的不良健康行为干预，如吸烟、肥胖、慢性病、抑郁症、酒精与药物依赖等。

二是知识、信念、行为（Knowledge，Attitudes and Practices，KAP）模式。该模式能够改变人类健康相关行为，它将人类行为的改变分为3个连续过程，即获取知识、产生信念和形成行为。公共卫生社会工作者根据服务对象的健康需求、行为条件和行为场景，针对其健康知识、信念，采取相应服务促成其健康行为。

三是健康信念模式（Health Belief Model，HBM）。该模式认为，人采取某种健康行为需要具有对疾病严重性和易感性、行为益处、行为障碍及自我效能等方面的认知。即要求公共卫生社会工作者重点关注服务对象的主观层次，帮助服务对象树立疾病与健康相关的信念，了解疾病的严重性与危害性，培养其采取或放弃某种行为的自信，克服影响和制约因素，进而采取积极行动。

### （二）健康促进

健康促进是一种融合了自然科学、健康科学和行为科学知识，通过改善包括身体活动、饮食习惯和心理状态等在内的生活方式，寻求与整个环境的和谐统一，以提升生命质量的整体策略。公共卫生社会工作不仅关注个体健康，也注重通过社会方法保护和促进全社会的健康，包括开展人群健康教育、加强社区健康行动、创造支持性环境、制定促进健康的公共政策以及调整卫生服务方向等举措。具体技术包括：

一是健康促进模型（Health Promotion Model，HPM）。该模型揭示了刺激个人从事健康行为促进健康的、复杂的、生物的、心理的、社会化的过程，指出影响健康促进的因素包括个体特征和经历、行为认知和情感、人际关系和环境3个方面。因此，公共卫生社会工作者既要注重个体的健康教育，也要重视支持环境的创造。

二是多理论模型（Multi-Theory Model，MTM）。该模型不仅分析影响促使健康行为改变的因素，更侧重分析影响该改变持续的因素。公共卫生社会工作者可以将其用于个体、群体和社区，以解释和预测一次性和长期的健康行为改变的影响因素，促成持续性健康行为。

三是格林模型（PRECEDE-PROCEED）。其由社会诊断、流行病诊断、行为和环境诊断、教育学和组织学诊断、管理和政策诊断五部分组成。公共卫生社会工作者可以借助该模型评估人群健康状况及影响健康的个人、家庭、组织、社会因素，并制定应对策略。

### （三）社会营销

社会营销是一种以受众为目标的方法，目的是促进期望的行为或拒绝不想要的行为。社会营销被广泛应用于健康促进、营养改善、低碳生活、环境保护等活动，其终极目标是影响社会行为，核心理念是营销社会观念，服务对象是社会大众。公共卫生社会工作者可以利用社会营销影响服务对象，让他们自愿接受健康行为，拒绝、改变或放弃某种不健康行为，从而促进个人、集体和社会整体健康。公共卫生社会工作的社会营销技术具体包括以下3个方面：

一是市场细分，即准确识别和区分服务对象。由于服务对象在各方面的差异，公共卫生社会工作者需要根据其需要采取不同的策略，同时，理解服务对象的需求可以帮助社会工作者在社会营销活动中完善策略。

二是公共关系营销，即维持社会组织之间、社会组织与公众之间的良好关系。公共关系营销对于社会组织树立良好的组织形象、提高美誉度以及实现社会价值都具有重要的意义。公共卫生社会工作者要树立公共关系意识，跳出传统的说服和管理策略，深入服务对象的内心深处，通过与服务对象的情感互动实现组织目标。

三是品牌建设，即社会组织的公信力与社会信任的建构和管理过程。公共卫生社会工作者要重视品牌战略价值，实现品牌定位化；强化品牌能力建设，实现服务差异化；优化品牌运作环境，实现关系网络化；积极应对危机事件，实现信任增益化。

（四）社会倡导技术

倡导作为社会工作的核心技能之一，源于社会工作长期致力于减少不利地位和压迫的历史。在社会倡导的框架下，社会工作者需要摒弃权力思维和控制行为，转而代表和支持被边缘化的个人或群体去表达观点和行使权利，并促进服务对象成为一个自我决定和自我负责的人。公共卫生社会工作者利用社会倡导技术，帮助服务对象建立起复原力、力量、希望和成功，并发出一个明确的信息，即有人关心他，并且曾经有人有过同样的经历。具体技术包括以下 3 个方面：

一是代表，即明确自己的角色，表达服务对象的利益，侧重于发声。公共卫生社会工作者采取一些明确的行动与他人交流服务对象的需求，例如采取公众演讲、政策建议、服务报告、影像发声等，引起社会的广泛关注。

二是影响，即干预对服务对象利益产生破坏的因素，侧重于改变。公共卫生社会工作者遵循找出问题与设置目标、获得事实、规划战略策略、赋予领导、了解决策者及其工作人员、拓展支持基础等实践原则影响那些想影响的个人或团体。

三是自我倡导，即有着共同需要和问题的人联合起来组成团体，以更好地处理这些需要和问题。公共卫生社会工作者通过赋权、增能、意识唤醒、支持等方法帮助有共同需求的服务对象依靠自身的努力和技巧来解决共同的问题。

**案例 14-1**

## 社区老年人照顾者增能小组

某老龄化严重的小区中有一群爱心志愿者，他们很多是老年人照顾者，面临受到社会关注与支持较少、承担了过多照护压力、照顾技能上不足等问题。如何提高社区老年人照顾者的专业知识与技能，提升他们的社会支持显得尤为重要。为此，某医院医务社会工作部与邻近街道老年协会联合开展了一个集教育、支持与成长于一体的封闭式小组。

1. 介入重点

社区老年人照顾者增能小组主要运用增能理论。增能（empowerment）是社会工作和社会福利领域的重要名词，通过为服务对象赋权以达到增能的目的，是指增强个体、群体以及社区控制自身环境、行使权利和实现目标的能力，在独立与合作的过程中帮助自己和他人最大化地提升自身生活质量的过程。医务社会工作者主要从个人、人际和社会环境 3 个方面对服务对象进行增能。

2. 介入步骤

（1）需求评估。对社区老年人照顾者和街道老年协会工作人员开展焦点小组和深度访谈。

（2）小组设计。结合需求评估结果和所选用的理论基础（增能理论）进行小组活动设计。需求评估结果发现社区老年人照顾者专业化程度不高，缺乏疾病常识与照顾技能，需要给予相关知识与技能培训；照顾者缺乏沟通技巧，应对特殊老年人（失智老人）存在困难，需要提升沟通技能；照顾者身心疲劳、压力大，社会支持缺乏，需要完善社会支持系统。依据增能理论，社区老年人照顾者自身拥有优势和资源，这是他们能够提供照顾服务的原动力。面对因照顾而产生的多重问题和压力，医务社会工作者可以引导服务对象投入自我觉察的过程，发现优势与资源，进而促成改变。

(3) 小组实施。第一节“相聚是缘，携手同行”，初步建立小组，促进成员彼此熟悉；第二节“读懂老人心，有效沟通”，用角色扮演，发现日常生活中的沟通障碍并思考缘由；第三节“善待自己，轻松减压”，学习基本减压技巧，增强组员应对压力的能力；第四节“亲近自然，凝聚力量”，开展绿植共培育活动，加强小组凝聚力；第五节“健康饮食，均衡营养”，用问答形式学习营养配餐的基本常识；第六节“预防脑梗，乐享生活”，一起学习脑梗的发病原因和预防方法；第七节“电影赏析，关注自我”，集体探讨老年人的心理需求和表达方式；第八节“感恩同行，携手未来”，回顾小组历程，分享小组收获，强化组员的正向改变。

(4) 成效评估。采用观察法、问卷调查法、访谈法等方法进行过程评估和结果评估。医务社会工作者利用观察法在小组服务的过程中发现老年人照顾者的改变情况，并在每节活动后做好记录；利用问卷调查法和访谈法在每节活动及全部活动结束后测量他们参与小组后在照顾能力和社会心理支持上的改变。最后结合定性和定量评估结果对小组服务进行了评价和反思。

## 二、医疗机构与疾病治疗领域社会工作常用方法

### (一) 针对慢性疾病患者与长期照顾者的常用社会工作方法

#### 1. 个案管理

个案管理是为正处于多重问题并且需要多种助人者同时介入的服务对象所提供的一种服务方法，是一种协助服务对象确认其所需的服务，并将他们链接到可以协助他们的个人和社区资源的一个助人过程。其目的是改善特殊群体的照护品质和控制照护的成本。实务操作步骤包括接案与建立关系；评估；制订介入计划；介入计划执行；评估与结束关系。

对于慢性疾病的成功管理取决于患者依从治疗方案和对自己疾病负责的程度，促使患者依从治疗也就成为医务社会工作者为慢性疾病患者提供的重要服务。所谓“依从性”即患者的行为依照医嘱的执行程度。它以“认知-行为理论”为理论依据，该理论相信人类所有行为都是学习得来的，当患者有意愿改变行为并通过改变行为获得良好效果时，就容易消除不良行为。相反，当主观愿望不强烈，或改变行为过程中有困难、不满意时，就不能很好地坚持新的改变。医务社会工作者主要从以下 3 个方面对慢性疾病患者进行个案管理工作：社会心理评估、压力管理和治疗依从性管理。

**案例 14-2**

## “无助”就医的袁阿姨

74 岁的袁阿姨因切口疝入院接受手术，行走不便，尚可自理。袁阿姨自 1998 年起先后经历过三次癌症手术，表示“我一生不是很顺，但很坚强”；目前与丈夫分居于上海、宁波两地，丈夫 80 岁高龄仍在管理宁波的建筑公司，仅有一女且已因癌症去世，外孙女在国外读书。面谈中，袁阿姨两度落泪，并用“无助”来形容如今在医院接受手术却无人陪护的状况。医务社会工作者问及缘由，她表示曾希望找一名可以提供全天候“一对一”服务的护工，但因目前护工资源紧张而难以实现，寻求院外护工又不放心。某一天，医务社会工作者像往常一样跟随医生进行查房，来到袁阿姨病房后，医生和她简单交流了几句，后因 CT 检查重复做一事而发生口角。医生简单安抚后继续查房，转介给医务社会工作者跟进。交谈中，袁阿姨又反复用“无助”来形容当前的自己，因为丈夫从宁波赶来完成签字后便离开上海继续工作，自己无人照看，感觉“在医院任人摆布”，说话间流下眼泪。

1. 介入重点

分析袁阿姨的情况，医务社会工作者决定运用个案管理的方法协助袁阿姨。在个案管理中，医务社会工作者有多重角色，包括病患依从性咨询员、心理健康专家及教育者等，同时为患者在家属、服务及资源之间建立联系，协助患者及其家属获得相应服务及资源以满足其袁阿姨的需求。袁阿姨面临的困境包括多个方面：无人照顾、情绪低落、依从性差，适合用个案管理的方法进行全方位介入。

2. 介入步骤

（1）社会心理评估。医务社会工作者需对患者的社会心理状况、医疗适应、家庭社会支持系统及其经济状况等作全面的评估，发掘患者各方面的需求及优势，在此基础上，医务社会工作者提供相应服务以适应患者及家属的需要。通过首次面谈，医务社会工作者对袁阿姨进行了初步评估：袁阿姨因缺乏照护者而存在情绪压力和照护问题，需作进一步观察与跟进。

（2）压力管理。袁阿姨的压力来自无人照顾的担心和与医生沟通的障碍。医务社会工作者帮助袁阿姨梳理社会支持网络，绘制个人资源地图，明确可支配的资源，确定可以提供暂时性帮助的亲戚，鼓励其与他们联系，缓解当前无人陪护的困境。后来袁阿姨表示会与弟媳妇联系，弟媳妇是某医院退休的护士长。此外，医务社会工作者协助袁阿姨搭建医患沟通的桥梁，袁阿姨对自己的治疗进程表示疑虑，并表达了想更多了解自身治疗状况的需求。医务社会工作者将她的疑问一一记下，并帮助她与主治医生沟通，将袁阿姨的现实困境和需求反馈给医生，帮助双方了解彼此。同时，鼓励袁阿姨运用之前学习到的积极沟通技巧与医生沟通，并与医务社会工作者讨论感受与效果。

（3）治疗依从性管理。医务社会工作者与袁阿姨探讨现阶段在医院的最主要任务，作为Ⅱ型糖尿病患者，在术前准备阶段的最主要任务是配合医生治疗，降低血糖，完成术前准备，以确保手术按时进行。因此，医务社会工作者通过引导袁阿姨回顾其生命历程，寻找出多次抗病的积极经验，借此鼓励她在此次住院期间严格执行营养科的配餐计划，不得擅自摄入其他不利于稳定血糖的食物，并且做好每日的血糖监测工作，完成血糖记录。袁阿姨表示同意。

2. 小组工作

（1）沟通技巧训练。①与医护人员及患者分享提高沟通能力的基本原理和技巧，医务社会工作者可以引导医疗团队将医患互动向着一种更具合作性的沟通方向发展。这些沟通技巧包括“澄清”“重复”“提供具体的指导”。②医务社会工作者协助并鼓励患者及家属学习沟通技巧以更好地与医护人员就病情及治疗方案等信息进行沟通，如教授患者如何向医护人员表达自身的需要及感受；如何倾听、询问医护人员问题；组员间分享成功的沟通案例；也可以通过角色扮演提高沟通技能；同时，患者及家属还可以运用在小组工作中习得的沟通技巧协助自己在日常生活中表达彼此的需要及感受。

（2）健康教育。医务社会工作者邀请医护人员以小组的形式向患者提供有关疾病、治疗方法及生活方式改变等知识；社会工作者邀请患者及家属学习疾病的自我管理方法，鼓励患者参与协商治疗方案，传递赋权的理念，鼓励患者和医生对疾病的治疗方案共同承担责任，提升患者对于疾病的控制能力。

**案例 14-3**

## “棒棒糖”病友自我管理小组

糖尿病患病率呈逐年上升趋势，糖尿病不仅发病率高，而且易产生心、脑、肾、神经、眼等多种并发症。研究发现，通过系统的健康管理能够有效预防和延缓病程，控制并发症的发生，从而有利于提高患者健康水平并降低医疗开支，具有经济和社会双重价值。为此，某医院拟开展提高糖尿病患者自我管理水平的社会工作小组服务。

1. 介入重点

对糖尿病在内的慢性疾病进行健康管理是控制和改善病情的重要手段，也是慢性病治疗的重要趋势。依托社会支持理论和社会学习理论，医务社会工作者运用小组工作方法干预患者的自我管理能力。从社会支持的角度通过优化患者的家庭照顾系统来促进其提升自我管理行为水平，从而彰显社会工作相较于医学及护理学不同的专业优势和功能。

2. 介入步骤

（1）需求评估。通过文献法、问卷法和焦点小组访谈法采集数据，了解内分泌科中老年Ⅱ型糖尿病患者自我管理行为水平、家庭照护者的行为支持水平、对于照护者支持的主观需要程度和小组活动参与的意愿和期望。

（2）小组设计。依据前期需求评估调研结果和所选用的理论基础（社会学习理论和社会支持理论）进行小组活动设计。需求调查结果显示，家庭照护者的支持主要体现在饮食管理、药物管理、血糖检查、运动保健和行为鼓励 5 个方面，其中患者自我管理在饮食控制和运动保健两个方面相对薄弱，糖尿病患者自我管理行为水平与其家庭照护者的照顾水平存在一定的相关性。故医务社会工作者将着重从饮食和运动控制两个方面进行小组干预，同时对患者及其照护者进行增能，以综合提高其自我管理水平。总共设计四节次小组，前两次小组是促进患者和其家庭照护者在糖尿病自我管理知识（分别是饮食和运动）上的成长，后两次小组是促进患者和其家庭照护者彼此间建立相关的自我管理规范，从而划清二者的权责边界，提高双方的参与积极性。

（3）小组实施。第一节"饮食无忧"，通过健康宣教，患者及其照护者掌握糖尿病的饮食知识及应用，促进患者及其照护者之间的小组互动，增强组员彼此的联结与信任；第二节"运动达人"，通过健康宣教，患者及其照护者了解糖尿病患者如何科学地运动，促进患者及其照护者之间的亲密互动，加强家庭内部的联结，增强彼此的信任与支持；第三节"家就在身边"，通过患者与家属间的合作和情感表达，增进彼此的信任和联结；第四节"约'法'三章"，通过让患者和照护者明确各自任务，订立家庭自我管理契约，加强家庭作业的阶段性训练，强化患者自我管理行为。

（4）成效评估。四次小组活动结束后，医务社会工作者给参加活动的患者及其家属发放活动满意度量表、自我管理行为量表、家庭成员行为量表，通过分析回收上来的量表，总结组员对小组活动的满意度评价及自我管理水平的提高程度。

### （二）急诊室常用的社会工作方法

#### 1. 急诊室社会工作需要处理的常见问题

急诊室的患者和家属因病症出现紧急情况而需要医务社会工作者的协助，医务社会工作者需要了解这种特殊情况下患者和家属的需要与问题，应用相关技巧和策略协助他们。

（1）应激障碍症。应激障碍症是指人在心理、生理上不能有效应对自身由于各种突如其来的、给心理或生理带来重大影响的事件（如战争、火灾、水灾、地震、传染病流行、重大交通事故等灾难）所导致的各种心理和生理反应。在急诊室，患者及家属由于遭遇意外，面对身体上突发的伤痛及未知的疾病，情绪不能及时有效处理，会表现出茫然、恐慌、愤怒等情绪反应，这些都是应激障碍。

（2）心理-社会反应。急诊室的特殊环境会引发患者和家属的心理情绪反应，这种情绪产生的原因在于急诊室特殊的环境带给患者家属的影响。此外，急诊室复杂的环境和周围重症患者的影响也使得患者及家属表现出负面情绪反应，很难自己摆脱困扰。

（3）哀伤。哀伤是由于损失和丧失引起的情绪反应。在遭遇突发事件时人会产生哀伤情绪，如果哀伤情绪正常过渡到平静和接受，那么就是一般哀伤，这样的哀伤情绪是正常的。如果哀伤持续很长时间，那么哀伤就可能发展为复杂的哀伤。患者及家属如一直处在哀伤情绪中，就不能很好地过渡到接受事实、平复情绪的状态，也不能顺利过渡到理性考虑未来的阶段。

#### 2. 急诊室社会工作的主要方法

在急诊室服务的医务社会工作者要主动发掘个案并配合医疗团队的治疗计划，为患者及其家属提供"全人服务"。

（1）社会心理评估。医务社会工作者根据医生提供的患者临床指标，针对特定疾病为患者进行社会心理功能评估，以发现患者的潜在需求。对于高风险个案，需要持续性的评估，了解患者疾病史、就医史、家庭史或生活史，掌握患者状态，以协助患者获得全面服务。

（2）信息咨询服务。医务社会工作者提供给患者及其家属一般性的咨询服务，诸如相关手续办理的程序、医疗救助政策咨询、社区资源与活动，以及疾病适应与照顾上需注意的事项。医务社会工作者提供的咨询服务并不涉及治疗方面，主要是促使患者及其家属能在急诊室期间对相关权益或服务方式有更详尽的了解，协助增进良好的医患沟通。

（3）危机干预。危机被定义为一种在个人稳定的情绪状态被打乱时所产生的急性情绪混乱，这种情绪状态会导致个人一般适应能力的崩溃。对于因灾难意外事件导致的身心损伤者，或遭受暴力创伤者，危机将引起失落感。对此，干预步骤包括迅速与危机干预对象建立关系、作危机评估、辨识主要问题和处理感觉与情绪、形成和实施服务计划、跟进方案执行进展。

（4）出院安置。由于急诊提供的是短期性医疗服务，对于需进一步接受专科治疗、长期疗养或可出院返家的患者来说，在出转院的过程中，经常会面临许多的问题，这就需要整合医疗、社会、财务资源，利用个案管理的原则，在患者住院期间安排适当服务，使患者及其家属能及时获得适当后续照顾。医务社会工作者协助患者进行出院准备，能使患者获得连续性照护，并排除在出转院时可能面临的风险事故。

（5）转介。协助符合转介外部相关机构标准的患者办理转介手续。

### （三）肿瘤与舒缓疗护社会工作方法

#### 1. 肿瘤/癌症患者社会工作方法

肿瘤/癌症患者及其家属面临着生理、心理、社会的巨大压力与挑战，在社会工作的众多理论与模式中，人本主义取向在这个特定人群中能够发挥作用。人本主义创始人卡尔·罗杰斯认为，人有自我成长的潜能，因此助人者应当作为服务对象的“同行者”，应强调“当时当地”，营造一个安全、真诚、开放的氛围以利于服务对象挖掘自身潜能，进而更好地适应现状并建立积极的自我概念。对于肿瘤/癌症患者而言，他们需要适应因病导致的心理社会功能的转变，人本主义作为一种价值取向应当贯穿医务社会工作者所提供的情绪心理辅导、出院计划、舒缓疗护等服务的始终，协助服务对象在调适心理社会功能转变的过程中得到自我成长。

医务社会工作者首先要运用专业的社会心理评估方法，与患者共同了解其自身的需求。肿瘤/癌症患者的社会心理评估维度主要包括心理情绪反应、人际关系的状况、角色功能转变、经济资源系统、生命意义的探求 5 个方面。

个案工作和小组工作是针对肿瘤患者开展医务社会工作服务的常用方法，下面依次以案例说明。

（1）个案工作

**案例 14-4**

### 不配合治疗的章阿姨

60 岁的章阿姨于半年前被诊断为宫颈癌，随即从外地赶来手术，经过化疗、放疗后出院。半年后，在家乡的医院体检中发现有复发迹象，再次来院做进一步诊断、治疗。患病后章阿姨非常小心，严格地遵医嘱，积极参与锻炼，学习养生知识。然而，复发的事实让章阿姨感到十分沮丧、无助，一直失眠，认为：“再怎么治疗也没有用了！”“很倒霉，上天对我不公平。”她认为第一次住院时同病房其他病友手术后并无复发，唯独她复发了，究其原因是只有她既要放疗又要化疗，而其他病友只做了化疗，医生不合理的治疗方案是导致她疾病复发的原因。

1. 介入重点

分析章阿姨的情况，医务社会工作者决定运用“任务中心”辅导方法协助章阿姨。“任务”是服务对象为解决自己的问题而需要做的工作，是服务介入工作的核心。“解决问题”是目标，任务是实现问题解决的手段。受助者是解决问题及改变的主要因素，医务社会工作者只是扮演资源提供者及链接者的角色。

2. 介入步骤

（1）建立专业关系。医务社会工作者首先向章阿姨提供情绪支持，帮助其缓解害怕和焦虑情绪。

（2）厘清中心任务。在与章阿姨建立了专业关系后，章阿姨表示与医护人员发生冲突的原因之一是第一次手术时“太依赖”医生，自己并未深入了解疾病与手术。章阿姨承认有医患矛盾，并愿意处理这个问题，故“与医护人员的冲突”就成为“目标问题”。

（3）探析可能的解决办法。随后医务社会工作者根据此目标问题，进一步与章阿姨共同讨论出几个可以改变的目标，如增进医患之间对疾病治疗方案的理解。最后医务社会工作者与章阿姨达成共识，列出要完成的任务，包括能够与医疗团队讨论对疾病本身与术后效果的看法。

（4）择优执行解决路径。在协助章阿姨完成任务的过程中，医务社会工作者的具体做法是：首先，与医生进行沟通，了解章阿姨的身体情况及治疗方案等相关事宜，帮助医生理解章阿姨攻击性的言语源自其无助的感受及害怕焦虑的情绪，并建议医生用通俗易懂的语言向章阿姨详细解释原因。其次，医务社会工作者鼓励章阿姨与医生面谈。在面谈过程中，章阿姨了解了治疗方式和选择治疗方式的原因，她感觉到对自己的疾病及其治疗有了掌控，进而积极配合和参与治疗过程，消除了负面情绪。完成上述任务后，医务社会工作者开展了任务回顾与分析，与章阿姨达成共识，结束专业关系。最后，医务社会工作者推荐章阿姨参加宫颈癌患者支持性小组，并根据章阿姨的需要，进行社会资源链接，为其推荐相关社区资源，包括营养辅助服务、保健服务等，帮助章阿姨计划出院后的康复生活。

（2）小组工作

小组工作强调通过小组过程及小组动力去影响成员的态度和行为。医院小组工作根据患者需要可分为教育小组、成长小组、支持小组、心理治疗小组、任务小组等。其中，有相同问题或经验的人组成的支持小组近年来越来越受到患者们的欢迎。支持小组的特点在于注重分享经验、知识与技巧，探索疾病因应策略，处理负面情绪。遭受同样疾病折磨的患者或家庭照护者，可以通过小组组员彼此之间提供的信息、建议、鼓励和感情上的支持，舒缓负面情绪，增强面对疾病的信心。支持小组作用的发挥基于社会网络理论和社会支持理论，通过小组活动以及医务社会工作人员的引导，促进组员之间进行良性的互动、形成联系，根据小组成员问题的不同，形成具有支持、自助功能的小组。这些小组工作起到了协助患者增强抵抗疾病信心的作用。

**案例 14-5**

## 宫颈癌患者支持小组

宫颈癌是妇科恶性肿瘤之一，发病率在女性恶性肿瘤中居第二位，对女性健康造成严重威胁。

1. 介入重点

研究发现，大部分女性在得知自己患上宫颈癌时，都会感到彷徨不安和不知所措，心情混乱、情绪起伏不定。但对于有着相同经历的人来说，在一起沟通、倾诉，不仅可以互通信息，更重要的是可以彼此宣泄、安慰和支持对方，彼此给予力量。因此，重新形成社会支持网络成为社会工作介入宫颈癌患者社会功能的重点。

2. 介入步骤

（1）需求评估。采用科学的研究方法评估患者需求，结果发现服务对象常见问题包括缺乏相关的医学知识；焦虑、担忧的情绪需要宣泄。服务对象的需求具体包括：心理情绪压力大，希望获得相关医学知识；及时处理负面情绪；缓解压力，获得支持。

（2）小组设计。依据前期需求评估调研结果和所选的理论基础（社会支持网络理论）进行小组活动设计。宫颈癌患者小组主要运用“社会支持网络理论”连接患者之间的亲密关系，强化患者个人的社会资源，增强其个人的社会整合度，吸取其他患者在面对逆境时的经验以解决自己的问题、改变自己的行为和提升自己的能力。另外，医务社会工作者利用宫颈癌患者小组的过程动员和发展相关系统中的社会资源，从而建立患者与小组的社会支持网络。

（3）小组实施。可依据实际临床条件（肿瘤外科有住院周期短、患者流动频繁等特点）开展3~4次的连续小组活动，比如第一次致力于彼此相熟、建立小组信任关系；第二次进行宫颈癌术后康复健康教育，共同学习；第三次和第四次可以是经验分享与促进医患沟通的社会支持网络构建活动。

（4）成效评估。对服务对象的改变情况、目标的实现情况、医务社会工作者的角色实现情况进行过程评估和结果评估，具体评估方法包括医务社会工作者观察、服务对象对每一次服务的分享或问卷及座谈会的形式。

### 2. 舒缓疗护的方法

舒缓疗护（Palliative Care）以改善肿瘤或慢性疾病患者及其家庭的生理、心理、社会功能的适应不良为目的。主要做法包括：协助病人及其家庭参与服务计划，提出问题，作出决策，以澄清需求并排列出重要事项；获取信息和资源；调解家庭问题并提供支持，协助家庭满足需求、处理想法和感受；协调并组织协助患者的个案会议，让家庭成员一起表达他们的需求、关注点和愿望；提供转介服务，帮助患者和家庭获得社会支持和帮助，同时协助照护者得到休息的机会。

### 3. 预防与缓和医疗纠纷的常用社会工作方法

在促进医患和谐，预防与缓和医疗纠纷的过程中，社会工作的任务中心模式能够直接有效地发挥作用。该模式注重把“任务”作为干预的核心，清晰界定问题，服务群体，干预目标及实际任务，同时强调服务对象的自身优势与潜能。因此，在临床实务过程中，社会工作者应当根据特定的服务对象需求、医患沟通模式，或医疗纠纷状况制定相应的干预策略。

从宏观上看，根据医疗纠纷产生的五大原因，社会工作者在协调医患关系、预防与处理医疗纠纷的过程中所运用的主要方法有：

（1）通过专业的社会工作调查研究方法，为医院的规章制度及流程管理规范的完善建言献策，以提升医疗服务品质。

（2）完善医疗纠纷的预防机制，包括定期在医务人员中开展沟通技巧的工作坊，邀请家属参加患者医疗决策讨论会等。

（3）协助患者及其家属情绪心理的适应。

（4）及时向医疗团队提供必要的与患者相关的社会心理评估信息。

（5）在纠纷发生后，积极促进医患双方有效通畅的沟通。

## 三、精神卫生领域社会工作常用方法

### （一）对服务对象开展需求评估

（1）生理信息。医务社会工作者通过询问患者的营养、运动、睡眠和药物使用情况评估服务对象的健康情况。

（2）社会信息。包括：①家庭。评估家庭构成、家庭成员间关系的性质、互动的方式及敏感的家庭问题。②社会支持。能够为患者提供情感支持的社会关系，以及支持所能提供的友谊、帮助、具体服务。③社会环境。评估患者是否生活在压力环境中；患者是否正受到来自个人与社会系统之间冲突的侵害；患者是否在环境改变或角色转变中导致压力等。

（3）心理信息。包括患者的症状和患者的心理力量，这些都蕴含着个人的态度或积极的应对机制。

### （二）对服务对象进行干预

1. 精神患者家庭的干预流程

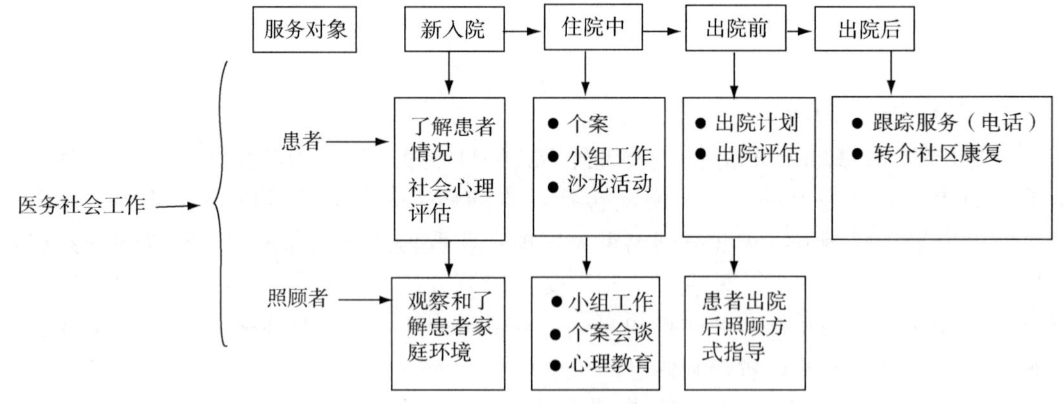


**图 14-1　精神患者家庭的干预流程图**

2. 认知行为治疗

精神卫生领域的个案工作一直努力增进个人的社会功能，帮助个人挖掘自己潜能，在其社会生活中得到成长、建立自尊和舒适的需要。由于精神患者的疾病等因素存在部分认知的偏差，导致其情绪和社会适应出现问题，因此，采用认知行为疗法是比较有效改善的方法之一。认知行为治疗是三种学派的综合体——行为疗法、认知疗法以及认知和社会心理学，它是在社会学习理论框架的基础上建立的。典型的认知行为方法包括以下几个步骤：

（1）详细讲述问题行为。这种行为问题是行为改变的核心，它显示了哪些行为需被克服或是过分的，哪些是未充分发展和需要被发展的。

（2）收集数据。患者要学会评估、监督自身的行为，观察自己的感受将发生的征兆。

（3）设定目标。社会工作者、患者共同为其行为改变去设定目标。

（4）行为介入。明确能帮助患者达到之前设立目标的技能。

（5）家庭作业。协助患者联系和巩固在治疗中学到的技能，使治疗从一个阶段顺利过渡到另一个阶段。

（6）行为改变的强化。新的、积极的行为需要正向强化，促使患者采用新的方式充当自己的强化者。

（7）行为改变的认同。患者需在行为改变后赞许自己，将行为的改变归功为自己而非社会工作者。

（8）防止故态复发。改变一种习惯是非常困难的，患者要有故态复发的心理准备，可以事先考虑当它真的发生时如何灵活去处理。行为治疗技能包括强化、社会技能训练、放松训练等。

3. 运用小组工作方法

将患者或其家属组成小组，通过小组领导者的引导、教育、指导及小组成员间的经验分享、情绪支持、回馈等互动过程，患者了解疾病的反应、疗程及预后的影响，患者能配合医嘱、恢复对生活的信心。精神卫生领域的小组工作的类型目前是教育性、治疗性为主，将心理教育内容和治疗性技术贯穿小组的工作过程。

（1）一般总体目标是通过小组内的学习和组员间的相互支持，分享、学习认知理论的基础知识，通过社会工作者的引导，让组员意识到自身现有能力和优势，建立一定的自信心，提升其缓解压力和应对困难的能力。

（2）具体目标是分享和缓解组员不良情绪；辨识非理性信念，了解“ABC”理论；发现组员的优点并巩固建立信心；制订康复计划并监督巩固；等等。

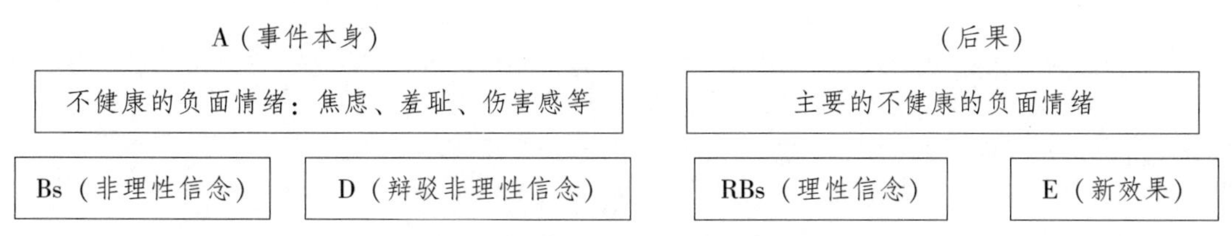


**图 14-2　最佳实践技巧——理性情绪疗法 ABC 理论**

在小组工作开展的中期（团体归属感、安全感建立较好时），社会工作者开始介绍

“ABC”理论，并通过游戏来演示图 14-2 的“A—B—C”和“A—B—D—RBs—E”的过程，让患者思考“B”在真实场景中的作用以及对情绪、行为的影响，进一步去思考自己的自动思维；接着辨识非理性的信念，通过角色扮演方法和非理性信念去辩驳、巩固并树立理性的信念。通过在小组中的练习，患者会意识到自己遇到事情后不良的情绪、行为反应的原因，通过组外的作业去强化体验和观察自己的情绪，通过自己掌握和学习的技术去应对不良的情绪，更好地适应社会生活和人际交往。

## 本章小结

经济的发展推动了医疗技术飞速发展，也催生了人们对生存质量和健康期望的多元需求。“生理—心理—社会”的医学模式为卫生健康领域植入社会工作提供了空间。本章对医务社会工作的概念和内涵进行了解读和描述，对我国医疗保障制度的特点、民众疾病特点和对社会工作者的要求进行了阐述。同时，还对医务社会工作者应具备的特殊理论和对该领域的特殊议题进行了描述。医务社会工作的内容涉及公共卫生、常见疾病治疗、肿瘤治疗康复和舒缓疗护、精神卫生等众多领域。医务社会工作的主要方法涵盖社会工作的所有专业方法。结合医务社会工作不同领域的特点，本章重点介绍了社会心理评估、危机干预、任务中心、支援小组、认知行为治疗等专业方法和介入模式。

备注：本章所引案例部分由上海市华东医院社工部友情提供，特此鸣谢。

# 第十五章　企业社会工作

企业社会工作是围绕企业这样一类组织和企业内职工这样一类群体开展的社会工作。企业社会工作是社会工作的一个重要服务领域，主要开展职工权益保护、劳动关系协调、职业生涯辅导、社会责任履行等方面的专业服务，目的是促进企业内外环境和谐及国家、企业、职工多方利益共赢。本章主要介绍企业社会工作的特点、功能、模式、主要内容和主要服务方法。

## 第一节　企业社会工作概述

### 一、企业社会工作的概念

企业社会工作，是指社会工作者运用社会工作的专业理念与方法，在企业内外开展与职工的工作岗位适应、劳动环境协调、职业福利保障、职业生涯发展以及劳动关系协调等有关的服务与管理工作，其目的在于保障职工利益、提升劳动效率、促进企业和职工共同发展。

这个定义可以从如下几个层次理解：第一，企业社会工作的提供者是“社会工作者”；第二，核心服务对象是“企业职工”；第三，社会工作者的工作场域是在“企业内外”；第四，工作内容是与职工的工作岗位适应、劳动环境协调、职业福利保障、职业生涯发展以及劳动关系协调等有关的服务与管理工作；第五，工作目标是保障职工利益、提升劳动效率、促进企业和职工共同发展。

### 二、企业社会工作的特点

由于企业独特的经济属性，企业社会工作具有如下特点。

#### （一）争取职工的职业福利是企业社会工作的核心内容

企业均有为职工提供薪酬或实物的福利项目和福利服务，差别只是是否落实了国家的相关法规和政策，是否回应了社会发展、企业发展带来的社会问题，是否满足了职工的需求。而上述问题的关注和解决，正是企业社会工作的核心内容。

#### （二）监督企业落实涉及职工权益的法律、法规是企业社会工作的重要手段

企业内的社会工作的筹资具有明确的规范。以企业福利为代表的企业社会工作项目的资金来源，国家有具体、明确的法律和政府部门政策文件规定，如关于各项社会保险

和补充的保险，各项职工现金补助、实物福利项目与服务，培训与教育经费，工会活动经费，劳动保护与职业安全卫生经费等。

### （三）因地制宜开展和设计有特色的服务项目是企业社会工作的主要任务

不同类型企业的社会工作具有各自不同的特点。每一个企业在规模、所处的社会环境、自身的企业文化及发展战略上的不同，决定了在不同企业开展社会工作会有很大的差异性。

### （四）兼顾公共性、公益性与多方共赢的统一是企业社会工作的主要策略

企业社会工作的服务对象主要是企业职工，服务内容主要是帮助企业职工解决困难问题、促进其发展提升，但也要兼顾服务企业和满足企业发展的合理需求。公共性和公益性应该是企业社会工作服务的主导属性，否则很可能会沦为企业的一种管理手段和方法，服务于企业的利益尤其是经济利益最大化，从而导致其与企业职工的合理利益和社会的整体利益出现偏差或背离，违背社会工作的宗旨、理念和价值观。

在坚持企业社会工作的服务对象主要为企业职工，并在确保服务公共性、公益性的同时，应努力实现政府、企业职工和企业等多主体共赢。在社会主义制度下，政府、企业和企业职工在整体利益上是一致的，而且具体利益上也存在很大的交叉区域，如企业的发展、职工的成长、社会的安定等。对于社会工作本身来说，只有获得政府、企业和社会的普遍认同，才能得到有效拓展和提升。

## 三、企业社会工作的功能

### （一）提供物质帮助，协助困难职工摆脱困境

扶弱、济贫、帮困是现代社会工作的重要职责，也是企业社会工作的重要功能。随着经济体制改革的进一步深化，原有的宏观利益格局进一步重新整合，社会各阶层之间的贫富差距扩大，企业中也出现了困境问题。企业困境人员主要包括失业、下岗工人，以及因各种疾病、伤残、意外事故，或个人生存、劳动和发展等方面能力障碍而导致的困境人员等。这些问题的存在影响着社会发展，要有效解决这些问题，仅仅依靠政府机构及其工作人员的力量已经显得不足，需要广泛动员社区组织、非营利机构、志愿者组织等多个方面的力量共同参与。

### （二）为企业职工提供心理疏导和支持

企业职工的工作压力和紧张度比较高，加之企业在资源与权限以及利益分配间存在不对称的情况，职工处于明显的不利地位。疲劳、焦虑、紧张、情绪低落、注意力下降、记忆力下降、爱发脾气、对子女漠不关心等，都是职工可能出现的问题。困难的地位与处境，使得职工很难通过自己的力量或者企业的力量来解决问题，而企业社会工作的介入，则能够帮助他们提升解决问题的能力和效果。

### （三）协调内外关系，增强企业组织的凝聚力

企业社会工作的一个突出功能就是促进企业良好的内部沟通，加强对外传播，塑造企业形象，推动实现企业与职工的全面发展。妥善处理好与股东、媒体、社区、政府、交易伙伴、消费者等特定对象的社会关系。作为解决企业内外各种冲突问题的专业活动，企业社会工作不仅可以有效地解决企业组织的外部关系失衡问题，而且还可以促进内部关系协调，增强组织的凝聚力，营造出群体内的民主气氛，使职工产生集体感、归

属感、荣誉感和价值感，从而愿意为企业发展承担责任和义务。

（四）维护职工合法权益，体现社会公平正义

维护企业职工合法权益是企业社会工作的重要职责。当前，职工权益受侵害的案件时有发生，劳资纠纷事件也日益增多。在这一社会背景下，社会工作者可以运用《中华人民共和国工会法》《中华人民共和国劳动法》等相关法律和规定，在民政部门、人力资源和社会保障部门、企业党团与工会组织、社区机构及社会服务机构配合下开展企业职工维权服务，并通过个案工作、小组工作、社区工作、社会行政、社会政策等方法来提升实际工作的效果。

（五）预防问题产生，促进社会和谐稳定

企业社会工作能够以积极主动的态度对待组织内外产生的各种问题，及早预测、发现、控制和消除那些可能妨碍社会稳定的因素，以实现人与社会环境的持久和谐。社会工作的预防功能体现在两个方面：一是预防可能在个人之间、个人与小组之间以及群体之间出现的问题；二是可以通过政策倡导来发挥作用，即提出社会政策的修订建议，促进有关社会政策的出台，在制度层面弥补政策欠缺，有效预防企业问题的产生。

## 四、企业社会工作的取向

企业社会工作在发展模式上呈现出多样化的特点，根源是其背后不同的理论和实务取向不同。

（一）服务对象价值判断上的问题视角与优势视角

从企业社会工作发展过程来看，同其他领域的社会工作一样，一直存在着两种传统价值取向：以功能论、行为主义理论为代表的实证主义传统和以韦伯的理解社会学为代表的人文主义传统。基于这两种不同的理论取向，社会工作者往往在实务上也采取两种不同的价值取向，即以问题为核心的取向和以服务对象为核心的取向。前者强调将关注点聚焦在服务对象所面临的问题上，基于对服务对象所遇到的问题的分析，首先对问题进行界定，其次再根据问题属性制订一系列的帮助和改变服务对象的计划；而后者强调将关注点聚焦在服务对象身上，尽可能地发挥服务对象自身的能力和优势，以实现服务对象的自助和发展。问题视角是以“什么是真实的情况”为思考的切入点，因而在实务操作中往往以服务对象所遇到的问题为切入点；而优势视角则是以“怎样的方式去构筑现实的意义”为思考问题的切入点，在实务操作中更多地强调利用服务对象的优势和潜在能力，协助服务对象通过自己的努力，以一种主动的而非被动的姿态去实现自己的目标。

（二）与雇主关系上的抗争取向与共赢取向

与企业相关的社会工作服务模式，在理念上存在两种不同观点：一种多是受结构论影响，认为劳工问题的根源是资本主义对工人阶级的剥削。故此，解决的方法必须从宏观层面出发，直接针对社会和雇主对职工的不平等对待，而绝不能与雇主协商解决。这种观点反对社会工作者与企业合作，主张以社区发展或劳工组织模式，动员职工为自己及其所属群体争取权利和地位。另一种则认为社会工作者可以和雇主合作。这种观点重视处理人与环境之间的相互关系，认为雇主和雇员是在同一“工作社区”内的不同系统，二者是相互依靠和相互影响的。只有与雇主合作才能深入了解职工工作生活情况和

服务需求，才能把社会工作服务带到“工作社区”里的职工中。

### （三）服务提供的人力资源取向和工会取向

企业要实现可持续发展的目标，就需要拥有一支高满意度、归属感和高素质的职工队伍，而职工对企业是否忠诚取决于企业有无提供优质的人力资源服务产品。近年来，越来越多的企业人力资源部门，使用社会工作的方法为职工提供必备的人力资源产品和服务，使其安心在企业工作，如国际500强企业普遍采用的EAP“员工协助计划”。

以争取职工权益和职工整体地位为己任的工会，一般采取与雇主合作的方式来提升职工素质，加大员工福利，稳定职工队伍。但由于受传统所限，工会较注重宏观政策和制度改善，而较少关注职工个人发展及职工间的关系协调。

### （四）服务模式上的个人发展模式和社群权益模式

企业社会工作的服务模式及介入方式，需要充分考虑所处地区的实际情况，通常来说主要有“个人发展模式”和“社群权益模式”两种。“个人发展模式”是与工作生活相关的心理-社会服务模式，如劳动者支持小组、压力舒缓课程、人际关系训练、职业培训或再培训、就业相关的服务等。“社群权益模式”是针对社会政策与社会环境的服务模式，其内容主要是劳动法律方面的咨询与宣传教育、劳资纠纷的介入、劳工权益政策方面的倡导与帮助等。这两种模式只是服务的着重点不一样，两者是可以相辅相成的。

## 五、我国企业社会工作与工会的关系

### （一）我国企业和职工社会工作主要由工会承担

党和政府分工定位工会承担服务职工的角色，赋予工会广泛开展职工社会工作的职责，并给予政策和物质上的支持。中华人民共和国成立初期乃至整个计划经济时期，工会的职责主要是参与国家经济建设，重点是开展职工生产、职工教育和思想政治工作以及解决职工生活困难等，围绕社会主义经济建设，努力发展生产、改善职工群众生活，行使职工当家做主的权利，组织带领职工开展劳动竞赛、安全生产、劳动保护、职工生活福利、职工教育等工作。社会主义市场经济建立以来，工会加大了协调劳动关系力度，强化了签订劳动合同和集体合同、工资集体协商、劳动争议调解、法律援助、劳动安全监督、职工民主参与等各项社会工作，工会工作的领域逐渐向社会的广度和深度延伸，在协调社会关系、缓解社会压力、化解社会矛盾、促进人的发展、维护社会稳定、建设社会主义和谐社会等方面发挥着越来越重要的作用。

### （二）工会开展的企业社会工作具有优势、特色和实效

工会完善组织体系、工作机制和工作平台，使工会社会工作更具有了其他社会组织和机构不可比拟的影响党和政府决策、调动社会资源、采取社会行动、提供社会服务的优势、特色和实效。第一，工会拥有健全而强大的组织系统、设施及干部队伍，为工会社会工作提供了组织保证，工会内部设置了涉及社会工作领域的工作职能部门和工作系统，如职工宣传教育工作、职工的社会保障工作、工会女职工工作、劳动保护和安全生产工作、民主管理监督和社会参与工作等。第二，工会拥有独特的工作机制，确保了工会社会工作的针对性和时效性。工会的劳动法律监督组织、劳动争议调解委员会、法律援助机构、职工服务（帮扶）中心等为会员和职工提供了有针对性和个性化的服务，维

护了职工的利益和社会的稳定。第三，隶属于工会的文化宫、俱乐部、体育场（馆）、图书馆、职工学校、疗（休）养院、职业介绍所等机构和设施是服务职工的主渠道。第四，工会开展的送温暖工程、小额贷款、金秋助学、农民工援助、职工书屋等是有品牌影响力、受职工欢迎的服务品牌。第五，工会体系中的工会干部和工会工作人员长期在工会系统和工会的服务机构工作，具有丰富的开展企业和职工社会工作的实践工作经验。健全的组织系统、设施及干部队伍，使直接服务职工的工会社会工作自成体系、内容丰富并卓有成效。

（三）工会工作的方式、方法与社会工作的契合性

各级工会日常开展的大量工作在理念和方式、方法上，与社会工作高度契合。工会日常针对遇到困难的职工个人及家庭的辅导和帮扶，即是企业社会工作的个案工作；针对青工、女工、农民工等群体开展团体辅导和活动项目，即是社会工作的小组工作；在开发区、工业园区、商圈、楼宇的党群服务中心和社区服务中心等为职工及家属开展服务，即是社会工作的社区工作；工会主导的有利于员工各方面利益的政策倡导及相关法律和政策执行的监督检查，即是社会工作行政和政策倡导。

从社会工作职业化、专业化发展的要求来看，工会社会工作还存在一些亟待解决的问题。首先，对工会社会工作和社会工作人才的认知度不高。工会组织的许多工作领域都是社会工作，但大多数工会干部对工会社会工作缺乏系统的认识，工会社会工作需要进一步统一和提高思想认识。其次，工会社会工作人员专业化程度低。从事实际社会工作的人绝大多数没有受过社会工作所要求的较系统的专门训练，服务职工的手段和方法比较单一、陈旧，与当前形势发展、现实要求和工作实际不相适应。最后，缺乏规范的社会工作岗位设置和考核激励机制。在工会系统的主要业务部门，岗位设置和人员配备并没有明确配备专业社会工作人员和岗位，也没有明确社会工作的工作标准和从业标准。

## 第二节 企业社会工作的主要对象和内容

### 一、企业社会工作对象

企业社会工作，需要根据服务对象身处的环境及所能运用的资源情况，针对不同的服务对象采取不同的介入策略。

（一）以企业内的职工个体及职工家属为工作对象

针对职工个人（包括其家属）面对的问题或需要，通过个案辅导或引入相关资源予以解决。例如，对个别职工因工作压力过大而开展的心理辅导；又如，对某一职工因在工作中与用人单位发生争议的法律援助等。此外，企业职工的情绪和工作态度不仅受企业本身的影响，也受其家庭生活及家庭关系的影响。为此，企业社会工作的开展也必须扩展到职工的家属。

（二）以企业内的职工群体为工作对象

企业社会工作应针对职工中某类群体或较多职工中普遍存在的问题或需要而设计服

务。如针对在同一工作环境中出现的情绪问题，或针对青工或新入职外来工等职工群体设计的专项服务。社会工作者可以通过协助建立朋辈互助网络，举办劳动技能培训班、大型主题活动等方式满足相关职工群体的需要。

### （三）以一个企业整体或企业内的管理部门为工作对象

企业管理者的管理理念、管理价值观和管理水平对职工的直接影响很大，如何协调好管理部门与职工之间的关系，是企业社会工作的重要内容。包括高层的决策、中层的管理以及基层的实施过程，都需要企业社会工作者的积极介入，以求得企业和职工之间良好的互动，达到既提高管理效率，又提升职工福利的目的。

职工的问题特别是群体性问题，往往是由于企业本身的管理制度、劳动环境、企业文化、企业运作方式而引发的。企业社会工作者应促进企业重视人性化管理，重视企业文化建设，重视职工参与，并协助建立各种沟通和权益保障机制。

### （四）以一个行业或一个社区为工作对象

在同一个行业或同一个社区内的企业或职工普遍存在一些共同的问题或需要。例如，发现楼宇（竖起来的社区）的中小企业或工业开发区的中小企业职工普遍感觉交友困难，社会工作者可以推动设立活动中心或职工俱乐部，组织相应的群体联谊活动；又如，某地区餐饮业职工流失率很高，又经常发生劳资冲突，社会工作者可以促进企业和职工沟通和协商，协调劳动关系。

面对一些行业的整体情况时，社会工作者也会以一些行业协会或商会作为介入层面，寻求改善行业规范、行业文化、行业内企业行为和群体社会行为等。

## 二、企业社会工作服务内容

### （一）职工职业生涯规划

个人发展是企业发展和社会发展的基础，只有充分发挥人的主观能动性，在企业建立以人为本的职业生涯开发与管理的目标体系，帮助职工实现自我价值，企业才能最终实现发展的愿景。企业社会工作者通过为职工提供职业生涯辅导，帮助职工自我设计职业生涯规划，促进职工职业生涯的发展。

### （二）职工心理健康辅导与情绪管理

每个人都有情绪，但人们大都对情绪缺乏必要的了解和关注。消极情绪若不适时疏导，轻则导致心情不舒坦，重则使人走向崩溃；而积极的情绪则会激发人们工作的热情和潜力。企业社会工作者通过识别职工的不良情绪，对存在着不良情绪的职工予以疏导以缓和其不良情绪，改善心理状态。

### （三）职工素质提升

高素质的职业队伍是企业健康可持续发展的基础，也是企业社会工作应有的内容。在职工素质提升方面，企业社会工作者开展的工作主要分为三类：第一类是通过教育和引导，促使职工增强权益维护意识，并以合理方式争取自身合法权益；第二类是引导职工参与职业（技术）教育，为职工提供充实文化知识和提高技术技能的机会；第三类是组织开展激励职工在工作上精益求精、开拓创新的活动，促进企业整体劳动生产力的提升和经济效益的增长。

### （四）职业安全与健康

企业社会工作者可以发挥专业优势，通过为职工个体提供咨询、辅导和社会资源，对因工受伤或患病的职工进行慰问，落实相关补偿，为他们的康复提供全方位支持；利用小组工作方法对职工进行培训，培育职工的健康意识、权益意识，教给职工自我保护及应对伤病的知识和方法；利用社区工作方法，向广大职工宣传劳动安全与卫生方面的法规，在企业内进行职业安全健康、预防工伤和职业病的宣传教育，推动企业改善优化工作环境。

### （五）组织职工参与企业管理

每个职工都是企业团队中的一员，如果他们都能像资方和高层管理者那样为企业发展尽心尽力，时刻关注公司成长，企业肯定会成为高效的团队，最终获得企业和职工双赢的结果。企业社会工作者组织职工参与管理的内容主要包括 3 个方面：第一，工作层次上的参与，是指对工作方法、工作目的、工作安全、工作设计等工作条件问题进行决策；第二，管理层次的参与，是指对雇用与解雇、工资发放、工作纪律与工作评估、培训与激励、意外事故处理等问题进行决策；第三，企业层次的参与，是指对利润分配、财务计划、产品开发与营销、资本投入、分红、管理者评价和任用等问题进行决策。

### （六）职工的工作生活平衡与家庭辅导

企业不仅需要重视职工的劳动者角色，更要注重他们工作以外的社会和家庭角色。企业社会工作在促进企业为职工提供有意义工作的同时，也应营造环境使职工工作与生活更有幸福感，如关注职工家庭成员的某方面问题，关注职工的生活困难，关注职工的红白事及生日等重要纪念日，增强职工对企业的归属感；辅导职工协调好家庭关系，正确对待生活中遇到的问题和困难，提升建设和谐、幸福家庭的能力。

### （七）劳动关系协调

企业生产是在职工之间、职工与管理层之间不断互动的过程中完成的，人与人之间的互动就可能会产生各种摩擦和冲突。建立和谐的劳动关系从尊重开始，在企业内创造相互尊重的文化氛围。建立职工关系调解机制，使职工之间发生的矛盾、冲突能够及时有效地得到解决，通过定期沟通，将职工对企业的意见建议及时反馈给管理层，管理层可以针对问题的性质和重要性研究出解决办法，提升职工对企业的满意度和改善企业管理方式，实现企业与职工的双赢。

### （八）企业文化和职工文化建设

企业文化和职工文化是企业核心竞争力的重要组成部分。企业社会工作把企业文化和职工文化建设作为服务内容，主要是在企业组织内部传播平等、公正、和谐的文化理念和尊重、理解、合作的工作态度，以及团结、互助、友爱的组织氛围，以促进企业提高管理水平，增强凝聚力。同时，致力于促使企业使命、愿景、核心价值观的进一步清晰，激发职工的主动性、积极性和创造性，以争取更高的经济和社会效益。

### （九）困难群体关怀

企业职工队伍中的困难群体包括老、弱、病、残、孕及文化、技能低下者，也包括下岗职工、进城农民工等。企业社会工作关爱困难群体，协调企业内外的各种资源向困难群体提供心理和社会支持，帮助困难职工改善生活境况，增强发展能力。

（十）企业履行社会责任

所谓企业社会责任是指企业在创造利润，对股东负责的同时，还应承担起对劳动者、消费者、环境、社区等利益相关方的责任。企业社会工作者应传播社会工作的价值理念，推动企业在追求经济利益的同时，履行其在维护职工和消费者权益，遵守市场法治，保护生态环境，尽到社会公益方面的责任。

## 三、农民工的社会工作服务

农民工群体的出现是我国工业化、城市化进程中形成的不可逆转的产物。国家统计局发布的《2018 年农民工监测调查报告》显示，2018 年，中国农民工总量为 28836 万人。农民工的工作、生活、子女（留守和随迁）教育问题日益凸显。社会工作介入农民工服务，是社会工作重点探索的新课题。

（一）农民工的生存状况

1. 农民工工作流动性强，不稳定

据统计，目前，很多农民工没有与企业或单位建立稳定的劳动合同关系，由于缺乏合同的保障，农民工工作难以稳定，一些基本权利保障也受到影响，以致拖欠工资和缺乏工伤保障等。农民工在农业和非农业之间的“钟摆式”工作，造成了他们生活的不稳定。由于工作流动性强、工作不稳定，农民工失业后也常常面临生存困境。

2. 农民工职业地位低，收入少

农民的户籍身份限定了农民工的就业范围与层次，城市劳动用工制度影响了农民参与市场的条件和渠道，使他们缺乏与城市居民同等的就业权利和就业条件。另外，有些农民工初来乍到，对城市不熟悉不了解，严重缺乏相关的职业信息，同时，迫于尽快找到工作以解决生存问题，导致农民工的职业选择机会极为有限。一般农民工从事的工作多为城市居民不愿意做、劳动强度偏高、工作环境恶劣、劳动报酬较低、竞争性小的工作。农民工目前大多集中在生产加工、建筑、保安、餐饮服务等行业，工作的社会声望和职业地位较低，微薄的工资只能维持基本的生存，很难提高现有生活水平。工作的不稳定性，使农民工很难长期规划自己的城市生活，生活的临时性和简易性特点明显。

3. 农民工的基本权益很难得到保障

由于工作的流动性和不稳定性，农民工很难在务工的城市享有社会保险、社会福利、社会救助和住房保障等权益；劳动强度大，劳动时间长，收入低，加班次数多，且加班费远远低于国家规定标准，同工不同酬现象严重；在劳保待遇方面，一些企业不执行劳动合同，克扣、拖欠农民工工资，“扣押金”及“工资滞留”现象严重。此外，农民工劳动安全得不到保障，工作环境恶劣，工作安全系数低，发生事故后企业推卸责任，农民工得不到医疗保障和事故后的生活保障。更有甚者，有的企业还会强迫农民工超强度劳动，甚至体罚或者非法拘禁农民工。

（二）农民工社会工作服务介入内容

1. 协助农民工融入城市生活

（1）提供职业信息，加强职业培训，拓宽农民工的就业渠道。目前，农民工的就业信息多为亲戚或老乡提供，由亲缘或地缘来维持，缺乏正式的或便捷的就业信息渠道，以致限制就业选择的范围。此外，多数农民工文化水平不高，缺乏专业技能，就业选择针对性较差。因此，社会工作者可以从以下几方面入手积极开展相关工作：一是建议政府逐步完善并细分城市就业服务工作组织，为农民工提供更为广阔和规范的信息渠道；二是为农民工输出较多的地区提供职业需求信息，使农民在“走出来”之前了解城市的用工情况，做好充分的应对准备；三是倡导政府为农民工提供培训经费和培训渠道；四是提升农民工学习的意识和能力，激发其学习动机。

（2）帮助农民工建立支持网络。农民工身处城市，失去了原来在农村建立起来的关系网络，失去了原来的邻里相望、互帮互助的生活。由于缺乏亲情、友情、乡情的支持，难以找到正式的帮助渠道。针对上述问题，一方面，社会工作者可以通过小组工作，促进农民工之间关系的建立，形成合力以互相帮助和支持，也通过合力的形成壮大自身争取权益的力量；另一方面，社会工作者可通过举办专门的知识讲座或发放宣传海报等方式，帮助农民工进一步加深对城市环境、政府部门、服务机构的了解和认识，知晓获得支持和帮助的渠道与程序，帮助农民工建立自己的支持网络，从而提升其在城市生活的适应能力。

（3）协助农民工改善生活环境。虽然农民工生活的环境较艰苦，对生活处境存在不满，但他们很难找到合适的方法来促进生活环境的改变，或少数人的力量又不足以推动环境的改善。对此，社会工作者可以通过协助他们学习和挖掘改善生活环境的方法，提升其改变的意识和能力，帮助其不断争取自身权益，改善生存环境。

（4）丰富农民工的业余生活。社会工作者可以通过组织丰富多彩的文化娱乐活动的方式，改善农民工业余生活单调无聊的状况，在活动中提高农民工的参与度和凝聚力。此外，还可以结合农民工的具体需要，有针对性地设计一些具有知识性、法律性、技巧性的活动，一方面可以丰富其业余生活；另一方面通过活动使农民工学习一些有益的知识和方法，帮助他们不断提升自己的专业水平和专业能力。

2. 促进政策制度的完善及有效实施

为了进一步保障农民工权益的有效落实，在政策制度层面，社会工作者要积极践行政策倡导者的角色，尤其是在就业政策、社会保障政策等方面，呼吁政策制定部门进行制度改革和完善，结合新时期新要求及时制定并出台新的政策法规。

（1）链接相关资源，搭建沟通桥梁。目前，由于各种文化因素和渠道限制，农民工对政策制度缺乏了解，不知如何利用政策制度来保护自己。由于缺乏对利益诉求渠道、程序的了解，当自身合法利益受到侵害时，农民工往往只会采用隐忍、逃避或者罢工、静坐、跳楼等方式表达诉求和不满。因此，社会工作者可以通过组织开展相关活动，链接相关资源，协助农民工了解并熟知自己的合法权益有哪些，利益诉求的渠道有哪些，提升农民工的社会参与意识，为农民工和相关机构间搭建沟通桥梁。

（2）提升农民工自我保护意识和能力。大多数农民工法律知识缺乏，法律意识、维权意识淡薄，导致其既不会运用法律武器保护自己，也形成了对合法和非法认识的模糊。社会工作者可以通过定期的小组活动或外延拓展活动，以知识讲座和发放宣传单页的形式，积极鼓励农民工学习基本的法律知识，学会运用法律武器，维护自己的权益，关心自身利益，全面提升其自我保护的意识和能力。

### （三）农民工子女的社会工作服务介入内容

#### 1. 农民工子女的问题与需求

（1）生活问题。由于社会经济地位和家庭收入情况的限制，很多农民工家庭子女要么随迁进城，要么留守农村。但大部分农民工居住在工地上，随迁进城的子女也大多随其父母住在工地，工地居住环境恶劣，居住条件差，非常不利于子女的生活与学习；而那些留守在农村的农民工子女，一般由祖父母照顾或者无人照护，由于缺乏父母的呵护与陪伴，身体与心理的健康发展存在一定的感情缺失。根据马斯洛的需要层次理论，生存需要是每个人最基础、最基本的需求，无论随迁进城的还是留守农村的，每一名农民工子女都需要有一个适合其居住、学习与生活的环境，在此基础上才能探讨其他需要的满足与实现。

（2）学习问题。人类社会中存在大量的知识和技能，作为一个合格的社会人，必须掌握基本的知识和技能。农民工子女需要通过不断的学习和长时间的积累，才能使其今后成年步入社会时更好地适应社会。但是，由于各种入学制度和条件的限制，以及农民工对相关入学政策的不了解，有时候农民工子女会面临辍学或无书可读的局面。

（3）家庭问题。儿童和青少年在家庭或者社区中生活，除了要摄入足够的营养使身体成长以外，心理的健康发展也需要爱的滋养。只有身心全面健康发展的孩子，在成年进入社会以后，才能够与其他社会成员友好相处，为整个社会的和谐发展带来积极促进作用。由于工作的繁忙与劳累，农民工常常无暇顾及子女的学业，也很少与子女进行心灵的沟通交流，子女出现问题时也多是采用粗暴放任的教育方式，家庭的互动方式亟待改善。

（4）社会交往问题。社会化是每个儿童和青少年成为负责任、有独立行为能力的社会成员的必经途径。儿童和青少年在社会化的过程中学习社会角色，掌握道德规范。他既离不开与社会群体、集体、个体的相互作用和相互影响，也离不开个体积极主动地掌握社会经验和社会关系的系统。农民工子女日常接触到的人基本局限于父母和同学，由于家庭和语言沟通障碍等原因，他们往往表现得比较内向、自卑，不敢与陌生人沟通交流，很难真正融入所居住的社区与城市中。

#### 2. 农民工子女的社会工作服务介入

（1）介入的目的。解决服务对象迫在眉睫的生活与学习问题，改善其家庭的互动方式，增强其家庭的互动频率，增强服务对象的改变能力与自信心，在全社会营造关爱农民工子女的氛围，在政策层面倡导有利于改善农民工子女生活与学习条件的举措。

（2）介入的目标。生活方面，寻求可替代的生活环境，让服务对象有一个满意合适的生活场所；学习方面，为服务对象寻找到适合匹配的接收学校和班级，提高其学习成绩；家庭方面，建立起新型健康的家庭互动方式，增强父母与子女之间交流沟通的次数，并教会双方沟通的技巧与倾听的重要性；社会层面，吸引越来越多的社会成员对农民工子女的关注与接纳。

# 第三节　企业社会工作的主要方法

## 一、个案工作方法在企业社会工作中的运用

企业社会工作可以运用个案社会工作的方法，对职工及其家庭提供与工作、生活相关问题的咨询、协助，改善职工的社会支持状况，平衡家庭和社会关系、化解矛盾冲突等。

### （一）企业社会工作中的个案工作分类

针对企业的个案工作主要是协助职工解决在工作生活中的问题和困难。主要有如下几个方面。

1. 针对咨询问题的个案工作

如职工对企业内各项规章制度、企业内外有关资源及其运用、对获得职业福利及社会保障的条件和程序等缺乏了解。

2. 针对人际交往和感情问题的个案工作

人际交往和感情问题，如交友圈狭窄，很难融入企业；交友不慎；恋爱问题。

3. 针对家庭问题的个案工作

家庭问题，如婚姻关系失调、代际冲突、家庭暴力。

4. 针对适应问题的个案工作

如工作适应不良、生活环境适应不良、人际关系适应不良。

5. 针对情绪问题的个案工作

如因工作和生活引起的焦虑、紧张问题；因工作和生活引起的无助、想家问题；因工作和生活引起的沮丧、忧郁问题；因较高的工作强度等引起的恐惧、害怕问题等。

6. 针对权益维护与资源支持的个案工作

如下岗和失业人员再就业的心理与社会支持；工伤（亡）事故的补偿与危机干预；对疾病及突发事件导致生活困难的援助；工伤事故赔付，劳动保护与保险问题；工资拖欠与克扣问题等。

### （二）企业社会工作中的个案工作来源及过程

企业社会工作者需根据服务内容和服务对象的具体特点选择个案来源，如部门主管介绍的职工、厂医转介的职工、管理部门工作者发现并介绍的职工、职工家属或亲友介绍的职工、社会工作者主动发现的职工、自己主动寻求帮助的职工等。

**案例 15-1**

小强在箱包厂做事，刚进车间，他就觉得气味很重，时间长了也就习惯了。半年后，他感觉自己越来越虚弱，面部和手脚水肿，他以为是工作太累的缘故，继续坚持着车间作业，直到一个月后突然晕倒，被人送进医院。医疗费花了 8000 多元。小强出院后

一直在家待着，身体依旧水肿，无法干重活，情绪很差。小强的朋友向社会工作者介绍了小强的情况，希望帮助小强尽快恢复健康。社会工作者接受了求助，一方面联系企业工会和相关部门解决改善劳动环境和医药费报销问题；另一方面针对小强的情绪和健康问题开展个案工作。针对小强本人的个案工作具体包括以下步骤。

1. 接案

经小强的朋友介绍，社会工作者开始与小强接触。通过与小强的会谈和对其朋友、邻居的访谈，了解了他的基本情况和求助的问题。社会工作者真诚、接纳、能理解自己的交流方式使小强对其产生了信任，双方建立了服务关系。

在本案例的接触中，社会工作者做了四件事。首先是意识到小强是由朋友转介而来，这是确定了服务对象的来源。其次是了解服务对象的基本资料，如年龄、教育背景、工作单位等。再次是明确服务对象求助的问题及其需求。最后是与服务对象确立信任和合作的服务关系。

2. 预估

针对小强的身体病痛问题，社会工作者通过深入访谈，结合心理-社会治疗模式理论，将其问题成因归结为 3 个方面：生理因素是小强患病后没有彻底康复就回到了家中，后来也没有做治疗或是康复训练；心理因素是身体病痛让小强出现了负面情绪，逐渐丧失了生活自信心；家庭因素是家人能给予的照顾很少。明确问题成因后，社会工作者梳理了介入的优势与资源。一是社会工作者与当地职业病防治医院有接触，可为小强联系康复资源；二是小强有三个关系密切的朋友，可以成为他的社会支持系统；三是社区卫生所有免费医疗服务部分。

3. 计划

基于预估情况，社会工作者计划采取社区康复疗法，同时采取心理康复疗法，从生物-心理-社会角度出发，对小强进行心理干预，提高其心理健康水平。具体目标和行动是帮助小强联系职业病防治医院；康复跟进，协助小强进行康复训练；联系其朋友和家人，帮助小强走出低落的情绪，恢复和提高自信心。个案工作是一个有序开展的系统过程，制订合理的计划就是其中一个体现。完整的计划包括服务要达到的目标和为了达到目标采取的行动及介入策略。

4. 介入

介入过程即为治疗与服务或干预过程。社会工作者开展的干预活动，首先是链接资源，解决生理问题；其次是康复跟进，调节情绪；最后是与小强的朋友和家人交谈，促使他们给予情感支持。另外，社会工作者还动员了社区卫生所人员及其邻居为小强提供支持与帮助。

5. 评估与结案

介入过程结束后需对个案工作进行评估，以确认服务目标实现的程度、服务对象改变的程度以及服务方式是否合理有效。在本案例中，经过社会工作者的介入，小强的问题得到了解决，各方面都有了明显的变化。评估的作用在于它是一种整体性反思，能促使社会工作者及时地总结实务经验，有助于提高以后的服务水平。评估结束后就可以结案了。根据具体情况，结案后还可以进行继续跟进和跟踪服务。

## 二、小组工作方法在企业社会工作中的运用

### (一) 企业中小组的类型

从小组目标的角度可以作以下划分。

#### 1. 兴趣、娱乐小组

这类小组在企业社会工作中较常见。其目标主要是丰富职工的休闲生活、增加职工生活乐趣、陶冶职工性情。既可以外聘受过专门训练的专业人士来指导小组，也可以从企业中选出有一技之长的职工来领导。社会工作者对于此类型小组主要起到倡导与支持、资源的整合与协调作用。例如，为职工组织的某方面体育运动、插花、跳舞、扑克牌等娱乐小组和协会。它是企业职工认识企业社会工作的一个窗口，是增强企业凝聚力和协调企业内部人与人之间的手段，同时还可以促进职工和社会工作者信任关系的建立与发展。

#### 2. 成长小组

企业职工组成的成长小组，目的在于让职工有了解自己及他人思想、行为的机会，通过小组体验，充分发挥自己的潜能，洞察自己的问题，寻求解决问题并促进个人成长。成长小组的焦点在于个人的成长和正向改变。人生都有一定的逆境，但也都有潜能，逆境是一种挑战性机会，在逆境中发展潜能和提升自我的过程就是成长过程。例如，职业规划小组、技术革新、技术改造小组等。

#### 3. 支持小组

这类小组的主要目标是协助成员应对充满压力的生活事件，恢复和提高应对能力。在支持小组中，最重要的是小组成员的关系建构、互相交流和互相支持。社会工作者的主要任务是指导和协助小组成员讨论自己生命中的重要事件，表达经历这些事件时的情绪感受，加强小组成员间的沟通及相互帮助。支持小组要充分发挥小组成员的自主性，鼓励成员分享经验并协助解决彼此的问题。在企业社会工作实务开展中，常见的有为失恋的职工、单亲母亲、患某类疾病职工组成的支持小组，为尚不能适应新环境的新入职工、岗位调整或下岗失业职工组成的支持小组，为处于职业倦怠中的职工组成的支持小组等。

#### 4. 教育小组

教育小组的主要目标是帮助成员学习新的知识与技巧，补充相关知识，促使成员改变原来对自身问题的不正确看法及解决方式，从而实现小组成员的发展目标。教育小组在实务开展过程中，首先要帮助小组成员认识到自我存在的问题；其次促使小组成员能够确立新观念、新视野，从而改变看问题的角度；最后开展干预服务，降低小组成员的问题行为特征，以达到改变自我的目的。社会工作者一方面要重视成员的自助；另一方面也要重视成员间的互助，鼓励小组成员通过讨论与经验分享，互相学习，互相促进。在企业社会工作实务中的教育小组，有对企业中层管理人员进行的管理技能的教育训练，对基层管理人员进行的会议技巧训练，对操作工进行的专项技能培训，对一般职工进行的自我发展训练和沟通技巧训练等。

5. 治疗小组

治疗小组的主要目标是协助成员改变他们的行为，改善个人问题，修复生理、心理和情绪上的创伤。治疗小组对社会工作者的素质要求比较高，不仅要具备扎实的社会工作理论和娴熟的实务技能，还要具备一定的心理学、医学等方面的学术训练和临床经验。治疗小组也强调支持，但是与支持小组不同，它更注重改变、治疗与修复。通过小组工作的活动过程，帮助小组成员了解自己的问题及背后的社会原因，利用小组的经验交流与分享，辅助以一定的资源整合或社会支持网络，以达到对小组成员的心理和社会行为问题的治疗，从而改变小组成员的行为，重塑其人格，开发其潜能，促使其成为健康、健全的社会人。例如，为那些有长期或短期情绪问题的职工建立的治疗小组，为有酗酒、赌博等行为的职工组成的心理治疗小组等。

（二）小组工作过程

**案例 15-2**

某企业在年末调查中发现部分入职 2~3 年的职工对未来发展有些迷茫，不知道未来如何发展。根据调查，企业社会工作者对这部分职工进行了职工生涯规划的指导，但是每个人反映的情况和困难又不太一样。为此，社会工作者为职工设计了小组辅导，可以让问题得到充分展现和有效处理。

1. 需求评估

社会工作者首先对企业工会、人力资源部门及相关职工进行了较深入的调查和了解，明确职工对生涯规划的迷茫主要体现在哪些方面，有什么样的需求。根据这些综合资料分析，社会工作者决定在相关职工中开展职业生涯规划小组活动。

2. 确定目标

社会工作者希望能提高职工自我规划能力，增强职业认同感和职业使命感。具体目标是协助小组成员整理过去经验，进行自我探索，使成员确定自己的生活、工作目标，并引导其进行自我规划和决策。

3. 招募组员

社会工作者根据企业员工反映的问题，决定面向全厂职工，采取自愿报名的方式招募组员。然后根据组员加入小组的动机、目的及其性别和岗位特点，从中确定 10~12 名组员。

4. 制订小组计划书，并按计划开展小组活动

基于前面的工作，社会工作者首先确定小组名称为“生涯探索小组”。同时明确了小组的理念、目标、组员及其特征，并确定了开展小组的时间、地点和详细计划。

在小组活动中，若小组的人数过少，社会工作者可与企业主管部门协商，组织职工参与；若小组人数过多，则需按照招募条件筛选组员或陆续组织多个小组活动；若出现人员中途退出，则根据具体情形进行劝导，或选择好替补对象。

5. 评估

在小组的最后阶段需要进行评估，通过评估来检视小组活动有无达到预期目

标。根据参与小组职工的情况，企业社会工作者对小组活动采取了综合评估方法。一是运用问卷和访谈等方法，对组员的职业生涯规划意识和相关知识状况作前测和后测，对比分析两组资料，以此评估小组活动效果。二是通过在活动过程中观察组员的表现，并与组员倾谈了解小组的工作成果。三是使用小组满意度量表和工作人员自我表现评估表进行评估。

小组结束时需妥善处理组员的离组情绪，如有必要，可视具体情况安排跟进服务，以便巩固小组成果。

## 三、社区工作方法在企业社会工作中的运用

企业是一个特殊的社区，是一个有着清晰的地理范围、有着居民（职工）、有着文化联结、有着追求目标的社会共同体。大型工业企业本身就是一个独立的生产型社区，中小企业聚集的商务楼宇、工业开发区、商业一条街、大型商业卖场也是功能特殊的生产或商务社区。

社区工作方法在企业社会工作中同样是可以应用的一个主要的工作方法。企业社区工作方法的起始点就是将企业作为一个社区来看待，以整个社区及社区中的居民企业员工及家属为服务对象，提供“助人的、利他的”服务。但是，企业与一般的居民社区还是有着不同特点。从功能上看，企业是一个生产区域、贸易区域，而居民社区一般是生活区域。因此，企业比起普通社区就有很多管理上的特殊要求。企业社工在运用社区方法工作时，就必须注意到这些管理上的约束，在对方法流程的设计时就必须将之设置于这些管理制度的框架内。

企业社会工作者运用社区方法时也要遵循社区工作的一般程序，即在企业社会工作者与职工建立专业服务关系后，要先对职工和企业相关状况进行调查研究，了解其需求，获取相关资源；然后制订可行性计划；接下来采取社区行动实施计划，在计划与组织实施过程中还要合理安排预算，做好监督、控制及评估等管理工作。

企业社区工作可以采取多种形式动员组织职工参与，比如围绕生产、生活的竞赛活动，企业各项规章制度的宣传和教育（安全制度、福利制度、劳动制度），链接企业内外社会资源的互助支持活动（政府、社区、NGO）等。

通过社区活动的参与，职工不仅会把企业视为工作场所，还能感受到企业与职工生活、交往、成长息息相关。基于此，职工对企业的归属感、认同感会不断增加，职工之间的互助关怀意识也得到了提升，职工在遭遇心理、经济及其他方面危机时能够得到多方面的支持和帮助，使企业成为职工获取正能量的坚强后盾。

除了通过休闲娱乐活动使职工放松身心、增进交流之外，企业社区层面的社会工作还可汇集职工对企业生产发展、工资福利等方面的意见建议，引导企业职工合理、合法表达自己的意见，维护自身权益，与企业管理方进行对话与沟通，帮助职工成为企业公民，消除因沟通不畅引发的激烈冲突。

## 四、企业社会工作的常用技术

作为服务价值理念和学科理论的最终表现和落实，企业社会工作的常用技术围绕职工的不同问题呈现出多样性特征，具体包括以下几种。

### （一）职工协助方案的技术

职工协助方案（Employee Assistance Program，EAP）是企业通过为职工提供诊断、辅导、咨询等服务，解决其在社会、心理、经济与健康等方面的问题，消除各种潜在的威胁因素，最终达到预防问题产生、提高职工工作和生活质量的目的，具体的内容包括职业规划、工作环境、职业安全、人际冲突、工作绩效、工作压力与退休规划等。作为企业社会工作的核心技术，EAP 体现在 4 个方面：

一是压力管理的技术，表现为控制式应对、支持式应对和回避式应对等模式，具体包括压力认知、情绪分析、问题分类、心理疏导、构建支持、放松训练以及自我冥想等技巧。

二是心理辅导的技术，具体包括压力评估、环境管理、关系确立、面谈接待、倾听反应、同感共情、洞察分析、沟通表达、觉察自省、关系处理、投射分析以及催眠治疗等技巧。

三是物资援助的技术，具体的技巧包括链接现有政策资源以及就业援助，如低保救助、残疾人补助、大病医疗救助、特困救助、教育救助津贴、职业技能培训等。

四是危机干预的技术，具体包括快速反应、及时处理、限定目标、植入希望、心理支持、潜能激发、自我控制、安全约定等技巧。

### （二）职业生涯规划的技术

职业生涯规划是社会工作者促进职工社会性福利的重要手段之一。其具体技巧包括以下几点：

一是以自我了解、社会分析、信息统整为主的特质因素取向规划技巧。

二是以真诚同理、自我探索、自我抉择、自我实现为主的个人中心取向规划技巧。

三是以结构性访谈、投射技术、未来自传、分类组合卡为主的心理动力取向规划技巧。

四是以沟通、分析、合成、评估和执行为主的行为取向规划技巧。

五是以教导示范、想法列述、自我监控、行为推论、心理测验为主的认知行为取向规划技巧。

除此之外，社会工作者还可以使用生涯联想、生涯故事、风格决定、生涯信念、工作探索、家庭期待、生涯决定等生涯规划工具包。

### （三）职业社会康复的技术

在职业场所，企业社会工作者需要面向职工开展职业风险评估、职业健康促进、职业康复训练和社区康复等服务，协助受伤或患病职工重返社区生活、恢复社会功能。职业社会康复的具体技巧包括以下四种：

一是职业咨询，包括求职动机激发、就业咨询、创业指导、人才素质测评、职业生涯规划等技巧。

二是职业评估，包括对职工兴趣、个性、气质、价值观、态度、体能、耐力、学习和工作适应性的评定。

三是职业培训，包括技能训练、岗前培训、岗位培训以及继续教育等。

四是就业指导，包括针对职工的课堂教学、专题讲座、专题讨论、就业咨询、模拟招聘、教学参观、经验交流会等。

### （四）劳资协调的技术

在协调劳资冲突的过程中，企业社会工作者需要掌握的技术包括以下几方面：

一是劳动保障监察，即了解、分析和评估企业是否遵守劳动保障法律法规，并就相关的问题提出改善意见。

二是协助企业落实劳动保障监察的相关规定，如关于劳动保障监察的措施、程序，保护企业劳动者权益。

三是协助劳动争议处理，即发挥社会工作者第三方立场的优势，调解劳资双方的争端，化解矛盾冲突，最大限度地维护处于困弱地位的职工利益。

四是紧急情况的危机干预。

五是信访接待与处理，即对信访事件进行登记并区分类别，监督检查信访事项的处理进度，研究企业的信访情况，并提出完善建议和改善工作，维护职工合法权益。

## 本章小结

企业社会工作是社会工作的一个重要实务领域，相对于其他实务领域的发展它又是一个新兴的专业领域。我国的企业社会工作刚刚起步，面对社会发展对企业社会工作的迫切需求，企业社会工作还严重滞后。

企业社会工作是运用社会工作的专业理念与方法，在企业内外开展与职工的工作岗位适应、劳动环境协调、职业福利保障、职业生涯发展以及劳动关系协调等有关的服务工作与管理工作，其目的在于保障职工利益、提升劳动效率、促进企业和职工共同发展。

# 社会工作实务（中级）考试大纲

## 一、社会工作实务的通用过程模式

（一）通用过程模式的基本视角

（二）社会工作实务通用过程模式的特点

（三）运用通用过程模式应考虑的因素

（四）通用过程模式的四个基本系统对社会工作实务的作用

## 二、社会工作实务的通用过程

（一）接案

1. 接案阶段社会工作者的主要任务
2. 接案的步骤及核心技巧
3. 影响接案成功的因素
4. 接案应注意的事项

（二）预估

1. 预估的目的、任务、特点及原则
2. 预估的基本步骤
3. 预估的主要方法

（三）计划

1. 服务计划的构成
2. 制订服务计划的原则
3. 制订服务计划的方法
4. 服务协议的形式
5. 服务协议的签订过程及技巧

（四）介入

1. 介入的特点
2. 介入的分类
3. 选择介入行动的原则

4. 直接介入的行动及策略
5. 间接介入的行动及策略

（五）评估

1. 评估的目的
2. 评估的作用
3. 评估的类型
4. 评估的方法与技巧

（六）结案

1. 结案的类型
2. 结案的任务
3. 结案时服务对象的反应及处理方法

## 三、儿童社会工作

（一）儿童的需要及问题

（二）儿童社会工作的特点

（三）儿童社会工作的主要内容

（四）儿童社会工作的主要方法

## 四、青少年社会工作

（一）青少年的需要及问题

（二）青少年社会工作的特点

（三）青少年社会工作的主要内容

（四）青少年社会工作的主要方法

## 五、老年社会工作

（一）老年人的需要及问题

（二）老年社会工作的特点

（三）老年社会工作的主要内容

（四）老年社会工作的主要方法

## 六、妇女社会工作

（一）妇女的需要及问题

（二）妇女社会工作的特点

（三）妇女社会工作的主要内容

（四）妇女社会工作的主要方法

## 七、残疾人社会工作

（一）残疾人的需要及问题
（二）残疾人社会工作的特点
（三）残疾人社会工作的主要内容
（四）残疾人社会工作的主要方法

## 八、矫正社会工作

（一）服务对象的需要及问题
（二）矫正社会工作的特点
（三）矫正社会工作的主要内容
（四）矫正社会工作的主要方法

## 九、优抚安置社会工作

（一）服务对象的需要及问题
（二）优抚安置社会工作的特点
（三）优抚安置社会工作的主要内容
（四）优抚安置社会工作的主要方法

## 十、社会救助社会工作

（一）社会救助社会工作的特点
（二）社会救助社会工作的主要内容
（三）社会救助社会工作的主要方法

## 十一、家庭社会工作

（一）家庭社会工作的特点
（二）家庭社会工作的主要内容
（三）家庭社会工作的主要方法

## 十二、学校社会工作

（一）学校社会工作的特点
（二）学校社会工作的主要内容
（三）学校社会工作的主要方法

## 十三、社区社会工作

（一）社区社会工作的特点

（二）社区社会工作的主要内容
（三）社区社会工作的主要方法

## 十四、医务社会工作

（一）医务社会工作的特点
（二）医务社会工作的主要内容
（三）医务社会工作的主要方法

## 十五、企业社会工作

（一）企业社会工作的特点
（二）企业社会工作的主要内容
（三）企业社会工作的主要方法

# 参考文献


[1]［美］迪特里克．老年社会工作：生理、心理及社会方面的评估与干预［M］．隋玉杰，译．北京：中国人民大学出版社，2008.

[2] 费梅苹．社区青少年社会工作方法与技巧研究［M］．上海：华东理工大学出版社，2006.

[3] 甘炳光，等．社区工作理论与实践［M］．香港：香港中文大学出版社，1994.

[4] 甘炳光，等．社区工作技巧［M］．香港：香港中文大学出版社，1996.

[5] 高钟，王海峰．企业社会工作实务［M］．北京：中国社会出版社，2012.

[6] 黄月霞．儿童辅导与谘商：了解儿童、谘商服务、技巧训练［M］．台北：五南图书出版公司，2004.

[7] 季庆英．医务社会工作实践［M］．北京：人民卫生出版社，2014.

[8] 李晓凤．我国企业社会工作的历史演进及实务运作模式初探：以珠江三角洲地区为例［J］．社会工作（学术版），2011（3）．

[9] 林胜义．学校社会工作［M］．台北：巨流出版社，1988.

[10] 马凤芝．社会工作导论［M］．北京：北京大学出版社，1999.

[11] 马洪路．残障社会工作［M］．北京：高等教育出版社，2007.

[12] 梅陈玉婵，齐铱，徐玲．老年学理论与实践［M］．北京：社会科学文献出版社，2004.

[13] 秦炳杰，陈沃聪，钟剑华．社会工作实践：基础理论［M］．香港：香港理工大学应用社会科学系，2002.

[14] 秦炳杰，等．社会工作实践（基础理论）［M］．香港：香港理工大学应用社会科学系，2002.

[15] 秦燕．医务社会工作［M］．台北：巨流图书公司，2009.

[16] 邱爱芳．企业社会工作服务模式探析［J］．社会工作，2011（2）．

[17] 石丹理，韩晓燕，马庆强．青少年正面成长课程（预初分册、初一分册、初二分册）［M］．上海：学林出版社，2010.

[18] 史柏年．矫正社会工作［M］//王思斌．社会工作概论．北京：高等教育出版社，2006.

[19] 苏景辉．工业社会工作［M］．台北：台湾桂冠图书公司，1989.

[20] 仝利民．老年社会工作［M］．上海：华东理工大学出版社，2006.

[21] 徐永祥．社区工作［M］．北京：高等教育出版社，2005.

[22] 张和清．农村社会工作［M］．北京：高等教育出版社，2008.

[23] 张李玺，等．妇女社会工作［M］．北京：高等教育出版社，2008.

[24] 张昱，费梅苹．社区矫正实务过程分析［M］．上海：华东理工大学出版社，2005.

[25] 周永新．社会工作学新论［M］．香港：商务印书馆，1994.

[26] ［美］Leon H. Ginsberg. 社会工作评估：原理与方法［M］. 黄晨曦，译．上海：华东理工大学出版社，2013.

[27] ［美］玛丽安娜·伍德赛德，特里西娅·麦克拉姆．社会工作个案管理：社会服务传输方法[M]．隋玉杰，等译．北京：中国人民大学出版社，2014.

[28] ［美］Paula Allen-Meares. 学校社会工作［M］．陈蓓丽，等译．上海：华东理工大学出版社，2008.

[29] O. William Farley，Larry Lorenzo Smith，Scott W. Boyle. 社会工作概论［M］．2版．何金兰，詹宜璋，译．古允文，审定．台北：学富文化事业有限公司，2009.

[30] ［美］Marianne Woodside，Tricia McClam. 社会工作个案管理：社会服务传输方法［M］．4版．隋玉杰，译．北京：中国人民大学出版社，2014.

[31] Dean H. Hepworth，Ronald H. Rooney，Glenda Dewberry Rooney，等．社会工作直接服务：理论与技巧［M］．胡慧莹，龙纪萱，等译．台北：洪叶文化事业有限公司，2010.

[32] Collins，D.，Jordan & Coleman，H. An introduction to family social work［M］. Belmont，CA：Thomson Higher Education，2007.

[33] Hepworth，Dean H.，Rooney，Ronald H. & Larsen，Jo A.. Direct social work practice：theory and skill［M］. Fifth ed. International Thomson Publishing Inc，1997.

[34] Preston - Shoot，M. and Aqass，D. Making sense of social work［M］. Basingstoke：Macmillan，1990.

[35] ［美］Jon Carison. 阿德勒的治疗：理论与实践［M］．郭本禹，吕英军，译．重庆：重庆大学出版社，2012.

[36] ［美］Paula Allen-Meares. 儿童青少年社会工作［M］．李建英，范志海，编译．上海：华东理工大学出版社，2010.

[37] Rober E. Emery. 婚姻、离婚与儿童适应［M］．李晓燕，李咏慧，译．台北：心理出版社，2005.

[38] Greenberg，K. Group Counseling in K-12 Schools［M］. 1st Ed. Boston，MA：Allyn & Bacon，2003.

[39] Jacobs，E.，Mason，R. & Harvill，R. Group Counseling：Strategies and Skills［M］. Belmont，CA：Thompson Books，2008.

# 后　　记

2006年7月，人事部、民政部联合颁布《社会工作者职业水平评价暂行规定》和《助理社会工作师、社会工作师职业水平考试实施办法》，开启了建立社会工作者职业水平评价制度的历程。2018年3月，人力资源社会保障部、民政部联合颁布《高级社会工作师评价办法》，并于2019年组织第一次高级社会工作师职业水平评价考试，标志着我国社会工作者职业水平评价制度进入了完善、成熟的发展阶段。

作为全国社会工作者职业水平考试指导教材，《社会工作实务（中级）》于2007年首次编辑出版，其后，因应理论和实践日益变迁发展的需要，在民政部慈善事业促进和社会工作司的指导下，中国社会出版社及全国社会工作者职业水平考试教材编委会组织编撰人员，于2010年、2015年和2019年对教材进行了三次修订。

党的二十大开启了中国式现代化的新征程。我国社会建设、社会治理领域新的目标任务，要求社会工作从业者作出新的回应，因此，对教材进行第四次修订的任务又摆在了面前。

需要说明的是，因为考试大纲没有重新修订，所以这次修订教材的章节框架还是保持了原先的模样，只是对某些章节的内容进行了调整和修改。有读者向教材编委会反映，随着国家组建了退役军人事务部，是否应该将教材第九章的标题也作相应的调整。我们研究的结果是：一是考试大纲没有修订，二是原先优抚安置的概念含义比退役军人事务宽泛，所以，此次修订仍维持原先的章节框架，只对部分内容进行了修改。

《社会工作实务（中级）》主编由史柏年（中国青年政治学院）担任，副主编由费梅苹（华东理工大学）担任。承担各章编写任务的作者是（以章为序）：马凤芝（北京大学）编写第一章、第二章，童小军（中国社会科学院大学）编写第三章，费梅苹编写第四章，隋玉杰（中国人民大学）编写第五章，杨静（中华女子学院）编写第六章，马良（浙江工商大学）、隋玉杰编写第七章，史柏年编写第八章，叶金莲（北京市退役军人事务局）编写第九章，杨荣（北京工业大学）编写第十章，童敏（厦门大学）编写第十一章，许莉娅（中国青年政治学院）编写第十二章，孙莹（中国青年政治学院）编写第十三章，季庆英（上海市儿童医学中心）、何姗姗（华东师范大学）编写第十四章，张默（中国劳动关系学院）编写第十五章。史柏年、费梅苹完成统稿，全国社会工作者职业水平考试教材编委会审读定稿。

由于编者水平有限，疏漏之处在所难免，欢迎广大读者提出宝贵意见。

**史柏年**